重庆经济普查年鉴

Chongqing Economic Census Yearbook

2013

综 | 合 | 卷

重庆市人民政府第三次全国经济普查领导小组办公室
重　庆　市　统　计　局　编
国家统计局重庆调查总队

中国统计出版社
China Statistics Press

图书在版编目（CIP）数据

重庆经济普查年鉴. 2013 / 重庆市人民政府第三次全国经济普查领导小组办公室, 重庆市统计局, 国家统计局重庆调查总队编著. -- 北京 : 中国统计出版社, 2015.10
ISBN 978-7-5037-7658-8

Ⅰ. ①重… Ⅱ. ①重… ②重… ③国… Ⅲ. ①经济－普查－重庆市－2013－年鉴 Ⅳ. ①F127.719-54

中国版本图书馆 CIP 数据核字(2015)第 227116 号

重庆经济普查年鉴—2013/综合卷

编　　者/重庆市人民政府第三次全国经济普查领导小组办公室
　　　　　重庆市统计局　国家统计局重庆调查总队
责任编辑/赵淑焕　王振宇　尹　伊
封面设计/黄俊杰　李雪燕
出版发行/中国统计出版社
通信地址/北京市丰台区西三环南路甲 6 号　邮政编码/100073
电　　话/邮购（010）63376909　书店（010）68783171
网　　址/http://www.zgtjcbs.com/
印　　刷/河北天普润印刷厂
经　　销/新华书店
开　　本/880mm×1230mm　1/16
字　　数/1520 千字
印　　张/47.5
版　　别/2015 年 12 月第 1 版
版　　次/2015 年 12 月第 1 次印刷
定　　价/780.00 元（全二册）

本书附同版本 CD-ROM 一张，光盘内容以书面文字为准。
如有印装差错，由本社发行部调换。

序　言

回首往昔，面对错综复杂的国内外经济形势，重庆市坚决贯彻中央的决策部署，紧紧围绕“科学发展、富民兴渝”总任务，大力实施五大功能区域发展战略，全面深化改革开放，全市呈现出经济稳中向好、民生不断改善、社会和谐稳定的良好局面。在此大局中，全市上下按照国务院的统一领导和部署，历时三年，圆满完成了重庆市第三次全国经济普查工作。这次普查是在我国步入全面建成小康社会决定性阶段时进行的一次重大国情国力调查，也是我国统计史上现代信息技术应用程度最高的一次社会调查实践。各级经济普查机构和普查人员攻坚克难、创新进取、真抓实干，进一步查清了全市第二、三产业的发展规模及布局，系统了解了产业组织、产业结构现状以及各生产要素的构成，全面掌握了服务业、战略性新兴产业、文化产业和小微企业的发展现状，客观、真实地反映了重庆社会经济发展全貌。

当前，重庆正处在“一带一路”和长江经济带的战略节点，建设长江上游经济中心、国家中心城市和内陆开放高地既面临诸多机遇，也存在不少挑战。这需要我们总结成功经验，不断开拓创新。因此，发布好、开发好、利用好重庆市第三次经济普查资料，更好地把握重庆改革发展大局，准确判断经济形势的新变化，掌握经济发展的新情况，把握发展阶段的新特征，为提高全市经济发展的质量、效益和水平提供科学准确的统计信息支持。

存史资政，鉴往知来。重庆市第三次经济普查数据既是一笔极其宝贵的财富，也是十分重要的公共资源。编纂《重庆经济普查年鉴—2013》，最大限度地发挥了普查资料的社会价值，为关心支持重庆发展的海内外朋友在查询、使用经济普查数据时提供了捷径。该书汇聚着全市5万余名经济普查人员的智慧与汗水，凝聚了编者的责任与心血，是普查重要成果之一。

统计数据是反映经济发展的“晴雨表”。值此书出版之际，希望广大统计工作者继续坚守统计工作“生命线”，确保统计数据全面准确、客观真实，为推动全市经济平稳健康发展、社会和谐稳定做出新的更大贡献！

重庆市人民政府第三次全国经济普查领导小组办公室

2015年9月

编者说明

为便于社会各界共同分享重庆市第三次全国经济普查的成果，更方便地开发利用普查资料，重庆市经济普查办公室编辑出版了《重庆经济普查年鉴—2013》。全书共分为两册，第一册为综合卷，第二册为产业卷（包括第二产业卷和第三产业卷）。为使读者更好地使用本资料，现对有关问题作如下说明：

一、第三次全国经济普查的标准时点为2013年12月31日，时期资料和行政区域均为2013年度。

二、综合卷中综合篇和小微企业篇汇总表，均不包括金融业、铁路运输业和无分组标识的部分数据。

三、本资料建筑业按注册地，其他行业按经营地进行汇总。

四、本资料对部分数据由于单位取舍不同或四舍五入而产生的差数均未作调整。

五、表中空格表示该项统计指标数据不详或无该项数据，"#"表示其中的主要项。

六、每卷后附有指标解释，使用时请仔细阅读。

重庆市第三次全国经济普查资料是全市普查工作者共同辛勤工作的成果，也是广大普查对象积极支持配合的结果。在此，我们向全市所有普查工作者、普查对象和所有参与、支持普查工作的人员致以崇高的敬意和衷心的感谢！

重庆市人民政府第三次全国经济普查领导小组办公室

2015年9月

综合卷　目录

第一篇　综合篇

第二篇　小微企业篇

第三篇　文化及相关产业情况

附录

第 1 篇

综合篇

1-1-1 按地区、行业(门类)

地区	单位数	农、林、牧、渔业	采矿业	制造业	电力、热力、燃气及水生产和供应业	建筑业	批发和零售业	交通运输、仓储和邮政业
全　市	**254834**	**2982**	**2206**	**42594**	**1929**	**7119**	**80603**	**5035**
按五大功能区域分组								
都市功能核心区	60940	22	8	3966	32	2520	25125	1305
都市功能拓展区	39128	173	154	11390	124	1389	9155	861
城市发展新区	79403	676	983	16936	707	1849	23856	1739
渝东北生态涵养发展区	57538	1900	738	8374	754	1111	17094	900
渝东南生态保护发展区	17825	211	323	1928	312	250	5373	230
按区县分组								
万州区	14273	1070	86	1586	111	381	5111	320
涪陵区	10565	69	45	991	90	336	4132	486
渝中区	14733			104	3	478	5981	322
大渡口区	3449	4	4	752	4	124	1169	83
江北区	9502	9	3	620	9	583	2788	347
沙坪坝区	12621	16	5	3477	14	403	3606	270
九龙坡区	23815	36	22	3451	26	734	11002	427
南岸区	9708	16	15	1346	11	481	3077	150
北碚区	6231	20	55	2083	20	141	1485	71
綦江区	7629	66	152	855	87	168	2462	358
#万盛经开区	2476	11	62	189	24	59	891	166
大足区	7418	76	85	2521	35	144	1584	104
渝北区	13385	30	33	1490	29	745	3889	352
巴南区	6624	64	25	2033	40	220	1283	144
黔江区	3288	31	32	231	18	57	1220	42
长寿区	5792	42	78	724	45	98	1996	155
江津区	7533	37	71	1599	125	235	2123	167
合川区	6579	63	86	1340	71	188	1750	83
永川区	7352	86	178	1122	44	230	2699	118
南川区	4080	34	65	660	74	65	1164	52
潼南县	5670	54	51	2298	39	73	1303	39
铜梁县	5550	47	66	1540	40	141	1429	39
荣昌县	5097	79	84	1000	30	69	1712	58
璧山县	6138	23	22	2286	27	102	1502	80
梁平县	4257	87	84	922	26	50	1136	37
城口县	1880	69	37	97	46	12	254	9
丰都县	3351	117	22	387	85	41	826	78
垫江县	5649	75	34	1632	41	157	1526	74
武隆县	2846	10	39	232	109	37	786	38
忠　县	6697	102	68	652	84	120	3002	87
开　县	8769	196	129	1407	88	90	2967	79
云阳县	4663	133	52	902	80	145	853	77
奉节县	3307	9	118	409	48	52	559	61
巫山县	2043	29	49	181	28	34	434	55
巫溪县	2649	13	59	199	117	29	426	23
石柱县	2757	10	61	357	61	21	720	40
秀山县	2697	38	80	315	25	44	939	38
酉阳县	3298	38	50	490	64	31	1064	33
彭水县	2939	84	61	303	35	60	644	39

分组的法人单位数

单位：个

住宿和餐饮业	信息传输、软件和信息技术服务业	房地产业	租赁和商务服务业	科学研究和技术服务业	水利、环境和公共设施管理业	居民服务、修理和其他服务业	教育	卫生和社会工作	文化、体育和娱乐业	公共管理、社会保障和社会组织
12436	**5775**	**8709**	**20506**	**6947**	**1710**	**7613**	**10133**	**5337**	**5682**	**27518**
1493	3653	2923	9504	2127	323	1956	1708	452	1306	2517
1293	1026	1707	3221	1247	328	1103	1401	755	889	2912
4808	578	2736	4107	1705	502	2078	3502	1705	1612	9324
3389	372	1009	2687	1378	445	1862	2580	1936	1400	9609
1453	146	334	987	490	112	614	942	489	475	3156
709	148	329	1103	335	69	635	459	264	254	1303
637	108	332	793	394	93	284	375	139	227	1034
360	867	823	3020	576	59	471	379	117	375	798
96	68	139	256	56	26	116	126	50	52	324
286	537	539	1908	392	69	337	287	86	207	495
297	493	472	1274	349	46	445	465	138	241	610
364	1456	785	2517	666	123	541	521	148	403	593
466	485	532	1348	294	76	320	318	108	235	430
171	87	233	349	229	56	165	214	98	186	568
705	57	189	311	180	43	226	309	142	142	1177
247	28	77	82	40	17	82	71	60	44	326
600	24	235	320	101	44	193	299	110	164	779
535	566	843	1686	649	125	517	512	141	332	911
211	120	264	367	163	71	147	287	321	164	700
271	30	81	251	87	23	191	127	118	56	422
344	53	165	292	113	40	267	229	191	130	830
485	29	280	386	110	51	170	479	359	173	654
306	51	368	378	154	39	125	337	121	158	961
481	81	322	417	136	58	132	318	113	152	665
374	25	131	233	133	21	148	142	119	65	575
152	30	117	160	51	23	114	226	95	69	776
258	30	262	226	105	30	136	198	135	100	768
204	57	135	236	91	35	151	379	110	125	542
262	33	200	355	137	25	132	211	71	107	563
259	15	49	108	109	43	122	164	133	179	734
300	14	9	52	204	18	51	54	63	50	541
151	24	62	166	93	72	104	262	98	114	649
373	21	129	187	85	38	121	232	109	119	696
347	31	59	131	86	23	54	73	80	85	626
335	49	122	253	83	29	182	284	183	167	895
641	27	110	312	129	69	312	366	462	201	1184
153	30	89	211	133	32	134	249	148	127	1115
160	13	48	140	41	22	78	229	274	56	990
96	6	36	82	57	29	35	144	64	76	608
212	25	26	73	109	24	88	137	138	57	894
295	13	55	134	65	18	91	140	56	119	501
107	10	47	87	70	6	81	229	44	90	447
274	21	34	96	52	29	86	216	94	68	558
159	41	58	288	130	13	111	157	97	57	602

1-1-2 按地区、行业(门类)

地区	从业人员数	农、林、牧、渔业	采矿业	制造业	电力、热力、燃气及水生产和供应业	建筑业	批发和零售业	交通运输、仓储和邮政业
全市	**8663134**	**58390**	**253079**	**2295316**	**104169**	**2053826**	**932237**	**417933**
按五大功能区域分组								
都市功能核心区	1867474	213	3795	219187	20886	399915	343697	131285
都市功能拓展区	1884978	1633	16740	733231	9615	474983	111772	76763
城市发展新区	2809924	10572	149447	931858	33104	650868	245388	124884
渝东北生态涵养发展区	1705393	43380	58206	341955	29320	488580	176414	72467
渝东南生态保护发展区	395365	2592	24891	69085	11244	39480	54966	12534
按区县分组								
万州区	494244	26779	5932	90054	6802	143853	55003	37035
涪陵区	380677	503	3748	82042	7498	135699	47506	21266
渝中区	579761			2503	13301	103861	120483	72814
大渡口区	93658	24	1346	36932	80	14751	8675	6162
江北区	358497	87	92	64543	5728	87136	54787	11482
沙坪坝区	510893	200	134	197929	368	97998	47492	16854
九龙坡区	519453	316	2692	153946	2318	87811	95727	16187
南岸区	333118	135	346	93735	340	63742	44668	20687
北碚区	249731	233	11974	97527	487	68652	13354	7131
綦江区	253718	894	46649	55708	3987	31168	20822	37391
#万盛经开区	77511	307	18216	8141	832	7717	7757	15703
大足区	212128	1132	9846	97799	1710	25125	15907	5609
渝北区	803965	266	3177	198377	6740	238459	57539	44700
巴南区	303376	585	774	106926	1139	112488	12744	12031
黔江区	80197	282	2031	11631	1292	14515	13710	2739
长寿区	197517	546	4888	66856	2417	48409	16271	12534
江津区	335065	1318	1806	105830	5497	124330	20886	10216
合川区	242033	1051	8972	82825	3301	62106	16714	6737
永川区	287088	1509	34783	69758	1484	59233	27075	10326
南川区	113971	683	8323	27415	2184	11208	15625	3569
潼南县	175950	636	1949	44191	1741	74305	15320	3267
铜梁县	199955	582	5341	75107	1563	42597	19747	6308
荣昌县	181181	1322	21856	70951	951	18064	19239	4303
璧山县	230641	396	1286	153376	771	18624	10276	3358
梁平县	142891	2431	5890	38206	1201	46974	9944	7686
城口县	28863	432	1735	4698	1232	3085	1976	278
丰都县	86674	3098	1089	13298	2377	27193	6802	2817
垫江县	182267	1372	3524	62878	1750	46896	16652	4728
武隆县	61605	163	3803	9305	3286	4910	10667	1475
忠县	156960	1401	2705	23050	2912	40164	34861	5293
开县	241474	5297	9053	59466	4052	67254	25337	3978
云阳县	137957	2179	3259	32816	2754	38228	10068	4321
奉节县	128628	62	12087	8979	2236	57169	7144	3192
巫山县	46894	262	7385	4538	1291	3456	4760	2496
巫溪县	58541	67	5547	3972	2713	14308	3867	643
石柱县	59977	160	6103	13607	2179	2065	7058	1734
秀山县	76454	457	6910	16681	1283	8741	10398	2944
酉阳县	60673	664	674	11556	1756	3321	7402	2698
彭水县	56459	866	5370	6305	1448	5928	5731	944

分组的法人单位从业人员数

单位：人

住宿和餐饮业	信息传输、软件和信息技术服务业	房地产业	租赁和商务服务业	科学研究和技术服务业	水利、环境和公共设施管理业	居民服务、修理和其他服务业	教育	卫生和社会工作	文化、体育和娱乐业	公共管理、社会保障和社会组织
238127	**112557**	**296526**	**371510**	**137168**	**58970**	**102999**	**451359**	**205834**	**68836**	**504298**
65246	47697	127230	171224	58008	14108	37425	76748	59609	23695	67506
42996	48002	64870	64780	29914	11608	16055	70668	26958	11331	73059
66735	9685	67489	70600	27855	18108	23553	139818	57426	16855	165679
46464	5516	27098	46368	16347	9277	20105	118288	49078	12369	144161
16686	1657	9839	18538	5044	5869	5861	45837	12763	4586	53893
10295	2054	10136	21114	5397	2460	7032	23931	11946	3227	31194
9150	1141	8420	10112	5259	2384	3457	16741	6030	2258	17463
27239	14877	38928	77522	25200	3526	9636	13997	23756	10999	21119
1282	763	3978	3018	1157	888	809	4606	2405	396	6386
13302	5251	23559	37272	9802	2772	8197	10335	7484	2920	13748
7029	8822	18307	24485	8057	2017	10362	36946	17321	4853	11719
18415	16682	30527	24174	11179	4888	8425	18485	9516	4091	14074
10945	4081	22610	16541	6317	1945	3946	18541	7410	3544	13585
5689	649	6014	4766	3259	1015	1704	10314	5093	1284	10586
6234	903	4342	4739	2785	2026	2025	12352	6329	937	14427
2554	286	1391	1417	353	1109	824	3100	2089	333	5382
8520	286	5913	5910	1361	1454	2858	11278	3712	2456	11252
20915	43166	39244	43044	21020	6388	8004	21557	7206	5769	38394
3426	1408	8933	5182	1931	2277	2397	12635	6376	1170	10954
3234	258	3561	3959	1120	713	1500	7350	2675	696	8931
4435	646	4936	5093	1623	1080	2340	9275	4249	1171	10748
6107	436	6733	5894	1692	2287	1581	16946	6952	1395	15159
5298	829	6440	5914	2257	1469	2145	14162	5467	1165	15181
7317	3388	8618	7154	3447	1008	1780	17866	6618	2314	23410
5449	676	4038	5797	2273	1090	2051	7436	4101	862	11191
1868	238	2491	3631	812	566	769	8083	2658	694	12731
4925	415	7844	4720	1577	713	1503	9044	4672	1330	11967
3771	589	3933	4495	1385	2727	1705	9934	3917	1306	10733
3661	138	3781	7141	3384	1304	1339	6701	2721	967	11417
3215	279	1350	1447	1311	1064	964	8036	4137	1314	7442
2020	99	220	969	1976	289	620	2776	1041	331	5086
1990	558	1319	2856	1075	1042	712	8472	3053	837	8086
5920	448	3124	2157	946	1166	1699	11552	3825	1197	12433
4320	606	1237	3454	864	2160	519	4508	1466	829	8033
7336	612	2593	3364	1035	564	2126	10892	5192	1397	11463
7726	457	2647	5697	1335	1061	3557	17044	7442	2107	17964
2591	647	1823	2752	1348	420	1838	12153	4406	813	15541
2362	70	2302	3637	699	189	651	10779	3566	455	13049
1102	10	969	1493	748	541	380	6464	2451	496	8052
1907	282	615	882	477	481	526	6189	2019	195	13851
3358	176	1223	2038	522	1009	669	7064	2155	1150	7707
1758	64	1541	3363	593	669	1152	8996	2122	859	7923
2506	183	1141	1490	569	864	624	10667	2287	648	11623
1510	370	1136	4234	1376	454	1397	7252	2058	404	9676

1-1-3 按区县、开业(成立)

地　　区	单位数	1949年及以前	1950–1977年	1978–1991年	1992–1995年	1996年	1997年	1998年	1999年	2000年
全　市	**254834**	**1024**	**4810**	**7154**	**5751**	**1546**	**2068**	**3172**	**2206**	**3754**
万州区	14273	42	162	298	227	51	98	152	113	178
涪陵区	10565	22	145	237	224	55	64	231	103	106
渝中区	14733	29	183	350	569	160	216	288	242	286
大渡口区	3449	5	74	108	86	35	37	63	29	57
江北区	9502	16	65	199	255	59	128	139	94	130
沙坪坝区	12621	47	178	354	387	119	134	198	140	236
九龙坡区	23815	18	162	293	468	196	271	393	272	489
南岸区	9708	25	101	182	222	66	144	183	117	170
北碚区	6231	35	147	302	241	75	71	98	74	109
綦江区	7629	30	175	286	142	44	70	60	54	89
#万盛经开区	2476	9	69	95	35	12	16	23	20	21
大足区	7418	17	201	188	166	32	38	69	44	116
渝北区	13385	29	118	215	257	72	141	187	171	212
巴南区	6624	30	126	229	237	58	95	91	86	106
黔江区	3288	9	32	35	20	2	9	15	11	103
长寿区	5792	16	83	155	93	34	40	50	43	76
江津区	7533	39	168	291	199	42	47	113	54	101
合川区	6579	44	110	284	144	44	38	68	59	108
永川区	7352	20	116	220	191	39	55	103	49	107
南川区	4080	43	165	188	55	14	26	42	24	53
潼南县	5670	26	107	120	109	12	31	30	14	28
铜梁县	5550	55	76	156	133	33	37	59	34	46
荣昌县	5097	33	136	147	139	36	31	56	36	80
璧山县	6138	29	81	188	145	45	41	62	53	69
梁平县	4257	17	144	101	183	14	14	19	12	37
城口县	1880	21	177	147	17	12	12	13	11	23
丰都县	3351	26	100	169	110	22	15	32	26	47
垫江县	5649	30	106	184	64	19	19	49	35	88
武隆县	2846	16	94	113	35	8	13	29	14	31
忠　县	6697	26	153	245	121	24	26	54	32	62
开　县	8769	45	137	183	144	34	21	58	46	111
云阳县	4663	50	165	182	99	21	18	31	14	53
奉节县	3307	19	128	182	61	17	13	27	22	36
巫山县	2043	30	135	146	43	7	21	25	15	33
巫溪县	2649	25	179	118	72	7	12	12	9	48
石柱县	2757	29	106	83	31	12	6	21	18	33
秀山县	2697	2	15	99	15		6	12	8	18
酉阳县	3298	15	131	83	18	5	3	15	9	30
彭水县	2939	14	129	94	29	21	7	25	19	49

注：按开业(成立)时间分组项不含时间不详单位，下同。

时间分组的法人单位数

单位：个

2001年	2002年	2003年	2004年	2005年	2006年	2007年	2008年	2009年	2010年	2011年	2012年	2013年
6725	**6084**	**7208**	**7905**	**7473**	**8017**	**9949**	**9811**	**11976**	**21704**	**39666**	**42550**	**44107**
217	181	271	724	351	342	407	356	519	1213	3554	2299	2510
166	322	203	255	272	243	313	420	496	957	1761	2053	1913
354	379	453	457	513	660	756	750	781	1368	2021	1887	2025
70	101	93	82	105	117	133	153	193	307	414	585	600
203	169	240	261	309	378	422	508	557	880	1449	1492	1549
342	329	445	460	441	466	557	509	690	1121	1767	1787	1911
540	599	856	735	911	953	1192	1366	1637	2384	3435	3442	3190
219	204	266	282	292	347	367	419	544	825	1410	1731	1589
140	114	194	288	188	227	275	241	293	606	930	871	699
375	124	144	156	124	147	251	200	269	692	1304	1512	1360
29	41	35	68	47	45	60	50	76	168	327	570	651
120	128	263	128	151	170	187	171	256	465	991	1200	2317
271	273	548	435	444	522	609	643	766	1290	1816	2104	2249
178	227	195	241	283	262	314	228	366	673	886	821	887
146	122	90	37	47	40	60	72	138	235	552	843	666
115	133	166	370	269	204	165	200	223	451	974	1278	653
291	158	184	206	330	182	282	268	286	573	1412	1298	1006
343	127	125	113	193	153	225	210	300	420	1325	1167	972
127	102	185	274	198	177	223	232	255	537	1398	1446	1284
88	100	85	120	89	64	153	93	195	320	696	874	593
91	285	57	41	66	91	151	101	162	301	647	682	2516
116	69	81	88	103	245	326	147	173	384	880	1139	1169
97	106	142	88	112	116	228	162	172	357	716	1141	964
78	119	175	254	121	145	193	205	228	445	822	878	1759
41	318	94	63	56	88	168	75	104	222	894	783	808
30	30	23	52	61	42	72	64	75	144	272	351	228
221	93	81	72	103	107	157	178	132	224	452	547	435
298	82	105	95	100	149	177	159	152	407	1160	1157	1013
74	57	83	198	88	66	96	117	122	231	436	486	437
110	331	154	121	150	199	200	217	274	764	857	1442	1134
121	138	139	472	219	311	335	440	580	744	1197	1485	1805
68	71	83	147	110	243	271	276	210	440	578	796	737
84	112	305	167	152	183	107	145	206	594	208	255	282
51	36	56	138	124	50	100	55	75	103	218	301	281
211	33	49	31	161	77	112	89	80	172	272	297	574
147	152	100	50	72	64	92	99	104	190	424	526	396
194	34	246	51	55	59	128	49	92	143	353	446	672
213	63	104	63	52	53	79	88	183	312	749	678	348
175	63	125	90	58	75	66	106	88	210	436	470	576

1-1-4 按区县、开业(成立)

地　　区	从业人员数	1949年及以前	1950–1977年	1978–1991年	1992–1995年	1996年	1997年	1998年	1999年	2000年
全　市	**8663134**	**167525**	**585420**	**637958**	**662337**	**167268**	**251402**	**268182**	**171705**	**245939**
万州区	494244	7935	54904	20423	32134	2604	9551	29970	11804	29157
涪陵区	380677	4380	20427	18143	70013	17490	9176	15967	15861	12751
渝中区	579761	12164	70475	41316	56075	10267	47387	17311	24547	17948
大渡口区	93658	1177	8651	9256	5388	5176	2154	3152	1498	5287
江北区	358497	2272	9011	25659	29890	31401	11794	16977	7638	10367
沙坪坝区	510893	22513	37204	29447	48556	4409	6306	12861	5591	10031
九龙坡区	519453	2679	47892	22675	35543	10239	19892	18070	15088	15093
南岸区	333118	8772	20989	17939	33453	4705	7012	12970	5985	8561
北碚区	249731	5432	29106	30964	20268	9067	12977	3869	8731	4938
綦江区	253718	13759	18672	15692	7443	4014	5153	3898	2778	6567
#万盛经开区	77511	12461	6349	2970	1046	2112	1258	851	708	770
大足区	212128	2212	14182	13128	10243	1080	5658	3640	1334	4685
渝北区	803965	4029	27710	39618	64752	9695	21351	27424	20638	27659
巴南区	303376	7942	13573	48399	33125	3262	6456	16129	4259	6572
黔江区	80197	1123	1561	5060	2328	221	935	1768	1986	5760
长寿区	197517	1802	6600	27381	13625	2025	22153	1713	3680	2401
江津区	335065	8696	37654	16727	17185	4565	5072	12904	3492	3293
合川区	242033	2711	11118	13020	13557	5814	10679	7796	3271	6703
永川区	287088	2634	13145	35643	12739	5485	9696	11738	4960	8570
南川区	113971	6106	7957	8290	8753	611	1830	1763	719	3113
潼南县	175950	2743	10772	21137	25493	742	6289	3529	291	619
铜梁县	199955	3453	4672	19171	12520	4790	2597	3954	2789	3991
荣昌县	181181	3477	11830	12269	11095	3488	4018	3665	1988	4112
璧山县	230641	4152	3714	17559	12757	5679	2934	8142	3102	6507
梁平县	142891	1600	7941	6934	20081	833	1366	711	887	2589
城口县	28863	753	3726	1996	697	485	1044	190	196	212
丰都县	86674	3006	3846	8338	4785	8367	7086	837	589	945
垫江县	182267	4215	13058	18813	6470	3543	569	3520	1528	1842
武隆县	61605	1339	5562	4156	2056	198	1079	1291	685	760
忠　县	156960	2754	11755	13817	6996	2474	541	1703	421	3291
开　县	241474	3980	14996	23405	20424	1397	2666	10813	5877	6856
云阳县	137957	3773	7196	7876	5981	835	2722	1914	3365	2190
奉节县	128628	1651	6007	12300	6945	755	402	3875	1204	16832
巫山县	46894	2559	4819	4517	1986	100	692	503	376	765
巫溪县	58541	1862	6139	8200	4265	150	479	148	82	841
石柱县	59977	3376	4741	4347	1907	700	313	1295	950	1382
秀山县	76454	646	1021	5773	542		326	817	2067	1511
酉阳县	60673	2130	8065	5146	868	42	240	763	173	442
彭水县	56459	1718	4729	3424	1399	560	807	592	1275	796

时间分组的法人单位从业人员数

单位：人

2001年	2002年	2003年	2004年	2005年	2006年	2007年	2008年	2009年	2010年	2011年	2012年	2013年
368483	**403490**	**348692**	**358640**	**319209**	**351273**	**384165**	**312193**	**357292**	**513918**	**660474**	**596893**	**525387**
11824	11610	9859	18276	13269	14157	22577	18633	17945	39398	50332	37619	30101
6863	8902	13901	11036	11006	12269	14999	19002	15263	18753	23039	23737	17683
11922	33551	14537	12763	46360	18891	30620	20571	11414	20178	25658	16411	19363
5085	6398	3377	2931	4110	3949	3142	3154	3153	3874	3943	4585	4214
8289	8827	9994	34744	13317	24107	21893	13126	15334	15965	18300	16086	13506
12409	13388	14317	17869	19131	16504	24590	11008	54171	49181	45816	29271	26263
17927	22053	25522	27008	28292	31325	27860	19391	22140	26998	34788	25784	23088
15154	18543	14091	19947	8063	13023	17600	14571	12500	17096	22854	23536	15659
16433	8390	11209	11393	7158	6831	6682	6324	8607	9768	18615	7366	5433
10037	27665	7472	9935	8111	6692	9801	9887	10957	15612	20398	21236	17726
606	3374	619	3416	3436	1966	2367	2475	2633	4117	7429	9538	6941
6234	5621	7444	6366	6123	7835	8783	10383	6402	12377	19393	21300	37705
66156	56965	55509	39634	31966	70495	41035	27877	20019	34887	53161	41062	21940
21349	28238	15673	10806	10290	7245	8968	5973	9362	13510	12126	10284	9807
6854	3606	5841	2931	2623	1947	2512	2469	3827	4700	5356	8156	8336
8144	10137	4677	12858	10532	8507	4701	8498	9431	8233	9769	13558	7088
7919	37564	14137	23011	13090	15037	18800	9438	15381	15692	21904	20540	12920
15783	12728	9881	6442	11625	10020	7526	6328	10958	10779	27630	22632	14895
11745	5805	11610	8932	12741	13457	11555	10829	8658	19738	29865	19243	16555
6283	5108	3122	3148	2878	3479	4361	3707	5304	6731	10093	12643	7972
1433	3259	1830	1336	2195	5870	9020	1829	4134	15624	11062	15443	31278
5719	3918	4440	6991	7884	6662	7417	8246	9787	13049	22474	22014	23404
6621	5327	16230	6383	5718	4435	7066	7501	7805	12908	14616	16482	14125
6361	10552	7714	10648	6254	9355	9318	8600	6663	22692	18088	24619	25196
1096	8046	10038	6678	1981	3501	7313	8499	5877	7645	16674	11235	11334
683	250	491	2628	1013	619	1236	1390	2940	1146	2131	3049	1940
6156	2025	2159	3571	2567	2270	5161	2273	4706	3531	4459	6028	3955
14120	2986	6081	2545	3006	3805	6651	5855	3429	14287	28973	21238	15731
2654	1766	1370	2142	1935	1321	3640	3558	1846	3696	6455	7789	6166
2804	7394	5667	3537	4051	4411	5264	6221	6321	14619	12923	23313	16669
16678	7590	3295	7422	4376	5215	10523	10025	11930	14113	19080	19512	21171
1632	11759	4838	4580	1872	4321	5262	7996	5251	14507	14409	14425	11253
6298	3829	17011	6742	3564	3523	3713	4563	8514	8813	3886	4056	3424
1038	1035	2724	2763	2500	862	2492	1471	3950	1505	2899	3825	3513
8506	764	1778	1654	1732	1267	2608	1855	1354	3438	4090	2509	4610
3947	2473	1561	1547	2071	2414	1733	3598	2270	4368	5553	5355	4065
9092	1729	6164	3494	2927	3041	4876	1358	3471	6914	5539	6522	8624
5057	2125	1097	2333	663	1147	1672	1902	3372	3889	7473	8939	3033
2178	1564	2031	1616	2215	1464	1195	4284	2846	3704	6650	5491	5642

1-1-5 按区县、登记注册类型

地区	单位数	内资	国有	集体	股份合作	联营	国有联营	集体联营	国有与集体联营	其他联营
全市	**254834**	**253424**	**22352**	**3468**	**1059**	**456**	**65**	**195**	**42**	**154**
万州区	14273	14209	1042	135	54	43	5	13	5	20
涪陵区	10565	10530	890	105	19	10	1	2	3	4
渝中区	14733	14483	708	199	78	18	1	8	3	6
大渡口区	3449	3430	283	44	15	3	1			2
江北区	9502	9371	525	66	25	15	7	5	1	2
沙坪坝区	12621	12534	587	270	66	21	2	12	2	5
九龙坡区	23815	23680	483	211	167	26	4	12	3	7
南岸区	9708	9622	410	44	101	12	2	5		5
北碚区	6231	6190	526	119	26	14	5	4	2	3
綦江区	7629	7614	822	170	48	12	2	1		9
#万盛经开区	2476	2472	265	64	11	6	1	1		4
大足区	7418	7407	716	79	7	6	1	4	1	
渝北区	13385	13140	796	68	104	19	4	7	2	6
巴南区	6624	6579	628	120	29	10	1	5	2	2
黔江区	3288	3285	304	12	7	10	1	1	1	7
长寿区	5792	5766	654	151	15	23	3	8	1	11
江津区	7533	7498	621	189	15	14		7	1	6
合川区	6579	6563	759	57	10	11		10	1	
永川区	7352	7318	585	73	31	20	1	9	1	9
南川区	4080	4076	451	58	8	6	1	2		3
潼南县	5670	5667	550	60	6	5		2	1	2
铜梁县	5550	5534	614	66	8	4		3		1
荣昌县	5097	5088	620	56	4	6	2	3		1
璧山县	6138	6096	421	85	30	13		11		2
梁平县	4257	4252	610	106	11	1				1
城口县	1880	1879	451	12	14	2	1	1		
丰都县	3351	3347	718	52	10	7		5	2	
垫江县	5649	5645	564	106	30	21	1	15	2	3
武隆县	2846	2841	538	35	8	1				1
忠　县	6697	6692	699	105	21	14	3	3	1	7
开　县	8769	8760	791	192	30	18		10	1	7
云阳县	4663	4658	616	78	15	24	4	12		8
奉节县	3307	3305	650	54	9	3	1	2		
巫山县	2043	2040	528	29	1	3	1			2
巫溪县	2649	2648	533	91	6	4	2			2
石柱县	2757	2753	355	59	8	8		7		1
秀山县	2697	2697	341	20	1					
酉阳县	3298	3293	492	55	8	4		2		2
彭水县	2939	2934	471	37	14	25	8	4	6	7

分组的法人单位数

单位：个

有限责任公司	国有独资	其他有限责任公司	股份有限公司	私营	私营独资	私营合伙	私营有限责任公司	私营股份有限公司	其他	港、澳、台商投资	外商投资企业
31773	**870**	**30903**	**2615**	**154760**	**80094**	**5982**	**64294**	**4390**	**36941**	**637**	**773**
1320	26	1294	206	8363	6257	240	1636	230	3046	12	52
538	33	505	105	7306	4205	176	2758	167	1557	12	23
2559	88	2471	177	9583	1466	334	7226	557	1161	133	117
715	16	699	42	2003	661	68	1209	65	325	11	8
735	58	677	104	7294	672	208	6266	148	607	69	62
3087	34	3053	149	7450	1831	319	5075	225	904	47	40
8805	43	8762	381	11653	2278	481	8364	530	1954	57	78
1171	35	1136	165	6985	1576	201	4950	258	734	40	46
715	33	682	51	3897	1859	101	1821	116	842	19	22
763	22	741	81	4116	3238	85	690	103	1602	6	9
419	9	410	23	1254	1054	28	144	28	430	2	2
1659	11	1648	33	4255	3075	218	824	138	652	3	8
2641	75	2566	269	7986	1971	316	5437	262	1257	88	157
1146	17	1129	75	3737	1953	117	1546	121	834	23	22
283	15	268	23	1616	1072	117	397	30	1030	2	1
429	23	406	58	3644	2583	116	837	108	792	12	14
509	48	461	27	5145	3240	200	1633	72	978	21	14
349	17	332	40	4338	3181	132	950	75	999	5	11
594	14	580	80	4636	3443	163	763	267	1299	15	19
168	16	152	32	2629	1827	153	576	73	724	3	1
229	8	221	20	3950	3470	57	407	16	847		3
125	6	119	23	4023	2817	50	1094	62	671	6	10
91	26	65	12	3669	2565	141	906	57	630	5	4
532	11	521	33	4307	1394	527	2315	71	675	14	28
152	11	141	31	2638	2166	123	299	50	703	1	4
75	11	64	23	718	596	47	58	17	584	1	
183	13	170	29	1430	1059	58	263	50	918	2	2
292	9	283	52	3666	2793	122	685	66	914	1	3
197	24	173	17	1468	1002	124	333	9	577	3	2
472	14	458	37	3966	2462	105	1343	56	1378	4	1
202	12	190	54	5673	4878	261	477	57	1800	3	6
230	17	213	34	2356	1748	113	444	51	1305	5	
129	9	120	33	1524	1135	73	269	47	903	2	
119	15	104	14	887	586	39	245	17	459	3	
78	8	70	14	1191	497	76	537	81	731	1	
116	13	103	46	1675	1276	124	238	37	486	2	2
41	14	27	5	1738	1056	77	563	42	551		
157	16	141	17	2047	1621	52	349	25	513	4	1
167	9	158	23	1198	585	68	511	34	999	2	3

1-1-6 按区县、登记注册类型

地区	从业人员数									
		内资								
			国有	集体	股份合作	联营				
							国有联营	集体联营	国有与集体联营	其他联营
全市	**8663134**	**8263142**	**1098225**	**120801**	**30269**	**12519**	**1597**	**3905**	**2446**	**4571**
万州区	494244	481643	71414	4514	1582	1027	141	202	149	535
涪陵区	380677	371569	45347	7361	313	127	4	5	68	50
渝中区	579761	554049	80499	6976	2367	833	16	64	87	666
大渡口区	93658	86837	11254	1440	274	91	84			7
江北区	358497	340184	32464	2717	749	232	117	97	11	7
沙坪坝区	510893	434722	50909	9998	2558	381	6	255	57	63
九龙坡区	519453	504462	34700	9900	2432	1753	14	224	1391	124
南岸区	333118	318055	36610	927	2072	155	2	62		91
北碚区	249731	245624	35971	2319	606	201	68	37	53	43
綦江区	253718	251651	30734	6080	1089	347	90	3		254
#万盛经开区	77511	76151	9513	1515	212	240	40	3		197
大足区	212128	208401	23809	1864	325	421	68	352	1	
渝北区	803965	696947	92780	1314	4523	418	236	77	30	75
巴南区	303376	288814	32482	2202	1002	305	22	71	80	132
黔江区	80197	80104	18653	182	106	197	35	5	112	45
长寿区	197517	176172	24572	5670	291	554	226	252	10	66
江津区	335065	320462	30318	2882	590	239		54	3	182
合川区	242033	236494	28005	1611	378	135		93	42	
永川区	287088	274149	33891	2703	2061	997	3	111	2	881
南川区	113971	113603	20872	3238	166	94	15	20		59
潼南县	175950	175853	24155	9505	130	149		27	6	116
铜梁县	199955	196449	20189	2536	925	400		384		16
荣昌县	181181	179986	20306	1055	264	80	27	45		8
璧山县	230641	207550	16985	1249	1754	440		392		48
梁平县	142891	142443	17645	4825	407	4				4
城口县	28863	28843	8302	384	274	7	6	1		
丰都县	86674	86581	18952	2357	90	138		15	123	
垫江县	182267	182034	25424	6101	703	304	3	236	42	23
武隆县	61605	61442	12847	1522	234	70				70
忠　县	156960	156640	23704	2499	556	203	25	89	15	74
开　县	241474	238233	30513	2365	514	430		258	4	168
云阳县	137957	137290	21631	2017	346	577	112	320		145
奉节县	128628	128574	21417	1280	90	18	1	17		
巫山县	46894	46727	16725	1448	10	517	14			503
巫溪县	58541	58533	14052	3114	48	51	45			6
石柱县	59977	59556	17047	1256	138	98		93		5
秀山县	76454	76454	15856	621	26					
酉阳县	60673	59571	21751	1884	73	38		18		20
彭水县	56459	56441	15440	885	203	488	217	26	160	85

分组的法人单位从业人员数

单位：人

有限责任公司	国有独资	其他有限责任公司	股份有限公司	私营	私营独资	私营合伙	私营有限责任公司	私营股份有限公司	其他	港、澳、台商投资	外商投资企业
2340058	**317235**	**2022823**	**300320**	**3895424**	**929420**	**110359**	**2651649**	**203996**	**465526**	**191087**	**208905**
151705	1834	149871	15471	189733	71111	4364	104608	9650	46197	3728	8873
99555	11609	87946	13872	190141	32658	4620	147151	5712	14853	3211	5897
254777	72059	182718	55084	136183	10407	3561	116000	6215	17330	11641	14071
30723	5297	25426	1333	38516	6456	669	29490	1901	3206	915	5906
98685	12950	85735	34315	161277	6199	2809	148077	4192	9745	9233	9080
143391	8089	135302	9640	196643	34680	5323	150870	5770	21202	63719	12452
210807	27667	183140	21135	201061	18843	4687	163632	13899	22674	4349	10642
81496	14403	67093	11351	172139	15952	2299	147481	6407	13305	7250	7813
65542	8941	56601	20192	114092	16342	1342	87781	8627	6701	2756	1351
95522	1041	94481	7911	96861	29455	2868	58599	5939	13107	842	1225
41670	588	41082	2180	16818	7212	488	6925	2193	4003	599	761
65678	1745	63933	2967	107010	54643	4059	42479	5829	6327	68	3659
296876	77851	219025	26178	251102	16578	6105	216459	11960	23756	23563	83455
130442	2801	127641	9414	103757	19783	1909	77456	4609	9210	6815	7747
16011	1767	14244	1108	34728	7377	1364	22272	3715	9119	90	3
66986	4473	62513	2424	69130	25633	2526	38237	2734	6545	18296	3049
65160	8207	56953	4727	203542	29068	3042	157720	13712	13004	9106	5497
47582	3034	44548	6207	140202	45104	3565	84073	7460	12374	1178	4361
77005	3242	73763	6436	127294	45912	5168	57082	19132	23762	7514	5425
17040	6253	10787	1815	61607	21676	2766	29953	7212	8771	237	131
30348	972	29376	5045	95807	36645	1901	54830	2431	10714		97
10784	266	10518	2641	150539	52827	2246	89243	6223	8435	1201	2305
16343	11925	4418	273	131296	34341	5552	84785	6618	10369	973	222
25192	558	24634	3445	149145	20096	6870	113003	9176	9340	10943	12148
35335	453	34882	3460	74180	26840	5569	37380	4391	6587	268	180
7388	1321	6067	927	7297	3913	641	2416	327	4264	20	
8893	1128	7765	568	44316	8513	931	34000	872	11267	65	28
30037	894	29143	12585	94349	51653	3260	31893	7543	12531	25	208
11737	2595	9142	1223	25681	9423	1581	14492	185	8128	66	97
13933	1346	12587	1275	95562	33212	2306	55267	4777	18908	260	60
52226	1540	50686	2070	128390	53474	5067	67444	2405	21725	903	2338
16303	4177	12126	2124	78914	24780	2369	49543	2222	15378	667	
14784	2449	12335	3290	79566	16866	1999	55853	4848	8129	54	
8606	1867	6739	559	14982	3750	891	10114	227	3880	167	
12046	984	11062	3870	16132	6517	868	7918	829	9220	8	
9773	3152	6621	2134	25120	10808	2038	10708	1566	3990	274	147
6021	4606	1415	1720	45717	11821	1566	29424	2906	6493		
5608	793	4815	820	24361	11137	582	12275	367	5036	682	420
9718	2946	6772	711	19052	4927	1076	11641	1408	9944		18

1−1−7 按区县、机构类型分组的法人单位数

单位：个

地 区	单位数	企业	事业单位	机关	社会团体	民办非企业单位	基金会	居委会	村委会	其他组织机构
全 市	**254834**	**205415**	**17243**	**3832**	**6396**	**6050**	**46**	**2531**	**8460**	**4861**
万州区	14273	11632	810	132	269	340	1	188	448	453
涪陵区	10565	8732	656	112	307	215		108	310	125
渝中区	14733	13289	364	130	474	265	13	94		104
大渡口区	3449	2923	169	74	70	86		47	32	48
江北区	9502	8493	330	95	106	214	6	82	39	137
沙坪坝区	12621	11300	398	101	112	329	1	133	89	158
九龙坡区	23815	22273	322	92	159	408	1	108	106	346
南岸区	9708	8759	303	61	93	196	2	88	61	145
北碚区	6231	5247	356	102	163	114	2	63	118	66
綦江区	7629	5817	665	148	279	123		99	365	133
#万盛经开区	2476	1966	190	55	74	45		34	57	55
大足区	7418	6037	577	97	132	206		103	209	57
渝北区	13385	11573	532	161	170	316	12	154	192	275
巴南区	6624	5327	478	90	151	206	1	87	198	86
黔江区	3288	2581	166	93	109	52		58	161	68
长寿区	5792	4446	559	138	167	113	1	31	222	115
江津区	7533	5892	491	89	179	298		83	182	319
合川区	6579	5028	617	136	144	136		63	327	128
永川区	7352	6080	481	93	166	163		51	209	109
南川区	4080	3090	302	100	138	129	1	58	185	77
潼南县	5670	4464	475	85	167	135		21	281	42
铜梁县	5550	4271	462	118	151	111		57	269	111
荣昌县	5097	3872	539	81	105	231		75	95	99
璧山县	6138	5150	327	74	158	145		45	142	97
梁平县	4257	2981	519	132	106	91		28	314	86
城口县	1880	915	341	77	108	125		21	183	110
丰都县	3351	2080	605	83	85	106	1	53	274	64
垫江县	5649	4434	453	94	121	153		57	244	93
武隆县	2846	1920	440	94	123	34	1	23	184	27
忠 县	6697	5205	512	117	186	184		44	320	129
开 县	8769	6387	728	98	324	280	1	79	434	438
云阳县	4663	2889	597	110	330	117		88	392	140
奉节县	3307	1747	655	90	142	104		52	335	182
巫山县	2043	1088	426	83	72	13		31	300	30
巫溪县	2649	1314	457	91	365	33		37	293	59
石柱县	2757	2005	230	80	148	23		28	214	29
秀山县	2697	1855	238	77	78	150		58	209	32
酉阳县	3298	2341	337	98	125	74		8	261	54
彭水县	2939	1978	326	106	114	32	2	28	263	90

1-1-8 按区县、机构类型分组的法人单位从业人员数

单位：人

地区	从业人员数	企业	事业单位	机关	社会团体	民办非企业单位	基金会	居委会	村委会	其他组织机构
全市	**8663134**	**7391327**	**711353**	**215455**	**88702**	**103315**	**285**	**23101**	**58502**	**71094**
万州区	494244	410348	38069	11132	7176	6473	13	2331	5774	12928
涪陵区	380677	337372	25997	8566	1778	3196		826	1815	1127
渝中区	579761	515692	43946	7804	3623	4108	77	1814		2697
大渡口区	93658	80261	7552	2294	688	1204		371	334	954
江北区	358497	324499	20723	5281	638	4530	34	843	259	1690
沙坪坝区	510893	443975	48718	3608	1032	8728	10	1394	748	2680
九龙坡区	519453	473265	24738	6010	779	7706	9	1148	837	4961
南岸区	333118	291554	23137	7611	1814	4429	18	803	490	3262
北碚区	249731	221177	20130	3809	763	1540	6	472	664	1170
綦江区	253718	218815	22146	6431	1167	1411		617	1934	1197
#万盛经开区	77511	66857	6609	2274	464	433		218	341	315
大足区	212128	182399	17735	5065	1058	2601		855	1619	796
渝北区	803965	725741	38350	21882	1996	8571	74	1829	1247	4275
巴南区	303376	271727	19053	4430	1726	4044	7	513	1296	580
黔江区	80197	60563	10269	6013	542	995		375	902	538
长寿区	197517	172636	15395	4127	1326	1477	7	221	1216	1112
江津区	335065	293703	22163	6221	3103	4470		799	1564	3042
合川区	242033	205013	19359	8266	1091	3966		614	2096	1628
永川区	287088	237374	24106	6630	11164	4456		364	1693	1301
南川区	113971	87886	13477	5610	2536	2092	8	364	829	1169
潼南县	175950	150795	12779	4882	3086	1426		212	2150	620
铜梁县	199955	171094	14882	5199	3184	2635		314	1550	1097
荣昌县	181181	153781	14563	6087	1513	2236		644	883	1474
璧山县	230641	206812	12063	3727	3501	1485		437	1037	1579
梁平县	142891	119192	14738	3550	886	737		173	1670	1945
城口县	28863	17036	5337	2504	544	1420		126	880	1016
丰都县	86674	62694	13670	2688	1402	1207	4	457	1926	2626
垫江县	182267	152334	16725	5494	1305	2043		609	2815	942
武隆县	61605	46129	8150	3611	1366	402	3	145	1503	296
忠县	156960	127686	16916	4078	2008	1718		458	2726	1370
开县	241474	193601	24702	5817	4652	4177	8	547	2527	5443
云阳县	137957	103045	17529	5745	4802	2053		559	1992	2232
奉节县	128628	100632	18098	4600	1518	1213		343	1696	528
巫山县	46894	28441	11094	3587	870	209		259	2190	244
巫溪县	58541	35552	9893	3606	7083	317		213	1629	248
石柱县	59977	41728	10403	4794	878	285		196	1149	544
秀山县	76454	55695	10747	4327	705	2326		583	1605	466
酉阳县	60673	34504	14181	5808	2963	1010		79	1750	378
彭水县	56459	36576	9820	4561	2436	419	7	194	1507	939

1-1-9 按行业、区县

指标名称	行业代码	单位数	万州区	涪陵区	渝中区
总　计		**254834**	**14273**	**10565**	**14733**
农、林、牧、渔业	A	**2982**	**1070**	**69**	
农业	01	36	2	1	
谷物种植	011	1			
蔬菜、食用菌及园艺作物种植	014	13			
水果种植	015	14	1		
坚果、含油果、香料和饮料作物种植	016	3			
中药材种植	017	1		1	
其他农业	019	4	1		
林业	02	9		1	
林木育种和育苗	021	7			
造林和更新	022	1		1	
森林经营和管护	023	1			
畜牧业	03	24			
牲畜饲养	031	11			
家禽饲养	032	8			
其他畜牧业	039	5			
渔业	04	20			
水产养殖	041	20			
农、林、牧、渔服务业	05	2893	1068	67	
农业服务业	051	2274	808	45	
林业服务业	052	150	32	22	
畜牧服务业	053	313	152		
渔业服务业	054	156	76		
采矿业	B	**2206**	**86**	**45**	
煤炭开采和洗选业	06	820	21	11	
烟煤和无烟煤开采洗选	061	776	16	11	
褐煤开采洗选	062	8			
其他煤炭采选	069	36	5		
石油和天然气开采业	07	32	5	1	
石油开采	071	5	5		
天然气开采	072	27		1	
黑色金属矿采选业	08	82			
铁矿采选	081	12			
锰矿、铬矿采选	082	66			
其他黑色金属矿采选	089	4			
有色金属矿采选业	09	23	1		
常用有色金属矿采选	091	19			
贵金属矿采选	092	3	1		
稀有稀土金属矿采选	093	1			
非金属矿采选业	10	1182	57	32	
土砂石开采	101	1103	55	30	
化学矿开采	102	22		1	
采盐	103	3	1		
石棉及其他非金属矿采选	109	54	1	1	

分组的法人单位数

单位：个

大渡口区	江北区	沙坪坝区	九龙坡区	南岸区	北碚区	綦江区	#万盛经开区	大足区
3449	**9502**	**12621**	**23815**	**9708**	**6231**	**7629**	**2476**	**7418**
4	**9**	**16**	**36**	**16**	**20**	**66**	**11**	**76**
		1			1	2		6
						1		4
					1			2
		1				1		
			1					5
			1					5
			1			1		6
								2
			1			1		
								4
								4
								4
4	9	15	34	16	19	63	11	55
3	9	13	22	13	19	54	11	45
		2	2	1		4		3
			1			5		3
1			9	2				4
4	**3**	**5**	**22**	**15**	**55**	**152**	**62**	**85**
			1	2	26	57	32	49
			1		26	56	32	46
				2		1		3
1			1			3		
1			1			3		
3	3	5	20	10	27	88	27	34
3	3	5	19	10	26	81	22	29
						2	2	3
			1		1	5	3	2

1-1-9 续表 1

指标名称	行业代码	单位数	万州区	涪陵区	渝中区
开采辅助活动	11	41	1	1	
煤炭开采和洗选辅助活动	111	17	1		
石油和天然气开采辅助活动	112	17		1	
其他开采辅助活动	119	7			
其他采矿业	12	26	1		
其他采矿业	120	26	1		
制造业	C	**42594**	**1586**	**991**	**104**
农副食品加工业	13	3372	100	151	2
谷物磨制	131	924	15	17	
饲料加工	132	262	11	12	
植物油加工	133	339	10	6	
制糖业	134	28	1		
屠宰及肉类加工	135	560	27	13	1
水产品加工	136	32	1		1
蔬菜、水果和坚果加工	137	455	18	91	
其他农副食品加工	139	772	17	12	
食品制造业	14	1125	57	23	1
焙烤食品制造	141	248	20	5	
糖果、巧克力及蜜饯制造	142	70	1	1	
方便食品制造	143	257	15	7	1
乳制品制造	144	14	3		
罐头食品制造	145	49	2	1	
调味品、发酵制品制造	146	308	10	5	
其他食品制造	149	179	6	4	
酒、饮料和精制茶制造业	15	924	46	33	
酒的制造	151	427	13	14	
饮料制造	152	347	28	15	
精制茶加工	153	150	5	4	
烟草制品业	16	5	1		
烟叶复烤	161	3	1		
卷烟制造	162	2			
纺织业	17	1702	77	23	1
棉纺织及印染精加工	171	699	14	2	
毛纺织及染整精加工	172	67	3	1	
麻纺织及染整精加工	173	13	1		
丝绢纺织及印染精加工	174	97	4	2	1
化纤织造及印染精加工	175	27	4	1	
针织或钩针编织物及其制品制造	176	163	13	1	
家用纺织制成品制造	177	536	34	15	
非家用纺织制成品制造	178	100	4	1	
纺织服装、服饰业	18	1546	111	20	17
机织服装制造	181	1122	81	7	17
针织或钩针编织服装制造	182	68	10	1	
服饰制造	183	356	20	12	
皮革、毛皮、羽毛及其制品和制鞋业	19	1051	40	11	
皮革鞣制加工	191	36			
皮革制品制造	192	177	7	1	

单位：个

大渡口区	江北区	沙坪坝区	九龙坡区	南岸区	北碚区	綦江区		大足区
							#万盛经开区	
					1	3	2	2
					1	1	1	
								2
						2	1	
				3	1	1	1	
				3	1	1	1	
752	**620**	**3477**	**3451**	**1346**	**2083**	**855**	**189**	**2521**
17	14	55	78	29	27	62	12	67
1		4	1	1	4	12	1	23
1	2	8	5	1				3
1	1	2	11	1	3	6		8
	1	1	4					
6	5	9	22	7	7	20	5	13
		2	1	2				1
3		3	6	3	1	9		4
5	5	26	28	14	12	15	6	15
10	22	62	99	43	38	19	1	25
1	5	12	21	6	5	2		5
	3	5	5		2			3
5	3	17	14	5	11	9	1	6
	1		1	1	1			1
1	1	2	3	4		1		
3	7	17	38	15	8	6		10
	2	9	17	12	11	1		
4	2	12	29	13	18	31	12	25
4		3	20	4	9	13	2	13
	2	9	9	8	8	7	1	9
				1	1	11	9	3
				2				
				2				
2	4	430	26	27	57	19	3	16
		412	15	3	54	4	1	4
1		2	1					2
		1		1				
		1		1				
	1							
	2	3	4	9				1
		7	3	8	2	14	2	5
1	1	4	3	5	1	1		4
4	17	24	37	52	19	19	6	13
4	11	16	31	43	15	14	5	12
		4	2	1		1		1
	6	4	4	8	4	4	1	
9	5	13	7	26	13	8	1	12
		1			1			
	5	4	2	3	4	2		6

1-1-9 续表 2

指标名称	行业代码	单位数	万州区	涪陵区	渝中区
毛皮鞣制及制品加工	193	76	3	3	
羽毛(绒)加工及制品制造	194	49	3		
制鞋业	195	713	27	7	
木材加工和木、竹、藤、棕、草制品业	20	1473	54	25	
木材加工	201	515	20	5	
人造板制造	202	99	6	6	
木制品制造	203	491	13	6	
竹、藤、棕、草等制品制造	204	368	15	8	
家具制造业	21	1841	103	41	2
木质家具制造	211	1410	75	26	
竹、藤家具制造	212	20	1		
金属家具制造	213	124	6		
塑料家具制造	214	19	2		1
其他家具制造	219	268	19	15	1
造纸和纸制品业	22	758	15	16	1
纸浆制造	221	5	1	1	
造纸	222	188	3	4	
纸制品制造	223	565	11	11	1
印刷和记录媒介复制业	23	1075	55	44	22
印刷	231	919	50	40	17
装订及印刷相关服务	232	150	5	4	5
记录媒介复制	233	6			
文教、工美、体育和娱乐用品制造业	24	775	56	14	4
文教办公用品制造	241	64	3		1
乐器制造	242	9	3		
工艺美术品制造	243	633	48	13	3
体育用品制造	244	22	1		
玩具制造	245	38	1	1	
游艺器材及娱乐用品制造	246	9			
石油加工及炼焦	25	73	4	1	
化学原料和化学制品制造业	26	1272	49	48	
基础化学原料制造	261	170	6	7	
肥料制造	262	158	9	7	
农药制造	263	29	1	1	
涂料、油墨、颜料及类似产品制造	264	375	13	14	
合成材料制造	265	102	4	5	
专用化学产品制造	266	235	8	11	
炸药、火工及焰火产品制造	267	63	1		
日用化学产品制造	268	140	7	3	
医药制造业	27	292	20	14	
化学药品原料药制造	271	54	3	1	
化学药品制剂制造	272	31	2	1	
中药饮片加工	273	51	2	3	
中成药生产	274	50	4	4	
兽用药品制造	275	27	4		
生物药品制造	276	52	3	5	
卫生材料及医药用品制造	277	27	2		

单位：个

大渡口区	江北区	沙坪坝区	九龙坡区	南岸区	北碚区	綦江区	#万盛经开区	大足区
		1	1			1		1
			2	2				1
9		7	2	21	8	5	1	4
19	6	49	68	12	8	40	12	48
	1	7	15		2	17	6	10
2		6	6	3		1	1	2
17	5	31	47	6	2	13	3	18
		5		3	4	9	2	18
13	3	133	122	65	15	25	5	33
11	1	108	96	42	9	17	3	18
						3		1
1		9	9	6	3	2		7
	1	1	5	1				
1	1	15	12	16	3	3	2	7
12	20	71	62	32	40	13	4	12
						1	1	
4	4	6	14	8		2	1	3
8	16	65	48	24	40	10	2	9
22	35	93	115	71	35	15	3	14
17	28	88	96	58	30	8	2	12
5	7	5	17	12	4	7	1	2
			2	1	1			
9	10	54	48	22	23	14	3	42
2		3	3	8				1
	1			1	1			1
6	8	47	43	11	22	14	3	39
	1	4	2	2				1
1								
1		9	14		2	1		4
17	36	109	105	60	47	22	8	33
4	6	10	4	4	7	5	3	6
1	1	2	8	1	3	3	1	4
	1	3	2		1			3
6	6	46	40	19	10	5	1	7
2	2	13	10	5	5	2	1	6
1	15	24	29	23	14	3	1	6
				1	1	2	1	1
3	5	11	12	7	6	2		
3	7	13	22	20	11	7	4	4
	1		5	3	3	1	1	
1	1	3	4	2				
		1		1				2
		2	2	5	1	2	2	
		2						
1	2	3	7	4	5	2		1
1	3	2	4	5	2	2	1	1

1-1-9 续表 3

指标名称	行业代码	单位数	万州区	涪陵区	渝中区
化学纤维制造业	28	23		1	
纤维素纤维原料及纤维制造	281	6			
合成纤维制造	282	17		1	
橡胶和塑料制品业	29	1566	71	56	4
橡胶制品业	291	313	9	9	2
塑料制品业	292	1253	62	47	2
非金属矿物制品业	30	4825	183	143	1
水泥、石灰和石膏制造	301	279	8	14	
石膏、水泥制品及类似制品制造	302	1417	32	49	
砖瓦、石材等建筑材料制造	303	2422	103	65	
玻璃制造	304	89	7	2	
玻璃制品制造	305	283	15	7	1
玻璃纤维和玻璃纤维增强塑料制品制造	306	57	1	3	
陶瓷制品制造	307	118	12	1	
耐火材料制品制造	308	67		1	
石墨及其他非金属矿物制品制造	309	93	5	1	
黑色金属冶炼和压延加工业	31	595	15	10	1
炼铁	311	19	1		
炼钢	312	14		1	
黑色金属铸造	313	196	4	2	1
钢压延加工	314	301	10	5	
铁合金冶炼	315	65		2	
有色金属冶炼和压延加工业	32	401	17	11	
常用有色金属冶炼	321	92	2	5	
贵金属冶炼	322	8			
稀有稀土金属冶炼	323	9			
有色金属合金制造	324	51	1		
有色金属铸造	325	25	2		
有色金属压延加工	326	216	12	6	
金属制品业	33	3910	205	67	12
结构性金属制品制造	331	2036	132	51	3
金属工具制造	332	594	17	1	4
集装箱及金属包装容器制造	333	67	4	1	1
金属丝绳及其制品制造	334	53	2		
建筑、安全用金属制品制造	335	367	17	3	3
金属表面处理及热处理加工	336	216	3	1	1
搪瓷制品制造	337	23	1		
金属制日用品制造	338	233	21	4	
其他金属制品制造	339	321	8	6	
通用设备制造业	34	2890	49	21	6
锅炉及原动设备制造	341	164	7	3	
金属加工机械制造	342	546	18	1	1
物料搬运设备制造	343	88	1	3	
泵、阀门、压缩机及类似机械制造	344	160	3		3
轴承、齿轮和传动部件制造	345	154	4	1	

单位：个

大渡口区	江北区	沙坪坝区	九龙坡区	南岸区	北碚区	綦江区	#万盛经开区	大足区
			1	1		1		3
								1
			1	1		1		2
35	24	134	176	105	98	22	7	64
8	9	24	31	38	32	4	2	8
27	15	110	145	67	66	18	5	56
45	25	175	219	92	147	152	42	173
3		4	7	7	4	14	5	2
7	15	54	40	34	25	36	8	52
24	7	66	114	35	50	82	20	99
2	2	6	17	2	2	5	3	
5		16	21	3	46	6	2	11
1	1	4	1	2	9	1		5
		9	7	5	2	2	2	3
3		8	4		2	4	1	
		8	8	4	7	2	1	1
11	6	60	53	5	19	19	3	74
		1				3		2
	1	3	1					1
3	2	24	9	5	18	10	1	19
8	3	32	43		1	6	2	52
5	3	29	77	10	10	25	5	17
1	1	11	5	2		10		1
		1	2			2		
			1					
1	1	5	20	1		2	2	3
		3	2	1	2	1		2
3	1	9	47	6	8	10	3	11
66	56	200	266	99	91	62	14	624
28	11	69	119	38	30	36	10	61
3	1	24	25	11	13	4		298
2	3	10	10	1	4	1		11
1	1		6	2	1	5		4
6	6	20	23	15	8	3	3	132
10	29	28	30	3	11			28
		3	5			1		
9	2	11	14	10	2	2	1	68
7	3	35	34	19	22	10		22
109	68	371	394	91	288	57	8	134
4		10	17	8	18	1		10
17	12	86	73	24	20	7	3	46
2		7	32	2	5			2
5	1	32	18	4	10	2	1	3
8	3	10	7	5	4	26	1	7

1-1-9 续表 4

指标名称	行业代码	单位数	万州区	涪陵区	渝中区
烘炉、风机、衡器、包装等设备制造	346	247	1	1	
文化、办公用机械制造	347	17			
通用零部件制造	348	1382	14	9	1
其他通用设备制造业	349	132	1	3	1
专用设备制造业	35	1950	57	17	5
采矿、冶金、建筑专用设备制造	351	273	9	3	1
化工、木材、非金属加工专用设备制造	352	591	8	1	1
食品、饮料、烟草及饲料生产专用设备制造	353	54	5	3	1
印刷、制药、日化及日用品生产专用设备制造	354	98	4	1	2
纺织、服装和皮革加工专用设备制造	355	40	1		
电子和电工机械专用设备制造	356	137	16	3	
农、林、牧、渔专用机械制造	357	433	8	4	
医疗仪器设备及器械制造	358	121	3		
环保、社会公共服务及其他专用设备制造	359	203	3	2	
汽车制造业	36	2822	26	11	8
汽车整车制造	361	26	1		
改装汽车制造	362	28	1	1	
电车制造	364	18	1		
汽车车身、挂车制造	365	21	1		
汽车零部件及配件制造	366	2729	22	10	8
铁路、船舶、航空航天和其他运输设备制造业	37	3136	25	121	4
铁路运输设备制造	371	32			
城市轨道交通设备制造	372	5			
船舶及相关装置制造	373	214	20	87	1
航空、航天器及设备制造	374	4			
摩托车制造	375	2854	5	34	3
自行车制造	376	15			
非公路休闲车及零配件制造	377	3			
潜水救捞及其他未列明运输设备制造	379	9			
电气机械和器材制造业	38	1139	53	21	4
电机制造	381	163	7	1	
输配电及控制设备制造	382	338	16	7	4
电线、电缆、光缆及电工器材制造	383	186	2	7	
电池制造	384	42	4		
家用电力器具制造	385	117	5		
非电力家用器具制造	386	41	3		
照明器具制造	387	159	13	5	
其他电气机械及器材制造	389	93	3	1	
计算机、通信和其他电子设备制造业	39	690	34	8	1
计算机制造	391	140	1		
通信设备制造	392	54	5	1	
广播电视设备制造	393	11		1	
视听设备制造	395	17			
电子器件制造	396	70	2		
电子元件制造	397	268	19	4	
其他电子设备制造	399	130	7	2	1

单位：个

大渡口区	江北区	沙坪坝区	九龙坡区	南岸区	北碚区	綦江区	#万盛经开区	大足区
10	21	59	40	12	13	2		16
		1	2	1	2	2		
58	25	150	185	28	206	17	3	42
5	6	16	20	7	10			8
34	39	194	267	83	108	38	18	291
6	1	30	38	10	9	23	12	47
6	24	57	108	11	43	6	2	28
1		2	5	2	2			6
2	1	6	20	6		2		3
1		3	3	6				4
5	3	13	19	12	7	1	1	3
5	1	32	28	3	19	3	1	191
3	4	20	12	10	22	2	2	4
5	5	31	34	23	6	1		5
48	112	296	322	114	181	134	1	390
	1	6	1		1			1
	1		1	3	1			5
2		5	7					
	1		4					1
46	109	285	309	111	179	134	1	383
192	28	657	519	99	376	19	9	309
1		2	8	1	2	4	1	6
	4					1		
2	3	19	4	17	6	1		4
		1						
189	20	634	504	81	365	13	8	298
			3					
								1
	1	1			3			
42	35	113	160	67	85	10	3	46
3	4	19	26	11	30			4
12	12	33	61	24	16	2	2	7
16	7	13	28	12	13	1		7
1			1		5	4		2
4	7	9	23	6	5	1		12
		2	4	1	3	1		3
2	3	14	9	9	7			7
4	2	23	8	4	6	1	1	4
10	10	45	66	44	32	2	1	7
3		13	28	2	4			1
		6	9	13	2			2
		1	3	1	1			2
1	4	1	2		1			
	1	8	3	15	9			1
	3	8	11	8	8			1
6	2	8	10	5	7	2	1	

1-1-9 续表 5

指标名称	行业代码	单位数	万州区	涪陵区	渝中区
仪器仪表制造业	40	561	8	2	8
通用仪器仪表制造	401	299	4	1	6
专用仪器仪表制造	402	52			1
钟表与计时仪器制造	403	9			
光学仪器及眼镜制造	404	110	1		
其他仪器仪表制造业	409	91	3	1	1
其他制造业	41	416	22	7	
日用杂品制造	411	113	9	4	
煤制品制造	412	66	1		
其他未列明制造业	419	237	12	3	
废弃资源综合利用业	42	155	15	3	
金属废料和碎屑加工处理	421	97	7	1	
非金属废料和碎屑加工处理	422	58	8	2	
金属制品、机械和设备修理业	43	231	18	28	
金属制品修理	431	24	2		
通用设备修理	432	29	3	3	
专用设备修理	433	35	3	3	
铁路、船舶、航空航天等运输设备修理	434	40	3	12	
电气设备修理	435	16		2	
仪器仪表修理	436	5			
其他机械和设备修理业	439	82	7	8	
电力、热力、燃气及水生产和供应业	D	**1929**	**111**	**90**	**3**
电力、热力生产和供应业	44	1163	79	73	2
电力生产	441	1083	73	63	
电力供应	442	74	5	10	2
热力生产和供应	443	6	1		
燃气生产和供应业	45	202	12	4	
燃气生产和供应业	450	202	12	4	
水的生产和供应业	46	564	20	13	1
自来水生产和供应	461	472	16	8	1
污水处理及其再生利用	462	78	4	5	
其他水的处理、利用与分配	469	14			
建筑业	E	**7119**	**381**	**336**	**478**
房屋建筑业	47	2355	149	179	79
房屋建筑业	470	2355	149	179	79
土木工程建筑业	48	666	18	13	60
铁路、道路、隧道和桥梁工程建筑	481	241	11	6	18
水利和内河港口工程建筑	482	56	2	2	4
工矿工程建筑	484	31			2
架线和管道工程建筑	485	71	2	3	5
其他土木工程建筑	489	267	3	2	31
建筑安装业	49	757	38	14	85
电气安装	491	198	7	1	25
管道和设备安装	492	226	14	4	28
其他建筑安装业	499	333	17	9	32

单位：个

大渡口区	江北区	沙坪坝区	九龙坡区	南岸区	北碚区	綦江区		大足区
							#万盛经开区	
8	21	33	57	30	272			3
5	12	18	35	19	130			3
	4	7	5	5	8			
			2					
	1		5	4	89			
3	4	8	10	2	45			
	5	18	6	11	18	9	2	10
	1		3	1	5	5		4
						2	1	3
	4	18	3	10	13	2	1	3
1	3	6	15	2	1	8	2	22
1	3	5	11	1		5	1	22
		1	4	1	1	3	1	
4	4	19	21	19	4	2		6
	1	2		3				5
	1	2	4	2	1			
		3	3	1		2		
1	2	1	2	9				
			5	1				1
		2			1			
3		9	7	3	2			
4	**9**	**14**	**26**	**11**	**20**	**87**	**24**	**35**
		1	9	2	7	61	16	13
			6	1	7	59	15	10
			3			2	1	3
		1		1				
2	6	2	6	1		8	1	3
2	6	2	6	1		8	1	3
2	3	11	11	8	13	18	7	19
	3	6	8	7	11	14	5	18
2		5	3	1	2	3	1	1
						1	1	
124	**583**	**403**	**734**	**481**	**141**	**168**	**59**	**144**
30	94	62	157	95	43	74	24	52
30	94	62	157	95	43	74	24	52
7	69	32	51	54	21	12	5	12
6	21	8	27	26	5	5	1	6
	3	1	1	3		1		4
	2	1	5	1	7			1
	6	11	4	8		2	2	
1	37	11	14	16	9	4	2	1
19	73	46	100	64	16	7	2	13
6	7	10	20	16	5	3	2	2
6	24	5	56	11	6	2		1
7	42	31	24	37	5	2		10

1-1-9 续表 6

指标名称	行业代码	单位数	万州区	涪陵区	渝中区
建筑装饰和其他建筑业	50	3341	176	130	254
建筑装饰业	501	2102	90	51	200
工程准备活动	502	116	7	8	3
提供施工设备服务	503	131	5	1	
其他未列明建筑业	509	992	74	70	51
批发和零售业	F	**80603**	**5111**	**4132**	**5981**
批发业	51	33940	1661	2579	3214
农、林、牧产品批发	511	3311	141	718	40
食品、饮料及烟草制品批发	512	5529	346	1183	326
纺织、服装及家庭用品批发	513	2858	208	54	914
文化、体育用品及器材批发	514	754	30	19	240
医药及医疗器材批发	515	1154	60	83	123
矿产品、建材及化工产品批发	516	11180	575	337	545
机械设备、五金产品及电子产品批发	517	7014	196	122	838
贸易经纪与代理	518	426	21	15	51
其他批发业	519	1714	84	48	137
零售业	52	46663	3450	1553	2767
综合零售	521	5151	490	139	171
食品、饮料及烟草制品专门零售	522	5554	614	232	167
纺织、服装及日用品专门零售	523	8102	672	244	694
文化、体育用品及器材专门零售	524	2233	112	58	399
医药及医疗器材专门零售	525	1215	49	35	70
汽车、摩托车、燃料及零配件专门零售	526	4456	269	163	119
家用电器及电子产品专门零售	527	6826	354	204	460
五金、家具及室内装饰材料专门零售	528	9501	547	389	308
货摊、无店铺及其他零售业	529	3625	343	89	379
交通运输、仓储和邮政业	G	**5035**	**320**	**486**	**322**
道路运输业	54	2996	189	302	119
城市公共交通运输	541	132	10	7	19
公路旅客运输	542	194	14	9	2
道路货物运输	543	2393	152	273	89
道路运输辅助活动	544	277	13	13	9
水上运输业	55	384	54	84	34
水上旅客运输	551	48	7		9
水上货物运输	552	258	42	78	16
水上运输辅助活动	553	78	5	6	9
航空运输业	56	30	2		9
航空客货运输	561	15			2
通用航空服务	562	3			2
航空运输辅助活动	563	12	2		5
管道运输业	57	4		1	1
管道运输业	570	4		1	1
装卸搬运和运输代理业	58	1122	41	82	146
装卸搬运	581	354	20	49	9
运输代理业	582	768	21	33	137
仓储业	59	307	22	9	4
谷物、棉花等农产品仓储	591	48	3	1	2
其他仓储业	599	259	19	8	2

单位：个

大渡口区	江北区	沙坪坝区	九龙坡区	南岸区	北碚区	綦江区	#万盛经开区	大足区
68	347	263	426	268	61	75	28	67
33	245	178	306	195	10	48	15	61
2	7	8	15	5	2	3	2	2
2	2	6	13	5	4	6	1	1
31	93	71	92	63	45	18	10	3
1169	**2788**	**3606**	**11002**	**3077**	**1485**	**2462**	**891**	**1584**
716	1565	1874	6351	1403	333	802	299	711
3	45	21	56	93	36	168	74	25
75	319	90	217	161	45	192	97	87
26	150	83	194	139	10	17	8	74
7	46	40	114	35	3	6	2	10
13	76	78	195	268	4	9	3	6
484	366	1014	2754	314	91	266	87	268
91	415	445	2536	296	108	41	5	139
4	41	21	29	13	5	56	1	2
13	107	82	256	84	31	47	22	100
453	1223	1732	4651	1674	1152	1660	592	873
30	94	157	245	165	67	242	91	50
46	120	115	178	164	135	338	172	95
113	168	235	220	284	199	230	86	193
48	112	85	163	66	49	49	10	38
14	25	101	116	88	10	25	9	13
30	100	138	650	163	49	144	48	126
62	173	266	1477	213	135	162	44	117
86	285	481	1046	310	127	386	110	199
24	146	154	556	221	381	84	22	42
83	**347**	**270**	**427**	**150**	**71**	**358**	**166**	**104**
52	128	152	234	98	43	308	149	83
2	3	1	8	6	3	1	1	3
1	5	6	4	3	3	4		4
48	110	141	209	79	36	297	146	66
1	10	4	13	10	1	6	2	10
3	14	2	5	7	6	1		4
		1		2	2			3
2	12		3	3	3	1		
1	2	1	2	2	1			1
	2	2						
		2						
	2							
		2						
		2						
16	168	65	133	35	17	44	16	11
12	17	18	41	9	6	20	3	2
4	151	47	92	26	11	24	13	9
10	27	41	39	4	2	2		2
	1	3	1	1	1	1		
10	26	38	38	3	1	1		2

1-1-9 续表 7

指标名称	行业代码	单位数	万州区	涪陵区	渝中区
邮政业	60	192	12	8	9
邮政基本服务	601	54	2	1	3
快递服务	602	138	10	7	6
住宿和餐饮业	H	**12436**	**709**	**637**	**360**
住宿业	61	1909	116	33	151
旅游饭店	611	644	29	10	53
一般旅馆	612	1003	76	20	88
其他住宿业	619	262	11	3	10
餐饮业	62	10527	593	604	209
正餐服务	621	8780	430	520	149
快餐服务	622	301	31	18	25
饮料及冷饮服务	623	253	16	38	7
其他餐饮业	629	1193	116	28	28
信息传输、软件和信息技术服务业	I	**5775**	**148**	**108**	**867**
电信、广播电视和卫星传输服务	63	402	32	7	16
电信	631	312	22	4	12
广播电视传输服务	632	82	10	2	3
卫星传输服务	633	8		1	1
互联网和相关服务	64	651	30	18	80
互联网接入及相关服务	641	61	2	1	14
互联网信息服务	642	451	19	3	38
其他互联网服务	649	139	9	14	28
软件和信息技术服务业	65	4722	86	83	771
软件开发	651	3352	29	68	548
信息系统集成服务	652	239	7	7	51
信息技术咨询服务	653	665	26	6	115
数据处理和存储服务	654	45			18
集成电路设计	655	14			1
其他信息技术服务业	659	407	24	2	38
房地产业	K	**8709**	**329**	**332**	**823**
房地产业	70	8709	329	332	823
房地产开发经营	701	3279	150	144	218
物业管理	702	2235	105	98	260
房地产中介服务	703	2767	71	89	262
自有房地产经营活动	704	215	1		55
其他房地产业	709	213	2	1	28
租赁和商务服务业	L	**20506**	**1103**	**793**	**3020**
租赁业	71	1768	144	102	64
机械设备租赁	711	1715	136	99	58
文化及日用品出租	712	53	8	3	6
商务服务业	72	18738	959	691	2956
企业管理服务	721	2065	107	92	300
法律服务	722	838	46	33	115
咨询与调查	723	5051	351	96	896

单位：个

大渡口区	江北区	沙坪坝区	九龙坡区	南岸区	北碚区	綦江区	#万盛经开区	大足区
2	8	6	16	6	3	3	1	4
	1	1	2	1	1	2	1	2
2	7	5	14	5	2	1		2
96	**286**	**297**	**364**	**466**	**171**	**705**	**247**	**600**
12	64	87	91	84	23	97	24	85
3	8	25	31	27	6	36	10	15
5	38	54	35	45	14	54	11	56
4	18	8	25	12	3	7	3	14
84	222	210	273	382	148	608	223	515
63	184	153	214	262	126	555	191	417
2	9	16	14	17	2	12	5	7
2	10	11	9	16	4	7	6	10
17	19	30	36	87	16	34	21	81
68	**537**	**493**	**1456**	**485**	**87**	**57**	**28**	**24**
5	7	14	32	9	5	8	3	8
4	5	12	22	8	4	7	3	6
1	1	2	8	1	1	1		2
	1		2					
4	52	61	73	51	7	15	9	4
	4	5	11	7	1	1		
4	30	48	52	34	3	7	4	3
	18	8	10	10	3	7	5	1
59	478	418	1351	425	75	34	16	12
46	395	276	1086	303	53	6	2	6
1	15	24	67	9	2	5		
9	51	77	99	64	13	13	5	4
	1	5	8	5	1			
	1	2	2	4				1
3	15	34	89	40	6	10	9	1
139	**539**	**472**	**785**	**532**	**233**	**189**	**77**	**235**
139	539	472	785	532	233	189	77	235
52	216	157	234	204	99	94	36	94
32	151	134	245	156	55	42	14	51
47	157	148	222	138	51	45	19	89
8	14	3	30	20	28	1	1	
	1	30	54	14		7	7	1
256	**1908**	**1274**	**2517**	**1348**	**349**	**311**	**82**	**320**
36	84	111	262	87	36	48	11	43
36	83	102	257	85	36	48	11	42
	1	9	5	2				1
220	1824	1163	2255	1261	313	263	71	277
19	265	100	114	121	40	17	4	34
8	80	35	41	29	19	19	8	18
48	596	448	792	368	60	32	8	50

1-1-9 续表 8

指标名称	行业代码	单位数	万州区	涪陵区	渝中区
广告业	724	5585	222	252	842
知识产权服务	725	109	1		32
人力资源服务	726	1479	79	112	146
旅行社及相关服务	727	730	59	27	156
安全保护服务	728	125	7	5	10
其他商务服务业	729	2756	87	74	459
科学研究和技术服务业	**M**	**6947**	**335**	**394**	**576**
研究和试验发展	73	434	26	17	64
自然科学研究和试验发展	731	38	1		6
工程和技术研究和试验发展	732	159	2	6	21
农业科学研究和试验发展	733	92	18	3	2
医学研究和试验发展	734	85	2	6	22
社会人文科学研究	735	60	3	2	13
专业技术服务业	74	4928	198	239	430
气象服务	741	59	1		
地震服务	742	18	2		
海洋服务	743	1			
测绘服务	744	85	3	1	7
质检技术服务	745	265	19	10	15
环境与生态监测	746	94	7	5	2
地质勘查	747	101	5	2	13
工程技术	748	1721	84	117	211
其他专业技术服务业	749	2584	77	104	182
科技推广和应用服务业	75	1585	111	138	82
技术推广服务	751	1274	89	123	47
科技中介服务	752	146	12	6	27
其他科技推广和应用服务业	759	165	10	9	8
水利、环境和公共设施管理业	**N**	**1710**	**69**	**93**	**59**
水利管理业	76	472	25	13	2
防洪除涝设施管理	761	26	2		1
水资源管理	762	89	10	1	
天然水收集与分配	763	184	9	4	1
水文服务	764	22	1	2	
其他水利管理业	769	151	3	6	
生态保护和环境治理业	77	264	8	22	16
生态保护	771	53	1	7	3
环境治理业	772	211	7	15	13
公共设施管理业	78	974	36	58	41
市政设施管理	781	150	3	3	11
环境卫生管理	782	180	6	3	8
城乡市容管理	783	29	2	3	
绿化管理	784	375	12	29	18
公园和游览景区管理	785	240	13	20	4

单位：个

大渡口区	江北区	沙坪坝区	九龙坡区	南岸区	北碚区	綦江区	#万盛经开区	大足区
79	405	334	877	366	89	87	17	58
1	17	14	3	7	5			2
10	155	54	139	66	32	44	10	39
4	68	21	17	26	9	29	10	17
1	6	1	11	6	2	3	2	7
50	232	156	261	272	57	32	12	52
56	**392**	**349**	**666**	**294**	**229**	**180**	**40**	**101**
4	25	21	82	26	21	8	2	1
		4	9	3	3	2		
2	12	7	48	10	7	1		1
1	3	2	4	4	7	4	1	
1	5	6	11	6	3			
	5	2	10	3	1	1	1	
41	308	262	503	234	164	114	24	69
		3			1	3	2	2
	1	1				1	1	1
	1							
	4	12	4	7	1	1		4
5	14	7	14	10	9	6	1	6
	8	2	8	2	1	4		3
	6	5	4	3	9	4	2	1
6	80	54	183	57	117	23	8	13
30	194	178	290	155	26	72	10	39
11	59	66	81	34	44	58	14	31
6	41	43	54	19	32	51	12	29
2	3	11	12	5	5	1	1	
3	15	12	15	10	7	6	1	2
26	**69**	**46**	**123**	**76**	**56**	**43**	**17**	**44**
	6	6	6	2	7	15	5	16
		1	1			2	2	
			1		2	3		1
		3	3	1	2	5	2	8
		1			1			1
	6	1	1	1	2	5	1	6
7	20	10	42	9	8	3		1
2	2		2	1	3	1		
5	18	10	40	8	5	2		1
19	43	30	75	65	41	25	12	27
5	6	6	13	6	6	1	1	4
1	4	7	23	14	2	6	3	11
1	1	1	3	2	3	1	1	1
11	27	10	31	38	13	6	3	7
1	5	6	5	5	17	11	4	4

1-1-9 续表 9

指标名称	行业代码	单位数	万州区	涪陵区	渝中区
居民服务、修理和其他服务业	O	**7613**	**635**	**284**	**471**
居民服务业	79	3935	402	155	223
家庭服务	791	675	52	43	38
托儿所服务	792	33			4
洗染服务	793	383	47	20	2
理发及美容服务	794	1245	156	74	61
洗浴服务	795	98	5	2	4
保健服务	796	233	37	1	14
婚姻服务	797	437	27	5	47
殡葬服务	798	184	19	5	2
其他居民服务业	799	647	59	5	51
机动车、电子产品和日用产品修理业	80	2498	188	96	121
汽车、摩托车修理与维护	801	1748	110	70	35
计算机和办公设备维修	802	299	24	10	39
家用电器修理	803	331	42	12	34
其他日用产品修理业	809	120	12	4	13
其他服务业	81	1180	45	33	127
清洁服务	811	775	34	30	97
其他未列明服务业	819	405	11	3	30
教育	P	**10133**	**459**	**375**	**379**
教育	82	10133	459	375	379
学前教育	821	3475	166	116	56
初等教育	822	2650	79	89	34
中等教育	823	1300	71	52	33
高等教育	824	103	6	4	5
特殊教育	825	53	4	1	9
技能培训、教育辅助及其他教育	829	2552	133	113	242
卫生和社会工作	Q	**5337**	**264**	**139**	**117**
卫生	83	3782	185	71	80
医院	831	518	34	24	33
社区医疗与卫生院	832	1963	76	35	16
门诊部(所)	833	564	28	4	11
计划生育技术服务活动	834	548	42	4	2
妇幼保健院(所、站)	835	41	1	1	3
专科疾病防治院(所、站)	836	16	1	1	1
疾病预防控制中心	837	57	1	1	5
其他卫生活动	839	75	2	1	9
社会工作	84	1555	79	68	37
提供住宿社会工作	841	960	39	36	26
不提供住宿社会工作	842	595	40	32	11
文化、体育和娱乐业	R	**5682**	**254**	**227**	**375**
新闻和出版业	85	147	2	1	63
新闻业	851	27			8
出版业	852	120	2	1	55
广播、电视、电影和影视录音制作业	86	297	11	10	46
广播	861	17			
电视	862	63	4	2	2

单位：个

大渡口区	江北区	沙坪坝区	九龙坡区	南岸区	北碚区	綦江区		大足区
							#万盛经开区	
116	**337**	**445**	**541**	**320**	**165**	**226**	**82**	**193**
63	176	234	223	160	100	111	39	118
38	50	24	44	40	20	17	3	10
		18	3			2	2	
4	10	4	13	18	13	11	2	8
5	39	20	40	38	44	40	18	53
	3	4	9	5		2	1	6
1	9	3	13	13	10	4	1	13
4	39	16	24	16	7	17	3	9
4	5	11	11	11	5	5	1	3
7	21	134	66	19	1	13	8	16
32	90	97	215	109	52	90	33	70
16	65	50	123	76	36	72	30	62
9	13	19	50	13	3	1	1	2
6	9	24	26	18	9	10	2	5
1	3	4	16	2	4	7		1
21	71	114	103	51	13	25	10	5
20	57	76	83	47	10	16	5	3
1	14	38	20	4	3	9	5	2
126	**287**	**465**	**521**	**318**	**214**	**309**	**71**	**299**
126	287	465	521	318	214	309	71	299
46	97	139	197	107	67	87	30	160
18	36	52	48	42	50	89	19	77
12	23	48	43	28	27	56	12	31
2	6	15	9	8	2	1	1	1
		1	3	1	1	1		1
48	125	210	221	132	67	75	9	29
50	**86**	**138**	**148**	**108**	**98**	**142**	**60**	**110**
38	67	75	107	68	52	96	39	55
11	20	22	47	25	21	14	5	6
19	23	27	25	20	6	37	13	30
2	13	15	20	14	8	14	11	2
2	5	5	9	3	14	23	7	12
1	1	1	1	1	1	2	1	1
			1			1		
2	1	3	1	1	2	3	1	2
1	4	2	3	4		2	1	2
12	19	63	41	40	46	46	21	55
8	12	60	21	28	27	21	11	18
4	7	3	20	12	19	25	10	37
52	**207**	**241**	**403**	**235**	**186**	**142**	**44**	**164**
1	6	8	7	4	8	4	1	1
		2	1	1		2	1	
1	6	6	6	3	8	2		1
3	10	22	30	15	6	8	5	3
		1	1		1	1		
		3				1	1	1

1-1-9 续表 10

指标名称	行业代码	单位数	万州区	涪陵区	渝中区
电影和影视节目制作	863	94	2	4	17
电影和影视节目发行	864	20			15
电影放映	865	88	5	4	10
录音制作	866	15			2
文化艺术业	87	1923	53	128	90
文艺创作与表演	871	497	9	78	26
艺术表演场馆	872	32	1	1	6
图书馆与档案馆	873	109	2	5	6
文物及非物质文化遗产保护	874	68	3		7
博物馆	875	24	1		8
烈士陵园、纪念馆	876	17	2	1	
群众文化活动	877	796	25	34	16
其他文化艺术业	879	380	10	9	21
体育	88	320	10	12	35
体育组织	881	92	2	5	16
体育场馆	882	18		1	
休闲健身活动	883	170	8	6	15
其他体育	889	40			4
娱乐业	89	2995	178	76	141
室内娱乐活动	891	2778	175	76	122
游乐园	892	31	1		1
彩票活动	893	1			
文化、娱乐、体育经纪代理	894	89	1		10
其他娱乐业	899	96	1		8
公共管理、社会保障和社会组织	S	**27518**	**1303**	**1034**	**798**
中国共产党机关	90	570	13	1	41
中国共产党机关	900	570	13	1	41
国家机构	91	8498	316	282	150
国家权力机构	911	126	2	1	11
国家行政机构	912	8003	296	277	131
人民法院和人民检察院	913	97	5	4	4
其他国家机构	919	272	13		4
人民政协、民主党派	92	155	5	7	13
人民政协	921	63	1	1	9
民主党派	922	92	4	6	4
社会保障	93	734	54	10	7
社会保障	930	734	54	10	7
群众团体、社会团体和其他成员组织	94	6570	279	316	493
群众团体	941	482	23	6	31
社会团体	942	5703	244	301	437
基金会	943	46	1		13
宗教组织	944	339	11	9	12
基层群众自治组织	95	10991	636	418	94
社区自治组织	951	2531	188	108	94
村民自治组织	952	8460	448	310	

单位：个

大渡口区	江北区	沙坪坝区	九龙坡区	南岸区	北碚区	綦江区	#万盛经开区	大足区
2	5	7	23	6	1	4	3	1
								1
1	4	5	5	8	4	2	1	
	1	6	1	1				
12	69	61	127	52	35	34	11	35
3	4	20	39	1	4	6	3	10
	3	1		3				
2	1	4	3	2	3	4	2	4
1		2	4	1	2	1		1
1	1	1	2	1	1	1		1
			1		1	1		
1	9	18	19	16	21	13	4	17
4	51	15	59	28	3	8	2	2
4	20	15	39	30	14	10	6	8
	2	3	7	3	3	8	5	3
1	2	2		3	1			
3	10	8	21	15	8			5
	6	2	11	9	2	2	1	
32	102	135	200	134	123	86	21	117
29	91	117	180	116	122	83	21	115
	2	1	1	2				
2	7	11	13	15		2		2
1	2	6	6	1	1	1		
324	**495**	**610**	**593**	**430**	**568**	**1177**	**326**	**779**
15	7	27	8	4	21	29	10	8
15	7	27	8	4	21	29	10	8
153	235	216	183	167	168	359	127	300
2	4	8	2	1	5	1		1
147	187	187	167	159	150	332	122	294
3	2	2	2	2	2	4	2	2
1	42	19	12	5	11	22	3	3
8	5	10	9	1	8	6		3
1	1	2	1	1	1	1		1
7	4	8	8		7	5		2
	10	16	10	7	21	24	11	24
	10	16	10	7	21	24	11	24
69	117	119	169	102	169	295	87	132
6	4	15	18	13	10	35	14	8
62	101	95	136	78	147	236	59	118
	6	1	1	2	2			
1	6	8	14	9	10	24	14	6
79	121	222	214	149	181	464	91	312
47	82	133	108	88	63	99	34	103
32	39	89	106	61	118	365	57	209

1-1-9 续表 11

指标名称	行业代码	渝北区	巴南区	黔江区	长寿区	江津区
总　　计		**13385**	**6624**	**3288**	**5792**	**7533**
农、林、牧、渔业	A	**30**	**64**	**31**	**42**	**37**
农业	01	1	3		6	3
谷物种植	011					
蔬菜、食用菌及园艺作物种植	014	1	1		1	1
水果种植	015				4	2
坚果、含油果、香料和饮料作物种植	016		2		1	
中药材种植	017					
其他农业	019					
林业	02					
林木育种和育苗	021					
造林和更新	022					
森林经营和管护	023					
畜牧业	03	1				
牲畜饲养	031	1				
家禽饲养	032					
其他畜牧业	039					
渔业	04				2	
水产养殖	041				2	
农、林、牧、渔服务业	05	28	61	31	34	34
农业服务业	051	24	55	24	28	33
林业服务业	052	4	4	3	3	
畜牧服务业	053		1	3	2	1
渔业服务业	054		1	1	1	
采矿业	B	**33**	**25**	**32**	**78**	**71**
煤炭开采和洗选业	06	19		7	25	
烟煤和无烟煤开采洗选	061	17		7	23	
褐煤开采洗选	062	2				
其他煤炭采选	069				2	
石油和天然气开采业	07					
石油开采	071					
天然气开采	072					
黑色金属矿采选业	08		1			
铁矿采选	081		1			
锰矿、铬矿采选	082					
其他黑色金属矿采选	089					
有色金属矿采选业	09		1			
常用有色金属矿采选	091		1			
贵金属矿采选	092					
稀有稀土金属矿采选	093					
非金属矿采选业	10	14	22	21	49	69
土砂石开采	101	13	20	19	46	67
化学矿开采	102			1		
采盐	103				2	
石棉及其他非金属矿采选	109	1	2	1	1	2

单位：个

合川区	永川区	南川区	潼南县	铜梁县	荣昌县	璧山县	梁平县	城口县
6579	**7352**	**4080**	**5670**	**5550**	**5097**	**6138**	**4257**	**1880**
63	**86**	**34**	**54**	**47**	**79**	**23**	**87**	**69**
			1		1			
					1			
			1					
1		1						
1								
		1						
1			1	1	1		1	
1			1		1			
				1			1	
61	86	33	52	46	77	23	86	69
57	60	25	42	41	56	18	72	43
	8	2	6	3	5	3	5	2
3	5	4	3	2	9	2	6	23
1	13	2	1		7		3	1
86	**178**	**65**	**51**	**66**	**84**	**22**	**84**	**37**
39	112	40		18	52	8	28	16
37	111	40		18	51	6	27	15
						2		
2	1				1		1	1
	1			1	1			14
								14
	1			1	1			
	1							1
								1
	1							
46	63	24	49	47	31	14	51	5
43	55	23	49	44	27	14	47	4
1				1				1
2	8	1		2	4		4	

1-1-9 续表 12

指标名称	行业代码					
		渝北区	巴南区	黔江区	长寿区	江津区
开采辅助活动	11		1	1	3	
煤炭开采和洗选辅助活动	111			1	2	
石油和天然气开采辅助活动	112		1			
其他开采辅助活动	119				1	
其他采矿业	12			3	1	2
其他采矿业	120			3	1	2
制造业	C	**1490**	**2033**	**231**	**724**	**1599**
农副食品加工业	13	54	67	21	69	98
谷物磨制	131	1	11	2	14	12
饲料加工	132	4	8	3	14	4
植物油加工	133	4	5	3	7	21
制糖业	134					6
屠宰及肉类加工	135	21	13	5	8	26
水产品加工	136					1
蔬菜、水果和坚果加工	137	9	12		15	19
其他农副食品加工	139	15	18	8	11	9
食品制造业	14	67	48	6	30	67
焙烤食品制造	141	15	7	1	13	12
糖果、巧克力及蜜饯制造	142		2		2	3
方便食品制造	143	8	4	1	1	9
乳制品制造	144	1	1		1	
罐头食品制造	145		1		1	
调味品、发酵制品制造	146	32	17		7	41
其他食品制造	149	11	16	4	5	2
酒、饮料和精制茶制造业	15	16	23	9	23	72
酒的制造	151	10	10	2	13	44
饮料制造	152	4	5	4	9	7
精制茶加工	153	2	8	3	1	21
烟草制品业	16		1			
烟叶复烤	161		1			
卷烟制造	162					
纺织业	17	11	18	12	28	43
棉纺织及印染精加工	171	2	2	2	6	10
毛纺织及染整精加工	172	1				1
麻纺织及染整精加工	173					
丝绢纺织及印染精加工	174	1	1	2		2
化纤织造及印染精加工	175	1			2	1
针织或钩针编织物及其制品制造	176	2	4	3	1	7
家用纺织制成品制造	177	3	7	5	15	20
非家用纺织制成品制造	178	1	4		4	2
纺织服装、服饰业	18	75	122	7	17	41
机织服装制造	181	54	100	5	11	29
针织或钩针编织服装制造	182	3	1		1	4
服饰制造	183	18	21	2	5	8
皮革、毛皮、羽毛及其制品和制鞋业	19	23	19	1	5	13
皮革鞣制加工	191	3				1
皮革制品制造	192	9	8		1	2

单位：个

合川区	永川区	南川区	潼南县	铜梁县	荣昌县	璧山县	梁平县	城口县
1		1	2				1	1
		1						
1			1				1	
			1					1
	1						4	
	1						4	
1340	**1122**	**660**	**2298**	**1540**	**1000**	**2286**	**922**	**97**
191	61	32	1038	53	142	49	77	18
47	7	11	560	10	6	1	28	
30	7	4	17	5	39	7	12	1
17	7	2	102	1	15	2	3	
	3		3			1		
32	23	5	71	19	32	8	15	8
4	2		9		1			
9	2	4	76	6	12	12	3	3
52	10	6	200	12	37	18	16	6
75	41	20	47	33	18	55	25	1
18	7	6	10	8	9	14	2	
4	9		3	3		9	4	
15	3	4	28	5	2	10	6	
		1						
8	1	3	1		1	1		
15	15	2	2	9	5	15	3	
15	6	4	3	8	1	6	10	1
43	48	20	33	34	46	21	13	7
30	23	10	20	19	23	7	3	2
9	18	3	9	11	10	10	9	1
4	7	7	4	4	13	4	1	4
49	20	45	170	150	26	73	24	6
13	2	5	25	38	5	31	1	1
1		1	3	2		3	2	1
			1		7			
9	2		42	10	1	1	1	
	1		9	1	1	1	1	
1	2	2	14	25	5	10	5	1
22	9	31	73	63	6	22	10	3
3	4	6	3	11	1	5	4	
56	33	30	76	189	37	52	36	4
47	27	22	28	113	32	47	14	4
1	5		2	4	2	1	1	
8	1	8	46	72	3	4	21	
41	25	15	62	114	15	321	9	2
2	1	1	2	8	2	12		
3	4	2	4	27	3	28	2	

1-1-9 续表 13

指标名称	行业代码					
		渝北区	巴南区	黔江区	长寿区	江津区
毛皮鞣制及制品加工	193		2		1	1
羽毛(绒)加工及制品制造	194	3				1
制鞋业	195	8	9	1	3	8
木材加工和木、竹、藤、棕、草制品业	20	9	49	18	30	81
木材加工	201	4	7	6	7	20
人造板制造	202		2	4	1	3
木制品制造	203	5	33	7	17	20
竹、藤、棕、草等制品制造	204		7	1	5	38
家具制造业	21	17	86	4	41	48
木质家具制造	211	6	67	3	30	41
竹、藤家具制造	212				1	1
金属家具制造	213	5	2		3	2
塑料家具制造	214		1		1	
其他家具制造	219	6	16	1	6	4
造纸和纸制品业	22	32	35	1	4	28
纸浆制造	221					
造纸	222	8	8	1	2	5
纸制品制造	223	24	27		2	23
印刷和记录媒介复制业	23	69	55	3	23	20
印刷	231	49	50	3	17	20
装订及印刷相关服务	232	20	5		6	
记录媒介复制	233					
文教、工美、体育和娱乐用品制造业	24	11	23	16	16	19
文教办公用品制造	241	2			3	2
乐器制造	242		1			
工艺美术品制造	243	8	21	16	11	13
体育用品制造	244		1		1	1
玩具制造	245	1				2
游艺器材及娱乐用品制造	246				1	1
石油加工及炼焦	25	1	2		3	2
化学原料和化学制品制造业	26	40	54	5	74	68
基础化学原料制造	261	6	4	1	27	5
肥料制造	262	3	4	2	8	14
农药制造	263	1			2	2
涂料、油墨、颜料及类似产品制造	264	10	14		13	24
合成材料制造	265	1	8		6	3
专用化学产品制造	266	6	8		10	12
炸药、火工及焰火产品制造	267	1	4	2	1	1
日用化学产品制造	268	12	12		7	7
医药制造业	27	18	6	2	12	5
化学药品原料药制造	271	8	1	1	9	2
化学药品制剂制造	272	6	1		2	
中药饮片加工	273			1		1
中成药生产	274		1		1	1
兽用药品制造	275	1	1			
生物药品制造	276	2				
卫生材料及医药用品制造	277	1	2			1

单位：个

合川区	永川区	南川区	潼南县	铜梁县	荣昌县	璧山县	梁平县	城口县
6	1	3	10	7	3	7	2	
9	3		8	7	1			
21	16	9	38	65	6	274	5	2
33	26	28	142	69	21	33	120	2
9	16	13	60	34	7	14	29	
3	2	1	1	3	1	7	7	
11	4	9	59	9	3	10	14	1
10	4	5	22	23	10	2	70	1
96	46	57	96	70	48	61	48	4
83	24	46	86	56	33	58	34	3
				3	2		3	
4	7	2	7	3	6		1	
	1				2	1		
9	14	9	3	8	5	2	10	1
18	12	12	13	46	17	33	141	
			1					
8	5	7	6	18	3	26	11	
10	7	5	6	28	14	7	130	
21	22	17	25	14	22	136	12	4
17	21	10	23	11	19	130	12	3
4	1	7	2	3	3	6		1
19	5	21	8	24	83	13	25	4
				2	1		5	
1								
15	2	21	7	21	82	11	12	4
3	3		1	1		1	5	
						1	3	
2	10	2			2	3	2	
30	41	23	25	24	29	33	53	3
1	11	7	2	7	3	3	1	3
3	5	4	5	1	7	5	4	
2	8							
15	5	1	15	9	5	5	9	
2	2	2		1		5	1	
4	8	3	1	2	7	9	4	
	1	1		2		1	28	
3	1	5	2	2	7	5	6	
12	3	6	6	7	28	6	3	
2	1			3	4		1	
1				1	4			
3		2	4	1	3		2	
1		3	1		3	2		
1	2			2	11	1		
4			1		3	3		
		1						

1-1-9 续表 14

指标名称	行业代码	渝北区	巴南区	黔江区	长寿区	江津区
化学纤维制造业	28		1		6	
纤维素纤维原料及纤维制造	281				2	
合成纤维制造	282		1		4	
橡胶和塑料制品业	29	60	64	4	29	59
橡胶制品业	291	16	18		4	7
塑料制品业	292	44	46	4	25	52
非金属矿物制品业	30	89	199	76	109	185
水泥、石灰和石膏制造	301	4	9	4	6	12
石膏、水泥制品及类似制品制造	302	26	72	23	30	39
砖瓦、石材等建筑材料制造	303	45	88	45	51	107
玻璃制造	304	2	3		1	3
玻璃制品制造	305	2	8		4	7
玻璃纤维和玻璃纤维增强塑料制品制造	306	2	4		5	1
陶瓷制品制造	307	4	10	1	1	6
耐火材料制品制造	308		4		9	6
石墨及其他非金属矿物制品制造	309	4	1	3	2	4
黑色金属冶炼和压延加工业	31	7	16	3	15	21
炼铁	311				2	1
炼钢	312	2	1			1
黑色金属铸造	313	1	4		1	13
钢压延加工	314	4	11	2	12	6
铁合金冶炼	315			1		
有色金属冶炼和压延加工业	32	7	12	2	7	12
常用有色金属冶炼	321	2	3	1	1	4
贵金属冶炼	322					1
稀有稀土金属冶炼	323					
有色金属合金制造	324	1	4			1
有色金属铸造	325	1	1	1	3	
有色金属压延加工	326	3	4		3	6
金属制品业	33	58	145	16	55	149
结构性金属制品制造	331	27	58	14	23	94
金属工具制造	332	8	29		11	11
集装箱及金属包装容器制造	333		2		2	7
金属丝绳及其制品制造	334	1	2			4
建筑、安全用金属制品制造	335	5	15		4	6
金属表面处理及热处理加工	336	4	13		9	9
搪瓷制品制造	337	1	2			
金属制日用品制造	338	5	5		1	9
其他金属制品制造	339	7	19	2	5	9
通用设备制造业	34	112	296	5	32	210
锅炉及原动设备制造	341	12	21	1	3	9
金属加工机械制造	342	20	41	2	7	20
物料搬运设备制造	343	3	4		1	7
泵、阀门、压缩机及类似机械制造	344	11	8		3	7
轴承、齿轮和传动部件制造	345	6	13		1	32

单位：个

合川区	永川区	南川区	潼南县	铜梁县	荣昌县	璧山县	梁平县	城口县
1	1	1				2	1	
		1						
1	1					2	1	
58	42	16	8	57	38	186	22	
11	9	4	1	7	8	36	1	
47	33	12	7	50	30	150	21	
189	220	108	191	159	125	115	123	11
13	3	11	6	9	2	9	23	3
31	39	21	32	39	13	26	24	3
97	146	58	140	94	71	64	63	4
2	5	2	5	1	5	1	1	
40	6	7	1	7	11	6	3	
	3		1		1	3		
1	6	2	1	1	20	2	3	
5	5	2	4	1		1	1	
	7	5	1	7	2	3	5	1
34	40	18	3	16	33	20	3	13
6	2					1		
	1	1				1		
11	11	13	1	7	20	6		
17	25	3	1	9	13	11	2	
	1	1	1			1	1	13
19	16	11	8	9	5	12	3	9
6	1	5		1	1	2	1	8
					1			
		1						
6	2		1	1				
2	2							
5	11	5	7	7	3	10	2	1
106	106	74	222	115	77	120	97	4
67	64	54	200	76	31	51	82	4
10	6	7	11	16	5	13	2	
1	1				1	2	1	
5	3	1		2	1	2		
8	9	1	5	8	8	18	2	
2	2	1	3		7	16	1	
2	2	1			2			
4	6	1	3	1	10	5	2	
7	13	8		12	12	13	7	
62	94	37	9	71	49	206	18	1
4	5	1		2	3	3	2	
21	34	12	1	5	10	27	5	
5		2	2	3		3	1	
2	5		2	9	23	7	1	
2	7	1	1	6	1	1		

1-1-9 续表 15

指标名称	行业代码	渝北区	巴南区	黔江区	长寿区	江津区
烘炉、风机、衡器、包装等设备制造	346	12	19		4	9
文化、办公用机械制造	347	2			1	1
通用零部件制造	348	38	177	2	12	117
其他通用设备制造业	349	8	13			8
专用设备制造业	35	165	81	4	23	61
采矿、冶金、建筑专用设备制造	351	3	11	1		7
化工、木材、非金属加工专用设备制造	352	103	23		3	29
食品、饮料、烟草及饲料生产专用设备制造	353				2	3
印刷、制药、日化及日用品生产专用设备制造	354	4	1		1	
纺织、服装和皮革加工专用设备制造	355	1	4	1		3
电子和电工机械专用设备制造	356	6	3	1	6	1
农、林、牧、渔专用机械制造	357	11	14		6	12
医疗仪器设备及器械制造	358	18	4		1	2
环保、社会公共服务及其他专用设备制造	359	19	21	1	4	4
汽车制造业	36	269	188		10	128
汽车整车制造	361	6	1		1	2
改装汽车制造	362	4	4			3
电车制造	364	1				
汽车车身、挂车制造	365		9			2
汽车零部件及配件制造	366	258	174		9	121
铁路、船舶、航空航天和其他运输设备制造业	37	70	319	2	14	80
铁路运输设备制造	371		1			1
城市轨道交通设备制造	372					
船舶及相关装置制造	373	5	1		5	6
航空、航天器及设备制造	374	2	1			
摩托车制造	375	63	312	2	9	73
自行车制造	376		2			
非公路休闲车及零配件制造	377		1			
潜水救捞及其他未列明运输设备制造	379		1			
电气机械和器材制造业	38	69	63	3	17	31
电机制造	381	9	17	1	1	6
输配电及控制设备制造	382	17	16		7	5
电线、电缆、光缆及电工器材制造	383	12	7		3	10
电池制造	384	6	7			2
家用电力器具制造	385	5	7	1		3
非电力家用器具制造	386	4	1		1	
照明器具制造	387	9	4	1	2	3
其他电气机械及器材制造	389	7	4		3	2
计算机、通信和其他电子设备制造业	39	45	16		8	14
计算机制造	391	7	6		3	7
通信设备制造	392	7	3			
广播电视设备制造	393	1				
视听设备制造	395	2				
电子器件制造	396	9			1	1
电子元件制造	397	5	4		2	3
其他电子设备制造	399	14	3		2	3

单位：个

合川区	永川区	南川区	潼南县	铜梁县	荣昌县	璧山县	梁平县	城口县
1	3	2	1	6	4	8		
				1		1		
25	39	14	2	35	8	150	4	1
2	1	5		4		6	5	
34	57	15	24	48	55	99	11	3
2	10	5	3	4	19	2	2	
5	15		6	14	11	50	3	2
5	1		1		5	2		1
4	5	3		1	4	13	2	
	1	1	1		1	2	1	
3	8		1	1	1	11		
9	9	4	11	14	11	12	2	
	2	2		7	2			
6	6		1	7	1	7	1	
36	39	14	7	80	34	337	5	
2				2				
1						1		
1								
1					1		1	
31	39	14	7	78	33	336	4	
49	12	10	3	37	3	140	7	
	1			1			3	
4	1		1	1	2	2		
42	10	10	1	34	1	136	3	
1				1		2		
							1	
2			1					
20	40	9	16	49	23	42	10	
2	2			9	4	2	1	
6	22	1		10	1	18	4	
3	1	2	2	6	1	15	2	
	1	1		3		1		
2	5	1		7	2	4		
1	1	2		1	1			
6	1	2	12	9	11	1	1	
	7		2	4	3	1	2	
24	32	2	21	40	8	82	11	
12	7		2	12		29		
				2	1			
						5		
	2		1	3	1	5	3	
4	20		10	14	6	30	5	
8	3	2	8	9		13	3	

1-1-9 续表 16

指标名称	行业代码	渝北区	巴南区	黔江区	长寿区	江津区
仪器仪表制造业	40	54	8	1	3	11
通用仪器仪表制造	401	37	6		2	8
专用仪器仪表制造	402	8	2	1	1	3
钟表与计时仪器制造	403					
光学仪器及眼镜制造	404	1				
其他仪器仪表制造业	409	8				
其他制造业	41	29	4	5	1	9
日用杂品制造	411	2	1			3
煤制品制造	412					3
其他未列明制造业	419	27	3	5	1	3
废弃资源综合利用业	42	2	4	1	5	10
金属废料和碎屑加工处理	421	2	4	1	4	6
非金属废料和碎屑加工处理	422				1	4
金属制品、机械和设备修理业	43	11	9	4	15	14
金属制品修理	431		1	1		1
通用设备修理	432		3		3	4
专用设备修理	433	6	1	1	5	2
铁路、船舶、航空航天等运输设备修理	434	1		1		1
电气设备修理	435	2			1	
仪器仪表修理	436	1				1
其他机械和设备修理业	439	1	4	1	6	5
电力、热力、燃气及水生产和供应业	**D**	**29**	**40**	**18**	**45**	**125**
电力、热力生产和供应业	44	8	21	11	26	64
电力生产	441	8	20	7	23	61
电力供应	442		1	4	1	3
热力生产和供应	443				2	
燃气生产和供应业	45	10	8	3	2	9
燃气生产和供应业	450	10	8	3	2	9
水的生产和供应业	46	11	11	4	17	52
自来水生产和供应	461	8	8	3	11	47
污水处理及其再生利用	462	3	3	1	5	5
其他水的处理、利用与分配	469				1	
建筑业	**E**	**745**	**220**	**57**	**98**	**235**
房屋建筑业	47	182	79	29	32	163
房屋建筑业	470	182	79	29	32	163
土木工程建筑业	48	95	9	2	6	14
铁路、道路、隧道和桥梁工程建筑	481	43	2	1	4	3
水利和内河港口工程建筑	482	6	1		1	1
工矿工程建筑	484	3	1			2
架线和管道工程建筑	485	6		1		5
其他土木工程建筑	489	37	5		1	3
建筑安装业	49	133	17	3	13	7
电气安装	491	42	6	2	3	1
管道和设备安装	492	32	7	1	4	4
其他建筑安装业	499	59	4		6	2

单位：个

合川区	永川区	南川区	潼南县	铜梁县	荣昌县	璧山县	梁平县	城口县
5	3	2		8	1	14		
	1	2		3	1	5		
	1			1		3		
1				1				
1	1			2		5		
3				1		1		
15	19	13	37	19	9	6	20	1
11	6	5	2	6	5	2	6	
	8		4	2		2	2	
4	5	8	31	11	4	2	12	1
1	5	1	2	3	5	10	3	
	1		2	1	4	3	1	
1	4	1		2	1	7	2	
1	3	1	6	2	1	6		
	1			1		1		
	1					1		
1			2					
		1			1			
						1		
	1		4	1		3		
71	**44**	**74**	**39**	**40**	**30**	**27**	**26**	**46**
16	18	66	5	19	4	8	4	42
14	17	65	4	17	3	7	3	41
2	1	1	1	1	1	1	1	1
				1				
16	9	3	9	3	10	5	3	2
16	9	3	9	3	10	5	3	2
39	17	5	25	18	16	14	19	2
33	14	5	20	15	15	13	16	2
4	3		3	2	1	1	1	
2			2	1			2	
188	**230**	**65**	**73**	**141**	**69**	**102**	**50**	**12**
65	76	31	47	66	32	38	28	4
65	76	31	47	66	32	38	28	4
11	12	8	6	15	10	25	3	2
5	5	4	2	2	2	1	1	2
1	1	1	1	2	3		1	
1	2					1		
2		1	1	2		3		
2	4	2	2	9	5	20	1	
18	12	4	1	2	5	5	3	4
2	3	3		1	4	2	2	2
4	5	1		1	1	2		
12	4		1			1	1	2

1-1-9 续表 17

指标名称	行业代码	渝北区	巴南区	黔江区	长寿区	江津区
建筑装饰和其他建筑业	50	335	115	23	47	51
建筑装饰业	501	194	54	13	3	39
工程准备活动	502	17	3		2	3
提供施工设备服务	503	22	5	1		1
其他未列明建筑业	509	102	53	9	42	8
批发和零售业	F	**3889**	**1283**	**1220**	**1996**	**2123**
批发业	51	1816	468	330	504	517
农、林、牧产品批发	511	71	21	53	35	38
食品、饮料及烟草制品批发	512	286	36	85	57	64
纺织、服装及家庭用品批发	513	145	25	23	31	6
文化、体育用品及器材批发	514	54	2	2	7	
医药及医疗器材批发	515	40	3	6	7	7
矿产品、建材及化工产品批发	516	571	141	115	231	276
机械设备、五金产品及电子产品批发	517	519	200	29	89	61
贸易经纪与代理	518	49	4	3	4	2
其他批发业	519	81	36	14	43	63
零售业	52	2073	815	890	1492	1606
综合零售	521	189	78	118	186	241
食品、饮料及烟草制品专门零售	522	203	44	148	218	189
纺织、服装及日用品专门零售	523	240	150	157	226	351
文化、体育用品及器材专门零售	524	122	41	36	59	62
医药及医疗器材专门零售	525	52	12	12	99	36
汽车、摩托车、燃料及零配件专门零售	526	348	166	89	129	114
家用电器及电子产品专门零售	527	297	98	95	154	226
五金、家具及室内装饰材料专门零售	528	434	135	164	367	364
货摊、无店铺及其他零售业	529	188	91	71	54	23
交通运输、仓储和邮政业	G	**352**	**144**	**42**	**155**	**167**
道路运输业	54	211	108	28	106	110
城市公共交通运输	541	3	2	4	7	4
公路旅客运输	542	6	6	2	3	10
道路货物运输	543	181	95	18	88	83
道路运输辅助活动	544	21	5	4	8	13
水上运输业	55	11	5	1	2	15
水上旅客运输	551	2	1			1
水上货物运输	552	6	3		2	9
水上运输辅助活动	553	3	1	1		5
航空运输业	56	13		2		
航空客货运输	561	9		2		
通用航空服务	562	1				
航空运输辅助活动	563	3				
管道运输业	57					
管道运输业	570					
装卸搬运和运输代理业	58	77	11	7	33	31
装卸搬运	581	11	6	2	21	24
运输代理业	582	66	5	5	12	7
仓储业	59	20	18	2	8	10
谷物、棉花等农产品仓储	591	3		2		1
其他仓储业	599	17	18		8	9

单位：个

合川区	永川区	南川区	潼南县	铜梁县	荣昌县	璧山县	梁平县	城口县
94	130	22	19	58	22	34	16	2
52	78	7	16	52	20	28	8	2
5	2	2		1	1	3		
16	29	1	1				1	
21	21	12	2	5	1	3	7	
1750	**2699**	**1164**	**1303**	**1429**	**1712**	**1502**	**1136**	**254**
568	1143	240	539	333	573	409	332	51
95	136	20	111	51	197	23	93	6
60	178	27	184	56	46	40	52	8
53	125	25	66	16	112	46	8	2
4	7	2	8	3	40	10		
6	10	3	21	4	4	4		5
262	394	104	111	123	105	153	133	14
59	197	24	18	41	35	70	25	4
1	12	8	1	2	13	15	3	7
28	84	27	19	37	21	48	18	5
1182	1556	924	764	1096	1139	1093	804	203
148	254	119	79	114	106	180	96	54
100	228	78	224	122	96	127	132	22
237	288	194	174	250	228	296	111	18
60	40	36	22	29	55	59	22	7
25	65	19	21	11	14	9	13	2
141	121	96	44	94	94	71	83	17
151	183	110	64	178	157	133	100	29
282	318	226	116	259	316	168	200	34
38	59	46	20	39	73	50	47	20
83	**118**	**52**	**39**	**39**	**58**	**80**	**37**	**9**
53	74	39	31	27	44	59	29	4
	6	3	1	2	2			1
4	6	6	6	3	9	4	5	
43	52	24	19	15	26	42	22	1
6	10	6	5	7	7	13	2	2
11	5		1					
2								
5	2							
4	3		1					
9	16	5	3	6	3	8	4	
5	4		1	1	1	1		
4	12	5	2	5	2	7	4	
8	20	4		4	4	9	1	1
3	3	3		3	1	1	1	
5	17	1		1	3	8		1

1-1-9 续表 18

指标名称	行业代码	渝北区	巴南区	黔江区	长寿区	江津区
邮政业	60	20	2	2	6	1
邮政基本服务	601	1	1	1	3	1
快递服务	602	19	1	1	3	
住宿和餐饮业	H	**535**	**211**	**271**	**344**	**485**
住宿业	61	149	40	34	28	76
旅游饭店	611	31	17	3	15	41
一般旅馆	612	87	18	28	11	32
其他住宿业	619	31	5	3	2	3
餐饮业	62	386	171	237	316	409
正餐服务	621	268	151	193	280	389
快餐服务	622	32	7	9	3	2
饮料及冷饮服务	623	25	2	2	2	6
其他餐饮业	629	61	11	33	31	12
信息传输、软件和信息技术服务业	I	**566**	**120**	**30**	**53**	**29**
电信、广播电视和卫星传输服务	63	30	13	5	22	5
电信	631	25	8	4	16	4
广播电视传输服务	632	5	5	1	6	1
卫星传输服务	633					
互联网和相关服务	64	41	34	8	11	4
互联网接入及相关服务	641	2	1		2	
互联网信息服务	642	30	33	8	8	3
其他互联网服务	649	9			1	1
软件和信息技术服务业	65	495	73	17	20	20
软件开发	651	316	60	1	4	17
信息系统集成服务	652	25	1	1	2	
信息技术咨询服务	653	98	7	12	5	1
数据处理和存储服务	654	4	1			
集成电路设计	655	3				
其他信息技术服务业	659	49	4	3	9	2
房地产业	K	**843**	**264**	**81**	**165**	**280**
房地产业	70	843	264	81	165	280
房地产开发经营	701	335	108	31	62	116
物业管理	702	227	70	23	42	55
房地产中介服务	703	271	66	15	58	79
自有房地产经营活动	704	6	3	1		27
其他房地产业	709	4	17	11	3	3
租赁和商务服务业	L	**1686**	**367**	**251**	**292**	**386**
租赁业	71	148	64	16	53	57
机械设备租赁	711	143	64	16	53	56
文化及日用品出租	712	5				1
商务服务业	72	1538	303	235	239	329
企业管理服务	721	330	33	17	17	15
法律服务	722	76	11	12	13	33
咨询与调查	723	461	75	49	29	59

单位：个

合川区	永川区	南川区	潼南县	铜梁县	荣昌县	璧山县	梁平县	城口县
2	3	4	4	2	7	4	3	4
1	1	1	2	1	4	1	1	1
1	2	3	2	1	3	3	2	3
306	**481**	**374**	**152**	**258**	**204**	**262**	**259**	**300**
26	63	34	15	9	20	14	20	84
8	17	22		2	13	3	8	58
16	43	6	15	6	6	10	11	21
2	3	6		1	1	1	1	5
280	418	340	137	249	184	248	239	216
262	377	313	113	242	152	221	233	208
5	4		4	2	3	7	3	
3	2	11	8	3	18	3	1	4
10	35	16	12	2	11	17	2	4
51	**81**	**25**	**30**	**30**	**57**	**33**	**15**	**14**
7	16	11	9	4	9	7	6	3
4	12	10	7	4	5	7	4	3
3	3	1	1		4		2	
	1		1					
9	26	3	10	6	12	3	4	7
	1				1			1
8	24	2	8	6	7	3	4	6
1	1	1	2		4			
35	39	11	11	20	36	23	5	4
29	19	4	1	13	6	18	1	
2	3	1		1	1	3	1	
4	11	5	2	3	7	1		
	1							
	5	1	8	3	22	1	3	4
368	**322**	**131**	**117**	**262**	**135**	**200**	**49**	**9**
368	322	131	117	262	135	200	49	9
114	115	48	50	77	48	77	32	6
49	79	29	20	29	31	40	11	1
203	125	49	43	150	50	79	6	2
2		2	1	3	1	1		
	3	3	3	3	5	3		
378	**417**	**233**	**160**	**226**	**236**	**355**	**108**	**52**
27	43	14	25	34	17	92	14	4
25	43	13	25	34	16	91	13	3
2		1			1	1	1	1
351	374	219	135	192	219	263	94	48
45	45	14	12	11	31	16	8	3
21	13	22	14	11	18	11	9	6
42	94	29	16	57	44	80	13	2

1-1-9 续表 19

指标名称	行业代码					
		渝北区	巴南区	黔江区	长寿区	江津区
广告业	724	319	81	74	108	118
知识产权服务	725	18			3	
人力资源服务	726	72	32	27	18	24
旅行社及相关服务	727	37	6	11	19	7
安全保护服务	728	8	3	2	4	1
其他商务服务业	729	217	62	43	28	72
科学研究和技术服务业	**M**	**649**	**163**	**87**	**113**	**110**
研究和试验发展	73	54	4	4	4	2
自然科学研究和试验发展	731	2				
工程和技术研究和试验发展	732	28	1		1	
农业科学研究和试验发展	733	6	1	2	2	
医学研究和试验发展	734	15		1	1	
社会人文科学研究	735	3	2	1		2
专业技术服务业	74	505	120	69	89	73
气象服务	741	11	2	2		3
地震服务	742	2	1			
海洋服务	743					
测绘服务	744	14		2		4
质检技术服务	745	28	29	4	5	7
环境与生态监测	746	9	5	1	3	1
地质勘查	747	13	3		1	4
工程技术	748	240	25	27	17	30
其他专业技术服务业	749	188	55	33	63	24
科技推广和应用服务业	75	90	39	14	20	35
技术推广服务	751	62	32	11	13	30
科技中介服务	752	18	2	2	4	3
其他科技推广和应用服务业	759	10	5	1	3	2
水利、环境和公共设施管理业	**N**	**125**	**71**	**23**	**40**	**51**
水利管理业	76	22	21	2	20	12
防洪除涝设施管理	761	3			1	1
水资源管理	762	3	5		11	4
天然水收集与分配	763	6	6	1	6	5
水文服务	764		1			
其他水利管理业	769	10	9	1	2	2
生态保护和环境治理业	77	35	8	2	2	3
生态保护	771	5		1	2	1
环境治理业	772	30	8	1		2
公共设施管理业	78	68	42	19	18	36
市政设施管理	781	6	7	1	1	6
环境卫生管理	782	11	8	3	2	13
城乡市容管理	783		1	1		1
绿化管理	784	40	11	12	11	3
公园和游览景区管理	785	11	15	2	4	13

单位：个

合川区	永川区	南川区	潼南县	铜梁县	荣昌县	璧山县	梁平县	城口县
121	98	94	33	70	58	42	38	19
	1				1	2		
29	29	18	35	9	22	63	3	7
5	13	10	1	2	7	5	3	4
2	5	4	2	1	3	3	2	2
86	76	28	22	31	35	41	18	5
154	**136**	**133**	**51**	**105**	**91**	**137**	**109**	**204**
6	6	9	1	3	4	5	6	1
		1					4	
1	4	1	1	1	1	2	1	
2	2	3			1	2		1
1		2					1	
2		2		2	2	1		
109	76	94	29	55	60	91	58	189
1	2	1	1	3	3		1	1
1					1		1	1
	4				3		1	1
6	5	4	2	3	1	2	2	3
4	3	1		3	1	2	2	1
1	3	2	4	1	3	1	1	1
40	24	25	3	16	15	59	35	4
56	35	61	19	29	33	27	15	177
39	54	30	21	47	27	41	45	14
38	43	23	14	44	19	36	44	14
1	6	4	4	3	2	4		
	5	3	3		6	1	1	
39	**58**	**21**	**23**	**30**	**35**	**25**	**43**	**18**
6	17	8	12	12	8	9	30	7
	1		2	1		1		
2	4	1		2	2	1	4	2
1	10	7	3	8	4	5	13	2
2			3					
1	2		4	1	2	2	13	3
4	11	4	1	2	6	2	1	4
		1		1			1	2
4	11	3	1	1	6	2		2
29	30	9	10	16	21	14	12	7
6	3	3	2	2	7	2	4	1
6	4	1	1	2	3	3	3	1
1						1		3
9	18	2	4	7	7	4	2	1
7	5	3	3	5	4	4	3	1

1-1-9 续表 20

指标名称	行业代码	渝北区	巴南区	黔江区	长寿区	江津区
居民服务、修理和其他服务业	O	**517**	**147**	**191**	**267**	**170**
居民服务业	79	208	67	113	163	66
家庭服务	791	41	14	7	58	4
托儿所服务	792					
洗染服务	793	12	7	12	22	20
理发及美容服务	794	48	4	61	32	26
洗浴服务	795	12	4	1	2	1
保健服务	796	26	2	1	2	3
婚姻服务	797	13	20	2	26	2
殡葬服务	798	13	11	1	9	4
其他居民服务业	799	43	5	28	12	6
机动车、电子产品和日用产品修理业	80	181	52	42	88	74
汽车、摩托车修理与维护	801	136	45	35	58	65
计算机和办公设备维修	802	24	5	2	10	1
家用电器修理	803	14	2	4	10	6
其他日用产品修理业	809	7		1	10	2
其他服务业	81	128	28	36	16	30
清洁服务	811	33	16	16	3	26
其他未列明服务业	819	95	12	20	13	4
教育	P	**512**	**287**	**127**	**229**	**479**
教育	82	512	287	127	229	479
学前教育	821	211	113	34	71	251
初等教育	822	78	57	36	42	106
中等教育	823	46	49	20	37	47
高等教育	824	6	3	1	1	3
特殊教育	825	1		1	1	1
技能培训、教育辅助及其他教育	829	170	65	35	77	71
卫生和社会工作	Q	**141**	**321**	**118**	**191**	**359**
卫生	83	102	253	43	160	271
医院	831	38	17	6	20	12
社区医疗与卫生院	832	34	58	30	59	206
门诊部(所)	833	18	154	1	71	31
计划生育技术服务活动	834	4	17	1	7	19
妇幼保健院(所、站)	835	1	1	1	1	1
专科疾病防治院(所、站)	836		1		1	
疾病预防控制中心	837	2	2	1	1	2
其他卫生活动	839	5	3	3		
社会工作	84	39	68	75	31	88
提供住宿社会工作	841	33	50	3	27	57
不提供住宿社会工作	842	6	18	72	4	31
文化、体育和娱乐业	R	**332**	**164**	**56**	**130**	**173**
新闻和出版业	85	16	1	1	1	2
新闻业	851	2				1
出版业	852	14	1	1	1	1
广播、电视、电影和影视录音制作业	86	21	5	6	3	3
广播	861	2		1		
电视	862	2		2	1	1

单位：个

合川区	永川区	南川区	潼南县	铜梁县	荣昌县	璧山县	梁平县	城口县
125	**132**	**148**	**114**	**136**	**151**	**132**	**122**	**51**
48	58	70	55	79	60	87	73	15
6	12	9	5	6	4	31	4	1
					1			
8	9	8	7	9	8	7	4	1
18	13	27	18	40	32	30	42	6
2	1	1	5	2	2		1	
3	5	2	3	1		8	4	2
1	7	6	7	15	7	2	9	
6	5	2	2	1	2	2	2	2
4	6	15	8	5	4	7	7	3
57	49	60	35	45	72	40	32	22
37	38	53	28	39	57	33	31	17
8	4		3		9	3		3
10	7	6	3	5	3	3		1
2		1	1	1	3	1	1	1
20	25	18	24	12	19	5	17	14
13	24	5	12	9	11	3	5	9
7	1	13	12	3	8	2	12	5
337	**318**	**142**	**226**	**198**	**379**	**211**	**164**	**54**
337	318	142	226	198	379	211	164	54
90	112	44	81	74	201	86	40	3
127	84	49	83	64	103	41	67	31
47	48	18	37	31	32	25	33	7
5	8	1		1	2	2		1
2	1	1	4	1	3	1		
66	65	29	21	27	38	56	24	12
121	**113**	**119**	**95**	**135**	**110**	**71**	**133**	**63**
81	70	74	85	68	71	41	75	42
13	11	11	8	5	7	7	7	2
30	39	38	36	28	35	20	32	29
7	2	3	11	5	3	1	1	1
27	14	15	24	28	21	10	32	6
1	1	1	1	1	1	1	1	1
		2	1					
1	2	2	1	1	1	2	1	1
2	1	2	3		3		1	2
40	43	45	10	67	39	30	58	21
39	20	14	6	40	23	20	30	20
1	23	31	4	27	16	10	28	1
158	**152**	**65**	**69**	**100**	**125**	**107**	**179**	**50**
1	2	1	1	1	1	1	1	
1		1	1	1			1	
	2				1	1		
2	3	1	2	2	6	4	1	10
1				1	1			6
1	1	1		1	3	1	1	2

1-1-9 续表 21

指标名称	行业代码	渝北区	巴南区	黔江区	长寿区	江津区
电影和影视节目制作	863	8	1			
电影和影视节目发行	864	1				
电影放映	865	8	4	2	2	2
录音制作	866			1		
文化艺术业	87	49	67	15	49	51
文艺创作与表演	871	5	8	1	18	2
艺术表演场馆	872	1			2	
图书馆与档案馆	873	3	3	1	2	4
文物及非物质文化遗产保护	874	1	1	2		10
博物馆	875	1	1			
烈士陵园、纪念馆	876					3
群众文化活动	877	8	24	3	14	30
其他文化艺术业	879	30	30	8	13	2
体育	88	19	9	3	4	7
体育组织	881	3	1	1		2
体育场馆	882	4				
休闲健身活动	883	11	8	2	4	5
其他体育	889	1				
娱乐业	89	227	82	31	73	110
室内娱乐活动	891	210	76	28	69	109
游乐园	892					1
彩票活动	893	1				
文化、娱乐、体育经纪代理	894	11	2		2	
其他娱乐业	899	5	4	3	2	
公共管理、社会保障和社会组织	S	**911**	**700**	**422**	**830**	**654**
中国共产党机关	90	12	11		15	11
中国共产党机关	900	12	11		15	11
国家机构	91	342	208	132	367	156
国家权力机构	911	10	2	1	9	2
国家行政机构	912	297	197	126	348	152
人民法院和人民检察院	913	6	2	4	3	2
其他国家机构	919	29	7	1	7	
人民政协、民主党派	92	9	10	1	10	5
人民政协	921	2	1	1	6	2
民主党派	922	7	9		4	3
社会保障	93	15	29		10	30
社会保障	930	15	29		10	30
群众团体、社会团体和其他成员组织	94	187	157	70	175	187
群众团体	941	18	12	3	20	10
社会团体	942	152	131	67	146	153
基金会	943	12	1		1	
宗教组织	944	5	13		8	24
基层群众自治组织	95	346	285	219	253	265
社区自治组织	951	154	87	58	31	83
村民自治组织	952	192	198	161	222	182

单位：个

合川区	永川区	南川区	潼南县	铜梁县	荣昌县	璧山县	梁平县	城口县
			1		1			1
						1		
	2		1		1	2		1
18	48	16	13	52	43	31	125	28
5	6	3	3	12	5	2	75	1
2	1	3		1		1	2	
5	4	3	4	2	4	3	3	2
1	2	2	1	3	3	2	1	1
					1	1		
			1	1		1	1	
3	22	2	3	32	25	20	34	24
2	13	3	1	1	5	1	9	
2	7	5	5		8	9	4	1
1	3	2			7	8	1	1
	1							
	3	3	5		1	1	3	
1								
135	92	42	48	45	67	62	48	11
132	87	37	46	43	63	61	37	10
	2	1		2	3			
	2					1		
3	1	4	2		1		11	1
961	**665**	**575**	**776**	**768**	**542**	**563**	**734**	**541**
37	13	13	8	32	9	10	40	13
37	13	13	8	32	9	10	40	13
285	217	167	278	236	229	189	217	189
8	6	5	1	1	1	1	2	1
271	205	152	262	233	221	185	202	184
2	2	2	3	2	2	2	4	2
4	4	8	12		5	1	9	2
13	3	1	2	2	3	1	1	1
8	1	1	1	1	1	1	1	1
5	2		1	1	2			
53	5		15	1	23	9	35	25
53	5		15	1	23	9	35	25
183	167	151	171	171	108	167	99	109
7	25	14	10	6	10	11	9	7
136	130	124	156	126	88	142	87	101
		1						
40	12	12	5	39	10	14	3	1
390	260	243	302	326	170	187	342	204
63	51	58	21	57	75	45	28	21
327	209	185	281	269	95	142	314	183

1-1-9 续表 22

指标名称	行业代码	丰都县	垫江县	武隆县	忠县	开县
总　　计		**3351**	**5649**	**2846**	**6697**	**8769**
农、林、牧、渔业	A	**117**	**75**	**10**	**102**	**196**
农业	01	1	1		4	
谷物种植	011	1				
蔬菜、食用菌及园艺作物种植	014		1			
水果种植	015				4	
坚果、含油果、香料和饮料作物种植	016					
中药材种植	017					
其他农业	019					
林业	02					
林木育种和育苗	021					
造林和更新	022					
森林经营和管护	023					
畜牧业	03	7				
牲畜饲养	031	3				
家禽饲养	032	3				
其他畜牧业	039	1				
渔业	04	14				
水产养殖	041	14				
农、林、牧、渔服务业	05	95	74	10	98	196
农业服务业	051	73	64	9	84	126
林业服务业	052	8	2		4	5
畜牧服务业	053	4	7	1	10	56
渔业服务业	054	10	1			9
采矿业	B	**22**	**34**	**39**	**68**	**129**
煤炭开采和洗选业	06	1	12	8	7	46
烟煤和无烟煤开采洗选	061	1	11	8	5	40
褐煤开采洗选	062				1	1
其他煤炭采选	069		1		1	5
石油和天然气开采业	07		3		23	
石油开采	071					
天然气开采	072		3		23	
黑色金属矿采选业	08			1		3
铁矿采选	081					3
锰矿、铬矿采选	082			1		
其他黑色金属矿采选	089					
有色金属矿采选业	09			1		
常用有色金属矿采选	091			1		
贵金属矿采选	092					
稀有稀土金属矿采选	093					
非金属矿采选业	10	19	18	29	30	76
土砂石开采	101	10	18	29	29	74
化学矿开采	102	7			1	
采盐	103					
石棉及其他非金属矿采选	109	2				2

单位：个

云阳县	奉节县	巫山县	巫溪县	石柱县	秀山县	酉阳县	彭水县
4663	**3307**	**2043**	**2649**	**2757**	**2697**	**3298**	**2939**
133	**9**	**29**	**13**	**10**	**38**	**38**	**84**
1				1			
1				1			
3							
2							
1							
129	9	29	13	9	38	38	84
122	9	26	7	6	35	31	73
5			1	1	1	5	4
1		2	2	1		2	2
1		1	3	1	2		5
52	**118**	**49**	**59**	**61**	**80**	**50**	**61**
29	79	37	25	22	4		19
27	76	35	24	20	4		17
1	1						
1	2	2	1	2			2
1		1			48	4	1
1		1				1	
					48	3	
							1
	1		1	6	1	8	1
	1		1	6	1	6	1
						2	
22	37	9	29	32	27	38	32
22	35	9	26	32	24	34	29
	1					2	1
	1		3		3	2	2

1-1-9 续表 23

指标名称	行业代码	丰都县	垫江县	武隆县	忠县	开县
开采辅助活动	11	2	1		7	2
煤炭开采和洗选辅助活动	111	2			1	
石油和天然气开采辅助活动	112		1		6	2
其他开采辅助活动	119					
其他采矿业	12				1	2
其他采矿业	120				1	2
制造业	C	**387**	**1632**	**232**	**652**	**1407**
农副食品加工业	13	58	133	26	97	147
谷物磨制	131	4	18		19	40
饲料加工	132	5	28	1	2	6
植物油加工	133	1	4	8	11	29
制糖业	134		1			4
屠宰及肉类加工	135	10	22	3	21	27
水产品加工	136		2		1	1
蔬菜、水果和坚果加工	137	32	39	5	16	16
其他农副食品加工	139	6	19	9	27	24
食品制造业	14	25	30	10	25	40
焙烤食品制造	141		8	3	7	5
糖果、巧克力及蜜饯制造	142		3		1	
方便食品制造	143	6	8	1	10	28
乳制品制造	144					
罐头食品制造	145	13	2	1		
调味品、发酵制品制造	146	4	6	3	2	1
其他食品制造	149	2	3	2	5	6
酒、饮料和精制茶制造业	15	15	36	13	31	59
酒的制造	151	6	21	7	17	30
饮料制造	152	8	14	5	9	24
精制茶加工	153	1	1	1	5	5
烟草制品业	16					
烟叶复烤	161					
卷烟制造	162					
纺织业	17	17	77	7	26	111
棉纺织及印染精加工	171	3	8	1	8	9
毛纺织及染整精加工	172	3		1		33
麻纺织及染整精加工	173	1			1	
丝绢纺织及印染精加工	174	1	2		3	3
化纤织造及印染精加工	175					2
针织或钩针编织物及其制品制造	176	1	12		5	19
家用纺织制成品制造	177	6	45	3	7	44
非家用纺织制成品制造	178	2	10	2	2	1
纺织服装、服饰业	18	17	26	6	55	99
机织服装制造	181	15	21	5	40	77
针织或钩针编织服装制造	182	1	2		3	3
服饰制造	183	1	3	1	12	19
皮革、毛皮、羽毛及其制品和制鞋业	19	9	52	5	33	45
皮革鞣制加工	191		2			
皮革制品制造	192	3	15		5	4

单位：个

云阳县	奉节县	巫山县	巫溪县	石柱县	秀山县	酉阳县	彭水县
		2	3	1			4
		2	3	1			1
							1
							2
	1		1				4
	1		1				4
902	**409**	**181**	**199**	**357**	**315**	**490**	**303**
119	31	17	16	47	51	30	28
32				8	2	8	5
6	2	1	2	4	1	5	1
28	5	3	2	3	1	2	4
3							
18	9	4	6	16	2	4	2
2					1		
5	5	2	1	9	3	2	
25	10	7	5	7	41	9	16
21	13	4	2	12	3	5	3
13	3	1		1		1	2
1	3	1	1			1	
5	4	1	1	1	1	2	
				2			
	1						
2	1			5	1	1	
	1	1		3	1		1
36	25	13	8	12	34	13	8
16	1	1	5	3	2	5	4
15	22	10	2	9	15	6	4
5	2	2	1		17	2	
							1
							1
32	7	3	17	13	3	24	8
2	1	1		2	2	8	3
1			1	2	1		
4			2	1			
1							
2	1		2	2		3	1
19	5	2	10	5		9	4
3			2	1		4	
88	25	45	16	8	14	27	12
56	20	43	14	6	11	23	7
3	3	2		1		4	1
29	2		2	1	3		4
27	5	12	11	6	1	32	4
		1		2		20	

1-1-9 续表 24

指标名称	行业代码	丰都县	垫江县	武隆县	忠县	开县
毛皮鞣制及制品加工	193	1			3	8
羽毛(绒)加工及制品制造	194				6	2
制鞋业	195	5	35	5	19	31
木材加工和木、竹、藤、棕、草制品业	20	9	222	7	34	81
木材加工	201	3	101	4	16	38
人造板制造	202	1	6	2	2	4
木制品制造	203	3	39	1	6	31
竹、藤、棕、草等制品制造	204	2	76		10	8
家具制造业	21	19	181	9	32	112
木质家具制造	211	9	145	7	24	85
竹、藤家具制造	212	1	2		1	
金属家具制造	213	5	13		5	5
塑料家具制造	214		1			1
其他家具制造	219	4	20	2	2	21
造纸和纸制品业	22	9	18	6	4	12
纸浆制造	221					
造纸	222	4	8	2	2	4
纸制品制造	223	5	10	4	2	8
印刷和记录媒介复制业	23	13	18	3	12	15
印刷	231	10	18	3	3	11
装订及印刷相关服务	232	3			8	4
记录媒介复制	233				1	
文教、工美、体育和娱乐用品制造业	24	8	33	8	17	21
文教办公用品制造	241		12	2	3	3
乐器制造	242					
工艺美术品制造	243	7	20	6	12	13
体育用品制造	244				1	1
玩具制造	245	1	1		1	4
游艺器材及娱乐用品制造	246					
石油加工及炼焦	25		2	1		3
化学原料和化学制品制造业	26	21	58	3	24	38
基础化学原料制造	261	2	5	1	2	4
肥料制造	262	9	11	1	9	3
农药制造	263				1	
涂料、油墨、颜料及类似产品制造	264	2	22		6	21
合成材料制造	265	1	4		2	4
专用化学产品制造	266	3	10		2	3
炸药、火工及焰火产品制造	267	3	2	1	1	2
日用化学产品制造	268	1	4		1	1
医药制造业	27	3	9	1	6	4
化学药品原料药制造	271		1		1	1
化学药品制剂制造	272	1				
中药饮片加工	273	1	4	1	1	2
中成药生产	274	1	4		1	1
兽用药品制造	275				2	
生物药品制造	276				1	
卫生材料及医药用品制造	277					

单位：个

云阳县	奉节县	巫山县	巫溪县	石柱县	秀山县	酉阳县	彭水县
4	1	1	2	1		2	
1							
22	4	10	9	3	1	10	4
47	15	7	9	14	8	16	14
19	3	3	3	4	4	7	7
2	1	2	2	4	1	3	2
22	8	2	4	4	2	5	4
4	3			2	1	1	1
55	51	7	19	26	13	18	22
46	39	3	9	22	11	17	20
1							
	3	1	5	1			1
8	9	3	5	3	2	1	1
6	3		1	4	1	3	5
						1	
3	3		1	2	1		2
3				2		2	3
18	7	6	2	4	5	7	1
17	7	6	2	1	5	6	1
1				3			
						1	
35	12	8	7	9	4	24	6
	2		2			4	
20	8	7	5	9	2	20	6
5					1		
10		1			1		
	2						
2							
20	8	4	4	16	14	24	10
1					6	6	3
4	1	1	1	4	4	5	1
							1
7	3	1	1	11		7	3
3			2				1
1	1	1		1	1	4	
	2	1			1	2	
4	1				2		1
4		1	4	8	13	2	2
						2	
							1
			2	2	12		
3		1	1	4	1		
1			1	2			1

1-1-9 续表 25

指标名称	行业代码	丰都县	垫江县	武隆县	忠县	开县
化学纤维制造业	28		2		1	
纤维素纤维原料及纤维制造	281		1		1	
合成纤维制造	282		1			
橡胶和塑料制品业	29	9	47	4	6	26
橡胶制品业	291	1	2	1	1	8
塑料制品业	292	8	45	3	5	18
非金属矿物制品业	30	80	230	60	110	251
水泥、石灰和石膏制造	301	5	6	6	7	18
石膏、水泥制品及类似制品制造	302	18	96	39	42	83
砖瓦、石材等建筑材料制造	303	52	89	13	55	135
玻璃制造	304		2		3	
玻璃制品制造	305	1	22		1	7
玻璃纤维和玻璃纤维增强塑料制品制造	306		4	2		2
陶瓷制品制造	307	3	3		2	3
耐火材料制品制造	308		6			
石墨及其他非金属矿物制品制造	309	1	2			3
黑色金属冶炼和压延加工业	31	7	12	2	4	3
炼铁	311					
炼钢	312					
黑色金属铸造	313	4	5	1		
钢压延加工	314	3	7	1	4	1
铁合金冶炼	315					2
有色金属冶炼和压延加工业	32	8	8	2	7	9
常用有色金属冶炼	321		1	1	3	2
贵金属冶炼	322					
稀有稀土金属冶炼	323					
有色金属合金制造	324	1				
有色金属铸造	325	1				
有色金属压延加工	326	6	7	1	4	7
金属制品业	33	19	247	19	64	206
结构性金属制品制造	331	11	171	15	55	158
金属工具制造	332	2	22	3	3	12
集装箱及金属包装容器制造	333				1	1
金属丝绳及其制品制造	334		4	1		2
建筑、安全用金属制品制造	335	4	11		2	10
金属表面处理及热处理加工	336					1
搪瓷制品制造	337				1	
金属制日用品制造	338	2	15		1	16
其他金属制品制造	339		24		1	6
通用设备制造业	34	8	28	6	4	15
锅炉及原动设备制造	341		6		3	7
金属加工机械制造	342	5	11			2
物料搬运设备制造	343					2
泵、阀门、压缩机及类似机械制造	344			1		
轴承、齿轮和传动部件制造	345	1	2	2	1	1

单位：个

云阳县	奉节县	巫山县	巫溪县	石柱县	秀山县	酉阳县	彭水县
14	7	2	2	7	4	5	1
3	1						
11	6	2	2	7	4	5	1
195	107	30	26	99	83	168	132
15	9	7	5	1	5	13	5
48	53	7	11	32	72	109	45
120	37	15	6	59	4	41	78
4					1	2	1
4	7		3	3			2
1							
1	1	1		4		1	
1							
1			1		1	2	1
6	2	1	1	1	26	15	
		1					
5	2		1	1			
1					26	15	
5			1	6	9	9	1
				4	4	2	1
						1	
					5	2	
						1	
5			1	2		3	
75	43	10	35	29	13	31	27
54	39	6	26	26	10	21	21
5	4	2	5	1		2	3
3							
7		1	1			5	1
1			1			1	1
1				1			
2		1		1			
2			2		3	2	1
16		2	6	5		9	1
1			3				
9				3		5	1
						1	
		1					

1-1-9 续表 26

指标名称	行业代码					
		丰都县	垫江县	武隆县	忠县	开县
烘炉、风机、衡器、包装等设备制造	346		1			
文化、办公用机械制造	347	1	1			
通用零部件制造	348	1	6	2		2
其他通用设备制造业	349		1	1		1
专用设备制造业	35	7	23	3	14	29
采矿、冶金、建筑专用设备制造	351			2		10
化工、木材、非金属加工专用设备制造	352	3	9	1	4	10
食品、饮料、烟草及饲料生产专用设备制造	353					2
印刷、制药、日化及日用品生产专用设备制造	354		3		3	2
纺织、服装和皮革加工专用设备制造	355	2	1		1	
电子和电工机械专用设备制造	356		4		1	2
农、林、牧、渔专用机械制造	357		2		3	2
医疗仪器设备及器械制造	358		1			1
环保、社会公共服务及其他专用设备制造	359	2	3		2	
汽车制造业	36	2	5	12	6	2
汽车整车制造	361				1	
改装汽车制造	362	1			1	
电车制造	364		1			
汽车车身、挂车制造	365					
汽车零部件及配件制造	366	1	4	12	4	2
铁路、船舶、航空航天和其他运输设备制造业	37	7	5	3	6	2
铁路运输设备制造	371					
城市轨道交通设备制造	372					
船舶及相关装置制造	373	6			5	
航空、航天器及设备制造	374					
摩托车制造	375	1	5	3		
自行车制造	376				1	2
非公路休闲车及零配件制造	377					
潜水救捞及其他未列明运输设备制造	379					
电气机械和器材制造业	38	5	32	4	10	22
电机制造	381		1		2	
输配电及控制设备制造	382	2	18	3		6
电线、电缆、光缆及电工器材制造	383	1	4		2	2
电池制造	384		3			1
家用电力器具制造	385				1	5
非电力家用器具制造	386		2		3	2
照明器具制造	387	2	4	1	1	5
其他电气机械及器材制造	389				1	1
计算机、通信和其他电子设备制造业	39	3	57	7	8	8
计算机制造	391		2			
通信设备制造	392		1			
广播电视设备制造	393					
视听设备制造	395					
电子器件制造	396	1	1		1	1
电子元件制造	397	2	49	2	7	5
其他电子设备制造	399		4	5		2

单位：个

云阳县	奉节县	巫山县	巫溪县	石柱县	秀山县	酉阳县	彭水县
1				1			
			1				
5		1	2	1		3	
19	4	3	3	11	3	13	5
1	3		1	1	1	8	
2				4			1
4							1
2				1		2	
2							
3		1		2			
5		2	2	1	2	2	3
	1						
				2		1	
2				4			
2				4			
9	5	1		1	1		1
		1					
5	5						1
3							
1				1	1		
16	3	1	1	4	3	6	4
1							
4	1			1	1	1	
3					1	3	
						1	1
	1			3		1	
8	1	1	1		1		3
23	14			2	2	2	2
				1			
	1				1		
						1	
					1		
1							
22	13			1		1	1
							1

1-1-9 续表 27

指标名称	行业代码					
		丰都县	垫江县	武隆县	忠县	开县
仪器仪表制造业	40	1	2			
通用仪器仪表制造	401					
专用仪器仪表制造	402					
钟表与计时仪器制造	403		2			
光学仪器及眼镜制造	404					
其他仪器仪表制造业	409	1				
其他制造业	41	3	32	2	10	33
日用杂品制造	411		12	2	5	3
煤制品制造	412				2	12
其他未列明制造业	419	3	20		3	18
废弃资源综合利用业	42	3	5	2	1	9
金属废料和碎屑加工处理	421	3	2	2		4
非金属废料和碎屑加工处理	422		3		1	5
金属制品、机械和设备修理业	43	2	2	1	5	5
金属制品修理	431	1				1
通用设备修理	432				1	
专用设备修理	433			1		
铁路、船舶、航空航天等运输设备修理	434	1			1	
电气设备修理	435				2	
仪器仪表修理	436					
其他机械和设备修理业	439		2		1	4
电力、热力、燃气及水生产和供应业	**D**	**85**	**41**	**109**	**84**	**88**
电力、热力生产和供应业	44	44	13	102	37	50
电力生产	441	41	12	100	35	47
电力供应	442	3	1	2	2	3
热力生产和供应	443					
燃气生产和供应业	45	7	4	2	13	9
燃气生产和供应业	450	7	4	2	13	9
水的生产和供应业	46	34	24	5	34	29
自来水生产和供应	461	31	23	5	29	26
污水处理及其再生利用	462	3	1		5	3
其他水的处理、利用与分配	469					
建筑业	**E**	**41**	**157**	**37**	**120**	**90**
房屋建筑业	47	16	111	23	60	50
房屋建筑业	470	16	111	23	60	50
土木工程建筑业	48	8	4	6	3	9
铁路、道路、隧道和桥梁工程建筑	481	4	2	2	1	1
水利和内河港口工程建筑	482	2	1	2		2
工矿工程建筑	484		1			
架线和管道工程建筑	485	2		2	1	
其他土木工程建筑	489				1	6
建筑安装业	49	2	11	2	10	8
电气安装	491		2	1	9	2
管道和设备安装	492	1	3	1		
其他建筑安装业	499	1	6		1	6

单位：个

云阳县	奉节县	巫山县	巫溪县	石柱县	秀山县	酉阳县	彭水县
1		2			2	1	
					1		
1						1	
		2			1		
8	17	1	3	8	1	3	2
2		1		5	1		1
4	17			3		1	
2			3			2	1
1	2					1	3
1							
	2					1	3
2	3	1	5	1	4	2	
			1		2		
						1	
2		1					
				1			
	3		4		2	1	
80	**48**	**28**	**117**	**61**	**25**	**64**	**35**
62	35	20	106	49	21	42	23
57	31	19	105	48	19	38	22
5	4	1	1	1	2	4	1
6	5	3		6	1	5	5
6	5	3		6	1	5	5
12	8	5	11	6	3	17	7
11	6	3	9	5	3	12	7
1	2	2	1	1		1	
			1			4	
145	**52**	**34**	**29**	**21**	**44**	**31**	**60**
68	43	18	14	11	13	15	27
68	43	18	14	11	13	15	27
39	5		3	5	6	2	9
4	3		1	1	2	1	3
4				2	1	1	1
1							
1	1		1	1			
29	1		1	1	3		5
2	1	3		1	3	5	7
	1	2		1	1	3	1
1							1
1		1			2	2	5

1-1-9 续表 28

指标名称	行业代码	丰都县	垫江县	武隆县	忠县	开县
建筑装饰和其他建筑业	50	15	31	6	47	23
建筑装饰业	501	3	15	3	13	18
工程准备活动	502			2	3	1
提供施工设备服务	503	3	2		2	
其他未列明建筑业	509	9	14	1	29	4
批发和零售业	**F**	**826**	**1526**	**786**	**3002**	**2967**
批发业	51	261	367	426	1451	643
农、林、牧产品批发	511	59	34	139	498	62
食品、饮料及烟草制品批发	512	31	39	168	658	71
纺织、服装及家庭用品批发	513	27	53	12	23	103
文化、体育用品及器材批发	514	7	2	2	16	17
医药及医疗器材批发	515	3	8	20	28	11
矿产品、建材及化工产品批发	516	88	152	59	159	238
机械设备、五金产品及电子产品批发	517	32	52	18	38	59
贸易经纪与代理	518	5	3		5	16
其他批发业	519	9	24	8	26	66
零售业	52	565	1159	360	1551	2324
综合零售	521	46	125	19	301	324
食品、饮料及烟草制品专门零售	522	112	136	99	238	291
纺织、服装及日用品专门零售	523	116	228	62	254	625
文化、体育用品及器材专门零售	524	25	64	10	112	66
医药及医疗器材专门零售	525	12	20	5	73	58
汽车、摩托车、燃料及零配件专门零售	526	62	130	49	70	178
家用电器及电子产品专门零售	527	84	167	64	129	225
五金、家具及室内装饰材料专门零售	528	93	268	42	225	485
货摊、无店铺及其他零售业	529	15	21	10	149	72
交通运输、仓储和邮政业	**G**	**78**	**74**	**38**	**87**	**79**
道路运输业	54	48	52	22	43	49
城市公共交通运输	541	2	2	5	1	7
公路旅客运输	542	3	2	3	10	8
道路货物运输	543	36	41	10	26	20
道路运输辅助活动	544	7	7	4	6	14
水上运输业	55	19	1	1	11	4
水上旅客运输	551	1			3	
水上货物运输	552	16		1	6	3
水上运输辅助活动	553	2	1		2	1
航空运输业	56					
航空客货运输	561					
通用航空服务	562					
航空运输辅助活动	563					
管道运输业	57					
管道运输业	570					
装卸搬运和运输代理业	58	8	11	8	24	13
装卸搬运	581	6	5	7	12	1
运输代理业	582	2	6	1	12	12
仓储业	59		6	1	6	8
谷物、棉花等农产品仓储	591		5		3	5
其他仓储业	599		1	1	3	3

单位：个

云阳县	奉节县	巫山县	巫溪县	石柱县	秀山县	酉阳县	彭水县
36	3	13	12	4	22	9	17
10	3	7	10	3	21	6	7
3		1	1			1	3
					1		1
23		5	1	1		2	6
853	**559**	**434**	**426**	**720**	**939**	**1064**	**644**
246	204	89	146	221	306	292	256
44	15	4	31	17	51	21	40
50	29	16	17	43	82	57	48
17	9	2	4	15	12	14	15
2	5	3	2	2		4	3
6	4		2	10	15	9	3
86	109	44	64	89	94	149	102
28	24	13	18	31	43	25	35
	1		1	8		2	3
13	8	7	7	6	9	11	7
607	355	345	280	499	633	772	388
117	48	60	59	48	92	78	22
88	48	39	22	71	56	163	56
85	51	74	52	70	95	173	45
11	14	25	10	8	26	26	7
19	18	4	2	32	10	7	19
66	56	36	32	34	62	56	67
82	59	42	50	61	104	110	51
108	54	55	41	158	181	140	104
31	7	10	12	17	7	19	17
77	**61**	**55**	**23**	**40**	**38**	**33**	**39**
30	28	11	10	22	15	17	18
5	3	2	1	1	2	1	2
13	10	1	2	5	3	7	2
9	6	4	2	14	6	2	8
3	9	4	5	2	4	7	6
23	19	27	5	4		2	3
2	4	5	3				
16	14	10		2		1	2
5	1	12	2	2		1	1
18	7	14	4	9	19	7	9
15	5	7	1	5	4	4	2
3	2	7	3	4	15	3	7
4	2	1			1	5	2
4	2	1			1	5	2

1-1-9 续表 29

指标名称	行业代码	丰都县	垫江县	武隆县	忠县	开县
邮政业	60	3	4	6	3	5
邮政基本服务	601	2	1	2	1	1
快递服务	602	1	3	4	2	4
住宿和餐饮业	H	**151**	**373**	**347**	**335**	**641**
住宿业	61	18	29	47	40	80
旅游饭店	611	8	13	30	21	19
一般旅馆	612	8	11	9	12	39
其他住宿业	619	2	5	8	7	22
餐饮业	62	133	344	300	295	561
正餐服务	621	119	300	267	257	463
快餐服务	622	1	5		16	16
饮料及冷饮服务	623	2	5	2	3	8
其他餐饮业	629	11	34	31	19	74
信息传输、软件和信息技术服务业	I	**24**	**21**	**31**	**49**	**27**
电信、广播电视和卫星传输服务	63	5	9	19	17	10
电信	631	4	8	17	16	9
广播电视传输服务	632	1	1	2	1	1
卫星传输服务	633					
互联网和相关服务	64	7	3	2	15	11
互联网接入及相关服务	641				3	
互联网信息服务	642	5	3	1	12	11
其他互联网服务	649	2		1		
软件和信息技术服务业	65	12	9	10	17	6
软件开发	651	7	5	5	8	4
信息系统集成服务	652				1	
信息技术咨询服务	653	3	2	3	3	
数据处理和存储服务	654			1		
集成电路设计	655					
其他信息技术服务业	659	2	2	1	5	2
房地产业	K	**62**	**129**	**59**	**122**	**110**
房地产业	70	62	129	59	122	110
房地产开发经营	701	19	57	32	47	41
物业管理	702	11	26	16	25	20
房地产中介服务	703	23	42	11	47	48
自有房地产经营活动	704	3	2			1
其他房地产业	709	6	2		3	
租赁和商务服务业	L	**166**	**187**	**131**	**253**	**312**
租赁业	71	10	13	7	20	14
机械设备租赁	711	10	13	7	18	14
文化及日用品出租	712				2	
商务服务业	72	156	174	124	233	298
企业管理服务	721	22	23	15	26	73
法律服务	722	15	11	15	6	14
咨询与调查	723	12	24	15	47	55

单位：个

云阳县	奉节县	巫山县	巫溪县	石柱县	秀山县	酉阳县	彭水县
2	5	2	4	5	3	2	7
1	1	1	1	1	1		5
1	4	1	3	4	2	2	2
153	**160**	**96**	**212**	**295**	**107**	**274**	**159**
28	38	27	21	41	13	52	20
9	12	10	9	13	2	14	3
19	26	13	5	17	11	28	10
		4	7	11		10	7
125	122	69	191	254	94	222	139
97	113	53	54	230	79	167	106
2	3		1	2	11	9	1
1	1		1	5		5	
25	5	16	135	17	4	41	32
30	**13**	**6**	**25**	**13**	**10**	**21**	**41**
9	5	3	5	6	4	8	12
6	4	3	3	5	4	5	9
3	1		2	1		3	2
							1
7	6	1	7	4		10	5
	3					1	
7	3	1	6	3		8	
			1	1		1	5
14	2	2	13	3	6	3	24
5				1	2		10
4			3	1			1
4	1		6	1	2	2	5
1	1	2	4		2	1	8
89	**48**	**36**	**26**	**55**	**47**	**34**	**58**
89	48	36	26	55	47	34	58
35	34	17	14	30	28	24	20
26	9	11	7	16	14	9	10
26	5	8	4	7	3	1	27
1							1
1			1	2	2		
211	**140**	**82**	**73**	**134**	**87**	**96**	**288**
17	10	2	5	19	5	5	16
17	9	2	3	19	5	5	16
	1		2				
194	130	80	68	115	82	91	272
10	7	4	7	9	6	11	46
9	9	9	5	6	5	6	15
17	11	5	8	13	5	8	44

1-1-9 续表 30

指标名称	行业代码	丰都县	垫江县	武隆县	忠县	开县
广告业	724	63	70	33	96	63
知识产权服务	725		1		1	
人力资源服务	726	6	16	11	14	42
旅行社及相关服务	727	15	8	17	12	13
安全保护服务	728	1	2	2	1	3
其他商务服务业	729	22	19	16	30	35
科学研究和技术服务业	**M**	**93**	**85**	**86**	**83**	**129**
研究和试验发展	73	5	1	2	1	7
自然科学研究和试验发展	731	1				1
工程和技术研究和试验发展	732					
农业科学研究和试验发展	733	3	1	2	1	5
医学研究和试验发展	734					1
社会人文科学研究	735	1				
专业技术服务业	74	56	50	49	52	90
气象服务	741	3	1	1	1	
地震服务	742	1			1	1
海洋服务	743					
测绘服务	744			1		1
质检技术服务	745	4	3	8	6	7
环境与生态监测	746	3	1	1	1	2
地质勘查	747	1		3	2	
工程技术	748	10	28	5	17	37
其他专业技术服务业	749	34	17	30	24	42
科技推广和应用服务业	75	32	34	35	30	32
技术推广服务	751	26	31	34	21	29
科技中介服务	752	3	1		1	
其他科技推广和应用服务业	759	3	2	1	8	3
水利、环境和公共设施管理业	**N**	**72**	**38**	**23**	**29**	**69**
水利管理业	76	40	16	7	7	48
防洪除涝设施管理	761	1	1		1	2
水资源管理	762	2	5	1	3	5
天然水收集与分配	763	7	5	4	2	25
水文服务	764			1		3
其他水利管理业	769	30	5	1	1	13
生态保护和环境治理业	77	7	4	2	3	3
生态保护	771	2	3	1	1	2
环境治理业	772	5	1	1	2	1
公共设施管理业	78	25	18	14	19	18
市政设施管理	781	5	4	4	1	1
环境卫生管理	782	6	4	3	2	7
城乡市容管理	783	1			1	
绿化管理	784	7	2	1	8	3
公园和游览景区管理	785	6	8	6	7	7

单位：个

云阳县	奉节县	巫山县	巫溪县	石柱县	秀山县	酉阳县	彭水县
90	46	27	25	54	18	35	81
11	30	8	10	6	20	7	34
19	8	18	4	15	15	12	11
3	3	1	2	3	1	1	1
35	16	8	7	9	12	11	40
133	**41**	**57**	**109**	**65**	**70**	**52**	**130**
3	3			4		1	3
				1			
3	3			2			2
							1
				1		1	
76	31	38	59	55	39	40	114
3	1	2	2	1	1	2	
			1	1			
2	1		1	1	1		4
5	2	5	1	2	1	3	2
1	3	1	3				
	2				1		2
10	19	21	11	10	5	7	36
55	3	9	40	40	30	28	70
54	7	19	50	6	31	11	13
51	6	18	44	5	31	9	12
		1	1	1		1	
3	1		5			1	1
32	**22**	**29**	**24**	**18**	**6**	**29**	**13**
15	9	18	12	6	2	4	4
		1	1	1			1
7		5	1				1
2		9	8	3	2	2	2
2	1	1	1	1			
4	8	2	1	1		2	
1	2	3	3		1	1	3
1		3	1		1	1	1
	2		2				2
16	11	8	9	12	3	24	6
6	6	2	2	3			1
3	1	2	2		1	2	1
				1			
3	4	2		5	1	3	3
4		2	5	3	1	19	1

1-1-9 续表 31

指标名称	行业代码	丰都县	垫江县	武隆县	忠县	开县
居民服务、修理和其他服务业	O	**104**	**121**	**54**	**182**	**312**
居民服务业	79	68	37	27	102	171
家庭服务	791		2	7	22	8
托儿所服务	792		3	1		
洗染服务	793	2	3	8	10	20
理发及美容服务	794	42	12		8	88
洗浴服务	795		3	1	5	5
保健服务	796	1	1		5	18
婚姻服务	797	11		2	22	14
殡葬服务	798	7	2	3	6	6
其他居民服务业	799	5	11	5	24	12
机动车、电子产品和日用产品修理业	80	22	46	20	56	100
汽车、摩托车修理与维护	801	19	37	15	46	65
计算机和办公设备维修	802	1	2	2	1	7
家用电器修理	803	1	4	1	9	21
其他日用产品修理业	809	1	3	2		7
其他服务业	81	14	38	7	24	41
清洁服务	811	8	28	4	14	26
其他未列明服务业	819	6	10	3	10	15
教育	P	**262**	**232**	**73**	**284**	**366**
教育	82	262	232	73	284	366
学前教育	821	77	69	14	111	173
初等教育	822	114	77	29	73	107
中等教育	823	41	26	13	30	52
高等教育	824			1	1	1
特殊教育	825	1	1	1	1	2
技能培训、教育辅助及其他教育	829	29	59	15	68	31
卫生和社会工作	Q	**98**	**109**	**80**	**183**	**462**
卫生	83	54	58	50	118	420
医院	831	6	4	6	7	15
社区医疗与卫生院	832	29	26	30	46	337
门诊部(所)	833	4	5	2	36	30
计划生育技术服务活动	834	11	19	8	27	28
妇幼保健院(所、站)	835	1	1	1	1	1
专科疾病防治院(所、站)	836					1
疾病预防控制中心	837	2	1	1	1	2
其他卫生活动	839	1	2	2		6
社会工作	84	44	51	30	65	42
提供住宿社会工作	841	29	32	28	50	17
不提供住宿社会工作	842	15	19	2	15	25
文化、体育和娱乐业	R	**114**	**119**	**85**	**167**	**201**
新闻和出版业	85	1	1	1	1	1
新闻业	851			1		1
出版业	852	1	1		1	
广播、电视、电影和影视录音制作业	86	7	6	4	3	3
广播	861					
电视	862	2	2	1	2	1

单位：个

云阳县	奉节县	巫山县	巫溪县	石柱县	秀山县	酉阳县	彭水县
134	**78**	**35**	**88**	**91**	**81**	**86**	**111**
72	50	17	54	43	42	52	73
17	1	1	15	5	2	7	10
		1					
11	2	2	12	12	7	7	3
16	27	1	1	12	16	25	30
	1			4	1	2	2
4	7	2	7	2	1	2	3
15	7	5	8	5	7		13
4	3	1	1	2	2	1	3
5	2	4	10	1	6	8	9
47	23	14	33	44	30	32	22
24	20	10	21	33	28	27	16
15	2	2	2	4		2	4
7		2	7	5	2	1	2
1	1		3	2		2	
15	5	4	1	4	9	2	16
11	5	1		4	8	1	7
4		3	1		1	1	9
249	**229**	**144**	**137**	**140**	**229**	**216**	**157**
249	229	144	137	140	229	216	157
49	56	9	30	13	130	51	44
87	104	97	74	79	40	114	73
51	44	21	19	21	28	34	19
1	2		1	1	1	1	
1	1	1	1	1	1	1	1
60	22	16	12	25	29	15	20
148	**274**	**64**	**138**	**56**	**44**	**94**	**97**
88	260	58	82	44	38	88	94
9	11	6	8	3	5	9	8
56	217	26	43	37	27	48	53
1	11			2	2	27	4
15	17	24	29		1	2	21
1	1	1	1	1	1	1	1
2					1	1	1
1	1	1	1	1	1		2
3	2						4
60	14	6	56	12	6	6	3
57	12	5	40	2	4	5	1
3	2	1	16	10	2	1	2
127	**56**	**76**	**57**	**119**	**90**	**68**	**57**
1	2	1		1		1	1
	2			1			
1		1				1	1
3	3	23	1	3	4	1	3
		1					
1	1	20		1	1		1

1-1-9 续表 32

指标名称	行业代码	丰都县	垫江县	武隆县	忠县	开县
电影和影视节目制作	863	3	2	1		
电影和影视节目发行	864					1
电影放映	865	2	2	2	1	1
录音制作	866					
文化艺术业	87	48	46	38	67	110
文艺创作与表演	871	7	10	6	19	2
艺术表演场馆	872					1
图书馆与档案馆	873	1	5	3	2	2
文物及非物质文化遗产保护	874	5	1	1	1	
博物馆	875					
烈士陵园、纪念馆	876					1
群众文化活动	877	32	25	27	33	96
其他文化艺术业	879	3	5	1	12	8
体育	88	2	6	2	3	7
体育组织	881	1	2		2	2
体育场馆	882			1		
休闲健身活动	883	1	3		1	5
其他体育	889		1	1		
娱乐业	89	56	60	40	93	80
室内娱乐活动	891	53	58	38	76	68
游乐园	892		1		4	1
彩票活动	893					
文化、娱乐、体育经纪代理	894	2	1		3	
其他娱乐业	899	1		2	10	11
公共管理、社会保障和社会组织	S	**649**	**696**	**626**	**895**	**1184**
中国共产党机关	90	13	6	22	34	11
中国共产党机关	900	13	6	22	34	11
国家机构	91	194	229	266	281	273
国家权力机构	911	1	1	1	24	1
国家行政机构	912	190	212	259	250	262
人民法院和人民检察院	913	2	2	2	2	2
其他国家机构	919	1	14	4	5	8
人民政协、民主党派	92	1	2	1	1	2
人民政协	921	1	1	1	1	2
民主党派	922		1			
社会保障	93	28	34	6	28	71
社会保障	930	28	34	6	28	71
群众团体、社会团体和其他成员组织	94	86	124	124	187	314
群众团体	941	14	22	14	12	35
社会团体	942	67	97	108	171	272
基金会	943	1		1		1
宗教组织	944	4	5	1	4	6
基层群众自治组织	95	327	301	207	364	513
社区自治组织	951	53	57	23	44	79
村民自治组织	952	274	244	184	320	434

单位：个

云阳县	奉节县	巫山县	巫溪县	石柱县	秀山县	酉阳县	彭水县
	1	1	1	1			
							1
1	1			1	2	1	1
1		1			1		
70	13	17	38	85	36	28	26
12	3	2	3	78	3	2	4
	1		1	1			
4	2	3	1	1	2	2	2
2	1		1	2	1	1	
	2						
	1	1				1	
46	2	10	29	3	29	17	14
6	1	1	3		1	5	6
4	2		1	3	2	5	3
				2		1	
1						1	
3	2		1	1	2	3	3
49	36	35	17	27	48	33	24
48	34	35	16	15	48	32	23
	1		1	6			
1				1			
	1			5		1	1
1115	**990**	**608**	**894**	**501**	**447**	**558**	**602**
18	10	11	9	12	9	7	10
18	10	11	9	12	9	7	10
238	410	184	172	104	89	146	171
1	1	1	1	2	1	1	2
224	406	181	167	100	86	140	164
2	2	2	2	2	2	2	3
11	1		2			3	2
2	3	1	1	1	1	1	1
2	1	1	1	1	1	1	1
	2						
46	31	5	25		4	10	13
46	31	5	25		4	10	13
331	149	76	357	142	77	125	116
6	7	3	7	4	10	5	12
321	135	69	348	135	66	119	101
							2
4	7	4	2	3	1	1	1
480	387	331	330	242	267	269	291
88	52	31	37	28	58	8	28
392	335	300	293	214	209	261	263

1-1-10 按行业、区县分组的

指标名称	行业代码	从业人员数	万州区	涪陵区	渝中区
总计		**8663134**	**494244**	**380677**	**579761**
农、林、牧、渔业	A	**58390**	**26779**	**503**	
农业	01	1694	70	11	
谷物种植	011	26			
蔬菜、食用菌及园艺作物种植	014	627			
水果种植	015	903	12		
坚果、含油果、香料和饮料作物种植	016	39			
中药材种植	017	11		11	
其他农业	019	88	58		
林业	02	150		1	
林木育种和育苗	021	113			
造林和更新	022	1		1	
森林经营和管护	023	36			
畜牧业	03	325			
牲畜饲养	031	174			
家禽饲养	032	88			
其他畜牧业	039	63			
渔业	04	156			
水产养殖	041	156			
农、林、牧、渔服务业	05	56065	26709	491	
农业服务业	051	47006	21612	310	
林业服务业	052	2812	1310	181	
畜牧服务业	053	4532	2761		
渔业服务业	054	1715	1026		
采矿业	B	**253079**	**5932**	**3748**	
煤炭开采和洗选业	06	196470	1478	1701	
烟煤和无烟煤开采洗选	061	193623	1217	1701	
褐煤开采洗选	062	549			
其他煤炭采选	069	2298	261		
石油和天然气开采业	07	3560	83	1218	
石油开采	071	83	83		
天然气开采	072	3477		1218	
黑色金属矿采选业	08	8164			
铁矿采选	081	2012			
锰矿、铬矿采选	082	5996			
其他黑色金属矿采选	089	156			
有色金属矿采选业	09	1480	5		
常用有色金属矿采选	091	1426			
贵金属矿采选	092	38	5		
稀有稀土金属矿采选	093	16			
非金属矿采选业	10	40861	4218	824	
土砂石开采	101	35485	2374	616	
化学矿开采	102	1250		100	
采盐	103	1900	1701		
石棉及其他非金属矿采选	109	2226	143	108	

法人单位从业人员数

单位：人

大渡口区	江北区	沙坪坝区	九龙坡区	南岸区	北碚区	綦江区	#万盛经开区	大足区
93658	**358497**	**510893**	**519453**	**333118**	**249731**	**253718**	**77511**	**212128**
24	**87**	**200**	**316**	**135**	**233**	**894**	**307**	**1132**
		12			58	18		118
						3		80
					58			38
		12				15		
			7					66
			7					66
			3			5		94
								33
			3			5		
								61
								45
								45
24	87	188	306	135	175	871	307	809
12	87	154	214	96	175	824	307	728
		34	40	25		33		14
			3			14		45
12			49	14				22
1346	**92**	**134**	**2692**	**346**	**11974**	**46649**	**18216**	**9846**
			2450	15	11381	42901	17574	7982
			2450		11381	42829	17574	7873
				15		72		109
1263			1			398		
1263			1			398		
83	92	134	241	314	559	3328	622	1849
83	92	134	216	314	532	2985	430	1197
						19	19	472
			25		27	324	173	180

1-1-10 续表 1

指标名称	行业代码	从业人员数	万州区	涪陵区	渝中区
开采辅助活动	11	1579	36	5	
煤炭开采和洗选辅助活动	111	1034	36		
石油和天然气开采辅助活动	112	459		5	
其他开采辅助活动	119	86			
其他采矿业	12	965	112		
其他采矿业	120	965	112		
制造业	C	**2295316**	**90054**	**82042**	**2503**
农副食品加工业	13	117247	4731	16287	103
谷物磨制	131	13263	377	401	
饲料加工	132	12539	330	383	
植物油加工	133	6448	221	512	
制糖业	134	1204	15		
屠宰及肉类加工	135	30485	756	1770	2
水产品加工	136	738	23		101
蔬菜、水果和坚果加工	137	28039	2738	12967	
其他农副食品加工	139	24531	271	254	
食品制造业	14	46319	3366	667	12
焙烤食品制造	141	9985	791	239	
糖果、巧克力及蜜饯制造	142	2339	18	6	
方便食品制造	143	7603	375	143	12
乳制品制造	144	2932	113		
罐头食品制造	145	3497	80	1	
调味品、发酵制品制造	146	12088	1540	193	
其他食品制造	149	7875	449	85	
酒、饮料和精制茶制造业	15	39761	4158	1258	
酒的制造	151	18658	3000	382	
饮料制造	152	14324	1050	822	
精制茶加工	153	6779	108	54	
烟草制品业	16	4926	732		
烟叶复烤	161	1754	732		
卷烟制造	162	3172			
纺织业	17	59576	5494	192	52
棉纺织及印染精加工	171	28191	4073	14	
毛纺织及染整精加工	172	5986	24	3	
麻纺织及染整精加工	173	1590	6		
丝绢纺织及印染精加工	174	8968	506	103	52
化纤织造及印染精加工	175	450	34	3	
针织或钩针编织物及其制品制造	176	3976	405	3	
家用纺织制成品制造	177	8023	307	63	
非家用纺织制成品制造	178	2392	139	3	
纺织服装、服饰业	18	57767	4688	129	362
机织服装制造	181	47138	4196	55	362
针织或钩针编织服装制造	182	2923	252	3	
服饰制造	183	7706	240	71	
皮革、毛皮、羽毛及其制品和制鞋业	19	53255	1879	169	
皮革鞣制加工	191	864			
皮革制品制造	192	4587	198	102	

单位：人

大渡口区	江北区	沙坪坝区	九龙坡区	南岸区	北碚区	綦江区	#万盛经开区	大足区
					2	17	15	15
					2	10	10	
								15
						7	5	
				17	32	5	5	
				17	32	5	5	
36932	**64543**	**197929**	**153946**	**93735**	**97527**	**55708**	**8141**	**97799**
876	1198	1932	2934	1512	1345	4950	541	3171
8		85	26	36	23	324	95	1488
4	627	378	256	3				365
3	8	55	374	39	19	146		229
	13	25	72					
687	353	299	1301	404	198	1884	61	377
		76	8	22				6
47		57	88	172	8	1180		411
127	197	957	809	836	1097	1416	385	295
678	1101	1953	2976	1302	884	668	30	909
420	47	341	656	211	342	22		94
	26	120	42		33			79
27	40	884	179	43	93	137	30	157
	760		8	500	3			6
10	20	34	253	132		12		
221	199	337	1603	171	216	485		573
	9	237	235	245	197	12		
472	13	399	418	1423	263	1993	260	807
472		23	131	27	64	1619	8	379
	13	376	287	1372	176	118	21	311
				24	23	256	231	117
				3172				
				3172				
10	68	12767	600	570	1693	190	11	445
		12065	456	21	1640	124	3	106
6		9	1					52
		3		170				
		13		1				
	3							
	59	129	51	180				12
		424	63	101	52	58	8	159
4	6	124	29	97	1	8		116
80	582	502	462	6713	178	235	66	356
80	415	414	403	6291	144	182	60	344
		37	5	3		12		12
	167	51	54	419	34	41	6	
1246	332	347	73	1141	78	642	3	208
		35			6			
	332	62	2	18	28	231		42

1-1-10 续表 2

指标名称	行业代码	从业人员数	万州区	涪陵区	渝中区
毛皮鞣制及制品加工	193	1506	145	29	
羽毛(绒)加工及制品制造	194	1340	39		
制鞋业	195	44958	1497	38	
木材加工和木、竹、藤、棕、草制品业	20	35720	1489	537	
木材加工	201	10203	355	51	
人造板制造	202	5492	487	304	
木制品制造	203	12577	346	54	
竹、藤、棕、草等制品制造	204	7448	301	128	
家具制造业	21	46798	2146	838	21
木质家具制造	211	33785	1400	713	
竹、藤家具制造	212	351	25		
金属家具制造	213	6296	84		
塑料家具制造	214	533	41		16
其他家具制造	219	5833	596	125	5
造纸和纸制品业	22	34986	535	595	1
纸浆制造	221	100	11	31	
造纸	222	13375	296	241	
纸制品制造	223	21511	228	323	1
印刷和记录媒介复制业	23	34917	1286	3364	336
印刷	231	31497	1209	3337	301
装订及印刷相关服务	232	3215	77	27	35
记录媒介复制	233	205			
文教、工美、体育和娱乐用品制造业	24	24051	4006	1497	14
文教办公用品制造	241	1897	48		4
乐器制造	242	914	204		
工艺美术品制造	243	16879	3675	129	10
体育用品制造	244	993	67		
玩具制造	245	3109	12	1368	
游艺器材及娱乐用品制造	246	259			
石油加工及炼焦	25	6260	279	165	
化学原料和化学制品制造业	26	106424	7604	10811	
基础化学原料制造	261	28113	3250	2164	
肥料制造	262	25123	1011	7381	
农药制造	263	3877	1275	1	
涂料、油墨、颜料及类似产品制造	264	12653	277	176	
合成材料制造	265	8283	174	553	
专用化学产品制造	266	11041	1094	440	
炸药、火工及焰火产品制造	267	12703	175		
日用化学产品制造	268	4631	348	96	
医药制造业	27	49862	4153	5931	
化学药品原料药制造	271	11505	163	216	
化学药品制剂制造	272	9142	860	2	
中药饮片加工	273	3416	165	224	
中成药生产	274	16985	521	5087	
兽用药品制造	275	4872	1957		
生物药品制造	276	2505	415	402	
卫生材料及医药用品制造	277	1437	72		

单位：人

大渡口区	江北区	沙坪坝区	九龙坡区	南岸区	北碚区	綦江区	#万盛经开区	大足区
		13	7			122		28
			53	6				12
1246		237	11	1117	44	289	3	126
404	43	1128	1717	338	61	975	371	1179
	4	218	80		22	367	201	217
56		142	138	29		40	40	9
348	39	681	1499	280	23	304	45	440
		87		29	16	264	85	513
205	51	2633	2376	818	628	371	36	799
175	4	2213	1873	492	209	281	26	445
						34		30
26		124	114	122	357	21		210
	44	12	79	1				
4	3	284	310	203	62	35	10	114
196	872	1868	1750	932	1073	462	176	703
						5	5	
48	52	89	391	88		146	12	143
148	820	1779	1359	844	1073	311	159	560
462	1067	2886	2929	3159	950	1215	25	316
412	1011	2785	2711	2874	891	262	15	302
50	56	101	191	147	47	953	10	14
			27	138	12			
143	136	693	392	562	344	150	23	1173
7		45	65	425				90
	7			23	120			5
121	124	510	299	84	224	150	23	1057
	5	138	28	30				21
15								
5		199	1011		23	1		256
864	2332	2837	3063	5143	2335	2408	848	2198
585	738	261	42	783	346	571	486	1111
50	6	25	1563	8	134	992	13	100
	313	114	10		7			58
146	76	933	598	1484	125	35	5	292
20	32	642	331	61	43	270	40	448
7	465	691	428	2579	175	239	142	177
				30	1460	287	162	12
56	702	171	91	198	45	14		
269	359	2386	1048	4248	1846	978	347	66
	180		430	889	1167	5	5	
114	75	1699	107	1915				
		342		32				52
		113	280	1236	57	335	335	
		62						
11	8	84	163	96	138	342		13
144	96	86	68	80	484	296	7	1

1-1-10 续表 3

指标名称	行业代码	从业人员数	万州区	涪陵区	渝中区
化学纤维制造业	28	1231		2	
纤维素纤维原料及纤维制造	281	119			
合成纤维制造	282	1112		2	
橡胶和塑料制品业	29	78647	2003	3891	577
橡胶制品业	291	25383	199	1768	121
塑料制品业	292	53264	1804	2123	456
非金属矿物制品业	30	222802	9445	4535	3
水泥、石灰和石膏制造	301	25948	788	672	
石膏、水泥制品及类似制品制造	302	55593	1426	1465	
砖瓦、石材等建筑材料制造	303	83569	4095	1552	
玻璃制造	304	5802	242	113	
玻璃制品制造	305	24971	1053	74	3
玻璃纤维和玻璃纤维增强塑料制品制造	306	8293	28	57	
陶瓷制品制造	307	11396	1699	70	
耐火材料制品制造	308	2366		20	
石墨及其他非金属矿物制品制造	309	4864	114	512	
黑色金属冶炼和压延加工业	31	60171	308	3430	1
炼铁	311	1756	5		
炼钢	312	652		10	
黑色金属铸造	313	9455	140	243	1
钢压延加工	314	38064	163	3104	
铁合金冶炼	315	10244		73	
有色金属冶炼和压延加工业	32	35660	401	2060	
常用有色金属冶炼	321	13571	190	1177	
贵金属冶炼	322	111			
稀有稀土金属冶炼	323	769			
有色金属合金制造	324	3019	48		
有色金属铸造	325	990	57		
有色金属压延加工	326	17200	106	883	
金属制品业	33	113283	3829	498	275
结构性金属制品制造	331	50394	2517	349	34
金属工具制造	332	16374	162	27	70
集装箱及金属包装容器制造	333	3116	55	1	9
金属丝绳及其制品制造	334	2021	39		
建筑、安全用金属制品制造	335	9313	357	23	157
金属表面处理及热处理加工	336	8351	175	28	5
搪瓷制品制造	337	719	6		
金属制日用品制造	338	8139	350	43	
其他金属制品制造	339	14856	168	27	
通用设备制造业	34	116979	2195	576	72
锅炉及原动设备制造	341	16914	291	135	
金属加工机械制造	342	18412	1350	17	2
物料搬运设备制造	343	5891	75	100	
泵、阀门、压缩机及类似机械制造	344	11678	73		59
轴承、齿轮和传动部件制造	345	11473	42	181	

单位：人

大渡口区	江北区	沙坪坝区	九龙坡区	南岸区	北碚区	綦江区	#万盛经开区	大足区
			36	18		372		345
								28
			36	18		372		317
545	1953	4099	6005	4356	1386	1920	194	4257
160	1612	641	2206	1592	401	210	45	2733
385	341	3458	3799	2764	985	1710	149	1524
8953	2788	5013	5595	6110	11057	10383	2377	7318
1755		701	71	398	1107	1428	607	440
454	2510	1641	1224	2800	2638	2170	236	1828
899	221	1291	2795	1978	1708	4253	369	4185
59	22	224	778	105	51	1096	1027	
254		611	320	688	5050	1066	8	587
5450	35	70	3	64	164	37		101
		108	217	60	14	12	12	79
82		197	96		197	197	22	
		170	91	17	128	124	96	98
885	183	2018	1066	134	453	2553	578	4193
		32				351		29
	10	62	18					34
110	68	653	148	134	447	1565	262	985
775	105	1271	900		6	637	316	3145
281	217	900	11470	311	767	3121	670	864
80	82	382	1154	10		1546		415
		14	57			3		
			4					
60	129	115	700	184		367	367	57
		45	21	13	47	186		48
141	6	344	9534	104	720	1019	303	344
970	2133	7031	5497	9937	2591	3313	309	17276
444	1105	2160	2480	8176	706	1548	204	1365
28	41	599	360	382	258	88		8945
47	36	559	423	8	122	5		374
11	8		221	23	6	206		91
87	234	332	415	278	231	14	14	3665
137	545	914	703	43	626			807
		111	71			12		
111	21	225	208	218	14	111	91	1448
105	143	2131	616	809	628	1329		581
2279	1325	11914	14375	7491	8083	1829	221	4360
112		1660	581	633	1296	35		290
237	225	2004	1072	1162	382	196	138	1257
43		402	1967	435	260			46
135	63	2452	415	54	593	54	5	340
580	60	298	469	2101	106	1206	36	131

1-1-10 续表 4

指标名称	行业代码	从业人员数	万州区	涪陵区	渝中区
烘炉、风机、衡器、包装等设备制造	346	13688	80	7	
文化、办公用机械制造	347	423			
通用零部件制造	348	32568	244	102	7
其他通用设备制造业	349	5932	40	34	4
专用设备制造业	35	73160	1979	197	166
采矿、冶金、建筑专用设备制造	351	17133	434	25	70
化工、木材、非金属加工专用设备制造	352	16797	262	4	70
食品、饮料、烟草及饲料生产专用设备制造	353	1675	45	93	18
印刷、制药、日化及日用品生产专用设备制造	354	2944	174	5	8
纺织、服装和皮革加工专用设备制造	355	1511	35		
电子和电工机械专用设备制造	356	4694	475	13	
农、林、牧、渔专用机械制造	357	14796	122	54	
医疗仪器设备及器械制造	358	5225	31		
环保、社会公共服务及其他专用设备制造	359	8385	401	3	
汽车制造业	36	318484	3329	3733	228
汽车整车制造	361	81568	1850		
改装汽车制造	362	12083	21	36	
电车制造	364	477	11		
汽车车身、挂车制造	365	645	50		
汽车零部件及配件制造	366	223711	1397	3697	228
铁路、船舶、航空航天和其他运输设备制造业	37	230856	1995	15146	43
铁路运输设备制造	371	1679			
城市轨道交通设备制造	372	739			
船舶及相关装置制造	373	21174	1428	12725	6
航空、航天器及设备制造	374	271			
摩托车制造	375	205494	567	2421	37
自行车制造	376	900			
非公路休闲车及零配件制造	377	76			
潜水救捞及其他未列明运输设备制造	379	523			
电气机械和器材制造业	38	91398	7640	2546	75
电机制造	381	17279	184	612	
输配电及控制设备制造	382	22456	1494	869	75
电线、电缆、光缆及电工器材制造	383	13114	93	914	
电池制造	384	5066	95		
家用电力器具制造	385	16184	617		
非电力家用器具制造	386	1299	63		
照明器具制造	387	13529	4944	136	
其他电气机械及器材制造	389	2471	150	15	
计算机、通信和其他电子设备制造业	39	179808	8369	2420	9
计算机制造	391	117073	22		
通信设备制造	392	11946	2229	18	
广播电视设备制造	393	281		15	
视听设备制造	395	1479			
电子器件制造	396	7273	28		
电子元件制造	397	30984	5398	2231	
其他电子设备制造	399	10772	692	156	9

单位：人

大渡口区	江北区	沙坪坝区	九龙坡区	南岸区	北碚区	綦江区	#万盛经开区	大足区
398	572	1684	3135	1699	900	36		404
		4	124	160	7	5		
723	340	2902	6140	916	3663	297	42	1279
51	65	508	472	331	876			613
1662	1476	8081	7465	2613	2930	1872	402	8618
413	124	3097	1681	222	304	1360	369	2028
378	746	1499	1931	168	852	278	7	753
50		27	106	32	22			94
58	60	87	414	389		53		37
1		39	25	423				124
65	126	467	260	149	596	12	12	146
80	40	1044	1714	118	476	140	4	5134
358	40	650	458	254	512	10	10	163
259	340	1171	876	858	168	19		139
2987	33710	21770	21600	7052	10187	12210	73	21713
	22491	9939	3710		2274			5
	80		480	927	98			879
104		122	168					
	45		92					21
2883	11094	11709	17150	6125	7815	12210	73	20808
10281	3110	29152	38158	10936	23577	700	224	10679
5		68	460	12	26	242	19	405
	738					1		
20	841	441	39	1734	334	10		429
		53						
10256	1523	28562	37609	9190	23105	447	205	9825
			50					
								20
	8	28			112			
1934	6857	3741	11279	4743	6836	1103	93	3328
173	527	678	2180	378	3835			428
220	449	1672	2438	2310	732	78	78	838
898	277	221	618	784	843	265		217
120			3		223	706		413
37	5542	160	5654	1055	51	19		364
		95	100	1	172	20		99
201	47	477	148	166	836			733
285	15	438	138	49	144	15	15	236
105	398	69983	5435	6399	3211	200	190	273
46		64210	2534	44	32			65
		246	992	4655	903			87
		18	51	105	20			10
5	168	6	574		12			
	28	1224	86	589	1588			86
	174	1457	950	910	289			25
54	28	2822	248	96	367	200	190	

1-1-10 续表 5

指标名称	行业代码	从业人员数	万州区	涪陵区	渝中区
仪器仪表制造业	40	33600	552	4	153
通用仪器仪表制造	401	22115	184	3	119
专用仪器仪表制造	402	3225			2
钟表与计时仪器制造	403	1132			
光学仪器及眼镜制造	404	5240	258		
其他仪器仪表制造业	409	1888	110	1	32
其他制造业	41	9659	880	123	
日用杂品制造	411	4659	427	17	
煤制品制造	412	1019	16		
其他未列明制造业	419	3981	437	106	
废弃资源综合利用业	42	5063	302	16	
金属废料和碎屑加工处理	421	3298	111	5	
非金属废料和碎屑加工处理	422	1765	191	11	
金属制品、机械和设备修理业	43	6646	281	425	
金属制品修理	431	1839	32		
通用设备修理	432	1958	43	14	
专用设备修理	433	420	24	14	
铁路、船舶、航空航天等运输设备修理	434	828	98	189	
电气设备修理	435	243		17	
仪器仪表修理	436	51			
其他机械和设备修理业	439	1307	84	191	
电力、热力、燃气及水生产和供应业	D	**104169**	**6802**	**7498**	**13301**
电力、热力生产和供应业	44	65461	5024	5762	11586
电力生产	441	28657	2135	1013	
电力供应	442	36443	2806	4749	11586
热力生产和供应	443	361	83		
燃气生产和供应业	45	14573	679	452	
燃气生产和供应业	450	14573	679	452	
水的生产和供应业	46	24135	1099	1284	1715
自来水生产和供应	461	21642	941	991	1715
污水处理及其再生利用	462	2333	158	293	
其他水的处理、利用与分配	469	160			
建筑业	E	**2053826**	**143853**	**135699**	**103861**
房屋建筑业	47	1552963	123623	124926	44146
房屋建筑业	470	1552963	123623	124926	44146
土木工程建筑业	48	189435	5822	3385	28251
铁路、道路、隧道和桥梁工程建筑	481	114444	4852	2255	22134
水利和内河港口工程建筑	482	22202	866	671	1235
工矿工程建筑	484	24832			81
架线和管道工程建筑	485	9930	23	258	497
其他土木工程建筑	489	18027	81	201	4304
建筑安装业	49	108019	2740	517	13694
电气安装	491	20008	151	35	2974
管道和设备安装	492	27526	1185	87	9650
其他建筑安装业	499	60485	1404	395	1070

单位：人

大渡口区	江北区	沙坪坝区	九龙坡区	南岸区	北碚区	綦江区	#万盛经开区	大足区
53	1727	1030	3508	1899	14331			32
37	1476	492	1812	1335	10396			32
	54	431	759	378	593			
			36					
	85		683	166	2453			
16	112	107	218	20	889			
	77	219	38	178	235	600	11	105
	12		22	15	56	482		65
						78	3	24
	65	219	16	163	179	40	8	16
20	400	111	383	193	141	193	62	396
20	400	93	319	3		104	6	396
		18	64	190	141	89	56	
67	35	337	287	332	41	101		1456
	15	118		18				1449
	12	29	33	9	8			
		30	15	7		101		
30	8	6	16	248				
			99	4				7
		27			17			
37		127	124	46	16			
80	**5728**	**368**	**2318**	**340**	**487**	**3987**	**832**	**1710**
		27	1451	78	182	2357	605	756
			1331	4	182	2089	602	169
			120			268	3	587
		27		74				
12	4802	62	547	12		770	49	211
12	4802	62	547	12		770	49	211
68	926	279	320	250	305	860	178	743
	926	208	215	247	228	798	147	711
68		71	105	3	77	58	27	32
						4	4	
14751	**87136**	**97998**	**87811**	**63742**	**68652**	**31168**	**7717**	**25125**
7792	50380	69229	35843	42268	53851	24957	6542	20973
7792	50380	69229	35843	42268	53851	24957	6542	20973
1052	12957	6431	19443	7947	7264	723	467	797
1034	5363	3505	12506	2663	3253	460	400	446
	4804	15	106	320		138		251
	232	164	6231	2191	3150			76
	347	1793	119	1962		37	37	
18	2211	954	481	811	861	88	30	24
2069	4567	5854	5943	4884	3660	416	28	487
902	153	522	1030	2286	1421	178	28	58
473	1123	428	4498	1310	657	180		34
694	3291	4904	415	1288	1582	58		395

1-1-10 续表 6

指标名称	行业代码	从业人员数	万州区	涪陵区	渝中区
建筑装饰和其他建筑业	50	203409	11668	6871	17770
建筑装饰业	501	85906	1376	1269	14349
工程准备活动	502	7712	415	155	74
提供施工设备服务	503	13068	168	3	
其他未列明建筑业	509	96723	9709	5444	3347
批发和零售业	F	**932237**	**55003**	**47506**	**120483**
批发业	51	419644	24349	28789	47012
农、林、牧产品批发	511	40496	2179	6893	379
食品、饮料及烟草制品批发	512	76135	4854	9410	4942
纺织、服装及家庭用品批发	513	34627	2051	1283	12978
文化、体育用品及器材批发	514	14681	673	5313	2753
医药及医疗器材批发	515	29286	2644	841	2553
矿产品、建材及化工产品批发	516	126727	8090	3700	12778
机械设备、五金产品及电子产品批发	517	70717	2594	694	8632
贸易经纪与代理	518	4179	290	80	406
其他批发业	519	22796	974	575	1591
零售业	52	512593	30654	18717	73471
综合零售	521	125682	5370	5918	33507
食品、饮料及烟草制品专门零售	522	47121	4974	1872	1649
纺织、服装及日用品专门零售	523	64798	3568	1290	12149
文化、体育用品及器材专门零售	524	19629	846	435	6080
医药及医疗器材专门零售	525	22579	1008	1614	4795
汽车、摩托车、燃料及零配件专门零售	526	66271	4748	2847	3393
家用电器及电子产品专门零售	527	63946	3470	1599	6940
五金、家具及室内装饰材料专门零售	528	72583	4035	2507	2142
货摊、无店铺及其他零售业	529	29984	2635	635	2816
交通运输、仓储和邮政业	G	**417933**	**37035**	**21266**	**72814**
道路运输业	54	301120	30273	12731	47105
城市公共交通运输	541	64817	1628	2982	26334
公路旅客运输	542	39749	4563	348	1155
道路货物运输	543	180092	23390	8991	19430
道路运输辅助活动	544	16462	692	410	186
水上运输业	55	31838	3648	5573	5724
水上旅客运输	551	5780	704		1260
水上货物运输	552	22933	2698	4896	4157
水上运输辅助活动	553	3125	246	677	307
航空运输业	56	11356	164		290
航空客货运输	561	4305			31
通用航空服务	562	38			28
航空运输辅助活动	563	7013	164		231
管道运输业	57	110		68	2
管道运输业	570	110		68	2
装卸搬运和运输代理业	58	25678	1280	2269	1912
装卸搬运	581	12301	999	1877	122
运输代理业	582	13377	281	392	1790
仓储业	59	11626	652	72	61
谷物、棉花等农产品仓储	591	1671	110	46	40
其他仓储业	599	9955	542	26	21

单位：人

大渡口区	江北区	沙坪坝区	九龙坡区	南岸区	北碚区	綦江区	#万盛经开区	大足区
3838	19232	16484	26582	8643	3877	5072	680	2868
1976	13800	6657	10363	4088	487	3132	326	1344
8	172	128	354	238	25	79	22	1384
36	27	62	432	162	271	1077	8	20
1818	5233	9637	15433	4155	3094	784	324	120
8675	**54787**	**47492**	**95727**	**44668**	**13354**	**20822**	**7757**	**15907**
6191	20519	24816	54921	24951	5153	8276	3796	8287
23	380	288	339	1581	340	2128	864	320
956	3871	1440	2613	2224	710	2254	1285	1317
194	2117	1190	2946	2107	47	172	131	771
26	553	522	962	1860	13	38	7	158
130	1753	1103	3230	10801	29	104	54	138
3690	4357	12724	19483	3136	805	2580	1227	2940
1050	6067	6355	19268	2297	2421	259	46	1549
27	342	218	241	98	25	414	3	23
95	1079	976	5839	847	763	327	179	1071
2484	34268	22676	40806	19717	8201	12546	3961	7620
207	21363	5006	2917	2698	1067	3256	519	521
149	1748	1305	1869	1153	862	2045	1131	731
442	1665	2070	1479	3106	1052	1264	481	1686
169	937	763	1070	464	153	226	43	338
82	380	1167	1151	2306	176	333	79	244
274	2320	2248	8245	4530	500	1451	445	1174
481	1464	3906	14419	1340	770	1202	308	936
484	2327	4881	5763	2053	776	2247	776	1553
196	2064	1330	3893	2067	2845	522	179	437
6162	**11482**	**16854**	**16187**	**20687**	**7131**	**37391**	**15703**	**5609**
3878	3753	11586	10464	17343	6281	35635	15001	4969
57	280	19	94	5351	4563	130	130	349
33	324	5776	5006	245	309	1660		477
3787	2878	5696	4447	9867	1403	33603	14789	3534
1	271	95	917	1880	6	242	82	609
316	553	54	1330	2069	130	17		85
		15		907	7			78
96	432		1318	1007	107	17		
220	121	39	12	155	16			7
	128	49						
		49						
	128							
		40						
		40						
1094	2699	1825	2268	544	357	1135	565	254
1070	464	634	1256	88	251	325	53	145
24	2235	1191	1012	456	106	810	512	109
849	1073	2742	1389	147	52	73		31
	18	265	135	7	48	43		
849	1055	2477	1254	140	4	30		31

1-1-10 续表 7

指标名称	行业代码	从业人员数	万州区	涪陵区	渝中区
邮政业	60	36205	1018	553	17720
邮政基本服务	601	27570	936	490	15345
快递服务	602	8635	82	63	2375
住宿和餐饮业	H	**238127**	**10295**	**9150**	**27239**
住宿业	61	62295	2075	2136	8092
旅游饭店	611	41060	1158	1595	5786
一般旅馆	612	15214	810	446	2181
其他住宿业	619	6021	107	95	125
餐饮业	62	175832	8220	7014	19147
正餐服务	621	152336	6634	5743	15070
快餐服务	622	9553	297	794	3549
饮料及冷饮服务	623	2025	63	208	62
其他餐饮业	629	11918	1226	269	466
信息传输、软件和信息技术服务业	I	**112557**	**2054**	**1141**	**14877**
电信、广播电视和卫星传输服务	63	38273	508	352	660
电信	631	26759	462	44	488
广播电视传输服务	632	11379	46	289	162
卫星传输服务	633	135		19	10
互联网和相关服务	64	11186	201	141	1653
互联网接入及相关服务	641	4528	7	7	167
互联网信息服务	642	5187	120	55	1055
其他互联网服务	649	1471	74	79	431
软件和信息技术服务业	65	63098	1345	648	12564
软件开发	651	42309	947	463	7558
信息系统集成服务	652	3556	85	88	721
信息技术咨询服务	653	9289	156	80	3539
数据处理和存储服务	654	2577			253
集成电路设计	655	271			4
其他信息技术服务业	659	5096	157	17	489
房地产业	K	**296526**	**10136**	**8420**	**38928**
房地产业	70	296526	10136	8420	38928
房地产开发经营	701	112259	4920	3585	7187
物业管理	702	142665	4175	3735	23775
房地产中介服务	703	34023	982	1065	6298
自有房地产经营活动	704	3045	18		781
其他房地产业	709	4534	41	35	887
租赁和商务服务业	L	**371510**	**21114**	**10112**	**77522**
租赁业	71	20039	2111	928	867
机械设备租赁	711	19532	2070	918	767
文化及日用品出租	712	507	41	10	100
商务服务业	72	351471	19003	9184	76655
企业管理服务	721	60357	1809	1405	16001
法律服务	722	10394	617	345	2257
咨询与调查	723	52341	2296	516	10382

单位：人

大渡口区	江北区	沙坪坝区	九龙坡区	南岸区	北碚区	綦江区	#万盛经开区	大足区
25	3276	558	736	584	311	531	137	270
	306	416	608	351	306	525	137	257
25	2970	142	128	233	5	6		13
1282	**13302**	**7029**	**18415**	**10945**	**5689**	**6234**	**2554**	**8520**
206	3419	2050	4338	3859	749	1663	779	1973
32	1994	1430	3340	2517	626	953	625	585
107	521	525	500	1034	108	389	140	1203
67	904	95	498	308	15	321	14	185
1076	9883	4979	14077	7086	4940	4571	1775	6547
968	9543	3755	12657	5687	4448	4214	1571	5324
12	114	498	1051	123	15	102	34	103
6	93	163	56	85	57	42	38	88
90	133	563	313	1191	420	213	132	1032
763	**5251**	**8822**	**16682**	**4081**	**649**	**903**	**286**	**286**
233	466	710	1589	111	5	214	37	172
205	394	681	1148	100	2	44	37	12
28	53	29	424	11	3	170		160
	19		17					
16	642	783	4097	449	38	300	146	26
	38	59	3705	73	10	114		
16	479	595	334	192	18	121	101	24
	125	129	58	184	10	65	45	2
514	4143	7329	10996	3521	606	389	103	88
331	3205	4857	8691	2287	460	55	35	30
4	199	440	999	61	16	48		
58	578	1224	636	557	91	229	23	43
	8	85	29	68	6			
	15	18	9	191				12
121	138	705	632	357	33	57	45	3
3978	**23559**	**18307**	**30527**	**22610**	**6014**	**4342**	**1391**	**5913**
3978	23559	18307	30527	22610	6014	4342	1391	5913
2168	7678	5206	8069	7102	2916	2246	596	2750
1538	12395	9316	17026	13820	2551	1529	459	2119
177	3272	2784	4341	1169	335	497	266	1011
95	209	60	502	374	212	4	4	
	5	941	589	145		66	66	33
3018	**37272**	**24485**	**24174**	**16541**	**4766**	**4739**	**1417**	**5910**
270	833	2806	1937	725	312	292	63	660
270	823	2658	1888	712	312	292	63	650
	10	148	49	13				10
2748	36439	21679	22237	15816	4454	4447	1354	5250
608	10633	1473	1645	1675	518	679	359	633
103	1112	675	537	297	112	128	26	151
254	5701	8459	5506	2912	406	225	85	697

1-1-10 续表 8

指标名称	行业代码	从业人员数	万州区	涪陵区	渝中区
广告业	724	48178	2568	1483	8757
知识产权服务	725	1167	8		376
人力资源服务	726	72509	4275	2613	27807
旅行社及相关服务	727	17288	1189	229	4303
安全保护服务	728	55865	4918	2100	1972
其他商务服务业	729	33372	1323	493	4800
科学研究和技术服务业	**M**	**137168**	**5397**	**5259**	**25200**
研究和试验发展	73	10918	603	304	988
自然科学研究和试验发展	731	386	3		57
工程和技术研究和试验发展	732	4581	14	32	155
农业科学研究和试验发展	733	2444	377	139	7
医学研究和试验发展	734	1964	134	85	539
社会人文科学研究	735	1543	75	48	230
专业技术服务业	74	105631	2727	3344	23431
气象服务	741	884	58		
地震服务	742	169	36		
海洋服务	743	22			
测绘服务	744	3002	40	42	1230
质检技术服务	745	7027	317	301	353
环境与生态监测	746	1879	102	31	8
地质勘查	747	8988	116	59	3025
工程技术	748	55808	1232	1443	14640
其他专业技术服务业	749	27852	826	1468	4175
科技推广和应用服务业	75	20619	2067	1611	781
技术推广服务	751	16939	1823	1383	331
科技中介服务	752	1236	119	51	236
其他科技推广和应用服务业	759	2444	125	177	214
水利、环境和公共设施管理业	**N**	**58970**	**2460**	**2384**	**3526**
水利管理业	76	6774	936	215	41
防洪除涝设施管理	761	299	4		6
水资源管理	762	1608	432	4	
天然水收集与分配	763	2783	405	89	35
水文服务	764	278	33	53	
其他水利管理业	769	1806	62	69	
生态保护和环境治理业	77	6775	462	500	414
生态保护	771	1331	20	271	29
环境治理业	772	5444	442	229	385
公共设施管理业	78	45421	1062	1669	3071
市政设施管理	781	9149	331	113	889
环境卫生管理	782	15204	163	244	1634
城乡市容管理	783	2158	59	12	
绿化管理	784	9099	331	320	384
公园和游览景区管理	785	9811	178	980	164

单位：人

大渡口区	江北区	沙坪坝区	九龙坡区	南岸区	北碚区	綦江区		大足区
							#万盛经开区	
659	3409	4845	5664	2813	488	543	130	867
2	175	236	14	38	16			23
32	5661	2669	2784	1954	959	1776	182	888
11	2355	440	157	897	44	209	68	187
638	4758	11	3424	2561	1493	597	429	1047
441	2635	2871	2506	2669	418	290	75	757
1157	**9802**	**8057**	**11179**	**6317**	**3259**	**2785**	**353**	**1361**
66	618	330	1990	1107	644	464	12	35
		55	85	44	46	29		
52	223	136	1446	432	323	7		35
5	14	23	68	74	262	424	8	
9	45	67	127	447	8			
	336	49	264	110	5	4	4	
1036	8605	6476	8239	4721	1883	1492	210	788
		59			4	20	5	15
	13	45				3	3	2
	22							
	542	174	146	206	2	15		27
85	597	210	611	214	145	71	8	83
	347	60	70	6	5	38		42
	315	828	26	56	357	47	16	43
812	4502	2417	5401	2966	1193	722	117	147
139	2267	2683	1985	1273	177	576	61	429
55	579	1251	950	489	732	829	131	538
24	300	854	506	349	534	669	109	522
10	21	144	95	34	14	2	2	
21	258	253	349	106	184	158	20	16
888	**2772**	**2017**	**4888**	**1945**	**1015**	**2026**	**1109**	**1454**
	66	226	69	32	80	197	125	195
		57	1			36	36	
			25		37	52		7
		89	37	17	17	93	82	153
		70			4			6
	66	10	6	15	22	16	7	29
363	907	321	1067	116	202	40		18
20	83		345	38	120	5		
343	824	321	722	78	82	35		18
525	1799	1470	3752	1797	733	1789	984	1241
75	663	197	568	483	99	20	20	71
12	191	332	823	629	13	942	352	905
5	48	6	1646	6	44	5	5	14
411	650	458	515	461	201	130	74	193
22	247	477	200	218	376	692	533	58

1-1-10 续表 9

指标名称	行业代码	从业人员数	万州区	涪陵区	渝中区
居民服务、修理和其他服务业	O	**102999**	**7032**	**3457**	**9636**
居民服务业	79	47284	4348	1410	3118
家庭服务	791	9920	821	657	1152
托儿所服务	792	613			74
洗染服务	793	2271	323	91	13
理发及美容服务	794	11048	1335	452	782
洗浴服务	795	4897	140	9	59
保健服务	796	2675	463	5	128
婚姻服务	797	3614	346	24	346
殡葬服务	798	4409	244	145	135
其他居民服务业	799	7837	676	27	429
机动车、电子产品和日用产品修理业	80	27972	2124	1405	1749
汽车、摩托车修理与维护	801	22169	1557	1200	566
计算机和办公设备维修	802	2238	244	81	348
家用电器修理	803	2736	222	108	746
其他日用产品修理业	809	829	101	16	89
其他服务业	81	27743	560	642	4769
清洁服务	811	21721	461	601	4436
其他未列明服务业	819	6022	99	41	333
教育	P	**451359**	**23931**	**16741**	**13997**
教育	82	451359	23931	16741	13997
学前教育	821	54299	2883	1900	1304
初等教育	822	140857	5796	4779	2543
中等教育	823	154985	8511	5752	4239
高等教育	824	52619	3021	1775	2089
特殊教育	825	1444	132	23	178
技能培训、教育辅助及其他教育	829	47155	3588	2512	3644
卫生和社会工作	Q	**205834**	**11946**	**6030**	**23756**
卫生	83	193332	11120	5355	22678
医院	831	124216	7369	3386	19043
社区医疗与卫生院	832	50634	2344	1431	484
门诊部(所)	833	3096	155	30	168
计划生育技术服务活动	834	2785	246	54	11
妇幼保健院(所、站)	835	5634	659	256	869
专科疾病防治院(所、站)	836	519	27	18	1
疾病预防控制中心	837	3090	172	116	471
其他卫生活动	839	3358	148	64	1631
社会工作	84	12502	826	675	1078
提供住宿社会工作	841	8639	606	405	304
不提供住宿社会工作	842	3863	220	270	774
文化、体育和娱乐业	R	**68836**	**3227**	**2258**	**10999**
新闻和出版业	85	8413	147	114	5040
新闻业	851	653			112
出版业	852	7760	147	114	4928
广播、电视、电影和影视录音制作业	86	9065	366	339	877
广播	861	252			
电视	862	3650	253	117	50

单位：人

大渡口区	江北区	沙坪坝区	九龙坡区	南岸区	北碚区	綦江区	#万盛经开区	大足区
809	**8197**	**10362**	**8425**	**3946**	**1704**	**2025**	**824**	**2858**
281	2184	5265	4122	1960	1144	983	472	1915
137	918	369	234	560	408	151	58	142
		350	57			15	15	
12	59	73	85	132	102	36	8	66
24	588	315	560	272	164	342	224	702
	46	583	2034	330		36	30	133
4	43	54	64	125	24	52	33	451
18	205	306	96	92	53	122	12	148
52	72	491	580	342	392	98	5	26
34	253	2724	412	107	1	131	87	247
350	1051	1890	2173	1118	380	694	240	861
279	935	1243	1521	979	248	548	229	785
32	55	290	289	46	84	6	6	34
32	51	313	269	83	29	39	5	34
7	10	44	94	10	19	101		8
178	4962	3207	2130	868	180	348	112	82
174	4427	2485	2033	829	49	292	74	52
4	535	722	97	39	131	56	38	30
4606	**10335**	**36946**	**18485**	**18541**	**10314**	**12352**	**3100**	**11278**
4606	10335	36946	18485	18541	10314	12352	3100	11278
855	2430	2271	3770	2381	1139	1073	321	2316
745	2062	3058	4325	2159	2237	4565	1149	3855
2263	2572	6411	6116	3981	3734	5322	1314	4611
128	765	17766	1401	7918	2455	11	11	6
		13	20	102	29	36		26
615	2506	7427	2853	2000	720	1345	305	464
2405	**7484**	**17321**	**9516**	**7410**	**5093**	**6329**	**2089**	**3712**
2325	7158	16571	9195	6864	4796	6118	1981	3278
1735	5985	13655	7784	5730	4192	3686	1388	1871
500	709	2010	838	721	252	1867	428	1032
6	135	140	182	118	142	80	56	4
8	47	25	28	23	51	101	38	65
21	90	161	77	81	82	228	20	129
			75			14		
46	85	33	138	91	77	101	39	73
9	107	547	73	100		41	12	104
80	326	750	321	546	297	211	108	434
49	299	739	226	368	223	134	76	152
31	27	11	95	178	74	77	32	282
396	**2920**	**4853**	**4091**	**3544**	**1284**	**937**	**333**	**2456**
6	141	311	128	691	265	70	8	48
		61	38	19		24	8	
6	141	250	90	672	265	46		48
30	290	514	972	492	213	78	45	148
		5	5		101	7		
		70				5	5	73

1-1-10 续表 10

指标名称	行业代码	从业人员数	万州区	涪陵区	渝中区
电影和影视节目制作	863	1732	24	52	222
电影和影视节目发行	864	581			324
电影放映	865	2671	89	170	267
录音制作	866	179			14
文化艺术业	87	20682	1278	1105	2850
文艺创作与表演	871	6494	608	669	631
艺术表演场馆	872	810	9	52	242
图书馆与档案馆	873	1688	58	106	155
文物及非物质文化遗产保护	874	1256	65		244
博物馆	875	1212	38		715
烈士陵园、纪念馆	876	239	16	5	
群众文化活动	877	5262	341	220	418
其他文化艺术业	879	3721	143	53	445
体育	88	5523	172	173	817
体育组织	881	1758	28	41	531
体育场馆	882	227		31	
休闲健身活动	883	3156	144	101	271
其他体育	889	382			15
娱乐业	89	25153	1264	527	1415
室内娱乐活动	891	21445	1235	527	1266
游乐园	892	1721	6		28
彩票活动	893	87			
文化、娱乐、体育经纪代理	894	744	5		43
其他娱乐业	899	1156	18		78
公共管理、社会保障和社会组织	**S**	**504298**	**31194**	**17463**	**21119**
中国共产党机关	90	11392	516	121	2041
中国共产党机关	900	11392	516	121	2041
国家机构	91	311100	14789	12568	12948
国家权力机构	911	7812	26	72	3637
国家行政机构	912	284909	13588	11890	8801
人民法院和人民检察院	913	13056	921	606	440
其他国家机构	919	5323	254		70
人民政协、民主党派	92	2202	101	78	206
人民政协	921	1737	93	64	117
民主党派	922	465	8	14	89
社会保障	93	5830	364	204	128
社会保障	930	5830	364	204	128
群众团体、社会团体和其他成员组织	94	92171	7319	1851	3982
群众团体	941	9840	1484	60	671
社会团体	942	77599	5673	1718	2878
基金会	943	285	13		77
宗教组织	944	4447	149	73	356
基层群众自治组织	95	81603	8105	2641	1814
社区自治组织	951	23101	2331	826	1814
村民自治组织	952	58502	5774	1815	

单位：人

大渡口区	江北区	沙坪坝区	九龙坡区	南岸区	北碚区	綦江区	#万盛经开区	大足区
7	70	95	775	66	2	52	37	49
								26
23	180	254	187	425	110	14	3	
	40	90	5	1				
84	944	1365	837	492	302	319	131	583
9	136	304	168	10	13	49	30	205
	257	2		24				
16	38	312	45	52	32	37	17	30
4		48	230	5	11	11		4
11	5	1	9	91	40	7		248
			19		4	3		
30	95	325	120	123	195	102	33	65
14	413	373	246	187	7	110	51	31
12	327	276	1018	652	74	68	49	81
	7	57	372	94	34	58	44	24
4	19	15		43	6			
8	248	192	553	369	28			57
	53	12	93	146	6	10	5	
264	1218	2387	1136	1217	430	402	100	1596
208	1023	2116	1016	907	428	388	100	1560
	130	4	32	172				
47	44	198	70	114		10		36
9	21	69	18	24	2	4		
6386	**13748**	**11719**	**14074**	**13585**	**10586**	**14427**	**5382**	**11252**
100	128	310	533	101	271	552	177	186
100	128	310	533	101	271	552	177	186
4873	11548	7896	10435	10169	8128	9860	4073	7184
38	356	45	68	48	118	57		73
4608	10229	7276	9789	9702	7566	8988	3798	6804
217	289	327	327	338	308	480	97	279
10	674	248	251	81	136	335	178	28
38	31	70	82	25	51	66		64
27	23	41	47	25	37	59		62
11	8	29	35		14	7		2
	222	221	115	64	166	146	41	205
	222	221	115	64	166	146	41	205
670	717	1080	924	1933	834	1252	532	1139
52	119	89	128	119	75	242	118	83
615	515	917	628	1606	669	900	343	939
	34	10	9	18	6			
3	49	64	159	190	84	110	71	117
705	1102	2142	1985	1293	1136	2551	559	2474
371	843	1394	1148	803	472	617	218	855
334	259	748	837	490	664	1934	341	1619

1-1-10 续表 11

指标名称	行业代码	渝北区	巴南区	黔江区	长寿区	江津区
总　　计		**803965**	**303376**	**80197**	**197517**	**335065**
农、林、牧、渔业	A	**266**	**585**	**282**	**546**	**1318**
农业	01	2	54		90	987
谷物种植	011					
蔬菜、食用菌及园艺作物种植	014	2	21		20	385
水果种植	015				64	602
坚果、含油果、香料和饮料作物种植	016		33		6	
中药材种植	017					
其他农业	019					
林业	02					
林木育种和育苗	021					
造林和更新	022					
森林经营和管护	023					
畜牧业	03	10				
牲畜饲养	031	10				
家禽饲养	032					
其他畜牧业	039					
渔业	04				44	
水产养殖	041				44	
农、林、牧、渔服务业	05	254	531	282	412	331
农业服务业	051	174	470	211	296	326
林业服务业	052	80	46	10	48	
畜牧服务业	053		13	16	23	5
渔业服务业	054		2	45	45	
采矿业	B	**3177**	**774**	**2031**	**4888**	**1806**
煤炭开采和洗选业	06	2996		1585	3050	
烟煤和无烟煤开采洗选	061	2848		1585	2750	
褐煤开采洗选	062	148				
其他煤炭采选	069				300	
石油和天然气开采业	07					
石油开采	071					
天然气开采	072					
黑色金属矿采选业	08		110			
铁矿采选	081		110			
锰矿、铬矿采选	082					
其他黑色金属矿采选	089					
有色金属矿采选业	09		14			
常用有色金属矿采选	091		14			
贵金属矿采选	092					
稀有稀土金属矿采选	093					
非金属矿采选业	10	181	639	354	1750	1757
土砂石开采	101	171	571	288	1526	1703
化学矿开采	102			40		
采盐	103				199	
石棉及其他非金属矿采选	109	10	68	26	25	54

单位：人

合川区	永川区	南川区	潼南县	铜梁县	荣昌县	璧山县	梁平县	城口县
242033	**287088**	**113971**	**175950**	**199955**	**181181**	**230641**	**142891**	**28863**
1051	**1509**	**683**	**636**	**582**	**1322**	**396**	**2431**	**432**
			3		45			
					45			
			3					
40		36						
40								
		36						
35			45	22	21		37	
35			45		21			
				22			37	
976	1509	647	588	560	1256	396	2394	432
923	1110	563	458	436	923	201	2268	290
	301	56	84	21	62	72	66	8
47	24	17	41	103	112	123	42	129
6	74	11	5		159		18	5
8972	**34783**	**8323**	**1949**	**5341**	**21856**	**1286**	**5890**	**1735**
6477	31605	7466		2640	21035	772	3334	1311
6412	31175	7466		2640	21017	700	3296	1235
						72		
65	430				18		38	76
	11			18	82			328
								328
	11			18	82			
	16							3
								3
	16							
2447	3136	537	1881	2683	739	514	2337	79
2340	2715	529	1881	2463	698	514	2181	49
39				106				30
68	421	8		114	41		156	

1-1-10 续表 12

指标名称	行业代码	渝北区	巴南区	黔江区	长寿区	江津区
开采辅助活动	11		11	10	80	
煤炭开采和洗选辅助活动	111			10	61	
石油和天然气开采辅助活动	112		11			
其他开采辅助活动	119				19	
其他采矿业	12			82	8	49
其他采矿业	120			82	8	49
制造业	C	**198377**	**106926**	**11631**	**66856**	**105830**
农副食品加工业	13	3918	1977	1947	2032	2583
谷物磨制	131	155	333	130	112	149
饲料加工	132	556	306	233	1098	59
植物油加工	133	16	64	53	54	651
制糖业	134					344
屠宰及肉类加工	135	2315	595	1040	213	659
水产品加工	136					60
蔬菜、水果和坚果加工	137	216	219		298	398
其他农副食品加工	139	660	460	491	257	263
食品制造业	14	6744	1894	340	632	2237
焙烤食品制造	141	1315	278	8	285	935
糖果、巧克力及蜜饯制造	142		67		166	192
方便食品制造	143	1939	66	5	3	233
乳制品制造	144	1451	20		51	
罐头食品制造	145		40		25	
调味品、发酵制品制造	146	1386	599		55	855
其他食品制造	149	653	824	327	47	22
酒、饮料和精制茶制造业	15	4866	452	517	516	2442
酒的制造	151	2580	66	19	97	1920
饮料制造	152	2177	26	23	412	110
精制茶加工	153	109	360	475	7	412
烟草制品业	16		38			
烟叶复烤	161		38			
卷烟制造	162					
纺织业	17	288	790	643	263	1473
棉纺织及印染精加工	171	26	303	7	31	1114
毛纺织及染整精加工	172	48				11
麻纺织及染整精加工	173					
丝绢纺织及印染精加工	174	10	1	374		12
化纤织造及印染精加工	175	116			6	28
针织或钩针编织物及其制品制造	176	33	228	82	110	48
家用纺织制成品制造	177	20	80	180	77	211
非家用纺织制成品制造	178	35	178		39	49
纺织服装、服饰业	18	6203	5655	770	440	567
机织服装制造	181	5453	5186	761	352	371
针织或钩针编织服装制造	182	150	4		50	52
服饰制造	183	600	465	9	38	144
皮革、毛皮、羽毛及其制品和制鞋业	19	548	180	8	58	2121
皮革鞣制加工	191	138				32
皮革制品制造	192	242	88		5	71

单位：人

合川区	永川区	南川区	潼南县	铜梁县	荣昌县	璧山县	梁平县	城口县
48		320	68				53	14
		320						
48			52				53	
			16					14
	15						166	
	15						166	
82825	**69758**	**27415**	**44191**	**75107**	**70951**	**153376**	**38206**	**4698**
5993	2960	1013	7747	2716	10244	1706	4589	317
1022	142	286	2553	360	1079	6	1372	
1042	646	127	435	198	1834	336	642	17
370	102	22	847	9	174	16	178	
	340		23			13		
1973	1028	117	732	1082	2441	278	815	185
109	24		61		14			
206	18	144	1384	422	1082	649	162	55
1271	660	317	1712	645	3620	408	1420	60
4950	2675	774	594	1941	833	1730	1189	27
1005	402	102	82	363	371	511	38	
79	669		31	74		231	182	
626	176	52	207	438	121	396	313	
		5						
1308	292	426	211		19	185		
528	591	119	40	413	305	302	80	
1404	545	70	23	653	17	105	576	27
1354	1584	559	835	1111	2761	1571	512	171
997	717	242	465	552	1242	204	314	67
215	326	95	278	430	312	1324	188	12
142	541	222	92	129	1207	43	10	92
3807	916	3516	5350	6015	2300	2253	759	44
1723	18	389	499	2579	574	1373	16	4
296		2563	90	54		80	19	1
			12		1221			
1229	568		3449	904	270	11	268	
	20		119	6	15	52	5	
144	21	37	199	456	48	217	91	18
284	147	481	947	1663	41	416	194	21
131	142	46	35	353	131	104	166	
2539	699	431	2056	4095	1471	1445	919	54
2028	583	226	728	2933	1310	1330	470	54
150	76		510	99	106	36	17	
361	40	205	818	1063	55	79	432	
1109	2077	183	1187	5036	600	21282	131	38
50	11	7	12	170	37	328		
86	76	7	132	549	212	655	30	

1-1-10 续表 13

指标名称	行业代码					
		渝北区	巴南区	黔江区	长寿区	江津区
毛皮鞣制及制品加工	193		22		4	16
羽毛(绒)加工及制品制造	194	78				4
制鞋业	195	90	70	8	49	1998
木材加工和木、竹、藤、棕、草制品业	20	70	908	499	1296	1606
木材加工	201	34	75	118	70	367
人造板制造	202		167	260	13	328
木制品制造	203	36	642	116	1177	559
竹、藤、棕、草等制品制造	204		24	5	36	352
家具制造业	21	5914	2304	135	809	857
木质家具制造	211	1306	1939	60	481	766
竹、藤家具制造	212				8	5
金属家具制造	213	3689	55		268	42
塑料家具制造	214		11		8	
其他家具制造	219	919	299	75	44	44
造纸和纸制品业	22	1264	3876	12	124	3534
纸浆制造	221					
造纸	222	94	391	12	97	2117
纸制品制造	223	1170	3485		27	1417
印刷和记录媒介复制业	23	2330	1247	898	809	852
印刷	231	2082	1228	898	758	852
装订及印刷相关服务	232	248	19		51	
记录媒介复制	233					
文教、工美、体育和娱乐用品制造业	24	168	340	207	415	460
文教办公用品制造	241	44			199	7
乐器制造	242		2			
工艺美术品制造	243	113	333	207	138	318
体育用品制造	244		5		60	58
玩具制造	245	11				37
游艺器材及娱乐用品制造	246				18	40
石油加工及炼焦	25	27	97		166	26
化学原料和化学制品制造业	26	3152	2070	502	15132	6652
基础化学原料制造	261	1186	127	115	8190	190
肥料制造	262	718	25	116	695	3358
农药制造	263	30			686	57
涂料、油墨、颜料及类似产品制造	264	653	1135		908	1817
合成材料制造	265	8	203		3889	66
专用化学产品制造	266	231	113		366	492
炸药、火工及焰火产品制造	267	157	284	271	6	382
日用化学产品制造	268	169	183		392	290
医药制造业	27	5771	303	424	2751	735
化学药品原料药制造	271	3175	71	325	2526	263
化学药品制剂制造	272	2536	7		217	
中药饮片加工	273			99		24
中成药生产	274		91		8	444
兽用药品制造	275	25	64			
生物药品制造	276	24				
卫生材料及医药用品制造	277	11	70			4

单位：人

合川区	永川区	南川区	潼南县	铜梁县	荣昌县	璧山县	梁平县	城口县
127	16	92	339	132	75	80	28	
137	42		126	620	16			
709	1932	77	578	3565	260	20219	73	38
634	538	456	2812	1459	792	788	3755	29
158	250	186	1079	673	161	343	748	
50	207	25	12	117	240	170	623	
175	34	143	1410	278	178	253	358	21
251	47	102	311	391	213	22	2026	8
3084	563	593	2240	2411	1720	1995	822	21
2702	336	488	2013	1798	1294	1859	561	16
				47	53		54	
44	68	23	176	108	133		6	
	12				134	100		
338	147	82	51	458	106	36	201	5
1168	2820	471	1359	2228	554	1777	3855	
			21					
473	2594	395	787	1198	38	1621	593	
695	226	76	551	1030	516	156	3262	
658	531	246	847	579	591	4310	210	17
563	526	164	729	426	555	4019	210	13
95	5	82	118	153	36	291		4
926	93	228	361	863	1573	150	998	56
				28	6		465	
553								
346	30	228	87	810	1567	124	128	56
27	63		274	25		1	263	
						25	142	
262	1410	106			453	362	1208	
1071	3057	4112	3478	1866	2894	1969	7205	179
42	1149	790	1680	678	786	299	25	179
81	172	2942	764	38	653	97	197	
213	1105							
462	65	65	1001	247	100	118	64	
83	24	39		6		257	16	
118	131	43	15	103	736	336	137	
	400	157		691		180	6671	
72	11	76	18	103	619	682	95	
1593	264	284	429	1182	3888	400	269	
180	62			367	87		40	
10				378	1104			
233		37	301	185	245		229	
792		222	98		361	183		
229	202			252	1995	42		
149			30		96	175		
		25						

1-1-10 续表 14

指标名称	行业代码	渝北区	巴南区	黔江区	长寿区	江津区
化学纤维制造业	28		1		88	
纤维素纤维原料及纤维制造	281				10	
合成纤维制造	282		1		78	
橡胶和塑料制品业	29	1836	2674	666	3044	3281
橡胶制品业	291	531	1306		1686	759
塑料制品业	292	1305	1368	666	1358	2522
非金属矿物制品业	30	5168	6781	1581	5080	8373
水泥、石灰和石膏制造	301	168	206	604	1059	1477
石膏、水泥制品及类似制品制造	302	1172	2132	309	781	1322
砖瓦、石材等建筑材料制造	303	1689	2513	632	1938	3439
玻璃制造	304	32	107		20	200
玻璃制品制造	305	1411	212		94	327
玻璃纤维和玻璃纤维增强塑料制品制造	306	466	137		636	22
陶瓷制品制造	307	75	1381	8	65	1143
耐火材料制品制造	308		87		453	105
石墨及其他非金属矿物制品制造	309	155	6	28	34	338
黑色金属冶炼和压延加工业	31	188	1332	596	18677	2794
炼铁	311				80	839
炼钢	312	11	20			254
黑色金属铸造	313	30	51		228	755
钢压延加工	314	147	1261	386	18369	946
铁合金冶炼	315			210		
有色金属冶炼和压延加工业	32	179	1188	165	407	1212
常用有色金属冶炼	321	17	108	52	16	136
贵金属冶炼	322					4
稀有稀土金属冶炼	323					
有色金属合金制造	324	6	992			14
有色金属铸造	325	15	44	113	274	
有色金属压延加工	326	141	44		117	1058
金属制品业	33	2092	4361	320	2020	5732
结构性金属制品制造	331	1035	1152	313	780	2691
金属工具制造	332	98	1393		443	187
集装箱及金属包装容器制造	333		65		177	348
金属丝绳及其制品制造	334	15	30			346
建筑、安全用金属制品制造	335	43	228		62	269
金属表面处理及热处理加工	336	144	548		498	291
搪瓷制品制造	337	26	37			
金属制日用品制造	338	366	106		12	230
其他金属制品制造	339	365	802	7	48	1370
通用设备制造业	34	9417	11452	281	1191	12146
锅炉及原动设备制造	341	4738	1389	20	184	4110
金属加工机械制造	342	640	4321	255	494	615
物料搬运设备制造	343	462	241		177	545
泵、阀门、压缩机及类似机械制造	344	350	774		91	350
轴承、齿轮和传动部件制造	345	375	415		21	2595

单位：人

合川区	永川区	南川区	潼南县	铜梁县	荣昌县	璧山县	梁平县	城口县
188	37	25				7	29	
		25						
188	37					7	29	
3112	3974	475	405	3861	3159	15181	696	
319	3134	205	64	187	532	4400	22	
2793	840	270	341	3674	2627	10781	674	
17799	10597	4165	5809	7961	10850	8779	4880	132
3636	527	644	121	713	64	680	1045	75
1510	1103	526	1086	1555	1425	4215	828	18
3775	5665	2283	4007	4326	3356	2415	2435	29
91	1072	100	67	26	339	86	60	
8570	139	226	12	236	1739	255	201	
	505		18		117	64		
49	1134	40	5	459	3702	158	156	
168	144	8	365	23		1	3	
	308	338	128	623	108	905	152	10
1530	3074	522	209	1262	2312	1345	428	2994
323	89					8		
	34	24				175		
664	465	464	29	869	512	131		
543	2458	19	156	393	1800	995	20	
	28	15	24			36	408	2994
1172	795	4644	133	919	173	326	87	552
752	18	4566		68	94	67	42	547
					3			
		17						
297	27		12	6				
26	92							
97	658	61	121	845	76	259	45	5
3724	4781	1001	3605	3740	6454	5492	1441	49
1862	1899	543	2994	2113	454	1947	1099	49
431	565	159	140	464	88	298	65	
35	185				462	39	6	
214	45	33		32	90	102		
489	208	7	339	388	104	497	61	
148	403	120	69		293	1822	8	
95	21	4			302			
202	872	21	63	20	1905	353	41	
248	583	114		723	2756	434	161	
3811	2838	1071	386	4875	5358	6525	479	3
226	260	115		24	139	105	49	
652	1362	328	38	174	185	653	97	
491		193	31	300		60	28	
151	122		128	606	4583	213	38	
457	150	51	66	1123	11	552		

1-1-10 续表 15

指标名称	行业代码	渝北区	巴南区	黔江区	长寿区	江津区
烘炉、风机、衡器、包装等设备制造	346	779	1379		83	666
文化、办公用机械制造	347	24			7	28
通用零部件制造	348	1610	2706	6	134	2950
其他通用设备制造业	349	439	227			287
专用设备制造业	35	7789	2314	200	862	4971
采矿、冶金、建筑专用设备制造	351	545	676	30		2172
化工、木材、非金属加工专用设备制造	352	3660	599		143	1272
食品、饮料、烟草及饲料生产专用设备制造	353				54	87
印刷、制药、日化及日用品生产专用设备制造	354	160	15		12	
纺织、服装和皮革加工专用设备制造	355	3	118	3		94
电子和电工机械专用设备制造	356	496	35	92	341	47
农、林、牧、渔专用机械制造	357	576	396		113	1038
医疗仪器设备及器械制造	358	1784	50		6	140
环保、社会公共服务及其他专用设备制造	359	565	425	75	193	121
汽车制造业	36	79822	18029		2290	17597
汽车整车制造	361	25396	5707		1599	2224
改装汽车制造	362	1992	4336			1552
电车制造	364	4				
汽车车身、挂车制造	365		110			239
汽车零部件及配件制造	366	52430	7876		691	13582
铁路、船舶、航空航天和其他运输设备制造业	37	14109	29440	244	2294	13175
铁路运输设备制造	371		152			133
城市轨道交通设备制造	372					
船舶及相关装置制造	373	240	15		150	246
航空、航天器及设备制造	374	165	53			
摩托车制造	375	13704	29116	244	2144	12796
自行车制造	376		22			
非公路休闲车及零配件制造	377		10			
潜水救捞及其他未列明运输设备制造	379		72			
电气机械和器材制造业	38	7645	3459	490	1063	2834
电机制造	381	1702	1634	121	30	436
输配电及控制设备制造	382	917	393		546	626
电线、电缆、光缆及电工器材制造	383	2282	675		415	669
电池制造	384	1020	289			790
家用电力器具制造	385	218	386	30		129
非电力家用器具制造	386	51	1		5	
照明器具制造	387	1290	45	339	20	94
其他电气机械及器材制造	389	165	36		47	90
计算机、通信和其他电子设备制造业	39	23679	2769		595	5952
计算机制造	391	20770	1142		443	5225
通信设备制造	392	793	1316			
广播电视设备制造	393	60				
视听设备制造	395	113				
电子器件制造	396	129			38	293
电子元件制造	397	764	96		79	98
其他电子设备制造	399	1050	215		35	336

单位：人

合川区	永川区	南川区	潼南县	铜梁县	荣昌县	璧山县	梁平县	城口县
511	47	100	81	435	302	329		
				25		17		
841	860	120	42	2097	138	3816	63	3
482	37	164		91		780	204	
1648	3560	413	839	2769	2755	4051	793	14
93	1511	106	61	265	1161	10	91	
177	870		191	1016	240	953	83	7
406	15		4		459	6		7
195	200	193		40	155	236	220	
	2	26	12		20	68	285	
278	338		15	47	16	322		
348	295	42	539	836	418	534	57	
	75	46		293	283			
151	254		17	272	3	1922	57	
8265	5101	418	469	7069	4336	31510	314	
6214				10				
170						1040		
60								
45					16		27	
1776	5101	418	469	7059	4320	30470	287	
4819	1924	518	113	2576	35	11534	227	
	56			45			70	
279	2		17	25	21	69		
4215	1866	518	90	2471	14	11426	111	
28				35		39		
							46	
297			6					
1238	5436	751	417	2699	3125	3633	381	
297	1112			416	776	1025	16	
403	3290	469		1019	19	655	102	
77	35	175	207	317	112	1706	83	
	356	5		141		1		
299	448	5		160	297	214		
35	10	78		139	220			
127	16	19	182	389	1603	14	6	
	169		28	118	98	18	174	
5641	6921	2	1940	4426	1136	21407	1528	
4976	3332		186	1750		12011		
				24	43			
						401		
	434		98	203	207	808	1251	
308	3060		844	1198	886	7204	126	
357	95	2	812	1251		983	151	

1-1-10 续表 16

指标名称	行业代码	渝北区	巴南区	黔江区	长寿区	江津区
仪器仪表制造业	40	4443	589	112	935	1089
通用仪器仪表制造	401	3058	574		927	1022
专用仪器仪表制造	402	719	15	112	8	67
钟表与计时仪器制造	403					
光学仪器及眼镜制造	404	430				
其他仪器仪表制造业	409	236				
其他制造业	41	492	218	28	21	99
日用杂品制造	411	28	118			16
煤制品制造	412					23
其他未列明制造业	419	464	100	28	21	60
废弃资源综合利用业	42	58	73	31	994	146
金属废料和碎屑加工处理	421	58	73	31	989	99
非金属废料和碎屑加工处理	422				5	47
金属制品、机械和设备修理业	43	197	115	15	1852	284
金属制品修理	431		13	2		54
通用设备修理	432		64		1622	54
专用设备修理	433	87	15	3	77	13
铁路、船舶、航空航天等运输设备修理	434	61		4		15
电气设备修理	435	45			7	
仪器仪表修理	436	1				6
其他机械和设备修理业	439	3	23	6	146	142
电力、热力、燃气及水生产和供应业	D	**6740**	**1139**	**1292**	**2417**	**5497**
电力、热力生产和供应业	44	108	461	1008	1864	3708
电力生产	441	108	257	200	1433	2799
电力供应	442		204	808	259	909
热力生产和供应	443				172	
燃气生产和供应业	45	859	231	118	263	552
燃气生产和供应业	450	859	231	118	263	552
水的生产和供应业	46	5773	447	166	290	1237
自来水生产和供应	461	5741	271	122	103	1104
污水处理及其再生利用	462	32	176	44	177	133
其他水的处理、利用与分配	469				10	
建筑业	E	**238459**	**112488**	**14515**	**48409**	**124330**
房屋建筑业	47	130787	103323	13169	35057	115736
房屋建筑业	470	130787	103323	13169	35057	115736
土木工程建筑业	48	45979	922	77	559	2134
铁路、道路、隧道和桥梁工程建筑	481	33552	597	52	463	915
水利和内河港口工程建筑	482	166	286		77	34
工矿工程建筑	484	10329	5			88
架线和管道工程建筑	485	252		25		966
其他土木工程建筑	489	1680	34		19	131
建筑安装业	49	37959	2560	298	4487	829
电气安装	491	4330	174	168	581	103
管道和设备安装	492	2843	2034	130	407	714
其他建筑安装业	499	30786	352		3499	12

单位：人

合川区	永川区	南川区	潼南县	铜梁县	荣昌县	璧山县	梁平县	城口县
245	37	81		321	100	1353		
	10	81		103	100	332		
	19			11		39		
46				106				
95	8			83		979		
104				18		3		
429	195	271	469	841	381	73	420	1
286	86	151	97	291	333	45	213	
	49		44	201		22	27	
143	60	120	328	349	48	6	180	1
40	246	66	22	230	77	276	82	
	6		22	177	66	39	60	
40	240	66		53	11	237	22	
16	55	20	80	56	26	146		
	11			5		46		
	33					8		
16			13					
		20			26			
						46		
	11		67	51		46		
3301	**1484**	**2184**	**1741**	**1563**	**951**	**771**	**1201**	**1232**
2013	630	1550	952	1004	221	75	812	1129
1027	618	861	264	415	209	49	92	717
986	12	689	688	584	12	26	720	412
				5				
597	413	119	399	180	358	265	126	41
597	413	119	399	180	358	265	126	41
691	441	515	390	379	372	431	263	62
585	415	515	328	300	352	385	219	62
55	26		38	55	20	46	31	
51			24	24			13	
62106	**59233**	**11208**	**74305**	**42597**	**18064**	**18624**	**46974**	**3085**
50838	45416	8527	65221	37059	16568	14025	42929	704
50838	45416	8527	65221	37059	16568	14025	42929	704
545	5598	1259	8767	1587	716	1534	3173	1984
92	4298	50	5566	111	291	20	3150	1984
12	1169	1163	240	482	53		8	
48	77					10		
66		10	890	743		205		
327	54	36	2071	251	372	1299	15	
2978	1332	446	25	34	72	660	92	370
380	131	446		29	42	611	89	359
109	1076			5	30	43		
2489	125		25			6	3	11

1-1-10 续表 17

指标名称	行业代码	渝北区	巴南区	黔江区	长寿区	江津区
建筑装饰和其他建筑业	50	23734	5683	971	8306	5631
建筑装饰业	501	9203	2382	271	21	1294
工程准备活动	502	1130	345		23	948
提供施工设备服务	503	3176	152	43		39
其他未列明建筑业	509	10225	2804	657	8262	3350
批发和零售业	F	**57539**	**12744**	**13710**	**16271**	**20886**
批发业	51	27855	4105	4040	5706	7782
农、林、牧产品批发	511	1436	83	757	553	292
食品、饮料及烟草制品批发	512	6387	352	929	765	1404
纺织、服装及家庭用品批发	513	1767	122	121	207	40
文化、体育用品及器材批发	514	746	5	9	44	
医药及医疗器材批发	515	1684	120	71	139	84
矿产品、建材及化工产品批发	516	7276	936	1506	2827	4775
机械设备、五金产品及电子产品批发	517	7481	2226	228	654	547
贸易经纪与代理	518	403	21	96	18	63
其他批发业	519	675	240	323	499	577
零售业	52	29684	8639	9670	10565	13104
综合零售	521	4695	1588	3665	1425	2716
食品、饮料及烟草制品专门零售	522	1568	438	661	1521	1933
纺织、服装及日用品专门零售	523	3844	844	1391	1463	1617
文化、体育用品及器材专门零售	524	794	176	329	387	432
医药及医疗器材专门零售	525	524	125	383	564	338
汽车、摩托车、燃料及零配件专门零售	526	11041	2255	910	1006	1605
家用电器及电子产品专门零售	527	2387	605	720	1235	1491
五金、家具及室内装饰材料专门零售	528	3251	2112	1111	2623	2796
货摊、无店铺及其他零售业	529	1580	496	500	341	176
交通运输、仓储和邮政业	G	**44700**	**12031**	**2739**	**12534**	**10216**
道路运输业	54	25772	10103	2228	10525	7085
城市公共交通运输	541	10385	2476	419	1205	749
公路旅客运输	542	888	554	366	855	1582
道路货物运输	543	11481	6614	1099	8194	4174
道路运输辅助活动	544	3018	459	344	271	580
水上运输业	55	2207	234	50	270	1231
水上旅客运输	551	1168	21			63
水上货物运输	552	847	207		270	1035
水上运输辅助活动	553	192	6	50		133
航空运输业	56	10641		84		
航空客货运输	561	4141		84		
通用航空服务	562	10				
航空运输辅助活动	563	6490				
管道运输业	57					
管道运输业	570					
装卸搬运和运输代理业	58	3182	393	99	1254	908
装卸搬运	581	1415	264	66	1010	815
运输代理业	582	1767	129	33	244	93
仓储业	59	633	745	20	72	315
谷物、棉花等农产品仓储	591	133		20		34
其他仓储业	599	500	745		72	281

单位：人

合川区	永川区	南川区	潼南县	铜梁县	荣昌县	璧山县	梁平县	城口县
7745	6887	976	292	3917	708	2405	780	27
2541	1919	55	232	3401	686	1083	84	27
1270	402	69		65	11	56		
3128	3315	356	22				2	
806	1251	496	38	451	11	1266	694	
16714	**27075**	**15625**	**15320**	**19747**	**19239**	**10276**	**9944**	**1976**
6797	12704	3858	9036	6178	6498	4498	4015	771
1033	1425	151	1360	1109	2274	310	1043	34
911	1577	672	3992	1054	1258	860	992	108
649	1070	177	844	244	750	273	40	12
35	74	57	66	37	235	27		
338	78	58	518	81	102	103		134
3010	5618	1833	1745	2207	850	1698	1498	179
429	1787	265	145	744	435	559	191	53
3	114	105	9	22	366	73	13	152
389	961	540	357	680	228	595	238	99
9917	14371	11767	6284	13569	12741	5778	5929	1205
1346	3050	2508	1045	1860	3086	877	855	254
983	1701	870	2002	1679	1016	499	1130	104
1717	1947	1659	687	2504	1930	1280	679	203
330	250	470	121	253	456	382	99	42
446	771	630	343	139	297	203	150	4
1475	1736	935	414	1197	1112	676	759	125
1463	1480	1330	533	2152	1564	730	694	147
1776	2903	2773	931	3266	2518	868	1240	172
381	533	592	208	519	762	263	323	154
6737	**10326**	**3569**	**3267**	**6308**	**4303**	**3358**	**7686**	**278**
4885	8027	2967	2797	5813	3792	2914	7443	170
	2023	492	225	306	115			146
1784	1023	586	1032	920	875	1111	675	
2815	4496	1558	1357	3800	2579	1539	6486	1
286	485	331	183	787	223	264	282	23
1172	128		22					
84								
971	58							
117	70		22					
98	282	116	18	105	26	72	17	
79	113		2	5	9	5		
19	169	116	16	100	17	67	17	
100	1355	263		86	163	38	5	3
65	167	192		68	8	4	5	
35	1188	71		18	155	34		3

1-1-10 续表 18

指标名称	行业代码					
		渝北区	巴南区	黔江区	长寿区	江津区
邮政业	60	2265	556	258	413	677
邮政基本服务	601	566	546	240	389	677
快递服务	602	1699	10	18	24	
住宿和餐饮业	H	**20915**	**3426**	**3234**	**4435**	**6107**
住宿业	61	8701	587	789	991	1858
旅游饭店	611	5235	455	135	548	1652
一般旅馆	612	1676	105	629	373	183
其他住宿业	619	1790	27	25	70	23
餐饮业	62	12214	2839	2445	3444	4249
正餐服务	621	9081	2606	2170	3204	4149
快餐服务	622	1537	62	81	30	14
饮料及冷饮服务	623	292	14	18	9	29
其他餐饮业	629	1304	157	176	201	57
信息传输、软件和信息技术服务业	I	**43166**	**1408**	**258**	**646**	**436**
电信、广播电视和卫星传输服务	63	27178	633	30	409	248
电信	631	20376	380	10	210	2
广播电视传输服务	632	6802	253	20	199	246
卫星传输服务	633					
互联网和相关服务	64	1183	227	80	89	19
互联网接入及相关服务	641	243	5		22	
互联网信息服务	642	808	222	80	58	16
其他互联网服务	649	132			9	3
软件和信息技术服务业	65	14805	548	148	148	169
软件开发	651	11205	484	6	37	127
信息系统集成服务	652	690	20	6	8	
信息技术咨询服务	653	1405	32	127	46	8
数据处理和存储服务	654	41	3			
集成电路设计	655	22				
其他信息技术服务业	659	1442	9	9	57	34
房地产业	K	**39244**	**8933**	**3561**	**4936**	**6733**
房地产业	70	39244	8933	3561	4936	6733
房地产开发经营	701	13271	4167	1839	2250	3157
物业管理	702	22189	4094	1354	2215	2543
房地产中介服务	703	3503	289	108	435	616
自有房地产经营活动	704	45	64	9		311
其他房地产业	709	236	319	251	36	106
租赁和商务服务业	L	**43044**	**5182**	**3959**	**5093**	**5894**
租赁业	71	1944	556	149	458	335
机械设备租赁	711	1916	556	149	458	329
文化及日用品出租	712	28				6
商务服务业	72	41100	4626	3810	4635	5559
企业管理服务	721	12353	491	726	597	622
法律服务	722	1438	70	121	83	311
咨询与调查	723	7595	341	397	260	390

单位：人

合川区	永川区	南川区	潼南县	铜梁县	荣昌县	璧山县	梁平县	城口县
482	534	223	430	304	322	334	221	105
473	518	200	297	287	273	292	209	90
9	16	23	133	17	49	42	12	15
5298	**7317**	**5449**	**1868**	**4925**	**3771**	**3661**	**3215**	**2020**
1104	1809	2103	124	319	1004	512	775	565
879	1228	1904		148	828	395	623	416
212	555	59	124	159	151	113	146	111
13	26	140		12	25	4	6	38
4194	5508	3346	1744	4606	2767	3149	2440	1455
4075	5173	3117	1588	4543	2486	2950	2376	1382
33	29		22	27	31	107	24	
14	41	101	60	21	154	11	8	46
72	265	128	74	15	96	81	32	27
829	**3388**	**676**	**238**	**415**	**589**	**138**	**279**	**99**
537	366	500	109	63	177	11	221	1
186	64	298	49	63	18	11	141	1
351	287	202	54		159		80	
	15		6					
49	212	53	42	62	129	19	21	47
	3				10			20
43	204	45	32	62	55	19	21	27
6	5	8	10		64			
243	2810	123	87	290	283	108	37	51
208	483	46	6	212	47	82	5	
15	37	6		23	12	19	7	
20	91	68	6	40	48	3		
	2082							
	117	3	75	15	176	4	25	51
6440	**8618**	**4038**	**2491**	**7844**	**3933**	**3781**	**1350**	**220**
6440	8618	4038	2491	7844	3933	3781	1350	220
3551	3700	2204	1742	4311	1716	2291	906	180
2135	3947	1213	521	1888	1511	812	415	36
738	859	510	160	1503	616	552	29	4
16		27	52	82	14	64		
	112	84	16	60	76	62		
5914	**7154**	**5797**	**3631**	**4720**	**4495**	**7141**	**1447**	**969**
360	390	244	402	541	196	1086	122	25
335	390	229	402	541	189	1083	110	15
25		15			7	3	12	10
5554	6764	5553	3229	4179	4299	6055	1325	944
1296	719	621	112	209	880	329	315	21
119	203	204	93	122	163	83	53	24
431	1040	414	140	736	437	458	65	4

1-1-10 续表 19

指标名称	行业代码	渝北区	巴南区	黔江区	长寿区	江津区
广告业	724	2998	323	701	747	669
知识产权服务	725	216			11	
人力资源服务	726	2459	1032	681	237	2256
旅行社及相关服务	727	1818	121	155	294	40
安全保护服务	728	7546	1472	626	1824	783
其他商务服务业	729	4677	776	403	582	488
科学研究和技术服务业	**M**	**21020**	**1931**	**1120**	**1623**	**1692**
研究和试验发展	73	1989	29	29	88	7
自然科学研究和试验发展	731	13				
工程和技术研究和试验发展	732	1542	1		50	
农业科学研究和试验发展	733	47	1	6	28	
医学研究和试验发展	734	305		15	10	
社会人文科学研究	735	82	27	8		7
专业技术服务业	74	18070	1461	962	1315	974
气象服务	741	283	22	10		33
地震服务	742	17	6			
海洋服务	743					
测绘服务	744	146		21		74
质检技术服务	745	2072	316	141	87	178
环境与生态监测	746	570	40	1	77	31
地质勘查	747	1955	300		10	78
工程技术	748	9967	375	492	613	446
其他专业技术服务业	749	3060	402	297	528	134
科技推广和应用服务业	75	961	441	129	220	711
技术推广服务	751	687	404	118	151	672
科技中介服务	752	183	10	8	50	32
其他科技推广和应用服务业	759	91	27	3	19	7
水利、环境和公共设施管理业	**N**	**6388**	**2277**	**713**	**1080**	**2287**
水利管理业	76	389	417	98	129	80
防洪除涝设施管理	761	42			9	6
水资源管理	762	35	23		72	35
天然水收集与分配	763	141	57	73	20	26
水文服务	764		7			
其他水利管理业	769	171	330	25	28	13
生态保护和环境治理业	77	1134	79	51	30	14
生态保护	771	91		47	30	6
环境治理业	772	1043	79	4		8
公共设施管理业	78	4865	1781	564	921	2193
市政设施管理	781	1200	163	27	10	118
环境卫生管理	782	1659	770	355	27	1009
城乡市容管理	783		9	21		24
绿化管理	784	1340	501	133	702	47
公园和游览景区管理	785	666	338	28	182	995

单位：人

合川区	永川区	南川区	潼南县	铜梁县	荣昌县	璧山县	梁平县	城口县
758	1011	1106	176	1202	522	343	229	94
	6				14	21		
493	818	814	1624	495	433	1914	31	688
166	104	153	12	30	84	32	19	61
1497	1666	1791	675	953	1108	2552	546	14
794	1197	450	397	432	658	323	67	38
2257	**3447**	**2273**	**812**	**1577**	**1385**	**3384**	**1311**	**1976**
158	73	340	1	23	342	45	13	3
		6					6	
79	27	5	1	4	4	9	4	
40	46	132			310	2		3
10		147					3	
29		50		19	28	34		
1623	2567	1368	599	714	653	2635	330	1881
28	27	15	9	18	29		19	14
3					11		3	2
	123				34		10	7
116	206	45	38	68	39	2	11	17
60	92	10		76	22	14	34	4
25	1141	48	321	22	14	4	5	4
984	649	679	87	212	132	2418	154	26
407	329	571	144	318	372	197	94	1807
476	807	565	212	840	390	704	968	92
470	684	508	139	816	289	681	961	92
6	52	39	21	24	20	22		
	71	18	52		81	1	7	
1469	**1008**	**1090**	**566**	**713**	**2727**	**1304**	**1064**	**289**
182	235	88	161	56	64	58	378	62
	15		4	11		6		
139	127	15		15	11	5	46	13
11	79	73	23	22	43	38	196	22
28			18					
4	14		116	8	10	9	136	27
32	239	100	9	7	163	41	6	25
		24		3			6	15
32	239	76	9	4	163	41		10
1255	534	902	396	650	2500	1205	680	202
313	54	122	208	16	2063	50	53	2
588	44	475	9	90	30	1013	505	4
14						19		179
152	348	22	120	170	362	76	102	5
188	88	283	59	374	45	47	20	12

1-1-10 续表 20

指标名称	行业代码	渝北区	巴南区	黔江区	长寿区	江津区
居民服务、修理和其他服务业	O	**8004**	**2397**	**1500**	**2340**	**1581**
居民服务业	79	2349	1694	857	1418	529
家庭服务	791	408	754	68	421	37
托儿所服务	792					
洗染服务	793	57	35	57	105	96
理发及美容服务	794	437	29	490	215	200
洗浴服务	795	358	241	2	42	15
保健服务	796	277	48	10	5	62
婚姻服务	797	95	77	8	209	18
殡葬服务	798	204	447	16	89	51
其他居民服务业	799	513	63	206	332	50
机动车、电子产品和日用产品修理业	80	2323	462	282	749	550
汽车、摩托车修理与维护	801	1995	435	248	589	500
计算机和办公设备维修	802	163	21	13	62	4
家用电器修理	803	124	6	16	54	39
其他日用产品修理业	809	41		5	44	7
其他服务业	81	3332	241	361	173	502
清洁服务	811	1139	200	188	28	486
其他未列明服务业	819	2193	41	173	145	16
教育	P	**21557**	**12635**	**7350**	**9275**	**16946**
教育	82	21557	12635	7350	9275	16946
学前教育	821	4602	1957	451	1034	2976
初等教育	822	4503	2875	3137	3091	5372
中等教育	823	5603	4571	2695	3701	6554
高等教育	824	3666	2146	50	12	829
特殊教育	825	29		35	30	37
技能培训、教育辅助及其他教育	829	3154	1086	982	1407	1178
卫生和社会工作	Q	**7206**	**6376**	**2675**	**4249**	**6952**
卫生	83	6894	5439	2299	4038	6355
医院	831	5098	3545	1491	2528	2655
社区医疗与卫生院	832	1258	1183	664	952	3119
门诊部(所)	833	290	420	5	249	178
计划生育技术服务活动	834	12	52	23	43	128
妇幼保健院(所、站)	835	123	81	35	185	176
专科疾病防治院(所、站)	836		29		20	
疾病预防控制中心	837	88	122	42	61	99
其他卫生活动	839	25	7	39		
社会工作	84	312	937	376	211	597
提供住宿社会工作	841	290	890	51	191	469
不提供住宿社会工作	842	22	47	325	20	128
文化、体育和娱乐业	R	**5769**	**1170**	**696**	**1171**	**1395**
新闻和出版业	85	679	27	75	21	66
新闻业	851	95				25
出版业	852	584	27	75	21	41
广播、电视、电影和影视录音制作业	86	2196	122	118	94	124
广播	861	48		11		
电视	862	1604		100	39	68

单位：人

合川区	永川区	南川区	潼南县	铜梁县	荣昌县	璧山县	梁平县	城口县
2145	**1780**	**2051**	**769**	**1503**	**1705**	**1339**	**964**	**620**
412	816	1015	366	904	668	961	531	120
69	186	226	52	124	75	574	22	30
					11			
34	48	92	21	85	75	26	18	7
97	100	326	97	379	338	207	245	41
18	104	10	65	77	49		34	
51	112	8	31	26		79	63	9
6	76	67	42	131	60	4	59	
83	85	48	17	14	12	24	39	20
54	105	238	41	68	48	47	51	13
810	656	852	261	458	784	333	283	166
683	586	804	232	422	627	297	278	146
54	24		13		103	9		13
61	46	35	13	26	14	26		4
12		13	3	10	40	1	5	3
923	308	184	142	141	253	45	150	334
652	302	68	107	114	151	43	29	294
271	6	116	35	27	102	2	121	40
14162	**17866**	**7436**	**8083**	**9044**	**9934**	**6701**	**8036**	**2776**
14162	17866	7436	8083	9044	9934	6701	8036	2776
927	1806	668	1001	1162	1896	995	428	160
4862	4642	3342	3365	2742	3274	2349	3652	1461
4925	5107	2970	3400	4626	3332	2503	3661	1030
2458	4998	40		4	602	362		5
42	15	16	22	29	70	32		
948	1298	400	295	481	760	460	295	120
5467	**6618**	**4101**	**2658**	**4672**	**3917**	**2721**	**4137**	**1041**
5219	6270	3882	2586	4311	3631	2502	3921	989
2738	3098	2426	1058	2016	2003	1359	1925	358
2014	2424	1025	1068	1927	1246	956	1742	470
37	65	16	65	40	24	1	8	2
92	303	87	107	76	111	49	97	8
182	280	112	151	206	152	90	88	104
		92	29					
104	69	62	69	46	41	47	49	35
52	31	62	39		54		12	12
248	348	219	72	361	286	219	216	52
237	237	101	54	224	143	180	95	47
11	111	118	18	137	143	39	121	5
1165	**2314**	**862**	**694**	**1330**	**1306**	**967**	**1314**	**331**
47	75	40	32	31	22	25	20	
47		40	32	31			20	
	75				22	25		
73	79	83	53	104	124	78	4	61
3				20	3			47
70	32	83		84	105	50	4	8

1-1-10 续表 21

指标名称	行业代码	渝北区	巴南区	黔江区	长寿区	江津区
电影和影视节目制作	863	65	2			
电影和影视节目发行	864	168				
电影放映	865	311	120	6	55	56
录音制作	866			1		
文化艺术业	87	572	482	193	478	464
文艺创作与表演	871	207	27	31	189	16
艺术表演场馆	872	16			34	
图书馆与档案馆	873	38	51	17	22	49
文物及非物质文化遗产保护	874	10	12	17		97
博物馆	875	22	6			
烈士陵园、纪念馆	876					73
群众文化活动	877	49	153	29	77	189
其他文化艺术业	879	230	233	99	156	40
体育	88	704	89	8	26	105
体育组织	881	10	14	3		42
体育场馆	882	31				
休闲健身活动	883	653	75	5	26	63
其他体育	889	10				
娱乐业	89	1618	450	302	552	636
室内娱乐活动	891	1393	430	273	515	628
游乐园	892					8
彩票活动	893	87				
文化、娱乐、体育经纪代理	894	68	7		13	
其他娱乐业	899	70	13	29	24	
公共管理、社会保障和社会组织	**S**	**38394**	**10954**	**8931**	**10748**	**15159**
中国共产党机关	90	352	175		142	237
中国共产党机关	900	352	175		142	237
国家机构	91	32378	6688	7190	7632	8496
国家权力机构	911	1491	65	56	111	52
国家行政机构	912	27837	5955	6707	7074	8014
人民法院和人民检察院	913	1618	383	403	362	430
其他国家机构	919	1432	285	24	85	
人民政协、民主党派	92	44	88	57	61	93
人民政协	921	27	63	57	53	84
民主党派	922	17	25		8	9
社会保障	93	439	329		87	220
社会保障	930	439	329		87	220
群众团体、社会团体和其他成员组织	94	2105	1865	407	1389	3750
群众团体	941	536	372	27	275	98
社会团体	942	1460	1339	380	1048	2914
基金会	943	74	7		7	
宗教组织	944	35	147		59	738
基层群众自治组织	95	3076	1809	1277	1437	2363
社区自治组织	951	1829	513	375	221	799
村民自治组织	952	1247	1296	902	1216	1564

单位：人

合川区	永川区	南川区	潼南县	铜梁县	荣昌县	璧山县	梁平县	城口县
			47		10			3
						1		
	47		6		6	27		3
223	338	196	282	772	305	281	1005	137
65	83	35	104	326	50	37	701	10
20	4	23		12		13	13	
61	28	29	76	46	35	33	27	18
14	21	16	9	128	5	13	9	5
					10	1		
			67	8		1	2	
15	106	25	20	240	151	171	173	104
48	96	68	6	12	54	12	80	
16	69	37	49		99	114	18	18
8	16	9			88	107	5	18
	14							
	39	28	49		11	7	13	
8								
806	1753	506	278	423	756	469	267	115
705	674	424	273	333	690	464	155	104
	1063	1		90	26			
	12					5		
101	4	81	5		40		112	11
15181	**23410**	**11191**	**12731**	**11967**	**10733**	**11417**	**7442**	**5086**
637	227	319	137	299	231	163	464	319
637	227	319	137	299	231	163	464	319
10017	9709	6973	6934	6314	7237	5621	4073	3088
103	152	264	32	49	35	44	38	39
9389	8909	6282	6524	6021	6962	5267	3738	2851
487	325	340	252	244	207	290	257	147
38	323	87	126		33	20	40	51
78	135	31	36	96	59	31	30	26
66	42	31	35	40	44	31	30	26
12	93		1	56	15			
345	74		105	8	130	67	144	98
345	74		105	8	130	67	144	98
1394	11208	2675	3157	3386	1549	4061	888	549
63	1677	359	49	41	65	229	42	44
1020	9425	2177	3036	3041	1345	3216	784	500
		8						
311	106	131	72	304	139	616	62	5
2710	2057	1193	2362	1864	1527	1474	1843	1006
614	364	364	212	314	644	437	173	126
2096	1693	829	2150	1550	883	1037	1670	880

1-1-10 续表 22

指标名称	行业代码	丰都县	垫江县	武隆县	忠县	开县
总　计		**86674**	**182267**	**61605**	**156960**	**241474**
农、林、牧、渔业	A	**3098**	**1372**	**163**	**1401**	**5297**
农业	01	26	37		129	
谷物种植	011	26				
蔬菜、食用菌及园艺作物种植	014		37			
水果种植	015				129	
坚果、含油果、香料和饮料作物种植	016					
中药材种植	017					
其他农业	019					
林业	02					
林木育种和育苗	021					
造林和更新	022					
森林经营和管护	023					
畜牧业	03	36				
牲畜饲养	031	18				
家禽饲养	032	16				
其他畜牧业	039	2				
渔业	04	67				
水产养殖	041	67				
农、林、牧、渔服务业	05	2969	1335	163	1272	5297
农业服务业	051	2691	1219	113	1150	4617
林业服务业	052	121	24		41	40
畜牧服务业	053	126	86	50	81	581
渔业服务业	054	31	6			59
采矿业	B	**1089**	**3524**	**3803**	**2705**	**9053**
煤炭开采和洗选业	06	70	1467	2101	250	7259
烟煤和无烟煤开采洗选	061	70	1411	2101	219	7019
褐煤开采洗选	062				21	64
其他煤炭采选	069		56		10	176
石油和天然气开采业	07		1327		932	
石油开采	071					
天然气开采	072		1327		932	
黑色金属矿采选业	08			100		175
铁矿采选	081					175
锰矿、铬矿采选	082			100		
其他黑色金属矿采选	089					
有色金属矿采选业	09			137		
常用有色金属矿采选	091			137		
贵金属矿采选	092					
稀有稀土金属矿采选	093					
非金属矿采选业	10	804	684	1465	1234	1462
土砂石开采	101	523	684	1465	1172	1382
化学矿开采	102	199			62	
采盐	103					
石棉及其他非金属矿采选	109	82				80

单位：人

云阳县	奉节县	巫山县	巫溪县	石柱县	秀山县	酉阳县	彭水县
137957	**128628**	**46894**	**58541**	**59977**	**76454**	**60673**	**56459**
2179	**62**	**262**	**67**	**160**	**457**	**664**	**866**
4				30			
4				30			
17							
12							
5							
2158	62	262	67	130	457	664	866
2091	62	248	27	59	441	611	816
27			3	6	4	38	17
36		6	23	5		15	5
4		8	14	60	12		28
3259	**12087**	**7385**	**5547**	**6103**	**6910**	**674**	**5370**
2675	11398	7132	4995	4387	520		4037
2355	11282	7114	4915	4224	520		3818
224	20						
96	96	18	80	163			219
35		29			5532	37	45
35		29				1	
					5532	36	
							45
	20		4	1065	20	189	7
	20		4	1065	20	156	7
						33	
549	632	116	413	645	838	448	895
549	536	116	371	645	748	391	731
	60					28	95
	36		42		90	29	69

1-1-10 续表 23

指标名称	行业代码					
		丰都县	垫江县	武隆县	忠县	开县
开采辅助活动	11	215	46		254	17
煤炭开采和洗选辅助活动	111	215			55	
石油和天然气开采辅助活动	112		46		199	17
其他开采辅助活动	119					
其他采矿业	12				35	140
其他采矿业	120				35	140
制造业	C	**13298**	**62878**	**9305**	**23050**	**59466**
农副食品加工业	13	2406	4245	1554	3223	8168
谷物磨制	131	90	529		604	781
饲料加工	132	178	809	43	73	1050
植物油加工	133	45	227	122	198	987
制糖业	134		55			80
屠宰及肉类加工	135	955	776	115	715	4211
水产品加工	136		29		62	15
蔬菜、水果和坚果加工	137	1018	1319	386	512	574
其他农副食品加工	139	120	501	888	1059	470
食品制造业	14	470	1174	239	482	1025
焙烤食品制造	141		215	29	64	241
糖果、巧克力及蜜饯制造	142		195		18	
方便食品制造	143	86	170	10	168	341
乳制品制造	144					
罐头食品制造	145	292	59	93		
调味品、发酵制品制造	146	89	219	53	167	20
其他食品制造	149	3	316	54	65	423
酒、饮料和精制茶制造业	15	356	1013	210	1055	2695
酒的制造	151	240	416	127	589	658
饮料制造	152	106	510	51	266	1287
精制茶加工	153	10	87	32	200	750
烟草制品业	16					
烟叶复烤	161					
卷烟制造	162					
纺织业	17	394	1393	240	913	3692
棉纺织及印染精加工	171	34	160	6	196	210
毛纺织及染整精加工	172	139		160		2233
麻纺织及染整精加工	173	55			123	
丝绢纺织及印染精加工	174	118	81		267	108
化纤织造及印染精加工	175					33
针织或钩针编织物及其制品制造	176	12	238		127	702
家用纺织制成品制造	177	26	775	13	155	401
非家用纺织制成品制造	178	10	139	61	45	5
纺织服装、服饰业	18	358	795	70	1782	4494
机织服装制造	181	346	712	64	1270	3620
针织或钩针编织服装制造	182	5	47		87	368
服饰制造	183	7	36	6	425	506
皮革、毛皮、羽毛及其制品和制鞋业	19	606	1391	174	744	5309
皮革鞣制加工	191		38			
皮革制品制造	192	530	408		163	152

单位：人

云阳县	奉节县	巫山县	巫溪县	石柱县	秀山县	酉阳县	彭水县
		108	85	6			169
		108	85	6			126
							13
							30
	37		50				217
	37		50				217
32816	**8979**	**4538**	**3972**	**13607**	**16681**	**11556**	**6305**
3255	806	405	422	1355	1793	354	480
506				73	56	88	69
226	12	27	40	101	24	76	5
436	35	27	25	31	80	43	30
224							
1191	141	69	109	562	58	43	36
66					62		
148	482	48	82	311	204	34	
458	136	234	166	277	1309	70	340
787	272	73	9	559	70	51	32
444	66	20		9		11	28
6	75	6	5			19	
78	47	7	4	8	6	13	
				15			
	5						
259	51			379	32	8	
	28	40		148	32		4
1414	400	168	82	287	1185	170	271
481	7	5	28	166	86	55	221
671	242	151	9	121	319	88	50
262	151	12	45		780	27	
							984
							984
721	132	26	468	316	9	665	109
7	86	4		38	8	274	13
5			25	166	1		
205			378	40			
10							
195	5		9	26		15	76
208	41	22	47	37		289	20
91			9	9		87	
3221	944	708	524	345	1409	1310	176
1995	496	502	519	325	1353	1168	97
44	438	206		10		142	2
1182	10		5	10	56		77
946	65	789	61	1617	55	178	647
		30		28		108	

1-1-10 续表 24

指标名称	行业代码	丰都县	垫江县	武隆县	忠县	开县
毛皮鞣制及制品加工	193	3			44	59
羽毛(绒)加工及制品制造	194				160	32
制鞋业	195	73	945	174	377	5066
木材加工和木、竹、藤、棕、草制品业	20	395	6019	190	854	1956
木材加工	201	54	2818	68	309	783
人造板制造	202	309	359	107	70	192
木制品制造	203	15	1116	15	167	829
竹、藤、棕、草等制品制造	204	17	1726		308	152
家具制造业	21	128	5463	86	757	2100
木质家具制造	211	67	4350	80	641	1678
竹、藤家具制造	212	18	55		12	
金属家具制造	213	21	342		44	147
塑料家具制造	214		70			5
其他家具制造	219	22	646	6	60	270
造纸和纸制品业	22	441	681	161	150	808
纸浆制造	221					
造纸	222	344	291	118	72	127
纸制品制造	223	97	390	43	78	681
印刷和记录媒介复制业	23	192	620	14	318	405
印刷	231	170	620	14	112	288
装订及印刷相关服务	232	22			188	117
记录媒介复制	233				18	
文教、工美、体育和娱乐用品制造业	24	232	922	302	464	457
文教办公用品制造	241		326	19	43	21
乐器制造	242					
工艺美术品制造	243	211	575	283	260	274
体育用品制造	244				144	5
玩具制造	245	21	21		17	157
游艺器材及娱乐用品制造	246					
石油加工及炼焦	25		112	36		19
化学原料和化学制品制造业	26	1598	4544	240	1159	1252
基础化学原料制造	261	510	700	10	218	92
肥料制造	262	79	1968	175	325	57
农药制造	263					
涂料、油墨、颜料及类似产品制造	264	15	610		79	633
合成材料制造	265	46	158		36	161
专用化学产品制造	266	799	491		420	46
炸药、火工及焰火产品制造	267	143	545	55	75	245
日用化学产品制造	268	6	72		6	18
医药制造业	27	90	5757	30	619	1011
化学药品原料药制造	271		95		394	687
化学药品制剂制造	272	60				
中药饮片加工	273	6	215	30	12	196
中成药生产	274	24	5447		118	128
兽用药品制造	275				44	
生物药品制造	276				51	
卫生材料及医药用品制造	277					

单位：人

云阳县	奉节县	巫山县	巫溪县	石柱县	秀山县	酉阳县	彭水县
64	17	10	22	8		4	
15							
867	48	749	39	1581	55	66	647
1110	257	67	300	613	128	160	158
309	49	41	14	79	20	42	41
117	64	5	153	488	90	34	87
627	110	21	133	34	13	78	25
57	34			12	5	6	5
1622	586	45	178	357	333	308	481
1502	494	24	120	313	316	304	472
10							
	23	5	30	11			3
110	69	16	28	33	17	4	6
211	58		8	366	3	44	26
						32	
86	58		8	353	3		11
125				13		12	15
551	287	151	4	86	131	53	10
539	287	151	4	10	131	43	10
12				76			
						10	
2332	166	61	72	138	183	2584	190
	31		9			15	
1225	116	57	63	138	50	2569	190
341					91		
766		4			42		
	19						
37							
980	153	77	656	970	631	977	253
409					420	322	145
242	20	7	30	751	114	203	26
							8
155	43	15	5	210		89	22
51			621				45
80	5	32		9	12	31	
	56	23			66	332	
43	29				19		7
792		21	143	785	636	183	218
						183	
							58
			93	78	618		
776		21	7	618	18		
16			43	89			160

1-1-10 续表 25

指标名称	行业代码	丰都县	垫江县	武隆县	忠县	开县
化学纤维制造业	28		43		40	
纤维素纤维原料及纤维制造	281		16		40	
合成纤维制造	282		27			
橡胶和塑料制品业	29	148	1663	127	126	999
橡胶制品业	291	85	67	13	15	167
塑料制品业	292	63	1596	114	111	832
非金属矿物制品业	30	3205	9442	1617	5232	16792
水泥、石灰和石膏制造	301	1024	347	693	942	886
石膏、水泥制品及类似制品制造	302	417	2955	494	1610	8503
砖瓦、石材等建筑材料制造	303	1510	3912	392	2349	6845
玻璃制造	304		548		230	
玻璃制品制造	305	5	1127		28	196
玻璃纤维和玻璃纤维增强塑料制品制造	306		228	38		42
陶瓷制品制造	307	217	68		73	269
耐火材料制品制造	308		212			
石墨及其他非金属矿物制品制造	309	32	45			51
黑色金属冶炼和压延加工业	31	43	417	493	125	54
炼铁	311					
炼钢	312					
黑色金属铸造	313	28	249	485		
钢压延加工	314	15	168	8	125	24
铁合金冶炼	315					30
有色金属冶炼和压延加工业	32	49	337	158	131	131
常用有色金属冶炼	321		150	153	87	33
贵金属冶炼	322					
稀有稀土金属冶炼	323					
有色金属合金制造	324	5				
有色金属铸造	325	8				
有色金属压延加工	326	36	187	5	44	98
金属制品业	33	183	6208	576	1241	3487
结构性金属制品制造	331	70	4126	204	884	2609
金属工具制造	332	11	613	16	178	160
集装箱及金属包装容器制造	333				10	150
金属丝绳及其制品制造	334		92	356		12
建筑、安全用金属制品制造	335	93	324		76	136
金属表面处理及热处理加工	336					6
搪瓷制品制造	337				18	
金属制日用品制造	338	9	602		40	308
其他金属制品制造	339		451		35	106
通用设备制造业	34	61	872	651	262	241
锅炉及原动设备制造	341		194		180	114
金属加工机械制造	342	31	393			51
物料搬运设备制造	343					29
泵、阀门、压缩机及类似机械制造	344			34		
轴承、齿轮和传动部件制造	345	20	24	284	82	15

单位：人

云阳县	奉节县	巫山县	巫溪县	石柱县	秀山县	酉阳县	彭水县
1161	144	13	25	588	211	66	20
246	2						
915	142	13	25	588	211	66	20
5408	2966	794	662	2051	1865	1715	1898
883	469	366	327	305	499	370	458
1184	996	172	140	514	1127	864	479
2918	1291	226	176	1159	32	376	904
55					42	10	27
235	194		14	17			27
11							
9	16	30		56		24	
8							
105			5		165	71	3
159	24	1	4	8	5526	830	
		1					
89	24		4	8			
70					5526	830	
46			12	419	958	1073	2
				402	240	985	2
						30	
					718	30	
						1	
46			12	17		27	
1571	444	129	163	511	273	135	200
1214	424	97	135	337	243	91	145
34	20	14	12	3		7	15
49							
161		13	5			9	8
4			5			7	2
5				11			
75		5		160			
29			6		30	21	30
217		68	122	47		102	4
15			19				
122				24		69	4
						6	
		58					

1-1-10 续表 26

指标名称	行业代码	丰都县	垫江县	武隆县	忠县	开县
烘炉、风机、衡器、包装等设备制造	346		25			
文化、办公用机械制造	347	7	12			
通用零部件制造	348	3	219	119		24
其他通用设备制造业	349		5	214		8
专用设备制造业	35	55	603	69	376	612
采矿、冶金、建筑专用设备制造	351			44		367
化工、木材、非金属加工专用设备制造	352	12	257	25	109	114
食品、饮料、烟草及饲料生产专用设备制造	353					7
印刷、制药、日化及日用品生产专用设备制造	354		81		70	19
纺织、服装和皮革加工专用设备制造	355	33	48		24	
电子和电工机械专用设备制造	356		81		45	80
农、林、牧、渔专用机械制造	357		46		112	16
医疗仪器设备及器械制造	358		59			9
环保、社会公共服务及其他专用设备制造	359	10	31		16	
汽车制造业	36	21	352	909	761	154
汽车整车制造	361				149	
改装汽车制造	362	4			468	
电车制造	364		8			
汽车车身、挂车制造	365					
汽车零部件及配件制造	366	17	344	909	144	154
铁路、船舶、航空航天和其他运输设备制造业	37	1025	2238	372	185	576
铁路运输设备制造	371					
城市轨道交通设备制造	372					
船舶及相关装置制造	373	1023			171	
航空、航天器及设备制造	374					
摩托车制造	375	2	2238	372		
自行车制造	376				14	576
非公路休闲车及零配件制造	377					
潜水救捞及其他未列明运输设备制造	379					
电气机械和器材制造业	38	623	2326	104	990	1694
电机制造	381		8		687	
输配电及控制设备制造	382	567	1371	82		208
电线、电缆、光缆及电工器材制造	383	15	249		81	549
电池制造	384		434			470
家用电力器具制造	385				52	370
非电力家用器具制造	386		39		103	22
照明器具制造	387	41	225	22	28	71
其他电气机械及器材制造	389				39	4
计算机、通信和其他电子设备制造业	39	83	2750	648	758	370
计算机制造	391		277			
通信设备制造	392		6			
广播电视设备制造	393					
视听设备制造	395					
电子器件制造	396	15	22		36	25
电子元件制造	397	68	2261	75	722	298
其他电子设备制造	399		184	573		47

单位：人

云阳县	奉节县	巫山县	巫溪县	石柱县	秀山县	酉阳县	彭水县
21				15			
			3				
59		10	100	8		27	
581	29	63	9	456	106	132	32
110	25		2	7	6	93	
31				90			7
139							4
32				16		15	
128							
94		30		28			
47		33	7	280	100	20	21
	4						
				35		4	
1870				678			
1870				678			
1221	355	5		45	46		3
		5					
551	355						3
625							
45				45	46		
1716	43	6	5	138	126	312	62
24							
424	30			100	45	15	
63					35	239	
						56	21
	6			38		2	
1205	7	6	5		46		41
716	606			128	814	124	13
				8			
	20				614		
						2	
					200		
85							
631	586			120		122	4
							9

1-1-10 续表 27

指标名称	行业代码	丰都县	垫江县	武隆县	忠县	开县
仪器仪表制造业	40	22	116			
通用仪器仪表制造	401					
专用仪器仪表制造	402					
钟表与计时仪器制造	403		116			
光学仪器及眼镜制造	404					
其他仪器仪表制造业	409	22				
其他制造业	41	41	1180	16	207	693
日用杂品制造	411		752	16	146	201
煤制品制造	412				27	229
其他未列明制造业	419	41	428		34	263
废弃资源综合利用业	42	62	177	16	29	229
金属废料和碎屑加工处理	421	62	111	16		33
非金属废料和碎屑加工处理	422		66		29	196
金属制品、机械和设备修理业	43	11	25	3	67	43
金属制品修理	431	5				4
通用设备修理	432				29	
专用设备修理	433			3		
铁路、船舶、航空航天等运输设备修理	434	6			14	
电气设备修理	435				16	
仪器仪表修理	436					
其他机械和设备修理业	439		25		8	39
电力、热力、燃气及水生产和供应业	D	**2377**	**1750**	**3286**	**2912**	**4052**
电力、热力生产和供应业	44	1690	980	2932	1480	2772
电力生产	441	1040	293	2507	758	1311
电力供应	442	650	687	425	722	1461
热力生产和供应	443					
燃气生产和供应业	45	202	82	46	802	587
燃气生产和供应业	450	202	82	46	802	587
水的生产和供应业	46	485	688	308	630	693
自来水生产和供应	461	419	650	308	492	560
污水处理及其再生利用	462	66	38		138	133
其他水的处理、利用与分配	469					
建筑业	E	**27193**	**46896**	**4910**	**40164**	**67254**
房屋建筑业	47	17016	45338	4452	31393	58293
房屋建筑业	470	17016	45338	4452	31393	58293
土木工程建筑业	48	1224	315	344	520	8034
铁路、道路、隧道和桥梁工程建筑	481	584	98	44	220	35
水利和内河港口工程建筑	482	19	167	19		7919
工矿工程建筑	484		50			
架线和管道工程建筑	485	621		281	286	
其他土木工程建筑	489				14	80
建筑安装业	49	7148	598	23	1334	615
电气安装	491		130	2	1326	551
管道和设备安装	492	195	274	21		
其他建筑安装业	499	6953	194		8	64

单位：人

云阳县	奉节县	巫山县	巫溪县	石柱县	秀山县	酉阳县	彭水县
16		808			42	2	
					22		
16						2	
		808			20		
93	202	30	26	742	6	22	8
28		30		717	6		3
39	202			25		13	
26			26			9	5
5	19					2	28
5							
	19					2	28
57	21	30	17	2	142	4	
			3		64		
						2	
57		30					
				2			
	21		14		78	2	
2754	**2236**	**1291**	**2713**	**2179**	**1283**	**1756**	**1448**
2291	1887	1005	2626	1639	879	1396	1126
1221	774	551	2004	864	276	523	563
1070	1113	454	622	775	603	873	563
196	86	44		253	38	76	93
196	86	44		253	38	76	93
267	263	242	87	287	366	284	229
180	210	208	54	244	366	240	229
87	53	34	23	43		20	
			10			24	
38228	**57169**	**3456**	**14308**	**2065**	**8741**	**3321**	**5928**
32102	55837	3237	13795	1357	5491	3111	4194
32102	55837	3237	13795	1357	5491	3111	4194
4920	1312		112	362	2619	33	734
320	1261		15	150	1965	19	121
1234				170	550	14	14
2100							
401	40		93	15			
865	11		4	27	104		599
34	5	61		316	211	95	606
	5	44		316	177	15	289
15							5
19		17			34	80	312

1-1-10 续表 28

指标名称	行业代码	丰都县	垫江县	武隆县	忠县	开县
建筑装饰和其他建筑业	50	1805	645	91	6917	312
建筑装饰业	501	128	156	60	2179	211
工程准备活动	502			19	99	9
提供施工设备服务	503	45	109		403	
其他未列明建筑业	509	1632	380	12	4236	92
批发和零售业	**F**	**6802**	**16652**	**10667**	**34861**	**25337**
批发业	51	2872	5008	6106	20028	6549
农、林、牧产品批发	511	696	703	1828	7843	460
食品、饮料及烟草制品批发	512	958	719	3073	8172	1446
纺织、服装及家庭用品批发	513	129	499	70	359	814
文化、体育用品及器材批发	514	34	25	30	128	92
医药及医疗器材批发	515	66	191	388	362	296
矿产品、建材及化工产品批发	516	599	1979	482	2239	2427
机械设备、五金产品及电子产品批发	517	163	517	140	437	455
贸易经纪与代理	518	33	48		76	107
其他批发业	519	194	327	95	412	452
零售业	52	3930	11644	4561	14833	18788
综合零售	521	529	1483	152	2855	2432
食品、饮料及烟草制品专门零售	522	809	1494	1676	2678	2093
纺织、服装及日用品专门零售	523	686	1515	386	2355	4209
文化、体育用品及器材专门零售	524	163	602	875	669	563
医药及医疗器材专门零售	525	65	418	292	662	850
汽车、摩托车、燃料及零配件专门零售	526	442	1462	471	863	2037
家用电器及电子产品专门零售	527	575	1508	400	1162	2059
五金、家具及室内装饰材料专门零售	528	580	2865	250	2106	4026
货摊、无店铺及其他零售业	529	81	297	59	1483	519
交通运输、仓储和邮政业	**G**	**2817**	**4728**	**1475**	**5293**	**3978**
道路运输业	54	1700	3719	1139	3269	2854
城市公共交通运输	541	255	265	323	249	1049
公路旅客运输	542	282	327	381	1223	352
道路货物运输	543	949	2843	127	1145	961
道路运输辅助活动	544	214	284	308	652	492
水上运输业	55	613	19	48	979	152
水上旅客运输	551	28			432	
水上货物运输	552	540		48	491	147
水上运输辅助活动	553	45	19		56	5
航空运输业	56					
航空客货运输	561					
通用航空服务	562					
航空运输辅助活动	563					
管道运输业	57					
管道运输业	570					
装卸搬运和运输代理业	58	222	623	121	461	335
装卸搬运	581	213	104	118	196	12
运输代理业	582	9	519	3	265	323
仓储业	59		92	20	196	116
谷物、棉花等农产品仓储	591		68		117	78
其他仓储业	599		24	20	79	38

单位：人

云阳县	奉节县	巫山县	巫溪县	石柱县	秀山县	酉阳县	彭水县
1172	15	158	401	30	420	82	394
206	15	84	289	24	416	43	55
55		21	86			8	64
					4		16
911		53	26	6		31	259
10068	**7144**	**4760**	**3867**	**7058**	**10398**	**7402**	**5731**
2716	3480	2318	1452	2853	4037	2523	2595
269	148	97	373	264	655	194	256
656	688	724	316	775	1106	775	875
166	69	7	24	70	76	78	94
10	94	9	7	6		33	7
158	95		6	206	459	133	90
1101	2052	621	585	1227	1310	898	966
208	269	598	98	168	353	121	260
	2		1	58		225	7
148	63	262	42	79	78	66	40
7352	3664	2442	2415	4205	6361	4879	3136
2333	974	520	798	592	1313	508	393
842	364	189	160	747	464	826	317
624	305	248	216	495	856	1069	298
97	88	138	38	29	199	140	26
649	261	82	56	288	190	186	407
717	536	410	348	367	530	586	526
893	620	414	474	385	1283	709	406
944	433	349	203	1007	1415	705	592
253	83	92	122	295	111	150	171
4321	**3192**	**2496**	**643**	**1734**	**2944**	**2698**	**944**
1510	1146	1132	212	1221	1915	2249	515
431	347	501	120	133	455	233	128
808	579	353	5	894	941	1403	54
245	152	62	11	180	62	19	117
26	68	216	76	14	457	594	216
2094	1642	1087	193	152		24	22
396	83	380	154				
1507	1553	398		96		17	20
191	6	309	39	56		7	2
287	115	115	24	97	813	96	162
256	107	58	5	75	33	72	38
31	8	57	19	22	780	24	124
75	54	5			26	86	17
75	54	5			26	86	17

1-1-10 续表 29

指标名称	行业代码	丰都县	垫江县	武隆县	忠县	开县
邮政业	60	282	275	147	388	521
邮政基本服务	601	272	258	119	379	452
快递服务	602	10	17	28	9	69
住宿和餐饮业	H	**1990**	**5920**	**4320**	**7336**	**7726**
住宿业	61	712	657	1514	998	1063
旅游饭店	611	535	477	1382	665	383
一般旅馆	612	170	99	77	191	465
其他住宿业	619	7	81	55	142	215
餐饮业	62	1278	5263	2806	6338	6663
正餐服务	621	1221	4556	2627	5537	5775
快餐服务	622	3	71		500	131
饮料及冷饮服务	623	11	30	8	103	69
其他餐饮业	629	43	606	171	198	688
信息传输、软件和信息技术服务业	I	**558**	**448**	**606**	**612**	**457**
电信、广播电视和卫星传输服务	63	243	360	544	400	289
电信	631	213	256	348	133	47
广播电视传输服务	632	30	104	196	267	242
卫星传输服务	633					
互联网和相关服务	64	20	18	10	80	111
互联网接入及相关服务	641				14	
互联网信息服务	642	16	18	7	66	111
其他互联网服务	649	4		3		
软件和信息技术服务业	65	295	70	52	132	57
软件开发	651	155	39	23	49	38
信息系统集成服务	652				3	
信息技术咨询服务	653	11	12	20	37	
数据处理和存储服务	654			2		
集成电路设计	655					
其他信息技术服务业	659	129	19	7	43	19
房地产业	K	**1319**	**3124**	**1237**	**2593**	**2647**
房地产业	70	1319	3124	1237	2593	2647
房地产开发经营	701	545	2249	832	1486	1419
物业管理	702	433	342	319	797	740
房地产中介服务	703	217	270	86	277	483
自有房地产经营活动	704	22	57			5
其他房地产业	709	102	206		33	
租赁和商务服务业	L	**2856**	**2157**	**3454**	**3364**	**5697**
租赁业	71	86	224	67	232	170
机械设备租赁	711	86	224	67	228	170
文化及日用品出租	712				4	
商务服务业	72	2770	1933	3387	3132	5527
企业管理服务	721	498	354	384	405	1065
法律服务	722	143	71	80	47	76
咨询与调查	723	123	233	97	402	533

单位：人

云阳县	奉节县	巫山县	巫溪县	石柱县	秀山县	酉阳县	彭水县
355	235	157	214	264	190	243	228
343	187	149	193	243	180		198
12	48	8	21	21	10	243	30
2591	**2362**	**1102**	**1907**	**3358**	**1758**	**2506**	**1510**
708	848	343	880	984	380	1038	369
389	722	209	565	769	219	101	182
319	126	120	71	97	161	832	66
		14	244	118		105	121
1883	1514	759	1027	2374	1378	1468	1141
1663	1437	680	387	2192	1261	1202	855
6	44		4	22	76	37	4
6	2		4	31		20	
208	31	79	632	129	41	209	282
647	**70**	**10**	**282**	**176**	**64**	**183**	**370**
452	12		172	112	10	87	89
255	2		17	22	10	33	34
197	10		155	90		54	6
							49
105	44	3	41	54		81	41
	18					13	
105	26	3	36	40		58	
			5	14		10	41
90	14	7	69	10	54	15	240
24				6	10		133
23			19	2			5
25	9		25	2	20	10	33
18	5	7	25		24	5	69
1823	**2302**	**969**	**615**	**1223**	**1541**	**1141**	**1136**
1823	2302	969	615	1223	1541	1141	1136
1080	1719	465	295	836	927	817	477
502	520	464	232	331	541	320	272
198	63	40	65	28	57	4	382
17							5
26			23	28	16		
2752	**3637**	**1493**	**882**	**2038**	**3363**	**1490**	**4234**
129	71	12	20	93	56	32	298
129	65	12	10	93	56	32	298
	6		10				
2623	3566	1481	862	1945	3307	1458	3936
71	42	66	77	109	259	248	409
94	82	84	42	54	41	60	99
99	83	52	35	74	48	54	446

1-1-10 续表 30

指标名称	行业代码	丰都县	垫江县	武隆县	忠县	开县
广告业	724	326	626	191	723	560
知识产权服务	725		6		5	
人力资源服务	726	255	218	1571	451	1152
旅行社及相关服务	727	788	73	318	162	131
安全保护服务	728	334	130	583	663	1598
其他商务服务业	729	303	222	163	274	412
科学研究和技术服务业	M	**1075**	**946**	**864**	**1035**	**1335**
研究和试验发展	73	195	5	12	12	112
自然科学研究和试验发展	731	30				4
工程和技术研究和试验发展	732					
农业科学研究和试验发展	733	39	5	12	12	98
医学研究和试验发展	734					10
社会人文科学研究	735	126				
专业技术服务业	74	563	645	475	654	815
气象服务	741	44	20	19	9	
地震服务	742	6			2	12
海洋服务	743					
测绘服务	744			12		12
质检技术服务	745	57	42	89	51	89
环境与生态监测	746	24	21	7	3	24
地质勘查	747	6		50	29	
工程技术	748	118	439	88	359	341
其他专业技术服务业	749	308	123	210	201	337
科技推广和应用服务业	75	317	296	377	369	408
技术推广服务	751	290	264	373	290	388
科技中介服务	752	8	8		13	
其他科技推广和应用服务业	759	19	24	4	66	20
水利、环境和公共设施管理业	N	**1042**	**1166**	**2160**	**564**	**1061**
水利管理业	76	183	233	106	265	725
防洪除涝设施管理	761	6	11		3	11
水资源管理	762	4	58	15	116	118
天然水收集与分配	763	48	84	76	141	293
水文服务	764			6		10
其他水利管理业	769	125	80	9	5	293
生态保护和环境治理业	77	66	67	46	36	32
生态保护	771	9	32	4	6	24
环境治理业	772	57	35	42	30	8
公共设施管理业	78	793	866	2008	263	304
市政设施管理	781	31	64	52	15	42
环境卫生管理	782	185	533	278	30	115
城乡市容管理	783	7			25	
绿化管理	784	327	99	25	99	25
公园和游览景区管理	785	243	170	1653	94	122

单位：人

云阳县	奉节县	巫山县	巫溪县	石柱县	秀山县	酉阳县	彭水县
552	258	142	113	432	351	209	720
249	720	34	101	88	881	466	930
212	133	905	13	595	453	82	313
922	2038	137	441	515	1000	246	686
424	210	61	40	78	274	93	333
1348	**699**	**748**	**477**	**522**	**593**	**569**	**1376**
69	171			30		7	16
				8			
69	171			17			13
							3
				5		7	
710	495	596	260	457	305	488	1274
16	13	27	14	17	18	24	
			3	5			
38	8		18	7	14		54
103	30	52	7	82	18	58	26
7	25	14	14				
	18				34		52
186	369	430	56	146	54	95	418
360	32	73	148	200	167	311	724
569	33	152	217	35	288	74	86
546	21	148	192	30	288	62	80
		4	1	5		4	
23	12		24			8	6
420	**189**	**541**	**481**	**1009**	**669**	**864**	**454**
176	42	109	63	123	91	77	127
		3	4	3			61
122		32	4				46
11		62	39	97	91	62	20
10	12	4	14	3			
33	30	8	2	20		15	
2	53	41	11		9	5	67
2		41	4		9	5	42
	53		7				25
242	94	391	407	886	569	782	260
32	38	37	47	672			211
17	4	270	319		481	492	14
				15			
63	52	34		79	58	71	33
130		50	41	120	30	219	2

1-1-10 续表 31

指标名称	行业代码	丰都县	垫江县	武隆县	忠县	开县
居民服务、修理和其他服务业	O	**712**	**1699**	**519**	**2126**	**3557**
居民服务业	79	400	536	200	1172	1708
家庭服务	791		30	76	281	128
托儿所服务	792		38	7		
洗染服务	793	6	15	34	66	155
理发及美容服务	794	199	141		129	788
洗浴服务	795		51	14	109	83
保健服务	796	4	32		74	194
婚姻服务	797	68		10	198	163
殡葬服务	798	96	54	30	78	126
其他居民服务业	799	27	175	29	237	71
机动车、电子产品和日用产品修理业	80	248	577	233	705	1082
汽车、摩托车修理与维护	801	227	519	182	639	860
计算机和办公设备维修	802	4	11	10	4	50
家用电器修理	803	10	24	5	62	134
其他日用产品修理业	809	7	23	36		38
其他服务业	81	64	586	86	249	767
清洁服务	811	45	446	45	196	661
其他未列明服务业	819	19	140	41	53	106
教育	P	**8472**	**11552**	**4508**	**10892**	**17044**
教育	82	8472	11552	4508	10892	17044
学前教育	821	788	1035	229	1125	2673
初等教育	822	3604	5197	2200	5105	7032
中等教育	823	3648	4088	1886	3761	6284
高等教育	824			5	42	6
特殊教育	825	23	31	34	45	187
技能培训、教育辅助及其他教育	829	409	1201	154	814	862
卫生和社会工作	Q	**3053**	**3825**	**1466**	**5192**	**7442**
卫生	83	2772	3467	1301	4706	7118
医院	831	1727	1887	616	1170	2826
社区医疗与卫生院	832	818	1239	447	3140	3637
门诊部(所)	833	10	64	2	169	157
计划生育技术服务活动	834	83	118	73	106	131
妇幼保健院(所、站)	835	56	104	73	63	135
专科疾病防治院(所、站)	836					37
疾病预防控制中心	837	75	47	44	58	123
其他卫生活动	839	3	8	46		72
社会工作	84	281	358	165	486	324
提供住宿社会工作	841	182	222	150	420	248
不提供住宿社会工作	842	99	136	15	66	76
文化、体育和娱乐业	R	**837**	**1197**	**829**	**1397**	**2107**
新闻和出版业	85	22	14	23	33	42
新闻业	851			23		42
出版业	852	22	14		33	
广播、电视、电影和影视录音制作业	86	274	229	73	148	101
广播	861					
电视	862	167	152	25	100	63

单位：人

云阳县	奉节县	巫山县	巫溪县	石柱县	秀山县	酉阳县	彭水县
1838	**651**	**380**	**526**	**669**	**1152**	**624**	**1397**
968	316	234	233	341	538	385	883
358	6	35	77	26	11	92	205
		61					
56	10	6	41	44	37	44	9
170	169	7	1	77	231	139	260
	8			126	30	25	66
23	35	10	23	4	18	7	57
174	50	25	38	27	136		117
74	29	77	10	30	20	35	24
113	9	13	43	7	55	43	145
366	285	118	282	302	425	228	357
250	275	96	230	269	415	201	303
78	7	5	7	11		14	49
33		17	23	19	10	4	5
5	3		22	3		9	
504	50	28	11	26	189	11	157
321	50	17		26	179	5	90
183		11	11		10	6	67
12153	**10779**	**6464**	**6189**	**7064**	**8996**	**10667**	**7252**
12153	10779	6464	6189	7064	8996	10667	7252
695	900	212	385	247	2357	677	591
5168	4870	3110	2954	3429	2999	6784	3614
5280	4719	2929	2630	2981	3257	2875	2457
6	11		4	17	16	5	
32	38	14	36	12	26	24	26
972	241	199	180	378	341	302	564
4406	**3566**	**2451**	**2019**	**2155**	**2122**	**2287**	**2058**
4016	3463	2426	1861	2065	2051	2245	2047
1486	1618	1343	775	1137	932	1007	958
2231	1553	846	942	839	848	1099	759
3	32			9	11	60	19
45	89	95	60		32	25	81
80	94	73	33	42	139	39	85
105					43	15	14
51	71	69	51	38	46		80
15	6						51
390	103	25	158	90	71	42	11
369	97	12	109	10	66	37	3
21	6	13	49	80	5	5	8
813	**455**	**496**	**195**	**1150**	**859**	**648**	**404**
19	25	27		19		45	23
	25			19			
19		27				45	23
66	115	214	5	50	78	19	61
		2					
32	75	131		39	40		11

1-1-10 续表 32

指标名称	行业代码	丰都县	垫江县	武隆县	忠县	开县
电影和影视节目制作	863	47	34	16		
电影和影视节目发行	864					26
电影放映	865	60	43	32	48	12
录音制作	866					
文化艺术业	87	274	343	483	534	900
文艺创作与表演	871	65	121	366	187	50
艺术表演场馆	872					34
图书馆与档案馆	873	12	43	18	19	20
文物及非物质文化遗产保护	874	26	4	12	44	
博物馆	875					
烈士陵园、纪念馆	876					24
群众文化活动	877	141	116	82	184	646
其他文化艺术业	879	30	59	5	100	126
体育	88	18	50	29	18	103
体育组织	881	15	12		16	70
体育场馆	882			12		
休闲健身活动	883	3	26		2	33
其他体育	889		12	17		
娱乐业	89	249	561	221	664	961
室内娱乐活动	891	219	540	194	507	652
游乐园	892		8		51	60
彩票活动	893					
文化、娱乐、体育经纪代理	894	23	13		20	
其他娱乐业	899	7		27	86	249
公共管理、社会保障和社会组织	**S**	**8086**	**12433**	**8033**	**11463**	**17964**
中国共产党机关	90	160	184	194	508	379
中国共产党机关	900	160	184	194	508	379
国家机构	91	3984	7232	4759	5583	9205
国家权力机构	911	46	73	27	193	85
国家行政机构	912	3735	6808	4573	5064	8803
人民法院和人民检察院	913	202	239	150	239	245
其他国家机构	919	1	112	9	87	72
人民政协、民主党派	92	30	30	33	9	130
人民政协	921	30	22	33	9	130
民主党派	922		8			
社会保障	93	100	246	38	156	473
社会保障	930	100	246	38	156	473
群众团体、社会团体和其他成员组织	94	1429	1317	1361	2023	4703
群众团体	941	100	404	148	176	657
社会团体	942	1286	880	1206	1818	3967
基金会	943	4		3		8
宗教组织	944	39	33	4	29	71
基层群众自治组织	95	2383	3424	1648	3184	3074
社区自治组织	951	457	609	145	458	547
村民自治组织	952	1926	2815	1503	2726	2527

单位：人

云阳县	奉节县	巫山县	巫溪县	石柱县	秀山县	酉阳县	彭水县
	6	79	5	4			
							36
29	34			7	17	19	14
5		2			21		
456	147	152	99	768	251	228	160
123	29	75	25	636	33	51	50
	3		2	50			
39	15	21	7	6	20	27	30
53	79		3	41	4	12	
	8						
	6	1				10	
149	3	53	51	35	149	73	44
92	4	2	11		45	55	36
19	10		10	66	51	84	43
				59		20	
5						47	
14	10		10	7	51	17	43
253	158	103	81	247	479	272	117
245	147	103	77	168	479	267	112
	6		4	32			
8				8			
	5			39		5	5
15541	**13049**	**8052**	**13851**	**7707**	**7923**	**11623**	**9676**
290	119	142	108	206	189	188	164
290	119	142	108	206	189	188	164
7598	9017	4491	4725	5341	4693	6477	5247
49	31	40	27	47	40	38	47
6967	8745	4228	4543	5096	4499	6132	4945
287	236	223	149	198	154	229	228
295	5		6			78	27
34	37	37	29	32	36	50	38
34	33	37	29	32	36	50	38
	4						
242	261	49	84		95	120	85
242	261	49	84		95	120	85
4826	1576	884	7063	783	722	2959	2441
37	54	17	294	62	87	44	761
4732	1464	853	6751	702	613	2914	1670
							7
57	58	14	18	19	22	1	3
2551	2039	2449	1842	1345	2188	1829	1701
559	343	259	213	196	583	79	194
1992	1696	2190	1629	1149	1605	1750	1507

1-1-11 按行业、开业(成立)

指标名称	行业代码	单位数	1949年及以前	1950—1977年
总　计		**254834**	**1024**	**4810**
农、林、牧、渔业	**A**	**2982**		**16**
农业	01	36		
谷物种植	011	1		
蔬菜、食用菌及园艺作物种植	014	13		
水果种植	015	14		
坚果、含油果、香料和饮料作物种植	016	3		
中药材种植	017	1		
其他农业	019	4		
林业	02	9		
林木育种和育苗	021	7		
造林和更新	022	1		
森林经营和管护	023	1		
畜牧业	03	24		
牲畜饲养	031	11		
家禽饲养	032	8		
其他畜牧业	039	5		
渔业	04	20		
水产养殖	041	20		
农、林、牧、渔服务业	05	2893		16
农业服务业	051	2274		7
林业服务业	052	150		5
畜牧服务业	053	313		2
渔业服务业	054	156		2
采矿业	**B**	**2206**	**3**	**29**
煤炭开采和洗选业	06	820	3	29
烟煤和无烟煤开采洗选	061	776	3	29
褐煤开采洗选	062	8		
其他煤炭采选	069	36		
石油和天然气开采业	07	32		
石油开采	071	5		
天然气开采	072	27		
黑色金属矿采选业	08	82		
铁矿采选	081	12		
锰矿、铬矿采选	082	66		
其他黑色金属矿采选	089	4		
有色金属矿采选业	09	23		
常用有色金属矿采选	091	19		
贵金属矿采选	092	3		
稀有稀土金属矿采选	093	1		

时间分组的法人单位数

单位：个

1978–1991年	1992–1995年	1996年	1997年	1998年	1999年	2000年	2001年
7154	**5751**	**1546**	**2068**	**3172**	**2206**	**3754**	**6725**
24	**19**	**4**	**2**	**12**	**3**	**16**	**42**
				1		2	
				1		1	
						1	
24	19	4	2	11	3	14	42
17	16	3	1	6	2	9	38
5	3			2		3	1
1		1	1	3	1	2	3
1							
94	**60**	**21**	**24**	**47**	**17**	**43**	**53**
71	36	16	16	26	11	24	23
70	35	16	16	26	10	24	22
1							
	1				1		1
3				1			2
3				1			2
	1	1		2	1	2	2
		1					
	1			2	1	2	2
					1		1
					1		1

1-1-11 续表 1

指标名称	行业代码	单位数	1949年及以前	1950-1977年
非金属矿采选业	10	1182		
土砂石开采	101	1103		
化学矿开采	102	22		
采盐	103	3		
石棉及其他非金属矿采选	109	54		
开采辅助活动	11	41		
煤炭开采和洗选辅助活动	111	17		
石油和天然气开采辅助活动	112	17		
其他开采辅助活动	119	7		
其他采矿业	12	26		
其他采矿业	120	26		
制造业	**C**	**42594**	**13**	**201**
农副食品加工业	13	3372		13
谷物磨制	131	924		
饲料加工	132	262		
植物油加工	133	339		1
制糖业	134	28		1
屠宰及肉类加工	135	560		9
水产品加工	136	32		
蔬菜、水果和坚果加工	137	455		2
其他农副食品加工	139	772		
食品制造业	14	1125		2
焙烤食品制造	141	248		
糖果、巧克力及蜜饯制造	142	70		
方便食品制造	143	257		
乳制品制造	144	14		
罐头食品制造	145	49		
调味品、发酵制品制造	146	308		2
其他食品制造	149	179		
酒、饮料和精制茶制造业	15	924		12
酒的制造	151	427		7
饮料制造	152	347		
精制茶加工	153	150		5
烟草制品业	16	5		
烟叶复烤	161	3		
卷烟制造	162	2		
纺织业	17	1702	1	6
棉纺织及印染精加工	171	699		4
毛纺织及染整精加工	172	67		
麻纺织及染整精加工	173	13		
丝绢纺织及印染精加工	174	97	1	
化纤织造及印染精加工	175	27		
针织或钩针编织物及其制品制造	176	163		1
家用纺织制成品制造	177	536		1
非家用纺织制成品制造	178	100		

单位：个

1978–1991年	1992–1995年	1996年	1997年	1998年	1999年	2000年	2001年
19	22	4	8	18	4	15	23
17	20	2	6	16	4	14	21
1		1		2		1	1
1	2	1	2				1
1	1						2
1							
	1						2
						2	
						2	
889	**1142**	**359**	**419**	**680**	**463**	**789**	**897**
34	37	13	21	51	42	52	66
3	3	1	1	8	2	11	10
4	10	2	3	9	4	7	6
5	3	2	5	6	3	3	6
3	1				1		
14	9	3	8	12	14	14	25
				1		1	2
2	10	4	1	11	10	13	13
3	1	1	3	4	8	3	4
25	22	6	12	19	15	22	28
8	4		2	3	3	4	5
3	1	1	1		1	1	2
4	4	2	2	2	3	4	5
						1	1
1		1		2			2
6	8	1	5	10	6	8	8
3	5	1	2	2	2	4	5
50	39	13	21	41	16	37	38
32	27	8	15	22	9	20	24
6	4	3	4	13	4	10	10
12	8	2	2	6	3	7	4
	1			1	1	1	
					1	1	
	1			1			
19	50	9	18	15	11	30	36
11	36	8	15	10	10	23	31
	1			1			
	1	1					
4	6			1			1
	1					1	
3	1				1	3	1
1	2		3	3		2	2
	2					1	1

1-1-11 续表 2

指标名称	行业代码	单位数	1949年及以前	1950-1977年
纺织服装、服饰业	18	1546		4
机织服装制造	181	1122		4
针织或钩针编织服装制造	182	68		
服饰制造	183	356		
皮革、毛皮、羽毛及其制品和制鞋业	19	1051	1	
皮革鞣制加工	191	36		
皮革制品制造	192	177		
毛皮鞣制及制品加工	193	76		
羽毛(绒)加工及制品制造	194	49		
制鞋业	195	713	1	
木材加工和木、竹、藤、棕、草制品业	20	1473		3
木材加工	201	515		1
人造板制造	202	99		1
木制品制造	203	491		
竹、藤、棕、草等制品制造	204	368		1
家具制造业	21	1841		
木质家具制造	211	1410		
竹、藤家具制造	212	20		
金属家具制造	213	124		
塑料家具制造	214	19		
其他家具制造	219	268		
造纸和纸制品业	22	758		2
纸浆制造	221	5		
造纸	222	188		
纸制品制造	223	565		2
印刷和记录媒介复制业	23	1075		6
印刷	231	919		6
装订及印刷相关服务	232	150		
记录媒介复制	233	6		
文教、工美、体育和娱乐用品制造业	24	775		1
文教办公用品制造	241	64		
乐器制造	242	9		
工艺美术品制造	243	633		1
体育用品制造	244	22		
玩具制造	245	38		
游艺器材及娱乐用品制造	246	9		
石油加工及炼焦	25	73		3
化学原料和化学制品制造业	26	1272	2	16
基础化学原料制造	261	170	1	5
肥料制造	262	158		5

单位：个

1978–1991年	1992–1995年	1996年	1997年	1998年	1999年	2000年	2001年
16	7	2	8	7	11	9	8
16	7	2	6	7	10	7	4
							1
			2		1	2	3
12	18	3	7	10	11	7	10
2		2					
1	1		3		1		1
							1
	1			2	1		3
9	16	1	4	8	9	7	5
6	13		6	6	6	13	6
3	5			1	2	4	3
1	1		1	1	2	1	
1	7		4	4	1	7	1
1			1		1	1	2
15	16	13	6	13	7	14	27
12	14	12	4	10	5	12	23
			1	1	2	1	3
1							
2	2	1	1	2		1	1
12	20	7	10	15	12	19	18
1	4	4		5	4	6	7
11	16	3	10	10	8	13	11
72	77	18	30	38	14	37	41
65	62	16	27	37	11	32	34
7	15	2	3	1	3	5	7
6	4	2	1	7	1	4	8
1	1	1		2		1	1
4	3	1	1	5	1	3	5
1							1
							1
2	2	2		1	1	4	2
54	57	12	20	22	15	41	42
16	10	2	3	6		6	7
7	6	1	3	4	4	2	4

1-1-11 续表 3

指标名称	行业代码	单位数	1949年及以前	1950-1977年
农药制造	263	29		
涂料、油墨、颜料及类似产品制造	264	375	1	2
合成材料制造	265	102		1
专用化学产品制造	266	235		2
炸药、火工及焰火产品制造	267	63		1
日用化学产品制造	268	140		
医药制造业	27	292	2	8
化学药品原料药制造	271	54		1
化学药品制剂制造	272	31	1	4
中药饮片加工	273	51		
中成药生产	274	50	1	3
兽用药品制造	275	27		
生物药品制造	276	52		
卫生材料及医药用品制造	277	27		
化学纤维制造业	28	23		
纤维素纤维原料及纤维制造	281	6		
合成纤维制造	282	17		
橡胶和塑料制品业	29	1566		7
橡胶制品业	291	313		5
塑料制品业	292	1253		2
非金属矿物制品业	30	4825	1	23
水泥、石灰和石膏制造	301	279		12
石膏、水泥制品及类似制品制造	302	1417		1
砖瓦、石材等建筑材料制造	303	2422		3
玻璃制造	304	89		2
玻璃制品制造	305	283	1	1
玻璃纤维和玻璃纤维增强塑料制品制造	306	57		1
陶瓷制品制造	307	118		2
耐火材料制品制造	308	67		1
石墨及其他非金属矿物制品制造	309	93		
黑色金属冶炼和压延加工业	31	595		4
炼铁	311	19		
炼钢	312	14		
黑色金属铸造	313	196		1
钢压延加工	314	301		3
铁合金冶炼	315	65		
有色金属冶炼和压延加工业	32	401		4
常用有色金属冶炼	321	92		1
贵金属冶炼	322	8		
稀有稀土金属冶炼	323	9		
有色金属合金制造	324	51		
有色金属铸造	325	25		
有色金属压延加工	326	216		3

单位：个

1978–1991年	1992–1995年	1996年	1997年	1998年	1999年	2000年	2001年
5	5	1	1			2	3
5	9	1	5	2	6	8	12
4	5	1	2		1	2	3
8	14	5	5	3	3	12	10
6	1	1	1		1	4	
3	7			7		5	3
12	10	7	1	6	5	12	10
4	2	1	1		1	3	1
1		2		4	3	1	
		1				1	1
3	3	2				1	1
1	2			1	1	2	3
	1	1				3	2
3	2			1		1	2
	1				1	1	1
	1				1	1	1
46	57	15	20	28	21	34	28
14	14	4	7	8	4	10	8
32	43	11	13	20	17	24	20
146	143	44	43	95	67	91	104
14	10	3	3	10	5	7	7
39	39	16	6	19	20	26	30
72	66	21	28	53	33	47	51
	3	1	1	1	1	1	1
6	11	1	3	8	4	4	4
1	2			1	3	2	2
3	5		1	1	1	2	1
5	5	2	1	2			4
6	2					2	4
27	24	5	10	15	7	18	21
	1	1		1			
15	12	1	4	6	3	11	10
11	10	2	5	6	4	7	7
1	1	1	1	2			4
9	19	3	4	8	6	7	9
4	6	1	2	1	2		4
1							
2	2			2	1	3	2
	3			1			1
2	8	2	2	4	3	4	2

1-1-11 续表 4

指标名称	行业代码	单位数	1949年及以前	1950-1977年
金属制品业	33	3910		13
结构性金属制品制造	331	2036		1
金属工具制造	332	594		7
集装箱及金属包装容器制造	333	67		
金属丝绳及其制品制造	334	53		
建筑、安全用金属制品制造	335	367		1
金属表面处理及热处理加工	336	216		
搪瓷制品制造	337	23		
金属制日用品制造	338	233		
其他金属制品制造	339	321		4
通用设备制造业	34	2890	2	17
锅炉及原动设备制造	341	164		3
金属加工机械制造	342	546	1	2
物料搬运设备制造	343	88		4
泵、阀门、压缩机及类似机械制造	344	160		6
轴承、齿轮和传动部件制造	345	154		
烘炉、风机、衡器、包装等设备制造	346	247	1	
文化、办公用机械制造	347	17		
通用零部件制造	348	1382		2
其他通用设备制造业	349	132		
专用设备制造业	35	1950		13
采矿、冶金、建筑专用设备制造	351	273		4
化工、木材、非金属加工专用设备制造	352	591		
食品、饮料、烟草及饲料生产专用设备制造	353	54		
印刷、制药、日化及日用品生产专用设备制造	354	98		1
纺织、服装和皮革加工专用设备制造	355	40		3
电子和电工机械专用设备制造	356	137		1
农、林、牧、渔专用机械制造	357	433		1
医疗仪器设备及器械制造	358	121		1
环保、社会公共服务及其他专用设备制造	359	203		2
汽车制造业	36	2822		19
汽车整车制造	361	26		1
改装汽车制造	362	28		
电车制造	364	18		
汽车车身、挂车制造	365	21		
汽车零部件及配件制造	366	2729		18
铁路、船舶、航空航天和其他运输设备制造业	37	3136	1	11
铁路运输设备制造	371	32		1
城市轨道交通设备制造	372	5		
船舶及相关装置制造	373	214	1	2
航空、航天器及设备制造	374	4		

单位：个

1978–1991年	1992–1995年	1996年	1997年	1998年	1999年	2000年	2001年
50	61	18	22	29	20	35	45
10	19	3	9	14	7	12	12
7	10	5	7	1	5	4	7
2	6	2		1	1		1
1	2		1	1	1	2	1
4	6		2	3	2	9	6
8	8		1	4	2	6	8
	1	1				1	1
3	2	4			1		2
15	7	3	2	5	1	1	7
72	93	29	29	38	29	37	51
4	7	3	2	1	3	3	3
14	12	4	7	8	3	9	16
1	5	1	2	2	2	2	3
9	10	2	3	3	3	2	3
4	5	3	2	3	2	1	1
15	15	2	5	3	4	4	6
	1			1			
21	29	14	7	15	12	15	15
4	9		1	2		1	4
24	36	13	11	27	19	34	34
6	5		4	8	4	8	6
4	3	4	2	5	5	7	8
		1			1	1	
1	3	1	2				3
							2
	3	1	1		1	2	2
3	9	2	1	6	3	8	2
2	5	1		3	2	4	4
8	8	3	1	5	3	4	7
57	92	33	33	50	33	64	67
	2	1				1	2
2	3			2			2
				2		1	1
	1		1	1			
55	86	32	32	45	33	62	62
70	140	58	45	77	56	114	133
4		1		4	1		1
11	2		1	1	1	2	4
						1	

1-1-11 续表 5

指标名称	行业代码	单位数	1949年及以前	1950-1977年
摩托车制造	375	2854		8
自行车制造	376	15		
非公路休闲车及零配件制造	377	3		
潜水救捞及其他未列明运输设备制造	379	9		
电气机械和器材制造业	38	1139	2	6
电机制造	381	163		2
输配电及控制设备制造	382	338		2
电线、电缆、光缆及电工器材制造	383	186		
电池制造	384	42	2	
家用电力器具制造	385	117		1
非电力家用器具制造	386	41		
照明器具制造	387	159		1
其他电气机械及器材制造	389	93		
计算机、通信和其他电子设备制造业	39	690		1
计算机制造	391	140		
通信设备制造	392	54		1
广播电视设备制造	393	11		
视听设备制造	395	17		
电子器件制造	396	70		
电子元件制造	397	268		
其他电子设备制造	399	130		
仪器仪表制造业	40	561	1	6
通用仪器仪表制造	401	299		3
专用仪器仪表制造	402	52	1	2
钟表与计时仪器制造	403	9		1
光学仪器及眼镜制造	404	110		
其他仪器仪表制造业	409	91		
其他制造业	41	416		
日用杂品制造	411	113		
煤制品制造	412	66		
其他未列明制造业	419	237		
废弃资源综合利用业	42	155		1
金属废料和碎屑加工处理	421	97		
非金属废料和碎屑加工处理	422	58		1
金属制品、机械和设备修理业	43	231		
金属制品修理	431	24		
通用设备修理	432	29		
专用设备修理	433	35		
铁路、船舶、航空航天等运输设备修理	434	40		
电气设备修理	435	16		
仪器仪表修理	436	5		
其他机械和设备修理业	439	82		

单位：个

1978–1991年	1992–1995年	1996年	1997年	1998年	1999年	2000年	2001年
55	138	57	44	71	54	110	128
				1		1	
24	35	15	18	30	16	16	29
6	5	3	3	4	1	2	9
10	17	8	8	11	6	4	6
3	5	1	3	9	6	5	5
1	3	1	1		1	1	
1	2	1	1	2		1	2
	1		1	1	1		2
2		1	1	1	1	3	2
1	2			2			3
2	9	2	2	10	6	7	9
					1		
1	3			2	1	1	3
	2			1			
				1	2	1	
	1	1	1	2	1	1	2
	2	1	1	1		1	1
1	1			3	1	3	3
17	38	14	18	15	11	21	15
9	24	11	12	7	9	10	8
1	2	1	1	1	1	2	1
5	5	1	1	4	1	6	4
2	7	1	4	3		3	2
2	9	2	2	3	1	3	5
1	5	2			1		3
	2			2			
1	2		2	1		3	2
2	4			2		3	1
2	3			1		2	
	1			1		1	1
6	8	1	1	1	2	2	5
		1			1		1
2	1			1			
1	2		1				1
							1
3	5				1	2	2

1-1-11 续表 6

指标名称	行业代码	单位数	1949年及以前	1950-1977年
电力、热力、燃气及水生产和供应业	D	**1929**	**3**	**74**
电力、热力生产和供应业	44	1163	1	53
电力生产	441	1083		50
电力供应	442	74	1	3
热力生产和供应	443	6		
燃气生产和供应业	45	202		
燃气生产和供应业	450	202		
水的生产和供应业	46	564	2	21
自来水生产和供应	461	472	2	21
污水处理及其再生利用	462	78		
其他水的处理、利用与分配	469	14		
建筑业	E	**7119**		**95**
房屋建筑业	47	2355		80
房屋建筑业	470	2355		80
土木工程建筑业	48	666		13
铁路、道路、隧道和桥梁工程建筑	481	241		4
水利和内河港口工程建筑	482	56		1
工矿工程建筑	484	31		4
架线和管道工程建筑	485	71		1
其他土木工程建筑	489	267		3
建筑安装业	49	757		2
电气安装	491	198		
管道和设备安装	492	226		2
其他建筑安装业	499	333		
建筑装饰和其他建筑业	50	3341		
建筑装饰业	501	2102		
工程准备活动	502	116		
提供施工设备服务	503	131		
其他未列明建筑业	509	992		
批发和零售业	F	**80603**	**1**	**170**
批发业	51	33940		54
农、林、牧产品批发	511	3311		6
食品、饮料及烟草制品批发	512	5529		13
纺织、服装及家庭用品批发	513	2858		4
文化、体育用品及器材批发	514	754		
医药及医疗器材批发	515	1154		1
矿产品、建材及化工产品批发	516	11180		21
机械设备、五金产品及电子产品批发	517	7014		7
贸易经纪与代理	518	426		
其他批发业	519	1714		2
零售业	52	46663	1	116
综合零售	521	5151		56

单位：个

1978–1991年	1992–1995年	1996年	1997年	1998年	1999年	2000年	2001年
226	**70**	**12**	**37**	**51**	**37**	**45**	**68**
150	27	4	22	30	15	18	28
146	26	3	19	29	13	18	25
4	1	1	2	1	2		3
			1				
10	12	1	2	9	4	3	8
10	12	1	2	9	4	3	8
66	31	7	13	12	18	24	32
65	30	7	13	11	18	24	32
1	1			1			
331	**460**	**119**	**177**	**217**	**118**	**174**	**207**
262	272	58	73	88	39	60	82
262	272	58	73	88	39	60	82
33	52	12	20	16	12	21	22
16	26	6	8	9	6	10	4
6	9		1	1	2	2	5
1	1	1	1				1
2	6		3	1	2	5	2
8	10	5	7	5	2	4	10
18	43	13	28	35	25	17	36
3	9	3	12	11	7	6	11
6	19	4	7	14	10	6	11
9	15	6	9	10	8	5	14
18	93	36	56	78	42	76	67
14	79	31	52	62	32	54	44
1	2	1	2	6	3	4	3
				1		2	1
3	12	4	2	9	7	16	19
450	**797**	**316**	**420**	**560**	**454**	**746**	**921**
203	462	188	204	333	248	418	493
15	18	3	7	13	9	18	26
57	35	17	15	39	9	39	45
11	32	9	15	20	21	31	26
6	11	2	2	7	8	11	15
4	8	8	9	15	13	19	22
67	186	84	75	126	102	171	194
25	149	58	67	91	71	101	117
2	6		3	3	1	6	7
16	17	7	11	19	14	22	41
247	335	128	216	227	206	328	428
85	34	6	24	25	19	53	48

1-1-11 续表 7

指标名称	行业代码	单位数	1949年及以前	1950-1977年
食品、饮料及烟草制品专门零售	522	5554		10
纺织、服装及日用品专门零售	523	8102		20
文化、体育用品及器材专门零售	524	2233		2
医药及医疗器材专门零售	525	1215	1	10
汽车、摩托车、燃料及零配件专门零售	526	4456		8
家用电器及电子产品专门零售	527	6826		4
五金、家具及室内装饰材料专门零售	528	9501		4
货摊、无店铺及其他零售业	529	3625		2
交通运输、仓储和邮政业	**G**	**5035**	**3**	**76**
道路运输业	54	2996	1	37
城市公共交通运输	541	132		4
公路旅客运输	542	194	1	9
道路货物运输	543	2393		12
道路运输辅助活动	544	277		12
水上运输业	55	384		12
水上旅客运输	551	48		1
水上货物运输	552	258		6
水上运输辅助活动	553	78		5
航空运输业	56	30		
航空客货运输	561	15		
通用航空服务	562	3		
航空运输辅助活动	563	12		
管道运输业	57	4		
管道运输业	570	4		
装卸搬运和运输代理业	58	1122		17
装卸搬运	581	354		16
运输代理业	582	768		1
仓储业	59	307		6
谷物、棉花等农产品仓储	591	48		1
其他仓储业	599	259		5
邮政业	60	192	2	4
邮政基本服务	601	54	2	4
快递服务	602	138		
住宿和餐饮业	**H**	**12436**		**15**
住宿业	61	1909		6
旅游饭店	611	644		3
一般旅馆	612	1003		1
其他住宿业	619	262		2
餐饮业	62	10527		9
正餐服务	621	8780		9
快餐服务	622	301		
饮料及冷饮服务	623	253		
其他餐饮业	629	1193		

单位：个

1978–1991年	1992–1995年	1996年	1997年	1998年	1999年	2000年	2001年
32	22	11	9	19	14	22	37
27	23	11	14	12	22	24	39
10	19	5	11	24	9	20	14
16	18	1	3	11	21	19	35
26	80	25	39	37	36	54	73
16	44	29	47	37	32	62	76
25	59	25	44	41	33	49	68
10	36	15	25	21	20	25	38
105	**108**	**37**	**102**	**86**	**76**	**79**	**130**
45	75	25	48	52	46	52	90
5	14	2	4	8	3	3	3
13	9	4	4	15	6	8	13
18	36	15	29	21	30	34	59
9	16	4	11	8	7	7	15
13	6	4	13	8	3	9	15
5	2	1	7			4	4
5	3	3	5	8	2	3	11
3	1		1		1	2	
			1	1	1	1	1
			1				
				1	1	1	1
1							
1							
28	22	6	16	10	18	12	17
26	11	1	5	5	5	4	3
2	11	5	11	5	13	8	14
15	3	1	3	5	6	3	6
11	1			2	1	2	
4	2	1	3	3	5	1	6
3	2	1	21	10	2	2	1
3	1	1	21	9	2	1	
	1			1		1	1
64	**78**	**28**	**40**	**54**	**42**	**101**	**80**
43	44	12	16	28	20	32	28
11	13	4	5	12	14	17	10
29	18	7	10	14	5	12	14
3	13	1	1	2	1	3	4
21	34	16	24	26	22	69	52
17	30	15	21	23	18	55	44
3		1	3	1	1		3
	2					1	
1	2			2	3	13	5

1-1-11 续表 8

指标名称	行业代码	单位数		
			1949年及以前	1950-1977年
信息传输、软件和信息技术服务业	I	**5775**	**1**	**2**
电信、广播电视和卫星传输服务	63	402	1	2
电信	631	312	1	
广播电视传输服务	632	82		1
卫星传输服务	633	8		1
互联网和相关服务	64	651		
互联网接入及相关服务	641	61		
互联网信息服务	642	451		
其他互联网服务	649	139		
软件和信息技术服务业	65	4722		
软件开发	651	3352		
信息系统集成服务	652	239		
信息技术咨询服务	653	665		
数据处理和存储服务	654	45		
集成电路设计	655	14		
其他信息技术服务业	659	407		
房地产业	K	**8709**	**1**	**38**
房地产业	70	8709	1	38
房地产开发经营	701	3279		
物业管理	702	2235		3
房地产中介服务	703	2767		
自有房地产经营活动	704	215	1	22
其他房地产业	709	213		13
租赁和商务服务业	L	**20506**	**2**	**19**
租赁业	71	1768		1
机械设备租赁	711	1715		1
文化及日用品出租	712	53		
商务服务业	72	18738	2	18
企业管理服务	721	2065	1	12
法律服务	722	838		1
咨询与调查	723	5051	1	1
广告业	724	5585		
知识产权服务	725	109		
人力资源服务	726	1479		1
旅行社及相关服务	727	730		
安全保护服务	728	125		
其他商务服务业	729	2756		3
科学研究和技术服务业	M	**6947**	**5**	**110**
研究和试验发展	73	434	2	9
自然科学研究和试验发展	731	38		
工程和技术研究和试验发展	732	159		1

单位：个

1978-1991年	1992-1995年	1996年	1997年	1998年	1999年	2000年	2001年
17	**32**	**13**	**30**	**34**	**47**	**69**	**94**
10	9	5	8	11	19	11	23
4	6	2	7	6	18	10	17
6	3	3	1	5	1	1	5
							1
2	2	3	2	2	6	15	12
				1		2	2
2	1	2	1	1	3	11	8
	1	1	1		3	2	2
5	21	5	20	21	22	43	59
1	11	2	14	10	17	31	32
	2		1	6	2	3	8
3	5	1	2	3	3	4	12
	1			1		2	
						1	
1	2	2	3	1		2	7
70	**280**	**104**	**167**	**271**	**217**	**228**	**257**
70	280	104	167	271	217	228	257
20	187	61	127	166	107	98	129
2	38	26	24	80	82	86	97
1	16	6	8	9	18	28	21
36	18	7	7	9	7	9	5
11	21	4	1	7	3	7	5
189	**236**	**62**	**115**	**160**	**147**	**198**	**281**
8	6	2	7	11	14	23	16
8	6	2	7	11	13	22	16
					1	1	
181	230	60	108	149	133	175	265
29	37	12	10	13	5	16	26
97	59	5	12	21	16	30	52
12	22	5	9	15	49	29	40
6	34	19	43	33	26	45	66
	2				2		2
7	12	1	5	9	3	8	18
8	23	8	14	24	11	14	22
3	1	1	1	1		1	5
19	40	9	14	33	21	32	34
234	**198**	**41**	**37**	**84**	**64**	**123**	**238**
25	18	3	3	11	4	4	8
3	3			1			
8	7	1	1	4	1	1	1

1-1-11 续表 9

指标名称	行业代码	单位数	1949年及以前	1950-1977年
农业科学研究和试验发展	733	92		5
医学研究和试验发展	734	85	2	
社会人文科学研究	735	60		3
专业技术服务业	74	4928	1	81
气象服务	741	59	1	19
地震服务	742	18		1
海洋服务	743	1		
测绘服务	744	85		2
质检技术服务	745	265		8
环境与生态监测	746	94		2
地质勘查	747	101		10
工程技术	748	1721		8
其他专业技术服务业	749	2584		31
科技推广和应用服务业	75	1585	2	20
技术推广服务	751	1274	2	17
科技中介服务	752	146		1
其他科技推广和应用服务业	759	165		2
水利、环境和公共设施管理业	N	**1710**	**2**	**65**
水利管理业	76	472		43
防洪除涝设施管理	761	26		3
水资源管理	762	89		
天然水收集与分配	763	184		36
水文服务	764	22		
其他水利管理业	769	151		4
生态保护和环境治理业	77	264		5
生态保护	771	53		5
环境治理业	772	211		
公共设施管理业	78	974	2	17
市政设施管理	781	150		4
环境卫生管理	782	180		5
城乡市容管理	783	29		
绿化管理	784	375		2
公园和游览景区管理	785	240	2	6
居民服务、修理和其他服务业	O	**7613**		**18**
居民服务业	79	3935		15
家庭服务	791	675		
托儿所服务	792	33		1
洗染服务	793	383		
理发及美容服务	794	1245		2
洗浴服务	795	98		
保健服务	796	233		
婚姻服务	797	437		
殡葬服务	798	184		11
其他居民服务业	799	647		1

单位：个

1978–1991年	1992–1995年	1996年	1997年	1998年	1999年	2000年	2001年
5	1	1	2	2			1
1	5	1		1	1	2	2
8	2			3	2	1	4
149	121	29	28	53	59	86	96
4	1	1	1	2	3	1	
1						1	
1	2		1				3
17	8	4	3	4	4	8	14
19	2			1	4	2	2
5	2	1			4	1	1
67	69	13	14	30	34	38	48
35	37	10	9	16	10	35	28
60	59	9	6	20	1	33	134
48	44	7	6	16	1	27	126
5	10	1		2		4	3
7	5	1		2		2	5
105	**42**	**11**	**14**	**38**	**14**	**28**	**51**
64	11	2	1	10	2	7	16
2				1			3
12	2		1	2		2	3
34	2	1		1	1	4	5
3				1		1	
13	7	1		5	1		5
7	5	2	2	5	4	5	6
7	2			1	1	2	2
	3	2	2	4	3	3	4
34	26	7	11	23	8	16	29
3	4	3	3	8	1	1	4
5	7	2	1	3		4	6
1	1	1		1	1	1	1
13	5	1	4	2	3	7	11
12	9		3	9	3	3	7
59	**64**	**27**	**28**	**56**	**48**	**75**	**86**
24	22	8	12	24	16	31	35
1	1			1		1	1
4	1			1			1
			3			2	
	3	5		7	1	8	7
				1	2	5	5
			1	1		4	2
1	2	2	1	1			1
11	13		6	8	6	5	7
7	2	1	1	4	7	6	11

1-1-11 续表 10

指标名称	行业代码	单位数	1949年及以前	1950-1977年
机动车、电子产品和日用产品修理业	80	2498		2
汽车、摩托车修理与维护	801	1748		1
计算机和办公设备维修	802	299		
家用电器修理	803	331		
其他日用产品修理业	809	120		1
其他服务业	81	1180		1
清洁服务	811	775		1
其他未列明服务业	819	405		
教育	**P**	**10133**	**690**	**1377**
教育	82	10133	690	1377
学前教育	821	3475	11	58
初等教育	822	2650	560	866
中等教育	823	1300	115	382
高等教育	824	103	3	17
特殊教育	825	53	1	1
技能培训、教育辅助及其他教育	829	2552		53
卫生和社会工作	**Q**	**5337**	**46**	**855**
卫生	83	3782	44	813
医院	831	518	30	102
社区医疗与卫生院	832	1963	8	638
门诊部(所)	833	564	1	11
计划生育技术服务活动	834	548	2	6
妇幼保健院(所、站)	835	41	2	29
专科疾病防治院(所、站)	836	16		6
疾病预防控制中心	837	57		15
其他卫生活动	839	75	1	6
社会工作	84	1555	2	42
提供住宿社会工作	841	960	1	37
不提供住宿社会工作	842	595	1	5
文化、体育和娱乐业	**R**	**5682**	**11**	**79**
新闻和出版业	85	147		4
新闻业	851	27		
出版业	852	120		4
广播、电视、电影和影视录音制作业	86	297	1	17
广播	861	17	1	2
电视	862	63		5
电影和影视节目制作	863	94		
电影和影视节目发行	864	20		3
电影放映	865	88		7
录音制作	866	15		

单位：个

1978-1991年	1992-1995年	1996年	1997年	1998年	1999年	2000年	2001年
28	28	18	14	28	29	37	36
27	22	17	9	24	23	27	29
1	2		2		4	5	1
	2	1	2	4	2	4	5
	2		1			1	1
7	14	1	2	4	3	7	15
2	4	1		3	2	3	8
5	10		2	1	1	4	7
801	**433**	**101**	**114**	**196**	**121**	**241**	**399**
801	433	101	114	196	121	241	399
180	113	35	46	84	58	128	118
266	161	33	28	43	18	44	135
233	91	16	25	33	15	24	76
18	5	1		1	3	5	7
7	7	3		2	2	3	3
97	56	13	15	33	25	37	60
478	**270**	**67**	**52**	**81**	**53**	**95**	**202**
353	205	51	36	56	36	70	150
47	7	2	6	6	5	11	9
108	65	24	11	18	13	32	60
38	25	13	4	7	10	14	24
145	100	12	14	20	8	10	46
4				1			2
6	2						
3	2			2		2	7
2	4		1	2		1	2
125	65	16	16	25	17	25	52
115	55	15	16	18	13	17	47
10	10	1		7	4	8	5
174	**99**	**17**	**20**	**41**	**29**	**85**	**200**
15	12	1	4	4	5	10	2
	2		2		1	1	
15	10	1	2	4	4	9	2
15	7	2	3	4	4	9	7
2	1					2	2
5	5	1	2	1	1	4	2
	1	1		2	1	1	3
1			1		1		
7				1	1	2	

1-1-11 续表 11

指标名称	行业代码	单位数		
			1949年及以前	1950-1977年
文化艺术业	87	1923	10	54
文艺创作与表演	871	497		5
艺术表演场馆	872	32	1	
图书馆与档案馆	873	109	4	14
文物及非物质文化遗产保护	874	68	3	2
博物馆	875	24		
烈士陵园、纪念馆	876	17		3
群众文化活动	877	796	1	30
其他文化艺术业	879	380	1	
体育	88	320		2
体育组织	881	92		
体育场馆	882	18		1
休闲健身活动	883	170		1
其他体育	889	40		
娱乐业	89	2995		2
室内娱乐活动	891	2778		2
游乐园	892	31		
彩票活动	893	1		
文化、娱乐、体育经纪代理	894	89		
其他娱乐业	899	96		
公共管理、社会保障和社会组织	S	**27518**	**243**	**1571**
中国共产党机关	90	570	34	105
中国共产党机关	900	570	34	105
国家机构	91	8498	85	717
国家权力机构	911	126	2	17
国家行政机构	912	8003	81	641
人民法院和人民检察院	913	97	2	41
其他国家机构	919	272		18
人民政协、民主党派	92	155	9	21
人民政协	921	63	8	13
民主党派	922	92	1	8
社会保障	93	734	1	5
社会保障	930	734	1	5
群众团体、社会团体和其他成员组织	94	6570	21	125
群众团体	941	482	7	76
社会团体	942	5703	1	44
基金会	943	46		
宗教组织	944	339	13	5
基层群众自治组织	95	10991	93	598
社区自治组织	951	2531	13	95
村民自治组织	952	8460	80	503

单位：个

1978–1991年	1992–1995年	1996年	1997年	1998年	1999年	2000年	2001年
129	68	9	9	19	8	24	96
5	1		1	1	1	1	3
	1	1		1			
40	6			1	1	5	7
19	3		2	2	1	3	2
2	1	1				1	
2	4	1					2
59	51	6	6	14	3	13	82
2	1				2	1	
8	2		1	3	1	7	5
5			1	2	1	2	1
2							1
1	2			1		4	3
						1	
7	10	5	3	11	11	35	90
6	8	4	2	10	10	35	89
1							
		1					
	2						
			1	1	1		1
2844	**1363**	**207**	**270**	**504**	**256**	**619**	**2519**
143	89	4	15	7	7	9	40
143	89	4	15	7	7	9	40
1246	704	66	81	201	90	228	749
44	2	1	2	3		7	2
1137	696	62	75	184	87	211	732
27	2		3	5		4	1
38	4	3	1	9	3	6	14
45	13	1	1	5	1	4	3
20	2			1		1	
25	11	1	1	4	1	3	3
17	13	3	8	6	4	7	30
17	13	3	8	6	4	7	30
525	202	44	46	119	105	164	184
74	27	8	7	11	4	14	17
387	137	25	34	97	90	129	149
2	1					1	
62	37	11	5	11	11	20	18
868	342	89	119	166	49	207	1513
142	88	36	34	68	31	77	365
726	254	53	85	98	18	130	1148

1-1-11 续表 12

指标名称	行业代码				
		2002年	2003年	2004年	2005年
总　　计		**6084**	**7208**	**7905**	**7473**
农、林、牧、渔业	A	**23**	**27**	**32**	**47**
农业	01		1	1	1
谷物种植	011				
蔬菜、食用菌及园艺作物种植	014				1
水果种植	015				
坚果、含油果、香料和饮料作物种植	016				
中药材种植	017		1		
其他农业	019			1	
林业	02				
林木育种和育苗	021				
造林和更新	022				
森林经营和管护	023				
畜牧业	03				
牲畜饲养	031				
家禽饲养	032				
其他畜牧业	039				
渔业	04				1
水产养殖	041				1
农、林、牧、渔服务业	05	23	26	31	45
农业服务业	051	18	20	25	41
林业服务业	052	3	3	1	1
畜牧服务业	053	1	2	4	2
渔业服务业	054	1	1	1	1
采矿业	B	**68**	**90**	**99**	**124**
煤炭开采和洗选业	06	36	53	32	59
烟煤和无烟煤开采洗选	061	36	52	32	56
褐煤开采洗选	062				1
其他煤炭采选	069		1		2
石油和天然气开采业	07			1	8
石油开采	071				
天然气开采	072			1	8
黑色金属矿采选业	08		6	5	7
铁矿采选	081				1
锰矿、铬矿采选	082		6	5	6
其他黑色金属矿采选	089				
有色金属矿采选业	09			1	1
常用有色金属矿采选	091			1	1
贵金属矿采选	092				
稀有稀土金属矿采选	093				

单位：个

2006年	2007年	2008年	2009年	2010年	2011年	2012年	2013年
8017	**9949**	**9811**	**11976**	**21704**	**39666**	**42550**	**44107**
66	**244**	**98**	**316**	**329**	**487**	**517**	**657**
	7	2	4	2	9	3	3
			1				
	3		1		5	2	1
	3	2	2	1	3		1
	1				1		
				1		1	1
	1	1	1		5	1	
	1		1		5		
		1					
						1	
1	4	1	1	1	7	9	
	2	1	1	1	1	5	
1	2				1	4	
					5		
			1	1	7	10	
			1	1	7	10	
65	232	94	309	325	459	494	654
55	128	66	257	262	350	384	568
3	14	10	28	12	9	26	21
6	82	14	17	42	51	46	32
1	8	4	7	9	49	38	33
106	**110**	**119**	**131**	**161**	**241**	**297**	**266**
41	35	44	44	34	86	53	47
40	35	38	44	30	78	46	37
1		2			1		2
		4		4	7	7	8
1		4	2	3	1	2	4
				1		1	3
1		4	2	2	1	1	1
4	14	3	7	4	6	8	9
1		1	2	2	1	3	
3	14	2	5	1	5	5	6
				1			3
2	4	3	1	3	3	1	2
2	3	3	1	2	1	1	2
				1	2		
	1						

1-1-11 续表 13

指标名称	行业代码	2002年	2003年	2004年	2005年
非金属矿采选业	10	31	29	59	49
土砂石开采	101	25	27	55	45
化学矿开采	102	2	1	2	1
采盐	103	1			
石棉及其他非金属矿采选	109	3	1	2	3
开采辅助活动	11		1		
煤炭开采和洗选辅助活动	111				
石油和天然气开采辅助活动	112		1		
其他开采辅助活动	119				
其他采矿业	12	1	1	1	
其他采矿业	120	1	1	1	
制造业	C	**902**	**1210**	**1250**	**1252**
农副食品加工业	13	86	88	96	102
谷物磨制	131	18	17	24	10
饲料加工	132	5	7	14	24
植物油加工	133	10	8	7	5
制糖业	134	1		1	1
屠宰及肉类加工	135	26	31	22	19
水产品加工	136	1			
蔬菜、水果和坚果加工	137	8	18	16	27
其他农副食品加工	139	17	7	12	16
食品制造业	14	33	29	30	37
焙烤食品制造	141	4	5	4	5
糖果、巧克力及蜜饯制造	142	1	2	2	
方便食品制造	143	6	2	2	8
乳制品制造	144			1	
罐头食品制造	145	1	4	4	
调味品、发酵制品制造	146	14	13	13	19
其他食品制造	149	7	3	4	5
酒、饮料和精制茶制造业	15	35	44	40	42
酒的制造	151	14	14	11	12
饮料制造	152	14	23	24	23
精制茶加工	153	7	7	5	7
烟草制品业	16				
烟叶复烤	161				
卷烟制造	162				
纺织业	17	70	66	79	57
棉纺织及印染精加工	171	61	50	69	44
毛纺织及染整精加工	172		1		
麻纺织及染整精加工	173				
丝绢纺织及印染精加工	174	6	7	4	6
化纤织造及印染精加工	175				
针织或钩针编织物及其制品制造	176		1	3	1
家用纺织制成品制造	177	3	6	1	3
非家用纺织制成品制造	178		1	2	3

单位：个

2006年	2007年	2008年	2009年	2010年	2011年	2012年	2013年
57	53	62	71	111	139	213	193
53	47	58	66	107	131	200	187
1	3	2	2		1		1
		2					
3	3		3	4	7	13	5
1	3	3	2	5	2	12	8
1	2	2		2	2	2	5
	1	1		2		7	2
			2	1		3	1
	1		4	1	4	8	3
	1		4	1	4	8	3
1442	**1604**	**1730**	**2039**	**3811**	**6677**	**6577**	**8217**
93	128	113	109	230	321	343	1333
13	18	18	10	43	67	49	598
11	13	13	14	21	37	24	34
9	8	8	10	20	39	45	136
1				2	3	3	10
22	31	30	32	41	38	49	111
	1	1	1	3	2	5	14
18	23	22	19	31	39	52	116
19	34	21	23	69	96	116	314
46	53	59	63	84	190	175	174
13	12	13	12	20	48	48	34
5	4	4	5	3	6	13	15
6	8	11	13	21	47	45	62
	1	1	2		1	2	4
1	2	3	2	6	4	12	4
13	19	18	14	21	46	33	31
8	7	9	15	13	38	22	24
33	35	40	32	45	80	132	98
13	12	16	11	20	28	67	44
12	17	19	13	15	42	52	39
8	6	5	8	10	10	13	15
							1
							1
51	41	38	42	85	250	306	422
38	35	23	22	31	55	51	72
1	1	2	2	6	10	18	24
		1	1			3	6
2		4	3	6	15	13	18
			1		2	7	15
2	2	3	5	11	34	51	40
6	2	4	5	23	112	140	217
2	1	1	3	8	22	23	30

1-1-11 续表 14

指标名称	行业代码	2002年	2003年	2004年	2005年
纺织服装、服饰业	18	10	14	17	7
机织服装制造	181	6	12	14	5
针织或钩针编织服装制造	182				
服饰制造	183	4	2	3	2
皮革、毛皮、羽毛及其制品和制鞋业	19	13	15	15	14
皮革鞣制加工	191				2
皮革制品制造	192	2		3	
毛皮鞣制及制品加工	193				
羽毛(绒)加工及制品制造	194		1	2	3
制鞋业	195	11	14	10	9
木材加工和木、竹、藤、棕、草制品业	20	14	18	10	13
木材加工	201	6	7	3	1
人造板制造	202	1	2		6
木制品制造	203	4	6	5	2
竹、藤、棕、草等制品制造	204	3	3	2	4
家具制造业	21	12	19	25	27
木质家具制造	211	8	10	25	21
竹、藤家具制造	212		1		
金属家具制造	213	1	3		1
塑料家具制造	214		1		
其他家具制造	219	3	4		5
造纸和纸制品业	22	17	20	15	24
纸浆制造	221				
造纸	222	7	12	6	4
纸制品制造	223	10	8	9	20
印刷和记录媒介复制业	23	31	48	46	42
印刷	231	25	47	37	37
装订及印刷相关服务	232	6	1	8	5
记录媒介复制	233			1	
文教、工美、体育和娱乐用品制造业	24	5	8	10	15
文教办公用品制造	241	1		2	1
乐器制造	242			1	1
工艺美术品制造	243	4	8	6	11
体育用品制造	244			1	1
玩具制造	245				
游艺器材及娱乐用品制造	246				1
石油加工及炼焦	25	2	3	6	4
化学原料和化学制品制造业	26	34	43	46	52
基础化学原料制造	261	5	11	8	13
肥料制造	262	7	4	6	4

单位：个

2006年	2007年	2008年	2009年	2010年	2011年	2012年	2013年
29	21	33	37	153	401	389	363
27	18	31	35	138	299	250	224
	1		1	3	22	18	22
2	2	2	1	12	80	121	117
21	20	44	47	114	158	183	328
1		2	2	1	5	8	11
3	3	4	6	39	26	46	38
	1	1	1	5	14	21	32
3	3	2	3	2	5	8	10
14	13	35	35	67	108	100	237
37	43	48	64	160	377	270	359
9	13	13	25	59	112	100	147
5	9	9	10	16	12	8	13
16	18	15	24	50	104	85	137
7	3	11	5	35	149	77	62
34	47	58	91	178	428	363	447
20	34	44	74	136	304	287	354
	1	1		1	4	8	4
6	4	4	8	9	31	25	24
1		1	2	3	1	1	8
7	8	8	7	29	88	42	57
30	25	34	42	63	143	120	110
		1			1		3
7	7	9	14	10	20	32	29
23	18	24	28	53	122	88	78
42	41	48	58	88	118	93	87
33	35	43	48	79	98	72	75
9	6	4	10	8	18	21	11
		1		1	2		1
15	11	17	31	84	171	243	131
2		3		5	10	23	10
		2		1	2		2
13	8	8	27	63	145	206	110
	1	1	1	4	5	3	3
	1	3		10	9	9	5
	1		3	1		2	1
3	4	6	6	7	6	5	4
58	83	75	86	112	125	149	127
17	12	8	11	10	7	4	8
8	5	22	13	12	10	17	13

1-1-11 续表 15

指标名称	行业代码	2002年	2003年	2004年	2005年
农药制造	263	1	2	1	
涂料、油墨、颜料及类似产品制造	264	3	5	14	13
合成材料制造	265	2	4	2	3
专用化学产品制造	266	8	12	12	10
炸药、火工及焰火产品制造	267	3	1	2	2
日用化学产品制造	268	5	4	1	7
医药制造业	27	13	16	18	17
化学药品原料药制造	271	2	7	4	5
化学药品制剂制造	272	2		2	2
中药饮片加工	273	1	1	7	4
中成药生产	274	2	1	4	
兽用药品制造	275	2	2		3
生物药品制造	276	4	2		3
卫生材料及医药用品制造	277		3	1	
化学纤维制造业	28	1	2	2	1
纤维素纤维原料及纤维制造	281		1	1	1
合成纤维制造	282	1	1	1	
橡胶和塑料制品业	29	33	37	61	59
橡胶制品业	291	6	9	8	19
塑料制品业	292	27	28	53	40
非金属矿物制品业	30	102	151	115	146
水泥、石灰和石膏制造	301	4	11	3	16
石膏、水泥制品及类似制品制造	302	30	39	31	31
砖瓦、石材等建筑材料制造	303	50	79	66	75
玻璃制造	304	2	4		3
玻璃制品制造	305	5	4	6	10
玻璃纤维和玻璃纤维增强塑料制品制造	306	3	2		1
陶瓷制品制造	307	3	7	3	6
耐火材料制品制造	308	2	3	4	1
石墨及其他非金属矿物制品制造	309	3	2	2	3
黑色金属冶炼和压延加工业	31	12	34	29	32
炼铁	311	3	1		1
炼钢	312	1		1	
黑色金属铸造	313	5	12	7	14
钢压延加工	314	2	10	13	13
铁合金冶炼	315	1	11	8	4
有色金属冶炼和压延加工业	32	6	17	11	13
常用有色金属冶炼	321	1	5	5	4
贵金属冶炼	322		1		
稀有稀土金属冶炼	323	1		1	1
有色金属合金制造	324	1	1	1	3
有色金属铸造	325				1
有色金属压延加工	326	3	10	4	4

单位：个

2006年	2007年	2008年	2009年	2010年	2011年	2012年	2013年
2	3		1		1	1	
10	20	17	20	39	58	61	64
4	7	5	6	13	10	20	7
10	19	13	19	18	10	24	18
5	8	4	6	4	4	4	5
2	9	6	10	16	25	18	12
10	13	14	9	25	25	25	33
1	1	4	2	3	2	1	8
	1			1	1	4	2
	2	1	3	5	11	4	9
4	3	5	1	3	3	6	4
2		1	1	3		2	1
	4	2		7	7	8	7
3	2	1	2	3	1		2
3	1	1	2		3	1	2
1			1		1		
2	1	1	1		2	1	2
62	69	64	98	191	244	193	197
12	10	19	26	36	35	32	27
50	59	45	72	155	209	161	170
158	151	228	254	380	732	817	828
10	10	21	23	14	32	33	30
39	44	53	69	148	245	285	206
73	75	122	116	164	355	389	482
4	3	2	5	5	11	18	21
9	7	13	21	25	52	45	41
6	5	2	3	7	6	5	5
2	2	8	9	9	8	20	25
6	3	3	5		9	6	5
9	2	4	3	8	14	16	13
30	36	37	22	54	49	68	60
1	1			2	4	2	1
1	2		2	2	2	2	1
12	12	11	7	15	14	17	6
13	16	21	11	27	25	46	49
3	5	5	2	8	4	1	3
18	22	14	14	31	54	45	87
5	6	3	3	6	14	8	11
			1		2	1	2
1		2	1	1	1		
	4	1	1	4	8	5	10
1	4			1	1	2	10
11	8	8	8	19	28	29	54

1-1-11 续表 16

指标名称	行业代码	2002年	2003年	2004年	2005年
金属制品业	33	34	61	69	57
结构性金属制品制造	331	19	18	35	17
金属工具制造	332	6	11	5	8
集装箱及金属包装容器制造	333		3	3	2
金属丝绳及其制品制造	334		3	3	4
建筑、安全用金属制品制造	335	2	6	3	3
金属表面处理及热处理加工	336	4	9	7	9
搪瓷制品制造	337		2	2	
金属制日用品制造	338	1	4	5	4
其他金属制品制造	339	2	5	6	10
通用设备制造业	34	56	78	87	81
锅炉及原动设备制造	341	8	5	6	9
金属加工机械制造	342	8	9	13	18
物料搬运设备制造	343	1	3	3	3
泵、阀门、压缩机及类似机械制造	344	7	8	7	4
轴承、齿轮和传动部件制造	345	5	3	6	10
烘炉、风机、衡器、包装等设备制造	346	6	12	16	8
文化、办公用机械制造	347				
通用零部件制造	348	16	34	30	26
其他通用设备制造业	349	5	4	6	3
专用设备制造业	35	16	44	53	61
采矿、冶金、建筑专用设备制造	351	2	7	12	9
化工、木材、非金属加工专用设备制造	352	5	18	12	17
食品、饮料、烟草及饲料生产专用设备制造	353	2	2	3	
印刷、制药、日化及日用品生产专用设备制造	354	2	2	1	1
纺织、服装和皮革加工专用设备制造	355		2	1	1
电子和电工机械专用设备制造	356			1	4
农、林、牧、渔专用机械制造	357		3	10	14
医疗仪器设备及器械制造	358	2	4	7	5
环保、社会公共服务及其他专用设备制造	359	3	6	6	10
汽车制造业	36	89	141	132	110
汽车整车制造	361		2		2
改装汽车制造	362	1	1	2	1
电车制造	364	1	1		
汽车车身、挂车制造	365	1	1		1
汽车零部件及配件制造	366	86	136	130	106
铁路、船舶、航空航天和其他运输设备制造业	37	115	124	161	152
铁路运输设备制造	371		1	2	1
城市轨道交通设备制造	372				
船舶及相关装置制造	373	3	7	11	3
航空、航天器及设备制造	374				

单位：个

2006年	2007年	2008年	2009年	2010年	2011年	2012年	2013年
96	118	95	143	342	779	747	1076
41	48	35	61	178	413	422	662
21	17	10	16	54	110	105	178
5	3	4	3	10	8	5	8
	2	2	3	6	11	2	8
3	4	8	16	34	66	100	89
8	9	11	12	18	18	40	34
1	2	2	1	4	1	3	1
6	12	5	16	19	60	28	61
11	21	18	15	19	92	42	35
97	114	131	157	317	507	417	445
7	9	9	9	14	23	23	12
10	13	25	25	55	97	89	107
4	7	3	4	5	12	9	12
4	13	8	4	19	18	14	13
12	10	12	15	15	20	13	12
13	8	11	9	23	23	30	33
1	1			1	4	4	4
43	44	58	77	173	291	223	233
3	9	5	14	12	19	12	19
81	67	84	121	211	263	357	377
19	5	11	19	32	32	42	37
24	23	30	38	70	90	107	118
1	1	3	1	6	5	14	13
3	5	4	9	8	13	15	24
1	3	2	2	2	4	10	7
7	6	3	10	16	20	37	22
11	9	13	25	43	70	90	109
10	4	7	4	9	7	17	23
5	11	11	13	25	22	25	24
126	153	141	186	312	372	285	325
	2		3	3	4	3	
4		1	1		2	3	3
1	1		2		5	2	1
1	1	1	1	3	4	1	3
120	149	139	179	306	357	276	318
155	171	173	186	279	312	305	298
3	2	1	3	3	1	2	1
	1			1	2	1	
9	10	14	18	29	33	29	23
							3

1-1-11 续表 17

指标名称	行业代码				
		2002年	2003年	2004年	2005年
摩托车制造	375	112	115	147	147
自行车制造	376		1	1	
非公路休闲车及零配件制造	377				
潜水救捞及其他未列明运输设备制造	379				1
电气机械和器材制造业	38	28	37	30	35
电机制造	381	2	6	9	3
输配电及控制设备制造	382	10	12	10	10
电线、电缆、光缆及电工器材制造	383	4	9	2	8
电池制造	384	4	1	1	2
家用电力器具制造	385	2	3	5	5
非电力家用器具制造	386				3
照明器具制造	387	4	4	1	4
其他电气机械及器材制造	389	2	2	2	
计算机、通信和其他电子设备制造业	39	7	10	10	6
计算机制造	391	1		2	
通信设备制造	392	3	3	1	3
广播电视设备制造	393		1		
视听设备制造	395			1	
电子器件制造	396			1	2
电子元件制造	397	2	2	5	1
其他电子设备制造	399	1	4		
仪器仪表制造业	40	20	29	22	33
通用仪器仪表制造	401	10	14	12	19
专用仪器仪表制造	402	1	3	1	1
钟表与计时仪器制造	403	1			
光学仪器及眼镜制造	404	4	9	6	6
其他仪器仪表制造业	409	4	3	3	7
其他制造业	41	4	6	3	3
日用杂品制造	411	3	3	1	2
煤制品制造	412	1	1		
其他未列明制造业	419		2	2	1
废弃资源综合利用业	42	3	4	8	4
金属废料和碎屑加工处理	421	2	4	5	3
非金属废料和碎屑加工处理	422	1		3	1
金属制品、机械和设备修理业	43	1	4	4	6
金属制品修理	431		1		1
通用设备修理	432		1	1	2
专用设备修理	433				
铁路、船舶、航空航天等运输设备修理	434				1
电气设备修理	435	1	1	1	
仪器仪表修理	436		1		1
其他机械和设备修理业	439			2	1

单位：个

2006年	2007年	2008年	2009年	2010年	2011年	2012年	2013年
143	155	158	162	245	270	269	266
	2			1	2	2	4
					2	1	
	1		3		2	1	1
55	56	61	56	100	179	162	149
7	10	12	5	19	21	22	12
18	18	12	14	27	47	38	50
7	12	18	12	16	20	18	23
5	1	1	3	1	7	4	2
11	1	4	7	10	13	23	22
1		3	6	5	5	7	5
3	9	8	5	17	30	42	20
3	5	3	4	5	36	8	15
13	22	21	27	43	167	167	147
1	1	2	6	8	36	44	37
2	6	2	1	1	2	12	5
	1		1		3	2	
1			1	1	3	2	4
2	3	5	2	4	13	16	13
3	6	7	10	21	79	62	63
4	5	5	6	8	31	29	25
30	32	23	28	40	60	54	34
19	18	11	16	18	30	23	16
4	4	2	2	4	5	7	5
		1	1			3	2
3	8	5	4	9	16	5	8
4	2	4	5	9	9	16	3
1	9	10	13	50	102	98	90
	2	1	7	16	22	27	17
	3	5	1	11	17	8	15
1	4	4	5	23	63	63	58
6	9	6	10	13	24	20	35
3	5	2	8	7	9	14	27
3	4	4	2	6	15	6	8
9	9	14	5	20	37	45	50
2	2		1	6	4	3	4
	3	3	1		6	6	3
		3	1	5	5	9	7
3	4	1		5	6	10	5
1		1	1		2	3	4
1		2					
2		4	1	4	14	14	27

1-1-11 续表 18

指标名称	行业代码	2002年	2003年	2004年	2005年
电力、热力、燃气及水生产和供应业	D	**77**	**116**	**123**	**116**
电力、热力生产和供应业	44	43	67	80	86
电力生产	441	42	59	68	82
电力供应	442	1	8	12	3
热力生产和供应	443				1
燃气生产和供应业	45	7	14	11	7
燃气生产和供应业	450	7	14	11	7
水的生产和供应业	46	27	35	32	23
自来水生产和供应	461	23	21	28	21
污水处理及其再生利用	462	4	14	4	2
其他水的处理、利用与分配	469				
建筑业	E	**196**	**190**	**295**	**301**
房屋建筑业	47	69	51	79	63
房屋建筑业	470	69	51	79	63
土木工程建筑业	48	18	29	24	36
铁路、道路、隧道和桥梁工程建筑	481	6	9	13	9
水利和内河港口工程建筑	482	1	1	2	1
工矿工程建筑	484	2	2		
架线和管道工程建筑	485	3	3	6	5
其他土木工程建筑	489	6	14	3	21
建筑安装业	49	34	31	39	47
电气安装	491	8	7	7	14
管道和设备安装	492	15	13	14	14
其他建筑安装业	499	11	11	18	19
建筑装饰和其他建筑业	50	75	79	153	155
建筑装饰业	501	49	51	75	67
工程准备活动	502	8	4	8	7
提供施工设备服务	503	3	5	17	11
其他未列明建筑业	509	15	19	53	70
批发和零售业	F	**1032**	**1465**	**1340**	**1531**
批发业	51	605	831	738	816
农、林、牧产品批发	511	39	34	39	50
食品、饮料及烟草制品批发	512	48	47	58	55
纺织、服装及家庭用品批发	513	38	37	38	51
文化、体育用品及器材批发	514	16	23	15	23
医药及医疗器材批发	515	34	35	24	29
矿产品、建材及化工产品批发	516	258	400	304	316
机械设备、五金产品及电子产品批发	517	139	196	190	222
贸易经纪与代理	518	9	7	13	19
其他批发业	519	24	52	57	51
零售业	52	427	634	602	715
综合零售	521	46	84	59	61

单位：个

2006年	2007年	2008年	2009年	2010年	2011年	2012年	2013年
108	**99**	**122**	**94**	**107**	**102**	**135**	**101**
71	63	80	63	69	60	76	52
70	62	80	59	60	54	70	43
1	1		4	8	5	5	8
				1	1	1	1
9	11	15	10	14	13	20	21
9	11	15	10	14	13	20	21
28	25	27	21	24	29	39	28
23	18	19	17	17	21	22	19
5	7	8	4	5	5	11	6
				2	3	6	3
313	**372**	**341**	**445**	**546**	**630**	**761**	**829**
66	103	87	125	159	164	181	194
66	103	87	125	159	164	181	194
34	38	33	52	45	49	54	52
10	21	12	17	14	20	12	8
2	2		3	1	5	4	7
3	4	2	3		2	3	1
6	2	1	2	6	3	6	6
13	9	18	27	24	19	29	30
44	38	48	43	37	51	64	64
12	9	11	4	6	20	19	19
9	10	12	8	14	12	13	13
23	19	25	31	17	19	32	32
169	193	173	225	305	366	462	519
71	83	90	133	189	209	345	371
5	6	13	5	8	12	7	11
14	9	13	14	11	8	13	9
79	95	57	73	97	137	97	128
1811	**2181**	**2578**	**3730**	**7824**	**17113**	**17958**	**17183**
993	1207	1339	2013	3364	6554	6608	6252
51	99	103	162	355	700	802	761
87	144	139	192	492	1247	1469	1281
65	58	86	147	285	644	573	664
22	23	20	50	74	149	143	134
46	67	71	101	125	173	203	147
372	441	411	687	1104	2005	1950	1899
262	279	363	533	726	1216	1140	1058
18	19	26	23	36	58	73	97
70	77	120	118	167	362	255	211
818	974	1239	1717	4460	10559	11350	10931
81	58	97	174	484	1082	1228	1347

1-1-11 续表 19

指标名称	行业代码	2002年	2003年	2004年	2005年
食品、饮料及烟草制品专门零售	522	34	45	44	45
纺织、服装及日用品专门零售	523	27	59	57	65
文化、体育用品及器材专门零售	524	33	39	33	28
医药及医疗器材专门零售	525	27	49	44	47
汽车、摩托车、燃料及零配件专门零售	526	82	83	89	163
家用电器及电子产品专门零售	527	77	150	130	144
五金、家具及室内装饰材料专门零售	528	54	62	81	105
货摊、无店铺及其他零售业	529	47	63	65	57
交通运输、仓储和邮政业	G	**153**	**171**	**186**	**252**
道路运输业	54	97	101	123	147
城市公共交通运输	541	8	6	3	9
公路旅客运输	542	11	6	8	10
道路货物运输	543	67	78	100	116
道路运输辅助活动	544	11	11	12	12
水上运输业	55	24	25	20	33
水上旅客运输	551	7	3		5
水上货物运输	552	17	18	15	22
水上运输辅助活动	553		4	5	6
航空运输业	56	2	5	1	
航空客货运输	561	1	3		
通用航空服务	562				
航空运输辅助活动	563	1	2	1	
管道运输业	57				
管道运输业	570				
装卸搬运和运输代理业	58	20	32	35	51
装卸搬运	581	5	10	6	13
运输代理业	582	15	22	29	38
仓储业	59	9	4	5	16
谷物、棉花等农产品仓储	591	1		1	1
其他仓储业	599	8	4	4	15
邮政业	60	1	4	2	5
邮政基本服务	601	1	1	1	
快递服务	602		3	1	5
住宿和餐饮业	H	**107**	**152**	**136**	**185**
住宿业	61	37	45	41	55
旅游饭店	611	25	26	18	17
一般旅馆	612	11	15	21	31
其他住宿业	619	1	4	2	7
餐饮业	62	70	107	95	130
正餐服务	621	58	98	71	103
快餐服务	622	1	2	5	4
饮料及冷饮服务	623	2	1	5	5
其他餐饮业	629	9	6	14	18

单位：个

2006年	2007年	2008年	2009年	2010年	2011年	2012年	2013年
72	74	89	158	477	1524	1470	1346
87	96	129	158	719	2310	2197	2006
39	51	69	83	217	495	534	497
41	61	58	73	121	171	196	192
117	152	156	281	471	799	854	830
188	211	296	360	761	1416	1432	1313
115	159	213	280	829	2060	2613	2580
78	112	132	150	381	702	826	820
242	**270**	**291**	**373**	**571**	**592**	**535**	**595**
141	155	184	262	348	323	318	325
11	7	8	11	9	9	5	
9	15	9	10	7	9	13	5
109	120	155	230	314	281	273	296
12	13	12	11	18	24	27	24
22	27	27	23	30	36	20	14
2	2	1		1	1	2	
13	21	18	22	22	25	11	8
7	4	8	1	7	10	7	6
2	4	2	1	1	1	3	3
1	3	1		1	1	2	2
		1					1
1	1		1			1	
						2	1
						2	1
56	66	64	59	131	158	135	168
24	28	23	18	39	41	32	39
32	38	41	41	92	117	103	129
18	12	12	20	34	56	33	40
1	1	3	4	3	6	3	6
17	11	9	16	31	50	30	34
3	6	2	8	27	18	24	44
		1	2	2		2	
3	6	1	6	25	18	22	44
208	**233**	**287**	**311**	**1055**	**2519**	**3127**	**3603**
75	93	99	83	166	271	318	394
24	24	22	19	44	83	133	117
45	58	59	47	98	162	140	206
6	11	18	17	24	26	45	71
133	140	188	228	889	2248	2809	3209
107	113	155	189	773	1892	2366	2618
3	10	9	15	25	78	60	77
2	4	6	9	20	54	84	57
21	13	18	15	71	224	299	457

1-1-11 续表 20

指标名称	行业代码	2002年	2003年	2004年	2005年
信息传输、软件和信息技术服务业	I	**83**	**152**	**151**	**125**
电信、广播电视和卫星传输服务	63	22	49	27	19
电信	631	20	44	23	13
广播电视传输服务	632	2	5	3	5
卫星传输服务	633			1	1
互联网和相关服务	64	12	22	24	21
互联网接入及相关服务	641			1	
互联网信息服务	642	8	18	20	20
其他互联网服务	649	4	4	3	1
软件和信息技术服务业	65	49	81	100	85
软件开发	651	34	53	67	58
信息系统集成服务	652	1	6	8	6
信息技术咨询服务	653	12	14	10	14
数据处理和存储服务	654			1	1
集成电路设计	655				
其他信息技术服务业	659	2	8	14	6
房地产业	K	**255**	**351**	**351**	**317**
房地产业	70	255	351	351	317
房地产开发经营	701	126	160	173	143
物业管理	702	96	135	130	120
房地产中介服务	703	18	38	40	46
自有房地产经营活动	704	11	8	5	2
其他房地产业	709	4	10	3	6
租赁和商务服务业	L	**256**	**344**	**400**	**596**
租赁业	71	30	35	42	92
机械设备租赁	711	27	32	42	92
文化及日用品出租	712	3	3		
商务服务业	72	226	309	358	504
企业管理服务	721	28	32	26	56
法律服务	722	41	21	33	27
咨询与调查	723	38	68	82	118
广告业	724	43	77	111	134
知识产权服务	725	1	6	3	2
人力资源服务	726	11	20	31	56
旅行社及相关服务	727	12	14	15	19
安全保护服务	728	2	4	3	3
其他商务服务业	729	50	67	54	89
科学研究和技术服务业	M	**154**	**172**	**194**	**235**
研究和试验发展	73	12	9	10	16
自然科学研究和试验发展	731	1	1		1
工程和技术研究和试验发展	732	3	3	5	5

单位：个

2006年	2007年	2008年	2009年	2010年	2011年	2012年	2013年
168	**168**	**280**	**288**	**532**	**1071**	**1150**	**1267**
18	18	15	23	31	29	25	26
14	16	10	14	18	25	23	20
4	2	4	8	13	4	2	4
		1	1				2
18	26	60	34	48	99	115	128
2	2	4	3	4	14	11	15
13	22	46	28	35	64	69	79
3	2	10	3	9	21	35	34
132	124	205	231	453	943	1010	1113
84	80	153	169	330	714	744	748
7	9	12	14	23	49	38	44
20	21	21	29	55	95	127	214
3	2	4		3	10	10	7
2	1				4	3	3
16	11	15	19	42	71	88	97
380	**507**	**402**	**446**	**818**	**1230**	**867**	**1148**
380	507	402	446	818	1230	867	1148
175	256	173	194	324	295	173	191
139	147	116	130	199	162	211	209
55	85	85	108	275	755	448	707
8	10	6	3	5	7	13	16
3	9	22	11	15	11	22	25
665	**814**	**834**	**1236**	**2115**	**3344**	**4028**	**4449**
56	66	59	136	215	353	298	297
56	65	57	136	210	339	287	286
	1	2		5	14	11	11
609	748	775	1100	1900	2991	3730	4152
40	77	82	139	175	276	435	533
35	36	39	90	54	52	48	69
148	172	175	271	489	809	972	1524
191	207	248	295	641	1082	1250	1030
4	4	7	6	7	11	20	32
66	103	86	99	169	179	295	300
21	50	32	48	85	86	96	125
6	4	4	4	9	36	23	14
98	95	102	148	271	460	591	525
299	**553**	**265**	**341**	**574**	**917**	**1056**	**1051**
14	12	28	20	38	73	55	59
1	2	2	1	5	7	7	3
7	4	5	9	11	33	19	30

1-1-11 续表 21

指标名称	行业代码	2002年	2003年	2004年	2005年
农业科学研究和试验发展	733	3	1	1	3
医学研究和试验发展	734	3	2	2	5
社会人文科学研究	735	2	2	2	2
专业技术服务业	74	91	121	129	152
气象服务	741	3	1		2
地震服务	742	1	3	2	
海洋服务	743				
测绘服务	744	3	1	2	2
质检技术服务	745	8	12	15	24
环境与生态监测	746	6		2	5
地质勘查	747	3	7	7	5
工程技术	748	47	67	64	78
其他专业技术服务业	749	20	30	37	36
科技推广和应用服务业	75	51	42	55	67
技术推广服务	751	39	36	43	58
科技中介服务	752	3	3	5	3
其他科技推广和应用服务业	759	9	3	7	6
水利、环境和公共设施管理业	**N**	**54**	**69**	**62**	**77**
水利管理业	76	14	11	16	35
防洪除涝设施管理	761			1	4
水资源管理	762	6	1	2	13
天然水收集与分配	763	5	5	8	15
水文服务	764		1	1	2
其他水利管理业	769	3	4	4	1
生态保护和环境治理业	77	11	19	8	12
生态保护	771		5	3	3
环境治理业	772	11	14	5	9
公共设施管理业	78	29	39	38	30
市政设施管理	781	6	12	13	3
环境卫生管理	782	5	4	11	5
城乡市容管理	783		1	1	1
绿化管理	784	9	13	9	13
公园和游览景区管理	785	9	9	4	8
居民服务、修理和其他服务业	**O**	**72**	**117**	**122**	**141**
居民服务业	79	23	45	49	57
家庭服务	791	2	1	2	4
托儿所服务	792	2	2	2	2
洗染服务	793		1	3	4
理发及美容服务	794	4	7	13	10
洗浴服务	795	1		3	4
保健服务	796		6	3	3
婚姻服务	797	5	4	6	9
殡葬服务	798	5	11	5	4
其他居民服务业	799	4	13	12	17

单位：个

2006年	2007年	2008年	2009年	2010年	2011年	2012年	2013年
2	3	5	4	11	13	16	12
3	2	11	2	8	15	9	8
1	1	5	4	3	5	4	6
194	454	162	228	417	724	786	767
2	3	1	1	3	2	2	6
		2		1	2	3	1
				1			
3	7	4	4	6	12	11	21
34	23	9	17	12	15	10	16
2	4		6	8	7	13	9
8	4	1	5	10	11	6	10
87	94	67	86	152	223	218	217
58	319	78	109	224	452	523	487
91	87	75	93	119	120	215	225
75	74	61	70	97	88	161	177
9	5	5	14	8	18	20	27
7	8	9	9	14	14	34	21
57	**79**	**108**	**104**	**166**	**178**	**212**	**171**
15	22	62	19	29	34	25	34
		2	1		4	2	3
3	8	5	4	6	5	6	8
7	8	21	10	8	6	5	2
		2	2	1	6	1	1
5	6	32	2	14	13	11	20
15	15	11	14	16	33	44	25
2	2	3	4		3	7	1
13	13	8	10	16	30	37	24
27	42	35	71	121	111	143	112
2	6	2	11	16	12	19	17
8	8	8	15	16	20	24	23
			3	3	2	5	6
12	18	14	20	54	49	71	45
5	10	11	22	32	28	24	21
163	**204**	**236**	**299**	**734**	**1688**	**1717**	**1657**
58	80	87	128	336	951	1007	927
4	10	14	31	69	180	217	136
1	2	2	4	3	2	1	2
1	4	7	8	28	110	114	98
16	10	18	25	90	349	343	327
6	6	5	7	8	13	12	20
2	6	8	4	32	65	51	45
4	10	8	15	33	86	121	128
5	7	6	5	6	27	18	18
19	25	19	29	67	119	130	153

1-1-11 续表 22

指标名称	行业代码	2002年	2003年	2004年	2005年
机动车、电子产品和日用产品修理业	80	36	49	45	61
汽车、摩托车修理与维护	801	26	36	29	44
计算机和办公设备维修	802	4	6	11	8
家用电器修理	803	5	7	3	5
其他日用产品修理业	809	1		2	4
其他服务业	81	13	23	28	23
清洁服务	811	10	15	16	13
其他未列明服务业	819	3	8	12	10
教育	**P**	**291**	**308**	**254**	**316**
教育	82	291	308	254	316
学前教育	821	125	123	121	131
初等教育	822	66	54	36	46
中等教育	823	29	29	24	31
高等教育	824	2	8	4	5
特殊教育	825	2			1
技能培训、教育辅助及其他教育	829	67	94	69	102
卫生和社会工作	**Q**	**145**	**145**	**238**	**280**
卫生	83	114	106	194	213
医院	831	11	13	19	19
社区医疗与卫生院	832	49	50	103	125
门诊部(所)	833	18	17	37	41
计划生育技术服务活动	834	22	19	28	27
妇幼保健院(所、站)	835		1		
专科疾病防治院(所、站)	836				
疾病预防控制中心	837	11	3	3	1
其他卫生活动	839	3	3	4	
社会工作	84	31	39	44	67
提供住宿社会工作	841	21	31	33	46
不提供住宿社会工作	842	10	8	11	21
文化、体育和娱乐业	**R**	**139**	**375**	**200**	**224**
新闻和出版业	85	3	5	6	7
新闻业	851	1	3	1	2
出版业	852	2	2	5	5
广播、电视、电影和影视录音制作业	86	6	5	3	14
广播	861				1
电视	862	4	2	3	8
电影和影视节目制作	863	1			1
电影和影视节目发行	864	1	1		
电影放映	865		2		4
录音制作	866				

单位：个

2006年	2007年	2008年	2009年	2010年	2011年	2012年	2013年
69	73	85	101	263	504	487	503
51	57	56	73	175	306	349	365
5	13	14	9	38	68	56	52
13	3	13	11	38	96	60	57
		2	8	12	34	22	29
36	51	64	70	135	233	223	227
25	35	46	39	95	148	151	158
11	16	18	31	40	85	72	69
335	**283**	**303**	**381**	**619**	**712**	**1064**	**789**
335	283	303	381	619	712	1064	789
132	113	140	170	325	343	611	307
55	36	36	27	42	34	39	24
28	20	18	19	21	27	21	23
6		2	3	2	4	5	2
4	2	2	1	1	6	1	4
110	112	105	161	228	298	387	429
382	**396**	**170**	**255**	**221**	**270**	**351**	**283**
311	147	85	136	143	182	183	153
25	15	22	27	25	28	43	45
214	81	32	75	68	102	42	45
47	24	13	31	31	37	73	48
21	21	11	2	12	10	8	4
		1				1	
				1			1
2	1	1				2	2
2	5	5	1	6	5	14	8
71	249	85	119	78	88	168	130
43	53	45	61	55	67	68	102
28	196	40	58	23	21	100	28
268	**299**	**686**	**411**	**394**	**514**	**734**	**680**
3	11	6	6	10	11	12	10
1	3	3	1	3	2	1	
2	8	3	5	7	9	11	10
12	13	8	24	30	43	38	32
2	1			1	2		
4	2	2	2	3	3	3	1
5	7	2	12	13	11	16	17
	1		2		4	3	2
1	2	3	7	10	19	12	10
		1	1	3	4	4	2

1-1-11 续表 23

指标名称	行业代码	2002年	2003年	2004年	2005年
文化艺术业	87	46	48	30	62
文艺创作与表演	871	3	6	3	9
艺术表演场馆	872		1		2
图书馆与档案馆	873	3	3		
文物及非物质文化遗产保护	874	1	3	1	4
博物馆	875		2	1	2
烈士陵园、纪念馆	876		2		
群众文化活动	877	35	28	22	40
其他文化艺术业	879	4	3	3	5
体育	88	8	11	10	10
体育组织	881	3	7	7	5
体育场馆	882	1			
休闲健身活动	883	3	4	3	5
其他体育	889	1			
娱乐业	89	76	306	151	131
室内娱乐活动	891	73	302	144	128
游乐园	892	2	2	4	1
彩票活动	893				
文化、娱乐、体育经纪代理	894		1	1	1
其他娱乐业	899	1	1	2	1
公共管理、社会保障和社会组织	S	**2077**	**1754**	**2472**	**1354**
中国共产党机关	90	12	5	5	12
中国共产党机关	900	12	5	5	12
国家机构	91	317	329	323	462
国家权力机构	911	2		1	1
国家行政机构	912	303	316	318	445
人民法院和人民检察院	913	1	2		
其他国家机构	919	11	11	4	16
人民政协、民主党派	92	4	1	2	1
人民政协	921			1	
民主党派	922	4	1	1	1
社会保障	93	27	57	41	47
社会保障	930	27	57	41	47
群众团体、社会团体和其他成员组织	94	175	171	182	273
群众团体	941	10	3	4	12
社会团体	942	154	157	162	247
基金会	943				3
宗教组织	944	11	11	16	11
基层群众自治组织	95	1542	1191	1919	559
社区自治组织	951	343	208	281	94
村民自治组织	952	1199	983	1638	465

单位：个

2006年	2007年	2008年	2009年	2010年	2011年	2012年	2013年
85	84	103	71	119	197	348	304
6	8	12	20	32	94	154	132
2			5	1	5	6	6
1			4	3	1	11	5
2	4	2	2	3	1	3	5
2	2	1	1	1	2	4	1
	1				1	1	
67	60	75	25	42	24	68	45
5	9	13	14	37	69	101	110
10	11	19	19	36	45	47	65
2	3	5	6	9	12	10	11
2		2	2	2	1	2	2
5	7	10	9	20	25	28	39
1	1	2	2	5	7	7	13
158	180	550	291	199	218	289	269
154	173	542	280	175	183	239	216
1		1	2	2	3	3	9
3	4		4	12	16	23	22
	3	7	5	10	16	24	22
1004	**1533**	**961**	**776**	**1127**	**1381**	**1464**	**1161**
18	14	5	5	8	7	17	7
18	14	5	5	8	7	17	7
382	408	298	259	403	359	446	292
	5	1	4	9	9	10	4
371	392	282	250	376	321	411	267
1	1	1	1		1		3
10	10	14	4	18	28	25	18
5	12	4	2	3	6	6	3
	7	1	1	2	2	2	2
5	5	3	1	1	4	4	1
47	112	127	37	53	35	39	18
47	112	127	37	53	35	39	18
246	376	332	400	525	823	867	665
14	16	33	13	35	22	48	27
213	335	284	374	477	788	797	622
2	4	3	6	4	5	8	7
17	21	12	7	9	8	14	9
306	611	195	73	135	151	89	176
72	159	94	24	79	81	53	94
234	452	101	49	56	70	36	82

1-1-12 按行业、开业(成立)时间

指标名称	行业代码	从业人员数	1949年及以前	1950-1977年
总　　计		**8663134**	**167525**	**585420**
农、林、牧、渔业	A	**58390**		**276**
农业	01	1694		
谷物种植	011	26		
蔬菜、食用菌及园艺作物种植	014	627		
水果种植	015	903		
坚果、含油果、香料和饮料作物种植	016	39		
中药材种植	017	11		
其他农业	019	88		
林业	02	150		
林木育种和育苗	021	113		
造林和更新	022	1		
森林经营和管护	023	36		
畜牧业	03	325		
牲畜饲养	031	174		
家禽饲养	032	88		
其他畜牧业	039	63		
渔业	04	156		
水产养殖	041	156		
农、林、牧、渔服务业	05	56065		276
农业服务业	051	47006		89
林业服务业	052	2812		140
畜牧服务业	053	4532		11
渔业服务业	054	1715		36
采矿业	B	**253079**	**12317**	**18498**
煤炭开采和洗选业	06	196470	12317	18498
烟煤和无烟煤开采洗选	061	193623	12317	18498
褐煤开采洗选	062	549		
其他煤炭采选	069	2298		
石油和天然气开采业	07	3560		
石油开采	071	83		
天然气开采	072	3477		
黑色金属矿采选业	08	8164		
铁矿采选	081	2012		
锰矿、铬矿采选	082	5996		
其他黑色金属矿采选	089	156		
有色金属矿采选业	09	1480		
常用有色金属矿采选	091	1426		
贵金属矿采选	092	38		
稀有稀土金属矿采选	093	16		
非金属矿采选业	10	40861		
土砂石开采	101	35485		
化学矿开采	102	1250		
采盐	103	1900		
石棉及其他非金属矿采选	109	2226		

分组的法人单位从业人员数

单位：人

1978-1991年	1992-1995年	1996年	1997年	1998年	1999年	2000年	2001年
637958	**662337**	**167268**	**251402**	**268182**	**171705**	**245939**	**368483**
263	**193**	**48**	**12**	**137**	**67**	**201**	**579**
				31		66	
				31		58	
						8	
263	193	48	12	106	67	135	579
197	175	28	7	61	64	79	535
54	18			22		46	13
6		20	5	23	3	10	31
6							
18282	**7474**	**6483**	**3301**	**8223**	**4334**	**6499**	**7868**
15683	5812	4842	2804	7317	4008	5975	6402
15637	5777	4842	2804	7317	3980	5975	6303
46							
	35				28		99
1342				23			50
1342				23			50
	190	1263		158	51	101	347
		1263					
	190			158	51	101	347
					193		14
					193		14
1255	1426	378	497	725	82	397	1000
773	1379	213	389	605	82	297	964
316		100		120		100	26
166	47	65	108				10

1-1-12 续表 1

指标名称	行业代码	从业人员数	1949年及以前	1950-1977年
开采辅助活动	11	1579		
煤炭开采和洗选辅助活动	111	1034		
石油和天然气开采辅助活动	112	459		
其他开采辅助活动	119	86		
其他采矿业	12	965		
其他采矿业	120	965		
制造业	C	**2295316**	**12607**	**79282**
农副食品加工业	13	117247		1175
谷物磨制	131	13263		
饲料加工	132	12539		
植物油加工	133	6448		36
制糖业	134	1204		75
屠宰及肉类加工	135	30485		992
水产品加工	136	738		
蔬菜、水果和坚果加工	137	28039		72
其他农副食品加工	139	24531		
食品制造业	14	46319		76
焙烤食品制造	141	9985		
糖果、巧克力及蜜饯制造	142	2339		
方便食品制造	143	7603		
乳制品制造	144	2932		
罐头食品制造	145	3497		
调味品、发酵制品制造	146	12088		76
其他食品制造	149	7875		
酒、饮料和精制茶制造业	15	39761		3914
酒的制造	151	18658		3796
饮料制造	152	14324		
精制茶加工	153	6779		118
烟草制品业	16	4926		
烟叶复烤	161	1754		
卷烟制造	162	3172		
纺织业	17	59576	15	716
棉纺织及印染精加工	171	28191		662
毛纺织及染整精加工	172	5986		
麻纺织及染整精加工	173	1590		
丝绢纺织及印染精加工	174	8968	15	
化纤织造及印染精加工	175	450		
针织或钩针编织物及其制品制造	176	3976		22
家用纺织制成品制造	177	8023		32
非家用纺织制成品制造	178	2392		
纺织服装、服饰业	18	57767		164
机织服装制造	181	47138		164
针织或钩针编织服装制造	182	2923		
服饰制造	183	7706		
皮革、毛皮、羽毛及其制品和制鞋业	19	53255	1843	
皮革鞣制加工	191	864		

单位：人

1978-1991年	1992-1995年	1996年	1997年	1998年	1999年	2000年	2001年
2	46						55
2							
	46						55
						26	
						26	
71750	**153992**	**61998**	**60038**	**55006**	**45772**	**61924**	**101582**
1119	9945	693	1700	4971	4753	2918	3552
45	200	45	63	259	36	408	536
485	1220	102	129	477	259	818	524
23	19	32	91	266	270	23	68
156	98				30		
338	4067	96	1187	248	704	1156	1576
				8		101	41
18	4213	386	19	3388	2756	356	725
54	128	32	211	325	698	56	82
2921	2426	729	1151	1368	751	2453	3438
1887	216		222	340	224	125	951
204	15	26	40		30	36	36
327	121	344	108	35	123	107	334
						1451	500
115		241		302			943
366	1465	5	732	577	94	587	229
22	609	113	49	114	280	147	445
1244	6055	210	765	1251	1019	1128	1730
640	2696	98	316	476	504	292	1241
77	2747	26	385	228	37	675	334
527	612	86	64	547	478	161	155
	536			2636	984	732	
					984	732	
	536			2636			
879	7525	433	679	548	283	1361	1625
250	2560	263	534	406	271	998	1159
	2563			32			
	934	170					
587	1187			65			316
	116					52	
39	18				12	274	1
3	77		145	45		36	143
	70					1	6
571	711	401	773	380	1260	1117	322
571	711	401	736	380	1250	1013	91
							120
			37		10	104	111
916	1868	90	890	1346	2735	477	225
35		67					

1-1-12 续表 2

指标名称	行业代码	从业人员数	1949年及以前	1950–1977年
皮革制品制造	192	4587		
毛皮鞣制及制品加工	193	1506		
羽毛(绒)加工及制品制造	194	1340		
制鞋业	195	44958	1843	
木材加工和木、竹、藤、棕、草制品业	20	35720		17
木材加工	201	10203		6
人造板制造	202	5492		5
木制品制造	203	12577		
竹、藤、棕、草等制品制造	204	7448		6
家具制造业	21	46798		
木质家具制造	211	33785		
竹、藤家具制造	212	351		
金属家具制造	213	6296		
塑料家具制造	214	533		
其他家具制造	219	5833		
造纸和纸制品业	22	34986		125
纸浆制造	221	100		
造纸	222	13375		
纸制品制造	223	21511		125
印刷和记录媒介复制业	23	34917		860
印刷	231	31497		860
装订及印刷相关服务	232	3215		
记录媒介复制	233	205		
文教、工美、体育和娱乐用品制造业	24	24051		16
文教办公用品制造	241	1897		
乐器制造	242	914		
工艺美术品制造	243	16879		16
体育用品制造	244	993		
玩具制造	245	3109		
游艺器材及娱乐用品制造	246	259		
石油加工及炼焦	25	6260		2163
化学原料和化学制品制造业	26	106424	1724	14994
基础化学原料制造	261	28113	699	2345
肥料制造	262	25123		9345
农药制造	263	3877		
涂料、油墨、颜料及类似产品制造	264	12653	1025	1585
合成材料制造	265	8283		215
专用化学产品制造	266	11041		44
炸药、火工及焰火产品制造	267	12703		1460
日用化学产品制造	268	4631		
医药制造业	27	49862	1645	8948
化学药品原料药制造	271	11505		255
化学药品制剂制造	272	9142	985	3448
中药饮片加工	273	3416		
中成药生产	274	16985	660	5245
兽用药品制造	275	4872		
生物药品制造	276	2505		
卫生材料及医药用品制造	277	1437		

单位：人

1978–1991年	1992–1995年	1996年	1997年	1998年	1999年	2000年	2001年
43	7		329		10		14
							22
	16			28	9		59
838	1845	23	561	1318	2716	477	130
506	732		250	320	400	684	73
37	162			15	40	89	27
34	261		48	159	35	15	
429	309		167	146	240	560	7
6			35		85	20	39
525	797	489	111	230	125	1759	844
342	665	428	90	194	101	1730	607
			15	26	24	11	232
44							
139	132	61	6	10		18	5
292	720	621	494	725	365	748	1230
1	383	495		182	165	391	449
291	337	126	494	543	200	357	781
1915	1785	658	3351	1620	419	874	2197
1824	1681	639	3334	1503	367	787	2111
91	104	19	17	117	52	87	86
80	224	36	981	352	52	119	129
4	12	12		66		15	25
71	212	24	981	286	52	104	63
5							40
							1
610	89	192		26	27	43	25
8435	3946	928	1518	1179	2983	3859	11618
5650	1261	66	847	212		647	1236
729	309	89	56	67	1754	535	2922
350	380	3	50			319	250
150	537	6	136	607	780	681	606
200	388	7	53		8	47	3550
453	375	408	164	36	125	250	2360
891	60	349	212		316	1331	
12	636			257		49	694
1813	7133	2570	71	563	1808	1442	6440
788	3753	687	71		609	352	366
75		1184		281	1025	27	
		96				214	58
822	1467	600				60	5392
24	1822			138	174	372	499
	35	3				377	63
104	56			144		40	62

1-1-12 续表 3

指标名称	行业代码	从业人员数	1949年及以前	1950-1977年
化学纤维制造业	28	1231		
纤维素纤维原料及纤维制造	281	119		
合成纤维制造	282	1112		
橡胶和塑料制品业	29	78647		305
橡胶制品业	291	25383		238
塑料制品业	292	53264		67
非金属矿物制品业	30	222802	742	9968
水泥、石灰和石膏制造	301	25948		3764
石膏、水泥制品及类似制品制造	302	55593		5255
砖瓦、石材等建筑材料制造	303	83569		258
玻璃制造	304	5802		564
玻璃制品制造	305	24971	742	1
玻璃纤维和玻璃纤维增强塑料制品制造	306	8293		88
陶瓷制品制造	307	11396		4
耐火材料制品制造	308	2366		34
石墨及其他非金属矿物制品制造	309	4864		
黑色金属冶炼和压延加工业	31	60171		962
炼铁	311	1756		
炼钢	312	652		
黑色金属铸造	313	9455		23
钢压延加工	314	38064		939
铁合金冶炼	315	10244		
有色金属冶炼和压延加工业	32	35660		6361
常用有色金属冶炼	321	13571		19
贵金属冶炼	322	111		
稀有稀土金属冶炼	323	769		
有色金属合金制造	324	3019		
有色金属铸造	325	990		
有色金属压延加工	326	17200		6342
金属制品业	33	113283		3866
结构性金属制品制造	331	50394		29
金属工具制造	332	16374		716
集装箱及金属包装容器制造	333	3116		
金属丝绳及其制品制造	334	2021		
建筑、安全用金属制品制造	335	9313		87
金属表面处理及热处理加工	336	8351		
搪瓷制品制造	337	719		
金属制日用品制造	338	8139		
其他金属制品制造	339	14856		3034
通用设备制造业	34	116979	4579	6717
锅炉及原动设备制造	341	16914		3556
金属加工机械制造	342	18412	3607	380
物料搬运设备制造	343	5891		1005
泵、阀门、压缩机及类似机械制造	344	11678		1755

单位：人

1978–1991年	1992–1995年	1996年	1997年	1998年	1999年	2000年	2001年
	1				18	35	27
	1				18	35	27
1495	5925	1086	1462	2741	1417	1948	2271
450	582	355	463	1774	297	674	841
1045	5343	731	999	967	1120	1274	1430
14107	8934	2762	4015	6578	3029	4372	8216
364	1233	42	1123	776	587	212	852
905	851	636	126	511	520	641	1433
3795	2991	1128	1308	3402	1227	2170	2681
	132	97	8	13	247	60	50
2501	1854	787	1115	1781	388	1163	1880
5450	89			12	55	33	25
223	1506		265	6	5	63	35
464	261	72	70	77			41
405	17					30	1219
1578	1274	1210	17758	693	369	2004	2784
	8	839		23			
828	650	45	58	432	207	621	652
726	309	91	16950	200	162	1383	623
24	307	235	750	38			1509
466	4468	53	183	394	209	127	277
169	3888	17	84	1	86		100
14							
67	94			119	24	82	80
	56			17			34
216	430	36	99	257	99	45	63
2049	10543	2364	1502	1332	1888	1678	1406
497	7808	923	320	378	983	642	290
602	635	108	325	20	206	245	253
13	153	203		199	462		8
3	123		22	15	94	42	10
107	544		119	150	56	265	451
469	279		88	45	50	478	141
	30	31				1	12
60	62	981			23		93
298	909	118	628	525	14	5	148
8312	10458	1376	2101	1436	875	3378	4332
78	4344	177	140	75	22	978	542
618	348	86	121	199	147	209	1304
65	381	327	65	209	210	107	112
1076	2152	160	226	103	137	596	366

1-1-12 续表 4

指标名称	行业代码	从业人员数	1949年及以前	1950-1977年
轴承、齿轮和传动部件制造	345	11473		
烘炉、风机、衡器、包装等设备制造	346	13688	972	
文化、办公用机械制造	347	423		
通用零部件制造	348	32568		21
其他通用设备制造业	349	5932		
专用设备制造业	35	73160		3697
采矿、冶金、建筑专用设备制造	351	17133		2504
化工、木材、非金属加工专用设备制造	352	16797		
食品、饮料、烟草及饲料生产专用设备制造	353	1675		
印刷、制药、日化及日用品生产专用设备制造	354	2944		125
纺织、服装和皮革加工专用设备制造	355	1511		467
电子和电工机械专用设备制造	356	4694		90
农、林、牧、渔专用机械制造	357	14796		55
医疗仪器设备及器械制造	358	5225		23
环保、社会公共服务及其他专用设备制造	359	8385		433
汽车制造业	36	318484		9840
汽车整车制造	361	81568		3710
改装汽车制造	362	12083		
电车制造	364	477		
汽车车身、挂车制造	365	645		
汽车零部件及配件制造	366	223711		6130
铁路、船舶、航空航天和其他运输设备制造业	37	230856	775	1307
铁路运输设备制造	371	1679		154
城市轨道交通设备制造	372	739		
船舶及相关装置制造	373	21174	775	130
航空、航天器及设备制造	374	271		
摩托车制造	375	205494		1023
自行车制造	376	900		
非公路休闲车及零配件制造	377	76		
潜水救捞及其他未列明运输设备制造	379	523		
电气机械和器材制造业	38	91398	1153	1652
电机制造	381	17279		1389
输配电及控制设备制造	382	22456		62
电线、电缆、光缆及电工器材制造	383	13114		
电池制造	384	5066	1153	
家用电力器具制造	385	16184		1
非电力家用器具制造	386	1299		
照明器具制造	387	13529		200
其他电气机械及器材制造	389	2471		
计算机、通信和其他电子设备制造业	39	179808		891
计算机制造	391	117073		
通信设备制造	392	11946		891
广播电视设备制造	393	281		
视听设备制造	395	1479		
电子器件制造	396	7273		
电子元件制造	397	30984		
其他电子设备制造	399	10772		

单位：人

1978-1991年	1992-1995年	1996年	1997年	1998年	1999年	2000年	2001年
1573	294	77	357	39	66	5	250
1564	805	28	871	94	41	78	798
	28			20			
2513	1232	521	278	559	252	1375	868
825	874		43	138		30	92
1124	1693	734	1018	2286	1164	1766	1636
288	230		689	900	51	934	198
98	89	273	35	143	116	127	265
		55			10	46	
42	66	60	21				197
							61
	48	28	70		12	27	263
11	626	131	33	345	50	153	84
113	410	102		689	663	155	469
572	224	85	170	209	262	324	99
10137	24092	29156	4104	8379	5100	11419	26890
	7557	22491				8	14844
1558	310			636			4090
				27		28	35
	8		1	31			
8579	16217	6665	4103	7685	5100	11383	7921
8035	31422	11968	10652	8096	7448	12185	12722
126		155		154	68		136
1122	38		1	18	59	27	427
						135	
6787	31384	11813	10651	7907	7321	11988	12159
				17		35	
1397	5461	1021	1922	2649	632	1960	3102
172	1878	152	290	184	8	57	2070
814	2300	805	1008	1290	216	48	155
150	587	9	413	1059	375	1188	741
45	292	13	165		10	153	
1	287	12	15	60		6	13
	72		12	20	18		30
206		30	19	10	5	508	47
9	45			26			46
98	216	19	171	939	371	701	1643
					4		
87	94			440	133	187	1107
	50			60			
				324	136	127	
	13	14	115	59	86	30	42
	39	5	56	19		8	336
11	20			37	12	349	158

1-1-12 续表 5

指标名称	行业代码	从业人员数	1949年及以前	1950-1977年
仪器仪表制造业	40	33600	131	496
通用仪器仪表制造	401	22115		217
专用仪器仪表制造	402	3225	131	273
钟表与计时仪器制造	403	1132		6
光学仪器及眼镜制造	404	5240		
其他仪器仪表制造业	409	1888		
其他制造业	41	9659		
日用杂品制造	411	4659		
煤制品制造	412	1019		
其他未列明制造业	419	3981		
废弃资源综合利用业	42	5063		52
金属废料和碎屑加工处理	421	3298		
非金属废料和碎屑加工处理	422	1765		52
金属制品、机械和设备修理业	43	6646		
金属制品修理	431	1839		
通用设备修理	432	1958		
专用设备修理	433	420		
铁路、船舶、航空航天等运输设备修理	434	828		
电气设备修理	435	243		
仪器仪表修理	436	51		
其他机械和设备修理业	439	1307		
电力、热力、燃气及水生产和供应业	D	**104169**	**2878**	**6415**
电力、热力生产和供应业	44	65461	983	3319
电力生产	441	28657		2121
电力供应	442	36443	983	1198
热力生产和供应	443	361		
燃气生产和供应业	45	14573		
燃气生产和供应业	450	14573		
水的生产和供应业	46	24135	1895	3096
自来水生产和供应	461	21642	1895	3096
污水处理及其再生利用	462	2333		
其他水的处理、利用与分配	469	160		
建筑业	E	**2053826**		**171186**
房屋建筑业	47	1552963		139523
房屋建筑业	470	1552963		139523
土木工程建筑业	48	189435		31413
铁路、道路、隧道和桥梁工程建筑	481	114444		13360
水利和内河港口工程建筑	482	22202		1191
工矿工程建筑	484	24832		15274
架线和管道工程建筑	485	9930		151
其他土木工程建筑	489	18027		1437
建筑安装业	49	108019		250
电气安装	491	20008		
管道和设备安装	492	27526		250
其他建筑安装业	499	60485		

单位：人

1978-1991年	1992-1995年	1996年	1997年	1998年	1999年	2000年	2001年
904	3771	2051	2285	929	5178	565	2341
546	2620	2010	1883	596	5112	309	1408
159	618	20	71	15	25	38	50
144	318	1	85	289	41	136	821
55	215	20	246	29		82	62
3	944	143	82	39	56	35	372
2	913	143			56		119
	10			19			
1	21		82	20		35	253
85	69			996		24	8
85	33			806		12	
	36			190		12	8
134	229	5	49	4	54	13	107
		5			32		28
20	53			4			
26	30		49				30
							12
88	146				22	13	37
7219	**6926**	**988**	**13034**	**2064**	**2182**	**1004**	**2445**
4435	2707	540	12749	726	1516	598	810
2630	812	19	416	467	449	598	756
1805	1895	521	12303	259	1067		54
			30				
1499	3638	60	77	848	168	81	501
1499	3638	60	77	848	168	81	501
1285	581	388	208	490	498	325	1134
1246	578	388	208	314	498	325	1134
39	3			176			
344537	**333619**	**69435**	**76510**	**117602**	**47001**	**81863**	**89058**
299034	280567	51503	61240	98844	36398	63422	75159
299034	280567	51503	61240	98844	36398	63422	75159
27674	40074	4541	6694	5596	3840	6757	2067
17623	28868	4249	4890	1632	2644	5320	615
8525	8340		53	550	249	650	578
25	239	27	167				48
275	1613		183	922	801	317	6
1226	1014	265	1401	2492	146	470	820
10940	5648	9385	4439	3484	2559	3057	6199
869	1919	291	2708	1105	1039	1383	2588
8609	2670	683	708	1865	754	805	1215
1462	1059	8411	1023	514	766	869	2396

1-1-12 续表 6

指标名称	行业代码	从业人员数	1949年及以前	1950-1977年
建筑装饰和其他建筑业	50	203409		
建筑装饰业	501	85906		
工程准备活动	502	7712		
提供施工设备服务	503	13068		
其他未列明建筑业	509	96723		
批发和零售业	F	**932237**	**4**	**6807**
批发业	51	419644		2994
农、林、牧产品批发	511	40496		153
食品、饮料及烟草制品批发	512	76135		1506
纺织、服装及家庭用品批发	513	34627		156
文化、体育用品及器材批发	514	14681		
医药及医疗器材批发	515	29286		7
矿产品、建材及化工产品批发	516	126727		859
机械设备、五金产品及电子产品批发	517	70717		256
贸易经纪与代理	518	4179		
其他批发业	519	22796		57
零售业	52	512593	4	3813
综合零售	521	125682		770
食品、饮料及烟草制品专门零售	522	47121		237
纺织、服装及日用品专门零售	523	64798		362
文化、体育用品及器材专门零售	524	19629		26
医药及医疗器材专门零售	525	22579	4	819
汽车、摩托车、燃料及零配件专门零售	526	66271		851
家用电器及电子产品专门零售	527	63946		657
五金、家具及室内装饰材料专门零售	528	72583		70
货摊、无店铺及其他零售业	529	29984		21
交通运输、仓储和邮政业	G	**417933**	**857**	**38935**
道路运输业	54	301120	372	33144
城市公共交通运输	541	64817		6251
公路旅客运输	542	39749	372	8403
道路货物运输	543	180092		16434
道路运输辅助活动	544	16462		2056
水上运输业	55	31838		4190
水上旅客运输	551	5780		332
水上货物运输	552	22933		3064
水上运输辅助活动	553	3125		794
航空运输业	56	11356		
航空客货运输	561	4305		
通用航空服务	562	38		
航空运输辅助活动	563	7013		
管道运输业	57	110		
管道运输业	570	110		
装卸搬运和运输代理业	58	25678		359
装卸搬运	581	12301		333
运输代理业	582	13377		26

单位：人

1978-1991年	1992-1995年	1996年	1997年	1998年	1999年	2000年	2001年
6889	7330	4006	4137	9678	4204	8627	5633
6394	5528	3222	4037	7507	3534	7222	2679
13	25	397	45	309	105	212	180
				53		57	110
482	1777	387	55	1809	565	1136	2664
16133	**43068**	**6252**	**15573**	**17686**	**17400**	**23049**	**19709**
11535	11061	3206	5126	8113	10225	8455	9701
415	362	53	232	193	320	219	327
6864	1784	467	282	1380	116	870	1385
521	1076	142	505	848	401	875	713
67	251	29	36	114	36	144	542
125	1028	155	1459	1088	312	802	1197
2889	3243	1022	1176	2799	7942	3054	3271
404	2736	1137	1126	1338	946	2091	1483
42	99		24	49	2	57	71
208	482	201	286	304	150	343	712
4598	32007	3046	10447	9573	7175	14594	10008
869	23604	149	5016	774	1439	7813	2197
263	218	95	249	298	287	175	691
603	1067	394	365	603	782	263	938
888	234	43	178	3202	204	184	161
640	1243	10	64	1705	1805	981	1197
457	1882	793	2172	713	1113	1330	2135
364	1228	1239	1546	1439	555	2914	1001
432	1907	169	517	368	358	711	1038
82	624	154	340	471	632	223	650
16921	**11884**	**3795**	**35790**	**12877**	**8273**	**5076**	**22434**
14154	10386	2684	10002	7585	5407	3985	17788
11155	5236	55	3787	1588	1099	269	1852
1423	1107	749	663	4841	834	753	4962
1347	2777	935	5175	869	2509	2729	9799
229	1266	945	377	287	965	234	1175
608	219	508	3172	993	1393	598	2866
352	27	2	1338			197	968
216	114	506	1774	993	1357	383	1898
40	78		60		36	18	
			20	27	4	34	543
			20				
				27	4	34	543
17							
17							
1296	1017	146	656	231	829	336	809
1204	519	109	368	155	162	148	43
92	498	37	288	76	667	188	766

1-1-12 续表 7

指标名称	行业代码	从业人员数		
			1949年及以前	1950-1977年
仓储业	59	11626		298
谷物、棉花等农产品仓储	591	1671		46
其他仓储业	599	9955		252
邮政业	60	36205	485	944
邮政基本服务	601	27570	485	944
快递服务	602	8635		
住宿和餐饮业	H	**238127**		**855**
住宿业	61	62295		558
旅游饭店	611	41060		488
一般旅馆	612	15214		16
其他住宿业	619	6021		54
餐饮业	62	175832		297
正餐服务	621	152336		297
快餐服务	622	9553		
饮料及冷饮服务	623	2025		
其他餐饮业	629	11918		
信息传输、软件和信息技术服务业	I	**112557**		**29**
电信、广播电视和卫星传输服务	63	38273		29
电信	631	26759		
广播电视传输服务	632	11379		10
卫星传输服务	633	135		19
互联网和相关服务	64	11186		
互联网接入及相关服务	641	4528		
互联网信息服务	642	5187		
其他互联网服务	649	1471		
软件和信息技术服务业	65	63098		
软件开发	651	42309		
信息系统集成服务	652	3556		
信息技术咨询服务	653	9289		
数据处理和存储服务	654	2577		
集成电路设计	655	271		
其他信息技术服务业	659	5096		
房地产业	K	**296526**	**26**	**587**
房地产业	70	296526	26	587
房地产开发经营	701	112259		
物业管理	702	142665		234
房地产中介服务	703	34023		
自有房地产经营活动	704	3045	26	133
其他房地产业	709	4534		220
租赁和商务服务业	L	**371510**	**270**	**248**
租赁业	71	20039		8
机械设备租赁	711	19532		8
文化及日用品出租	712	507		
商务服务业	72	351471	270	240
企业管理服务	721	60357	248	122
法律服务	722	10394		4
咨询与调查	723	52341	22	37

单位：人

1978—1991年	1992—1995年	1996年	1997年	1998年	1999年	2000年	2001年
585	81	20	394	593	328	116	315
447	38			48	7	91	
138	43	20	394	545	321	25	315
261	181	437	21546	3448	312	7	113
261	171	437	21546	3209	312	4	
	10			239		3	113
2293	**3200**	**1235**	**9474**	**3884**	**7471**	**3705**	**4050**
1804	1815	870	1026	2437	1421	1619	1531
1425	1126	744	820	1804	1360	1458	690
364	343	98	145	622	48	143	578
15	346	28	61	11	13	18	263
489	1385	365	8448	1447	6050	2086	2519
449	1346	364	5202	1425	5982	1816	2430
31		1	3246	6	40		23
	14					7	
9	25			16	28	263	66
1082	**837**	**293**	**2464**	**1725**	**1513**	**3571**	**23481**
707	165	66	610	301	422	320	20110
105	110	56	609	148	339	313	13001
602	55	10	1	153	83	7	7094
							15
18	36	49	59	21	48	359	1105
				16		255	721
18	35	48	4	5	21	80	358
	1	1	55		27	24	26
357	636	178	1795	1403	1043	2892	2266
13	558	149	1697	1076	716	2490	1431
	7		6	125	316	96	476
180	56	2	30	73	11	32	229
	3			128		25	
						178	
164	12	27	62	1		71	130
1767	**16117**	**5393**	**12084**	**14929**	**16157**	**14810**	**12080**
1767	16117	5393	12084	14929	16157	14810	12080
1048	6926	2558	5305	6402	3715	3895	4699
45	8269	2421	4514	8050	11271	7427	6632
3	167	109	2187	209	923	3233	578
473	247	90	77	158	210	68	87
198	508	215	1	110	38	187	84
10452	**5486**	**1076**	**6227**	**3919**	**3766**	**5285**	**9643**
329	844	20	111	212	143	243	194
329	844	20	111	212	140	217	194
					3	26	
10123	4642	1056	6116	3707	3623	5042	9449
1121	1670	286	161	433	126	491	688
818	835	94	271	458	260	379	607
555	272	79	243	155	1241	417	819

1-1-12 续表 8

指标名称	行业代码	从业人员数	1949年及以前	1950-1977年
广告业	724	48178		
知识产权服务	725	1167		
人力资源服务	726	72509		2
旅行社及相关服务	727	17288		
安全保护服务	728	55865		
其他商务服务业	729	33372		75
科学研究和技术服务业	M	**137168**	**679**	**13317**
研究和试验发展	73	10918	432	1789
自然科学研究和试验发展	731	386		
工程和技术研究和试验发展	732	4581		871
农业科学研究和试验发展	733	2444		616
医学研究和试验发展	734	1964	432	
社会人文科学研究	735	1543		302
专业技术服务业	74	105631	28	11024
气象服务	741	884	28	350
地震服务	742	169		6
海洋服务	743	22		
测绘服务	744	3002		856
质检技术服务	745	7027		126
环境与生态监测	746	1879		6
地质勘查	747	8988		4528
工程技术	748	55808		4837
其他专业技术服务业	749	27852		315
科技推广和应用服务业	75	20619	219	504
技术推广服务	751	16939	219	469
科技中介服务	752	1236		18
其他科技推广和应用服务业	759	2444		17
水利、环境和公共设施管理业	N	**58970**	**47**	**3047**
水利管理业	76	6774		783
防洪除涝设施管理	761	299		27
水资源管理	762	1608		
天然水收集与分配	763	2783		731
水文服务	764	278		
其他水利管理业	769	1806		25
生态保护和环境治理业	77	6775		178
生态保护	771	1331		178
环境治理业	772	5444		
公共设施管理业	78	45421	47	2086
市政设施管理	781	9149		444
环境卫生管理	782	15204		1103
城乡市容管理	783	2158		
绿化管理	784	9099		158
公园和游览景区管理	785	9811	47	381
居民服务、修理和其他服务业	O	**102999**		**638**
居民服务业	79	47284		484
家庭服务	791	9920		

单位：人

1978–1991年	1992–1995年	1996年	1997年	1998年	1999年	2000年	2001年
38	488	304	590	242	581	674	585
	19				14		36
168	84	3	86	672	86	59	835
1086	486	135	2824	1237	912	298	316
5592	37	70	1783	6		2220	4072
745	751	85	158	504	403	504	1491
7348	**8020**	**2404**	**2299**	**3467**	**4257**	**3519**	**5475**
1014	305	39	19	115	49	53	233
33	10			3			
240	134	14	1	69	2	9	25
218	16	24	18	9			7
265	84	1		1	1	36	31
258	61			33	46	8	170
5482	6858	2268	2222	3155	4206	3017	3650
46	23	13	62	18	18	20	
6						45	
25	77		6				105
376	110	62	50	51	195	139	576
444	34			294	90	19	16
797	268	4			126	48	6
2449	5813	1849	1926	2512	3484	1949	2412
1339	533	340	178	280	293	797	535
852	857	97	58	197	2	449	1592
559	685	86	58	160	2	371	1509
69	138	7		23		60	42
224	34	4		14		18	41
4626	**2834**	**408**	**875**	**1848**	**678**	**453**	**2051**
785	270	21	135	201	34	55	237
14				20			66
144	26		135	55		20	91
442	7	18		20	20	24	21
53				33		11	
132	237	3		73	14		59
501	51	57	153	319	83	124	84
501	9			7	17	50	25
	42	57	153	312	66	74	59
3340	2513	330	587	1328	561	274	1730
829	137	269	81	404	30	5	117
1239	1807	29	13	403		49	1107
53	6	6		48	24	34	5
705	142	26	322	33	461	136	341
514	421		171	440	46	50	160
1154	**2238**	**402**	**518**	**2805**	**2888**	**3038**	**1756**
460	357	149	330	1075	504	1238	841
10	14			20		7	5

1-1-12 续表 9

指标名称	行业代码	从业人员数	1949年及以前	1950-1977年
托儿所服务	792	613		61
洗染服务	793	2271		
理发及美容服务	794	11048		6
洗浴服务	795	4897		
保健服务	796	2675		
婚姻服务	797	3614		
殡葬服务	798	4409		413
其他居民服务业	799	7837		4
机动车、电子产品和日用产品修理业	80	27972		140
汽车、摩托车修理与维护	801	22169		139
计算机和办公设备维修	802	2238		
家用电器修理	803	2736		
其他日用产品修理业	809	829		1
其他服务业	81	27743		14
清洁服务	811	21721		14
其他未列明服务业	819	6022		
教育	**P**	**451359**	**76166**	**113649**
教育	82	451359	76166	113649
学前教育	821	54299	712	2131
初等教育	822	140857	35658	41200
中等教育	823	154985	31274	48301
高等教育	824	52619	8474	19642
特殊教育	825	1444	48	102
技能培训、教育辅助及其他教育	829	47155		2273
卫生和社会工作	**Q**	**205834**	**39410**	**72151**
卫生	83	193332	39206	71636
医院	831	124216	37561	37671
社区医疗与卫生院	832	50634	276	28143
门诊部(所)	833	3096	3	60
计划生育技术服务活动	834	2785	2	10
妇幼保健院(所、站)	835	5634	824	3946
专科疾病防治院(所、站)	836	519		302
疾病预防控制中心	837	3090		1076
其他卫生活动	839	3358	540	428
社会工作	84	12502	204	515
提供住宿社会工作	841	8639	190	468
不提供住宿社会工作	842	3863	14	47
文化、体育和娱乐业	**R**	**68836**	**560**	**2651**
新闻和出版业	85	8413		410
新闻业	851	653		
出版业	852	7760		410
广播、电视、电影和影视录音制作业	86	9065	5	530
广播	861	252	5	13
电视	862	3650		139
电影和影视节目制作	863	1732		

单位：人

1978–1991年	1992–1995年	1996年	1997年	1998年	1999年	2000年	2001年
62	29			13			36
			18			31	
	52	131		515	2	110	66
				89	21	547	111
			2	43		39	14
3	16	11	6	7			6
208	190		291	359	249	376	306
177	56	7	13	29	232	128	297
638	471	250	171	788	647	715	603
631	431	245	134	623	467	613	541
7	3		6		78	27	4
	18	5	11	165	102	68	38
	19		20			7	20
56	1410	3	17	942	1737	1085	312
24	1223	3		941	1730	983	119
32	187		17	1	7	102	193
43483	**19401**	**3285**	**4394**	**6193**	**4097**	**9214**	**21454**
43483	19401	3285	4394	6193	4097	9214	21454
2978	1784	465	673	1209	817	1763	2244
13169	7835	1478	1498	1882	992	2446	7882
22193	7206	1081	1760	2355	1348	2144	6544
2968	1280	4		30	441	1301	3575
223	267	71		45	31	78	84
1952	1029	186	463	672	468	1482	1125
23800	**3975**	**1189**	**1122**	**1329**	**1114**	**3587**	**3976**
22496	3612	1070	1048	1231	838	3364	3598
15822	1053	61	655	450	373	2582	1299
3412	1862	933	328	399	400	641	1386
158	120	44	11	35	36	50	138
1431	344	32	53	64	29	26	128
298				104			200
154	48						
59	55			63		59	384
1162	130		1	116		6	63
1304	363	119	74	98	276	223	378
1218	265	117	74	66	133	164	342
86	98	2		32	143	59	36
2969	**1087**	**431**	**481**	**1144**	**551**	**2425**	**1386**
577	394	149	403	180	310	1162	51
	63		99		10	32	
577	331	149	304	180	300	1130	51
473	55	83	10	241	103	300	262
36	5					8	4
209	40	56	8	45	84	173	20
	10	27		161	9	8	238

1-1-12 续表 10

指标名称	行业代码	从业人员数	1949年及以前	1950-1977年
电影和影视节目发行	864	581		247
电影放映	865	2671		131
录音制作	866	179		
文化艺术业	87	20682	555	1680
文艺创作与表演	871	6494		509
艺术表演场馆	872	810	19	
图书馆与档案馆	873	1688	291	327
文物及非物质文化遗产保护	874	1256	203	96
博物馆	875	1212		
烈士陵园、纪念馆	876	239		13
群众文化活动	877	5262	20	735
其他文化艺术业	879	3721	22	
体育	88	5523		24
体育组织	881	1758		
体育场馆	882	227		9
休闲健身活动	883	3156		15
其他体育	889	382		
娱乐业	89	25153		7
室内娱乐活动	891	21445		7
游乐园	892	1721		
彩票活动	893	87		
文化、娱乐、体育经纪代理	894	744		
其他娱乐业	899	1156		
公共管理、社会保障和社会组织	**S**	**504298**	**21704**	**56849**
中国共产党机关	90	11392	1216	2454
中国共产党机关	900	11392	1216	2454
国家机构	91	311100	19442	48818
国家权力机构	911	7812	3424	466
国家行政机构	912	284909	15752	41827
人民法院和人民检察院	913	13056	266	6103
其他国家机构	919	5323		422
人民政协、民主党派	92	2202	194	489
人民政协	921	1737	192	373
民主党派	922	465	2	116
社会保障	93	5830	5	15
社会保障	930	5830	5	15
群众团体、社会团体和其他成员组织	94	92171	314	1225
群众团体	941	9840	217	818
社会团体	942	77599	5	352
基金会	943	285		
宗教组织	944	4447	92	55
基层群众自治组织	95	81603	533	3848
社区自治组织	951	23101	91	770
村民自治组织	952	58502	442	3078

单位：人

1978-1991年	1992-1995年	1996年	1997年	1998年	1999年	2000年	2001年
26			2		5		
202				35	5	111	
1639	496	69	43	175	72	607	405
126	6		13	41	7	8	36
	34	13		12			
563	55			6	30	91	65
197	34		15	29	6	181	17
286	16	26				289	
14	77	8					9
389	259	22	15	87	14	36	278
64	15				15	2	
74	11		7	370	3	69	50
53			7	355	3	16	15
16							16
5	11			15		52	19
						1	
206	131	130	18	178	63	287	618
36	110	43	9	173	61	287	608
170							
		87					
	21						
			9	5	2		10
63879	**41986**	**2153**	**7206**	**13344**	**4184**	**16716**	**39456**
2500	1574	20	712	158	227	69	550
2500	1574	20	712	158	227	69	550
47724	35069	1034	4904	10322	2761	8968	24668
1670	288	4	4	88		821	53
42391	34140	1014	3872	9240	2752	7744	24333
2657	561		1023	847		341	107
1006	80	16	5	147	9	62	175
744	28	1	2	69	2	61	14
679	6			64		57	
65	22	1	2	5	2	4	14
295	267	36	110	169	23	77	258
295	267	36	110	169	23	77	258
5993	2526	380	566	1287	711	5924	2827
963	447	99	120	177	26	112	161
4287	1548	203	361	975	587	5593	2523
6	8					10	
737	523	78	85	135	98	209	143
6623	2522	682	912	1339	460	1617	11139
1707	783	305	330	680	362	781	3180
4916	1739	377	582	659	98	836	7959

1-1-12 续表 11

指标名称	行业代码	2002年	2003年	2004年	2005年
总　　计		**403490**	**348692**	**358640**	**319209**
农、林、牧、渔业	A	**505**	**911**	**574**	**546**
农业	01		11	58	2
谷物种植	011				
蔬菜、食用菌及园艺作物种植	014				2
水果种植	015				
坚果、含油果、香料和饮料作物种植	016				
中药材种植	017		11		
其他农业	019			58	
林业	02				
林木育种和育苗	021				
造林和更新	022				
森林经营和管护	023				
畜牧业	03				
牲畜饲养	031				
家禽饲养	032				
其他畜牧业	039				
渔业	04				2
水产养殖	041				2
农、林、牧、渔服务业	05	505	900	516	542
农业服务业	051	271	850	449	519
林业服务业	052	8	15	28	4
畜牧服务业	053	106	29	31	13
渔业服务业	054	120	6	8	6
采矿业	B	**28152**	**20877**	**6765**	**17855**
煤炭开采和洗选业	06	25353	19199	4071	13722
烟煤和无烟煤开采洗选	061	25353	19123	4071	13631
褐煤开采洗选	062				20
其他煤炭采选	069		76		71
石油和天然气开采业	07			33	535
石油开采	071				
天然气开采	072			33	535
黑色金属矿采选业	08		864	515	1115
铁矿采选	081				372
锰矿、铬矿采选	082		864	515	743
其他黑色金属矿采选	089				
有色金属矿采选业	09			1	256
常用有色金属矿采选	091			1	256
贵金属矿采选	092				
稀有稀土金属矿采选	093				
非金属矿采选业	10	2779	799	2139	2227
土砂石开采	101	891	764	1924	1997
化学矿开采	102	95	8	35	60
采盐	103	1701			
石棉及其他非金属矿采选	109	92	27	180	170

单位：人

2006年	2007年	2008年	2009年	2010年	2011年	2012年	2013年
351273	**384165**	**312193**	**357292**	**513918**	**660474**	**596893**	**525387**
1471	**7105**	**1620**	**5668**	**6820**	**9981**	**11043**	**10330**
	571	23	78	260	154	34	406
			26				
	434		30		93	31	37
	112	23	22	245	55		357
	25				6		
				15		3	12
	7	1	40		66	36	
	7		40		66		
		1					
						36	
5	115	7	10	45	70	73	
	56	7	10	45	5	51	
5	59				2	22	
					63		
			2	22	50	80	
			2	22	50	80	
1466	6412	1589	5538	6493	9641	10820	9924
1370	5306	1258	4818	5469	8117	8652	8652
31	197	95	429	105	110	1172	325
60	822	210	229	818	791	632	682
5	87	26	62	101	623	364	265
6804	**8977**	**11015**	**9855**	**7939**	**16557**	**14559**	**10244**
5003	5737	7417	6866	3631	12174	5904	3595
4966	5737	6888	6866	3446	11087	5602	3263
37		99			224		123
		430		185	863	302	209
39		106	34	81	21	1234	62
				23		16	44
39		106	34	58	21	1218	18
357	1414	266	291	84	305	451	392
29		1	111	36	153	47	
328	1414	265	180	30	152	404	254
				18			138
120	193	567	20	64	33	3	16
120	177	567	20	39	20	3	16
				25	13		
	16						
1274	1493	2478	2345	3752	3714	6399	5641
1181	1322	2184	2109	3641	3534	5710	5465
15	68	95	115		35		62
		199					
78	103		121	111	145	689	114

1-1-12 续表 12

指标名称	行业代码				
		2002年	2003年	2004年	2005年
开采辅助活动	11		11		
煤炭开采和洗选辅助活动	111				
石油和天然气开采辅助活动	112		11		
其他开采辅助活动	119				
其他采矿业	12	20	4	6	
其他采矿业	120	20	4	6	
制造业	C	**87816**	**109500**	**98334**	**86595**
农副食品加工业	13	5475	6980	5864	6329
谷物磨制	131	692	710	1098	177
饲料加工	132	130	518	857	1397
植物油加工	133	510	206	165	73
制糖业	134	20		15	12
屠宰及肉类加工	135	1215	2684	1739	1287
水产品加工	136	50			
蔬菜、水果和坚果加工	137	1069	1887	1221	2281
其他农副食品加工	139	1789	975	769	1102
食品制造业	14	1365	1485	855	2486
焙烤食品制造	141	88	143	62	419
糖果、巧克力及蜜饯制造	142	52	180	23	
方便食品制造	143	250	30	11	205
乳制品制造	144			85	
罐头食品制造	145	93	650	63	
调味品、发酵制品制造	146	491	400	539	1601
其他食品制造	149	391	82	72	261
酒、饮料和精制茶制造业	15	1526	1308	2277	1564
酒的制造	151	277	368	89	535
饮料制造	152	670	714	1718	865
精制茶加工	153	579	226	470	164
烟草制品业	16				
烟叶复烤	161				
卷烟制造	162				
纺织业	17	3345	2897	3459	5764
棉纺织及印染精加工	171	2461	1781	2657	4770
毛纺织及染整精加工	172		5		
麻纺织及染整精加工	173				
丝绢纺织及印染精加工	174	813	898	637	870
化纤织造及印染精加工	175				
针织或钩针编织物及其制品制造	176		18	65	28
家用纺织制成品制造	177	71	75	30	52
非家用纺织制成品制造	178		120	70	44
纺织服装、服饰业	18	300	3233	5332	274
机织服装制造	181	267	3178	5302	176
针织或钩针编织服装制造	182				
服饰制造	183	33	55	30	98
皮革、毛皮、羽毛及其制品和制鞋业	19	6049	1375	3210	1428
皮革鞣制加工	191				151

单位：人

2006年	2007年	2008年	2009年	2010年	2011年	2012年	2013年
11	99	181	35	259	125	272	483
11	46	176		215	125	38	421
	53	5		39		190	60
			35	5		44	2
	41		264	68	185	296	55
	41		264	68	185	296	55
99672	**118734**	**101559**	**138379**	**176853**	**231389**	**183368**	**158844**
4468	8798	6379	5316	6381	7774	8854	13787
605	893	716	392	1060	1151	840	3337
370	480	558	671	406	1573	938	627
224	486	186	814	498	604	608	1246
310				220	57	38	173
951	3790	1703	1544	1138	918	1847	1305
	6	8	50	93	37	95	249
1015	1084	1669	644	1007	837	1562	1830
993	2059	1539	1201	1959	2597	2926	5020
4108	2741	2736	2830	2163	3925	3380	2931
863	375	750	284	416	1051	897	671
546	86	61	165	81	98	288	372
1995	174	401	313	401	940	680	704
	760	23	56		3	28	26
19	92	107	195	162	49	343	123
341	678	845	764	371	895	541	491
344	576	549	1053	732	889	603	544
1294	2193	1884	1280	997	2469	3764	1863
474	1020	645	1022	341	1154	1909	739
390	381	1035	179	354	1084	1572	853
430	792	204	79	302	231	283	271
							38
							38
1774	2453	3022	2005	2631	4791	6249	7122
1022	2221	508	1131	904	979	1588	1066
4		1779	68	310	267	616	342
		123				20	343
436		328	569	473	802	395	577
			9		6	100	167
13	162	216	87	290	875	1096	760
143	35	48	36	511	1397	1937	3207
156	35	20	105	143	465	497	660
891	1844	3635	1723	6099	10221	11229	7287
855	1499	3521	1637	5205	8382	7620	4179
	172		50	263	688	896	734
36	173	114	36	631	1151	2713	2374
1141	1987	3592	2534	5312	4615	4217	7405
3		6	222	12	64	144	160

1-1-12 续表 13

指标名称	行业代码	2002年	2003年	2004年	2005年
皮革制品制造	192	27		19	
毛皮鞣制及制品加工	193				
羽毛(绒)加工及制品制造	194		15	63	449
制鞋业	195	6022	1360	3128	828
木材加工和木、竹、藤、棕、草制品业	20	512	479	218	646
木材加工	201	121	102	123	50
人造板制造	202	240	129		478
木制品制造	203	98	166	73	26
竹、藤、棕、草等制品制造	204	53	82	22	92
家具制造业	21	632	3606	785	1206
木质家具制造	211	196	392	785	1128
竹、藤家具制造	212		8		
金属家具制造	213	20	2364		25
塑料家具制造	214		70		
其他家具制造	219	416	772		53
造纸和纸制品业	22	1358	1933	743	1357
纸浆制造	221				
造纸	222	693	1011	620	207
纸制品制造	223	665	922	123	1150
印刷和记录媒介复制业	23	2445	1251	1470	933
印刷	231	2323	1236	1367	742
装订及印刷相关服务	232	122	15	86	191
记录媒介复制	233			17	
文教、工美、体育和娱乐用品制造业	24	45	310	929	716
文教办公用品制造	241	23		145	184
乐器制造	242			553	120
工艺美术品制造	243	22	310	173	312
体育用品制造	244			58	75
玩具制造	245				
游艺器材及娱乐用品制造	246				25
石油加工及炼焦	25	165	799	642	151
化学原料和化学制品制造业	26	3668	2893	3861	3221
基础化学原料制造	261	714	329	717	2102
肥料制造	262	846	1246	487	223
农药制造	263	410	61	682	
涂料、油墨、颜料及类似产品制造	264	90	115	306	278
合成材料制造	265	96	228	143	79
专用化学产品制造	266	252	823	708	198
炸药、火工及焰火产品制造	267	605	30	729	237
日用化学产品制造	268	655	61	89	104
医药制造业	27	1059	2472	2089	2023
化学药品原料药制造	271	383	1113	239	1207
化学药品制剂制造	272	8		381	12
中药饮片加工	273	74	342	449	400
中成药生产	274	126	530	542	
兽用药品制造	275	287	354		353
生物药品制造	276	181	69		51
卫生材料及医药用品制造	277		64	478	

单位：人

2006年	2007年	2008年	2009年	2010年	2011年	2012年	2013年
94	123	55	277	693	1015	1010	871
	122	4	9	43	189	613	504
38	112	93	74	28	77	156	123
1006	1630	3434	1952	4536	3270	2294	5747
1290	1613	2818	1429	4248	8065	5612	5796
181	307	480	406	1488	2506	1815	2236
202	336	1295	349	795	377	430	304
609	922	561	553	1229	2081	2146	2255
298	48	482	121	736	3101	1221	1001
2183	1304	1682	2326	4766	8587	6698	8135
454	849	1424	1972	3827	6665	5185	6743
	18	5		10	64	142	104
1351	292	81	108	203	521	658	365
25		30	12	146	12	12	182
353	145	142	234	580	1325	701	741
5435	1176	1705	1675	5140	3873	3039	2232
		32			31		37
4288	359	278	542	1332	654	768	557
1147	817	1395	1133	3808	3188	2271	1638
2200	1030	1255	1614	2150	2522	2898	1470
2002	811	1089	1312	2009	2265	1913	1322
198	219	28	302	123	237	985	136
		138		18	20		12
275	885	2107	1036	1975	2981	8048	2755
24		42		223	258	732	132
		201		7	8		25
251	831	308	957	1086	2208	6648	1964
	21	18	8	277	244	172	75
	18	1538		327	263	418	544
	15		71	55		78	15
140	110	140	138	344	244	94	118
3446	8265	5492	5761	7328	5199	3353	2740
1263	5172	643	1195	1908	507	30	570
243	78	1365	1070	2291	615	519	321
9	62		14		1275	12	
401	446	328	420	718	1462	985	991
85	171	938	224	863	293	531	164
483	388	898	1423	656	142	595	260
886	1781	851	1179	540	615	333	298
76	167	469	236	352	290	348	136
1144	1281	1223	694	1463	1123	2095	743
404	49	396	546	56	46	61	124
	89			58	50	1449	70
	273	149	55	352	572	144	238
509	217	385	21	74	46	239	50
199		98	37	341		84	90
	328	169		536	394	118	161
32	325	26	35	46	15		10

1-1-12 续表 14

指标名称	行业代码	2002年	2003年	2004年	2005年
化学纤维制造业	28	18	41	330	16
纤维素纤维原料及纤维制造	281		40	25	16
合成纤维制造	282	18	1	305	
橡胶和塑料制品业	29	3308	2257	3334	2723
橡胶制品业	291	2383	346	515	1110
塑料制品业	292	925	1911	2819	1613
非金属矿物制品业	30	7218	13162	8938	9061
水泥、石灰和石膏制造	301	302	3320	794	1212
石膏、水泥制品及类似制品制造	302	2514	3003	2324	2410
砖瓦、石材等建筑材料制造	303	2148	3046	3842	3372
玻璃制造	304	783	438		182
玻璃制品制造	305	135	543	1637	244
玻璃纤维和玻璃纤维增强塑料制品制造	306	425	28		117
陶瓷制品制造	307	315	2624	127	1158
耐火材料制品制造	308	50	149	169	135
石墨及其他非金属矿物制品制造	309	546	11	45	231
黑色金属冶炼和压延加工业	31	787	4952	3481	1642
炼铁	311	208	6		49
炼钢	312	175		19	
黑色金属铸造	313	190	275	231	372
钢压延加工	314	85	1757	1679	903
铁合金冶炼	315	129	2914	1552	318
有色金属冶炼和压延加工业	32	809	3427	1083	1436
常用有色金属冶炼	321	175	1795	409	249
贵金属冶炼	322		1		
稀有稀土金属冶炼	323	17		115	212
有色金属合金制造	324	184	518	366	280
有色金属铸造	325				50
有色金属压延加工	326	433	1113	193	645
金属制品业	33	1788	3665	4204	3511
结构性金属制品制造	331	837	1542	2431	655
金属工具制造	332	424	559	157	294
集装箱及金属包装容器制造	333		107	184	77
金属丝绳及其制品制造	334		48	95	106
建筑、安全用金属制品制造	335	235	265	184	68
金属表面处理及热处理加工	336	182	594	746	561
搪瓷制品制造	337		37	86	
金属制日用品制造	338	60	412	85	106
其他金属制品制造	339	50	101	236	1644
通用设备制造业	34	3738	3762	6167	4244
锅炉及原动设备制造	341	813	388	153	884
金属加工机械制造	342	226	380	726	654
物料搬运设备制造	343	353	104	127	48
泵、阀门、压缩机及类似机械制造	344	394	360	472	314

单位：人

2006年	2007年	2008年	2009年	2010年	2011年	2012年	2013年
55	36	372	13		226	29	14
3			7		28		
52	36	372	6		198	29	14
4133	4658	2978	4313	16820	6173	4216	5057
539	1875	1211	1117	8325	992	752	544
3594	2783	1767	3196	8495	5181	3464	4513
8749	11498	14183	13906	13968	19567	20784	19014
252	1005	4484	2981	372	1109	642	514
4895	4545	1908	2570	3844	6043	5925	4727
2359	3303	5286	5107	5688	9677	10499	10271
125	804	100	493	369	168	630	539
308	144	810	1499	2150	1891	1744	1649
300	1054	43	77	116	104	201	76
40	366	1405	636	1073	150	679	716
161	78	70	239		137	106	53
309	199	77	304	356	288	358	469
1815	2349	5360	2923	2876	2260	1665	1428
85	99			69	302	60	8
18	288		54	18	64	13	3
285	635	937	569	775	1123	368	178
1007	970	4190	2075	1217	624	1122	1052
420	357	233	225	797	147	102	187
3216	1847	1629	696	1098	3405	1743	2733
1784	765	526	200	173	1401	301	1429
			30		32	27	7
148		155	10	92	20		
	225	3	6	77	387	170	337
4	349			10	13	187	270
1280	508	945	450	746	1552	1058	690
5081	5586	4143	5446	7870	14302	13356	17703
2356	2007	1213	1926	3420	6439	6264	9434
1130	877	298	414	1212	2183	2250	3466
185	20	335	193	555	96	212	114
	60	82	56	571	557	4	133
211	54	293	415	513	1424	1994	1878
137	756	679	521	547	614	851	613
12	120	200	8	127	30	21	4
212	428	690	1174	421	1206	983	1143
838	1264	353	739	504	1753	777	918
5232	4723	4494	6127	7734	10444	8242	8411
1342	726	358	435	585	632	499	185
330	349	872	989	1233	2032	1529	2071
128	728	43	341	337	410	416	375
532	729	273	350	659	539	319	166

1-1-12 续表 15

指标名称	行业代码	2002年	2003年	2004年	2005年
轴承、齿轮和传动部件制造	345	597	208	1399	957
烘炉、风机、衡器、包装等设备制造	346	290	564	2050	664
文化、办公用机械制造	347				
通用零部件制造	348	770	1440	1113	568
其他通用设备制造业	349	295	318	127	155
专用设备制造业	35	815	3241	2390	4634
采矿、冶金、建筑专用设备制造	351	75	973	614	838
化工、木材、非金属加工专用设备制造	352	474	1338	587	968
食品、饮料、烟草及饲料生产专用设备制造	353	17	334	42	
印刷、制药、日化及日用品生产专用设备制造	354	10	237	31	12
纺织、服装和皮革加工专用设备制造	355		2	12	27
电子和电工机械专用设备制造	356			5	164
农、林、牧、渔专用机械制造	357		45	601	2061
医疗仪器设备及器械制造	358	179	100	263	391
环保、社会公共服务及其他专用设备制造	359	60	212	235	173
汽车制造业	36	12313	24264	17440	15419
汽车整车制造	361		8628		3493
改装汽车制造	362	170	1605	548	98
电车制造	364	30	38		
汽车车身、挂车制造	365	18	38		45
汽车零部件及配件制造	366	12095	13955	16892	11783
铁路、船舶、航空航天和其他运输设备制造业	37	18702	12016	10800	9406
铁路运输设备制造	371		20	37	35
城市轨道交通设备制造	372				
船舶及相关装置制造	373	205	3388	2932	35
航空、航天器及设备制造	374				
摩托车制造	375	18497	8580	7830	9328
自行车制造	376		28	1	
非公路休闲车及零配件制造	377				
潜水救捞及其他未列明运输设备制造	379				8
电气机械和器材制造业	38	7575	3641	3579	1936
电机制造	381	534	555	2829	121
输配电及控制设备制造	382	518	1071	490	383
电线、电缆、光缆及电工器材制造	383	324	1670	38	895
电池制造	384	256	75	20	102
家用电力器具制造	385	4314	45	152	237
非电力家用器具制造	386				78
照明器具制造	387	1578	137	38	120
其他电气机械及器材制造	389	51	88	12	
计算机、通信和其他电子设备制造业	39	288	1123	1060	3199
计算机制造	391	27		58	
通信设备制造	392	209	208	37	841
广播电视设备制造	393		11		
视听设备制造	395			12	
电子器件制造	396			60	275
电子元件制造	397	31	806	893	2083
其他电子设备制造	399	21	98		

单位：人

2006年	2007年	2008年	2009年	2010年	2011年	2012年	2013年
1254	422	708	1798	404	646	229	190
351	310	364	412	442	981	875	1134
4	7			7	193	34	130
1235	661	1783	1423	3427	4730	3944	3762
56	791	93	379	640	281	397	398
4235	3389	3460	5264	7574	7216	8638	7173
2003	599	821	1531	996	1137	970	780
1187	1163	857	849	1399	2590	2536	1702
50	70	44	253	98	66	348	242
70	57	247	165	317	325	466	496
14	57	325	43	16	57	290	140
87	137	38	187	1323	614	986	615
428	479	394	1816	1028	1709	2234	2510
280	195	121	201	196	86	293	296
116	632	613	219	2201	632	515	392
12106	13780	11410	15112	23188	23882	10939	9474
	721		4215	9881	5863	157	
986		703	595		122	531	131
34	11		67		134	68	5
45	27	218	21	72	89	16	16
11041	13021	10489	10214	13235	17674	10167	9322
9341	21608	6488	7751	8303	7784	7481	6566
223	135	74	161	71	88	22	20
	607			1	74	57	
882	6379	579	1223	1224	742	550	438
							136
8236	14460	5835	6163	6432	6477	6764	5859
	22			575	80	36	106
					30	46	
	5		204		293	6	7
11454	4742	4819	3349	5875	12812	6872	3795
1833	1257	525	223	800	587	1299	516
383	805	1505	368	2758	4660	1846	971
293	647	1002	1022	376	666	854	805
225	120	36	331	171	1138	427	334
5264	102	406	152	654	3164	643	656
139		204	282	119	116	158	51
3093	1745	1085	864	681	1544	1373	246
224	66	56	107	316	937	272	216
2947	6496	3005	40408	27042	53131	26288	9757
20	1045	255	38852	14187	42427	15288	4907
900	1812	356		614	87	3448	483
	105		5		25	25	
3			200	5	194	260	218
494	2019	1022	53	935	578	858	620
1449	1426	1302	294	10942	4614	3916	2765
81	89	70	1004	359	5206	2493	764

1-1-12 续表 16

指标名称	行业代码	2002年	2003年	2004年	2005年
仪器仪表制造业	40	1871	2082	1877	795
通用仪器仪表制造	401	987	1371	940	584
专用仪器仪表制造	402	8	329	7	6
钟表与计时仪器制造	403	30			
光学仪器及眼镜制造	404	710	224	900	92
其他仪器仪表制造业	409	136	158	30	113
其他制造业	41	365	283	80	140
日用杂品制造	411	357	217	36	125
煤制品制造	412	8	9		
其他未列明制造业	419		57	44	15
废弃资源综合利用业	42	231	237	183	180
金属废料和碎屑加工处理	421	90	237	110	112
非金属废料和碎屑加工处理	422	141		73	68
金属制品、机械和设备修理业	43	46	326	1654	155
金属制品修理	431		312		11
通用设备修理	432		4	1577	70
专用设备修理	433				
铁路、船舶、航空航天等运输设备修理	434				45
电气设备修理	435	46	4	39	
仪器仪表修理	436		6		12
其他机械和设备修理业	439			38	17
电力、热力、燃气及水生产和供应业	D	**4475**	**14119**	**12614**	**3683**
电力、热力生产和供应业	44	964	6893	10995	2840
电力生产	441	954	3649	3235	2436
电力供应	442	10	3244	7760	262
热力生产和供应	443				142
燃气生产和供应业	45	2033	725	307	361
燃气生产和供应业	450	2033	725	307	361
水的生产和供应业	46	1478	6501	1312	482
自来水生产和供应	461	1440	5922	1210	367
污水处理及其再生利用	462	38	579	102	115
其他水的处理、利用与分配	469				
建筑业	E	**147129**	**50713**	**84257**	**59200**
房屋建筑业	47	132023	39530	50090	27686
房屋建筑业	470	132023	39530	50090	27686
土木工程建筑业	48	1625	2803	2790	11914
铁路、道路、隧道和桥梁工程建筑	481	637	1075	1695	9998
水利和内河港口工程建筑	482	9	670	107	5
工矿工程建筑	484	113	75		
架线和管道工程建筑	485	409	500	941	429
其他土木工程建筑	489	457	483	47	1482
建筑安装业	49	2573	3558	3132	3775
电气安装	491	180	546	852	1479
管道和设备安装	492	1051	1711	1491	849
其他建筑安装业	499	1342	1301	789	1447

单位：人

2006年	2007年	2008年	2009年	2010年	2011年	2012年	2013年
1101	1437	750	1630	806	1263	678	659
364	753	442	454	549	558	222	190
216	492	33	333	40	120	102	139
		106	766			75	149
454	169	137	35	80	442	30	132
67	23	32	42	137	143	249	49
16	285	290	195	1083	1603	2165	1480
	47	15	104	521	463	1169	372
	214	63	5	123	143	173	252
16	24	212	86	439	997	823	856
94	234	258	820	340	500	316	436
28	99	26	739	274	151	186	310
66	135	232	81	66	349	130	126
308	386	250	65	1279	432	426	722
126	196		3	1056	56	53	26
	71	17	21		53	40	40
		54	16	81	84	37	69
127	119	27		56	85	154	80
22		40	10		23	23	24
17		16					
16		96	15	86	131	119	483
2547	**2951**	**3577**	**2148**	**2091**	**3476**	**2694**	**4596**
1260	2080	1832	1472	1341	2438	1099	3823
1259	1010	1832	1318	1178	1485	1012	980
1	1070		154	80	879	60	2838
				83	74	27	5
579	425	915	308	374	406	749	517
579	425	915	308	374	406	749	517
708	446	830	368	376	632	846	256
618	214	447	230	288	443	618	163
90	232	383	138	74	150	170	44
				14	39	58	49
92606	**57779**	**41433**	**42964**	**61830**	**40821**	**25222**	**19034**
31610	33168	19918	22915	43417	26733	13009	7174
31610	33168	19918	22915	43417	26733	13009	7174
13570	4307	8811	5417	2514	4436	1206	1374
4973	2954	5184	3463	1215	3407	239	391
276	67		643	25	80	130	54
6233	232	2150	142		38	57	12
1729	673	21	32	576	207	104	41
359	381	1456	1137	698	704	676	876
29396	4961	5164	3264	1192	1498	2679	866
826	493	478	74	430	1147	1397	204
833	1185	785	1303	274	112	172	201
27737	3283	3901	1887	488	239	1110	461

1-1-12 续表 17

指标名称	行业代码	2002年	2003年	2004年	2005年
建筑装饰和其他建筑业	50	10908	4822	28245	15825
建筑装饰业	501	2453	2134	7541	1966
工程准备活动	502	1535	573	390	608
提供施工设备服务	503	171	823	4044	1591
其他未列明建筑业	509	6749	1292	16270	11660
批发和零售业	F	**24672**	**31039**	**42605**	**26771**
批发业	51	12760	15401	11221	13279
农、林、牧产品批发	511	456	573	714	856
食品、饮料及烟草制品批发	512	1771	2089	1939	1170
纺织、服装及家庭用品批发	513	1461	959	597	1064
文化、体育用品及器材批发	514	153	297	141	430
医药及医疗器材批发	515	862	1435	673	1297
矿产品、建材及化工产品批发	516	5562	5382	4080	4639
机械设备、五金产品及电子产品批发	517	1865	3693	2204	3049
贸易经纪与代理	518	287	86	80	253
其他批发业	519	343	887	793	521
零售业	52	11912	15638	31384	13492
综合零售	521	4560	5374	22376	3589
食品、饮料及烟草制品专门零售	522	348	651	734	1130
纺织、服装及日用品专门零售	523	1187	826	866	665
文化、体育用品及器材专门零售	524	357	380	497	267
医药及医疗器材专门零售	525	569	2193	758	530
汽车、摩托车、燃料及零配件专门零售	526	2777	2754	2388	3672
家用电器及电子产品专门零售	527	932	2007	2215	2044
五金、家具及室内装饰材料专门零售	528	584	624	842	1079
货摊、无店铺及其他零售业	529	598	829	708	516
交通运输、仓储和邮政业	G	**26061**	**17757**	**18194**	**25965**
道路运输业	54	19210	10200	15849	21609
城市公共交通运输	541	1593	2758	2323	12032
公路旅客运输	542	1356	181	1718	981
道路货物运输	543	15675	6007	10228	8006
道路运输辅助活动	544	586	1254	1580	590
水上运输业	55	2857	1714	1282	1684
水上旅客运输	551	983	171		135
水上货物运输	552	1874	1494	1004	1366
水上运输辅助活动	553		49	278	183
航空运输业	56	1959	4685	101	
航空客货运输	561	1791	97		
通用航空服务	562				
航空运输辅助活动	563	168	4588	101	
管道运输业	57				
管道运输业	570				
装卸搬运和运输代理业	58	1186	890	771	1018
装卸搬运	581	730	187	101	480
运输代理业	582	456	703	670	538

单位：人

2006年	2007年	2008年	2009年	2010年	2011年	2012年	2013年
18030	15343	7540	11368	14707	8154	8328	9620
5686	3260	1511	4211	3405	2808	4639	6154
65	106	686	1618	199	320	159	167
1717	877	1180	1312	405	140	349	239
10562	11100	4163	4227	10698	4886	3181	3060
32827	**40822**	**40579**	**48350**	**81168**	**127133**	**139307**	**131146**
18999	20490	22598	27008	39174	57465	57879	52837
832	1712	2572	3443	4865	7047	7691	7459
1808	2846	3716	2801	7595	11253	12695	11796
1365	1251	1440	2786	3709	5183	4397	5163
291	1892	2951	1085	1962	2324	1056	880
1310	2816	1898	2283	2760	2734	3067	1978
5086	5331	4162	7825	10256	15790	16202	16102
3242	3468	3973	4824	6060	9831	9694	7255
134	162	455	228	360	389	765	636
4931	1012	1431	1733	1607	2914	2312	1568
13828	20332	17981	21342	41994	69668	81428	78309
2994	1698	2441	3717	6071	7659	10406	12166
1787	1337	1038	1941	5737	9658	10621	9626
1644	4289	3018	2017	5628	13144	13946	12191
336	572	831	728	1700	2831	3135	2874
720	1667	785	923	1556	1445	1646	1319
2109	3747	3161	3725	6326	7714	9086	7363
2063	4488	3222	3732	5680	8874	9281	8460
1325	1423	2329	2666	5904	13936	17716	18574
850	1111	1156	1893	3392	4407	5591	5736
15051	**25269**	**21191**	**20877**	**36047**	**23920**	**20848**	**9906**
10820	16905	17675	15348	27653	16369	17127	6846
910	734	1430	2095	528	975	8147	
831	8052	139	312	638	761	549	124
8593	7349	15896	12547	25450	13476	7895	6396
486	770	210	394	1037	1157	536	326
897	1947	1352	951	2151	1637	550	269
40	22	10		1146	36	21	
655	1885	780	939	782	1379	269	201
202	40	562	12	223	222	260	68
220	3527	36	5	11	50	60	74
201	2038	28		11	50	25	64
		8					10
19	1489		5			35	
						91	2
						91	2
2543	1489	1387	1227	2779	2590	2136	1980
2108	952	762	547	1132	700	963	598
435	537	625	680	1647	1890	1173	1382

1-1-12 续表 18

指标名称	行业代码	2002年	2003年	2004年	2005年
仓储业	59	700	165	183	1129
谷物、棉花等农产品仓储	591	34		97	2
其他仓储业	599	666	165	86	1127
邮政业	60	149	103	8	525
邮政基本服务	601	149	4	3	
快递服务	602		99	5	525
住宿和餐饮业	H	**5669**	**8678**	**7583**	**8167**
住宿业	61	3127	2564	3567	2924
旅游饭店	611	2938	2300	3120	2414
一般旅馆	612	179	199	422	390
其他住宿业	619	10	65	25	120
餐饮业	62	2542	6114	4016	5243
正餐服务	621	2288	5907	3093	3862
快餐服务	622	125	17	614	1130
饮料及冷饮服务	623	14	35	29	80
其他餐饮业	629	115	155	280	171
信息传输、软件和信息技术服务业	I	**1558**	**9876**	**3372**	**2742**
电信、广播电视和卫星传输服务	63	255	8370	1080	924
电信	631	245	8212	788	542
广播电视传输服务	632	10	158	282	333
卫星传输服务	633			10	49
互联网和相关服务	64	199	163	539	380
互联网接入及相关服务	641			20	
互联网信息服务	642	187	133	497	379
其他互联网服务	649	12	30	22	1
软件和信息技术服务业	65	1104	1343	1753	1438
软件开发	651	843	901	1114	1063
信息系统集成服务	652	4	83	97	107
信息技术咨询服务	653	235	249	355	140
数据处理和存储服务	654			35	2
集成电路设计	655				
其他信息技术服务业	659	22	110	152	126
房地产业	K	**13158**	**21225**	**15096**	**13501**
房地产业	70	13158	21225	15096	13501
房地产开发经营	701	4716	5339	5470	4665
物业管理	702	7598	14889	8426	7868
房地产中介服务	703	414	564	1008	892
自有房地产经营活动	704	174	216	145	3
其他房地产业	709	256	217	47	73
租赁和商务服务业	L	**13941**	**7274**	**7761**	**26289**
租赁业	71	335	601	392	1178
机械设备租赁	711	299	513	392	1178
文化及日用品出租	712	36	88		
商务服务业	72	13606	6673	7369	25111
企业管理服务	721	1569	1172	379	1495
法律服务	722	681	278	511	353
咨询与调查	723	940	1784	2650	1724

单位：人

2006年	2007年	2008年	2009年	2010年	2011年	2012年	2013年
425	336	706	373	1031	2936	512	400
28	8	369	93	75	195	39	54
397	328	337	280	956	2741	473	346
146	1065	35	2973	2422	338	372	335
		10	15	10		10	
146	1065	25	2958	2412	338	362	335
11811	**13146**	**14603**	**10692**	**19598**	**26581**	**36857**	**38458**
4174	2574	4821	3730	4930	4324	6597	5803
3334	1247	2274	2240	2866	2209	4201	1923
663	590	1763	884	1844	1552	1790	2581
177	737	784	606	220	563	606	1299
7637	10572	9782	6962	14668	22257	30260	32655
6029	9559	9111	6049	13231	19290	26762	27821
745	288	151	659	373	787	684	633
58	34	117	57	111	309	576	579
805	691	403	197	953	1871	2238	3622
3016	**5030**	**4456**	**4735**	**8836**	**10795**	**9707**	**13438**
199	277	1052	1134	1090	296	216	649
169	247	716	209	274	193	211	271
30	30	321	919	816	103	5	357
		15	6				21
374	2684	774	625	613	767	1193	1180
21	2341	379	325	13	129	92	216
168	303	336	286	551	505	584	689
185	40	59	14	49	133	517	275
2443	2069	2630	2976	7133	9732	8298	11609
1243	1066	1957	2343	3277	7572	6305	6495
32	93	196	179	407	542	361	429
702	337	179	260	755	867	875	3722
29	11	42		2088	88	49	77
8	8				30	24	23
429	554	256	194	606	633	684	863
14669	**19573**	**15274**	**14731**	**22972**	**20425**	**16998**	**14892**
14669	19573	15274	14731	22972	20425	16998	14892
5650	8282	5905	7961	10652	8236	5354	5444
7786	9431	7013	5459	9135	5419	7062	3691
1176	1422	1574	1138	2780	6434	4133	5079
31	210	106	20	109	123	97	242
26	228	676	153	296	213	352	436
19050	**37778**	**13479**	**15686**	**27019**	**61386**	**52518**	**42829**
531	644	1180	1657	2126	3249	2994	3042
531	643	1162	1657	2099	3146	2884	2953
	1	18		27	103	110	89
18519	37134	12299	14029	24893	58137	49524	39787
7109	13311	1688	2064	2875	4428	12773	6091
407	651	371	1063	582	596	716	459
1821	2845	2065	2912	5680	6569	8431	11069

1-1-12 续表 19

指标名称	行业代码	2002年	2003年	2004年	2005年
广告业	724	2079	1014	1107	1267
知识产权服务	725	69	77	13	22
人力资源服务	726	6122	342	1598	18183
旅行社及相关服务	727	176	475	249	570
安全保护服务	728	944	666	64	95
其他商务服务业	729	1026	865	798	1402
科学研究和技术服务业	M	**5080**	**6199**	**4576**	**3857**
研究和试验发展	73	224	232	279	135
自然科学研究和试验发展	731	2	10		2
工程和技术研究和试验发展	732	117	14	222	45
农业科学研究和试验发展	733	9	4	2	21
医学研究和试验发展	734	48	11	16	55
社会人文科学研究	735	48	193	39	12
专业技术服务业	74	3933	5349	3363	2941
气象服务	741	19	2		44
地震服务	742	10	49	5	
海洋服务	743				
测绘服务	744	286	10	148	39
质检技术服务	745	575	367	444	282
环境与生态监测	746	108		68	56
地质勘查	747	70	264	154	198
工程技术	748	2533	4139	1746	1933
其他专业技术服务业	749	332	518	798	389
科技推广和应用服务业	75	923	618	934	781
技术推广服务	751	545	538	644	687
科技中介服务	752	22	19	23	44
其他科技推广和应用服务业	759	356	61	267	50
水利、环境和公共设施管理业	N	**4561**	**3493**	**3529**	**2312**
水利管理业	76	154	172	411	230
防洪除涝设施管理	761			6	14
水资源管理	762	89	4	78	54
天然水收集与分配	763	37	68	223	135
水文服务	764		70	11	18
其他水利管理业	769	28	30	93	9
生态保护和环境治理业	77	718	1762	101	205
生态保护	771		146	56	23
环境治理业	772	718	1616	45	182
公共设施管理业	78	3689	1559	3017	1877
市政设施管理	781	985	593	2508	28
环境卫生管理	782	1068	74	242	813
城乡市容管理	783		1	17	7
绿化管理	784	886	737	154	228
公园和游览景区管理	785	750	154	96	801
居民服务、修理和其他服务业	O	**1677**	**2786**	**4303**	**3401**
居民服务业	79	594	909	2546	1802
家庭服务	791	121	6	15	616

单位：人

2006年	2007年	2008年	2009年	2010年	2011年	2012年	2013年
1693	1734	2271	2615	5428	8340	9476	7629
41	49	70	45	28	111	174	399
4543	8695	3405	2492	5533	4236	7768	7597
396	1392	503	571	772	1108	1918	1839
1071	6962	696	48	1004	28114	2068	353
1438	1495	1230	2219	2991	4635	6200	4351
7247	**6748**	**5051**	**5947**	**8931**	**10143**	**10976**	**11597**
143	60	1236	628	924	959	1079	941
38	3	14	13	55	95	66	42
27	28	827	530	120	436	191	659
9	20	31	48	416	186	610	150
58	5	265	6	312	219	69	49
11	4	99	31	21	23	143	41
5746	5452	3048	4107	6716	7690	7179	8197
85	64	10	4	38	22	3	15
		14		3	9	17	5
				22			
37	538	54	136	129	164	142	250
1501	372	141	391	454	405	143	267
316	67		122	43	32	129	35
124	89	36	83	423	109	66	1595
2395	1632	1601	1544	3700	2825	2406	2123
1288	2690	1192	1827	1904	4124	4273	3907
1358	1236	767	1212	1291	1494	2718	2459
1207	966	636	959	1136	1259	2122	2121
46	51	40	147	29	130	175	153
105	219	91	106	126	105	421	185
1911	**3938**	**1294**	**2452**	**3768**	**7634**	**4581**	**2606**
124	352	576	518	405	445	351	515
		7	17		73	15	40
21	153	13	315	124	123	43	120
43	145	407	149	130	65	81	17
		10	32	3	27	4	6
60	54	139	5	148	157	208	332
192	246	127	195	284	425	620	350
24	50	18	45		19	148	15
168	196	109	150	284	406	472	335
1595	3340	591	1739	3079	6764	3610	1741
28	318	6	135	612	594	454	572
908	563	73	311	888	3118	1166	230
			44	45	1621	173	74
534	696	123	307	952	541	1051	566
125	1763	389	942	582	890	766	299
3776	**4359**	**6225**	**5337**	**8762**	**16139**	**15408**	**15377**
810	2398	1440	2092	4051	8097	8533	8574
83	564	422	788	1686	2186	2101	1276

1-1-12 续表 20

指标名称	行业代码	2002年	2003年	2004年	2005年
托儿所服务	792	63	61	48	25
洗染服务	793		27	28	90
理发及美容服务	794	105	135	348	81
洗浴服务	795	35		1722	217
保健服务	796		76	83	38
婚姻服务	797	39	11	44	130
殡葬服务	798	156	463	57	100
其他居民服务业	799	75	130	201	505
机动车、电子产品和日用产品修理业	80	572	775	651	1003
汽车、摩托车修理与维护	801	417	660	524	775
计算机和办公设备维修	802	25	47	90	43
家用电器修理	803	120	68	20	62
其他日用产品修理业	809	10		17	123
其他服务业	81	511	1102	1106	596
清洁服务	811	463	896	876	253
其他未列明服务业	819	48	206	230	343
教育	P	**11277**	**13061**	**10295**	**13097**
教育	82	11277	13061	10295	13097
学前教育	821	1772	1919	1666	2057
初等教育	822	3854	3086	2040	2266
中等教育	823	3441	3382	2486	4120
高等教育	824	962	1259	2862	2799
特殊教育	825	13			24
技能培训、教育辅助及其他教育	829	1235	3415	1241	1831
卫生和社会工作	Q	**3705**	**2890**	**4781**	**4320**
卫生	83	3468	2632	3694	3847
医院	831	1118	1496	1945	2334
社区医疗与卫生院	832	1394	535	1206	1097
门诊部(所)	833	129	67	196	304
计划生育技术服务活动	834	86	59	149	72
妇幼保健院(所、站)	835		161		
专科疾病防治院(所、站)	836				
疾病预防控制中心	837	691	202	110	40
其他卫生活动	839	50	112	88	
社会工作	84	237	258	1087	473
提供住宿社会工作	841	192	185	309	371
不提供住宿社会工作	842	45	73	778	102
文化、体育和娱乐业	R	**2247**	**3222**	**3912**	**2701**
新闻和出版业	85	28	137	760	210
新闻业	851	7	97	38	67
出版业	852	21	40	722	143
广播、电视、电影和影视录音制作业	86	264	42	1612	896
广播	861				5
电视	862	249	8	1612	548
电影和影视节目制作	863	11			226

单位：人

2006年	2007年	2008年	2009年	2010年	2011年	2012年	2013年
23	32	34	32	41	12	7	34
14	24	38	68	111	625	655	542
150	217	286	224	782	2420	2675	2743
224	811	183	232	133	150	192	230
22	134	80	91	276	529	401	847
22	172	65	212	276	576	936	1082
140	136	108	127	107	226	235	162
132	308	224	318	639	1373	1331	1658
1218	1154	1216	1434	2961	3943	4276	4334
909	1042	785	1225	2241	2829	3440	3486
97	94	168	55	350	425	372	347
212	18	254	86	291	515	353	330
		9	68	79	174	111	171
1748	807	3569	1811	1750	4099	2599	2469
1530	658	3441	1513	1360	2121	1757	1816
218	149	128	298	390	1978	842	653
16867	**6791**	**8481**	**10060**	**12534**	**17141**	**17910**	**12421**
16867	6791	8481	10060	12534	17141	17910	12421
2323	1617	2636	3106	4880	4997	8259	4230
3478	2020	1734	1452	2465	1489	1885	1024
4102	1590	2013	2170	2144	2612	1158	1561
4341		258	671	388	398	544	422
43	48	144	37	8	132	3	43
2580	1516	1696	2624	2649	7513	6061	5141
4731	**3309**	**3766**	**4137**	**4161**	**7309**	**5299**	**5756**
4237	2162	3212	3492	3530	6298	3903	4743
2244	1357	2170	2132	2058	4062	2028	3730
1491	614	801	1152	977	1806	1309	472
171	66	64	165	302	294	338	345
71	61	39	5	31	29	38	26
		81				20	
				14			1
240	8	6				71	26
20	56	51	38	148	107	99	143
494	1147	554	645	631	1011	1396	1013
369	363	342	445	457	806	901	860
125	784	212	200	174	205	495	153
2413	**2664**	**5012**	**4753**	**4463**	**8331**	**7904**	**7488**
114	189	161	133	173	2417	309	146
17	42	45	11	61	45	19	
97	147	116	122	112	2372	290	146
331	341	151	769	542	850	725	480
144	7			20	5		
48	76	17	37	66	17	154	44
99	213	8	79	215	134	147	147

1-1-12 续表 21

指标名称	行业代码				
		2002年	2003年	2004年	2005年
电影和影视节目发行	864	4	3		
电影放映	865		31		117
录音制作	866				
文化艺术业	87	283	379	238	689
文艺创作与表演	871	53	23	23	55
艺术表演场馆	872		18		10
图书馆与档案馆	873	19	20		
文物及非物质文化遗产保护	874	20	19	10	55
博物馆	875		16	57	353
烈士陵园、纪念馆	876		10		
群众文化活动	877	129	121	120	152
其他文化艺术业	879	62	152	28	64
体育	88	116	719	220	105
体育组织	881	56	116	121	73
体育场馆	882	37			
休闲健身活动	883	18	603	99	32
其他体育	889	5			
娱乐业	89	1556	1945	1082	801
室内娱乐活动	891	481	1923	1049	784
游乐园	892	1073	11	26	6
彩票活动	893				
文化、娱乐、体育经纪代理	894		3	2	5
其他娱乐业	899	2	8	5	6
公共管理、社会保障和社会组织	**S**	**21807**	**25072**	**30089**	**18207**
中国共产党机关	90	228	128	85	227
中国共产党机关	900	228	128	85	227
国家机构	91	8371	10304	11264	10255
国家权力机构	911	293		4	9
国家行政机构	912	7754	10007	10997	9865
人民法院和人民检察院	913	216	22		
其他国家机构	919	108	275	263	381
人民政协、民主党派	92	8	2	45	1
人民政协	921			36	
民主党派	922	8	2	9	1
社会保障	93	334	494	365	304
社会保障	930	334	494	365	304
群众团体、社会团体和其他成员组织	94	1906	5962	2836	3211
群众团体	941	30	326	107	171
社会团体	942	1757	5525	2593	2947
基金会	943				27
宗教组织	944	119	111	136	66
基层群众自治组织	95	10960	8182	15494	4209
社区自治组织	951	3121	1714	2436	927
村民自治组织	952	7839	6468	13058	3282

单位：人

2006年	2007年	2008年	2009年	2010年	2011年	2012年	2013年
	25		171		46	46	6
40	20	121	477	215	580	333	253
		5	5	26	68	45	30
765	689	702	1026	1527	2310	3323	3010
221	250	213	295	548	1271	1463	1333
26			200	3	158	190	127
14			30	17	12	117	31
60	64	15	32	17	5	49	132
54	14	3	2	5	62	23	6
	67				19	22	
332	214	352	302	330	200	590	565
58	80	119	165	607	583	869	816
99	199	463	699	290	792	634	579
29	25	64	156	78	408	93	90
26		45	6	11	3	53	5
39	172	337	457	181	244	453	404
5	2	17	80	20	137	35	80
1104	1246	3535	2126	1931	1962	2913	3273
957	1202	3479	2016	1691	1566	2267	2655
125		7	38	34	9	33	189
22	19		29	67	184	203	189
	25	49	43	139	203	410	240
14804	**19192**	**13578**	**10521**	**20126**	**21313**	**21694**	**16425**
328	119	90	33	133	179	234	116
328	119	90	33	133	179	234	116
8946	9349	6158	5353	9866	7595	10510	5443
	68	50	79	108	202	171	10
8515	8937	5695	5246	9269	6982	9916	5013
210	282	2	8		188		77
221	62	411	20	489	223	423	343
16	210	63	32	18	52	84	62
	107	2	31	16	46	74	54
16	103	61	1	2	6	10	8
252	499	588	302	504	511	284	138
252	499	588	302	504	511	284	138
3163	4522	5100	4266	8523	11696	9896	9337
579	461	1042	638	1328	477	1093	448
2447	3860	3464	3542	7104	11064	8568	8294
12	39	22	32	26	19	56	28
125	162	572	54	65	136	179	567
2099	4493	1579	535	1082	1280	686	1329
603	1419	965	198	709	732	457	831
1496	3074	614	337	373	548	229	498

1-1-13 按行业、登记注册

指标名称	行业代码	单位数	内资	国有
总　　计		**254834**	**253424**	**22352**
农、林、牧、渔业	A	**2982**	**2981**	**362**
农业	01	36	36	
谷物种植	011	1	1	
蔬菜、食用菌及园艺作物种植	014	13	13	
水果种植	015	14	14	
坚果、含油果、香料和饮料作物种植	016	3	3	
中药材种植	017	1	1	
其他农业	019	4	4	
林业	02	9	9	1
林木育种和育苗	021	7	7	
造林和更新	022	1	1	
森林经营和管护	023	1	1	1
畜牧业	03	24	24	
牲畜饲养	031	11	11	
家禽饲养	032	8	8	
其他畜牧业	039	5	5	
渔业	04	20	20	
水产养殖	041	20	20	
农、林、牧、渔服务业	05	2893	2892	361
农业服务业	051	2274	2273	236
林业服务业	052	150	150	58
畜牧服务业	053	313	313	62
渔业服务业	054	156	156	5
采矿业	B	**2206**	**2201**	**20**
煤炭开采和洗选业	06	820	818	4
烟煤和无烟煤开采洗选	061	776	775	4
褐煤开采洗选	062	8	8	
其他煤炭采选	069	36	35	
石油和天然气开采业	07	32	32	9
石油开采	071	5	5	
天然气开采	072	27	27	9
黑色金属矿采选业	08	82	82	1
铁矿采选	081	12	12	1
锰矿、铬矿采选	082	66	66	
其他黑色金属矿采选	089	4	4	
有色金属矿采选业	09	23	23	
常用有色金属矿采选	091	19	19	
贵金属矿采选	092	3	3	
稀有稀土金属矿采选	093	1	1	

类型分组的法人单位数

单位：个

集体	股份合作	联营	国有联营	集体联营	国有与集体联营	其他联营	有限责任公司
3468	**1059**	**456**	**65**	**195**	**42**	**154**	**31773**
19	**31**	**6**		**4**		**2**	**150**
1							5
							3
							2
1							
18	31	6		4		2	145
15	23	6		4		2	127
1	3						10
2	4						4
	1						4
28	**18**	**5**		**2**		**3**	**258**
12	7	3		2		1	140
12	6	2		1		1	132
		1		1			1
	1						7
	1	1				1	3
		1				1	2
	1						1
							5
							3
							2
1							2
1							2

1-1-13 续表 1

指标名称	行业代码	单位数	内资	国有
非金属矿采选业	10	1182	1179	3
土砂石开采	101	1103	1100	1
化学矿开采	102	22	22	
采盐	103	3	3	1
石棉及其他非金属矿采选	109	54	54	1
开采辅助活动	11	41	41	3
煤炭开采和洗选辅助活动	111	17	17	1
石油和天然气开采辅助活动	112	17	17	2
其他开采辅助活动	119	7	7	
其他采矿业	12	26	26	
其他采矿业	120	26	26	
制造业	**C**	**42594**	**42039**	**166**
农副食品加工业	13	3372	3356	15
谷物磨制	131	924	924	2
饲料加工	132	262	256	2
植物油加工	133	339	335	1
制糖业	134	28	28	
屠宰及肉类加工	135	560	560	7
水产品加工	136	32	32	
蔬菜、水果和坚果加工	137	455	452	2
其他农副食品加工	139	772	769	1
食品制造业	14	1125	1119	4
焙烤食品制造	141	248	246	
糖果、巧克力及蜜饯制造	142	70	70	
方便食品制造	143	257	254	
乳制品制造	144	14	14	
罐头食品制造	145	49	49	
调味品、发酵制品制造	146	308	308	2
其他食品制造	149	179	178	2
酒、饮料和精制茶制造业	15	924	912	8
酒的制造	151	427	425	4
饮料制造	152	347	337	2
精制茶加工	153	150	150	2
烟草制品业	16	5	5	1
烟叶复烤	161	3	3	1
卷烟制造	162	2	2	
纺织业	17	1702	1696	2
棉纺织及印染精加工	171	699	698	
毛纺织及染整精加工	172	67	66	
麻纺织及染整精加工	173	13	13	
丝绢纺织及印染精加工	174	97	95	
化纤织造及印染精加工	175	27	27	
针织或钩针编织物及其制品制造	176	163	162	2
家用纺织制成品制造	177	536	535	
非家用纺织制成品制造	178	100	100	

单位：个

集体	股份合作	联营	国有联营	集体联营	国有与集体联营	其他联营	有限责任公司
15	9	1				1	100
12	8	1				1	85
1							6
2	1						9
	1						7
							2
	1						4
							1
							1
							1
524	**245**	**58**	**5**	**27**	**8**	**18**	**4991**
16	11	6		3	1	2	218
1		1			1		31
							28
1	1	2		1		1	11
							2
13	6	1		1			63
		1		1			2
1	2	1				1	27
	2						54
9	8	1				1	116
	2	1				1	16
1							5
3							21
							3
							5
3	3						37
2	3						29
20	4	1	1				58
11	1						24
5	2						26
4	1	1	1				8
							4
							2
							2
9	1	2				2	91
5							51
		1				1	6
							4
2							11
1							4
1	1	1				1	8
							7

1-1-13 续表 2

指标名称	行业代码	单位数	内资	国有
纺织服装、服饰业	18	1546	1527	1
机织服装制造	181	1122	1107	1
针织或钩针编织服装制造	182	68	67	
服饰制造	183	356	353	
皮革、毛皮、羽毛及其制品和制鞋业	19	1051	1048	
皮革鞣制加工	191	36	36	
皮革制品制造	192	177	177	
毛皮鞣制及制品加工	193	76	76	
羽毛(绒)加工及制品制造	194	49	49	
制鞋业	195	713	710	
木材加工和木、竹、藤、棕、草制品业	20	1473	1470	3
木材加工	201	515	513	2
人造板制造	202	99	99	
木制品制造	203	491	490	
竹、藤、棕、草等制品制造	204	368	368	1
家具制造业	21	1841	1837	3
木质家具制造	211	1410	1409	2
竹、藤家具制造	212	20	20	
金属家具制造	213	124	122	
塑料家具制造	214	19	19	1
其他家具制造	219	268	267	
造纸和纸制品业	22	758	742	3
纸浆制造	221	5	5	
造纸	222	188	182	1
纸制品制造	223	565	555	2
印刷和记录媒介复制业	23	1075	1064	15
印刷	231	919	908	14
装订及印刷相关服务	232	150	150	1
记录媒介复制	233	6	6	
文教、工美、体育和娱乐用品制造业	24	775	769	3
文教办公用品制造	241	64	64	1
乐器制造	242	9	9	
工艺美术品制造	243	633	629	1
体育用品制造	244	22	22	1
玩具制造	245	38	36	
游艺器材及娱乐用品制造	246	9	9	
石油加工及炼焦	25	73	72	
化学原料和化学制品制造业	26	1272	1242	8
基础化学原料制造	261	170	161	4
肥料制造	262	158	157	

单位：个

集体	股份合作	联营	国有联营	集体联营	国有与集体联营	其他联营	有限责任公司
7	4	1		1			72
7	4	1		1			67
							1
							4
3	1						66
1							16
							2
							2
2	1						46
7	5	2		1		1	86
	1	1		1			18
2							13
3	2						45
2	2	1				1	10
2	5	1		1			97
2	3	1		1			65
							1
	2						9
							2
							20
11	1	2		1		1	86
							1
	1						25
11		2		1		1	60
53	17	3	1	1		1	149
45	13	2		1		1	126
8	4						20
		1	1				3
4	5	4		2	1	1	48
1	3						2
							1
3	2	4		2	1	1	37
							6
							2
	2	1		1			13
22	8	3	1	2			199
5	3	1		1			46
3							26

1-1-13 续表 3

指标名称	行业代码	单位数		
			内资	
				国有
农药制造	263	29	29	
涂料、油墨、颜料及类似产品制造	264	375	369	1
合成材料制造	265	102	100	
专用化学产品制造	266	235	225	1
炸药、火工及焰火产品制造	267	63	62	1
日用化学产品制造	268	140	139	1
医药制造业	27	292	285	7
化学药品原料药制造	271	54	52	
化学药品制剂制造	272	31	29	1
中药饮片加工	273	51	51	1
中成药生产	274	50	49	1
兽用药品制造	275	27	27	2
生物药品制造	276	52	50	1
卫生材料及医药用品制造	277	27	27	1
化学纤维制造业	28	23	23	
纤维素纤维原料及纤维制造	281	6	6	
合成纤维制造	282	17	17	
橡胶和塑料制品业	29	1566	1545	5
橡胶制品业	291	313	302	3
塑料制品业	292	1253	1243	2
非金属矿物制品业	30	4825	4801	7
水泥、石灰和石膏制造	301	279	273	2
石膏、水泥制品及类似制品制造	302	1417	1412	1
砖瓦、石材等建筑材料制造	303	2422	2420	2
玻璃制造	304	89	87	
玻璃制品制造	305	283	280	
玻璃纤维和玻璃纤维增强塑料制品制造	306	57	55	
陶瓷制品制造	307	118	116	1
耐火材料制品制造	308	67	67	1
石墨及其他非金属矿物制品制造	309	93	91	
黑色金属冶炼和压延加工业	31	595	587	2
炼铁	311	19	19	1
炼钢	312	14	14	
黑色金属铸造	313	196	193	1
钢压延加工	314	301	298	
铁合金冶炼	315	65	63	
有色金属冶炼和压延加工业	32	401	393	5
常用有色金属冶炼	321	92	92	2
贵金属冶炼	322	8	8	
稀有稀土金属冶炼	323	9	9	
有色金属合金制造	324	51	49	
有色金属铸造	325	25	25	
有色金属压延加工	326	216	210	3

单位：个

集体	股份合作	联营	国有联营	集体联营	国有与集体联营	其他联营	有限责任公司
1	1						9
4	2						43
4	1	1	1				20
5		1		1			39
							7
	1						9
2	2						72
1							19
	1						11
	1						8
							10
1							5
							13
							6
							1
							1
29	14	4			1	3	192
12	4	2				2	30
17	10	2			1	1	162
73	32	6		3		3	445
5		2				2	41
12	6	1		1			114
41	21	3		2		1	178
1							17
4	1						43
							9
3	2						23
5	1						8
2	1						12
19	1	2		1	1		96
							3
							1
9		1		1			27
10	1	1			1		54
							11
9	2						70
1	1						17
1							
							2
1							10
1							1
5	1						40

1-1-13 续表 4

指标名称	行业代码	单位数	内资	国有
金属制品业	33	3910	3896	8
结构性金属制品制造	331	2036	2033	1
金属工具制造	332	594	593	3
集装箱及金属包装容器制造	333	67	65	1
金属丝绳及其制品制造	334	53	53	1
建筑、安全用金属制品制造	335	367	366	
金属表面处理及热处理加工	336	216	215	
搪瓷制品制造	337	23	23	
金属制日用品制造	338	233	230	
其他金属制品制造	339	321	318	2
通用设备制造业	34	2890	2853	16
锅炉及原动设备制造	341	164	157	
金属加工机械制造	342	546	541	6
物料搬运设备制造	343	88	84	1
泵、阀门、压缩机及类似机械制造	344	160	160	2
轴承、齿轮和传动部件制造	345	154	149	2
烘炉、风机、衡器、包装等设备制造	346	247	240	2
文化、办公用机械制造	347	17	17	
通用零部件制造	348	1382	1375	2
其他通用设备制造业	349	132	130	1
专用设备制造业	35	1950	1919	10
采矿、冶金、建筑专用设备制造	351	273	273	1
化工、木材、非金属加工专用设备制造	352	591	580	3
食品、饮料、烟草及饲料生产专用设备制造	353	54	54	
印刷、制药、日化及日用品生产专用设备制造	354	98	97	1
纺织、服装和皮革加工专用设备制造	355	40	39	
电子和电工机械专用设备制造	356	137	131	2
农、林、牧、渔专用机械制造	357	433	430	
医疗仪器设备及器械制造	358	121	118	1
环保、社会公共服务及其他专用设备制造	359	203	197	2
汽车制造业	36	2822	2715	6
汽车整车制造	361	26	22	
改装汽车制造	362	28	26	
电车制造	364	18	18	
汽车车身、挂车制造	365	21	21	
汽车零部件及配件制造	366	2729	2628	6
铁路、船舶、航空航天和其他运输设备制造业	37	3136	3111	13
铁路运输设备制造	371	32	31	1
城市轨道交通设备制造	372	5	5	
船舶及相关装置制造	373	214	213	5
航空、航天器及设备制造	374	4	3	

单位：个

集体	股份合作	联营	国有联营	集体联营	国有与集体联营	其他联营	有限责任公司
31	16	5	1	3		1	392
3	5	1				1	135
7	2	3	1	2			72
1		1		1			18
							3
3	3						48
5							45
							2
1	1						24
11	5						45
55	29	7	1	3	2	1	467
6	2						22
10	8						97
2	2						24
9	1	2		1	1		31
3							28
8	4	2	1	1			55
		1		1			4
17	11	2			1	1	179
	1						27
17	19	2		1		1	345
2	4						60
2	3						87
	1						5
1	1						14
	1						10
	2						24
4							86
2		2		1		1	21
6	7						38
36	17						569
							10
	1						9
							1
2							3
34	16						546
43	22	1		1			524
4							6
							2
5							28
							2

1-1-13 续表 5

指标名称	行业代码	单位数	内资	国有
摩托车制造	375	2854	2832	6
自行车制造	376	15	15	1
非公路休闲车及零配件制造	377	3	3	
潜水救捞及其他未列明运输设备制造	379	9	9	
电气机械和器材制造业	38	1139	1109	8
电机制造	381	163	158	2
输配电及控制设备制造	382	338	327	4
电线、电缆、光缆及电工器材制造	383	186	181	
电池制造	384	42	38	1
家用电力器具制造	385	117	115	
非电力家用器具制造	386	41	41	
照明器具制造	387	159	158	
其他电气机械及器材制造	389	93	91	1
计算机、通信和其他电子设备制造业	39	690	603	3
计算机制造	391	140	96	
通信设备制造	392	54	47	
广播电视设备制造	393	11	11	
视听设备制造	395	17	16	
电子器件制造	396	70	64	2
电子元件制造	397	268	248	1
其他电子设备制造	399	130	121	
仪器仪表制造业	40	561	541	9
通用仪器仪表制造	401	299	287	6
专用仪器仪表制造	402	52	49	2
钟表与计时仪器制造	403	9	9	
光学仪器及眼镜制造	404	110	106	
其他仪器仪表制造业	409	91	90	1
其他制造业	41	416	416	1
日用杂品制造	411	113	113	1
煤制品制造	412	66	66	
其他未列明制造业	419	237	237	
废弃资源综合利用业	42	155	154	
金属废料和碎屑加工处理	421	97	97	
非金属废料和碎屑加工处理	422	58	57	
金属制品、机械和设备修理业	43	231	229	
金属制品修理	431	24	24	
通用设备修理	432	29	29	
专用设备修理	433	35	35	
铁路、船舶、航空航天等运输设备修理	434	40	39	
电气设备修理	435	16	16	
仪器仪表修理	436	5	5	
其他机械和设备修理业	439	82	81	

单位：个

集体	股份合作	联营					有限责任公司
			国有联营	集体联营	国有与集体联营	其他联营	
34	22	1		1			480
							4
							1
							1
13	12						188
2	2						31
4	4						65
2	3						27
							8
4							20
							4
	1						21
1	2						12
4	1						147
1							39
2							14
							3
							7
							12
1	1						42
							30
17	3	3		1	2		95
7		1			1		68
3	1	1			1		8
1							1
2							8
4	2	1		1			10
2	1	1		1			23
1							7
1							3
	1	1		1			13
3							32
3							27
							5
8	2						30
							3
							6
2							3
3							7
1							2
							2
2	2						7

1-1-13 续表 6

指标名称	行业代码	单位数	内资	国有
电力、热力、燃气及水生产和供应业	D	**1929**	**1918**	**182**
电力、热力生产和供应业	44	1163	1160	68
电力生产	441	1083	1081	58
电力供应	442	74	74	9
热力生产和供应	443	6	5	1
燃气生产和供应业	45	202	197	13
燃气生产和供应业	450	202	197	13
水的生产和供应业	46	564	561	101
自来水生产和供应	461	472	471	79
污水处理及其再生利用	462	78	76	22
其他水的处理、利用与分配	469	14	14	
建筑业	E	**7119**	**7102**	**95**
房屋建筑业	47	2355	2351	35
房屋建筑业	470	2355	2351	35
土木工程建筑业	48	666	664	40
铁路、道路、隧道和桥梁工程建筑	481	241	240	18
水利和内河港口工程建筑	482	56	56	9
工矿工程建筑	484	31	30	1
架线和管道工程建筑	485	71	71	3
其他土木工程建筑	489	267	267	9
建筑安装业	49	757	755	5
电气安装	491	198	198	2
管道和设备安装	492	226	225	2
其他建筑安装业	499	333	332	1
建筑装饰和其他建筑业	50	3341	3332	15
建筑装饰业	501	2102	2095	2
工程准备活动	502	116	116	1
提供施工设备服务	503	131	131	1
其他未列明建筑业	509	992	990	11
批发和零售业	F	**80603**	**80340**	**368**
批发业	51	33940	33831	205
农、林、牧产品批发	511	3311	3310	24
食品、饮料及烟草制品批发	512	5529	5508	66
纺织、服装及家庭用品批发	513	2858	2846	6
文化、体育用品及器材批发	514	754	746	9
医药及医疗器材批发	515	1154	1150	9
矿产品、建材及化工产品批发	516	11180	11160	57
机械设备、五金产品及电子产品批发	517	7014	6982	23
贸易经纪与代理	518	426	423	2
其他批发业	519	1714	1706	9
零售业	52	46663	46509	163
综合零售	521	5151	5127	30

单位：个

集体	股份合作	联营					有限责任公司
			国有联营	集体联营	国有与集体联营	其他联营	
180	**22**	**12**	**2**	**7**	**2**	**1**	**283**
79	16	3	1	2			150
75	16	3	1	2			110
3							39
1							1
4	3	2		1	1		45
4	3	2		1	1		45
97	3	7	1	4	1	1	88
96	3	7	1	4	1	1	63
							24
1							1
113	**31**	**6**	**1**	**4**		**1**	**1865**
76	9	6	1	4		1	645
76	9	6	1	4		1	645
12	3						216
1	2						104
2	1						22
1							12
3							23
5							55
14	4						229
3	2						69
7	1						67
4	1						93
11	15						775
9	7						458
	2						36
	1						41
2	5						240
557	**331**	**113**	**9**	**56**	**6**	**42**	**12171**
187	175	40	4	19	3	14	6500
20	19	10	1	4	2	3	157
20	31	1		1			480
10	8	2		2			411
4	4	1	1				121
	8						273
78	56	10	1	6		3	2770
41	31	12		5	1	6	1895
1	10						68
13	8	4	1	1		2	325
370	156	73	5	37	3	28	5671
134	17	18		12	1	5	438

1-1-13 续表 7

指标名称	行业代码	单位数	内资	国有
食品、饮料及烟草制品专门零售	522	5554	5536	39
纺织、服装及日用品专门零售	523	8102	8048	6
文化、体育用品及器材专门零售	524	2233	2228	11
医药及医疗器材专门零售	525	1215	1214	9
汽车、摩托车、燃料及零配件专门零售	526	4456	4440	42
家用电器及电子产品专门零售	527	6826	6811	4
五金、家具及室内装饰材料专门零售	528	9501	9490	11
货摊、无店铺及其他零售业	529	3625	3615	11
交通运输、仓储和邮政业	**G**	**5035**	**4991**	**233**
道路运输业	54	2996	2987	111
城市公共交通运输	541	132	131	2
公路旅客运输	542	194	193	9
道路货物运输	543	2393	2387	16
道路运输辅助活动	544	277	276	84
水上运输业	55	384	378	26
水上旅客运输	551	48	48	4
水上货物运输	552	258	255	6
水上运输辅助活动	553	78	75	16
航空运输业	56	30	24	2
航空客货运输	561	15	12	1
通用航空服务	562	3	2	
航空运输辅助活动	563	12	10	1
管道运输业	57	4	4	1
管道运输业	570	4	4	1
装卸搬运和运输代理业	58	1122	1109	16
装卸搬运	581	354	353	3
运输代理业	582	768	756	13
仓储业	59	307	297	26
谷物、棉花等农产品仓储	591	48	47	20
其他仓储业	599	259	250	6
邮政业	60	192	192	51
邮政基本服务	601	54	54	49
快递服务	602	138	138	2
住宿和餐饮业	**H**	**12436**	**12381**	**74**
住宿业	61	1909	1889	54
旅游饭店	611	644	633	20
一般旅馆	612	1003	994	25
其他住宿业	619	262	262	9
餐饮业	62	10527	10492	20
正餐服务	621	8780	8766	16
快餐服务	622	301	290	1
饮料及冷饮服务	623	253	251	
其他餐饮业	629	1193	1185	3

单位：个

集体	股份合作	联营	国有联营	集体联营	国有与集体联营	其他联营	有限责任公司
43	26	8	1	6		1	345
35	10	5		1		4	422
50	10	7		5		2	250
20	16	11	1	7		3	224
42	18	6	1	1	1	3	1158
7	20	4		1	1	2	1043
27	19	11	2	2		7	1132
12	20	3		2		1	659
93	**27**	**17**	**5**	**3**	**2**	**7**	**1271**
38	12	8	2	1	2	3	853
2	1	1				1	57
7	3						63
21	8	3	1			2	692
8		4	1	1	2		41
8	1	1		1			89
1							13
5	1	1		1			60
2							16
							10
							5
							5
							1
							1
45	12	5	3	1		1	218
41	4	4	2	1		1	51
4	8	1	1				167
2	2						71
							8
2	2						63
		3				3	29
							1
		3				3	28
139	**21**	**10**	**2**	**4**		**4**	**991**
39	9	4	1	3			298
9	2						136
21	6	2	1	1			119
9	1	2		2			43
100	12	6	1	1		4	693
48	9	6	1	1		4	586
5	1						28
2							12
45	2						67

1-1-13 续表 8

指标名称	行业代码	单位数	内资	国有
信息传输、软件和信息技术服务业	I	**5775**	**5701**	**117**
电信、广播电视和卫星传输服务	63	402	375	71
电信	631	312	285	29
广播电视传输服务	632	82	82	40
卫星传输服务	633	8	8	2
互联网和相关服务	64	651	646	15
互联网接入及相关服务	641	61	58	
互联网信息服务	642	451	449	13
其他互联网服务	649	139	139	2
软件和信息技术服务业	65	4722	4680	31
软件开发	651	3352	3326	6
信息系统集成服务	652	239	233	2
信息技术咨询服务	653	665	659	14
数据处理和存储服务	654	45	45	2
集成电路设计	655	14	14	
其他信息技术服务业	659	407	403	7
房地产业	K	**8709**	**8515**	**151**
房地产业	70	8709	8515	151
房地产开发经营	701	3279	3130	54
物业管理	702	2235	2214	34
房地产中介服务	703	2767	2747	11
自有房地产经营活动	704	215	213	16
其他房地产业	709	213	211	36
租赁和商务服务业	L	**20506**	**20419**	**575**
租赁业	71	1768	1765	5
机械设备租赁	711	1715	1713	3
文化及日用品出租	712	53	52	2
商务服务业	72	18738	18654	570
企业管理服务	721	2065	2042	167
法律服务	722	838	837	113
咨询与调查	723	5051	5015	75
广告业	724	5585	5580	22
知识产权服务	725	109	109	6
人力资源服务	726	1479	1476	50
旅行社及相关服务	727	730	726	42
安全保护服务	728	125	125	10
其他商务服务业	729	2756	2744	85
科学研究和技术服务业	M	**6947**	**6899**	**1669**
研究和试验发展	73	434	427	83
自然科学研究和试验发展	731	38	36	10
工程和技术研究和试验发展	732	159	157	17

单位：个

集体	股份合作	联营	国有联营	集体联营	国有与集体联营	其他联营	有限责任公司
8	**21**	**10**	**3**	**2**	**1**	**4**	**1277**
2	3	5	1	1		3	95
1	3	5	1	1		3	71
1							21
							3
1	2						91
	1						10
	1						59
1							22
5	16	5	2	1	1	1	1091
1	7	2		1		1	800
	1						56
2	4	1	1				136
	1						6
1							5
1	3	2	1		1		88
102	**39**	**4**		**1**	**2**	**1**	**2247**
102	39	4		1	2	1	2247
5	2	1			1		1114
15	12	1				1	602
2	16						428
49	6						47
31	3	2		1	1		56
174	**101**	**31**	**3**	**15**	**4**	**9**	**3744**
4	9						285
4	9						280
							5
170	92	31	3	15	4	9	3459
49	16	6	1	2		3	510
23		7		4	2	1	20
16	16	4	1			3	1026
11	29						905
1							21
13	7	1				1	258
5	9	2	1	1			159
2							49
50	15	11		8	2	1	511
121	**44**	**14**	**4**	**5**		**5**	**946**
5	8	3	1	1		1	66
1							8
3	4	1		1			38

1-1-13 续表 9

指标名称	行业代码	单位数	内资	国有
农业科学研究和试验发展	733	92	92	23
医学研究和试验发展	734	85	82	9
社会人文科学研究	735	60	60	24
专业技术服务业	74	4928	4893	958
气象服务	741	59	59	53
地震服务	742	18	18	13
海洋服务	743	1	1	1
测绘服务	744	85	84	15
质检技术服务	745	265	261	113
环境与生态监测	746	94	92	43
地质勘查	747	101	99	37
工程技术	748	1721	1708	309
其他专业技术服务业	749	2584	2571	374
科技推广和应用服务业	75	1585	1579	628
技术推广服务	751	1274	1268	566
科技中介服务	752	146	146	24
其他科技推广和应用服务业	759	165	165	38
水利、环境和公共设施管理业	**N**	**1710**	**1706**	**626**
水利管理业	76	472	472	337
防洪除涝设施管理	761	26	26	18
水资源管理	762	89	89	56
天然水收集与分配	763	184	184	137
水文服务	764	22	22	17
其他水利管理业	769	151	151	109
生态保护和环境治理业	77	264	264	48
生态保护	771	53	53	33
环境治理业	772	211	211	15
公共设施管理业	78	974	970	241
市政设施管理	781	150	149	78
环境卫生管理	782	180	179	55
城乡市容管理	783	29	29	13
绿化管理	784	375	375	35
公园和游览景区管理	785	240	238	60
居民服务、修理和其他服务业	**O**	**7613**	**7590**	**143**
居民服务业	79	3935	3925	102
家庭服务	791	675	675	1
托儿所服务	792	33	33	4
洗染服务	793	383	382	
理发及美容服务	794	1245	1243	
洗浴服务	795	98	98	1
保健服务	796	233	232	
婚姻服务	797	437	437	10
殡葬服务	798	184	181	49
其他居民服务业	799	647	644	37

单位：个

集体	股份合作	联营					有限责任公司
			国有联营	集体联营	国有与集体联营	其他联营	
	2						12
1	2	1	1				6
		1				1	2
90	24	6	3	2		1	742
1							1
	1						14
8	2	3	3				45
4							10
2							12
14	6	3		2		1	352
61	15						308
26	12	5		2		3	138
23	12	3		2		1	94
1		1				1	21
2		1				1	23
47	**11**	**9**	**1**	**7**	**1**		**262**
26		5		5			26
							3
5		3		3			7
12		1		1			4
							1
9		1		1			11
2	4	1	1				62
	1	1	1				10
2	3						52
19	7	3		2	1		174
2		1		1			17
7	2						37
	1						3
6	2						58
4	2	2		1	1		59
67	**31**	**13**	**3**	**7**		**3**	**685**
27	13	10	1	6		3	283
2	2						58
	1	1		1			
							9
	2	3				3	40
	2						12
							13
	1	2	1	1			31
11	2	2		2			20
14	3	2		2			100

1-1-13 续表 10

指标名称	行业代码	单位数	内资	国有
机动车、电子产品和日用产品修理业	80	2498	2491	17
汽车、摩托车修理与维护	801	1748	1744	12
计算机和办公设备维修	802	299	299	4
家用电器修理	803	331	329	1
其他日用产品修理业	809	120	119	
其他服务业	81	1180	1174	24
清洁服务	811	775	772	4
其他未列明服务业	819	405	402	20
教育	**P**	**10133**	**10123**	**4162**
教育	82	10133	10123	4162
学前教育	821	3475	3473	237
初等教育	822	2650	2650	2379
中等教育	823	1300	1300	1068
高等教育	824	103	103	69
特殊教育	825	53	52	32
技能培训、教育辅助及其他教育	829	2552	2545	377
卫生和社会工作	**Q**	**5337**	**5336**	**2216**
卫生	83	3782	3781	1728
医院	831	518	517	188
社区医疗与卫生院	832	1963	1963	858
门诊部(所)	833	564	564	19
计划生育技术服务活动	834	548	548	513
妇幼保健院(所、站)	835	41	41	41
专科疾病防治院(所、站)	836	16	16	15
疾病预防控制中心	837	57	57	55
其他卫生活动	839	75	75	39
社会工作	84	1555	1555	488
提供住宿社会工作	841	960	960	331
不提供住宿社会工作	842	595	595	157
文化、体育和娱乐业	**R**	**5682**	**5665**	**1001**
新闻和出版业	85	147	145	73
新闻业	851	27	27	20
出版业	852	120	118	53
广播、电视、电影和影视录音制作业	86	297	294	101
广播	861	17	17	16
电视	862	63	63	57
电影和影视节目制作	863	94	94	6
电影和影视节目发行	864	20	20	5
电影放映	865	88	85	16
录音制作	866	15	15	1

单位：个

集体	股份合作	联营	国有联营	集体联营	国有与集体联营	其他联营	有限责任公司
28	15	2	2				237
22	11	1	1				156
1	2	1	1				39
4	2						32
1							10
12	3	1		1			165
3	2						111
9	1	1		1			54
138	**28**	**28**	**6**	**6**	**1**	**15**	**213**
138	28	28	6	6	1	15	213
35	6	10	3	2		5	14
50	1	3	1	1	1		1
18	8	4	2			2	3
	1	1				1	1
1							
34	12	10		3		7	194
581	**20**	**29**	**4**	**12**	**5**	**8**	**65**
469	17	26	4	11	4	7	52
24	16	6	1	3		2	40
350		12	3	2	3	4	1
81		6		5		1	7
10		2		1	1		
1							
3	1						4
112	3	3		1	1	1	13
78	2	1		1			11
34	1	2			1	1	2
56	**10**	**7**		**2**	**2**	**3**	**346**
1		1			1		28
1		1			1		28
1		2		1		1	56
							1
		1				1	21
							5
1		1		1			26
							3

1-1-13 续表 11

指标名称	行业代码	单位数	内资	国有
文化艺术业	87	1923	1920	776
文艺创作与表演	871	497	495	24
艺术表演场馆	872	32	32	6
图书馆与档案馆	873	109	109	91
文物及非物质文化遗产保护	874	68	68	37
博物馆	875	24	24	12
烈士陵园、纪念馆	876	17	17	14
群众文化活动	877	796	796	576
其他文化艺术业	879	380	379	16
体育	88	320	318	41
体育组织	881	92	92	27
体育场馆	882	18	18	3
休闲健身活动	883	170	168	11
其他体育	889	40	40	
娱乐业	89	2995	2988	10
室内娱乐活动	891	2778	2771	8
游乐园	892	31	31	1
彩票活动	893	1	1	1
文化、娱乐、体育经纪代理	894	89	89	
其他娱乐业	899	96	96	
公共管理、社会保障和社会组织	**S**	**27518**	**27517**	**10192**
中国共产党机关	90	570	570	565
中国共产党机关	900	570	570	565
国家机构	91	8498	8498	7988
国家权力机构	911	126	126	123
国家行政机构	912	8003	8003	7530
人民法院和人民检察院	913	97	97	97
其他国家机构	919	272	272	238
人民政协、民主党派	92	155	155	151
人民政协	921	63	63	62
民主党派	922	92	92	89
社会保障	93	734	734	588
社会保障	930	734	734	588
群众团体、社会团体和其他成员组织	94	6570	6569	900
群众团体	941	482	482	241
社会团体	942	5703	5702	641
基金会	943	46	46	11
宗教组织	944	339	339	7
基层群众自治组织	95	10991	10991	
社区自治组织	951	2531	2531	
村民自治组织	952	8460	8460	

单位：个

集体	股份合作	联营	国有联营	集体联营	国有与集体联营	其他联营	有限责任公司
39	2	3		1	1	1	125
5	1						37
							5
							4
2		1			1		4
							2
28		2		1		1	9
4	1						64
6	1	1				1	30
3	1						
							3
2							14
1		1				1	13
9	7						107
7	6						72
							5
1							19
1	1						11
521	**28**	**84**	**17**	**31**	**8**	**28**	**8**
57		11	6	1	2	2	
51		10	6	1	1	2	
6		1			1		
15		2	1		1		
15		2	1		1		
449	28	71	10	30	5	26	8
27		3	1		1	1	
411	28	65	9	30	3	23	8
2							
9		3			1	2	

1-1-13 续表 12

指标名称	行业代码	国有独资	其他有限责任公司	股份有限公司	私营
总　计		**870**	**30903**	**2615**	**154760**
农、林、牧、渔业	**A**	**4**	**146**	**25**	**1119**
农业	01		5	1	23
谷物种植	011			1	
蔬菜、食用菌及园艺作物种植	014		3		10
水果种植	015		2		7
坚果、含油果、香料和饮料作物种植	016				2
中药材种植	017				1
其他农业	019				3
林业	02				8
林木育种和育苗	021				7
造林和更新	022				1
森林经营和管护	023				
畜牧业	03			1	19
牲畜饲养	031				10
家禽饲养	032				6
其他畜牧业	039			1	3
渔业	04				15
水产养殖	041				15
农、林、牧、渔服务业	05	4	141	23	1054
农业服务业	051	2	125	20	806
林业服务业	052	1	9	2	39
畜牧服务业	053		4		113
渔业服务业	054	1	3	1	96
采矿业	**B**	**11**	**247**	**45**	**1735**
煤炭开采和洗选业	06	8	132	25	608
烟煤和无烟煤开采洗选	061	8	124	24	579
褐煤开采洗选	062		1		6
其他煤炭采选	069		7	1	23
石油和天然气开采业	07		3	1	12
石油开采	071		2		2
天然气开采	072		1	1	10
黑色金属矿采选业	08	1	4		75
铁矿采选	081	1	2		8
锰矿、铬矿采选	082		2		63
其他黑色金属矿采选	089				4
有色金属矿采选业	09		2	1	16
常用有色金属矿采选	091		2	1	14
贵金属矿采选	092				1
稀有稀土金属矿采选	093				1

单位：个

私营独资	私营合伙	私营有限责任公司	私营股份有限公司	其他	港、澳、台商投资	外商投资企业
80094	**5982**	**64294**	**4390**	**36941**	**637**	**773**
772	**30**	**282**	**35**	**1269**		**1**
9	2	12		6		
4	2	4				
3		4		5		
1		1				
1						
		3		1		
7		1				
6		1				
1						
12		7		4		
7		3		1		
2		4		2		
3				1		
14	1			5		
14	1			5		
730	27	262	35	1254		1
527	26	221	32	1040		1
24		14	1	37		
93		19	1	128		
86	1	8	1	49		
813	**218**	**602**	**102**	**92**	**2**	**3**
175	90	285	58	19	1	1
167	85	273	54	16		1
1	1	4				
7	4	8	4	3	1	
11	1			5		
2						
9	1			5		
26	5	37	7	1		
3		3	2			
21	4	33	5	1		
2	1	1				
7	1	7	1	3		
5	1	7	1	1		
1				2		
1						

1-1-13 续表 13

指标名称	行业代码	国有独资	其他有限责任公司	股份有限公司	私营
非金属矿采选业	10	2	98	15	981
土砂石开采	101	1	84	11	929
化学矿开采	102		6	1	14
采盐	103			1	1
石棉及其他非金属矿采选	109	1	8	2	37
开采辅助活动	11		7	2	22
煤炭开采和洗选辅助活动	111		2	1	10
石油和天然气开采辅助活动	112		4	1	7
其他开采辅助活动	119		1		5
其他采矿业	12		1	1	21
其他采矿业	120		1	1	21
制造业	**C**	**84**	**4907**	**446**	**33952**
农副食品加工业	13	7	211	32	2875
谷物磨制	131	5	26	3	862
饲料加工	132	1	27	4	212
植物油加工	133	1	10	2	306
制糖业	134		2	1	24
屠宰及肉类加工	135		63	13	432
水产品加工	136		2		22
蔬菜、水果和坚果加工	137		27	5	367
其他农副食品加工	139		54	4	650
食品制造业	14	1	115	14	911
焙烤食品制造	141		16		211
糖果、巧克力及蜜饯制造	142		5	1	62
方便食品制造	143	1	20		219
乳制品制造	144		3	2	8
罐头食品制造	145		5	1	31
调味品、发酵制品制造	146		37	5	250
其他食品制造	149		29	5	130
酒、饮料和精制茶制造业	15		58	9	756
酒的制造	151		24	4	359
饮料制造	152		26	5	283
精制茶加工	153		8		114
烟草制品业	16	1	3		
烟叶复烤	161		2		
卷烟制造	162	1	1		
纺织业	17	3	88	8	1514
棉纺织及印染精加工	171	1	50	1	623
毛纺织及染整精加工	172	1	5		55
麻纺织及染整精加工	173	1	3		9
丝绢纺织及印染精加工	174		11	2	78
化纤织造及印染精加工	175				26
针织或钩针编织物及其制品制造	176		4	1	148
家用纺织制成品制造	177		8	3	486
非家用纺织制成品制造	178		7	1	89

单位：个

私营独资	私营合伙	私营有限责任公司	私营股份有限公司	其他	港、澳、台商投资	外商投资企业
567	118	261	35	55	1	2
543	114	239	33	53	1	2
5	2	6	1			
		1				
19	2	15	1	2		
15	1	6		6		
7	1	2		3		
4		3		2		
4		1		1		
12	2	6	1	3		
12	2	6	1	3		
19068	**1349**	**12658**	**877**	**1657**	**214**	**341**
2113	105	613	44	183	3	13
788	14	57	3	24		
102	10	95	5	10		6
261	4	37	4	11	1	3
18	3	3		1		
232	37	153	10	25		
18		4		7		
241	19	96	11	47	1	2
453	18	168	11	58	1	2
512	34	332	33	56	3	3
120	10	76	5	16	2	
37	3	19	3	1		
161	10	43	5	11	1	2
2		5	1	1		
15	1	15		12		
121	7	115	7	8		
56	3	59	12	7		1
495	43	200	18	56	3	9
268	25	59	7	22	1	1
165	14	95	9	14	2	8
62	4	46	2	20		
1203	35	269	7	69	1	5
476	15	131	1	18		1
43	3	8	1	4		1
5		4				
39	1	35	3	2	1	1
21		5		1		
110	3	34	1	6		1
443	11	31	1	35		1
66	2	21		3		

1-1-13 续表 14

指标名称	行业代码	国有独资	其他有限责任公司	股份有限公司	私营
纺织服装、服饰业	18	1	71	5	1365
机织服装制造	181	1	66	5	977
针织或钩针编织服装制造	182		1		64
服饰制造	183		4		324
皮革、毛皮、羽毛及其制品和制鞋业	19	1	65	5	919
皮革鞣制加工	191				34
皮革制品制造	192		16	1	150
毛皮鞣制及制品加工	193		2	1	65
羽毛(绒)加工及制品制造	194		2		44
制鞋业	195	1	45	3	626
木材加工和木、竹、藤、棕、草制品业	20	1	85	8	1279
木材加工	201		18	1	460
人造板制造	202	1	12	4	80
木制品制造	203		45	3	412
竹、藤、棕、草等制品制造	204		10		327
家具制造业	21		97	7	1633
木质家具制造	211		65	5	1268
竹、藤家具制造	212		1		18
金属家具制造	213		9	1	103
塑料家具制造	214		2		15
其他家具制造	219		20	1	229
造纸和纸制品业	22	1	85	4	616
纸浆制造	221		1		4
造纸	222		25	2	150
纸制品制造	223	1	59	2	462
印刷和记录媒介复制业	23		149	12	777
印刷	231		126	8	673
装订及印刷相关服务	232		20	3	103
记录媒介复制	233		3	1	1
文教、工美、体育和娱乐用品制造业	24		48	11	651
文教办公用品制造	241		2	2	51
乐器制造	242		1		8
工艺美术品制造	243		37	9	538
体育用品制造	244		6		15
玩具制造	245		2		30
游艺器材及娱乐用品制造	246				9
石油加工及炼焦	25		13	2	53
化学原料和化学制品制造业	26	8	191	33	934
基础化学原料制造	261	4	42	6	91
肥料制造	262	1	25	7	114

单位：个

私营独资	私营合伙	私营有限责任公司	私营股份有限公司	其他	港、澳、台商投资	外商投资企业
1047	38	261	19	72	14	5
731	31	198	17	45	12	3
48		15	1	2		1
268	7	48	1	25	2	1
580	37	282	20	54	2	1
17	6	10	1	2		
97	8	44	1	9		
49	3	12	1	8		
31		12	1	3		
386	20	204	16	32	2	1
999	54	211	15	80		3
392	20	44	4	30		2
40	5	30	5			
271	15	122	4	25		1
296	14	15	2	25		
1177	45	389	22	89	1	3
906	38	305	19	63	1	
15	1	2		1		
70	2	30	1	7		2
7		8		1		
179	4	44	2	17		1
345	25	231	15	19	11	5
3	1					
75	6	65	4	3	2	4
267	18	166	11	16	9	1
316	41	394	26	38	5	6
266	36	349	22	27	5	6
50	4	45	4	11		
	1					
431	27	180	13	43	5	1
29	1	19	2	4		
4	1	3				
364	23	143	8	35	3	1
5		9	1			
24	1	4	1	4	2	
5	1	2	1			
18	2	28	5	1		1
379	45	479	31	35	11	19
23	6	52	10	5	4	5
42	12	58	2	7		1

1-1-13 续表 15

指标名称	行业代码	国有独资	其他有限责任公司	股份有限公司	私营
农药制造	263		9	3	15
涂料、油墨、颜料及类似产品制造	264	2	41	2	303
合成材料制造	265		20	2	70
专用化学产品制造	266		39	6	170
炸药、火工及焰火产品制造	267	1	6	3	50
日用化学产品制造	268		9	4	121
医药制造业	27	1	71	16	177
化学药品原料药制造	271	1	18	3	29
化学药品制剂制造	272		11	2	13
中药饮片加工	273		8		39
中成药生产	274		10	7	28
兽用药品制造	275		5	1	18
生物药品制造	276		13	2	32
卫生材料及医药用品制造	277		6	1	18
化学纤维制造业	28		1	4	18
纤维素纤维原料及纤维制造	281				6
合成纤维制造	282		1	4	12
橡胶和塑料制品业	29	2	190	18	1226
橡胶制品业	291		30	5	237
塑料制品业	292	2	160	13	989
非金属矿物制品业	30	11	434	51	3948
水泥、石灰和石膏制造	301	4	37	4	208
石膏、水泥制品及类似制品制造	302	3	111	19	1187
砖瓦、石材等建筑材料制造	303		178	19	2018
玻璃制造	304		17	1	63
玻璃制品制造	305	2	41	4	223
玻璃纤维和玻璃纤维增强塑料制品制造	306		9	1	45
陶瓷制品制造	307	2	21		85
耐火材料制品制造	308		8	2	48
石墨及其他非金属矿物制品制造	309		12	1	71
黑色金属冶炼和压延加工业	31	4	92	10	443
炼铁	311		3	1	14
炼钢	312		1		12
黑色金属铸造	313	1	26	2	149
钢压延加工	314	3	51	3	221
铁合金冶炼	315		11	4	47
有色金属冶炼和压延加工业	32	2	68	5	274
常用有色金属冶炼	321	1	16	3	64
贵金属冶炼	322				7
稀有稀土金属冶炼	323		2		7
有色金属合金制造	324		10		36
有色金属铸造	325		1	1	22
有色金属压延加工	326	1	39	1	138

单位：个

私营独资	私营合伙	私营有限责任公司	私营股份有限公司	其他	港、澳、台商投资	外商投资企业
4		8	3			
166	6	125	6	14	3	3
25	2	41	2	2		2
45	6	118	1	3	3	7
13	6	26	5	1		1
61	7	51	2	3	1	
35	5	131	6	9	2	5
7		21	1		1	1
1		12		1	1	1
11	2	26		2		
9		17	2	3		1
		16	2			
4	1	27		2		2
3	2	12	1	1		
9		9				
2		4				
7		5				
497	67	621	41	57	7	14
78	18	132	9	9	2	9
419	49	489	32	48	5	5
2401	320	1128	99	239	8	16
105	18	82	3	11	1	5
843	61	263	20	72	2	3
1229	216	524	49	138	1	1
20	1	39	3	5	1	1
112	9	95	7	5	1	2
12	1	29	3			2
33	2	45	5	2	1	1
19	6	20	3	2		
28	6	31	6	4	1	1
213	14	193	23	14	6	2
8		4	2			
3	1	8		1		
84	6	53	6	4	2	1
106	6	96	13	8	3	
12	1	32	2	1	1	1
123	14	121	16	28	4	4
23	8	29	4	4		
2		3	2			
		6	1			
13	3	17	3	2	2	
11	1	9	1			
74	2	57	5	22	2	4

1-1-13 续表 16

指标名称	行业代码	国有独资	其他有限责任公司	股份有限公司	私营
金属制品业	33	2	390	26	3244
结构性金属制品制造	331	1	134	12	1772
金属工具制造	332		72	3	487
集装箱及金属包装容器制造	333		18	1	42
金属丝绳及其制品制造	334		3	1	46
建筑、安全用金属制品制造	335		48	1	297
金属表面处理及热处理加工	336		45	2	153
搪瓷制品制造	337		2		20
金属制日用品制造	338		24	1	190
其他金属制品制造	339	1	44	5	237
通用设备制造业	34	9	458	29	2172
锅炉及原动设备制造	341	2	20	3	119
金属加工机械制造	342	2	95	7	404
物料搬运设备制造	343	1	23	2	52
泵、阀门、压缩机及类似机械制造	344	2	29	1	110
轴承、齿轮和传动部件制造	345	1	27	2	109
烘炉、风机、衡器、包装等设备制造	346	1	54	2	156
文化、办公用机械制造	347		4	2	10
通用零部件制造	348		179	9	1115
其他通用设备制造业	349		27	1	97
专用设备制造业	35	3	342	22	1458
采矿、冶金、建筑专用设备制造	351	1	59	7	194
化工、木材、非金属加工专用设备制造	352	1	86	8	463
食品、饮料、烟草及饲料生产专用设备制造	353		5		41
印刷、制药、日化及日用品生产专用设备制造	354		14	1	76
纺织、服装和皮革加工专用设备制造	355		10	1	27
电子和电工机械专用设备制造	356	1	23	2	99
农、林、牧、渔专用机械制造	357		86	1	329
医疗仪器设备及器械制造	358		21	1	90
环保、社会公共服务及其他专用设备制造	359		38	1	139
汽车制造业	36	10	559	37	2001
汽车整车制造	361	2	8	1	11
改装汽车制造	362	2	7	4	12
电车制造	364		1		17
汽车车身、挂车制造	365		3	1	12
汽车零部件及配件制造	366	6	540	31	1949
铁路、船舶、航空航天和其他运输设备制造业	37	2	522	38	2389
铁路运输设备制造	371		6	2	17
城市轨道交通设备制造	372		2		3
船舶及相关装置制造	373	1	27	6	160
航空、航天器及设备制造	374		2		1

单位：个

私营独资	私营合伙	私营有限责任公司	私营股份有限公司	其他	港、澳、台商投资	外商投资企业
2257	75	857	55	174	3	11
1352	38	364	18	104	1	2
373	11	89	14	16		1
12		30		1		2
28	4	12	2	2		
183	7	99	8	14		1
47	5	98	3	10	1	
9		10	1	1		
128	5	54	3	13		3
125	5	101	6	13	1	2
931	82	1068	91	78	9	28
44	3	65	7	5	2	5
205	14	166	19	9	1	4
14	1	35	2	1	1	3
26	5	69	10	4		
48	3	51	7	5	1	4
35	13	99	9	11	2	5
4		5	1			
530	42	513	30	40	2	5
25	1	65	6	3		2
621	48	741	48	46	17	14
84	4	94	12	5		
168	18	269	8	14	6	5
25	2	12	2	7		
37	1	37	1	3	1	
17	1	8	1			1
40	2	54	3	2	3	3
189	12	123	5	10	2	1
25	2	54	9	1	1	2
36	6	90	7	4	4	2
537	64	1315	85	49	30	77
3		6	2			4
4		8			1	1
5		11	1			
1	1	10		3		
524	63	1280	82	46	29	72
890	60	1363	76	81	11	14
6		10	1	1		1
1		2				
56	4	90	10	9		1
		1				1

1-1-13 续表 17

指标名称	行业代码	国有独资	其他有限责任公司	股份有限公司	私营
摩托车制造	375	1	479	29	2189
自行车制造	376		4		10
非公路休闲车及零配件制造	377		1		2
潜水救捞及其他未列明运输设备制造	379		1	1	7
电气机械和器材制造业	38	5	183	18	838
电机制造	381	1	30	2	116
输配电及控制设备制造	382	1	64	6	234
电线、电缆、光缆及电工器材制造	383	1	26	4	138
电池制造	384	1	7	2	25
家用电力器具制造	385		20		89
非电力家用器具制造	386		4		35
照明器具制造	387		21	1	133
其他电气机械及器材制造	389	1	11	3	68
计算机、通信和其他电子设备制造业	39	4	143	9	424
计算机制造	391		39	1	51
通信设备制造	392	1	13	2	29
广播电视设备制造	393		3		8
视听设备制造	395	1	6		8
电子器件制造	396	1	11	1	49
电子元件制造	397	1	41	3	193
其他电子设备制造	399		30	2	86
仪器仪表制造业	40	4	91	8	400
通用仪器仪表制造	401	2	66	6	196
专用仪器仪表制造	402	1	7		34
钟表与计时仪器制造	403		1	1	6
光学仪器及眼镜制造	404	1	7		95
其他仪器仪表制造业	409		10	1	69
其他制造业	41		23	2	366
日用杂品制造	411		7	1	96
煤制品制造	412		3		56
其他未列明制造业	419		13	1	214
废弃资源综合利用业	42	1	31	3	109
金属废料和碎屑加工处理	421	1	26	2	62
非金属废料和碎屑加工处理	422		5	1	47
金属制品、机械和设备修理业	43		30		182
金属制品修理	431		3		19
通用设备修理	432		6		21
专用设备修理	433		3		29
铁路、船舶、航空航天等运输设备修理	434		7		29
电气设备修理	435		2		13
仪器仪表修理	436		2		3
其他机械和设备修理业	439		7		68

单位：个

私营独资	私营合伙	私营有限责任公司	私营股份有限公司	其他	港、澳、台商投资	外商投资企业
823	55	1246	65	71	11	11
2	1	7				
1		1				
1		6				
248	24	533	33	32	12	18
16	4	89	7	3	3	2
60	5	163	6	10	6	5
33	3	96	6	7	1	4
6	1	17	1	2	2	2
37	6	43	3	2		2
10		21	4	2		
63	5	62	3	2		1
23		42	3	4		2
169	11	229	15	15	41	46
6		40	5	4	21	23
2	3	23	1		4	3
2		6				
1		7		1	1	
15	2	30	2		3	3
115	3	70	5	7	6	14
28	3	53	2	3	6	3
101	10	275	14	6	4	16
27	7	152	10	3	3	9
7		26	1		1	2
4		2				
38	1	55	1	1		4
25	2	40	2	2		1
265	7	94		20		
69	1	26		7		
51	2	3		6		
145	4	65		7		
59	6	44		7		1
30	4	28		3		
29	2	16		4		1
97	11	67	7	7	1	1
13	1	4	1	2		
13	1	6	1	2		
15	2	12		1		
13	2	12	2			1
5		8				
	1	1	1			
38	4	24	2	2	1	

1-1-13 续表 18

指标名称	行业代码	国有独资	其他有限责任公司	股份有限公司	私营
电力、热力、燃气及水生产和供应业	D	**78**	**205**	**53**	**1094**
电力、热力生产和供应业	44	35	115	36	764
电力生产	441	18	92	33	742
电力供应	442	17	22	3	20
热力生产和供应	443		1		2
燃气生产和供应业	45	13	32	16	102
燃气生产和供应业	450	13	32	16	102
水的生产和供应业	46	30	58	1	228
自来水生产和供应	461	18	45		191
污水处理及其再生利用	462	12	12	1	26
其他水的处理、利用与分配	469		1		11
建筑业	E	**74**	**1791**	**164**	**4687**
房屋建筑业	47	26	619	70	1483
房屋建筑业	470	26	619	70	1483
土木工程建筑业	48	32	184	17	361
铁路、道路、隧道和桥梁工程建筑	481	23	81	8	105
水利和内河港口工程建筑	482	3	19	3	18
工矿工程建筑	484	1	11	1	15
架线和管道工程建筑	485	3	20		41
其他土木工程建筑	489	2	53	5	182
建筑安装业	49	9	220	19	472
电气安装	491	3	66	3	117
管道和设备安装	492	4	63	7	136
其他建筑安装业	499	2	91	9	219
建筑装饰和其他建筑业	50	7	768	58	2371
建筑装饰业	501	1	457	34	1531
工程准备活动	502		36	1	75
提供施工设备服务	503		41	2	84
其他未列明建筑业	509	6	234	21	681
批发和零售业	F	**111**	**12060**	**816**	**59803**
批发业	51	76	6424	452	23478
农、林、牧产品批发	511	12	145	22	2407
食品、饮料及烟草制品批发	512	18	462	50	4100
纺织、服装及家庭用品批发	513	1	410	32	2254
文化、体育用品及器材批发	514		121	8	567
医药及医疗器材批发	515	3	270	30	756
矿产品、建材及化工产品批发	516	33	2737	170	7485
机械设备、五金产品及电子产品批发	517	7	1888	103	4422
贸易经纪与代理	518		68	8	266
其他批发业	519	2	323	29	1221
零售业	52	35	5636	364	36325
综合零售	521	3	435	38	4000

单位：个

私营独资	私营合伙	私营有限责任公司	私营股份有限公司	其他	港、澳、台商投资	外商投资企业
531	**212**	**297**	**54**	**92**	**7**	**4**
352	180	193	39	44	1	2
340	178	185	39	44	1	1
12	2	6				
		2				1
35	8	50	9	12	5	
35	8	50	9	12	5	
144	24	54	6	36	1	2
128	24	35	4	32	1	
7		17	2	3		2
9		2		1		
632	**97**	**3695**	**263**	**141**	**10**	**7**
123	18	1239	103	27	1	3
123	18	1239	103	27	1	3
51	4	284	22	15	1	1
14	1	86	4	2		1
3		13	2	1		
3		12			1	
4	2	32	3	1		
27	1	141	13	11		
45	10	386	31	12	2	
18	2	90	7	2		
7	6	112	11	5	1	
20	2	184	13	5	1	
413	65	1786	107	87	6	3
292	35	1144	60	54	5	2
5	2	65	3	1		
9	3	64	8	2		
107	25	513	36	30	1	1
34102	**1684**	**22623**	**1394**	**6181**	**120**	**143**
10325	690	11766	697	2794	43	66
1802	56	518	31	651	1	
2490	91	1442	77	760	5	16
1067	59	1062	66	123	8	4
208	17	319	23	32	2	6
135	19	566	36	74	2	2
2974	268	4004	239	534	9	11
1074	121	3055	172	455	10	22
78	11	158	19	68	1	2
497	48	642	34	97	5	3
23777	994	10857	697	3387	77	77
2896	126	911	67	452	11	13

1-1-13 续表 19

指标名称	行业代码	国有独资	其他有限责任公司	股份有限公司	私营
食品、饮料及烟草制品专门零售	522	8	337	24	4383
纺织、服装及日用品专门零售	523	1	421	34	6984
文化、体育用品及器材专门零售	524	2	248	16	1754
医药及医疗器材专门零售	525	2	222	25	824
汽车、摩托车、燃料及零配件专门零售	526	9	1149	78	2874
家用电器及电子产品专门零售	527	5	1038	55	5367
五金、家具及室内装饰材料专门零售	528	2	1130	59	7680
货摊、无店铺及其他零售业	529	3	656	35	2459
交通运输、仓储和邮政业	G	**55**	**1216**	**144**	**3017**
道路运输业	54	35	818	82	1773
城市公共交通运输	541	11	46	9	54
公路旅客运输	542	6	57	18	88
道路货物运输	543	5	687	45	1514
道路运输辅助活动	544	13	28	10	117
水上运输业	55	7	82	23	223
水上旅客运输	551		13	5	24
水上货物运输	552	3	57	16	162
水上运输辅助活动	553	4	12	2	37
航空运输业	56	1	9	1	9
航空客货运输	561		5		5
通用航空服务	562			1	1
航空运输辅助活动	563	1	4		3
管道运输业	57		1		1
管道运输业	570		1		1
装卸搬运和运输代理业	58	6	212	23	743
装卸搬运	581	1	50	11	228
运输代理业	582	5	162	12	515
仓储业	59	5	66	10	172
谷物、棉花等农产品仓储	591	4	4	1	16
其他仓储业	599	1	62	9	156
邮政业	60	1	28	5	96
邮政基本服务	601	1		1	3
快递服务	602		28	4	93
住宿和餐饮业	H	**23**	**968**	**85**	**10087**
住宿业	61	16	282	30	1322
旅游饭店	611	13	123	13	417
一般旅馆	612	2	117	16	736
其他住宿业	619	1	42	1	169
餐饮业	62	7	686	55	8765
正餐服务	621	5	581	46	7385
快餐服务	622	1	27	5	225
饮料及冷饮服务	623		12	1	221
其他餐饮业	629	1	66	3	934

单位：个

私营独资	私营合伙	私营有限责任公司	私营股份有限公司	其他	港、澳、台商投资	外商投资企　业
3361	106	858	58	668	6	12
5458	146	1298	82	552	31	23
984	58	675	37	130	3	2
395	18	382	29	85	1	
1429	81	1280	84	222	8	8
2796	166	2274	131	311	6	9
5286	207	2065	122	551	7	4
1172	86	1114	87	416	4	6
730	**123**	**2015**	**149**	**189**	**24**	**20**
372	67	1245	89	110	6	3
5	3	41	5	5	1	
12	6	62	8	5	1	
301	45	1097	71	88	4	2
54	13	45	5	12		1
34	9	162	18	7	3	3
2	2	14	6	1		
17	3	132	10	4	2	1
15	4	16	2	2	1	2
		9		2	2	4
		5		1	2	1
		1				1
		3		1		2
		1		1		
		1		1		
222	41	451	29	47	8	5
94	23	104	7	11	1	
128	18	347	22	36	7	5
64	5	96	7	14	5	5
11		5		2	1	
53	5	91	7	12	4	5
38	1	51	6	8		
2			1			
36	1	51	5	8		
7752	**356**	**1818**	**161**	**974**	**19**	**36**
798	69	411	44	133	9	11
220	16	166	15	36	6	5
465	45	199	27	69	3	6
113	8	46	2	28		
6954	287	1407	117	841	10	25
5913	236	1149	87	670	3	11
154	8	59	4	25	3	8
169	10	40	2	15		2
718	33	159	24	131	4	4

1-1-13 续表 20

指标名称	行业代码	国有独资	其他有限责任公司	股份有限公司	私营
信息传输、软件和信息技术服务业	I	**27**	**1250**	**144**	**3846**
电信、广播电视和卫星传输服务	63	20	75	62	109
电信	631	12	59	59	96
广播电视传输服务	632	8	13	3	11
卫星传输服务	633		3		2
互联网和相关服务	64	1	90	11	489
互联网接入及相关服务	641		10	1	44
互联网信息服务	642	1	58	9	341
其他互联网服务	649		22	1	104
软件和信息技术服务业	65	6	1085	71	3248
软件开发	651	3	797	47	2339
信息系统集成服务	652	2	54	7	154
信息技术咨询服务	653	1	135	14	444
数据处理和存储服务	654		6		35
集成电路设计	655		5		6
其他信息技术服务业	659		88	3	270
房地产业	K	**120**	**2127**	**174**	**5547**
房地产业	70	120	2127	174	5547
房地产开发经营	701	88	1026	70	1859
物业管理	702	22	580	51	1403
房地产中介服务	703	1	427	44	2138
自有房地产经营活动	704	3	44	4	84
其他房地产业	709	6	50	5	63
租赁和商务服务业	L	**161**	**3583**	**291**	**13676**
租赁业	71	3	282	28	1300
机械设备租赁	711	3	277	28	1258
文化及日用品出租	712		5		42
商务服务业	72	158	3301	263	12376
企业管理服务	721	97	413	39	1005
法律服务	722		20	5	311
咨询与调查	723	4	1022	71	3341
广告业	724	5	900	55	4280
知识产权服务	725		21		79
人力资源服务	726	2	256	26	1022
旅行社及相关服务	727	10	149	28	438
安全保护服务	728	10	39	2	53
其他商务服务业	729	30	481	37	1847
科学研究和技术服务业	M	**40**	**906**	**95**	**3201**
研究和试验发展	73	4	62	3	194
自然科学研究和试验发展	731	1	7	2	10
工程和技术研究和试验发展	732	2	36		82

单位：个

私营独资	私营合伙	私营有限责任公司	私营股份有限公司	其他	港、澳、台商投资	外商投资企业
812	**128**	**2755**	**151**	**278**	**29**	**45**
48	10	49	2	28	14	13
44	6	44	2	21	14	13
4	4	3		6		
		2		1		
247	26	203	13	37	4	1
14	2	27	1	2	3	
189	20	126	6	26	1	1
44	4	50	6	9		
517	92	2503	136	213	11	31
286	61	1890	102	124	8	18
26	3	119	6	13	2	4
106	14	306	18	44	1	5
4		29	2	1		
	1	5		2		
95	13	154	8	29		4
1314	**127**	**3809**	**297**	**251**	**125**	**69**
1314	127	3809	297	251	125	69
66	10	1644	139	25	99	50
234	41	1055	73	96	12	9
984	71	1014	69	108	12	8
20	2	49	13	7	1	1
10	3	47	3	15	1	1
3854	**772**	**8510**	**540**	**1827**	**43**	**44**
495	56	708	41	134		3
476	53	689	40	131		2
19	3	19	1	3		1
3359	716	7802	499	1693	43	41
138	53	758	56	250	12	11
87	179	42	3	358	1	
643	177	2393	128	466	16	20
1557	134	2441	148	278	2	3
9	10	57	3	2		
238	36	702	46	99	1	2
93	22	298	25	43	2	2
14	1	36	2	9		
580	104	1075	88	188	9	3
1070	**116**	**1911**	**104**	**809**	**23**	**25**
50	14	123	7	65	2	5
2	1	7		5	2	
15	1	61	5	12		2

1-1-13 续表 21

指标名称	行业代码	国有独资	其他有限责任公司	股份有限公司	私营
农业科学研究和试验发展	733	1	11		44
医学研究和试验发展	734		6		52
社会人文科学研究	735		2	1	6
专业技术服务业	74	34	708	80	2556
气象服务	741	1			
地震服务	742				4
海洋服务	743				
测绘服务	744	2	12	2	49
质检技术服务	745	3	42	8	70
环境与生态监测	746		10	1	24
地质勘查	747	2	10	1	40
工程技术	748	24	328	47	901
其他专业技术服务业	749	2	306	21	1468
科技推广和应用服务业	75	2	136	12	451
技术推广服务	751	1	93	5	292
科技中介服务	752		21	2	80
其他科技推广和应用服务业	759	1	22	5	79
水利、环境和公共设施管理业	**N**	**53**	**209**	**27**	**596**
水利管理业	76	13	13	5	30
防洪除涝设施管理	761	2	1		3
水资源管理	762	4	3	2	8
天然水收集与分配	763	2	2	1	7
水文服务	764	1		1	
其他水利管理业	769	4	7	1	12
生态保护和环境治理业	77	9	53	4	128
生态保护	771	3	7		6
环境治理业	772	6	46	4	122
公共设施管理业	78	31	143	18	438
市政设施管理	781	7	10	2	28
环境卫生管理	782	5	32	1	53
城乡市容管理	783		3	1	9
绿化管理	784	3	55	6	256
公园和游览景区管理	785	16	43	8	92
居民服务、修理和其他服务业	**O**	**2**	**683**	**57**	**5885**
居民服务业	79		283	18	3041
家庭服务	791		58	3	550
托儿所服务	792				10
洗染服务	793		9		346
理发及美容服务	794		40	1	1074
洗浴服务	795		12	2	75
保健服务	796		13	2	193
婚姻服务	797		31		348
殡葬服务	798		20	2	71
其他居民服务业	799		100	8	374

单位：个

私营独资	私营合伙	私营有限责任公司	私营股份有限公司	其他	港、澳、台商投资	外商投资企业
14	3	27		11		
15	9	26	2	11		3
4		2		26		
889	83	1504	80	437	19	16
				4		
1		3		1		
9	2	38		3	1	
14	4	46	6	12	2	2
3	1	18	2	10	1	1
7	1	31	1	7	1	1
215	32	624	30	76	5	8
640	43	744	41	324	9	4
131	19	284	17	307	2	4
81	9	191	11	273	2	4
28	7	41	4	17		
22	3	52	2	17		
142	**24**	**401**	**29**	**128**	**2**	**2**
4	2	23	1	43		
1		2		2		
1		6	1	8		
1	1	5		22		
				3		
1	1	10		8		
17	5	101	5	15		
1		4	1	2		
16	5	97	4	13		
121	17	277	23	70	2	2
4	2	20	2	21	1	
10	1	42		24		1
2		6	1	2		
76	11	156	13	12		
29	3	53	7	11	1	1
3812	**251**	**1700**	**122**	**709**	**8**	**15**
2129	119	740	53	431	4	6
307	22	212	9	59		
7	1	2		17		
290	13	38	5	27		1
906	33	121	14	123		2
46	4	20	5	6		
130	18	43	2	24	1	
206	6	133	3	45		
36	8	24	3	24	3	
201	14	147	12	106		3

1-1-13 续表 22

指标名称	行业代码	国有独资	其他有限责任公司	股份有限公司	私营
机动车、电子产品和日用产品修理业	80	1	236	23	2000
汽车、摩托车修理与维护	801	1	155	15	1412
计算机和办公设备维修	802		39	4	232
家用电器修理	803		32	2	260
其他日用产品修理业	809		10	2	96
其他服务业	81	1	164	16	844
清洁服务	811	1	110	11	597
其他未列明服务业	819		54	5	247
教育	**P**	**5**	**208**	**28**	**2252**
教育	82	5	208	28	2252
学前教育	821		14	5	1118
初等教育	822		1		28
中等教育	823		3	1	59
高等教育	824	1			2
特殊教育	825				4
技能培训、教育辅助及其他教育	829	4	190	22	1041
卫生和社会工作	**Q**	**5**	**60**	**7**	**550**
卫生	83	3	49	6	453
医院	831	3	37	4	159
社区医疗与卫生院	832		1		54
门诊部(所)	833		7	1	223
计划生育技术服务活动	834				
妇幼保健院(所、站)	835				
专科疾病防治院(所、站)	836				1
疾病预防控制中心	837				
其他卫生活动	839		4	1	16
社会工作	84	2	11	1	97
提供住宿社会工作	841		11	1	94
不提供住宿社会工作	842	2			3
文化、体育和娱乐业	**R**	**17**	**329**	**10**	**3590**
新闻和出版业	85	2	26		21
新闻业	851				1
出版业	852	2	26		20
广播、电视、电影和影视录音制作业	86	7	49		122
广播	861				1
电视	862		1		3
电影和影视节目制作	863	2	19		61
电影和影视节目发行	864		5		10
电影放映	865	5	21		38
录音制作	866		3		9

单位：个

					港、澳、台商投资	外商投资企业
私营独资	私营合伙	私营有限责任公司	私营股份有限公司	其他		
1310	91	548	51	169		7
953	70	353	36	115		4
128	8	90	6	16		
169	7	76	8	28		2
60	6	29	1	10		1
373	41	412	18	109	4	2
246	31	304	16	44	3	
127	10	108	2	65	1	2
1568	**207**	**424**	**53**	**3274**	**3**	**7**
1568	207	424	53	3274	3	7
986	101	26	5	2048	1	1
22	4	2		188		
43	10	4	2	139		
2				29		
3		1		15	1	
512	92	391	46	855	1	6
385	**69**	**83**	**13**	**1868**		**1**
314	59	70	10	1030		1
61	42	52	4	80		1
42	10	2		688		
201	6	10	6	227		
				23		
1						
				1		
9	1	6		11		
71	10	13	3	838		
69	10	12	3	442		
2		1		396		
2660	**193**	**697**	**40**	**645**	**8**	**9**
5		14	2	21	1	1
1				6		
4		14	2	15	1	1
32	5	79	6	12	2	1
1						
		3		2		
16	2	41	2	5		
2	1	7				
10	2	23	3	3	2	1
3		5	1	2		

1-1-13 续表 23

指标名称	行业代码	国有独资	其他有限责任公司	股份有限公司
文化艺术业	87	6	119	4
文艺创作与表演	871	4	33	
艺术表演场馆	872		5	
图书馆与档案馆	873		4	
文物及非物质文化遗产保护	874	1	3	
博物馆	875	1	1	
烈士陵园、纪念馆	876			
群众文化活动	877		9	
其他文化艺术业	879		64	4
体育	88	1	29	1
体育组织	881			
体育场馆	882	1	2	
休闲健身活动	883		14	
其他体育	889		13	1
娱乐业	89	1	106	5
室内娱乐活动	891	1	71	4
游乐园	892		5	
彩票活动	893			
文化、娱乐、体育经纪代理	894		19	1
其他娱乐业	899		11	
公共管理、社会保障和社会组织	**S**		**8**	**4**
中国共产党机关	90			
中国共产党机关	900			
国家机构	91			
国家权力机构	911			
国家行政机构	912			
人民法院和人民检察院	913			
其他国家机构	919			
人民政协、民主党派	92			
人民政协	921			
民主党派	922			
社会保障	93			
社会保障	930			
群众团体、社会团体和其他成员组织	94		8	4
群众团体	941			1
社会团体	942		8	3
基金会	943			
宗教组织	944			
基层群众自治组织	95			
社区自治组织	951			
村民自治组织	952			

单位：个

						港、澳、台商投资	外商投资企业
私营	私营独资	私营合伙	私营有限责任公司	私营股份有限公司	其他		
721	458	21	233	9	250	2	1
380	306	13	58	3	48	2	
18	10		8		3		
9	5		4		5		
8	4		4		16		
2	2				8		
					3		
60	31	2	25	2	121		
244	100	6	134	4	46		1
141	65	10	60	6	97		2
13	8	2	2	1	48		
8	2	2	4		4		
101	52	5	39	5	40		2
19	3	1	15		5		
2585	2100	157	311	17	265	3	4
2436	2026	150	245	15	238	3	4
25	11	3	11				
60	18	2	38	2	8		
64	45	2	17		19		
123	**77**	**26**	**14**	**6**	**16557**		**1**
					5		
					5		
					442		
					3		
					412		
					27		
					4		
					1		
					3		
1	1				128		
1	1				128		
122	76	26	14	6	4987		1
6	3	1		2	204		
113	72	25	12	4	4433		1
					33		
3	1		2		317		
					10991		
					2531		
					8460		

1-1-14 按行业、登记注册类型

指标名称	行业代码	从业人员数	内资	国有
总　计		**8663134**	**8263142**	**1098225**
农、林、牧、渔业	**A**	**58390**	**58350**	**4398**
农业	01	1694	1694	
谷物种植	011	26	26	
蔬菜、食用菌及园艺作物种植	014	627	627	
水果种植	015	903	903	
坚果、含油果、香料和饮料作物种植	016	39	39	
中药材种植	017	11	11	
其他农业	019	88	88	
林业	02	150	150	36
林木育种和育苗	021	113	113	
造林和更新	022	1	1	
森林经营和管护	023	36	36	36
畜牧业	03	325	325	
牲畜饲养	031	174	174	
家禽饲养	032	88	88	
其他畜牧业	039	63	63	
渔业	04	156	156	
水产养殖	041	156	156	
农、林、牧、渔服务业	05	56065	56025	4362
农业服务业	051	47006	46966	3070
林业服务业	052	2812	2812	618
畜牧服务业	053	4532	4532	621
渔业服务业	054	1715	1715	53
采矿业	**B**	**253079**	**252685**	**10620**
煤炭开采和洗选业	06	196470	196120	8540
烟煤和无烟煤开采洗选	061	193623	193276	8540
褐煤开采洗选	062	549	549	
其他煤炭采选	069	2298	2295	
石油和天然气开采业	07	3560	3560	1714
石油开采	071	83	83	
天然气开采	072	3477	3477	1714
黑色金属矿采选业	08	8164	8164	110
铁矿采选	081	2012	2012	110
锰矿、铬矿采选	082	5996	5996	
其他黑色金属矿采选	089	156	156	
有色金属矿采选业	09	1480	1480	
常用有色金属矿采选	091	1426	1426	
贵金属矿采选	092	38	38	
稀有稀土金属矿采选	093	16	16	

分组的法人单位从业人员数

单位：人

集体	股份合作	联营					有限责任公司
			国有联营	集体联营	国有与集体联营	其他联营	
120801	**30269**	**12519**	**1597**	**3905**	**2446**	**4571**	**2340058**
351	**998**	**245**		**37**		**208**	**3362**
8							410
							26
							384
8							
343	998	245		37		208	2952
299	782	245		37		208	2746
24	57						93
20	150						29
	9						84
4517	**1128**	**418**		**269**		**149**	**89738**
3274	849	390		269		121	82454
3274	839	166		45		121	81878
		224		224			102
	10						474
	23	13				13	49
		13				13	31
	23						18
							1316
							1285
							31
20							228
20							228

1-1-14 续表 1

指标名称	行业代码	从业人员数	内资	国有
非金属矿采选业	10	40861	40817	180
土砂石开采	101	35485	35441	12
化学矿开采	102	1250	1250	
采盐	103	1900	1900	165
石棉及其他非金属矿采选	109	2226	2226	3
开采辅助活动	11	1579	1579	76
煤炭开采和洗选辅助活动	111	1034	1034	2
石油和天然气开采辅助活动	112	459	459	74
其他开采辅助活动	119	86	86	
其他采矿业	12	965	965	
其他采矿业	120	965	965	
制造业	C	**2295316**	**1976385**	**19589**
农副食品加工业	13	117247	114374	929
谷物磨制	131	13263	13263	511
饲料加工	132	12539	11733	119
植物油加工	133	6448	5598	10
制糖业	134	1204	1204	
屠宰及肉类加工	135	30485	30485	152
水产品加工	136	738	738	
蔬菜、水果和坚果加工	137	28039	26970	113
其他农副食品加工	139	24531	24383	24
食品制造业	14	46319	43846	1308
焙烤食品制造	141	9985	9511	
糖果、巧克力及蜜饯制造	142	2339	2339	
方便食品制造	143	7603	5634	
乳制品制造	144	2932	2932	
罐头食品制造	145	3497	3497	
调味品、发酵制品制造	146	12088	12088	1298
其他食品制造	149	7875	7845	10
酒、饮料和精制茶制造业	15	39761	32323	553
酒的制造	151	18658	16075	463
饮料制造	152	14324	9469	27
精制茶加工	153	6779	6779	63
烟草制品业	16	4926	4926	38
烟叶复烤	161	1754	1754	38
卷烟制造	162	3172	3172	
纺织业	17	59576	56962	51
棉纺织及印染精加工	171	28191	27709	
毛纺织及染整精加工	172	5986	4317	
麻纺织及染整精加工	173	1590	1590	
丝绢纺织及印染精加工	174	8968	8685	
化纤织造及印染精加工	175	450	450	
针织或钩针编织物及其制品制造	176	3976	3896	51
家用纺织制成品制造	177	8023	7923	
非家用纺织制成品制造	178	2392	2392	

单位：人

集体	股份合作	联营					有限责任公司
			国有联营	集体联营	国有与集体联营	其他联营	
1223	215	15				15	5353
1068	169	15				15	4239
14							627
141	46						487
	41						333
							215
	41						116
							2
							5
							5
21013	**9361**	**3050**	**89**	**915**	**1683**	**363**	**465883**
335	675	237		101	20	116	18992
37		20			20		1967
							1899
36	10	11		5		6	462
							320
250	213	34		34			6971
		62		62			161
12	282	110				110	4376
	170						2836
120	404	20				20	8635
	191	20				20	1537
30							213
29							954
							65
							746
43	51						2666
18	162						2454
365	153	10	10				6810
192	10						4571
58	37						1678
115	106	10	10				561
							4888
							1716
							3172
244	42	19				19	8647
174							3360
		16				16	2645
							229
16							1678
22							269
32	42	3				3	200
							266

1-1-14 续表 2

指标名称	行业代码	从业人员数	内资	国有
纺织服装、服饰业	18	57767	50843	52
机织服装制造	181	47138	40764	52
针织或钩针编织服装制造	182	2923	2580	
服饰制造	183	7706	7499	
皮革、毛皮、羽毛及其制品和制鞋业	19	53255	53092	
皮革鞣制加工	191	864	864	
皮革制品制造	192	4587	4587	
毛皮鞣制及制品加工	193	1506	1506	
羽毛(绒)加工及制品制造	194	1340	1340	
制鞋业	195	44958	44795	
木材加工和木、竹、藤、棕、草制品业	20	35720	35600	81
木材加工	201	10203	10101	27
人造板制造	202	5492	5492	
木制品制造	203	12577	12559	
竹、藤、棕、草等制品制造	204	7448	7448	54
家具制造业	21	46798	43112	53
木质家具制造	211	33785	33747	9
竹、藤家具制造	212	351	351	
金属家具制造	213	6296	2651	
塑料家具制造	214	533	533	44
其他家具制造	219	5833	5830	
造纸和纸制品业	22	34986	26635	147
纸浆制造	221	100	100	
造纸	222	13375	8944	1
纸制品制造	223	21511	17591	146
印刷和记录媒介复制业	23	34917	32884	1045
印刷	231	31497	29464	1025
装订及印刷相关服务	232	3215	3215	20
记录媒介复制	233	205	205	
文教、工美、体育和娱乐用品制造业	24	24051	21203	12
文教办公用品制造	241	1897	1897	4
乐器制造	242	914	914	
工艺美术品制造	243	16879	15784	3
体育用品制造	244	993	993	5
玩具制造	245	3109	1356	
游艺器材及娱乐用品制造	246	259	259	
石油加工及炼焦	25	6260	6246	
化学原料和化学制品制造业	26	106424	101951	4789
基础化学原料制造	261	28113	26045	4155
肥料制造	262	25123	24968	

单位：人

集体	股份合作	联营					有限责任公司
			国有联营	集体联营	国有与集体联营	其他联营	
318	43	35		35			7164
318	43	35		35			6621
							3
							540
94	80						9068
43							1064
							105
							28
51	80						7871
770	213	71		51		20	3796
	42	51		51			308
39							1016
689	137						1842
42	34	20				20	630
119	181	5		5			2905
119	174	5		5			1928
							8
	7						65
							15
							889
489	50	9		1		8	5261
							5
	50						2386
489		9		1		8	2870
1340	333	57	12	35		10	8923
1290	278	45		35		10	7751
50	55						1007
		12	12				165
39	185	92		38	46	8	2369
5	164						114
							131
34	21	92		38	46	8	1438
							324
							362
	31	288		288			2185
888	401	107	40	67			40558
263	115	10		10			14228
65							11549

1-1-14 续表 3

指标名称	行业代码	从业人员数	内资	国有
农药制造	263	3877	3877	
涂料、油墨、颜料及类似产品制造	264	12653	12206	563
合成材料制造	265	8283	8105	
专用化学产品制造	266	11041	9618	30
炸药、火工及焰火产品制造	267	12703	12546	39
日用化学产品制造	268	4631	4586	2
医药制造业	27	49862	48510	264
化学药品原料药制造	271	11505	10513	
化学药品制剂制造	272	9142	9117	25
中药饮片加工	273	3416	3416	35
中成药生产	274	16985	16885	28
兽用药品制造	275	4872	4872	99
生物药品制造	276	2505	2270	12
卫生材料及医药用品制造	277	1437	1437	65
化学纤维制造业	28	1231	1231	
纤维素纤维原料及纤维制造	281	119	119	
合成纤维制造	282	1112	1112	
橡胶和塑料制品业	29	78647	65514	276
橡胶制品业	291	25383	13429	217
塑料制品业	292	53264	52085	59
非金属矿物制品业	30	222802	210858	709
水泥、石灰和石膏制造	301	25948	23740	403
石膏、水泥制品及类似制品制造	302	55593	55114	74
砖瓦、石材等建筑材料制造	303	83569	83544	159
玻璃制造	304	5802	4797	
玻璃制品制造	305	24971	23480	
玻璃纤维和玻璃纤维增强塑料制品制造	306	8293	2431	
陶瓷制品制造	307	11396	10730	3
耐火材料制品制造	308	2366	2366	70
石墨及其他非金属矿物制品制造	309	4864	4656	
黑色金属冶炼和压延加工业	31	60171	42887	982
炼铁	311	1756	1756	839
炼钢	312	652	652	
黑色金属铸造	313	9455	9441	143
钢压延加工	314	38064	21266	
铁合金冶炼	315	10244	9772	
有色金属冶炼和压延加工业	32	35660	33903	200
常用有色金属冶炼	321	13571	13571	20
贵金属冶炼	322	111	111	
稀有稀土金属冶炼	323	769	769	
有色金属合金制造	324	3019	2608	
有色金属铸造	325	990	990	
有色金属压延加工	326	17200	15854	180

单位：人

集体	股份合作	联营					有限责任公司
			国有联营	集体联营	国有与集体联营	其他联营	
4	265						2478
48	15						2783
373	1	40	40				4386
135		57		57			2031
							2637
	5						466
107	101						11571
83							3271
	75						4009
	26						474
							2442
24							600
							460
							315
							10
							10
1168	327	67			32	35	13234
296	69	28				28	2777
872	258	39			32	7	10457
3686	1336	180		69		111	36363
302		83				83	9886
1487	182	24		24			8086
1693	1134	73		45		28	8265
22							556
47	6						4708
							217
16	8						2582
104	5						490
15	1						1573
799	144	28		3	25		9208
							112
							3
382		3		3			1650
417	144	25			25		5472
							1971
401	118						15686
33	112						4611
14							
							30
52							484
11							82
291	6						10479

1-1-14 续表 4

指标名称	行业代码	从业人员数	内资	国有
金属制品业	33	113283	110960	1067
结构性金属制品制造	331	50394	49816	15
金属工具制造	332	16374	16009	745
集装箱及金属包装容器制造	333	3116	2983	9
金属丝绳及其制品制造	334	2021	2021	3
建筑、安全用金属制品制造	335	9313	9306	
金属表面处理及热处理加工	336	8351	7791	
搪瓷制品制造	337	719	719	
金属制日用品制造	338	8139	7797	
其他金属制品制造	339	14856	14518	295
通用设备制造业	34	116979	108204	1921
锅炉及原动设备制造	341	16914	11087	
金属加工机械制造	342	18412	18162	49
物料搬运设备制造	343	5891	5211	213
泵、阀门、压缩机及类似机械制造	344	11678	11678	54
轴承、齿轮和传动部件制造	345	11473	11062	88
烘炉、风机、衡器、包装等设备制造	346	13688	12771	659
文化、办公用机械制造	347	423	423	
通用零部件制造	348	32568	32127	820
其他通用设备制造业	349	5932	5683	38
专用设备制造业	35	73160	68107	872
采矿、冶金、建筑专用设备制造	351	17133	17133	64
化工、木材、非金属加工专用设备制造	352	16797	15663	61
食品、饮料、烟草及饲料生产专用设备制造	353	1675	1675	
印刷、制药、日化及日用品生产专用设备制造	354	2944	2838	125
纺织、服装和皮革加工专用设备制造	355	1511	1508	
电子和电工机械专用设备制造	356	4694	3765	135
农、林、牧、渔专用机械制造	357	14796	14634	
医疗仪器设备及器械制造	358	5225	4781	23
环保、社会公共服务及其他专用设备制造	359	8385	6110	464
汽车制造业	36	318484	256248	313
汽车整车制造	361	81568	54118	
改装汽车制造	362	12083	11690	
电车制造	364	477	477	
汽车车身、挂车制造	365	645	645	
汽车零部件及配件制造	366	223711	189318	313
铁路、船舶、航空航天和其他运输设备制造业	37	230856	223577	1565
铁路运输设备制造	371	1679	1591	154
城市轨道交通设备制造	372	739	739	
船舶及相关装置制造	373	21174	21118	1267
航空、航天器及设备制造	374	271	136	

单位：人

集体	股份合作	联营	国有联营	集体联营	国有与集体联营	其他联营	有限责任公司
454	588	104	22	76		6	16564
46	94	6				6	5868
110	77	89	22	67			2060
7		9		9			632
							394
138	183						1255
47							1988
							80
17	42						645
89	192						3642
1437	944	1561	5	112	1440	4	31493
132	185						4462
286	361						8314
117	96						2503
202	25	79		7	72		2382
86							3319
356	122	82	5	77			4585
		28		28			40
258	136	1372			1368	4	4480
	19						1408
562	418	19		13		6	18193
51	84						7279
35	40						2680
	46						362
3	16						566
	22						639
	20						1016
30							2887
113		19		13		6	1099
330	190						1665
2004	1040						71796
							14108
	35						4153
							38
39							80
1965	1005						53417
3225	1046	3		3			56195
125							335
							664
427							7310
							83

1-1-14 续表 5

指标名称	行业代码	从业人员数	内资	国有
摩托车制造	375	205494	198494	109
自行车制造	376	900	900	35
非公路休闲车及零配件制造	377	76	76	
潜水救捞及其他未列明运输设备制造	379	523	523	
电气机械和器材制造业	38	91398	82321	1065
电机制造	381	17279	16953	231
输配电及控制设备制造	382	22456	18596	163
电线、电缆、光缆及电工器材制造	383	13114	12999	
电池制造	384	5066	4287	668
家用电力器具制造	385	16184	15239	
非电力家用器具制造	386	1299	1299	
照明器具制造	387	13529	10518	
其他电气机械及器材制造	389	2471	2430	3
计算机、通信和其他电子设备制造业	39	179808	48235	278
计算机制造	391	117073	8091	
通信设备制造	392	11946	8619	
广播电视设备制造	393	281	281	
视听设备制造	395	1479	1352	
电子器件制造	396	7273	6056	158
电子元件制造	397	30984	17858	120
其他电子设备制造	399	10772	5978	
仪器仪表制造业	40	33600	30506	912
通用仪器仪表制造	401	22115	20415	265
专用仪器仪表制造	402	3225	2545	643
钟表与计时仪器制造	403	1132	1132	
光学仪器及眼镜制造	404	5240	4536	
其他仪器仪表制造业	409	1888	1878	4
其他制造业	41	9659	9659	107
日用杂品制造	411	4659	4659	107
煤制品制造	412	1019	1019	
其他未列明制造业	419	3981	3981	
废弃资源综合利用业	42	5063	5031	
金属废料和碎屑加工处理	421	3298	3298	
非金属废料和碎屑加工处理	422	1765	1733	
金属制品、机械和设备修理业	43	6646	6637	
金属制品修理	431	1839	1839	
通用设备修理	432	1958	1958	
专用设备修理	433	420	420	
铁路、船舶、航空航天等运输设备修理	434	828	827	
电气设备修理	435	243	243	
仪器仪表修理	436	51	51	
其他机械和设备修理业	439	1307	1299	

单位：人

集体	股份合作	联营	国有联营	集体联营	国有与集体联营	其他联营	有限责任公司
2673	1046	3		3			47607
							122
							46
							28
259	358						24677
9	25						5479
206	92						6437
14	191						3549
							818
25							6133
							210
	26						1470
5	24						581
114	20						17047
3							3729
89							3147
							51
							1002
							2018
22	20						4398
							2702
1217	17	137		17	120		8339
984		8			8		5506
26	2	112			112		630
6							766
91							1193
110	15	17		17			244
27	75	1		1			599
22							347
5							42
	75	1		1			210
272							1775
272							1538
							237
160	38						2932
							927
							1659
65							33
71							170
2							8
							16
22	38						119

1-1-14 续表 6

指标名称	行业代码	从业人员数	内资	国有
电力、热力、燃气及水生产和供应业	D	**104169**	**98300**	**14568**
电力、热力生产和供应业	44	65461	63501	4109
电力生产	441	28657	26839	3246
电力供应	442	36443	36443	833
热力生产和供应	443	361	219	30
燃气生产和供应业	45	14573	11473	1065
燃气生产和供应业	450	14573	11473	1065
水的生产和供应业	46	24135	23326	9394
自来水生产和供应	461	21642	20945	8484
污水处理及其再生利用	462	2333	2221	910
其他水的处理、利用与分配	469	160	160	
建筑业	E	**2053826**	**2051769**	**51042**
房屋建筑业	47	1552963	1552897	36836
房屋建筑业	470	1552963	1552897	36836
土木工程建筑业	48	189435	189261	10873
铁路、道路、隧道和桥梁工程建筑	481	114444	114434	5091
水利和内河港口工程建筑	482	22202	22202	2283
工矿工程建筑	484	24832	24668	2191
架线和管道工程建筑	485	9930	9930	549
其他土木工程建筑	489	18027	18027	759
建筑安装业	49	108019	106522	861
电气安装	491	20008	20008	160
管道和设备安装	492	27526	27336	701
其他建筑安装业	499	60485	59178	
建筑装饰和其他建筑业	50	203409	203089	2472
建筑装饰业	501	85906	85620	89
工程准备活动	502	7712	7712	19
提供施工设备服务	503	13068	13068	849
其他未列明建筑业	509	96723	96689	1515
批发和零售业	F	**932237**	**911213**	**17620**
批发业	51	419644	412453	12487
农、林、牧产品批发	511	40496	40474	888
食品、饮料及烟草制品批发	512	76135	75222	7884
纺织、服装及家庭用品批发	513	34627	33853	115
文化、体育用品及器材批发	514	14681	11614	212
医药及医疗器材批发	515	29286	29119	217
矿产品、建材及化工产品批发	516	126727	125828	2179
机械设备、五金产品及电子产品批发	517	70717	69592	685
贸易经纪与代理	518	4179	4151	13
其他批发业	519	22796	22600	294
零售业	52	512593	498760	5133
综合零售	521	125682	118308	212

单位：人

集体	股份合作	联营					有限责任公司
			国有联营	集体联营	国有与集体联营	其他联营	
3301	**291**	**334**	**72**	**186**	**70**	**6**	**54146**
1563	170	89	68	21			41199
1338	170	89	68	21			9862
142							31263
83							74
96	93	75		60	15		5081
96	93	75		60	15		5081
1642	28	170	4	105	55	6	7866
1638	28	170	4	105	55	6	7094
							762
4							10
45817	**4415**	**1038**	**15**	**807**		**216**	**914607**
38921	3599	1038	15	807		216	652581
38921	3599	1038	15	807		216	652581
2268	169						132236
14	160						94835
642	9						11498
25							15707
688							5250
899							4946
2065	115						64931
421	30						9951
1247	79						16060
397	6						38920
2563	532						64859
2484	110						26758
	65						2742
	200						3359
79	157						32000
7771	**4609**	**1685**	**238**	**440**	**99**	**908**	**224581**
3229	2392	900	77	141	65	617	103040
358	239	138	10	62	50	16	3314
365	557	1		1			13142
507	130	22		22			9353
88	15	42	42				4602
	117						9826
1128	869	43	9	22		12	35912
493	319	628		30	15	583	21270
20	71						636
270	75	26	16	4		6	4985
4542	2217	785	161	299	34	291	121541
1426	187	100		66	8	26	41920

1-1-14 续表 7

指标名称	行业代码	从业人员数	内资	国有
食品、饮料及烟草制品专门零售	522	47121	46796	574
纺织、服装及日用品专门零售	523	64798	61047	127
文化、体育用品及器材专门零售	524	19629	19457	170
医药及医疗器材专门零售	525	22579	22570	430
汽车、摩托车、燃料及零配件专门零售	526	66271	65590	2382
家用电器及电子产品专门零售	527	63946	62960	710
五金、家具及室内装饰材料专门零售	528	72583	72269	222
货摊、无店铺及其他零售业	529	29984	29763	306
交通运输、仓储和邮政业	G	**417933**	**407499**	**52650**
道路运输业	54	301120	293890	18923
城市公共交通运输	541	64817	64236	7878
公路旅客运输	542	39749	39703	2044
道路货物运输	543	180092	173625	2173
道路运输辅助活动	544	16462	16326	6828
水上运输业	55	31838	31741	4435
水上旅客运输	551	5780	5780	1847
水上货物运输	552	22933	22918	1900
水上运输辅助活动	553	3125	3043	688
航空运输业	56	11356	9253	570
航空客货运输	561	4305	2276	27
通用航空服务	562	38	18	
航空运输辅助活动	563	7013	6959	543
管道运输业	57	110	110	68
管道运输业	570	110	110	68
装卸搬运和运输代理业	58	25678	25245	172
装卸搬运	581	12301	12243	24
运输代理业	582	13377	13002	148
仓储业	59	11626	11055	791
谷物、棉花等农产品仓储	591	1671	1643	550
其他仓储业	599	9955	9412	241
邮政业	60	36205	36205	27691
邮政基本服务	601	27570	27570	27436
快递服务	602	8635	8635	255
住宿和餐饮业	H	**238127**	**221965**	**6158**
住宿业	61	62295	58400	4017
旅游饭店	611	41060	37837	2817
一般旅馆	612	15214	14542	822
其他住宿业	619	6021	6021	378
餐饮业	62	175832	163565	2141
正餐服务	621	152336	143948	1554
快餐服务	622	9553	6114	552
饮料及冷饮服务	623	2025	2019	
其他餐饮业	629	11918	11484	35

单位：人

集体	股份合作	联营					有限责任公司
			国有联营	集体联营	国有与集体联营	其他联营	
447	433	48	3	41		4	4302
343	109	52		7		45	6963
1290	73	99		68		31	5180
95	307	156	120	25		11	8072
409	351	103	12	7	20	64	25620
43	184	17		1	6	10	14571
406	174	168	26	54		88	9364
83	399	42		30		12	5549
3479	**1979**	**724**	**228**	**221**	**179**	**96**	**175721**
1862	1570	418	53	120	179	66	144077
275	124	47				47	44491
262	1388						25043
1125	58	46	27			19	69910
200		325	26	120	179		4633
306	80	1		1			8526
4							1412
287	80	1		1			5836
15							1278
							8378
							2129
							6249
							17
							17
1225	314	285	175	100		10	8848
1171	228	269	159	100		10	3959
54	86	16	16				4889
86	15						5212
							753
86	15						4459
		20				20	663
							116
		20				20	547
3037	**368**	**82**	**10**	**28**		**44**	**48166**
1242	111	23	10	13			22544
678	33						16920
276	54	18	10	8			3703
288	24	5		5			1921
1795	257	59		15		44	25622
823	196	59		15		44	22274
250	8						1886
10							225
712	53						1237

1-1-14 续表 8

指标名称	行业代码	从业人员数	内资	国有
信息传输、软件和信息技术服务业	I	**112557**	**107048**	**4776**
电信、广播电视和卫星传输服务	63	38273	34920	3758
电信	631	26759	23406	1439
广播电视传输服务	632	11379	11379	2251
卫星传输服务	633	135	135	68
互联网和相关服务	64	11186	10458	224
互联网接入及相关服务	641	4528	4060	
互联网信息服务	642	5187	4927	218
其他互联网服务	649	1471	1471	6
软件和信息技术服务业	65	63098	61670	794
软件开发	651	42309	41264	255
信息系统集成服务	652	3556	3353	20
信息技术咨询服务	653	9289	9152	154
数据处理和存储服务	654	2577	2577	8
集成电路设计	655	271	271	
其他信息技术服务业	659	5096	5053	357
房地产业	K	**296526**	**284934**	**9613**
房地产业	70	296526	284934	9613
房地产开发经营	701	112259	105486	2694
物业管理	702	142665	139643	5515
房地产中介服务	703	34023	32333	166
自有房地产经营活动	704	3045	2964	178
其他房地产业	709	4534	4508	1060
租赁和商务服务业	L	**371510**	**368499**	**19996**
租赁业	71	20039	19977	55
机械设备租赁	711	19532	19474	38
文化及日用品出租	712	507	503	17
商务服务业	72	351471	348522	19941
企业管理服务	721	60357	60107	6081
法律服务	722	10394	10380	877
咨询与调查	723	52341	50352	2217
广告业	724	48178	48059	298
知识产权服务	725	1167	1167	43
人力资源服务	726	72509	72464	608
旅行社及相关服务	727	17288	17222	2032
安全保护服务	728	55865	55865	6061
其他商务服务业	729	33372	32906	1724
科学研究和技术服务业	M	**137168**	**133769**	**39674**
研究和试验发展	73	10918	10464	4781
自然科学研究和试验发展	731	386	359	81
工程和技术研究和试验发展	732	4581	4190	1706

单位：人

集体	股份合作	联营	国有联营	集体联营	国有与集体联营	其他联营	有限责任公司
60	**244**	**202**	**21**	**36**	**118**	**27**	**43520**
23	84	27	2	6		19	21371
18	84	27	2	6		19	12784
5							8560
							27
2	28						4387
	18						2921
	10						973
2							493
35	132	175	19	30	118	8	17762
7	48	38		30		8	13419
	45						980
10	17	1	1				1631
	3						94
12							208
6	19	136	18		118		1430
2190	**531**	**133**		**36**	**58**	**39**	**99559**
2190	531	133		36	58	39	99559
49	73	22			22		38205
870	238	39				39	52140
34	165						6895
546	52						912
691	3	72		36	36		1407
2168	**907**	**396**	**57**	**177**	**28**	**134**	**133189**
36	201						3571
36	201						3493
							78
2132	706	396	57	177	28	134	129618
793	126	136	50	16		70	34694
191		82		62	14	6	190
186	89	47	2			45	13656
140	241						10590
11							263
158	79	10				10	19138
70	91	7	5	2			6542
39							35661
544	80	114		97	14	3	8884
1279	**836**	**334**	**190**	**74**		**70**	**33554**
23	68	15	1	8		6	1918
5							78
13	22	8		8			1270

1-1-14 续表 9

指标名称	行业代码	从业人员数	内资	国有
农业科学研究和试验发展	733	2444	2444	1122
医学研究和试验发展	734	1964	1928	764
社会人文科学研究	735	1543	1543	1108
专业技术服务业	74	105631	102771	25916
气象服务	741	884	884	792
地震服务	742	169	169	90
海洋服务	743	22	22	22
测绘服务	744	3002	2999	1516
质检技术服务	745	7027	6930	3491
环境与生态监测	746	1879	1855	930
地质勘查	747	8988	8961	6132
工程技术	748	55808	55051	9045
其他专业技术服务业	749	27852	25900	3898
科技推广和应用服务业	75	20619	20534	8977
技术推广服务	751	16939	16854	7754
科技中介服务	752	1236	1236	313
其他科技推广和应用服务业	759	2444	2444	910
水利、环境和公共设施管理业	N	**58970**	**58893**	**25191**
水利管理业	76	6774	6774	4241
防洪除涝设施管理	761	299	299	144
水资源管理	762	1608	1608	674
天然水收集与分配	763	2783	2783	2224
水文服务	764	278	278	174
其他水利管理业	769	1806	1806	1025
生态保护和环境治理业	77	6775	6775	1533
生态保护	771	1331	1331	968
环境治理业	772	5444	5444	565
公共设施管理业	78	45421	45344	19417
市政设施管理	781	9149	9123	5228
环境卫生管理	782	15204	15183	8786
城乡市容管理	783	2158	2158	416
绿化管理	784	9099	9099	1856
公园和游览景区管理	785	9811	9781	3131
居民服务、修理和其他服务业	O	**102999**	**102325**	**3044**
居民服务业	79	47284	47150	2379
家庭服务	791	9920	9920	3
托儿所服务	792	613	613	96
洗染服务	793	2271	2267	
理发及美容服务	794	11048	11031	
洗浴服务	795	4897	4897	89
保健服务	796	2675	2670	
婚姻服务	797	3614	3614	50
殡葬服务	798	4409	4373	1221
其他居民服务业	799	7837	7765	920

单位：人

集体	股份合作	联营	国有联营	集体联营	国有与集体联营	其他联营	有限责任公司
	4						279
5	42	1	1				284
		6				6	7
981	634	268	189	37		42	29758
6							7
	5						441
128	62	189	189				1397
25							186
39							1537
222	394	79		37		42	21826
561	173						4364
275	134	51		29		22	1878
239	134	34		29		5	1303
16		7				7	257
20		10				10	318
2236	**131**	**145**	**25**	**114**	**6**		**15407**
416		95		95			1096
							83
232		70		70			374
109		20		20			172
							14
75		5		5			453
44	31	25	25				2455
	22	25	25				178
44	9						2277
1776	100	25		19	6		11856
42		4		4			1715
1531	27						3036
	3						44
163	50						2517
40	20	21		15	6		4544
1226	**783**	**181**	**99**	**62**		**20**	**14308**
443	449	97	18	59		20	6627
23	220						1653
	28	29		29			
							125
	17	20				20	736
	35						840
							314
	9	24	18	6			518
263	102	17		17			885
157	38	7		7			1556

1-1-14 续表 10

指标名称	行业代码	从业人员数	内资	国有
机动车、电子产品和日用产品修理业	80	27972	27710	289
汽车、摩托车修理与维护	801	22169	22117	252
计算机和办公设备维修	802	2238	2238	31
家用电器修理	803	2736	2531	6
其他日用产品修理业	809	829	824	
其他服务业	81	27743	27465	376
清洁服务	811	21721	21606	76
其他未列明服务业	819	6022	5859	300
教育	P	**451359**	**450990**	**324944**
教育	82	451359	450990	324944
学前教育	821	54299	54246	7892
初等教育	822	140857	140857	129406
中等教育	823	154985	154985	136164
高等教育	824	52619	52619	41545
特殊教育	825	1444	1414	1059
技能培训、教育辅助及其他教育	829	47155	46869	8878
卫生和社会工作	Q	**205834**	**205820**	**145145**
卫生	83	193332	193318	140602
医院	831	124216	124202	88516
社区医疗与卫生院	832	50634	50634	39022
门诊部(所)	833	3096	3096	148
计划生育技术服务活动	834	2785	2785	2367
妇幼保健院(所、站)	835	5634	5634	5634
专科疾病防治院(所、站)	836	519	519	518
疾病预防控制中心	837	3090	3090	2845
其他卫生活动	839	3358	3358	1552
社会工作	84	12502	12502	4543
提供住宿社会工作	841	8639	8639	3476
不提供住宿社会工作	842	3863	3863	1067
文化、体育和娱乐业	R	**68836**	**68419**	**17844**
新闻和出版业	85	8413	8271	4103
新闻业	851	653	653	558
出版业	852	7760	7618	3545
广播、电视、电影和影视录音制作业	86	9065	8932	4624
广播	861	252	252	232
电视	862	3650	3650	3497
电影和影视节目制作	863	1732	1732	261
电影和影视节目发行	864	581	581	142
电影放映	865	2671	2538	452
录音制作	866	179	179	40

单位：人

集体	股份合作	联营	国有联营	集体联营	国有与集体联营	其他联营	有限责任公司
684	309	81	81				3347
505	276	48	48				2431
2	9	33	33				413
176	24						409
1							94
99	25	3		3			4334
42	13						3257
57	12	3		3			1077
5464	**1567**	**1594**	**275**	**97**	**1**	**1221**	**6453**
5464	1567	1594	275	97	1	1221	6453
678	235	196	39	61		96	216
2146	87	66	58	7	1		107
2005	821	371	178			193	186
	33	765				765	1378
1							
634	391	196		29		167	4566
11113	**1703**	**698**	**74**	**126**	**27**	**471**	**6372**
10396	1636	683	74	118	24	467	5558
3347	1631	547	35	91		421	5372
6389		111	39	9	19	44	2
361		18		16		2	58
281		7		2	5		
6							
12	5						126
717	67	15		8	3	4	814
612	62	8		8			106
105	5	7			3	4	708
462	**64**	**128**		**10**	**93**	**25**	**11452**
10		69			69		3349
10		69			69		3349
27		13		5		8	2241
							44
		8				8	825
							381
27		5		5			940
							51

1-1-14 续表 11

指标名称	行业代码	从业人员数	内资	国有
文化艺术业	87	20682	20632	7375
文艺创作与表演	871	6494	6449	1135
艺术表演场馆	872	810	810	94
图书馆与档案馆	873	1688	1688	1497
文物及非物质文化遗产保护	874	1256	1256	535
博物馆	875	1212	1212	575
烈士陵园、纪念馆	876	239	239	169
群众文化活动	877	5262	5262	3132
其他文化艺术业	879	3721	3716	238
体育	88	5523	5504	1440
体育组织	881	1758	1758	745
体育场馆	882	227	227	46
休闲健身活动	883	3156	3137	649
其他体育	889	382	382	
娱乐业	89	25153	25080	302
室内娱乐活动	891	21445	21372	45
游乐园	892	1721	1721	170
彩票活动	893	87	87	87
文化、娱乐、体育经纪代理	894	744	744	
其他娱乐业	899	1156	1156	
公共管理、社会保障和社会组织	**S**	**504298**	**504279**	**331353**
中国共产党机关	90	11392	11392	11302
中国共产党机关	900	11392	11392	11302
国家机构	91	311100	311100	302332
国家权力机构	911	7812	7812	7653
国家行政机构	912	284909	284909	276661
人民法院和人民检察院	913	13056	13056	13056
其他国家机构	919	5323	5323	4962
人民政协、民主党派	92	2202	2202	2104
人民政协	921	1737	1737	1735
民主党派	922	465	465	369
社会保障	93	5830	5830	4957
社会保障	930	5830	5830	4957
群众团体、社会团体和其他成员组织	94	92171	92152	10658
群众团体	941	9840	9840	4018
社会团体	942	77599	77580	6361
基金会	943	285	285	75
宗教组织	944	4447	4447	204
基层群众自治组织	95	81603	81603	
社区自治组织	951	23101	23101	
村民自治组织	952	58502	58502	

单位：人

集体	股份合作	联营					有限责任公　司
			国有联营	集体联营	国 有 与 集体联营	其他联营	
236	8	34		5	24	5	2255
91	1						949
							353
							24
21		24			24		64
							15
85		10		5		5	75
39	7						775
149	5	12				12	788
42	5						
							50
30							674
77		12				12	64
40	51						2819
34	41						1254
							1163
1							221
5	10						181
5317	**354**	**1132**	**204**	**270**	**84**	**574**	**40**
386		227	135	57	19	16	
337		215	135	57	7	16	
49		12			12		
119		13	3		10		
119		13	3		10		
4812	354	892	66	213	55	558	40
546		84	4		22	58	
4173	354	787	62	213	30	482	40
11							
82		21			3	18	

1-1-14 续表 12

指标名称	行业代码	国有独资	其他有限责任公司	股份有限公司	私营
总　计		**317235**	**2022823**	**300320**	**3895424**
农、林、牧、渔业	A	**73**	**3289**	**633**	**17823**
农业	01		410	26	1091
谷物种植	011			26	
蔬菜、食用菌及园艺作物种植	014		26		601
水果种植	015		384		372
坚果、含油果、香料和饮料作物种植	016				31
中药材种植	017				11
其他农业	019				76
林业	02				114
林木育种和育苗	021				113
造林和更新	022				1
森林经营和管护	023				
畜牧业	03			7	277
牲畜饲养	031				153
家禽饲养	032				74
其他畜牧业	039			7	50
渔业	04				137
水产养殖	041				137
农、林、牧、渔服务业	05	73	2879	600	16204
农业服务业	051	23	2723	520	13097
林业服务业	052	5	88	68	524
畜牧服务业	053		29		1624
渔业服务业	054	45	39	12	959
采矿业	B	**14832**	**74906**	**8482**	**134266**
煤炭开采和洗选业	06	12986	69468	4846	94020
烟煤和无烟煤开采洗选	061	12986	68892	4726	92640
褐煤开采洗选	062		102		223
其他煤炭采选	069		474	120	1157
石油和天然气开采业	07		49	1286	318
石油开采	071		31		39
天然气开采	072		18	1286	279
黑色金属矿采选业	08	1263	53		6698
铁矿采选	081	1263	22		617
锰矿、铬矿采选	082		31		5925
其他黑色金属矿采选	089				156
有色金属矿采选业	09		228	64	1095
常用有色金属矿采选	091		228	64	1074
贵金属矿采选	092				5
稀有稀土金属矿采选	093				16

单位：人

私营独资	私营合伙	私营有限责任公司	私营股份有限公司	其他	港、澳、台商投资	外商投资企业
929420	**110359**	**2651649**	**203996**	**465526**	**191087**	**208905**
8714	**483**	**7382**	**1244**	**30540**		**40**
100	58	933		159		
55	58	488				
28		344		147		
6		25				
11						
		76		12		
107		7				
106		7				
1						
158		119		41		
101		52		21		
7		67		14		
50				6		
132	5			19		
132	5			19		
8217	420	6323	1244	30321		40
6306	415	5324	1052	26207		40
280		217	27	1428		
1072		397	155	2088		
559	5	385	10	598		
35021	**14801**	**71395**	**13049**	**3516**	**11**	**383**
18369	10303	54765	10583	1747	3	347
18082	10125	54036	10397	1213		347
20	21	182				
267	157	547	186	534	3	
278	40			157		
39						
239	40			157		
1363	431	4481	423	40		
374		217	26			
960	349	4219	397	40		
29	82	45				
72	256	711	56	73		
51	256	711	56	40		
5				33		
16						

1-1-14 续表 13

指标名称	行业代码	国有独资	其他有限责任公司	股份有限公司	私营
非金属矿采选业	10	583	4770	2118	30535
土砂石开采	101	528	3711	218	28615
化学矿开采	102		627	106	503
采盐	103			1701	34
石棉及其他非金属矿采选	109	55	432	93	1383
开采辅助活动	11		333	159	860
煤炭开采和洗选辅助活动	111		215	126	626
石油和天然气开采辅助活动	112		116	33	160
其他开采辅助活动	119		2		74
其他采矿业	12		5	9	740
其他采矿业	120		5	9	740
制造业	**C**	**45885**	**419998**	**106696**	**1319132**
农副食品加工业	13	657	18335	7113	81491
谷物磨制	131	360	1607	156	10094
饲料加工	132	90	1809	114	9517
植物油加工	133	207	255	28	4897
制糖业	134		320	200	629
屠宰及肉类加工	135		6971	1891	19539
水产品加工	136		161		328
蔬菜、水果和坚果加工	137		4376	4205	16925
其他农副食品加工	139		2836	519	19562
食品制造业	14	274	8361	3109	29369
焙烤食品制造	141		1537		7469
糖果、巧克力及蜜饯制造	142		213	15	2075
方便食品制造	143	274	680		4532
乳制品制造	144		65	1951	911
罐头食品制造	145		746	292	2227
调味品、发酵制品制造	146		2666	288	7671
其他食品制造	149		2454	563	4484
酒、饮料和精制茶制造业	15		6810	543	22782
酒的制造	151		4571	350	9987
饮料制造	152		1678	193	7259
精制茶加工	153		561		5536
烟草制品业	16	536	4352		
烟叶复烤	161		1716		
卷烟制造	162	536	2636		
纺织业	17	3548	5099	433	46509
棉纺织及印染精加工	171	815	2545	80	23870
毛纺织及染整精加工	172	2563	82		1462
麻纺织及染整精加工	173	170	59		1361
丝绢纺织及印染精加工	174		1678	109	6814
化纤织造及印染精加工	175				422
针织或钩针编织物及其制品制造	176		269	110	3275
家用纺织制成品制造	177		200	98	7257
非家用纺织制成品制造	178		266	36	2048

单位：人

私营独资	私营合伙	私营有限责任公司	私营股份有限公司	其他	港、澳、台商投资	外商投资企业
14231	3306	11026	1972	1178	8	36
13526	3191	10099	1799	1105	8	36
113	95	265	30			
		34				
592	20	628	143	73		
313	320	227		110		
165	320	141		65		
94		66		35		
54		20		10		
395	145	185	15	211		
395	145	185	15	211		
379857	**37809**	**834096**	**67370**	**31661**	**145730**	**173201**
29098	2796	47268	2329	4602	672	2201
6785	238	3007	64	478		
2305	267	6513	432	84		806
2696	74	1957	170	144	199	651
445	123	61		55		
4754	818	13630	337	1435		
251		77		187		
4079	535	11564	747	947	431	638
7783	741	10459	579	1272	42	106
10083	1043	16617	1626	881	582	1891
2773	315	4180	201	294	474	
927	141	566	441	6		
2506	253	1635	138	119	108	1861
13		878	20	5		
580	8	1639		232		
1954	262	5170	285	71		
1330	64	2549	541	154		30
9620	800	11418	944	1107	1280	6158
4463	424	4519	581	502	138	2445
3482	339	3117	321	217	1142	3713
1675	37	3782	42	388		
23664	1178	21147	520	1017	268	2346
11870	396	11594	10	225		482
995	84	235	148	194		1669
35		1326				
1133	468	5040	173	68	268	15
239		183		28		
2024	49	1053	149	169		80
5969	158	1090	40	291		100
1399	23	626		42		

1-1-14 续表 14

指标名称	行业代码	国有独资	其他有限责任公司	股份有限公司	私营
纺织服装、服饰业	18	142	7022	56	41938
机织服装制造	181	142	6479	56	32827
针织或钩针编织服装制造	182		3		2533
服饰制造	183		540		6578
皮革、毛皮、羽毛及其制品和制鞋业	19	1843	7225	59	42731
皮革鞣制加工	191				829
皮革制品制造	192		1064	15	3329
毛皮鞣制及制品加工	193		105	16	1287
羽毛(绒)加工及制品制造	194		28		1272
制鞋业	195	1843	6028	28	36014
木材加工和木、竹、藤、棕、草制品业	20		3796	263	29100
木材加工	201		308	34	9242
人造板制造	202		1016	99	4338
木制品制造	203		1842	130	9350
竹、藤、棕、草等制品制造	204		630		6170
家具制造业	21		2905	200	38299
木质家具制造	211		1928	170	30414
竹、藤家具制造	212		8		321
金属家具制造	213		65	13	2500
塑料家具制造	214		15		469
其他家具制造	219		889	17	4595
造纸和纸制品业	22	64	5197	348	19830
纸浆制造	221		5		95
造纸	222		2386	226	6186
纸制品制造	223	64	2806	122	13549
印刷和记录媒介复制业	23		8923	244	20290
印刷	231		7751	174	18376
装订及印刷相关服务	232		1007	52	1904
记录媒介复制	233		165	18	10
文教、工美、体育和娱乐用品制造业	24		2369	224	17545
文教办公用品制造	241		114	38	1529
乐器制造	242		131		783
工艺美术品制造	243		1438	186	13431
体育用品制造	244		324		664
玩具制造	245		362		879
游艺器材及娱乐用品制造	246				259
石油加工及炼焦	25		2185	1260	2452
化学原料和化学制品制造业	26	9969	30589	9097	45154
基础化学原料制造	261	2703	11525	1575	5527
肥料制造	262	5659	5890	4237	8917

单位：人

私营独资	私营合伙	私营有限责任公司	私营股份有限公司	其他	港、澳、台商投资	外商投资企业
20773	932	19002	1231	1237	6021	903
15116	829	15841	1041	812	5892	482
874		1487	172	44		343
4783	103	1674	18	381	129	78
11918	795	25934	4084	1060	127	36
257	65	431	76	35		
2066	109	1124	30	136		
750	67	405	65	98		
536		727	9	40		
8309	554	23247	3904	751	127	36
19587	1246	7715	552	1306		120
7605	494	1052	91	397		102
1218	179	2629	312			
5246	289	3688	127	411		18
5518	284	346	22	498		
22645	735	13277	1642	1350	38	3648
18101	674	10638	1001	928	38	
293	5	23		22		
1406	20	1069	5	66		3645
206		263		5		
2639	36	1284	636	329		3
7337	567	11572	354	501	7545	806
63	32					
1897	134	4081	74	95	3758	673
5377	401	7491	280	406	3787	133
4939	707	13940	704	652	723	1310
4296	624	12784	672	525	723	1310
643	73	1156	32	127		
	10					
8023	660	8672	190	737	2841	7
501	90	922	16	43		
17	70	696				
6591	390	6371	79	579	1088	7
93		511	60			
670	55	144	10	115	1753	
151	55	28	25			
369	49	1821	213	30		14
8144	2153	32428	2429	957	1238	3235
678	82	4081	686	172	799	1269
1059	349	7484	25	200		155

1-1-14 续表 15

指标名称	行业代码	国有独资	其他有限责任公司	股份有限公司	私营
农药制造	263		2478	220	910
涂料、油墨、颜料及类似产品制造	264	147	2636	1030	7618
合成材料制造	265		4386	79	3136
专用化学产品制造	266		2031	596	6621
炸药、火工及焰火产品制造	267	1460	1177	648	9065
日用化学产品制造	268		466	712	3360
医药制造业	27	255	11316	18685	17533
化学药品原料药制造	271	255	3016	4143	3016
化学药品制剂制造	272		4009	2480	2468
中药饮片加工	273		474		2739
中成药生产	274		2442	11549	2830
兽用药品制造	275		600	98	4051
生物药品制造	276		460	375	1416
卫生材料及医药用品制造	277		315	40	1013
化学纤维制造业	28		10	615	606
纤维素纤维原料及纤维制造	281				119
合成纤维制造	282		10	615	487
橡胶和塑料制品业	29	282	12952	806	48737
橡胶制品业	291		2777	134	9757
塑料制品业	292	282	10175	672	38980
非金属矿物制品业	30	4234	32129	6928	157750
水泥、石灰和石膏制造	301	1628	8258	620	12156
石膏、水泥制品及类似制品制造	302	1235	6851	2228	42115
砖瓦、石材等建筑材料制造	303		8265	617	69167
玻璃制造	304		556	542	3622
玻璃制品制造	305	935	3773	1997	16664
玻璃纤维和玻璃纤维增强塑料制品制造	306		217	447	1767
陶瓷制品制造	307	436	2146		8039
耐火材料制品制造	308		490	443	1219
石墨及其他非金属矿物制品制造	309		1573	34	3001
黑色金属冶炼和压延加工业	31	1220	7988	2696	28807
炼铁	311		112	85	720
炼钢	312		3		641
黑色金属铸造	313	219	1431	604	6573
钢压延加工	314	1001	4471	1095	14019
铁合金冶炼	315		1971	912	6854
有色金属冶炼和压延加工业	32	1791	13895	826	16387
常用有色金属冶炼	321	1358	3253	780	7956
贵金属冶炼	322				97
稀有稀土金属冶炼	323		30		739
有色金属合金制造	324		484		2060
有色金属铸造	325		82	34	863
有色金属压延加工	326	433	10046	12	4672

单位：人

私营独资	私营合伙	私营有限责任公司	私营股份有限公司	其他	港、澳、台商投资	外商投资企业
130		590	190			
2885	60	4531	142	149	159	288
569	16	2548	3	90		178
710	72	5831	8	148	235	1188
1118	1470	5109	1368	157		157
995	104	2254	7	41	45	
912	234	15710	677	249	890	462
177		2764	75		889	103
2		2466		60	1	24
331	200	2208		142		
262		2177	391	36		100
		3868	183			
113	2	1301		7		235
27	32	926	28	4		
168		438				
31		88				
137		350				
10517	2147	34344	1729	899	3949	9184
1500	417	7635	205	151	3410	8544
9017	1730	26709	1524	748	539	640
57089	10234	83881	6546	3906	3468	8476
3645	508	7949	54	290	731	1477
13967	1310	25429	1409	918	262	217
32520	7201	27042	2404	2436		25
326	30	2556	710	55	317	688
4451	486	10746	981	58	1396	95
249	22	1275	221			5862
1166	50	6443	380	82	657	9
268	199	658	94	35		
497	428	1783	293	32	105	103
5698	604	21041	1464	223	16863	421
279		103	338			
92	40	509		8		
2595	114	3732	132	86	13	1
2081	315	10941	682	94	16798	
651	135	5756	312	35	52	420
1852	342	9935	4258	285	467	1290
462	229	3547	3718	59		
5		61	31			
		591	148			
289	37	1451	283	12	411	
176	15	662	10			
920	61	3623	68	214	56	1290

1-1-14 续表 16

指标名称	行业代码	国有独资	其他有限责任公司	股份有限公司	私营
金属制品业	33	573	15991	2802	86836
结构性金属制品制造	331	143	5725	508	41913
金属工具制造	332		2060	82	12647
集装箱及金属包装容器制造	333		632	185	2137
金属丝绳及其制品制造	334		394	6	1578
建筑、安全用金属制品制造	335		1255	4	7594
金属表面处理及热处理加工	336		1988	30	5378
搪瓷制品制造	337		80		609
金属制日用品制造	338		645	20	6816
其他金属制品制造	339	430	3212	1967	8164
通用设备制造业	34	4967	26526	2409	67235
锅炉及原动设备制造	341	1037	3425	70	6140
金属加工机械制造	342	758	7556	286	8745
物料搬运设备制造	343	581	1922	16	2260
泵、阀门、压缩机及类似机械制造	344	1487	895	87	8769
轴承、齿轮和传动部件制造	345	132	3187	1567	5938
烘炉、风机、衡器、包装等设备制造	346	972	3613	148	6632
文化、办公用机械制造	347		40	5	350
通用零部件制造	348		4480	222	24252
其他通用设备制造业	349		1408	8	4149
专用设备制造业	35	2839	15354	1176	46171
采矿、冶金、建筑专用设备制造	351	2361	4918	224	9242
化工、木材、非金属加工专用设备制造	352	23	2657	764	11881
食品、饮料、烟草及饲料生产专用设备制造	353		362		1220
印刷、制药、日化及日用品生产专用设备制造	354		566	3	2078
纺织、服装和皮革加工专用设备制造	355		639	24	823
电子和电工机械专用设备制造	356	455	561	129	2398
农、林、牧、渔专用机械制造	357		2887	4	11594
医疗仪器设备及器械制造	358		1099	19	3507
环保、社会公共服务及其他专用设备制造	359		1665	9	3428
汽车制造业	36	7836	63960	30791	147419
汽车整车制造	361	3720	10388	22491	17519
改装汽车制造	362	891	3262	5235	2267
电车制造	364		38		439
汽车车身、挂车制造	365		80	26	470
汽车零部件及配件制造	366	3225	50192	3039	126724
铁路、船舶、航空航天和其他运输设备制造业	37	11	56184	5897	153909
铁路运输设备制造	371		335	307	665
城市轨道交通设备制造	372		664		75
船舶及相关装置制造	373	10	7300	273	11506
航空、航天器及设备制造	374		83		53

单位：人

私营独资	私营合伙	私营有限责任公司	私营股份有限公司	其他	港、澳、台商投资	外商投资企业
38728	1121	43401	3586	2545	1061	1262
19208	429	20142	2134	1366	354	224
8229	218	3668	532	199		365
296		1841		4		133
624	114	727	113	40		
4069	95	3031	399	132		7
1001	124	4186	67	348	560	
84		494	31	30		
2591	84	4026	115	257		342
2626	57	5286	195	169	147	191
16790	3283	43337	3825	1204	1837	6938
795	47	4453	845	98	1455	4372
3694	397	4165	489	121	75	175
409	20	1773	58	6	33	647
1612	1617	5044	496	80		
1058	145	4402	333	64	21	390
534	199	5499	400	187	63	854
17		213	120			
8295	813	14232	912	587	190	251
376	45	3556	172	61		249
12600	1021	29370	3180	696	3391	1662
1874	81	5971	1316	189		
2629	205	8910	137	202	948	186
544	62	608	6	47		
695	10	1337	36	47	106	
294	12	507	10			3
889	253	1197	59	67	464	465
4352	238	6138	866	119	79	83
627	31	2267	582	1	50	394
696	129	2435	168	24	1744	531
14402	1595	122142	9280	2885	11044	51192
24		17301	194			27450
118		2149			170	223
133		246	60			
45	10	415		30		
14082	1585	102031	9026	2855	10874	23519
22316	1826	121305	8462	1737	3168	4111
132		397	136	5		88
1		74				
1143	356	9663	344	335		56
		53				135

1-1-14 续表 17

指标名称	行业代码	国有独资	其他有限责任公司	股份有限公司	私营
摩托车制造	375	1	47606	5245	140414
自行车制造	376		122		743
非公路休闲车及零配件制造	377		46		30
潜水救捞及其他未列明运输设备制造	379		28	72	423
电气机械和器材制造业	38	1779	22898	2753	52673
电机制造	381	1183	4296	1045	10088
输配电及控制设备制造	382	61	6376	335	11250
电线、电缆、光缆及电工器材制造	383	255	3294	791	8308
电池制造	384	27	791	486	2277
家用电力器具制造	385		6133		9056
非电力家用器具制造	386		210		1051
照明器具制造	387		1470	28	8980
其他电气机械及器材制造	389	253	328	68	1663
计算机、通信和其他电子设备制造业	39	1044	16003	542	29989
计算机制造	391		3729	263	4055
通信设备制造	392	891	2256	62	5321
广播电视设备制造	393		51		230
视听设备制造	395	28	974		345
电子器件制造	396	30	1988	15	3865
电子元件制造	397	95	4303	170	12969
其他电子设备制造	399		2702	32	3204
仪器仪表制造业	40	1215	7124	6303	13419
通用仪器仪表制造	401	513	4993	6178	7375
专用仪器仪表制造	402	131	499		1132
钟表与计时仪器制造	403		766	103	257
光学仪器及眼镜制造	404	571	622		3245
其他仪器仪表制造业	409		244	22	1410
其他制造业	41		599	479	7890
日用杂品制造	411		347	380	3731
煤制品制造	412		42		868
其他未列明制造业	419		210	99	3291
废弃资源综合利用业	42	806	969	39	2811
金属废料和碎屑加工处理	421	806	732	10	1446
非金属废料和碎屑加工处理	422		237	29	1365
金属制品、机械和设备修理业	43		2932		3470
金属制品修理	431		927		894
通用设备修理	432		1659		288
专用设备修理	433		33		319
铁路、船舶、航空航天等运输设备修理	434		170		586
电气设备修理	435		8		233
仪器仪表修理	436		16		35
其他机械和设备修理业	439		119		1115

单位：人

私营独资	私营合伙	私营有限责任公司	私营股份有限公司	其他	港、澳、台商投资	外商投资企业
20978	1453	110001	7982	1397	3168	3832
36	17	690				
20		10				
6		417				
8137	675	40098	3763	536	1229	7848
363	290	9292	143	76	158	168
2643	132	8040	435	113	734	3126
1017	24	5897	1370	146	11	104
356	5	1896	20	38	326	453
1626	99	7236	95	25		945
161		799	91	38		
1357	125	5940	1558	14		3011
614		998	51	86		41
5989	557	20697	2746	245	76911	54662
313		3646	96	41	68370	40612
63	229	5002	27		2023	1304
10		220				
6		339		5	127	
446	51	2013	1355		985	232
4462	50	7280	1177	159	1569	11557
689	227	2197	91	40	3837	957
1467	129	11202	621	162	109	2985
387	113	6295	580	99	90	1610
42		1079	11		19	661
121		136				
442	2	2780	21	7		704
475	14	912	9	56		10
4344	97	3449		481		
1927	5	1799		72		
614	20	234		104		
1803	72	1416		305		
1194	112	1505		134		32
435	91	920		32		
759	21	585		102		32
1454	171	1430	415	37	8	1
302	13	267	312	18		
194	4	85	5	11		
133	39	147		3		
239	37	264	46			1
41		192				
	6	17	12			
545	72	458	40	5	8	

1-1-14 续表 18

指标名称	行业代码	国有独资	其他有限责任公司	股份有限公司	私营
电力、热力、燃气及水生产和供应业	D	**31586**	**22560**	**6343**	**18119**
电力、热力生产和供应业	44	25842	15357	5141	10698
电力生产	441	4338	5524	1399	10203
电力供应	442	21504	9759	3742	463
热力生产和供应	443		74		32
燃气生产和供应业	45	1772	3309	1125	3805
燃气生产和供应业	450	1772	3309	1125	3805
水的生产和供应业	46	3972	3894	77	3616
自来水生产和供应	461	3547	3547		3109
污水处理及其再生利用	462	425	337	77	371
其他水的处理、利用与分配	469		10		136
建筑业	E	**87956**	**826651**	**56347**	**973163**
房屋建筑业	47	38673	613908	36859	781607
房屋建筑业	470	38673	613908	36859	781607
土木工程建筑业	48	47969	84267	11536	31800
铁路、道路、隧道和桥梁工程建筑	481	44098	50737	1410	12869
水利和内河港口工程建筑	482	121	11377	3879	3875
工矿工程建筑	484	2100	13607	6190	555
架线和管道工程建筑	485	1527	3723		3418
其他土木工程建筑	489	123	4823	57	11083
建筑安装业	49	824	64107	1998	36083
电气安装	491	197	9754	790	8519
管道和设备安装	492	310	15750	285	8916
其他建筑安装业	499	317	38603	923	18648
建筑装饰和其他建筑业	50	490	64369	5954	123673
建筑装饰业	501	136	26622	2944	50857
工程准备活动	502		2742	40	4840
提供施工设备服务	503		3359	37	8614
其他未列明建筑业	509	354	31646	2933	59362
批发和零售业	F	**8764**	**215817**	**51568**	**544065**
批发业	51	7664	95376	17922	238902
农、林、牧产品批发	511	562	2752	311	24225
食品、饮料及烟草制品批发	512	1952	11190	1596	40682
纺织、服装及家庭用品批发	513	62	9291	391	22418
文化、体育用品及器材批发	514		4602	52	6406
医药及医疗器材批发	515	626	9200	2945	14981
矿产品、建材及化工产品批发	516	3670	32242	10990	70305
机械设备、五金产品及电子产品批发	517	678	20592	965	42048
贸易经纪与代理	518		636	82	2548
其他批发业	519	114	4871	590	15289
零售业	52	1100	120441	33646	305163
综合零售	521	107	41813	24285	46458

单位：人

					港、澳、台商投资	外商投资企业
私营独资	私营合伙	私营有限责任公司	私营股份有限公司	其他		
7337	**2676**	**6818**	**1288**	**1198**	**5587**	**282**
4664	2047	3273	714	532	1790	170
4525	2014	2950	714	532	1790	28
139	33	291				
		32				142
663	395	2222	525	133	3100	
663	395	2222	525	133	3100	
2010	234	1323	49	533	697	112
1799	234	1039	37	422	697	
107		252	12	101		112
104		32		10		
21322	**5649**	**886604**	**59588**	**5340**	**1895**	**162**
8109	3043	718862	51593	1456	12	54
8109	3043	718862	51593	1456	12	54
1188	98	28151	2363	379	164	10
275	62	12334	198	55		10
14		3546	315	16		
71		484			164	
215	20	2153	1030	25		
613	16	9634	820	283		
1515	151	33164	1253	469	1497	
1126	11	6761	621	137		
116	121	8254	425	48	190	
273	19	18149	207	284	1307	
10510	2357	106427	4379	3036	222	98
4164	482	44924	1287	2378	219	67
73	69	4641	57	6		
830	46	6563	1175	9		
5443	1760	50299	1860	643	3	31
232989	**14753**	**278115**	**18208**	**59314**	**9580**	**11444**
80839	6641	143189	8233	33581	2936	4255
15467	650	7574	534	11001	22	
18832	1005	19192	1653	10995	342	571
7633	458	13435	892	917	626	148
1396	132	4735	143	197	1004	2063
1783	218	12277	703	1033	102	65
23015	2432	42635	2223	4402	155	744
8010	963	31408	1667	3184	525	600
933	205	1302	108	781	15	13
3770	578	10631	310	1071	145	51
152150	8112	134926	9975	25733	6644	7189
20850	1088	22068	2452	3720	2931	4443

1-1-14 续表 19

指标名称	行业代码	国有独资	其他有限责任公司	股份有限公司	私营
食品、饮料及烟草制品专门零售	522	318	3984	486	33762
纺织、服装及日用品专门零售	523	16	6947	3099	47315
文化、体育用品及器材专门零售	524	54	5126	241	11605
医药及医疗器材专门零售	525	38	8034	1267	11162
汽车、摩托车、燃料及零配件专门零售	526	517	25103	2699	32111
家用电器及电子产品专门零售	527	37	14534	666	44844
五金、家具及室内装饰材料专门零售	528	4	9360	544	57973
货摊、无店铺及其他零售业	529	9	5540	359	19933
交通运输、仓储和邮政业	**G**	**55925**	**119796**	**15402**	**153168**
道路运输业	54	46903	97174	7745	116062
城市公共交通运输	541	24330	20161	1174	10028
公路旅客运输	542	7206	17837	3364	7396
道路货物运输	543	12870	57040	1996	95794
道路运输辅助活动	544	2497	2136	1211	2844
水上运输业	55	2571	5955	4357	13778
水上旅客运输	551		1412	318	2189
水上货物运输	552	1905	3931	3979	10729
水上运输辅助活动	553	666	612	60	860
航空运输业	56	4458	3920	10	250
航空客货运输	561		2129		109
通用航空服务	562			10	8
航空运输辅助活动	563	4458	1791		133
管道运输业	57		17		23
管道运输业	570		17		23
装卸搬运和运输代理业	58	998	7850	791	13131
装卸搬运	581	175	3784	405	6082
运输代理业	582	823	4066	386	7049
仓储业	59	879	4333	364	4301
谷物、棉花等农产品仓储	591	428	325	6	321
其他仓储业	599	451	4008	358	3980
邮政业	60	116	547	2135	5623
邮政基本服务	601	116		5	13
快递服务	602		547	2130	5610
住宿和餐饮业	**H**	**2468**	**45698**	**8721**	**144771**
住宿业	61	1898	20646	2348	25960
旅游饭店	611	1414	15506	1716	14744
一般旅馆	612	68	3635	250	8689
其他住宿业	619	416	1505	382	2527
餐饮业	62	570	25052	6373	118811
正餐服务	621	554	21720	6009	105960
快餐服务	622	2	1884	132	2965
饮料及冷饮服务	623		225	4	1635
其他餐饮业	629	14	1223	228	8251

单位：人

私营独资	私营合伙	私营有限责任公司	私营股份有限公司	其他	港、澳、台商投资	外商投资企业
20774	712	11833	443	6744	43	282
30983	1051	14294	987	3039	2511	1240
5475	375	5462	293	799	166	6
2470	163	7706	823	1081	9	
9988	824	19882	1417	1915	277	404
18101	1434	24019	1290	1925	560	426
35735	1792	19569	877	3418	86	228
7774	673	10093	1393	3092	61	160
17943	**2618**	**124818**	**7789**	**4376**	**9411**	**1023**
11505	1556	98788	4213	3233	6949	281
433	119	8671	805	219	581	
182	264	6645	305	206	46	
9601	947	82351	2895	2523	6322	145
1289	226	1121	208	285		136
649	198	10913	2018	258	71	26
32	88	713	1356	10		
389	35	9698	607	106	11	4
228	75	502	55	142	60	22
		250		45	1828	275
		109		11	1828	201
		8				20
		133		34		54
		23		2		
		23		2		
3561	709	8512	349	479	321	112
2014	365	3631	72	105	58	
1547	344	4881	277	374	263	112
1783	137	2145	236	286	242	329
180		141		13	28	
1603	137	2004	236	273	214	329
445	18	4187	973	73		
9			4			
436	18	4187	969	73		
69469	**4625**	**65480**	**5197**	**10662**	**2646**	**13516**
7121	935	15668	2236	2155	1506	2389
2606	358	10245	1535	929	1447	1776
3419	483	4098	689	730	59	613
1096	94	1325	12	496		
62348	3690	49812	2961	8507	1140	11127
54441	3201	45606	2712	7073	32	8356
1396	61	1480	28	321	813	2626
1049	128	425	33	145		6
5462	300	2301	188	968	295	139

1-1-14 续表 20

指标名称	行业代码	国有独资	其他有限责任公司	股份有限公司	私营
信息传输、软件和信息技术服务业	I	**10968**	**32552**	**10993**	**45118**
电信、广播电视和卫星传输服务	63	10848	10523	8371	1046
电信	631	9762	3022	7902	955
广播电视传输服务	632	1086	7474	469	66
卫星传输服务	633		27		25
互联网和相关服务	64	22	4365	580	5018
互联网接入及相关服务	641		2921	392	725
互联网信息服务	642	22	951	158	3421
其他互联网服务	649		493	30	872
软件和信息技术服务业	65	98	17664	2042	39054
软件开发	651	72	13347	1202	25497
信息系统集成服务	652	25	955	580	1602
信息技术咨询服务	653	1	1630	232	6660
数据处理和存储服务	654		94		2464
集成电路设计	655		208		43
其他信息技术服务业	659		1430	28	2788
房地产业	K	**7900**	**91659**	**8561**	**159347**
房地产业	70	7900	91659	8561	159347
房地产开发经营	701	4138	34067	3930	59946
物业管理	702	3450	48690	3535	74467
房地产中介服务	703	11	6884	924	22795
自有房地产经营活动	704	108	804	65	1116
其他房地产业	709	193	1214	107	1023
租赁和商务服务业	L	**30306**	**102883**	**19075**	**172423**
租赁业	71	107	3464	235	14877
机械设备租赁	711	107	3386	235	14497
文化及日用品出租	712		78		380
商务服务业	72	30199	99419	18840	157546
企业管理服务	721	17138	17556	875	13263
法律服务	722		190	31	4824
咨询与调查	723	109	13547	855	30210
广告业	724	130	10460	500	34391
知识产权服务	725		263		826
人力资源服务	726	100	19038	14349	36511
旅行社及相关服务	727	639	5903	473	7016
安全保护服务	728	11341	24320	1026	11852
其他商务服务业	729	742	8142	731	18653
科学研究和技术服务业	M	**8808**	**24746**	**4111**	**44371**
研究和试验发展	73	363	1555	43	2713
自然科学研究和试验发展	731	30	48	41	102
工程和技术研究和试验发展	732	328	942		945

单位：人

私营独资	私营合伙	私营有限责任公司	私营股份有限公司	其他	港、澳、台商投资	外商投资企业
5512	**1121**	**35373**	**3112**	**2135**	**3925**	**1584**
269	97	668	12	240	3004	349
246	74	623	12	197	3004	349
23	23	20		28		
		25		15		
1593	245	2695	485	219	480	248
96	19	281	329	4	468	
1183	182	1988	68	147	12	248
314	44	426	88	68		
3650	779	32010	2615	1676	441	987
2058	490	20634	2315	798	281	764
259	14	1281	48	126	153	50
655	157	5726	122	447	7	130
16		2436	12	8		
	6	37		8		
662	112	1896	118	289		43
15132	**2186**	**130493**	**11536**	**5000**	**7928**	**3664**
15132	2186	130493	11536	5000	7928	3664
2346	421	51749	5430	567	4358	2415
6178	1088	61998	5203	2839	1967	1055
6180	629	15232	754	1354	1518	172
266	18	726	106	95	71	10
162	30	788	43	145	14	12
41437	**9907**	**112427**	**8652**	**20345**	**1525**	**1486**
4663	518	9356	340	1002		62
4557	463	9141	336	974		58
106	55	215	4	28		4
36774	9389	103071	8312	19343	1525	1424
1332	443	10559	929	4139	133	117
810	3254	718	42	4185	14	
5109	2036	21630	1435	3092	903	1086
11244	1155	20670	1322	1899	60	59
64	116	611	35	24		
7323	751	26621	1816	1611	18	27
813	368	5547	288	991	59	7
4885	5	5533	1429	1226		
5194	1261	11182	1016	2176	338	128
9161	**1518**	**32128**	**1564**	**9610**	**2262**	**1137**
630	107	1928	48	903	27	427
10	15	77		52	27	
284	12	621	28	226		391

1-1-14 续表 21

指标名称	行业代码	国有独资	其他有限责任公司	股份有限公司	私营
农业科学研究和试验发展	733	5	274		932
医学研究和试验发展	734		284		673
社会人文科学研究	735		7	2	61
专业技术服务业	74	8411	21347	3836	36352
气象服务	741	7			
地震服务	742				77
海洋服务	743				
测绘服务	744	53	388	23	936
质检技术服务	745	103	1294	204	1372
环境与生态监测	746		186	215	341
地质勘查	747	1229	308	15	1112
工程技术	748	6983	14843	3117	18945
其他专业技术服务业	749	36	4328	262	13569
科技推广和应用服务业	75	34	1844	232	5306
技术推广服务	751	21	1282	101	3962
科技中介服务	752		257	28	515
其他科技推广和应用服务业	759	13	305	103	829
水利、环境和公共设施管理业	**N**	**7191**	**8216**	**716**	**12201**
水利管理业	76	773	323	123	447
防洪除涝设施管理	761	63	20		68
水资源管理	762	212	162	19	143
天然水收集与分配	763	132	40	6	110
水文服务	764	14		70	
其他水利管理业	769	352	101	28	126
生态保护和环境治理业	77	423	2032	78	2441
生态保护	771	100	78		124
环境治理业	772	323	1954	78	2317
公共设施管理业	78	5995	5861	515	9313
市政设施管理	781	1042	673	36	483
环境卫生管理	782	1713	1323	6	1355
城乡市容管理	783		44	1	1671
绿化管理	784	663	1854	304	4063
公园和游览景区管理	785	2577	1967	168	1741
居民服务、修理和其他服务业	**O**	**477**	**13831**	**1273**	**73307**
居民服务业	79		6627	511	31976
家庭服务	791		1653	14	7242
托儿所服务	792				213
洗染服务	793		125		2001
理发及美容服务	794		736	30	9300
洗浴服务	795		840	245	3639
保健服务	796		314	38	2013
婚姻服务	797		518		2724
殡葬服务	798		885	68	1068
其他居民服务业	799		1556	116	3776

单位：人

私营独资	私营合伙	私营有限责任公司	私营股份有限公司	其他	港、澳、台商投资	外商投资企业
192	37	703		107		
120	43	490	20	159		36
24		37		359		
7247	1168	26965	972	5026	2196	664
				79		
12		65		2		
85	6	845		78	3	
192	89	1030	61	87	23	74
24	2	301	14	158	15	9
388	43	666	15	126	5	22
2256	614	15614	461	1423	227	530
4290	414	8444	421	3073	1923	29
1284	243	3235	544	3681	39	46
948	164	2355	495	3327	39	46
169	52	260	34	100		
167	27	620	15	254		
1801	**290**	**9445**	**665**	**2866**	**46**	**31**
22	26	391	8	356		
1		67		4		
11		124	8	96		
3	18	89		142		
				20		
7	8	111		94		
163	121	2126	31	168		
3		116	5	14		
160	121	2010	26	154		
1616	143	6928	626	2342	46	31
17	26	389	51	1615	26	
113	3	1239		442		21
21		1644	6	23		
1052	94	2483	434	146		
413	20	1173	135	116	20	10
34287	**2740**	**33436**	**2844**	**8203**	**162**	**512**
17815	1291	11611	1259	4668	41	93
3210	155	3442	435	765		
156	45	12		247		
1579	88	306	28	141		4
7270	364	1505	161	928		17
696	78	2711	154	49		
1201	186	574	52	305	5	
1695	29	979	21	289		
324	168	526	50	749	36	
1684	178	1556	358	1195		72

1-1-14 续表 22

指标名称	行业代码	国有独资	其他有限责任公司	股份有限公司	私营
机动车、电子产品和日用产品修理业	80	139	3208	406	21140
汽车、摩托车修理与维护	801	139	2292	215	17279
计算机和办公设备维修	802		413	26	1661
家用电器修理	803		409	149	1595
其他日用产品修理业	809		94	16	605
其他服务业	81	338	3996	356	20191
清洁服务	811	338	2919	326	16904
其他未列明服务业	819		1077	30	3287
教育	**P**	**1601**	**4852**	**848**	**35289**
教育	82	1601	4852	848	35289
学前教育	821		216	57	16359
初等教育	822		107		556
中等教育	823		186	10	2297
高等教育	824	1378			21
特殊教育	825				40
技能培训、教育辅助及其他教育	829	223	4343	781	16016
卫生和社会工作	**Q**	**1569**	**4803**	**400**	**16092**
卫生	83	861	4697	396	14924
医院	831	861	4511	344	12833
社区医疗与卫生院	832		2		741
门诊部(所)	833		58	22	1174
计划生育技术服务活动	834				
妇幼保健院(所、站)	835				
专科疾病防治院(所、站)	836				1
疾病预防控制中心	837				
其他卫生活动	839		126	30	175
社会工作	84	708	106	4	1168
提供住宿社会工作	841		106	4	1133
不提供住宿社会工作	842	708			35
文化、体育和娱乐业	**R**	**926**	**10526**	**129**	**30570**
新闻和出版业	85	257	3092		322
新闻业	851				25
出版业	852	257	3092		297
广播、电视、电影和影视录音制作业	86	244	1997		1896
广播	861				20
电视	862		44		65
电影和影视节目制作	863	100	725		620
电影和影视节目发行	864		381		58
电影放映	865	144	796		1051
录音制作	866		51		82

单位：人

					港、澳、台商投资	外商投资企业
私营独资	私营合伙	私营有限责任公司	私营股份有限公司	其他		
11704	1000	7621	815	1454		262
9702	893	6064	620	1111		52
758	38	753	112	63		
924	42	549	80	172		205
320	27	255	3	108		5
4768	449	14204	770	2081	121	157
3096	349	12695	764	988	115	
1672	100	1509	6	1093	6	157
23484	**3536**	**7455**	**814**	**74831**	**99**	**270**
23484	3536	7455	814	74831	99	270
14007	1810	419	123	28613	49	4
378	153	25		8489		
1884	173	225	15	13131		
21				8877		
31		9		314	30	
7163	1400	6777	676	15407	20	266
5677	**3661**	**6270**	**484**	**24297**		**14**
4839	3559	6146	380	19123		14
3346	3285	5877	325	11612		14
498	213	30		4369		
934	52	133	55	1315		
				130		
1						
				239		
60	9	106		1458		
838	102	124	104	5174		
818	102	109	104	3238		
20		15		1936		
18818	**1672**	**9563**	**517**	**7770**	**280**	**137**
73		207	42	418	115	27
25				70		
48		207	42	348	115	27
372	33	1409	82	131	67	66
20						
		65		44		
168	10	431	11	18		
15	10	33				
141	13	840	57	63	67	66
28		40	14	6		

1-1-14 续表 23

指标名称	行业代码	国有独资	其他有限责任公司	股份有限公司	私营
文化艺术业	87	390	1865	29	7032
文艺创作与表演	871	356	593		3688
艺术表演场馆	872		353		271
图书馆与档案馆	873		24		85
文物及非物质文化遗产保护	874	24	40		211
博物馆	875	10	5		31
烈士陵园、纪念馆	876				
群众文化活动	877		75		602
其他文化艺术业	879		775	29	2144
体育	88	31	757	3	1797
体育组织	881				132
体育场馆	882	31	19		102
休闲健身活动	883		674		1366
其他体育	889		64	3	197
娱乐业	89	4	2815	97	19523
室内娱乐活动	891	4	1250	77	17980
游乐园	892		1163		388
彩票活动	893				
文化、娱乐、体育经纪代理	894		221	20	451
其他娱乐业	899		181		704
公共管理、社会保障和社会组织	**S**		**40**	**22**	**2199**
中国共产党机关	90				
中国共产党机关	900				
国家机构	91				
国家权力机构	911				
国家行政机构	912				
人民法院和人民检察院	913				
其他国家机构	919				
人民政协、民主党派	92				
人民政协	921				
民主党派	922				
社会保障	93				5
社会保障	930				5
群众团体、社会团体和其他成员组织	94		40	22	2194
群众团体	941			12	59
社会团体	942		40	10	2011
基金会	943				
宗教组织	944				124
基层群众自治组织	95				
社区自治组织	951				
村民自治组织	952				

单位：人

私营独资	私营合伙	私营有限责任公司	私营股份有限公司	其他	港、澳、台商投资	外商投资企业
4058	160	2725	89	3663	45	5
2684	82	871	51	585	45	
129		142		92		
45		40		82		
69		142		401		
31				591		
				70		
312	41	241	8	1358		
788	37	1289	30	484		5
573	79	1102	43	1310		19
101	17	7	7	834		
6	17	79		29		
423	43	864	36	418		19
43	2	152		29		
13742	1400	4120	261	2248	53	20
13069	1328	3332	251	1941	53	20
103	20	265				
132	19	290	10	51		
438	33	233		256		
1459	**314**	**351**	**75**	**163862**		**19**
				90		
				90		
				8155		
				159		
				7696		
				300		
				98		
				2		
				96		
5				736		
5				736		
1454	314	351	75	73180		19
30	10		19	5121		
1416	304	235	56	63844		19
				199		
8		116		4016		
				81603		
				23101		
				58502		

1-1-15 按行业、从业人员

指标名称	行业代码	单位数		
			7人及以下	8-19人
总　计		**254834**	**127321**	**68207**
农、林、牧、渔业	A	**2982**	**1343**	**1019**
农业	01	36	7	11
谷物种植	011	1		
蔬菜、食用菌及园艺作物种植	014	13	4	1
水果种植	015	14	1	6
坚果、含油果、香料和饮料作物种植	016	3	1	1
中药材种植	017	1		1
其他农业	019	4	1	2
林业	02	9	2	5
林木育种和育苗	021	7	1	5
造林和更新	022	1	1	
森林经营和管护	023	1		
畜牧业	03	24	14	2
牲畜饲养	031	11	5	2
家禽饲养	032	8	6	
其他畜牧业	039	5	3	
渔业	04	20	13	4
水产养殖	041	20	13	4
农、林、牧、渔服务业	05	2893	1307	997
农业服务业	051	2274	1004	774
林业服务业	052	150	66	55
畜牧服务业	053	313	139	120
渔业服务业	054	156	98	48
采矿业	B	**2206**	**246**	**480**
煤炭开采和洗选业	06	820	41	57
烟煤和无烟煤开采洗选	061	776	38	49
褐煤开采洗选	062	8		
其他煤炭采选	069	36	3	8
石油和天然气开采业	07	32		10
石油开采	071	5		4
天然气开采	072	27		6
黑色金属矿采选业	08	82	11	9
铁矿采选	081	12	4	1
锰矿、铬矿采选	082	66	7	6
其他黑色金属矿采选	089	4		2
有色金属矿采选业	09	23	6	4
常用有色金属矿采选	091	19	5	2
贵金属矿采选	092	3	1	1
稀有稀土金属矿采选	093	1		1
非金属矿采选业	10	1182	176	383
土砂石开采	101	1103	169	365
化学矿开采	102	22	1	5
采盐	103	3		
石棉及其他非金属矿采选	109	54	6	13

组距分组的法人单位数

单位：个

20–49人	50–99人	100–299人	300–499人	500–999人	1000–4999人	5000–9999人	10000人以上
35258	**12132**	**8253**	**1628**	**1140**	**785**	**79**	**31**
427	**109**	**70**	**9**	**3**	**2**		
12	3	1	2				
1							
7			1				
3	2	1	1				
1							
	1						
2							
1							
1							
8							
4							
2							
2							
3							
3							
402	106	69	7	3	2		
332	92	61	7	2	2		
25	2	1		1			
39	10	5					
6	2	2					
616	**315**	**390**	**86**	**53**	**16**	**2**	**2**
135	143	299	80	49	12	2	2
122	130	293	79	49	12	2	2
5	1	2					
8	12	4	1				
19		1			2		
1							
18		1			2		
18	17	23	2	1	1		
3		2	1		1		
14	16	21	1	1			
1	1						
7	2	3		1			
6	2	3		1			
1							
415	143	59	3	2	1		
388	127	50	2	2			
7	5	3	1				
1		1			1		
19	11	5					

1-1-15 续表 1

指标名称	行业代码	单位数		
			7人及以下	8-19人
开采辅助活动	11	41	8	11
煤炭开采和洗选辅助活动	111	17	3	3
石油和天然气开采辅助活动	112	17	3	4
其他开采辅助活动	119	7	2	4
其他采矿业	12	26	4	6
其他采矿业	120	26	4	6
制造业	C	**42594**	**10332**	**12894**
农副食品加工业	13	3372	1349	869
谷物磨制	131	924	595	175
饲料加工	132	262	56	62
植物油加工	133	339	144	124
制糖业	134	28	3	11
屠宰及肉类加工	135	560	141	148
水产品加工	136	32	10	12
蔬菜、水果和坚果加工	137	455	123	131
其他农副食品加工	139	772	277	206
食品制造业	14	1125	286	352
焙烤食品制造	141	248	50	84
糖果、巧克力及蜜饯制造	142	70	12	23
方便食品制造	143	257	92	80
乳制品制造	144	14	5	2
罐头食品制造	145	49	9	14
调味品、发酵制品制造	146	308	76	101
其他食品制造	149	179	42	48
酒、饮料和精制茶制造业	15	924	226	333
酒的制造	151	427	131	154
饮料制造	152	347	69	134
精制茶加工	153	150	26	45
烟草制品业	16	5		
烟叶复烤	161	3		
卷烟制造	162	2		
纺织业	17	1702	420	544
棉纺织及印染精加工	171	699	101	177
毛纺织及染整精加工	172	67	19	25
麻纺织及染整精加工	173	13	4	3
丝绢纺织及印染精加工	174	97	5	23
化纤织造及印染精加工	175	27	9	13
针织或钩针编织物及其制品制造	176	163	35	65
家用纺织制成品制造	177	536	221	207
非家用纺织制成品制造	178	100	26	31
纺织服装、服饰业	18	1546	391	531
机织服装制造	181	1122	295	345
针织或钩针编织服装制造	182	68	22	22
服饰制造	183	356	74	164
皮革、毛皮、羽毛及其制品和制鞋业	19	1051	286	286
皮革鞣制加工	191	36	11	11

单位：个

20–49人	50–99人	100–299人	300–499人	500–999人	1000–4999人	5000–9999人	10000人以上
13	5	3	1				
4	3	3	1				
8	2						
1							
9	5	2					
9	5	2					
11574	**4031**	**2674**	**520**	**359**	**191**	**14**	**5**
653	277	175	29	16	4		
94	43	15	2				
76	36	26	5	1			
52	8	8	3				
8	3	2	1				
142	69	41	9	9	1		
3	6	1					
101	49	40	3	5	3		
177	63	42	6	1			
300	94	74	10	6	3		
73	23	13	4	1			
23	7	4	1				
64	11	8	1		1		
2	2			2	1		
11	4	10		1			
78	28	20	3	1	1		
49	19	19	1	1			
223	74	52	7	4	5		
90	22	23	3	1	3		
88	35	14	3	2	2		
45	17	15	1	1			
1				3	1		
1				2			
				1	1		
546	101	68	15	5	3		
336	46	28	7	3	1		
13	4	4			2		
1	1	3		1			
28	17	15	8	1			
3	1	1					
50	6	7					
84	18	6					
31	8	4					
420	111	67	17	5	4		
316	86	58	13	5	4		
13	2	7	2				
91	23	2	2				
302	77	66	19	9	6		
11	1	2					

1-1-15 续表 2

指标名称	行业代码	单位数		
			7人及以下	8-19人
皮革制品制造	192	177	59	50
毛皮鞣制及制品加工	193	76	23	29
羽毛(绒)加工及制品制造	194	49	10	22
制鞋业	195	713	183	174
木材加工和木、竹、藤、棕、草制品业	20	1473	304	592
木材加工	201	515	104	215
人造板制造	202	99	14	18
木制品制造	203	491	99	210
竹、藤、棕、草等制品制造	204	368	87	149
家具制造业	21	1841	441	711
木质家具制造	211	1410	319	535
竹、藤家具制造	212	20	3	9
金属家具制造	213	124	31	48
塑料家具制造	214	19	3	9
其他家具制造	219	268	85	110
造纸和纸制品业	22	758	128	274
纸浆制造	221	5	1	1
造纸	222	188	31	54
纸制品制造	223	565	96	219
印刷和记录媒介复制业	23	1075	286	348
印刷	231	919	225	290
装订及印刷相关服务	232	150	61	53
记录媒介复制	233	6		5
文教、工美、体育和娱乐用品制造业	24	775	289	253
文教办公用品制造	241	64	15	27
乐器制造	242	9	4	
工艺美术品制造	243	633	261	207
体育用品制造	244	22	4	5
玩具制造	245	38	4	10
游艺器材及娱乐用品制造	246	9	1	4
石油加工及炼焦	25	73	14	14
化学原料和化学制品制造业	26	1272	268	390
基础化学原料制造	261	170	14	31
肥料制造	262	158	25	44
农药制造	263	29	9	4
涂料、油墨、颜料及类似产品制造	264	375	101	148
合成材料制造	265	102	18	30
专用化学产品制造	266	235	46	90
炸药、火工及焰火产品制造	267	63	2	2
日用化学产品制造	268	140	53	41
医药制造业	27	292	39	42
化学药品原料药制造	271	54	6	9
化学药品制剂制造	272	31	4	2
中药饮片加工	273	51	4	10
中成药生产	274	50	4	9
兽用药品制造	275	27	1	1
生物药品制造	276	52	12	8
卫生材料及医药用品制造	277	27	8	3

单位：个

20–49人	50–99人	100–299人	300–499人	500–999人	1000–4999人	5000–9999人	10000人以上
51	11	5	1				
20	2	2					
14	2		1				
206	61	57	17	9	6		
447	90	35	5				
165	28	3					
37	15	13	2				
132	32	15	3				
113	15	4					
537	114	28	5	2	3		
435	98	17	4	1	1		
8							
33	7	3			2		
4	1	2					
57	8	6	1	1			
221	67	56	7	2	3		
3							
54	21	22	3	1	2		
164	46	34	4	1	1		
300	88	41	6	5	1		
274	83	36	6	4	1		
26	5	4		1			
		1					
134	61	29	4	3	2		
15	3	3	1				
1	1	2		1			
98	41	21	2	2	1		
4	7	2					
14	7	1	1		1		
2	2						
23	9	8	2	2	1		
292	142	105	34	24	16	1	
46	28	29	9	8	5		
37	22	16	3	5	5	1	
3	5	4	2	1	1		
77	33	9	2	3	2		
33	11	6	1	2	1		
56	25	14	1	2	1		
6	13	23	15	1	1		
34	5	4	1	2			
70	50	54	17	12	7	1	
8	6	14	6	3	2		
4	8	5	1	4	3		
13	12	11	1				
11	7	7	5	5	1	1	
6	7	9	2		1		
18	7	6	1				
10	3	2	1				

1-1-15 续表 3

指标名称	行业代码	单位数		
			7人及以下	8-19人
化学纤维制造业	28	23	6	6
纤维素纤维原料及纤维制造	281	6	2	1
合成纤维制造	282	17	4	5
橡胶和塑料制品业	29	1566	314	456
橡胶制品业	291	313	81	77
塑料制品业	292	1253	233	379
非金属矿物制品业	30	4825	1056	1363
水泥、石灰和石膏制造	301	279	54	73
石膏、水泥制品及类似制品制造	302	1417	388	485
砖瓦、石材等建筑材料制造	303	2422	459	631
玻璃制造	304	89	16	20
玻璃制品制造	305	283	67	65
玻璃纤维和玻璃纤维增强塑料制品制造	306	57	8	17
陶瓷制品制造	307	118	27	29
耐火材料制品制造	308	67	13	19
石墨及其他非金属矿物制品制造	309	93	24	24
黑色金属冶炼和压延加工业	31	595	84	167
炼铁	311	19	3	2
炼钢	312	14	2	5
黑色金属铸造	313	196	25	65
钢压延加工	314	301	49	90
铁合金冶炼	315	65	5	5
有色金属冶炼和压延加工业	32	401	110	101
常用有色金属冶炼	321	92	18	26
贵金属冶炼	322	8	4	1
稀有稀土金属冶炼	323	9	1	2
有色金属合金制造	324	51	10	11
有色金属铸造	325	25	5	10
有色金属压延加工	326	216	72	51
金属制品业	33	3910	1103	1464
结构性金属制品制造	331	2036	732	788
金属工具制造	332	594	107	218
集装箱及金属包装容器制造	333	67	15	16
金属丝绳及其制品制造	334	53	10	17
建筑、安全用金属制品制造	335	367	76	130
金属表面处理及热处理加工	336	216	35	88
搪瓷制品制造	337	23	5	8
金属制日用品制造	338	233	44	88
其他金属制品制造	339	321	79	111
通用设备制造业	34	2890	797	873
锅炉及原动设备制造	341	164	35	37
金属加工机械制造	342	546	146	188
物料搬运设备制造	343	88	8	22
泵、阀门、压缩机及类似机械制造	344	160	23	37

单位：个

20–49人	50–99人	100–299人	300–499人	500–999人	1000–4999人	5000–9999人	10000人以上
8		1	2				
3							
5		1	2				
487	169	104	19	8	9		
91	28	20	6	3	7		
396	141	84	13	5	2		
1415	615	285	47	30	12	2	
64	30	30	18	7	3		
328	125	77	6	4	3	1	
851	369	103	3	5	1		
21	21	7	1	3			
62	33	37	10	6	3		
21	3	4	3			1	
25	12	16	4	3	2		
20	10	5					
23	12	6	2	2			
144	95	74	15	14	1		1
7	5	1		1			
5		2					
47	36	21	2				
72	45	28	6	9	1		1
13	9	22	7	4			
79	47	45	7	7	4	1	
16	12	10	3	3	4		
3							
1	1	4					
14	8	6	1	1			
5	2	3					
40	24	22	3	3		1	
970	220	115	24	11	2	1	
376	83	45	7	4		1	
222	27	16	2	2			
19	6	10	1				
18	5	1	2				
125	23	12	1				
47	31	11	3	1			
6	2	2					
78	14	4	2	3			
79	29	14	6	1	2		
767	257	144	22	21	9		
40	26	17	3	1	5		
141	52	15	2	1	1		
23	17	15	2	1			
48	23	20	3	6			

1-1-15 续表 4

指标名称	行业代码	单位数		
			7人及以下	8-19人
轴承、齿轮和传动部件制造	345	154	24	35
烘炉、风机、衡器、包装等设备制造	346	247	44	74
文化、办公用机械制造	347	17	10	2
通用零部件制造	348	1382	477	440
其他通用设备制造业	349	132	30	38
专用设备制造业	35	1950	472	588
采矿、冶金、建筑专用设备制造	351	273	50	72
化工、木材、非金属加工专用设备制造	352	591	180	197
食品、饮料、烟草及饲料生产专用设备制造	353	54	12	23
印刷、制药、日化及日用品生产专用设备制造	354	98	27	35
纺织、服装和皮革加工专用设备制造	355	40	7	13
电子和电工机械专用设备制造	356	137	38	39
农、林、牧、渔专用机械制造	357	433	76	113
医疗仪器设备及器械制造	358	121	29	36
环保、社会公共服务及其他专用设备制造	359	203	53	60
汽车制造业	36	2822	426	616
汽车整车制造	361	26	4	3
改装汽车制造	362	28	1	1
电车制造	364	18	2	6
汽车车身、挂车制造	365	21	3	7
汽车零部件及配件制造	366	2729	416	599
铁路、船舶、航空航天和其他运输设备制造业	37	3136	484	835
铁路运输设备制造	371	32	2	7
城市轨道交通设备制造	372	5	1	1
船舶及相关装置制造	373	214	36	61
航空、航天器及设备制造	374	4		
摩托车制造	375	2854	438	762
自行车制造	376	15	4	2
非公路休闲车及零配件制造	377	3		1
潜水救捞及其他未列明运输设备制造	379	9	3	1
电气机械和器材制造业	38	1139	210	318
电机制造	381	163	26	33
输配电及控制设备制造	382	338	56	87
电线、电缆、光缆及电工器材制造	383	186	34	49
电池制造	384	42	7	6
家用电力器具制造	385	117	24	36
非电力家用器具制造	386	41	10	9
照明器具制造	387	159	34	58
其他电气机械及器材制造	389	93	19	40
计算机、通信和其他电子设备制造业	39	690	107	131
计算机制造	391	140	18	18
通信设备制造	392	54	7	9
广播电视设备制造	393	11	4	3
视听设备制造	395	17	4	3
电子器件制造	396	70	13	15
电子元件制造	397	268	36	50
其他电子设备制造	399	130	25	33

单位：个

20-49人	50-99人	100-299人	300-499人	500-999人	1000-4999人	5000-9999人	10000人以上
43	25	20	4	2	1		
71	32	18	1	6	1		
3		2					
355	74	28	4	3	1		
43	8	9	3	1			
587	159	118	17	6	3		
82	32	27	5	3	2		
137	45	27	5				
10	6	3					
23	4	9					
14	2	4					
36	17	5	2				
195	29	16	2	2			
32	9	13	1	1			
58	15	14	2		1		
876	369	360	71	66	32	4	2
2		2	1	2	6	4	2
4	5	7	3	4	3		
8	2						
9	1	1					
853	361	350	67	60	23		
1010	392	287	58	42	28		
12	5	6					
	2			1			
59	24	22	4	6	2		
1	2	1					
926	358	256	54	34	26		
8				1			
2							
2	1	2					
297	137	121	24	22	10		
44	28	20	4	4	4		
95	45	41	8	5	1		
49	23	24	1	5	1		
11	3	8	6	1			
28	13	9	3	2	2		
15	4	3					
32	15	11	2	5	2		
23	6	5					
178	106	98	20	25	19	4	2
26	18	29	10	6	9	4	2
12	6	11	2	4	3		
2	1	1					
2	2	5	1				
16	13	7	2	3	1		
83	52	30	4	8	5		
37	14	15	1	4	1		

1-1-15 续表 5

指标名称	行业代码	单位数		
			7人及以下	8-19人
仪器仪表制造业	40	561	158	164
通用仪器仪表制造	401	299	81	86
专用仪器仪表制造	402	52	14	12
钟表与计时仪器制造	403	9	1	1
光学仪器及眼镜制造	404	110	37	28
其他仪器仪表制造业	409	91	25	37
其他制造业	41	416	138	154
日用杂品制造	411	113	26	29
煤制品制造	412	66	25	32
其他未列明制造业	419	237	87	93
废弃资源综合利用业	42	155	45	50
金属废料和碎屑加工处理	421	97	35	28
非金属废料和碎屑加工处理	422	58	10	22
金属制品、机械和设备修理业	43	231	95	69
金属制品修理	431	24	7	6
通用设备修理	432	29	14	7
专用设备修理	433	35	19	11
铁路、船舶、航空航天等运输设备修理	434	40	14	9
电气设备修理	435	16	7	5
仪器仪表修理	436	5	2	3
其他机械和设备修理业	439	82	32	28
电力、热力、燃气及水生产和供应业	D	**1929**	**619**	**677**
电力、热力生产和供应业	44	1163	402	438
电力生产	441	1083	388	424
电力供应	442	74	13	14
热力生产和供应	443	6	1	
燃气生产和供应业	45	202	35	42
燃气生产和供应业	450	202	35	42
水的生产和供应业	46	564	182	197
自来水生产和供应	461	472	160	170
污水处理及其再生利用	462	78	17	21
其他水的处理、利用与分配	469	14	5	6
建筑业	E	**7119**	**1773**	**1414**
房屋建筑业	47	2355	277	270
房屋建筑业	470	2355	277	270
土木工程建筑业	48	666	101	146
铁路、道路、隧道和桥梁工程建筑	481	241	32	31
水利和内河港口工程建筑	482	56	5	15
工矿工程建筑	484	31	3	5
架线和管道工程建筑	485	71	12	10
其他土木工程建筑	489	267	49	85
建筑安装业	49	757	170	141
电气安装	491	198	39	38
管道和设备安装	492	226	40	38
其他建筑安装业	499	333	91	65

单位：个

20–49人	50–99人	100–299人	300–499人	500–999人	1000–4999人	5000–9999人	10000人以上
112	65	40	13	7	2		
56	36	25	11	2	2		
9	9	6	1	1			
4		2		1			
23	12	6	1	3			
20	8	1					
83	24	15	2				
35	9	12	2				
6	2	1					
42	13	2					
39	13	6	1	1			
24	4	4	1	1			
15	9	2					
53	8	3	1	1	1		
5	1	3	1	1			
7					1		
3	2						
15	2						
4							
19	3						
366	**114**	**103**	**16**	**21**	**11**	**1**	**1**
188	52	44	11	19	8		1
175	48	38	6	2	2		
11	2	5	5	17	6		1
2	2	1					
71	25	23	4		2		
71	25	23	4		2		
107	37	36	1	2	1	1	
76	27	34	1	2	1	1	
28	10	2					
3							
1210	**695**	**898**	**345**	**349**	**373**	**47**	**15**
296	239	408	241	263	309	39	13
296	239	408	241	263	309	39	13
143	86	101	28	21	34	5	1
58	30	39	17	8	23	2	1
8	6	9	1	6	5	1	
8	6	3			4	2	
15	12	11	5	6			
54	32	39	5	1	2		
158	111	126	23	21	4	2	1
34	31	37	10	9			
44	43	48	7	4	1	1	
80	37	41	6	8	3	1	1

1-1-15 续表 6

指标名称	行业代码	单位数		
			7人及以下	8-19人
建筑装饰和其他建筑业	50	3341	1225	857
建筑装饰业	501	2102	876	599
工程准备活动	502	116	21	34
提供施工设备服务	503	131	27	23
其他未列明建筑业	509	992	301	201
批发和零售业	**F**	**80603**	**53048**	**20395**
批发业	51	33940	20136	9987
农、林、牧产品批发	511	3311	1833	1062
食品、饮料及烟草制品批发	512	5529	3278	1530
纺织、服装及家庭用品批发	513	2858	1863	719
文化、体育用品及器材批发	514	754	499	171
医药及医疗器材批发	515	1154	409	396
矿产品、建材及化工产品批发	516	11180	6544	3562
机械设备、五金产品及电子产品批发	517	7014	4428	1940
贸易经纪与代理	518	426	263	129
其他批发业	519	1714	1019	478
零售业	52	46663	32912	10408
综合零售	521	5151	3599	1097
食品、饮料及烟草制品专门零售	522	5554	4014	1194
纺织、服装及日用品专门零售	523	8102	6314	1440
文化、体育用品及器材专门零售	524	2233	1678	433
医药及医疗器材专门零售	525	1215	731	296
汽车、摩托车、燃料及零配件专门零售	526	4456	2478	1290
家用电器及电子产品专门零售	527	6826	4786	1565
五金、家具及室内装饰材料专门零售	528	9501	6730	2304
货摊、无店铺及其他零售业	529	3625	2582	789
交通运输、仓储和邮政业	**G**	**5035**	**1465**	**1215**
道路运输业	54	2996	743	703
城市公共交通运输	541	132	13	14
公路旅客运输	542	194	21	28
道路货物运输	543	2393	634	596
道路运输辅助活动	544	277	75	65
水上运输业	55	384	48	71
水上旅客运输	551	48	5	9
水上货物运输	552	258	27	40
水上运输辅助活动	553	78	16	22
航空运输业	56	30	3	6
航空客货运输	561	15	1	3
通用航空服务	562	3		2
航空运输辅助活动	563	12	2	1
管道运输业	57	4	1	1
管道运输业	570	4	1	1
装卸搬运和运输代理业	58	1122	509	299
装卸搬运	581	354	105	102
运输代理业	582	768	404	197

单位：个

20–49人	50–99人	100–299人	300–499人	500–999人	1000–4999人	5000–9999人	10000人以上
613	259	263	53	44	26	1	
343	137	99	22	17	9		
35	12	7	4	2	1		
28	15	27	6	5			
207	95	130	21	20	16	1	
5186	**1194**	**625**	**76**	**50**	**26**	**1**	**2**
2751	666	331	45	16	7	1	
302	74	37	3				
469	157	80	11	3	1		
181	51	32	10	1	1		
55	13	10	1	2	3		
219	81	41	6	1	1		
835	155	69	8	6		1	
497	95	46	5	3			
27	4	3					
166	36	13	1		1		
2435	528	294	31	34	19		2
293	71	55	10	13	11		2
257	61	26		2			
240	60	36	5	6	1		
93	19	8		1	1		
116	37	26	4	2	3		
456	135	87	6	4			
373	65	27	2	6	2		
405	45	13	3		1		
202	35	16	1				
1133	**495**	**505**	**107**	**70**	**37**	**4**	**4**
688	321	381	78	50	25	4	3
13	19	42	13	6	10	1	1
45	24	46	16	8	5	1	
561	259	252	47	30	10	2	2
69	19	41	2	6			
127	73	44	9	7	5		
15	8	5	3	2	1		
89	55	33	6	4	4		
23	10	6		1			
9	2	4		2	4		
5	2	1		1	2		
1							
3		3		1	2		
1	1						
1	1						
206	67	34	3	3	1		
87	37	19	1	2	1		
119	30	15	2	1			

1-1-15 续表 7

指标名称	行业代码	单位数		
			7人及以下	8-19人
仓储业	59	307	89	90
谷物、棉花等农产品仓储	591	48	10	13
其他仓储业	599	259	79	77
邮政业	60	192	72	45
邮政基本服务	601	54	13	2
快递服务	602	138	59	43
住宿和餐饮业	**H**	**12436**	**6261**	**4067**
住宿业	61	1909	829	536
旅游饭店	611	644	202	155
一般旅馆	612	1003	501	312
其他住宿业	619	262	126	69
餐饮业	62	10527	5432	3531
正餐服务	621	8780	4320	3069
快餐服务	622	301	158	83
饮料及冷饮服务	623	253	178	56
其他餐饮业	629	1193	776	323
信息传输、软件和信息技术服务业	**I**	**5775**	**3656**	**1337**
电信、广播电视和卫星传输服务	63	402	229	67
电信	631	312	194	53
广播电视传输服务	632	82	33	9
卫星传输服务	633	8	2	5
互联网和相关服务	64	651	415	166
互联网接入及相关服务	641	61	32	17
互联网信息服务	642	451	298	109
其他互联网服务	649	139	85	40
软件和信息技术服务业	65	4722	3012	1104
软件开发	651	3352	2178	758
信息系统集成服务	652	239	132	63
信息技术咨询服务	653	665	417	168
数据处理和存储服务	654	45	28	10
集成电路设计	655	14	9	4
其他信息技术服务业	659	407	248	101
房地产业	**K**	**8709**	**2914**	**2202**
房地产业	70	8709	2914	2202
房地产开发经营	701	3279	539	909
物业管理	702	2235	404	547
房地产中介服务	703	2767	1780	631
自有房地产经营活动	704	215	112	59
其他房地产业	709	213	79	56
租赁和商务服务业	**L**	**20506**	**12035**	**5695**
租赁业	71	1768	1030	502
机械设备租赁	711	1715	998	487
文化及日用品出租	712	53	32	15
商务服务业	72	18738	11005	5193
企业管理服务	721	2065	1042	603
法律服务	722	838	395	319
咨询与调查	723	5051	3222	1317

单位：个

20—49人	50—99人	100—299人	300—499人	500—999人	1000—4999人	5000—9999人	10000人以上
79	25	18	4	2			
18	3	4					
61	22	14	4	2			
23	6	24	13	6	2		1
	1	19	13	5			1
23	5	5		1	2		
1357	**419**	**260**	**48**	**18**	**6**		
266	128	112	31	7			
86	77	90	28	6			
139	36	14		1			
41	15	8	3				
1091	291	148	17	11	6		
962	270	130	17	7	5		
42	7	6		4	1		
16	3						
71	11	12					
533	**127**	**92**	**15**	**6**	**6**	**3**	
38	22	34	7	1	1	3	
26	12	16	7	1	1	2	
11	10	18				1	
1							
45	10	9	5		1		
4	1	2	4		1		
31	7	5	1				
10	2	2					
450	95	49	3	5	4		
310	66	32	1	5	2		
33	6	4	1				
60	12	7			1		
4	1	1			1		
		1					
43	10	4	1				
2286	**810**	**407**	**49**	**26**	**14**	**1**	
2286	810	407	49	26	14	1	
1222	435	157	15	1	1		
690	307	220	31	24	11	1	
280	49	21	3	1	2		
33	8	3					
61	11	6					
2024	**444**	**196**	**44**	**35**	**28**	**3**	**2**
201	22	11	1	1			
195	22	11	1	1			
6							
1823	422	185	43	34	28	3	2
268	94	44	9	2		2	1
96	24	4					
409	74	21	4	3	1		

1-1-15 续表 8

指标名称	行业代码	单位数		
			7人及以下	8-19人
广告业	724	5585	3676	1496
知识产权服务	725	109	56	37
人力资源服务	726	1479	639	397
旅行社及相关服务	727	730	351	234
安全保护服务	728	125	23	32
其他商务服务业	729	2756	1601	758
科学研究和技术服务业	**M**	**6947**	**3542**	**2048**
研究和试验发展	73	434	234	103
自然科学研究和试验发展	731	38	22	10
工程和技术研究和试验发展	732	159	91	35
农业科学研究和试验发展	733	92	44	28
医学研究和试验发展	734	85	45	21
社会人文科学研究	735	60	32	9
专业技术服务业	74	4928	2559	1371
气象服务	741	59	18	27
地震服务	742	18	12	4
海洋服务	743	1		
测绘服务	744	85	25	37
质检技术服务	745	265	81	84
环境与生态监测	746	94	48	19
地质勘查	747	101	25	25
工程技术	748	1721	696	503
其他专业技术服务业	749	2584	1654	672
科技推广和应用服务业	75	1585	749	574
技术推广服务	751	1274	575	481
科技中介服务	752	146	91	42
其他科技推广和应用服务业	759	165	83	51
水利、环境和公共设施管理业	**N**	**1710**	**713**	**472**
水利管理业	76	472	258	127
防洪除涝设施管理	761	26	16	6
水资源管理	762	89	43	27
天然水收集与分配	763	184	98	46
水文服务	764	22	13	5
其他水利管理业	769	151	88	43
生态保护和环境治理业	77	264	114	75
生态保护	771	53	19	16
环境治理业	772	211	95	59
公共设施管理业	78	974	341	270
市政设施管理	781	150	42	34
环境卫生管理	782	180	68	46
城乡市容管理	783	29	12	8
绿化管理	784	375	147	108
公园和游览景区管理	785	240	72	74
居民服务、修理和其他服务业	**O**	**7613**	**4254**	**2254**
居民服务业	79	3935	2325	1095
家庭服务	791	675	374	197

单位：个

20–49人	50–99人	100–299人	300–499人	500–999人	1000–4999人	5000–9999人	10000人以上
361	42	9			1		
15	1						
259	83	65	19	11	5		1
92	31	13	5	2	2		
19	4	7	5	15	19	1	
304	69	22	1	1			
944	**221**	**139**	**32**	**13**	**8**		
52	19	21	4	1			
6							
15	9	6	2	1			
9	5	4	2				
11	2	6					
11	3	5					
670	177	104	27	12	8		
12	2						
2							
1							
12	6	2	3				
74	19	4	2	1			
22	2	3					
30	6	7	3	3	2		
314	110	70	15	8	5		
203	32	18	4		1		
222	25	14	1				
187	20	10	1				
12	1						
23	4	4					
321	**97**	**68**	**25**	**10**	**4**		
60	19	8					
2	2						
12	4	3					
27	11	2					
3	1						
16	1	3					
50	15	5	4	1			
11	6		1				
39	9	5	3	1			
211	63	55	21	9	4		
45	10	12	3	4			
32	5	10	12	5	2		
6	1	1			1		
80	23	15	2				
48	24	17	4		1		
914	**104**	**61**	**15**	**7**	**4**		
425	52	30	4	3	1		
83	6	13		2			

1-1-15 续表 9

指标名称	行业代码	单位数	
		7人及以下	8-19人
托儿所服务	792	33	4	16
洗染服务	793	383	310	62
理发及美容服务	794	1245	776	381
洗浴服务	795	98	25	32
保健服务	796	233	141	44
婚姻服务	797	437	277	127
殡葬服务	798	184	56	64
其他居民服务业	799	647	362	172
机动车、电子产品和日用产品修理业	80	2498	1325	810
汽车、摩托车修理与维护	801	1748	765	668
计算机和办公设备维修	802	299	225	51
家用电器修理	803	331	242	71
其他日用产品修理业	809	120	93	20
其他服务业	81	1180	604	349
清洁服务	811	775	374	238
其他未列明服务业	819	405	230	111
教育	P	**10133**	**2191**	**3050**
教育	82	10133	2191	3050
学前教育	821	3475	832	1767
初等教育	822	2650	92	406
中等教育	823	1300	58	78
高等教育	824	103	19	10
特殊教育	825	53	7	14
技能培训、教育辅助及其他教育	829	2552	1183	775
卫生和社会工作	Q	**5337**	**3063**	**811**
卫生	83	3782	1905	532
医院	831	518	32	40
社区医疗与卫生院	832	1963	879	350
门诊部(所)	833	564	468	74
计划生育技术服务活动	834	548	483	41
妇幼保健院(所、站)	835	41	1	
专科疾病防治院(所、站)	836	16	1	4
疾病预防控制中心	837	57	4	10
其他卫生活动	839	75	37	13
社会工作	84	1555	1158	279
提供住宿社会工作	841	960	660	199
不提供住宿社会工作	842	595	498	80
文化、体育和娱乐业	R	**5682**	**3647**	**1365**
新闻和出版业	85	147	28	40
新闻业	851	27	4	9
出版业	852	120	24	31
广播、电视、电影和影视录音制作业	86	297	110	67
广播	861	17	12	1
电视	862	63	26	8
电影和影视节目制作	863	94	43	31

单位：个

20–49人	50–99人	100–299人	300–499人	500–999人	1000–4999人	5000–9999人	10000人以上
12	1						
11							
75	10	2	1				
28	4	6	1	1	1		
44	4						
31	1	1					
46	12	5	1				
95	14	3	1				
324	30	9					
286	24	5					
20	3						
12	2	4					
6	1						
165	22	22	11	4	3		
117	16	14	10	3	3		
48	6	8	1	1			
2590	**1340**	**790**	**122**	**31**	**18**	**1**	
2590	1340	790	122	31	18	1	
794	72	10					
1064	768	312	8				
267	378	403	101	15			
16	5	12	10	13	17	1	
28	2	2					
421	115	51	3	3	1		
691	**405**	**255**	**49**	**41**	**20**	**2**	
595	390	249	49	40	20	2	
107	107	126	48	37	19	2	
403	235	95	1				
17	4	1					
22	1	1					
7	14	17		2			
8	3						
17	20	6					
14	6	3		1	1		
96	15	6		1			
82	14	5					
14	1	1		1			
511	**96**	**54**	**4**	**2**	**3**		
57	8	11		2	1		
13	1						
44	7	11		2	1		
78	30	11			1		
3		1					
11	13	4			1		
14	3	3					

1-1-15 续表 10

指标名称	行业代码	单位数	7人及以下	8-19人
电影和影视节目发行	864	20	9	3
电影放映	865	88	13	20
录音制作	866	15	7	4
文化艺术业	87	1923	1189	526
文艺创作与表演	871	497	212	225
艺术表演场馆	872	32	12	12
图书馆与档案馆	873	109	41	47
文物及非物质文化遗产保护	874	68	26	26
博物馆	875	24	10	4
烈士陵园、纪念馆	876	17	8	5
群众文化活动	877	796	637	115
其他文化艺术业	879	380	243	92
体育	88	320	183	81
体育组织	881	92	48	26
体育场馆	882	18	9	6
休闲健身活动	883	170	97	41
其他体育	889	40	29	8
娱乐业	89	2995	2137	651
室内娱乐活动	891	2778	2017	587
游乐园	892	31	14	9
彩票活动	893	1		
文化、娱乐、体育经纪代理	894	89	58	20
其他娱乐业	899	96	48	35
公共管理、社会保障和社会组织	S	**27518**	**16219**	**6812**
中国共产党机关	90	570	179	213
中国共产党机关	900	570	179	213
国家机构	91	8498	3240	2024
国家权力机构	911	126	44	16
国家行政机构	912	8003	3068	1919
人民法院和人民检察院	913	97	3	2
其他国家机构	919	272	125	87
人民政协、民主党派	92	155	99	11
人民政协	921	63	18	5
民主党派	922	92	81	6
社会保障	93	734	552	126
社会保障	930	734	552	126
群众团体、社会团体和其他成员组织	94	6570	4619	1179
群众团体	941	482	281	132
社会团体	942	5703	4120	924
基金会	943	46	32	13
宗教组织	944	339	186	110
基层群众自治组织	95	10991	7530	3259
社区自治组织	951	2531	1161	1281
村民自治组织	952	8460	6369	1978

单位：个

20–49人	50–99人	100–299人	300–499人	500–999人	1000–4999人	5000–9999人	10000人以上
6		2					
40	14	1					
4							
162	24	21	1				
45	7	7	1				
2	4	2					
19	1	1					
12	1	3					
5	2	3					
3	1						
36	5	3					
40	3	2					
40	9	4	3				
13	3		2				
3							
23	4	4	1				
1	2						
174	25	7			1		
148	22	4					
3	2	2			1		
	1						
11							
12		1					
2575	**1116**	**666**	**66**	**46**	**18**		
138	27	12	1				
138	27	12	1				
1759	843	528	48	40	16		
40	20	4	1		1		
1673	787	461	40	40	15		
4	28	54	6				
42	8	9	1				
32	13						
29	11						
3	2						
45	10	1					
45	10	1					
406	217	125	16	6	2		
32	19	12	4	2			
341	191	111	11	3	2		
1							
32	7	2	1	1			
195	6		1				
83	5		1				
112	1						

1-1-16 按五大功能区域、从业人员组距、开业(成立)

指标名称	单位数									
		内资								
			国有	集体	股份合作	联营				
							国有联营	集体联营	国有与集体联营	其他联营
总　计	**254834**	**253424**	**22352**	**3468**	**1059**	**456**	**65**	**195**	**42**	**154**
按五大功能区域分组										
都市功能核心区	60940	60366	2375	553	376	74	14	31	6	23
都市功能拓展区	39128	38663	2571	588	235	64	13	27	9	15
城市发展新区	79403	79157	7703	1149	201	130	11	62	9	48
渝东北生态涵养发展区	57538	57435	7202	960	201	140	18	61	11	50
渝东南生态保护发展区	17825	17803	2501	218	46	48	9	14	7	18
按从业人员期末人数分组										
7人及以下	127321	127025	7782	1728	419	220	28	103	14	75
8-19人	68207	67962	5007	781	307	110	14	45	9	42
20-49人	35258	35023	4793	570	202	74	14	31	12	17
50-99人	12132	11940	2599	217	76	28	6	9	3	10
100-299人	8253	8033	1688	107	46	19	3	6	3	7
300-499人	1628	1548	266	27	4	2		1		1
500-999人	1140	1072	143	24	4	2				2
1000-4999人	785	723	64	13	1	1			1	
5000-9999人	79	71	8	1						
10000人以上	31	27	2							
按开业(成立)年份分组										
1949年及以前	1024	1024	858	11		3	1	1	1	
1950-1977年	4810	4807	3239	396	17	20	6	10	2	2
1978-1991年	7154	7140	3240	698	61	51	3	35	5	8
1992-1995年	5751	5642	1753	446	81	41	3	23	5	10
1996年	1546	1525	227	58	26	5		5		
1997年	2068	2039	285	46	26	5	1	2		2
1998年	3172	3140	534	96	29	8	2	5		1
1999年	2206	2175	259	50	26	5	1	1	1	2
2000年	3754	3723	494	79	36	12	3	4		5
2001年	6725	6692	1510	90	39	11	3	3	1	4
2002年	6084	6028	721	70	28	10	3	3	1	3
2003年	7208	7156	756	82	31	18	5	9	2	2
2004年	7905	7836	714	69	26	12		5	1	6
2005年	7473	7404	987	138	28	18	4	5	2	7
2006年	8017	7931	900	166	26	14	2	3	1	8
2007年	9949	9864	1272	136	37	13		5	2	6
2008年	9811	9750	843	87	44	19	2	8	1	8
2009年	11976	11909	596	116	47	13	4	4		5
2010年	21704	21591	811	127	63	36	4	17	4	11
2011年	39666	39487	790	181	85	48	6	20	4	18
2012年	42550	42396	908	210	151	48	4	21	2	21
2013年	44107	43991	595	114	151	46	8	6	7	25

时间、登记注册类型分组的法人单位数

单位：个

有限责任公司	国有独资	其他有限责任公司	股份有限公司	私营	私营独资	私营合伙	私营有限责任公司	私营股份有限公司	其他	港、澳、台商投资	外商投资企业
31773	**870**	**30903**	**2615**	**154760**	**80094**	**5982**	**64294**	**4390**	**36941**	**637**	**773**
14917	233	14684	900	36547	5752	1301	27979	1515	4624	298	276
6657	166	6491	513	24041	8515	844	13915	767	3994	189	276
5986	235	5751	544	52018	35038	2018	13753	1209	11426	102	144
3252	145	3107	527	32412	24177	1257	6256	722	12741	35	68
961	91	870	131	9742	6612	562	2391	177	4156	13	9
13111	108	13003	898	79869	46803	2662	28633	1771	22998	127	169
8138	118	8020	658	43047	22669	1891	17231	1256	9914	115	130
5374	192	5182	469	20669	8534	1036	10387	712	2872	119	116
2132	131	2001	232	5976	1532	262	3893	289	680	86	106
1874	171	1703	211	3706	506	109	2852	239	382	97	123
426	42	384	57	705	34	18	598	55	61	31	49
379	56	323	39	459	8	3	405	43	22	30	38
287	40	247	43	302	8	1	269	24	12	27	35
32	7	25	5	25			24	1		2	6
20	5	15	3	2			2			3	1
11	6	5	4	4	2	1	1		133		
173	51	122	30	159	51	16	78	14	773	1	2
340	39	301	54	1028	479	96	404	49	1668	8	6
642	50	592	93	1771	558	107	1009	97	815	48	61
255	13	242	33	700	202	27	428	43	221	14	7
392	23	369	53	982	238	31	679	34	250	14	15
543	29	514	75	1402	404	68	873	57	453	16	16
408	20	388	44	1110	313	64	693	40	273	9	22
594	20	574	75	1819	671	114	960	74	614	16	15
759	23	736	80	2166	792	120	1160	94	2037	16	17
728	41	687	84	2330	776	132	1343	79	2057	28	28
1060	55	1005	124	3323	1165	174	1857	127	1762	22	30
1051	53	998	92	3338	1030	160	2020	128	2534	40	29
1129	38	1091	115	3674	1115	223	2171	165	1315	25	44
1235	29	1206	107	4286	1282	223	2606	175	1197	34	52
1597	46	1551	121	4719	1380	248	2871	220	1969	41	44
1611	56	1555	157	5703	2058	324	3134	187	1286	28	33
2131	47	2084	173	6999	2202	351	4143	303	1834	33	34
2938	76	2862	181	14764	6784	647	6807	526	2671	51	62
3667	82	3585	289	30201	18579	1064	9835	723	4226	72	107
4203	51	4152	327	31684	19437	968	10576	703	4865	75	79
6295	22	6273	301	32509	20540	817	10606	546	3980	46	70

1-1-17 按五大功能区域、从业人员组距、开业(成立)

指标名称	从业人员数	内资								
			国有	集体	股份合作	联营				
							国有联营	集体联营	国有与集体联营	其他联营
总　　计	**8663134**	**8263142**	**1098225**	**120801**	**30269**	**12519**	**1597**	**3905**	**2446**	**4571**
按五大功能区域分组										
都市功能核心区	1867474	1806328	203854	22571	8149	3062	228	423	1486	925
都市功能拓展区	1884978	1663366	203815	15222	8434	1307	337	464	223	283
城市发展新区	2809924	2712339	319183	45754	8286	3983	433	1738	132	1680
渝东北生态涵养发展区	1705393	1687541	269779	30904	4620	3276	347	1138	333	1458
渝东南生态保护发展区	395365	393568	101594	6350	780	891	252	142	272	225
按从业人员期末人数分组										
7人及以下	528155	527101	29933	6339	1717	854	95	396	59	304
8-19人	812977	809954	62423	9632	3784	1334	190	556	100	488
20-49人	1064408	1056962	152912	17743	6174	2248	446	887	356	559
50-99人	830706	817281	180819	14780	5255	1735	394	542	196	603
100-299人	1359540	1321188	269242	17953	6714	3007	472	1167	367	1001
300-499人	617426	586608	102074	10223	1483	708		357		351
500-999人	790579	743692	98102	16331	2926	1265				1265
1000-4999人	1588462	1467074	121452	22436	2216	1368			1368	
5000-9999人	552382	497478	50883	5364						
10000人以上	518499	435804	30385							
按开业(成立)年份分组										
1949年及以前	167525	167525	131902	468		85	58	3	24	
1950-1977年	585420	581840	278276	22656	673	902	277	464	138	23
1978-1991年	637958	629913	155297	43297	4985	2741	25	801	1452	463
1992-1995年	662337	628504	76783	21841	4080	1922	92	772	64	994
1996年	167268	161473	10534	1267	698	142		142		
1997年	251402	225430	34129	1376	663	167	16	135		16
1998年	268182	264727	32033	2366	1463	136	86	48		2
1999年	171705	168660	12016	1386	674	115	1	33	72	9
2000年	245939	241056	20198	1233	750	178	50	46		82
2001年	368483	340139	48720	2151	1221	271	140	31	42	58
2002年	403490	392248	24668	1969	612	208	47	134	8	19
2003年	348692	328523	30779	1231	1145	730	254	61	49	366
2004年	358640	347293	28929	975	483	115		51	2	62
2005年	319209	308683	27911	2179	1517	328	67	107	20	134
2006年	351273	329083	27599	1918	956	460	89	47	11	313
2007年	384165	370925	27997	3202	681	205		29	18	158
2008年	312193	292599	18532	1131	684	281	81	41	22	137
2009年	357292	312086	15836	1304	826	71	30	15		26
2010年	513918	472687	22862	2364	1844	708	72	293	190	153
2011年	660474	598362	23554	2645	1421	731	83	393	47	208
2012年	596893	577745	30747	2270	2331	1228	45	210	27	946
2013年	525387	518352	14876	1556	2561	795	84	49	260	402

时间、登记注册类型分组的法人单位从业人员数

单位：人

有限责任公司	国有独资	其他有限责任公司	股份有限公司	私营	私营独资	私营合伙	私营有限责任公司	私营股份有限公司	其他	港、澳、台商投资	外商投资企业
2340058	**317235**	**2022823**	**300320**	**3895424**	**929420**	**110359**	**2651649**	**203996**	**465526**	**191087**	**208905**
700675	135219	565456	118961	675090	51776	15491	578290	29533	73966	26308	34838
612064	94839	517225	69681	699680	93464	13213	558956	34047	53163	103933	117679
617195	53325	563870	57763	1522574	428058	45183	957155	92178	137601	53569	44016
351256	17993	333263	46199	823421	300629	28265	456436	38091	158086	6165	11687
58868	15859	43009	7716	174659	55493	8207	100812	10147	42710	1112	685
51956	365	51591	3522	331597	200181	10859	113520	7037	101183	422	632
98138	1552	96586	8014	512789	265968	23011	208655	15155	113840	1404	1619
162799	6295	156504	14444	617802	253749	30574	312029	21450	82840	3973	3473
147732	9294	138438	16277	405497	100778	17511	267633	19575	45186	5898	7527
318799	28983	289816	34439	611264	78678	17357	475355	39874	59770	16661	21691
160446	16584	143862	21952	266950	12346	6770	226818	21016	22772	12248	18570
267795	40495	227300	27712	314608	4553	1805	276893	31357	14953	21585	25302
601957	85826	516131	83322	609341	13167	2472	552751	40951	24982	48881	72507
225427	52444	172983	31928	183876			176295	7581		12148	42756
305009	75397	229612	58710	41700			41700			67867	14828
23595	6386	17209	2170	831	5	127	699		8474		
205048	65580	139468	14712	45136	2616	204	29503	12813	14437	1121	2459
202356	22120	180236	27847	172997	11550	4457	144340	12650	20393	1890	6155
209334	23357	185977	48003	256429	15277	3998	224169	12985	10112	9507	24326
43115	5612	37503	27037	76098	4705	1033	60885	9475	2582	3871	1924
77129	17495	59634	9474	98978	6230	1033	85171	6544	3514	19529	6443
82560	4503	78057	8275	132131	12178	1601	113014	5338	5763	935	2520
41286	3800	37486	18464	90028	6567	1757	78464	3240	4691	1050	1995
75178	1700	73478	6289	123629	15967	3050	97523	7089	13601	2442	2441
108737	13195	95542	22618	133370	17173	2617	102795	10785	23051	9701	18643
161928	32702	129226	8245	174972	17409	6551	143518	7494	19646	5592	5650
102356	18587	83769	12793	156517	21796	5193	119615	9913	22972	6892	13277
115291	10601	104690	7605	168143	17845	4350	138690	7258	25752	6369	4978
92564	25489	67075	19201	150945	21700	5673	114520	9052	14038	2818	7708
109093	10072	99021	11842	161558	21720	4468	126361	9009	15657	9235	12955
131009	8940	122069	7918	174685	27080	4764	126138	16703	25228	4404	8836
87085	12699	74386	8139	157588	30883	5654	114293	6758	19159	8011	11583
77194	4236	72958	6322	185840	32227	5966	136555	11092	24693	42690	2516
95134	4269	90865	9806	302176	77271	10341	203424	11140	37793	16261	24970
120573	15337	105236	10032	387661	180161	13484	179239	14777	51745	25669	36443
86308	9294	77014	6426	391057	196016	12508	171702	10831	57378	11397	7751
93120	1261	91859	7078	353632	192624	11482	140586	8940	44734	1703	5332

1-1-18 按五大功能区域、从业人员组距、开业(成立)时间、机构类型分组的法人单位数

单位：个

指标名称	单位数	企业	事业单位	机关	社会团体	民办非企业单位	基金会	居委会	村委会	其他组织机构
总　　计	**254834**	**205415**	**17243**	**3832**	**6396**	**6050**	**46**	**2531**	**8460**	**4861**
按五大功能区域分组										
都市功能核心区	60940	55602	1429	464	944	1209	22	435	52	783
都市功能拓展区	39128	33582	1823	442	554	925	16	421	783	582
城市发展新区	79403	62879	6151	1271	2093	2005	2	794	2796	1412
渝东北生态涵养发展区	57538	40672	6103	1107	2108	1546	3	678	3537	1784
渝东南生态保护发展区	17825	12680	1737	548	697	365	3	203	1292	300
按从业人员期末人数分组										
7人及以下	127321	102446	6784	609	4572	2337	32	1161	6369	3011
8-19人	68207	55599	3929	740	1086	2412	13	1281	1978	1169
20-49人	35258	28590	3264	1294	382	1072	1	83	112	460
50-99人	12132	9130	1816	710	211	144		5	1	115
100-299人	8253	6431	1140	406	123	63				90
300-499人	1628	1375	181	35	15	14		1		7
500-999人	1140	1012	83	30	5	4				6
1000-4999人	785	725	43	8	2	4				3
5000-9999人	79	76	3							
10000人以上	31	31								
按开业(成立)年份分组										
1949年及以前	1024	27	763	114	9	2		13	80	16
1950-1977年	4810	732	2688	589	122	25		95	503	56
1978-1991年	7154	2436	2130	815	469	204	2	142	726	230
1992-1995年	5751	3398	1062	493	166	150	1	88	254	139
1996年	1546	1130	177	21	33	53		36	53	43
1997年	2068	1591	181	47	42	60		34	85	28
1998年	3172	2263	373	94	109	113		68	98	54
1999年	2206	1727	179	30	95	83		31	18	43
2000年	3754	2664	340	118	144	190	1	77	130	90
2001年	6725	3240	1076	403	169	190		365	1148	134
2002年	6084	3391	591	91	168	198		343	1199	103
2003年	7208	4798	632	83	163	224		208	983	117
2004年	7905	4762	568	87	170	218		281	1638	181
2005年	7473	5230	825	115	271	253	3	94	465	217
2006年	8017	5974	812	93	238	296	2	72	234	296
2007年	9949	7086	1074	109	395	397	4	159	452	273
2008年	9811	7991	731	64	329	280	3	94	101	218
2009年	11976	10089	448	77	405	412	6	24	49	466
2010年	21704	19267	679	96	523	513	4	79	56	487
2011年	39666	36843	693	65	818	587	5	81	70	504
2012年	42550	39277	704	116	900	920	8	53	36	536
2013年	44107	41389	515	54	658	681	7	94	82	627

1-1-19 按五大功能区域、从业人员组距、开业(成立)时间、机构类型分组的法人单位从业人员数

单位：人

指标名称	从业人员数	企业	事业单位	机关	社会团体	民办非企业单位	基金会	居委会	村委会	其他组织机构
总　计	**8663134**	**7391327**	**711353**	**215455**	**88702**	**103315**	**285**	**23101**	**58502**	**71094**
按五大功能区域分组										
都市功能核心区	1867474	1650533	136202	26444	8191	26119	135	5281	496	14073
都市功能拓展区	1884978	1697358	110145	36285	4868	18741	100	3906	5379	8196
城市发展新区	2809924	2417680	214665	70811	34507	31451	15	6267	18386	16142
渝东北生态涵养发展区	1705393	1350561	186771	52801	32246	21567	25	6075	25825	29522
渝东南生态保护发展区	395365	275195	63570	29114	8890	5437	10	1572	8416	3161
按从业人员期末人数分组										
7人及以下	528155	421267	26310	2360	16368	9666	135	6552	33577	11920
8-19人	812977	663665	48597	9615	12283	29588	127	13627	22051	13424
20-49人	1064408	858457	103699	42023	11408	30331	23	2257	2806	13404
50-99人	830706	623793	126879	48510	14084	9468		340	68	7564
100-299人	1359540	1072198	182966	61650	19085	10553				13088
300-499人	617426	521226	69413	13292	5292	5252		325		2626
500-999人	790579	702808	57171	21428	2682	2308				4182
1000-4999人	1588462	1474139	79211	16577	7500	6149				4886
5000-9999人	552382	535275	17107							
10000人以上	518499	518499								
按开业(成立)年份分组										
1949年及以前	167525	29069	122539	14735	236	86		91	442	327
1950-1977年	585420	330895	207205	39633	1175	752		770	3078	1912
1978-1991年	637958	494950	85219	38942	5310	2730	6	1707	4916	4178
1992-1995年	662337	592058	31707	30271	2022	2450	8	783	1739	1299
1996年	167268	159927	4723	624	302	722		305	377	288
1997年	251402	238039	6450	3987	488	1267		330	582	259
1998年	268182	244043	11451	7243	1161	2456		680	659	489
1999年	171705	161394	5721	1142	615	1786		362	98	587
2000年	245939	214073	11594	6547	5706	5234	10	781	836	1158
2001年	368483	298483	28675	19990	2705	6052		3180	7959	1439
2002年	403490	362756	18418	4052	1849	4190		3121	7839	1265
2003年	348692	306014	17952	4061	5882	4631		1714	6468	1970
2004年	358640	309401	19117	6009	2755	3933		2436	13058	1931
2005年	319209	280370	20371	4719	3169	4279	27	927	3282	2065
2006年	351273	310717	22614	4753	3063	6015	12	603	1496	2000
2007年	384165	345887	14935	5372	4526	4279	39	1419	3074	4634
2008年	312193	283477	12818	2542	4601	4184	22	965	614	2970
2009年	357292	324653	10293	3218	4344	6622	32	198	337	7595
2010年	513918	470015	13392	5157	8504	8522	26	709	373	7220
2011年	660474	604159	20202	2160	11620	11243	19	732	548	9791
2012年	596893	544084	16141	4220	9866	12885	56	457	229	8955
2013年	525387	485668	9762	2085	8803	8982	28	831	498	8730

1-1-20 按五大功能区域、登记注册类型分组的法人单位数及从业人员数

单位：个、人

指标名称	单位数	从业人员数	
			#女性
总　计	**254834**	**8663134**	**2858287**
按五大功能区域分组			
都市功能核心区	60940	1867474	675636
都市功能拓展区	39128	1884978	610590
城市发展新区	79403	2809924	887069
渝东北生态涵养发展区	57538	1705393	537887
渝东南生态保护发展区	17825	395365	147105
按登记注册类型分组			
内资	253424	8263142	2695352
国有	22352	1098225	456094
集体	3468	120801	37753
股份合作	1059	30269	10525
联营	456	12519	4169
国有联营	65	1597	630
集体联营	195	3905	1193
国有与集体联营	42	2446	846
其他联营	154	4571	1500
有限责任公司	31773	2340058	611334
国有独资	870	317235	81851
其他有限责任公司	30903	2022823	529483
股份有限公司	2615	300320	98074
私营	154760	3895424	1269029
私营独资	80094	929420	389808
私营合伙	5982	110359	39397
私营有限责任公司	64294	2651649	780015
私营股份有限公司	4390	203996	59809
其他	36941	465526	208374
港、澳、台商投资	637	191087	78174
合资经营	198	49994	20033
合作经营	14	1660	478
独资经营	378	118041	51687
投资股份有限公司	31	20578	5514
其他港澳台投资企业	16	814	462
外商投资企业	773	208905	84761
中外合资经营	268	89743	25207
中外合作经营	22	6793	3107
外资企业	414	106053	54026
外商投资股份有限公司	32	4921	1708
其他外商投资企业	37	1395	713

1-1-21　按机构类型、从业人员组距、开业(成立)时间分组的法人单位数及从业人员数

单位：个、人

指标名称	单位数	从业人员数	#女性
总　　计	**254834**	**8663134**	**2858287**
按机构类型分组			
企业	205415	7391327	2280310
事业单位	17243	711353	349739
机关	3832	215455	65171
社会团体	6396	88702	34496
民办非企业单位	6050	103315	69204
基金会	46	285	130
居委会	2531	23101	12695
村委会	8460	58502	15706
其他组织机构	4861	71094	30836
按从业人员期末人数分组			
7人及以下	127321	528155	225138
8–19人	68207	812977	330871
20–49人	35258	1064408	426050
50–99人	12132	830706	320850
100–299人	8253	1359540	494634
300–499人	1628	617426	212716
500–999人	1140	790579	240565
1000–4999人	785	1588462	394432
5000–9999人	79	552382	105699
10000人以上	31	518499	107332
按开业时间分组			
1949年及以前	1024	167525	79574
1950–1977年	4810	585420	182514
1978–1991年	7154	637958	143998
1992–1995年	5751	662337	173594
1996年	1546	167268	38097
1997年	2068	251402	75921
1998年	3172	268182	75573
1999年	2206	171705	60353
2000年	3754	245939	79354
2001年	6725	368483	110606
2002年	6084	403490	105114
2003年	7208	348692	116124
2004年	7905	358640	118283
2005年	7473	319209	99612
2006年	8017	351273	112645
2007年	9949	384165	131526
2008年	9811	312193	112977
2009年	11976	357292	124512
2010年	21704	513918	194451
2011年	39666	660474	255370
2012年	42550	596893	248685
2013年	44107	525387	218003

1-1-22 按行业(门类)分组的个体经营户数和从业人员数

单位：个、人

指标名称	个体经营户	从业人员数
总　计	**1422605**	**4670582**
农、林、牧、渔业	731	1470
采矿业	1790	11301
制造业	107940	443789
电力、热力、燃气及水生产和供应业	541	2017
建筑业	55905	283887
批发和零售业	792537	2376833
交通运输、仓储和邮政业	121551	234622
住宿和餐饮业	144981	653882
信息传输、软件和信息技术服务业	3415	11006
房地产业	1120	4426
租赁和商务服务业	11200	41808
科学研究和技术服务业	3476	12280
水利、环境和公共设施管理业	177	672
居民服务、修理和其他服务业	125023	415331
教育	3100	14868
卫生和社会工作	6059	19809
文化、体育和娱乐业	43059	142581

1-1-23　按地区分组的个体经营户数和从业人员数

单位：个、人

地　区	个体经营户	从业人员数
全　市	**1422605**	**4670582**
按五大功能区域分组		
都市功能核心区	231995	818215
都市功能拓展区	171286	571905
城市发展新区	538776	1786474
渝东北生态涵养发展区	325901	1060498
渝东南生态保护发展区	154647	433490
按区县分组		
万州区	60324	233646
涪陵区	67858	215784
渝中区	41481	140879
大渡口区	8154	23660
江北区	47247	174134
沙坪坝区	61400	292746
九龙坡区	86684	274496
南岸区	49484	148709
北碚区	30414	89047
綦江区	38302	118238
大足区	41253	144704
渝北区	46002	159476
巴南区	32415	86973
黔江区	30852	65595
长寿区	49927	162155
江津区	54524	165897
合川区	60899	206099
永川区	45753	134347
南川区	25321	83172
潼南县	33416	106976
铜梁县	39460	125733
荣昌县	44771	176673
璧山县	37292	146696
梁平县	30237	87771
城口县	6076	11380
丰都县	28398	76983
垫江县	32517	100367
武隆县	21765	54752
忠　县	41706	168248
开　县	42534	157681
云阳县	30302	88083
奉节县	22551	63048
巫山县	18810	45902
巫溪县	12446	27389
石柱县	15667	38981
秀山县	31016	105303
酉阳县	22443	54030
彭水县	32904	114829

第2篇

小微企业篇

1-2-1 按区县、开业(成立)

地区	单位数	1949年及以前	1950–1977年	1978–1991年	1992–1995年	1996年	1997年	1998年	1999年	2000年
全市	**197115**	**9**	**517**	**2046**	**2895**	**981**	**1357**	**1968**	**1522**	**2404**
万州区	11030		17	79	105	31	46	79	68	99
涪陵区	8455		16	69	96	33	42	65	53	68
渝中区	12593		37	104	416	127	157	216	178	200
大渡口区	2813		10	39	40	16	26	45	20	44
江北区	8064		10	62	176	40	89	85	77	92
沙坪坝区	10945		30	200	262	87	105	136	116	193
九龙坡区	21623		30	137	366	168	233	311	216	429
南岸区	8277		18	75	167	47	100	122	90	130
北碚区	4991	1	43	146	179	56	51	74	60	87
綦江区	5597		29	87	58	23	36	32	32	53
#万盛经开区	1891		13	33	20	7	11	12	9	14
大足区	5903		11	43	64	18	23	48	31	78
渝北区	10689		9	59	143	46	89	125	118	132
巴南区	4944		19	92	99	37	38	53	63	81
黔江区	2475		2	7	8	1	5	11	7	11
长寿区	4262	1	12	65	55	18	24	36	27	47
江津区	5638		53	107	99	30	33	75	36	67
合川区	4823	2	11	50	45	22	20	40	30	50
永川区	5797		6	68	74	17	33	72	38	77
南川区	2996	1	27	52	28	10	15	20	17	30
潼南县	4364	1	1	21	31	7	18	12	9	10
铜梁县	4124		7	51	31	13	13	33	15	19
荣昌县	3712		6	39	37	15	21	35	24	31
璧山县	4964	1	16	95	93	32	38	38	40	42
梁平县	2901		3	12	15	4	7	10	7	23
城口县	895		5	6	3	3	3	3	5	6
丰都县	2015		11	28	22	5	7	11	14	18
垫江县	4338		8	41	29	14	14	37	23	54
武隆县	1865		6	12	8	4	11	12	6	17
忠县	5082		14	49	21	9	8	28	18	30
开县	6232	1	15	47	45	14	14	28	17	63
云阳县	2788		2	23	16	8	7	14	11	20
奉节县	1679		4	14	11	8	5	14	9	20
巫山县	1052		3	13	9	1	6	2	7	7
巫溪县	1276	1	5	9	7	3	6	4	4	5
石柱县	1941		11	21	19	10	4	15	15	28
秀山县	1785		2	6	7		3	8	5	9
酉阳县	2293		4	11	5	2	2	9	6	17
彭水县	1894		4	7	6	2	5	10	10	17

时间分组的小微企业法人单位数

单位：个

2001年	2002年	2003年	2004年	2005年	2006年	2007年	2008年	2009年	2010年	2011年	2012年	2013年
2910	**3042**	**4372**	**4348**	**4899**	**5592**	**6603**	**7592**	**9622**	**18660**	**36245**	**38598**	**40825**
104	120	181	169	179	204	267	278	393	1005	3276	2049	2275
96	97	123	161	182	173	241	300	391	866	1652	1908	1819
269	284	365	385	447	575	640	664	698	1250	1906	1778	1891
42	64	75	59	86	94	108	135	161	279	380	545	543
102	113	180	206	245	303	364	433	478	790	1365	1395	1459
271	274	380	414	381	415	482	467	583	1031	1654	1684	1778
448	453	762	640	832	867	1099	1272	1544	2237	3270	3259	3037
143	145	213	239	247	291	295	343	472	726	1311	1615	1486
93	74	132	160	143	187	203	207	250	543	866	794	635
67	62	76	88	79	112	147	133	217	624	1210	1237	1187
13	17	20	34	29	36	40	33	58	153	307	427	600
77	49	83	100	108	130	109	139	220	419	926	1032	2195
172	194	289	330	332	380	465	519	630	1069	1610	1919	2051
89	112	135	166	159	195	226	189	264	608	815	717	782
16	17	26	21	32	21	34	57	99	202	532	735	630
58	79	79	91	122	113	112	127	153	386	926	1166	565
103	98	142	119	101	123	168	193	209	471	1344	1148	916
85	64	66	77	112	105	120	167	209	347	1225	1069	901
73	70	101	93	142	133	147	182	189	467	1266	1341	1200
46	48	42	54	45	44	60	46	126	276	654	824	531
21	23	26	26	32	23	58	55	101	232	586	612	2459
32	41	51	56	62	68	90	91	125	349	823	1063	1090
41	43	96	49	70	81	83	90	113	279	628	1041	888
41	62	123	60	70	99	114	166	197	378	771	794	1691
8	25	22	33	34	37	60	40	60	186	822	720	773
4	6	17	20	13	21	26	34	23	87	142	284	182
23	21	36	34	39	33	60	85	102	170	411	484	399
47	52	83	67	71	92	92	112	104	318	1073	1086	920
30	20	19	14	44	35	47	87	67	179	375	462	409
60	68	81	83	98	119	145	143	244	692	770	1335	1067
74	78	107	78	97	121	138	314	458	533	1018	1252	1719
26	34	45	63	51	69	79	115	126	318	439	688	634
30	33	54	38	55	80	45	103	150	442	169	196	199
5	15	22	24	21	32	48	32	59	70	181	261	234
17	22	30	15	23	45	29	44	35	104	138	230	493
38	27	27	40	51	49	45	75	82	160	372	481	369
12	20	26	24	36	38	82	40	65	116	277	400	609
13	12	16	24	26	37	35	61	156	281	693	586	295
34	23	41	28	32	48	40	54	69	170	369	408	514

1-2-2 按区县、开业(成立)

地 区	从业人员数	1949年及以前	1950-1977年	1978-1991年	1992-1995年	1996年	1997年	1998年	1999年	2000年
全 市	**3809971**	**943**	**35643**	**139386**	**152171**	**41490**	**66221**	**81684**	**58362**	**95290**
万州区	197724		1462	4731	8755	1981	1744	5497	2023	4970
涪陵区	130742		360	3435	4133	1236	1328	2097	1998	1965
渝中区	185332		1201	3154	9083	3602	5734	5582	4444	5469
大渡口区	47132		748	1725	2224	739	1206	2111	821	1701
江北区	134543		317	2946	5675	1509	2823	2464	2896	3030
沙坪坝区	238040		1446	7780	10683	3075	3663	4152	3763	6021
九龙坡区	267684		1390	4643	12336	5524	5450	8722	5821	9229
南岸区	147639		1129	3925	7763	1539	3399	5100	2571	3578
北碚区	94784	131	1727	6681	6951	2187	2434	2709	3350	2968
綦江区	121710		3596	7313	3717	1832	1476	2323	1520	2294
#万盛经开区	36960		239	2010	531	864	407	726	169	736
大足区	140048		823	3513	4288	895	1563	2749	1040	2969
渝北区	245538		475	9177	7396	1925	4793	5821	8692	8858
巴南区	103121		305	3895	6153	1748	1323	2000	2446	3564
黔江区	33021		347	162	364	108	258	748	546	536
长寿区	89512	4	1288	8325	3254	404	2640	653	949	756
江津区	148423		2868	5786	5914	2018	2315	3944	1331	1869
合川区	120286	180	265	3125	3301	1980	1539	1521	1709	2489
永川区	122524		1121	5126	3852	892	1675	3874	1717	1435
南川区	59923	1	2540	3572	868	468	1124	777	381	1674
潼南县	85485	15	205	3381	10220	312	1027	870	215	246
铜梁县	117573		445	3986	1817	369	1426	2290	1050	1031
荣昌县	86038		483	2274	1950	831	1095	2511	885	2678
璧山县	118025	292	923	2994	4857	1593	2731	2301	1986	2617
梁平县	84126		153	3043	5814	229	633	602	441	1638
城口县	11788		180	115	208	284	184	14	173	145
丰都县	39976		1499	4393	1152	201	6898	391	219	508
垫江县	115453		3215	5893	3166	1617	462	3196	1179	1216
武隆县	35188		988	616	541	134	282	822	423	479
忠 县	97099		1306	2315	390	224	263	1084	301	581
开 县	112192	127	906	12505	5543	472	2068	560	491	1405
云阳县	64266		36	2619	3436	302	880	426	489	1129
奉节县	53717		181	945	1944	704	98	1265	961	13286
巫山县	19918		268	918	786	26	406	213	133	521
巫溪县	19235	193	263	1743	1953	87	313	42	28	121
石柱县	30891		586	1018	739	193	263	622	724	782
秀山县	40565		14	47	263		209	786	317	940
酉阳县	26147		353	1493	392	17	234	612	118	308
彭水县	24563		231	74	290	233	262	233	211	284

时间分组的小微企业法人单位从业人员数

单位：人

2001年	2002年	2003年	2004年	2005年	2006年	2007年	2008年	2009年	2010年	2011年	2012年	2013年
105875	**119103**	**139143**	**151805**	**169588**	**172062**	**191798**	**183364**	**204041**	**315672**	**469149**	**466287**	**449742**
4344	5012	5392	6295	4622	6211	9940	7969	10661	15790	38734	28252	23325
2718	5498	6287	4447	4762	5073	5733	7684	8150	14099	18560	17522	13641
5335	11318	6806	6302	23629	8622	11703	9127	7447	10871	16961	13447	15463
1382	3262	1902	1649	2748	3319	2399	2535	2548	3088	3510	4178	3333
3086	3284	4491	9658	6006	7924	13061	9093	8800	10038	13225	13094	11123
9653	12091	10511	13060	9777	10392	15429	9081	12017	21864	24376	25295	23886
9129	11140	11803	11816	18142	15073	16329	15994	16779	20347	26685	21072	20154
4842	4369	6039	6501	5528	7282	7849	8093	8717	13651	17292	15232	13201
4592	3232	3633	6031	3111	5426	3816	3565	5183	7375	8654	6406	4542
2548	2694	3345	4984	4740	4160	6286	4831	8448	12181	15420	14609	13345
389	645	319	1509	1900	1202	1858	1094	1680	3044	5839	5589	6183
3999	2690	4239	4086	3554	5836	4690	4946	5600	9987	17952	18782	35847
7374	6432	10366	13225	15844	25129	16655	14859	12569	18992	19176	20034	17674
4985	4368	4404	5218	4954	4758	6026	4574	7045	9461	10257	7756	7853
734	820	1194	567	907	505	1139	1520	2359	3204	4214	6519	6264
1854	5839	2415	4212	6279	5365	3129	6432	4364	5182	9172	11752	5244
3963	4279	7321	15609	4476	9884	10397	6831	8324	9651	16610	15098	9891
3972	3047	3831	3902	8714	8198	4295	4201	7450	8712	18644	17068	12026
3054	2436	4743	3372	6631	5992	5728	6724	5169	9991	18998	16922	13001
1692	1387	1433	1077	1468	1501	1579	1791	3432	5644	9109	11746	6659
583	505	376	783	1672	702	1667	1354	2323	7203	9221	13153	29452
2357	2069	2657	3579	4149	3643	5656	5855	5435	10173	17898	19994	21681
1683	2751	4385	2439	3650	2291	3379	4248	4832	7617	10435	13119	12480
3202	3211	5438	3326	2517	3514	4525	5802	5924	8722	13666	14841	23008
527	1359	7737	3933	1517	1531	2159	4929	3992	6816	15832	10256	10985
180	34	429	1242	656	180	964	735	457	616	1256	2067	1656
526	518	1189	1347	1980	751	1465	1374	1810	2171	3535	5025	3010
4660	2443	2603	2198	2186	2652	3649	3567	2758	8503	26649	19262	14377
930	463	454	264	955	513	1755	2872	1004	2729	5403	7434	5987
1697	2884	2136	1626	3449	2985	4303	4210	5917	12939	10835	21953	15701
4211	2813	1741	1276	1758	2448	4159	4764	7778	8823	13476	16381	18485
877	1053	1345	1686	1396	1767	1775	2987	2859	9121	8832	11894	9357
1226	1829	2619	1018	2714	1410	1687	3121	3128	6068	3329	3663	2521
157	875	790	452	767	615	1505	1062	1617	891	2529	2256	3131
977	712	1588	648	284	1086	763	829	828	1055	939	1446	3227
1021	802	656	720	1623	1213	659	1779	1950	2639	4584	4735	3572
485	1060	1827	1847	1843	2244	3708	1239	2341	4437	4213	5201	7544
698	138	373	1047	225	918	1156	1224	2259	2944	4674	4701	2248
622	386	645	363	355	949	681	1563	1767	2077	4294	4122	4848

1-2-3 按区县、登记注册类型

地区	单位数	内资企业	国有企业	集体企业	股份合作企业	联营企业	国有联营企业	集体联营企业	国有与集体联营企业	其他联营企业
全 市	**197115**	**196077**	**1528**	**1877**	**914**	**278**	**30**	**134**	**22**	**92**
万州区	11030	10977	85	66	39	24	4	8	1	11
涪陵区	8455	8428	69	56	17	9	1	1	3	4
渝中区	12593	12402	174	138	68	13	1	7	2	3
大渡口区	2813	2798	16	34	15	3	1			2
江北区	8064	7968	80	50	20	6	1	4	1	
沙坪坝区	10945	10882	82	230	54	16		9	2	5
九龙坡区	21623	21511	71	179	160	18	2	11	1	4
南岸区	8277	8217	64	26	93	8	1	4		3
北碚区	4991	4959	52	93	26	9	3	3	1	2
綦江区	5597	5587	46	102	40	8	2	1		5
#万盛经开区	1891	1889	20	44	9	5	1	1		3
大足区	5903	5896	25	76	7	5	1	4		
渝北区	10689	10522	97	47	90	14	3	5	2	4
巴南区	4944	4915	39	74	26	9	1	5	2	1
黔江区	2475	2472	18	4	5	6		1	1	4
长寿区	4262	4242	39	27	15	10		1		9
江津区	5638	5617	21	129	13	9		6		3
合川区	4823	4814	26	31	8	6		5	1	
永川区	5797	5771	36	31	25	13		8		5
南川区	2996	2993	24	33	7	4	1	1		2
潼南县	4364	4361	16	14	6	3		1		2
铜梁县	4124	4112	22	43	5	2		2		
荣昌县	3712	3706	25	27	3	4	1	2		1
璧山县	4964	4939	18	59	27	11		10		1
梁平县	2901	2896	16	5	10					
城口县	895	894	14	4	7	1		1		
丰都县	2015	2011	39	41	9	4		3	1	
垫江县	4338	4335	34	69	21	14	1	11	1	1
武隆县	1865	1860	19	14	7					
忠 县	5082	5077	57	67	19	12	2	2	1	7
开 县	6232	6228	17	18	24	9		8		1
云阳县	2788	2784	21	11	10	15	4	6		5
奉节县	1679	1677	15	6	7	1		1		
巫山县	1052	1049	21	11	1	1				1
巫溪县	1276	1275	17	8	6					
石柱县	1941	1937	30	22	5	2		1		1
秀山县	1785	1785	15	7	1					
酉阳县	2293	2290	42	20	7	2		1		1
彭水县	1894	1890	26	5	11	7		1	2	4

分组的小微企业法人单位数

单位：个

有限责任公司	国有独资公司	其他有限责任公司	股份有限公司	私营企业	私营独资企业	私营合伙企业	私营有限责任公司	私营股份有限公司	其他企业	港、澳、台商投资企业	外商投资企业
28902	**575**	**28327**	**2286**	**147990**	**77391**	**5481**	**61037**	**4081**	**12302**	**464**	**574**
1122	22	1100	179	7857	5970	199	1477	211	1605	9	44
461	21	440	91	7117	4164	169	2623	161	608	9	18
2282	54	2228	148	9245	1394	308	6998	545	334	99	92
667	8	659	41	1892	599	61	1170	62	130	9	6
618	38	580	86	6951	615	173	6030	133	157	47	49
2942	19	2923	136	7140	1717	291	4918	214	282	34	29
8416	24	8392	357	11128	2123	438	8069	498	1182	49	63
1003	16	987	138	6612	1483	176	4708	245	273	27	33
633	22	611	37	3740	1820	93	1721	106	369	14	18
682	19	663	67	3971	3165	79	629	98	671	3	7
375	8	367	20	1212	1022	27	137	26	204	1	1
1593	6	1587	26	4157	3024	215	787	131	7	3	4
2283	38	2245	232	7449	1824	274	5110	241	310	61	106
1034	13	1021	68	3441	1760	100	1469	112	224	14	15
254	12	242	17	1531	1050	106	351	24	637	2	1
351	14	337	52	3463	2459	107	793	104	285	9	11
448	37	411	20	4904	3141	185	1520	58	73	13	8
298	8	290	33	4131	3097	124	847	63	281	4	5
485	9	476	74	4427	3349	146	687	245	680	10	16
138	10	128	28	2540	1788	144	543	65	219	2	1
201	4	197	15	3866	3429	50	374	13	240		3
106	5	101	20	3853	2752	47	1003	51	61	5	7
75	19	56	9	3446	2449	132	816	49	117	3	3
495	8	487	30	4143	1349	518	2217	59	156	8	17
128	10	118	29	2549	2120	113	269	47	159	1	4
64	9	55	22	693	582	41	54	16	89	1	
167	12	155	29	1359	1018	53	239	49	363	2	2
266	7	259	42	3592	2759	112	659	62	297	1	2
177	19	158	12	1440	995	122	314	9	191	3	2
458	10	448	36	3814	2390	95	1277	52	614	4	1
155	9	146	47	5463	4749	242	420	52	495	1	3
201	10	191	33	2248	1696	105	399	48	245	4	
108	7	101	29	1433	1093	65	236	39	78	2	
107	13	94	12	861	583	34	227	17	35	3	
69	7	62	9	1143	475	67	524	77	23	1	
97	8	89	40	1628	1255	118	221	34	113	2	2
34	9	25	4	1664	1040	73	517	34	60		
145	13	132	15	1971	1569	46	332	24	88	3	
139	6	133	23	1128	546	60	489	33	551	2	2

1-2-4 按区县、登记注册类型

地区	单位数	内资企业								
			国有企业	集体企业	股份合作企业	联营企业				
							国有联营企业	集体联营企业	国有与集体联营企业	其他联营企业
全市	**3809971**	**3758178**	**66228**	**56379**	**18488**	**6088**	**668**	**3251**	**891**	**1278**
万州区	197724	196183	3294	3306	850	448	82	155	55	156
涪陵区	130742	129449	3172	2037	302	123	4	1	68	50
渝中区	185332	180246	4759	3004	767	248	16	61	74	97
大渡口区	47132	46249	466	806	274	91	84			7
江北区	134543	131080	2542	1661	563	130	42	77	11	
沙坪坝区	238040	234956	2820	6187	1558	295		175	57	63
九龙坡区	267684	262617	3071	5786	2121	342	7	219	20	96
南岸区	147639	144952	3334	601	1508	79	1	51		27
北碚区	94784	93248	1133	2004	606	130	37	7	46	40
綦江区	121710	121219	1171	4212	902	272	90	3		179
#万盛经开区	36960	36605	465	1218	145	182	40	3		139
大足区	140048	139687	693	1618	325	420	68	352		
渝北区	245538	233443	14289	716	1428	198	60	58	30	50
巴南区	103121	101375	1163	1308	816	174	22	71	80	1
黔江区	33021	32928	787	56	51	148		5	112	31
长寿区	89512	87833	1804	2585	291	197		137		60
江津区	148423	146672	1535	2130	531	63		47		16
合川区	120286	119757	544	964	313	114		72	42	
永川区	122524	119791	1209	636	866	142		106		36
南川区	59923	59709	1193	2136	80	44	15	5		24
潼南县	85485	85388	704	1025	130	140		24		116
铜梁县	117573	116239	696	1207	518	380		380		
荣昌县	86038	85704	616	648	127	41	3	30		8
璧山县	118025	116655	526	761	826	436		391		45
梁平县	84126	83678	441	89	318					
城口县	11788	11768	350	274	113	1		1		
丰都县	39976	39883	1851	1779	87	127		9	118	
垫江县	115453	115336	2008	2500	430	178	3	150	20	5
武隆县	35188	35025	575	386	125					
忠县	97099	96779	1560	1958	542	176	22	65	15	74
开县	112192	112024	449	244	481	254		238		16
云阳县	64266	63984	414	227	182	437	112	285		40
奉节县	53717	53663	680	261	69	15		15		
巫山县	19918	19751	1617	738	10	3				3
巫溪县	19235	19227	441	267	48					
石柱县	30891	30470	1509	1048	61	56		51		5
秀山县	40565	40565	1079	38	26					
酉阳县	26147	26095	954	1146	60	20		5		15
彭水县	24563	24550	779	30	183	166		5	143	18

分组的小微企业法人单位从业人员数

单位：人

有限责任公司	国有独资公司	其他有限责任公司	股份有限公司	私营企业	私营独资企业	私营合伙企业	私营有限责任公司	私营股份有限公司	其他企业	港、澳、台商投资企业	外商投资企业
823684	**42728**	**780956**	**85146**	**2565501**	**865507**	**91515**	**1493666**	**114813**	**136664**	**21969**	**29824**
45347	875	44472	6731	122477	65073	3212	47896	6296	13730	540	1001
16563	2948	13615	2483	99460	31299	4492	60105	3564	5309	449	844
53871	3045	50826	16234	98105	8982	2936	80919	5268	3258	3022	2064
17041	757	16284	1132	25192	3677	584	19125	1806	1247	475	408
19960	2175	17785	2060	102118	5146	1798	93621	1553	2046	1750	1713
68101	1445	66656	3900	147615	32521	4427	105767	4900	4480	1709	1375
105606	3758	101848	5579	130992	15288	3270	105835	6599	9120	1511	3556
30563	3481	27082	3001	102860	14186	1904	82607	4163	3006	1166	1521
15806	1029	14777	1291	69589	15352	1115	49034	4088	2689	756	780
33240	582	32658	3102	71504	27803	2160	36904	4637	6816	301	190
17118	188	16930	890	14174	6732	484	5595	1363	2413	282	73
44108	168	43940	1344	91062	53637	4018	29403	4004	117	68	293
69665	2229	67436	4902	139162	13757	4521	114433	6451	3083	3645	8450
27380	797	26583	1967	66135	18099	1565	42653	3818	2432	934	812
7181	1091	6090	527	18095	6752	1033	9791	519	6083	90	3
24547	1031	23516	1390	54661	23447	2252	26252	2710	2358	589	1090
25452	2366	23086	794	115519	27451	2768	81142	4158	648	956	795
17699	529	17170	1458	95300	42257	3045	45929	4069	3365	447	82
25379	641	24738	3226	80799	40449	3434	25168	11748	7534	853	1880
7366	1187	6179	1282	44592	20699	2644	18593	2656	3016	83	131
11664	85	11579	1664	66870	35517	1698	28180	1475	3191		97
5577	161	5416	1555	105257	49965	1732	51035	2525	1049	441	893
3321	1843	1478	224	77771	30024	2911	42341	2495	2956	152	182
17748	211	17537	1384	92834	19415	6665	64850	1904	2140	491	879
19883	353	19530	3066	57908	26288	4189	24577	2854	1973	268	180
3419	459	2960	905	6135	3835	612	1444	244	571	20	
4875	960	3915	568	27011	7626	817	17724	844	3585	65	28
20971	326	20645	2649	81811	50807	2946	22680	5378	4789	25	92
7228	711	6517	505	22032	9309	1563	10975	185	4174	66	97
11004	369	10635	1214	68564	31986	2092	32052	2434	11761	260	60
22592	1062	21530	1488	80273	51664	4780	21855	1974	6243		168
8799	474	8325	2009	48429	23382	2230	21333	1484	3487	282	
7114	1053	6061	1134	42771	16086	1911	21981	2793	1619	54	
4083	607	3476	450	12571	3711	753	7880	227	279	167	
6280	362	5918	189	11411	3873	659	6349	530	591	8	
4666	863	3803	1312	20504	10424	1952	6660	1468	1314	274	147
1908	1106	802	1068	35343	11623	1511	20492	1717	1103		
3919	665	3254	648	18691	9665	512	8185	329	657	52	
3758	924	2834	711	14078	4432	804	7896	946	4845		13

1-2-5 按区县、营业状态分组的小微企业法人单位数

单位：个

地 区	单位数						
		营业	停业(歇业)	筹建	当年关闭	当年破产	其他
全 市	**197115**	**183952**	**5421**	**4867**	**1702**	**122**	**1051**
万州区	11030	10527	136	260	50	3	54
涪陵区	8455	7600	408	323	83	4	37
渝中区	12593	11503	678	327	39	6	40
大渡口区	2813	2499	133	162	7		12
江北区	8064	7576	175	248	23		42
沙坪坝区	10945	10616	122	148	19	1	39
九龙坡区	21623	19601	840	897	167	5	113
南岸区	8277	7048	525	188	434	18	64
北碚区	4991	4527	267	152	28		17
綦江区	5597	5263	110	137	36	7	44
#万盛经开区	1891	1818	27	36	2		8
大足区	5903	5826	42	11	11		13
渝北区	10689	9889	256	472	29	1	42
巴南区	4944	4546	191	146	23	4	34
黔江区	2475	2390	33	35	9		8
长寿区	4262	4059	62	83	24		34
江津区	5638	5430	69	97	26	2	14
合川区	4823	4543	98	145	19	4	14
永川区	5797	5612	48	86	13		38
南川区	2996	2799	108	31	13	1	44
潼南县	4364	4231	11	14	26		82
铜梁县	4124	3966	62	72	11	1	12
荣昌县	3712	3499	66	79	58		10
璧山县	4964	4123	417	200	198	6	20
梁平县	2901	2850	19	14	5		13
城口县	895	816	27	27	18	2	5
丰都县	2015	1892	47	44	6		26
垫江县	4338	4217	24	59	22	5	11
武隆县	1865	1736	33	49	24	5	18
忠 县	5082	5006	19	11	4		42
开 县	6232	5964	69	35	114	14	36
云阳县	2788	2678	39	31	22		18
奉节县	1679	1631	11	7	18	5	7
巫山县	1052	929	37	46	33	3	4
巫溪县	1276	1200	32	25	10	3	6
石柱县	1941	1849	30	40	6	7	9
秀山县	1785	1647	32	68	28	3	7
酉阳县	2293	2079	104	68	23	10	9
彭水县	1894	1785	41	30	23	2	13

1-2-6　按区县、营业状态分组的小微企业法人单位从业人员数

单位：人

地　区	从业人员数	营业	停业(歇业)	筹建	当年关闭	当年破产	其他
全　市	**3809971**	**3697956**	**34517**	**49733**	**10635**	**946**	**16184**
万州区	197724	191505	1305	3267	659	28	960
涪陵区	130742	126352	1804	1959	245	17	365
渝中区	185332	178704	3853	2175	147	19	434
大渡口区	47132	45116	716	1242	9		49
江北区	134543	130991	1124	1666	317		445
沙坪坝区	238040	233290	1770	2086	185	5	704
九龙坡区	267684	259158	2316	4822	349	37	1002
南岸区	147639	144208	985	1283	541	45	577
北碚区	94784	92121	797	1309	202		355
綦江区	121710	117688	878	1916	134	46	1048
#万盛经开区	36960	36225	193	328	13		201
大足区	140048	139378	172	23	74		401
渝北区	245538	238148	1778	4071	223		1318
巴南区	103121	99747	1784	939	26	4	621
黔江区	33021	32180	139	607	32		63
长寿区	89512	86335	1283	1457	131		306
江津区	148423	144404	1744	1873	107	5	290
合川区	120286	116538	963	2507	95	40	143
永川区	122524	119502	509	1369	305		839
南川区	59923	57778	535	747	8	1	854
潼南县	85485	84841	173	105	68		298
铜梁县	117573	114897	984	631	216	8	837
荣昌县	86038	82541	730	1751	883		133
璧山县	118025	113687	1670	1601	679	65	323
梁平县	84126	82972	228	481	3		442
城口县	11788	10897	280	298	253	2	58
丰都县	39976	38569	300	729	25		353
垫江县	115453	112208	411	1309	1105	122	298
武隆县	35188	31530	857	1922	491	115	273
忠　县	97099	94916	713	365	48		1057
开　县	112192	108919	1141	521	1211	107	293
云阳县	64266	62115	394	911	381		465
奉节县	53717	53059	136	28	308	111	75
巫山县	19918	18358	455	555	501	35	14
巫溪县	19235	18507	108	323	216	23	58
石柱县	30891	29718	204	714	34	35	186
秀山县	40565	38337	603	1313	195	44	73
酉阳县	26147	25123	351	561	27	30	55
彭水县	24563	23619	324	297	202	2	119

1-2-7 按区县、登记注册类型

地　　区	资产总计	内资企业	国有企业	集体企业	股份合作企　业
全　市	**2863500616**	**2730749710**	**342626197**	**16602496**	**17805737**
万州区	86482695	84402338	2642547	418271	128280
涪陵区	107914256	104171418	8167252	455575	62458
渝中区	369077053	351043147	57045338	860816	279377
大渡口区	75759641	70040285	520458	157374	47155
江北区	203620476	184515912	7851402	549957	13259817
沙坪坝区	74024744	68143599	4591790	1049932	262057
九龙坡区	230852228	214081274	3526797	5193980	445728
南岸区	146414078	140587028	11494867	422158	261700
北碚区	98567327	91384322	28256909	212529	454776
綦江区	124718819	124065135	16923574	388607	90521
#万盛经开区	13424584	13289589	886351	247411	14118
大足区	43634522	43147402	10150880	159604	46128
渝北区	397281606	373475005	67482501	309232	525414
巴南区	65801138	61974719	20743406	333661	190091
黔江区	23055600	22976870	397893	38050	12735
长寿区	48695409	42084790	1251728	196799	107532
江津区	82281183	80204349	734987	277035	87161
合川区	67148642	65394661	6677827	119054	115701
永川区	56082545	52232941	1361959	112705	168085
南川区	31283645	30968568	13431310	227073	14006
潼南县	24640305	24635614	279885	84005	85576
铜梁县	29224646	28613369	1899567	174250	55951
荣昌县	40970469	40788000	731843	51887	5513
璧山县	93850850	93143144	39203799	109424	135526
梁平县	18848727	18247299	209066	4237	267399
城口县	6573317	6538817	934114	53019	56165
丰都县	22019244	21360016	3717742	189175	55228
垫江县	21380703	21298983	7953621	617503	111088
武隆县	29070287	28701713	2224636	2535224	9990
忠　县	26216908	26052322	914170	224635	125943
开　县	22569988	22396681	2031299	62277	127151
云阳县	22228588	21691690	149168	49019	46067
奉节县	11828326	11566934	470075	73992	29792
巫山县	56200818	56081680	766750	152786	10000
巫溪县	11180930	11162734	1093012	136677	23734
石柱县	18028450	17831061	6010553	482045	38105
秀山县	28681948	28681948	4838268	8987	1121
酉阳县	24657209	24547004	4495151	107583	4746
彭水县	22633293	22516935	1450053	3361	57921

分组的小微企业法人单位资产总计

单位：千元

联营企业	有限责任公　司	股份有限公　司	私营企业	其他企业	港、澳、台商投资企　业	外商投资企　业
3962910	**1336620700**	**101638834**	**843013345**	**68479492**	**66984557**	**65766349**
44200	52752759	3518615	22432044	2465622	1398177	682181
29196	61484579	3019625	30171802	780931	1350005	2392834
903983	170171624	21216343	99474473	1091195	5811377	12222529
76802	54503894	270056	14169121	295424	3275312	2444044
89116	85179690	2548530	74535556	501844	11511281	7593282
93412	26164952	1068211	34285636	627609	2658682	3222464
60706	133577789	3964114	62875566	4436594	7771748	8999206
15531	67118856	11144624	49399502	729790	3306673	2520377
14593	30913407	1163648	28913243	1455217	6552105	630900
299872	60692129	1815587	14777547	29077298	132806	520878
285760	9032642	254713	2306151	262443	106879	28116
79024	14150859	773004	17777302	10600	54238	432882
1450469	206853228	13108415	81757134	1988611	12866360	10940240
25707	17338685	4212787	18622700	507682	1515586	2310833
6750	9144906	329328	6807696	6239514	78380	350
26375	28723049	1042269	10525731	211307	2818898	3791721
3183	52117314	737377	26132874	114417	1370680	706154
18662	24257924	724340	32870201	610953	1306729	447252
31020	25967848	1550073	21784249	1257001	603236	3246368
8080	5795716	276135	10792786	423462	67478	247599
2558	14446268	263094	9046309	427919		4691
10302	3426378	1783739	21146009	117173	260643	350634
5234	21226538	499162	17982555	285269	94794	87676
86864	34077732	427896	18787239	314665	90482	617224
	7003683	1059660	9574139	129116	144895	456533
	2893048	479701	1941785	180985	34500	
5850	6239975	456945	4152025	6543077	76429	582798
8166	3529797	449674	8090182	538952	3500	78220
	11218057	6689289	5774951	249567	211533	157041
51718	7761812	173861	14957201	1842984	114586	50000
32681	3255699	934391	14772486	1180698	156805	16501
400162	5117932	593937	13966994	1368411	536898	
3655	3755005	518119	6506725	209572	261392	
100	51065963	434398	3553085	98598	119138	
	6015170	81375	3690278	122489	18195	
2004	5283878	919847	4957652	136976	185281	12108
	9801881	102770	13741796	187126		
6458	11887106	408276	7421322	216362	110205	
70478	1705571	12879616	4845451	1504485	115528	830

1-2-8 按行业、区县分组的

指标名称	行业代码	单位数	万州区	涪陵区	渝中区
总　　计		**197115**	**11030**	**8455**	**12593**
农、林、牧、渔业	A	**1370**	**524**	**30**	
农业	01	25	1	1	
谷物种植	011	1			
蔬菜、食用菌及园艺作物种植	014	9			
水果种植	015	8			
坚果、含油果、香料和饮料作物种植	016	3			
中药材种植	017	1		1	
其他农业	019	3	1		
林业	02	6		1	
林木育种和育苗	021	5			
造林和更新	022	1		1	
畜牧业	03	17			
牲畜饲养	031	7			
家禽饲养	032	6			
其他畜牧业	039	4			
渔业	04	19			
水产养殖	041	19			
农、林、牧、渔服务业	05	1303	523	28	
农业服务业	051	1027	383	28	
林业服务业	052	57	14		
畜牧服务业	053	105	68		
渔业服务业	054	114	58		
采矿业	B	**2055**	**85**	**42**	
煤炭开采和洗选业	06	681	21	9	
烟煤和无烟煤开采洗选	061	637	16	9	
褐煤开采洗选	062	8			
其他煤炭采选	069	36	5		
石油和天然气开采业	07	30	5		
石油开采	071	5	5		
天然气开采	072	25			
黑色金属矿采选业	08	79			
铁矿采选	081	11			
锰矿、铬矿采选	082	64			
其他黑色金属矿采选	089	4			
有色金属矿采选业	09	22	1		
常用有色金属矿采选	091	18			
贵金属矿采选	092	3	1		
稀有稀土金属矿采选	093	1			
非金属矿采选业	10	1176	56	32	
土砂石开采	101	1099	55	30	
化学矿开采	102	21		1	
采盐	103	2			
石棉及其他非金属矿采选	109	54	1	1	
开采辅助活动	11	41	1	1	
煤炭开采和洗选辅助活动	111	17	1		
石油和天然气开采辅助活动	112	17		1	
其他开采辅助活动	119	7			

小微企业法人单位数

单位：个

大渡口区	江北区	沙坪坝区	九龙坡区	南岸区	北碚区	綦江区	#万盛经开区	大足区
2813	**8064**	**10945**	**21623**	**8277**	**4991**	**5597**	**1891**	**5903**
3	**6**	**7**	**31**	**12**	**8**	**39**	**4**	**35**
						2		4
						1		2
								2
						1		
			1					4
			1					4
			1			1		3
			1			1		
								3
								4
								4
3	6	7	29	12	8	36	4	20
2	6	7	18	9	8	30	4	11
			1	1		3		3
			1			3		2
1			9	2				4
3	**3**	**5**	**21**	**15**	**50**	**136**	**57**	**77**
				2	21	41	27	42
					21	40	27	39
				2		1		3
			1			3		
			1			3		
3	3	5	20	10	27	88	27	33
3	3	5	19	10	26	81	22	29
						2	2	2
			1		1	5	3	2
					1	3	2	2
					1	1	1	
								2
						2	1	

1-2-8 续表 1

指标名称	行业代码	单位数			
			万州区	涪陵区	渝中区
其他采矿业	12	26	1		
其他采矿业	120	26	1		
制造业	**C**	**41525**	**1551**	**946**	**103**
农副食品加工业	13	3324	99	142	2
谷物磨制	131	922	15	17	
饲料加工	132	256	11	12	
植物油加工	133	336	10	5	
制糖业	134	27	1		
屠宰及肉类加工	135	542	27	12	1
水产品加工	136	32	1		1
蔬菜、水果和坚果加工	137	444	17	84	
其他农副食品加工	139	765	17	12	
食品制造业	14	1106	55	23	1
焙烤食品制造	141	243	19	5	
糖果、巧克力及蜜饯制造	142	69	1	1	
方便食品制造	143	255	15	7	1
乳制品制造	144	11	3		
罐头食品制造	145	48	2	1	
调味品、发酵制品制造	146	303	9	5	
其他食品制造	149	177	6	4	
酒、饮料和精制茶制造业	15	909	45	32	
酒的制造	151	421	12	14	
饮料制造	152	340	28	14	
精制茶加工	153	148	5	4	
烟草制品业	16	1			
烟叶复烤	161	1			
纺织业	17	1679	74	23	1
棉纺织及印染精加工	171	688	12	2	
毛纺织及染整精加工	172	65	3	1	
麻纺织及染整精加工	173	12	1		
丝绢纺织及印染精加工	174	88	3	2	1
化纤织造及印染精加工	175	27	4	1	
针织或钩针编织物及其制品制造	176	163	13	1	
家用纺织制成品制造	177	536	34	15	
非家用纺织制成品制造	178	100	4	1	
纺织服装、服饰业	18	1522	109	20	17
机织服装制造	181	1102	79	7	17
针织或钩针编织服装制造	182	66	10	1	
服饰制造	183	354	20	12	
皮革、毛皮、羽毛及其制品和制鞋业	19	1019	39	11	
皮革鞣制加工	191	36			
皮革制品制造	192	176	7	1	
毛皮鞣制及制品加工	193	76	3	3	
羽毛(绒)加工及制品制造	194	48	3		
制鞋业	195	683	26	7	

单位：个

大渡口区	江北区	沙坪坝区	九龙坡区	南岸区	北碚区	綦江区	#万盛经开区	大足区
				3	1	1	1	
				3	1	1	1	
737	**593**	**3442**	**3377**	**1291**	**2032**	**817**	**184**	**2492**
16	13	55	76	29	26	57	12	66
1		4	1	1	4	12	1	22
1	1	8	5	1				3
1	1	2	11	1	3	6		8
	1	1	4					
5	5	9	21	7	7	18	5	13
		2	1	2				1
3		3	6	3	1	8		4
5	5	26	27	14	11	13	6	15
9	21	62	96	42	38	18	1	25
	5	12	20	6	5	2		5
	3	5	5		2			3
5	3	17	14	5	11	9	1	6
			1		1			1
1	1	2	3	4		1		
3	7	17	36	15	8	5		10
	2	9	17	12	11	1		
3	2	12	29	12	18	29	12	25
3		3	20	4	9	11	2	13
	2	9	9	7	8	7	1	9
				1	1	11	9	3
2	4	429	26	27	56	19	3	16
		411	15	3	53	4	1	4
1		2	1					2
		1		1				
		1		1				
	1							
	2	3	4	9				1
		7	3	8	2	14	2	5
1	1	4	3	5	1	1		4
4	17	24	37	46	19	19	6	13
4	11	16	31	38	15	14	5	12
		4	2	1		1		1
	6	4	4	7	4	4	1	
8	5	13	7	26	13	8	1	12
		1			1			
	5	4	2	3	4	2		6
		1	1			1		1
			2	2				1
8		7	2	21	8	5	1	4

1-2-8 续表 2

指标名称	行业代码	单位数	万州区	涪陵区	渝中区
木材加工和木、竹、藤、棕、草制品业	20	1467	54	25	
木材加工	201	515	20	5	
人造板制造	202	97	6	6	
木制品制造	203	488	13	6	
竹、藤、棕、草等制品制造	204	367	15	8	
家具制造业	21	1831	103	40	2
木质家具制造	211	1404	75	25	
竹、藤家具制造	212	20	1		
金属家具制造	213	122	6		
塑料家具制造	214	19	2		1
其他家具制造	219	266	19	15	1
造纸和纸制品业	22	746	15	16	1
纸浆制造	221	5	1	1	
造纸	222	182	3	4	
纸制品制造	223	559	11	11	1
印刷和记录媒介复制业	23	1064	55	43	22
印刷	231	909	50	39	17
装订及印刷相关服务	232	149	5	4	5
记录媒介复制	233	6			
文教、工美、体育和娱乐用品制造业	24	767	55	13	4
文教办公用品制造	241	63	3		1
乐器制造	242	8	3		
工艺美术品制造	243	629	47	13	3
体育用品制造	244	22	1		
玩具制造	245	36	1		
游艺器材及娱乐用品制造	246	9			
石油加工及炼焦	25	68	4	1	
化学原料和化学制品制造业	26	1197	44	43	
基础化学原料制造	261	148	4	5	
肥料制造	262	144	8	5	
农药制造	263	25		1	
涂料、油墨、颜料及类似产品制造	264	368	13	14	
合成材料制造	265	98	4	4	
专用化学产品制造	266	231	7	11	
炸药、火工及焰火产品制造	267	46	1		
日用化学产品制造	268	137	7	3	
医药制造业	27	255	16	12	
化学药品原料药制造	271	43	3	1	
化学药品制剂制造	272	23	1	1	
中药饮片加工	273	50	2	3	
中成药生产	274	38	3	2	
兽用药品制造	275	24	3		
生物药品制造	276	51	2	5	
卫生材料及医药用品制造	277	26	2		

单位：个

大渡口区	江北区	沙坪坝区	九龙坡区	南岸区	北碚区	綦江区	#万盛经开区	大足区
19	6	49	67	12	8	40	12	48
	1	7	15		2	17	6	10
2		6	6	3		1	1	2
17	5	31	46	6	2	13	3	18
		5		3	4	9	2	18
13	3	133	122	65	15	25	5	33
11	1	108	96	42	9	17	3	18
						3		1
1		9	9	6	3	2		7
	1	1	5	1				
1	1	15	12	16	3	3	2	7
12	19	71	62	32	40	13	4	11
						1	1	
4	4	6	14	8		2	1	3
8	15	65	48	24	40	10	2	8
22	35	93	114	69	34	14	3	14
17	28	88	95	56	29	8	2	12
5	7	5	17	12	4	6	1	2
			2	1	1			
9	10	54	48	22	23	14	3	42
2		3	3	8				1
	1			1	1			1
6	8	47	43	11	22	14	3	39
	1	4	2	2				1
1								
1		9	13		2	1		4
16	33	109	104	56	46	20	7	31
3	5	10	4	3	7	4	2	5
1	1	2	7	1	3	2	1	4
		3	2		1			3
6	6	46	40	17	10	5	1	7
2	2	13	10	5	5	2	1	5
1	15	24	29	22	14	3	1	6
				1		2	1	1
3	4	11	12	7	6	2		
3	7	11	21	15	9	6	3	4
	1		4	2	2	1	1	
1	1	2	4					
				1				2
		2	2	3	1	1	1	
		2						
1	2	3	7	4	5	2		1
1	3	2	4	5	1	2	1	1

1-2-8 续表 3

指标名称	行业代码	单位数			
			万州区	涪陵区	渝中区
化学纤维制造业	28	21		1	
纤维素纤维原料及纤维制造	281	6			
合成纤维制造	282	15		1	
橡胶和塑料制品业	29	1530	71	53	3
橡胶制品业	291	297	9	8	2
塑料制品业	292	1233	62	45	1
非金属矿物制品业	30	4737	180	141	1
水泥、石灰和石膏制造	301	252	7	13	
石膏、水泥制品及类似制品制造	302	1403	32	49	
砖瓦、石材等建筑材料制造	303	2415	103	65	
玻璃制造	304	85	7	2	
玻璃制品制造	305	264	14	7	1
玻璃纤维和玻璃纤维增强塑料制品制造	306	53	1	3	
陶瓷制品制造	307	109	11	1	
耐火材料制品制造	308	67		1	
石墨及其他非金属矿物制品制造	309	89	5		
黑色金属冶炼和压延加工业	31	566	15	7	1
炼铁	311	19	1		
炼钢	312	14		1	
黑色金属铸造	313	195	4	2	1
钢压延加工	314	284	10	2	
铁合金冶炼	315	54		2	
有色金属冶炼和压延加工业	32	382	17	9	
常用有色金属冶炼	321	82	2	4	
贵金属冶炼	322	8			
稀有稀土金属冶炼	323	9			
有色金属合金制造	324	49	1		
有色金属铸造	325	25	2		
有色金属压延加工	326	209	12	5	
金属制品业	33	3873	205	67	12
结构性金属制品制造	331	2024	132	51	3
金属工具制造	332	590	17	1	4
集装箱及金属包装容器制造	333	66	4	1	1
金属丝绳及其制品制造	334	51	2		
建筑、安全用金属制品制造	335	366	17	3	3
金属表面处理及热处理加工	336	212	3	1	1
搪瓷制品制造	337	23	1		
金属制日用品制造	338	228	21	4	
其他金属制品制造	339	313	8	6	
通用设备制造业	34	2838	48	21	6
锅炉及原动设备制造	341	155	7	3	
金属加工机械制造	342	542	17	1	1
物料搬运设备制造	343	85	1	3	
泵、阀门、压缩机及类似机械制造	344	151	3		3
轴承、齿轮和传动部件制造	345	147	4	1	
烘炉、风机、衡器、包装等设备制造	346	239	1	1	
文化、办公用机械制造	347	17			
通用零部件制造	348	1374	14	9	1
其他通用设备制造业	349	128	1	3	1

单位：个

大渡口区	江北区	沙坪坝区	九龙坡区	南岸区	北碚区	綦江区	#万盛经开区	大足区
			1	1				2
								1
			1	1				1
35	23	134	173	104	98	20	7	62
8	8	24	29	37	32	4	2	6
27	15	110	144	67	66	16	5	56
43	23	173	219	87	140	145	39	171
2		3	7	6	3	12	4	1
7	13	54	40	32	23	34	8	52
24	7	66	114	34	50	82	20	98
2	2	6	17	2	2	3	1	
5		15	21	2	42	5	2	11
	1	4	1	2	9	1		5
		9	7	5	2	2	2	3
3		8	4		2	4	1	
		8	8	4	7	2	1	1
10	6	60	53	5	19	18	3	73
		1				3		2
	1	3	1					1
3	2	24	9	5	18	9	1	19
7	3	32	43		1	6	2	51
5	3	29	74	10	9	23	5	16
1	1	11	4	2		9		
		1	2			2		
			1					
1	1	5	20	1		2	2	3
		3	2	1	2	1		2
3	1	9	45	6	7	9	3	11
66	55	198	265	98	89	59	14	623
28	10	68	118	37	29	35	10	61
3	1	24	25	11	13	4		297
2	3	10	10	1	4	1		11
1	1		6	2	1	5		4
6	6	20	23	15	8	3	3	132
10	29	28	30	3	10			28
		3	5			1		
9	2	11	14	10	2	2	1	68
7	3	34	34	19	22	8		22
109	68	368	388	85	284	57	8	133
4		9	17	8	18	1		10
17	12	86	73	23	20	7	3	46
2		7	31	1	5			2
5	1	30	18	4	10	2	1	3
8	3	10	7	3	4	26	1	7
10	21	59	38	10	12	2		16
		1	2	1	2	2		
58	25	150	182	28	204	17	3	42
5	6	16	20	7	9			7

1-2-8 续表 4

指标名称	行业代码	单位数	万州区	涪陵区	渝中区
专用设备制造业	35	1925	57	17	5
采矿、冶金、建筑专用设备制造	351	263	9	3	1
化工、木材、非金属加工专用设备制造	352	586	8	1	1
食品、饮料、烟草及饲料生产专用设备制造	353	54	5	3	1
印刷、制药、日化及日用品生产专用设备制造	354	98	4	1	2
纺织、服装和皮革加工专用设备制造	355	40	1		
电子和电工机械专用设备制造	356	135	16	3	
农、林、牧、渔专用机械制造	357	429	8	4	
医疗仪器设备及器械制造	358	119	3		
环保、社会公共服务及其他专用设备制造	359	201	3	2	
汽车制造业	36	2647	25	9	8
汽车整车制造	361	11			
改装汽车制造	362	18	1	1	
电车制造	364	18	1		
汽车车身、挂车制造	365	21	1		
汽车零部件及配件制造	366	2579	22	8	8
铁路、船舶、航空航天和其他运输设备制造业	37	3008	24	112	4
铁路运输设备制造	371	32			
城市轨道交通设备制造	372	4			
船舶及相关装置制造	373	202	20	80	1
航空、航天器及设备制造	374	4			
摩托车制造	375	2740	4	32	3
自行车制造	376	14			
非公路休闲车及零配件制造	377	3			
潜水救捞及其他未列明运输设备制造	379	9			
电气机械和器材制造业	38	1086	49	18	4
电机制造	381	151	7		
输配电及控制设备制造	382	324	14	6	4
电线、电缆、光缆及电工器材制造	383	179	2	6	
电池制造	384	36	4		
家用电力器具制造	385	112	5		
非电力家用器具制造	386	41	3		
照明器具制造	387	150	11	5	
其他电气机械及器材制造	389	93	3	1	
计算机、通信和其他电子设备制造业	39	622	30	7	1
计算机制造	391	110	1		
通信设备制造	392	45	4	1	
广播电视设备制造	393	11		1	
视听设备制造	395	16			
电子器件制造	396	65	2		
电子元件制造	397	251	17	3	
其他电子设备制造	399	124	6	2	1
仪器仪表制造业	40	540	8	2	8
通用仪器仪表制造	401	285	4	1	6

单位：个

大渡口区	江北区	沙坪坝区	九龙坡区	南岸区	北碚区	綦江区	#万盛经开区	大足区
34	39	191	263	83	107	37	18	291
6	1	29	36	10	9	22	12	47
6	24	56	108	11	43	6	2	28
1		2	5	2	2			6
2	1	6	20	6		2		3
1		3	3	6				4
5	3	13	19	12	6	1	1	3
5	1	32	26	3	19	3	1	191
3	4	20	12	10	22	2	2	4
5	5	30	34	23	6	1		5
47	102	292	309	109	175	127	1	379
		5						1
	1			2	1			4
2		5	7					
	1		4					1
45	100	282	298	107	174	127	1	373
186	25	647	497	92	364	19	9	308
1		2	8	1	2	4	1	6
	3					1		
2	2	19	4	16	6	1		3
		1						
183	19	624	482	75	353	13	8	298
			3					
								1
	1	1			3			
42	33	112	155	64	82	9	3	44
3	3	19	25	11	28			4
12	12	32	59	22	16	2	2	7
16	7	13	28	12	13	1		7
1			1		5	3		1
4	6	9	21	5	5	1		12
		2	4	1	3	1		3
2	3	14	9	9	6			6
4	2	23	8	4	6	1	1	4
10	10	38	61	40	30	2	1	7
3		9	26	2	4			1
		6	8	10	1			2
		1	3	1	1			2
1	4	1	1		1			
	1	7	3	15	8			1
	3	7	10	7	8			1
6	2	7	10	5	7	2	1	
8	20	33	55	28	265			3
5	11	18	35	17	124			3

1-2-8 续表 5

指标名称	行业代码	单位数	万州区	涪陵区	渝中区
专用仪器仪表制造	402	50			1
钟表与计时仪器制造	403	8			
光学仪器及眼镜制造	404	106	1		
其他仪器仪表制造业	409	91	3	1	1
其他制造业	41	414	22	7	
日用杂品制造	411	111	9	4	
煤制品制造	412	66	1		
其他未列明制造业	419	237	12	3	
废弃资源综合利用业	42	153	15	3	
金属废料和碎屑加工处理	421	95	7	1	
非金属废料和碎屑加工处理	422	58	8	2	
金属制品、机械和设备修理业	43	228	18	28	
金属制品修理	431	22	2		
通用设备修理	432	28	3	3	
专用设备修理	433	35	3	3	
铁路、船舶、航空航天等运输设备修理	434	40	3	12	
电气设备修理	435	16		2	
仪器仪表修理	436	5			
其他机械和设备修理业	439	82	7	8	
电力、热力、燃气及水生产和供应业	**D**	**1857**	**105**	**85**	**1**
电力、热力生产和供应业	44	1117	77	69	1
电力生产	441	1065	72	63	
电力供应	442	46	4	6	1
热力生产和供应	443	6	1		
燃气生产和供应业	45	194	11	4	
燃气生产和供应业	450	194	11	4	
水的生产和供应业	46	546	17	12	
自来水生产和供应	461	457	13	7	
污水处理及其再生利用	462	75	4	5	
其他水的处理、利用与分配	469	14			
建筑业	**E**	**6249**	**321**	**296**	**418**
房屋建筑业	47	1732	99	143	55
房屋建筑业	470	1732	99	143	55
土木工程建筑业	48	550	13	9	47
铁路、道路、隧道和桥梁工程建筑	481	175	7	5	12
水利和内河港口工程建筑	482	43	1	1	3
工矿工程建筑	484	23			2
架线和管道工程建筑	485	59	2	2	4
其他土木工程建筑	489	250	3	1	26
建筑安装业	49	697	35	14	81
电气安装	491	171	7	1	25
管道和设备安装	492	212	13	4	24
其他建筑安装业	499	314	15	9	32
建筑装饰和其他建筑业	50	3270	174	130	235
建筑装饰业	501	2061	90	51	182
工程准备活动	502	115	7	8	3
提供施工设备服务	503	127	5	1	
其他未列明建筑业	509	967	72	70	50

单位：个

大渡口区	江北区	沙坪坝区	九龙坡区	南岸区	北碚区	綦江区	#万盛经开区	大足区
	4	7	4	5	8			
			2					
	1		4	4	88			
3	4	8	10	2	45			
	5	18	6	11	18	8	2	10
	1		3	1	5	4		4
						2	1	3
	4	18	3	10	13	2	1	3
1	2	6	15	2	1	8	2	22
1	2	5	11	1		5	1	22
		1	4	1	1	3	1	
4	4	19	21	19	4	2		4
	1	2		3				3
	1	2	4	2	1			
		3	3	1		2		
1	2	1	2	9				
			5	1				1
		2			1			
3		9	7	3	2			
4	**5**	**14**	**25**	**11**	**20**	**84**	**23**	**33**
		1	8	2	7	60	15	12
			5	1	7	58	14	10
			3			2	1	2
		1		1				
2	3	2	6	1		7	1	3
2	3	2	6	1		7	1	3
2	2	11	11	8	13	17	7	18
	2	6	8	7	11	13	5	17
2		5	3	1	2	3	1	1
						1	1	
114	**544**	**370**	**696**	**451**	**109**	**148**	**52**	**124**
25	78	41	136	82	22	56	18	36
25	78	41	136	82	22	56	18	36
5	59	27	45	44	16	11	4	9
4	15	5	23	21	2	4		6
	1	1		2		1		2
	1	1	4		6			
	6	10	4	5		2	2	
1	36	10	14	16	8	4	2	1
17	69	42	96	60	13	7	2	13
5	6	9	18	13	3	3	2	2
5	23	5	54	10	6	2		1
7	40	28	24	37	4	2		10
67	338	260	419	265	58	74	28	66
33	238	176	303	194	10	48	15	61
2	7	8	15	5	2	3	2	1
2	2	6	12	5	4	5	1	1
30	91	70	89	61	42	18	10	3

1-2-8 续表 6

指标名称	行业代码	单位数	万州区	涪陵区	渝中区
批发和零售业	F	**78793**	**5009**	**4069**	**5756**
批发业	51	32967	1610	2544	3107
农、林、牧产品批发	511	3276	141	711	39
食品、饮料及烟草制品批发	512	5363	341	1177	311
纺织、服装及家庭用品批发	513	2791	204	51	884
文化、体育用品及器材批发	514	734	29	11	234
医药及医疗器材批发	515	999	46	82	115
矿产品、建材及化工产品批发	516	10845	552	328	518
机械设备、五金产品及电子产品批发	517	6868	193	122	820
贸易经纪与代理	518	424	21	15	51
其他批发业	519	1667	83	47	135
零售业	52	45826	3399	1525	2649
综合零售	521	5009	484	135	151
食品、饮料及烟草制品专门零售	522	5479	605	229	159
纺织、服装及日用品专门零售	523	8009	672	242	657
文化、体育用品及器材专门零售	524	2208	111	57	390
医药及医疗器材专门零售	525	1143	44	30	63
汽车、摩托车、燃料及零配件专门零售	526	4232	251	153	104
家用电器及电子产品专门零售	527	6733	348	203	445
五金、家具及室内装饰材料专门零售	528	9450	545	388	305
货摊、无店铺及其他零售业	529	3563	339	88	375
交通运输、仓储和邮政业	G	**4674**	**293**	**467**	**300**
道路运输业	54	2758	169	289	107
城市公共交通运输	541	103	8	3	13
公路旅客运输	542	168	10	9	1
道路货物运输	543	2277	144	268	85
道路运输辅助活动	544	210	7	9	8
水上运输业	55	346	52	79	28
水上旅客运输	551	43	7		8
水上货物运输	552	243	42	74	13
水上运输辅助活动	553	60	3	5	7
航空运输业	56	24	2		9
航空客货运输	561	12			2
通用航空服务	562	3			2
航空运输辅助活动	563	9	2		5
管道运输业	57	3		1	
管道运输业	570	3		1	
装卸搬运和运输代理业	58	1106	39	82	146
装卸搬运	581	352	19	49	9
运输代理业	582	754	20	33	137
仓储业	59	275	21	9	4
谷物、棉花等农产品仓储	591	40	2	1	2
其他仓储业	599	235	19	8	2
邮政业	60	162	10	7	6
邮政基本服务	601	30			1
快递服务	602	132	10	7	5

单位：个

大渡口区	江北区	沙坪坝区	九龙坡区	南岸区	北碚区	綦江区	#万盛经开区	大足区
1152	**2668**	**3545**	**10797**	**2908**	**1447**	**2429**	**877**	**1562**
705	1490	1842	6228	1299	311	784	289	693
3	44	21	55	92	36	166	74	23
72	303	87	211	155	42	191	97	84
26	139	82	185	137	10	17	8	74
7	46	39	113	35	3	6	2	10
13	69	75	179	191	4	8	2	5
478	346	1001	2705	299	87	253	78	262
89	399	435	2499	295	96	41	5	137
4	40	21	29	13	5	56	1	2
13	104	81	252	82	28	46	22	96
447	1178	1703	4569	1609	1136	1645	588	869
29	89	151	237	157	64	237	91	49
46	117	112	174	160	134	337	171	95
113	160	233	218	277	196	229	85	192
48	110	84	159	66	49	49	10	38
14	24	99	113	84	9	23	9	11
30	90	132	622	143	48	140	46	126
60	171	264	1454	213	133	160	44	117
84	279	476	1040	308	126	386	110	199
23	138	152	552	201	377	84	22	42
75	**339**	**254**	**402**	**130**	**67**	**327**	**154**	**101**
48	124	147	220	84	40	278	137	81
2	3	1	7	2	1	1	1	3
1	4	5	3	3	3	3		4
44	109	138	198	71	35	269	134	65
1	8	3	12	8	1	5	2	9
3	13	2	3	3	6	1		3
		1		1	2			3
2	11		2	1	3	1		
1	2	1	1	1	1			
	2	2						
		2						
	2							
		2						
		2						
15	168	64	130	35	17	44	16	11
12	17	18	41	9	6	20	3	2
3	151	46	89	26	11	24	13	9
7	26	33	35	3	2	2		2
	1	2	1		1	1		
7	25	31	34	3	1	1		2
2	6	4	14	5	2	2	1	4
			1			1	1	2
2	6	4	13	5	2	1		2

1-2-8 续表 7

指标名称	行业代码	单位数	万州区	涪陵区	渝中区
住宿和餐饮业	H	**12067**	**679**	**623**	**331**
住宿业	61	1789	113	27	135
旅游饭店	611	556	26	5	38
一般旅馆	612	987	76	19	87
其他住宿业	619	246	11	3	10
餐饮业	62	10278	566	596	196
正餐服务	621	8582	416	514	139
快餐服务	622	285	29	16	23
饮料及冷饮服务	623	251	15	38	7
其他餐饮业	629	1160	106	28	27
信息传输、软件和信息技术服务业	I	**5481**	**127**	**105**	**846**
电信、广播电视和卫星传输服务	63	319	24	4	14
电信	631	280	19	4	11
广播电视传输服务	632	33	5		2
卫星传输服务	633	6			1
互联网和相关服务	64	607	27	18	76
互联网接入及相关服务	641	54	2	1	14
互联网信息服务	642	422	16	3	35
其他互联网服务	649	131	9	14	27
软件和信息技术服务业	65	4555	76	83	756
软件开发	651	3269	27	68	542
信息系统集成服务	652	227	7	7	50
信息技术咨询服务	653	623	19	6	109
数据处理和存储服务	654	41			17
集成电路设计	655	13			1
其他信息技术服务业	659	382	23	2	37
房地产业	K	**7143**	**285**	**282**	**657**
房地产业	70	7143	285	282	657
房地产开发经营	701	2159	112	97	147
物业管理	702	2116	102	97	232
房地产中介服务	703	2694	70	87	254
其他房地产业	709	174	1	1	24
租赁和商务服务业	L	**18975**	**1025**	**755**	**2919**
租赁业	71	1711	139	99	63
机械设备租赁	711	1664	132	96	57
文化及日用品出租	712	47	7	3	6
商务服务业	72	17264	886	656	2856
企业管理服务	721	1772	101	87	281
法律服务	722	271	8	11	86
咨询与调查	723	4828	339	92	883
广告业	724	5506	215	252	841
知识产权服务	725	103	1		32
人力资源服务	726	1380	77	111	137
旅行社及相关服务	727	691	59	24	153
安全保护服务	728	112	7	5	8
其他商务服务业	729	2601	79	74	435

单位：个

大渡口区	江北区	沙坪坝区	九龙坡区	南岸区	北碚区	綦江区		大足区
							#万盛经开区	
92	**271**	**286**	**333**	**445**	**160**	**697**	**243**	**593**
12	57	84	83	75	21	95	23	82
3	4	23	24	20	4	34	9	15
5	38	53	35	45	14	54	11	55
4	15	8	24	10	3	7	3	12
80	214	202	250	370	139	602	220	511
61	176	148	194	250	118	550	189	414
2	9	14	13	17	2	12	5	7
2	10	11	9	16	4	7	6	10
15	19	29	34	87	15	33	20	80
65	**524**	**488**	**1388**	**475**	**84**	**48**	**25**	**22**
4	6	13	25	9	4	7	3	7
3	4	11	18	8	4	7	3	6
1	1	2	5	1				1
	1		2					
4	50	60	63	49	6	13	8	4
	4	5	6	7	1			
4	28	47	48	34	3	7	4	3
	18	8	9	8	2	6	4	1
57	468	415	1300	417	74	28	14	11
46	387	274	1051	299	52	6	2	6
1	15	24	61	8	2	4		
8	49	76	95	63	13	9	4	3
	1	5	7	5	1			
	1	2	2	3				1
2	15	34	84	39	6	9	8	1
109	**427**	**399**	**629**	**430**	**164**	**164**	**67**	**208**
109	427	399	629	430	164	164	67	208
34	134	102	158	139	59	70	27	70
31	141	125	216	142	54	42	14	50
44	151	146	204	136	51	45	19	87
	1	26	51	13		7	7	1
240	**1784**	**1202**	**2379**	**1293**	**316**	**281**	**67**	**291**
35	83	108	251	84	36	48	11	41
35	82	100	247	82	36	48	11	40
	1	8	4	2				1
205	1701	1094	2128	1209	280	233	56	250
17	247	84	105	115	32	14	2	28
	11	16	23	16	4	4	1	6
46	578	428	745	355	59	26	7	49
76	404	327	852	363	88	85	15	58
1	17	13	3	7	3			2
10	150	51	135	62	31	43	10	38
4	65	21	15	23	8	28	9	17
1	6	1	9	6	1	3	2	6
50	223	153	241	262	54	30	10	46

1-2-8 续表 8

指标名称	行业代码	单位数	万州区	涪陵区	渝中区
科学研究和技术服务业	M	**4603**	**198**	**232**	**486**
研究和试验发展	73	276	14	12	42
自然科学研究和试验发展	731	23			4
工程和技术研究和试验发展	732	132	1	6	20
农业科学研究和试验发展	733	60	12	1	2
医学研究和试验发展	734	53	1	5	11
社会人文科学研究	735	8			5
专业技术服务业	74	3618	134	170	370
气象服务	741	4			
地震服务	742	4			
测绘服务	744	70	3	1	4
质检技术服务	745	157	11	6	6
环境与生态监测	746	38	1	2	2
地质勘查	747	59	4	2	8
工程技术	748	1348	42	84	181
其他专业技术服务业	749	1938	73	75	169
科技推广和应用服务业	75	709	50	50	74
技术推广服务	751	472	35	37	46
科技中介服务	752	116	8	5	22
其他科技推广和应用服务业	759	121	7	8	6
水利、环境和公共设施管理业	N	**964**	**36**	**68**	**40**
水利管理业	76	93	5	3	2
防洪除涝设施管理	761	8			1
水资源管理	762	25	2	1	
天然水收集与分配	763	23	1	1	1
水文服务	764	5			
其他水利管理业	769	32	2	1	
生态保护和环境治理业	77	209	6	16	15
生态保护	771	18		2	3
环境治理业	772	191	6	14	12
公共设施管理业	78	662	25	49	23
市政设施管理	781	53	1		4
环境卫生管理	782	103	3		5
城乡市容管理	783	14		3	
绿化管理	784	326	9	29	14
公园和游览景区管理	785	166	12	17	
居民服务、修理和其他服务业	O	**7107**	**593**	**276**	**442**
居民服务业	79	3579	366	150	210
家庭服务	791	638	49	42	35
托儿所服务	792	4			2
洗染服务	793	375	43	20	2
理发及美容服务	794	1214	150	74	57

单位：个

大渡口区	江北区	沙坪坝区	九龙坡区	南岸区	北碚区	綦江区		大足区
							#万盛经开区	
51	**337**	**307**	**606**	**257**	**187**	**87**	**25**	**35**
4	14	15	63	16	17	3	1	1
		3	9	2	3	1		
2	11	7	41	7	6			1
1	2	1	3	4	5	2	1	
1	1	4	8	2	3			
			2	1				
38	272	239	470	214	148	68	18	30
	1	1						
	2	12	4	6	1			2
5	8	6	11	10	5	4	1	4
	6	1	6	1		1		
	5	1	4	3	5	1	1	1
3	66	45	168	49	112	12	6	10
30	184	173	277	145	25	50	10	13
9	51	53	73	27	22	16	6	4
5	36	33	48	15	13	15	5	3
1	3	8	12	4	5	1	1	
3	12	12	13	8	4			1
16	**56**	**32**	**102**	**64**	**38**	**20**	**9**	**18**
	5	4	5	2	1	4	3	2
		1	1					
			1		1	1		
		1	2	1		2	2	1
		1						
	5	1	1	1		1	1	1
4	18	9	38	8	6	1		1
1	1		1		1			
3	17	9	37	8	5	1		1
12	33	19	59	54	31	15	6	15
1	2	3	6	2	3			2
1	3	6	21	8	2	4	2	3
1			1	2	2			1
9	25	9	28	38	12	4	2	5
	3	1	3	4	12	7	2	4
105	**318**	**396**	**498**	**298**	**156**	**215**	**75**	**178**
52	165	195	196	146	93	103	33	104
35	47	24	42	37	18	17	3	10
		1						
3	10	4	13	17	13	11	2	8
5	39	19	37	37	44	40	18	53

1-2-8 续表 9

指标名称	行业代码	单位数	万州区	涪陵区	渝中区
洗浴服务	795	89	4	2	4
保健服务	796	228	35	1	14
婚姻服务	797	404	22	4	47
殡葬服务	798	110	15	2	1
其他居民服务业	799	517	48	5	48
机动车、电子产品和日用产品修理业	80	2455	184	94	117
汽车、摩托车修理与维护	801	1730	109	68	35
计算机和办公设备维修	802	287	22	10	39
家用电器修理	803	319	41	12	30
其他日用产品修理业	809	119	12	4	13
其他服务业	81	1073	43	32	115
清洁服务	811	728	33	29	90
其他未列明服务业	819	345	10	3	25
卫生和社会工作	**Q**	**62**	**5**	**1**	**3**
社会工作	84	62	5	1	3
提供住宿社会工作	841	51	4	1	2
不提供住宿社会工作	842	11	1		1
文化、体育和娱乐业	**R**	**4190**	**194**	**178**	**291**
新闻和出版业	85	66	1		41
新闻业	851	1			1
出版业	852	65	1		40
广播、电视、电影和影视录音制作业	86	200	6	8	44
电视	862	5	2		2
电影和影视节目制作	863	87	2	4	17
电影和影视节目发行	864	16			14
电影放映	865	78	2	4	9
录音制作	866	14			2
文化艺术业	87	886	13	89	54
文艺创作与表演	871	439	3	77	19
艺术表演场馆	872	21	1	1	5
图书馆与档案馆	873	12		1	1
文物及非物质文化遗产保护	874	10			3
博物馆	875	5			2
群众文化活动	877	69	1	3	8
其他文化艺术业	879	330	8	7	16
体育	88	176	5	7	15
体育组织	881	10		1	1
体育场馆	882	13		1	
休闲健身活动	883	116	5	5	11
其他体育	889	37			3
娱乐业	89	2862	169	74	137
室内娱乐活动	891	2668	166	74	120
游乐园	892	27	1		1
文化、娱乐、体育经纪代理	894	86	1		10
其他娱乐业	899	81	1		6

单位：个

大渡口区	江北区	沙坪坝区	九龙坡区	南岸区	北碚区	綦江区	#万盛经开区	大足区
	3	3	6	4		2	1	6
1	9	2	13	13	10	4	1	13
3	39	16	22	16	7	16	2	8
2	3	8	8	5		2		1
3	15	118	55	17	1	11	6	5
32	89	95	207	107	51	90	33	70
16	65	49	119	76	36	72	30	62
9	12	19	48	12	3	1	1	2
6	9	23	24	17	8	10	2	5
1	3	4	16	2	4	7		1
21	64	106	95	45	12	22	9	4
20	52	72	75	43	10	14	5	3
1	12	34	20	2	2	8	4	1
2	**2**	**6**	**2**	**2**	**1**			
2	2	6	2	2	1			
2	2	6	2	2	1			
45	**187**	**192**	**337**	**195**	**152**	**105**	**29**	**134**
1	2	3	4		3	1		
1	2	3	4		3	1		
3	10	18	25	14	5	4	2	2
		1						
2	5	7	19	6	1	3	2	1
								1
1	4	5	5	7	4	1		
	1	5	1	1				
7	59	40	101	34	10	13	6	12
3	3	17	34	1	4	5	3	9
	1	1		2				
			1			1	1	
		1	2					
1	1							
	4	8	10	4	3	2		1
3	50	13	54	27	3	5	2	2
3	18	7	26	18	11	2	1	3
	1		1					1
	2	1		3	1			
3	9	4	14	7	8			2
	6	2	11	8	2	2	1	
31	98	124	181	129	123	85	20	117
28	88	108	162	112	122	82	20	115
	1		1	1				
2	7	10	13	15		2		2
1	2	6	5	1	1	1		

1-2-8 续表 10

指标名称	行业代码					
		渝北区	巴南区	黔江区	长寿区	江津区
总 计		**10689**	**4944**	**2475**	**4262**	**5638**
农、林、牧、渔业	**A**	**21**	**44**	**18**	**27**	**20**
农业	01	1	3		5	1
谷物种植	011					
蔬菜、食用菌及园艺作物种植	014	1	1			
水果种植	015				4	1
坚果、含油果、香料和饮料作物种植	016		2		1	
中药材种植	017					
其他农业	019					
林业	02					
林木育种和育苗	021					
造林和更新	022					
畜牧业	03	1				
牲畜饲养	031	1				
家禽饲养	032					
其他畜牧业	039					
渔业	04				1	
水产养殖	041				1	
农、林、牧、渔服务业	05	19	41	18	21	19
农业服务业	051	18	39	14	20	18
林业服务业	052	1	1	3		
畜牧服务业	053			1		1
渔业服务业	054		1		1	
采矿业	**B**	**32**	**25**	**30**	**77**	**71**
煤炭开采和洗选业	06	18		5	24	
烟煤和无烟煤开采洗选	061	16		5	22	
褐煤开采洗选	062	2				
其他煤炭采选	069				2	
石油和天然气开采业	07					
石油开采	071					
天然气开采	072					
黑色金属矿采选业	08		1			
铁矿采选	081		1			
锰矿、铬矿采选	082					
其他黑色金属矿采选	089					
有色金属矿采选业	09		1			
常用有色金属矿采选	091		1			
贵金属矿采选	092					
稀有稀土金属矿采选	093					
非金属矿采选业	10	14	22	21	49	69
土砂石开采	101	13	20	19	46	67
化学矿开采	102			1		
采盐	103				2	
石棉及其他非金属矿采选	109	1	2	1	1	2
开采辅助活动	11		1	1	3	
煤炭开采和洗选辅助活动	111			1	2	
石油和天然气开采辅助活动	112		1			
其他开采辅助活动	119				1	

单位：个

合川区	永川区	南川区	潼南县	铜梁县	荣昌县	璧山县	梁平县	城口县
4823	**5797**	**2996**	**4364**	**4124**	**3712**	**4964**	**2901**	**895**
31	**40**	**10**	**32**	**5**	**23**	**10**	**29**	**16**
			1		1			
					1			
			1					
					1			
					1			
31	40	10	31	5	21	10	29	16
30	30	7	26	4	17	8	25	12
	2	1	5	1	1	1	1	
	2				1	1	2	3
1	6	2			2		1	1
80	**136**	**60**	**50**	**63**	**68**	**22**	**84**	**37**
34	71	35		16	36	8	28	16
32	70	35		16	35	6	27	15
						2		
2	1				1		1	1
	1			1	1			14
								14
	1			1	1			
	1							1
								1
	1							
45	62	24	48	46	31	14	51	5
42	54	23	48	43	27	14	47	4
1				1				1
2	8	1		2	4		4	
1		1	2				1	1
		1						
1			1				1	
			1					1

1-2-8 续表 11

指标名称	行业代码	渝北区	巴南区	黔江区	长寿区	江津区
其他采矿业	12			3	1	2
其他采矿业	120			3	1	2
制造业	C	**1363**	**1988**	**222**	**687**	**1536**
农副食品加工业	13	51	66	20	68	97
谷物磨制	131	1	11	2	14	12
饲料加工	132	4	8	3	13	4
植物油加工	133	4	5	3	7	20
制糖业	134					6
屠宰及肉类加工	135	18	12	4	8	26
水产品加工	136					1
蔬菜、水果和坚果加工	137	9	12		15	19
其他农副食品加工	139	15	18	8	11	9
食品制造业	14	63	48	6	30	67
焙烤食品制造	141	14	7	1	13	12
糖果、巧克力及蜜饯制造	142		2		2	3
方便食品制造	143	7	4	1	1	9
乳制品制造	144		1		1	
罐头食品制造	145		1		1	
调味品、发酵制品制造	146	31	17		7	41
其他食品制造	149	11	16	4	5	2
酒、饮料和精制茶制造业	15	13	23	9	23	71
酒的制造	151	9	10	2	13	43
饮料制造	152	2	5	4	9	7
精制茶加工	153	2	8	3	1	21
烟草制品业	16		1			
烟叶复烤	161		1			
纺织业	17	11	18	11	28	41
棉纺织及印染精加工	171	2	2	2	6	8
毛纺织及染整精加工	172	1				1
麻纺织及染整精加工	173					
丝绢纺织及印染精加工	174	1	1	1		2
化纤织造及印染精加工	175	1			2	1
针织或钩针编织物及其制品制造	176	2	4	3	1	7
家用纺织制成品制造	177	3	7	5	15	20
非家用纺织制成品制造	178	1	4		4	2
纺织服装、服饰业	18	71	121	6	17	41
机织服装制造	181	50	99	4	11	29
针织或钩针编织服装制造	182	3	1		1	4
服饰制造	183	18	21	2	5	8
皮革、毛皮、羽毛及其制品和制鞋业	19	23	19	1	5	12
皮革鞣制加工	191	3				1
皮革制品制造	192	9	8		1	2
毛皮鞣制及制品加工	193		2		1	1
羽毛(绒)加工及制品制造	194	3				1
制鞋业	195	8	9	1	3	7

单位：个

合川区	永川区	南川区	潼南县	铜梁县	荣昌县	璧山县	梁平县	城口县
	1						4	
	1						4	
1302	**1077**	**653**	**2287**	**1513**	**947**	**2200**	**904**	**93**
190	59	32	1037	53	135	48	77	18
47	7	11	560	10	5	1	28	
30	7	4	16	5	38	7	12	1
17	7	2	102	1	15	2	3	
	2		3			1		
31	22	5	71	19	30	8	15	8
4	2		9		1			
9	2	4	76	6	11	11	3	3
52	10	6	200	12	35	18	16	6
72	40	20	47	32	18	55	24	1
17	7	6	10	8	9	14	2	
4	8		3	3		9	4	
15	3	4	28	4	2	10	6	
		1						
7	1	3	1		1	1		
15	15	2	2	9	5	15	3	
14	6	4	3	8	1	6	9	1
43	48	20	33	34	45	19	13	7
30	23	10	20	19	23	7	3	2
9	18	3	9	11	10	8	9	1
4	7	7	4	4	12	4	1	4
47	19	43	167	148	24	72	24	6
12	2	4	25	37	4	30	1	1
1			3	2		3	2	1
			1		6			
8	1		39	9	1	1	1	
	1		9	1	1	1	1	
1	2	2	14	25	5	10	5	1
22	9	31	73	63	6	22	10	3
3	4	6	3	11	1	5	4	
55	33	30	75	189	36	51	36	4
46	27	22	28	113	31	46	14	4
1	5		1	4	2	1	1	
8	1	8	46	72	3	4	21	
41	23	15	62	111	15	304	9	2
2	1	1	2	8	2	12		
3	4	2	4	27	3	28	2	
6	1	3	10	7	3	7	2	
9	3		8	6	1			
21	14	9	38	63	6	257	5	2

1-2-8 续表 12

指标名称	行业代码	渝北区	巴南区	黔江区	长寿区	江津区
木材加工和木、竹、藤、棕、草制品业	20	9	49	18	28	81
木材加工	201	4	7	6	7	20
人造板制造	202		2	4	1	3
木制品制造	203	5	33	7	15	20
竹、藤、棕、草等制品制造	204		7	1	5	38
家具制造业	21	13	86	4	41	48
木质家具制造	211	5	67	3	30	41
竹、藤家具制造	212				1	1
金属家具制造	213	3	2		3	2
塑料家具制造	214		1		1	
其他家具制造	219	5	16	1	6	4
造纸和纸制品业	22	32	33	1	4	26
纸浆制造	221					
造纸	222	8	8	1	2	4
纸制品制造	223	24	25		2	22
印刷和记录媒介复制业	23	67	55	2	22	20
印刷	231	47	50	2	16	20
装订及印刷相关服务	232	20	5		6	
记录媒介复制	233					
文教、工美、体育和娱乐用品制造业	24	11	23	16	16	19
文教办公用品制造	241	2			3	2
乐器制造	242		1			
工艺美术品制造	243	8	21	16	11	13
体育用品制造	244		1		1	1
玩具制造	245	1				2
游艺器材及娱乐用品制造	246				1	1
石油加工及炼焦	25	1	2		3	2
化学原料和化学制品制造业	26	36	53	5	65	63
基础化学原料制造	261	4	4	1	22	5
肥料制造	262	2	4	2	7	11
农药制造	263	1			1	2
涂料、油墨、颜料及类似产品制造	264	9	13		12	23
合成材料制造	265	1	8		5	3
专用化学产品制造	266	6	8		10	12
炸药、火工及焰火产品制造	267	1	4	2	1	
日用化学产品制造	268	12	12		7	7
医药制造业	27	15	6	1	8	4
化学药品原料药制造	271	7	1		5	2
化学药品制剂制造	272	4	1		2	
中药饮片加工	273			1		1
中成药生产	274		1		1	
兽用药品制造	275	1	1			
生物药品制造	276	2				
卫生材料及医药用品制造	277	1	2			1

单位：个

合川区	永川区	南川区	潼南县	铜梁县	荣昌县	璧山县	梁平县	城口县
33	26	28	142	69	20	33	119	2
9	16	13	60	34	7	14	29	
3	2	1	1	3	1	7	6	
11	4	9	59	9	3	10	14	1
10	4	5	22	23	9	2	70	1
96	46	57	96	68	47	61	48	4
83	24	46	86	55	32	58	34	3
				3	2		3	
4	7	2	7	3	6		1	
	1				2	1		
9	14	9	3	7	5	2	10	1
18	10	12	12	46	17	32	141	
			1					
8	3	7	5	18	3	25	11	
10	7	5	6	28	14	7	130	
21	22	17	24	14	22	136	12	4
17	21	10	22	11	19	130	12	3
4	1	7	2	3	3	6		1
18	5	21	8	24	83	13	24	4
				2	1		4	
15	2	21	7	21	82	11	12	4
3	3		1	1		1	5	
						1	3	
2	8	2			1	3	1	
30	38	22	22	23	27	32	41	3
1	10	7	1	7	2	3	1	3
3	5	3	4	1	7	5	4	
2	7							
15	5	1	14	9	5	5	9	
2	2	2		1		5	1	
4	8	3	1	2	7	9	4	
		1		1		1	16	
3	1	5	2	2	6	4	6	
11	3	6	6	6	24	6	3	
2	1			3	4		1	
1					3			
3		2	4	1	3		2	
		3	1		2	2		
1	2			2	9	1		
4			1		3	3		
		1						

1-2-8 续表 13

指标名称	行业代码	渝北区	巴南区	黔江区	长寿区	江津区
化学纤维制造业	28		1		6	
纤维素纤维原料及纤维制造	281				2	
合成纤维制造	282		1		4	
橡胶和塑料制品业	29	60	62	3	27	56
橡胶制品业	291	16	17		2	6
塑料制品业	292	44	45	3	25	50
非金属矿物制品业	30	87	197	75	106	179
水泥、石灰和石膏制造	301	4	9	3	4	9
石膏、水泥制品及类似制品制造	302	26	71	23	30	39
砖瓦、石材等建筑材料制造	303	45	88	45	51	107
玻璃制造	304	2	3		1	3
玻璃制品制造	305	1	8		4	7
玻璃纤维和玻璃纤维增强塑料制品制造	306	1	4		4	1
陶瓷制品制造	307	4	9	1	1	4
耐火材料制品制造	308		4		9	6
石墨及其他非金属矿物制品制造	309	4	1	3	2	3
黑色金属冶炼和压延加工业	31	7	15	2	12	19
炼铁	311				2	1
炼钢	312	2	1			1
黑色金属铸造	313	1	4		1	13
钢压延加工	314	4	10	1	9	4
铁合金冶炼	315			1		
有色金属冶炼和压延加工业	32	7	10	2	7	11
常用有色金属冶炼	321	2	3	1	1	4
贵金属冶炼	322					1
稀有稀土金属冶炼	323					
有色金属合金制造	324	1	2			1
有色金属铸造	325	1	1	1	3	
有色金属压延加工	326	3	4		3	5
金属制品业	33	56	143	16	53	146
结构性金属制品制造	331	26	58	14	23	93
金属工具制造	332	8	28		10	11
集装箱及金属包装容器制造	333		2		2	7
金属丝绳及其制品制造	334	1	2			3
建筑、安全用金属制品制造	335	5	15		4	6
金属表面处理及热处理加工	336	4	13		8	9
搪瓷制品制造	337	1	2			
金属制日用品制造	338	4	5		1	9
其他金属制品制造	339	7	18	2	5	8
通用设备制造业	34	106	291	5	31	205
锅炉及原动设备制造	341	8	20	1	3	6
金属加工机械制造	342	20	40	2	6	20
物料搬运设备制造	343	3	4		1	6
泵、阀门、压缩机及类似机械制造	344	11	7		3	7
轴承、齿轮和传动部件制造	345	6	13		1	31
烘炉、风机、衡器、包装等设备制造	346	12	17		4	9
文化、办公用机械制造	347	2			1	1
通用零部件制造	348	36	177	2	12	117
其他通用设备制造业	349	8	13			8

单位：个

合川区	永川区	南川区	潼南县	铜梁县	荣昌县	璧山县	梁平县	城口县
1	1	1				2	1	
		1						
1	1					2	1	
56	40	16	8	56	36	180	22	
11	7	4	1	7	8	33	1	
45	33	12	7	49	28	147	21	
178	217	107	191	156	117	113	123	11
9	3	10	6	8	2	9	23	3
31	39	21	32	39	11	25	24	3
97	146	58	140	94	70	64	63	4
2	4	2	5	1	5	1	1	
33	6	7	1	7	9	6	3	
	2		1		1	3		
1	5	2	1		17	2	3	
5	5	2	4	1		1	1	
	7	5	1	6	2	2	5	1
34	38	18	3	16	31	19	2	10
6	2					1		
	1	1				1		
11	11	13	1	7	20	6		
17	23	3	1	9	11	10	2	
	1	1	1			1		10
18	16	9	8	8	5	12	3	8
5	1	3		1	1	2	1	7
					1			
		1						
6	2		1	1				
2	2							
5	11	5	7	6	3	10	2	1
105	102	74	222	114	71	118	97	4
67	63	54	200	76	31	50	82	4
10	5	7	11	16	5	13	2	
1	1					2	1	
5	3	1		2	1	2		
7	9	1	5	8	8	18	2	
2	1	1	3		7	15	1	
2	2	1			2			
4	5	1	3	1	7	5	2	
7	13	8		11	10	13	7	
59	94	37	9	68	43	204	18	1
4	5	1		2	3	3	2	
21	34	12	1	5	10	27	5	
5		2	2	3		3	1	
2	5		2	9	17	7	1	
1	7	1	1	4	1			
	3	2	1	6	4	8		
				1		1		
25	39	14	2	34	8	150	4	1
1	1	5		4		5	5	

1-2-8 续表 14

指标名称	行业代码	渝北区	巴南区	黔江区	长寿区	江津区
专用设备制造业	35	158	81	4	23	57
采矿、冶金、建筑专用设备制造	351	2	11	1		4
化工、木材、非金属加工专用设备制造	352	101	23		3	29
食品、饮料、烟草及饲料生产专用设备制造	353				2	3
印刷、制药、日化及日用品生产专用设备制造	354	4	1		1	
纺织、服装和皮革加工专用设备制造	355	1	4	1		3
电子和电工机械专用设备制造	356	5	3	1	6	1
农、林、牧、渔专用机械制造	357	10	14		6	11
医疗仪器设备及器械制造	358	16	4		1	2
环保、社会公共服务及其他专用设备制造	359	19	21	1	4	4
汽车制造业	36	212	184		9	115
汽车整车制造	361	1				1
改装汽车制造	362	3	3			
电车制造	364	1				
汽车车身、挂车制造	365		9			2
汽车零部件及配件制造	366	207	172		9	112
铁路、船舶、航空航天和其他运输设备制造业	37	62	302	2	11	72
铁路运输设备制造	371		1			1
城市轨道交通设备制造	372					
船舶及相关装置制造	373	5	1		5	6
航空、航天器及设备制造	374	2	1			
摩托车制造	375	55	295	2	6	65
自行车制造	376		2			
非公路休闲车及零配件制造	377		1			
潜水救捞及其他未列明运输设备制造	379		1			
电气机械和器材制造业	38	63	61	2	16	28
电机制造	381	8	16	1	1	6
输配电及控制设备制造	382	17	16		6	4
电线、电缆、光缆及电工器材制造	383	9	6		3	10
电池制造	384	5	7			
家用电力器具制造	385	5	7	1		3
非电力家用器具制造	386	4	1		1	
照明器具制造	387	8	4		2	3
其他电气机械及器材制造	389	7	4		3	2
计算机、通信和其他电子设备制造业	39	39	13		7	12
计算机制造	391	4	4		2	5
通信设备制造	392	6	2			
广播电视设备制造	393	1				
视听设备制造	395	2				
电子器件制造	396	9			1	1
电子元件制造	397	4	4		2	3
其他电子设备制造	399	13	3		2	3
仪器仪表制造业	40	48	8	1	2	11
通用仪器仪表制造	401	33	6		1	8

单位：个

合川区	永川区	南川区	潼南县	铜梁县	荣昌县	璧山县	梁平县	城口县
34	53	15	24	48	55	98	11	3
2	8	5	3	4	19	2	2	
5	13		6	14	11	50	3	2
5	1		1		5	2		1
4	5	3		1	4	13	2	
	1	1	1		1	2	1	
3	8		1	1	1	11		
9	9	4	11	14	11	12	2	
	2	2		7	2			
6	6		1	7	1	6	1	
34	36	14	7	76	30	313	5	
				2				
1								
1								
1					1		1	
31	36	14	7	74	29	313	4	
46	9	10	3	36	3	131	7	
	1			1			3	
4	1		1	1	2	2		
39	7	10	1	33	1	127	3	
1				1		2		
							1	
2			1					
20	36	8	16	49	19	40	10	
2	1			9	2	1	1	
6	20			10	1	18	4	
3	1	2	2	6	1	14	2	
	1	1		3		1		
2	4	1		7	2	4		
1	1	2		1	1			
6	1	2	12	9	9	1	1	
	7		2	4	3	1	2	
18	25	2	20	37	7	70	10	
6	5		2	11		22		
				2	1			
						5		
	1		1	3	1	4	2	
4	16		10	13	5	27	5	
8	3	2	7	8		12	3	
5	3	2		8	1	13		
	1	2		3	1	5		

1-2-8 续表 15

指标名称	行业代码					
		渝北区	巴南区	黔江区	长寿区	江津区
专用仪器仪表制造	402	7	2	1	1	3
钟表与计时仪器制造	403					
光学仪器及眼镜制造	404					
其他仪器仪表制造业	409	8				
其他制造业	41	29	4	5	1	9
日用杂品制造	411	2	1			3
煤制品制造	412					3
其他未列明制造业	419	27	3	5	1	3
废弃资源综合利用业	42	2	4	1	4	10
金属废料和碎屑加工处理	421	2	4	1	3	6
非金属废料和碎屑加工处理	422				1	4
金属制品、机械和设备修理业	43	11	9	4	14	14
金属制品修理	431		1	1		1
通用设备修理	432		3		2	4
专用设备修理	433	6	1	1	5	2
铁路、船舶、航空航天等运输设备修理	434	1		1		1
电气设备修理	435	2			1	
仪器仪表修理	436	1				1
其他机械和设备修理业	439	1	4	1	6	5
电力、热力、燃气及水生产和供应业	D	**27**	**37**	**17**	**43**	**123**
电力、热力生产和供应业	44	8	21	10	25	62
电力生产	441	8	20	7	22	60
电力供应	442		1	3	1	2
热力生产和供应	443				2	
燃气生产和供应业	45	10	7	3	2	9
燃气生产和供应业	450	10	7	3	2	9
水的生产和供应业	46	9	9	4	16	52
自来水生产和供应	461	6	7	3	11	47
污水处理及其再生利用	462	3	2	1	4	5
其他水的处理、利用与分配	469				1	
建筑业	E	**633**	**182**	**40**	**80**	**211**
房屋建筑业	47	119	48	13	17	143
房屋建筑业	470	119	48	13	17	143
土木工程建筑业	48	71	8	2	5	11
铁路、道路、隧道和桥梁工程建筑	481	26	2	1	3	1
水利和内河港口工程建筑	482	6			1	1
工矿工程建筑	484	1	1			2
架线和管道工程建筑	485	6		1		4
其他土木工程建筑	489	32	5		1	3
建筑安装业	49	121	15	2	11	7
电气安装	491	36	6	1	2	1
管道和设备安装	492	31	5	1	4	4
其他建筑安装业	499	54	4		5	2
建筑装饰和其他建筑业	50	322	111	23	47	50
建筑装饰业	501	187	52	13	3	39
工程准备活动	502	17	3		2	3
提供施工设备服务	503	22	4	1		1
其他未列明建筑业	509	96	52	9	42	7

单位：个

合川区	永川区	南川区	潼南县	铜梁县	荣昌县	璧山县	梁平县	城口县
	1			1		3		
1				1				
1	1			2		4		
3				1		1		
15	19	13	37	19	9	6	20	1
11	6	5	2	6	5	2	6	
	8		4	2		2	2	
4	5	8	31	11	4	2	12	1
1	5	1	2	3	5	10	3	
	1		2	1	4	3	1	
1	4	1		2	1	7	2	
1	3	1	6	2	1	6		
	1			1		1		
	1					1		
1			2					
		1			1			
						1		
	1		4	1		3		
69	**40**	**73**	**37**	**39**	**30**	**27**	**25**	**44**
14	16	65	3	18	4	8	3	40
13	15	65	3	17	3	7	3	40
1	1				1	1		
				1				
16	9	3	9	3	10	5	3	2
16	9	3	9	3	10	5	3	2
39	15	5	25	18	16	14	19	2
33	13	5	20	15	15	13	16	2
4	2		3	2	1	1	1	
2			2	1			2	
160	**202**	**55**	**50**	**119**	**56**	**95**	**41**	**8**
42	52	25	28	45	19	33	20	3
42	52	25	28	45	19	33	20	3
11	10	6	2	14	10	25	2	
5	4	4		2	2	1		
1			1	2	3		1	
1	2					1		
2		1		1		3		
2	4	1	1	9	5	20	1	
14	11	3	1	2	5	4	3	3
1	3	2		1	4	1	2	1
4	4	1		1	1	2		
9	4		1			1	1	2
93	129	21	19	58	22	33	16	2
52	77	7	16	52	20	28	8	2
5	2	2		1	1	3		
16	29		1				1	
20	21	12	2	5	1	2	7	

1-2-8 续表 16

指标名称	行业代码	渝北区	巴南区	黔江区	长寿区	江津区
批发和零售业	F	**3704**	**1246**	**1199**	**1978**	**2077**
批发业	51	1730	453	323	496	493
农、林、牧产品批发	511	70	21	52	35	38
食品、饮料及烟草制品批发	512	266	34	83	56	57
纺织、服装及家庭用品批发	513	143	25	23	31	6
文化、体育用品及器材批发	514	52	2	2	7	
医药及医疗器材批发	515	31	3	5	6	7
矿产品、建材及化工产品批发	516	544	141	112	227	263
机械设备、五金产品及电子产品批发	517	496	189	29	88	60
贸易经纪与代理	518	49	4	3	4	2
其他批发业	519	79	34	14	42	60
零售业	52	1974	793	876	1482	1584
综合零售	521	183	76	115	183	235
食品、饮料及烟草制品专门零售	522	199	42	148	217	184
纺织、服装及日用品专门零售	523	233	149	155	225	351
文化、体育用品及器材专门零售	524	121	41	35	59	62
医药及医疗器材专门零售	525	49	11	10	99	34
汽车、摩托车、燃料及零配件专门零售	526	281	154	87	128	110
家用电器及电子产品专门零售	527	293	97	94	151	223
五金、家具及室内装饰材料专门零售	528	431	132	162	366	362
货摊、无店铺及其他零售业	529	184	91	70	54	23
交通运输、仓储和邮政业	G	**321**	**132**	**38**	**143**	**152**
道路运输业	54	198	99	24	97	99
城市公共交通运输	541	1		4	6	3
公路旅客运输	542	5	5	1	2	8
道路货物运输	543	176	91	17	82	79
道路运输辅助活动	544	16	3	2	7	9
水上运输业	55	6	5	1	2	14
水上旅客运输	551	1	1			1
水上货物运输	552	5	3		2	8
水上运输辅助活动	553		1	1		5
航空运输业	56	7		2		
航空客货运输	561	6		2		
通用航空服务	562	1				
航空运输辅助活动	563					
管道运输业	57					
管道运输业	570					
装卸搬运和运输代理业	58	74	11	7	32	30
装卸搬运	581	11	6	2	21	24
运输代理业	582	63	5	5	11	6
仓储业	59	18	16	2	8	9
谷物、棉花等农产品仓储	591	2		2		1
其他仓储业	599	16	16		8	8
邮政业	60	18	1	2	4	
邮政基本服务	601			1	1	
快递服务	602	18	1	1	3	

单位：个

合川区	永川区	南川区	潼南县	铜梁县	荣昌县	璧山县	梁平县	城口县
1714	**2650**	**1138**	**1276**	**1398**	**1697**	**1478**	**1125**	**248**
543	1115	236	527	318	565	393	326	47
92	132	20	110	50	197	22	93	6
54	176	26	180	51	40	38	48	7
52	125	25	63	16	112	45	8	2
4	7	2	8	3	40	10		
3	10	2	19	4	3	3		5
252	382	102	109	118	105	146	131	12
58	193	24	18	41	35	69	25	3
1	12	8	1	2	13	15	3	7
27	78	27	19	33	20	45	18	5
1171	1535	902	749	1080	1132	1085	799	201
146	248	115	74	108	104	179	94	54
99	225	75	221	119	94	126	131	22
235	288	194	174	247	227	295	110	17
60	40	35	22	29	55	58	22	7
22	62	16	18	10	14	8	12	2
140	117	96	43	93	92	68	83	17
149	181	106	64	177	157	133	100	29
282	316	221	114	259	316	168	200	34
38	58	44	19	38	73	50	47	19
75	**106**	**48**	**34**	**31**	**48**	**77**	**29**	**7**
47	68	36	27	19	38	57	22	3
	3	3	1	2	2			1
3	5	5	5	1	9	3	5	
39	51	24	19	10	23	42	17	1
5	9	4	2	6	4	12		1
10	4							
2								
4	2							
4	2							
9	16	5	3	6	3	7	4	
5	4		1	1	1	1		
4	12	5	2	5	2	6	4	
8	16	3		4	2	9		1
3	2	2		3	1	1		
5	14	1		1	1	8		1
1	2	4	4	2	5	4	3	3
		1	2	1	2	1	1	1
1	2	3	2	1	3	3	2	2

1-2-8 续表 17

指标名称	行业代码	渝北区	巴南区	黔江区	长寿区	江津区
住宿和餐饮业	H	**489**	**204**	**267**	**333**	**476**
住宿业	61	129	39	33	26	75
旅游饭店	611	17	17	3	14	40
一般旅馆	612	86	17	27	10	32
其他住宿业	619	26	5	3	2	3
餐饮业	62	360	165	234	307	401
正餐服务	621	250	145	190	273	382
快餐服务	622	28	7	9	3	2
饮料及冷饮服务	623	25	2	2	2	6
其他餐饮业	629	57	11	33	29	11
信息传输、软件和信息技术服务业	I	**511**	**112**	**29**	**48**	**27**
电信、广播电视和卫星传输服务	63	17	7	4	17	4
电信	631	16	6	4	15	4
广播电视传输服务	632	1	1		2	
卫星传输服务	633					
互联网和相关服务	64	36	33	8	11	4
互联网接入及相关服务	641	1	1		2	
互联网信息服务	642	27	32	8	8	3
其他互联网服务	649	8			1	1
软件和信息技术服务业	65	458	72	17	20	19
软件开发	651	296	59	1	4	17
信息系统集成服务	652	22	1	1	2	
信息技术咨询服务	653	88	7	12	5	1
数据处理和存储服务	654	4	1			
集成电路设计	655	3				
其他信息技术服务业	659	45	4	3	9	1
房地产业	K	**693**	**215**	**62**	**129**	**217**
房地产业	70	693	215	62	129	217
房地产开发经营	701	212	66	14	29	84
物业管理	702	217	68	22	40	55
房地产中介服务	703	262	65	15	57	78
其他房地产业	709	2	16	11	3	
租赁和商务服务业	L	**1504**	**351**	**230**	**257**	**347**
租赁业	71	145	64	16	51	56
机械设备租赁	711	142	64	16	51	55
文化及日用品出租	712	3				1
商务服务业	72	1359	287	214	206	291
企业管理服务	721	228	31	14	15	12
法律服务	722	36	4	3		8
咨询与调查	723	448	75	46	27	58
广告业	724	314	80	74	104	116
知识产权服务	725	17			1	
人力资源服务	726	70	28	25	16	24
旅行社及相关服务	727	33	5	11	16	7
安全保护服务	728	6	3	2	4	1
其他商务服务业	729	207	61	39	23	65

单位：个

合川区	永川区	南川区	潼南县	铜梁县	荣昌县	璧山县	梁平县	城口县
298	**472**	**367**	**147**	**250**	**201**	**257**	**252**	**298**
24	60	31	15	7	19	13	19	84
6	14	19		1	12	2	7	58
16	43	6	15	5	6	10	11	21
2	3	6		1	1	1	1	5
274	412	336	132	243	182	244	233	214
256	372	311	108	236	150	217	227	206
5	4		4	2	3	7	3	
3	1	11	8	3	18	3	1	4
10	35	14	12	2	11	17	2	4
45	**73**	**22**	**23**	**27**	**51**	**33**	**12**	**14**
3	15	9	9	4	6	7	4	3
3	12	9	7	4	5	7	3	3
	2		1		1		1	
	1		1					
8	24	3	6	3	12	3	3	7
	1				1			1
7	22	2	5	3	7	3	3	6
1	1	1	1		4			
34	34	10	8	20	33	23	5	4
28	19	4	1	13	6	18	1	
2	3	1		1	1	3	1	
4	11	4	1	3	6	1		
	1	1	6	3	20	1	3	4
330	**277**	**108**	**98**	**222**	**108**	**169**	**29**	**8**
330	277	108	98	222	108	169	29	8
83	78	30	33	46	28	47	12	5
47	75	29	20	29	30	40	11	1
200	123	48	42	147	49	79	6	2
	1	1	3		1	3		
341	**374**	**201**	**141**	**212**	**202**	**319**	**90**	**36**
26	39	14	24	34	17	86	13	2
24	39	13	24	34	16	85	12	2
2		1			1	1	1	
315	335	187	117	178	185	233	77	34
39	36	11	12	10	24	12	6	2
4	4	4		1	6	2		
38	90	27	15	56	37	79	10	1
117	96	94	33	70	58	42	38	17
	1				1	2		
27	25	15	32	8	17	49	1	4
5	13	9	1	2	6	5	3	4
1	5	4	2	1	2	3	2	1
84	65	23	22	30	34	39	17	5

1-2-8 续表 18

指标名称	行业代码	渝北区	巴南区	黔江区	长寿区	江津区
科学研究和技术服务业	M	**532**	**105**	**78**	**92**	**71**
研究和试验发展	73	39	2	3	3	
自然科学研究和试验发展	731	1				
工程和技术研究和试验发展	732	19	1		1	
农业科学研究和试验发展	733	5	1	2	2	
医学研究和试验发展	734	14		1		
社会人文科学研究	735					
专业技术服务业	74	420	86	63	78	61
气象服务	741			1		1
地震服务	742	1				
测绘服务	744	13		2		4
质检技术服务	745	19	8	3	4	5
环境与生态监测	746	5	4	1	2	
地质勘查	747	8	1		1	3
工程技术	748	207	23	25	10	25
其他专业技术服务业	749	167	50	31	61	23
科技推广和应用服务业	75	73	17	12	11	10
技术推广服务	751	49	12	10	6	6
科技中介服务	752	15	2	1	2	2
其他科技推广和应用服务业	759	9	3	1	3	2
水利、环境和公共设施管理业	N	**90**	**41**	**16**	**18**	**30**
水利管理业	76	10	3	2	3	3
防洪除涝设施管理	761	1				1
水资源管理	762	2	1		2	1
天然水收集与分配	763	1	1	1		1
水文服务	764					
其他水利管理业	769	6	1	1	1	
生态保护和环境治理业	77	29	8	1	2	2
生态保护	771	2			2	
环境治理业	772	27	8	1		2
公共设施管理业	78	51	30	13	13	25
市政设施管理	781	3	3		1	3
环境卫生管理	782	9	4	1	2	8
城乡市容管理	783		1			
绿化管理	784	33	9	11	8	3
公园和游览景区管理	785	6	13	1	2	11
居民服务、修理和其他服务业	O	**477**	**138**	**181**	**245**	**163**
居民服务业	79	183	58	105	149	61
家庭服务	791	40	12	7	55	4
托儿所服务	792					
洗染服务	793	12	6	12	22	20
理发及美容服务	794	47	4	58	31	26

单位：个

合川区	永川区	南川区	潼南县	铜梁县	荣昌县	璧山县	梁平县	城口县
105	**77**	**71**	**25**	**44**	**39**	**79**	**25**	**20**
3	6		1			3	2	
1	4		1			2	1	
1	2					1		
1							1	
95	50	54	14	34	29	68	17	20
	1				1			
	4				2			1
3	1	1	1	2	1			1
1	1	1		1				
1		1	2	1				
36	21	20	2	10	10	53	2	1
54	22	31	9	20	15	15	15	17
7	21	17	10	10	10	8	6	
6	10	11	6	8	5	5	6	
1	6	4	4	2	1	2		
	5	2			4	1		
17	**35**	**7**	**7**	**12**	**20**	**11**	**8**	**7**
	3		3	2	2	1	1	3
			1					
	2			1	1	1		2
	1				1			1
			2					
				1			1	
4	9	3	1	1	6	2		2
								1
4	9	3	1	1	6	2		1
13	23	4	3	9	12	8	7	2
1	2				2		2	
1	1				1	2	1	
						1		
6	16	2	3	6	6	2	1	1
5	4	2		3	3	3	3	1
113	**125**	**130**	**106**	**132**	**145**	**120**	**116**	**41**
44	52	58	51	76	55	75	70	11
6	12	7	5	6	3	29	4	1
8	8	8	7	9	8	7	4	1
17	12	26	17	39	31	29	42	6

1-2-8 续表 19

指标名称	行业代码	渝北区	巴南区	黔江区	长寿区	江津区
洗浴服务	795	11	3	1	2	1
保健服务	796	25	2	1	2	3
婚姻服务	797	12	18	2	25	1
殡葬服务	798	8	9		6	3
其他居民服务业	799	28	4	24	6	3
机动车、电子产品和日用产品修理业	80	179	52	42	86	74
汽车、摩托车修理与维护	801	135	45	35	57	65
计算机和办公设备维修	802	23	5	2	10	1
家用电器修理	803	14	2	4	9	6
其他日用产品修理业	809	7		1	10	2
其他服务业	81	115	28	34	10	28
清洁服务	811	31	16	16	3	24
其他未列明服务业	819	84	12	18	7	4
卫生和社会工作	**Q**	**3**	**6**	**6**		**1**
社会工作	84	3	6	6		1
提供住宿社会工作	841	3	6			1
不提供住宿社会工作	842			6		
文化、体育和娱乐业	**R**	**289**	**118**	**42**	**105**	**116**
新闻和出版业	85	9				
新闻业	851					
出版业	852	9				
广播、电视、电影和影视录音制作业	86	16	4	3	1	2
电视	862					
电影和影视节目制作	863	8	1			
电影和影视节目发行	864					
电影放映	865	8	3	2	1	2
录音制作	866			1		
文化艺术业	87	36	35	9	30	2
文艺创作与表演	871	3	7	1	17	2
艺术表演场馆	872	1			1	
图书馆与档案馆	873	1				
文物及非物质文化遗产保护	874					
博物馆	875					
群众文化活动	877	3	1	1		
其他文化艺术业	879	28	27	7	12	
体育	88	14	1	1	4	5
体育组织	881	2				
体育场馆	882	3				
休闲健身活动	883	8	1	1	4	5
其他体育	889	1				
娱乐业	89	214	78	29	70	107
室内娱乐活动	891	201	72	26	66	106
游乐园	892					1
文化、娱乐、体育经纪代理	894	11	2		2	
其他娱乐业	899	2	4	3	2	

单位：个

合川区	永川区	南川区	潼南县	铜梁县	荣昌县	璧山县	梁平县	城口县
2		1	5	2	2		1	
3	5	2	3	1		8	4	2
1	6	4	6	14	7		9	
4	4	1				1	1	1
3	5	9	8	5	4	1	5	
56	48	58	35	44	72	40	32	21
36	38	51	28	38	57	33	31	17
8	3		3		9	3		2
10	7	6	3	5	3	3		1
2		1	1	1	3	1	1	1
13	25	14	20	12	18	5	14	9
9	24	5	12	9	11	3	5	7
4	1	9	8	3	7	2	9	2
	1	**1**			**1**			**1**
	1	1			1			1
	1	1			1			
								1
143	**112**	**52**	**51**	**57**	**76**	**67**	**132**	**17**
	1							
	1							
	2		1		2	3		2
					1			1
						1		
	2		1		1	2		1
9	18	7	3	12	10	3	83	4
4	3	2	2	10	4	1	72	1
1	1	2				1	1	
2						1		
				1	1			
					1			
	1	1					3	3
2	13	2	1	1	4		7	
1	3	3	2		1	1	2	
	1							
	2	3	2		1	1	2	
1								
133	88	42	45	45	63	60	47	11
130	85	37	43	43	59	59	37	10
	1	1		2	3			
	1					1		
3	1	4	2		1		10	1

1-2-8 续表 20

指标名称	行业代码					
		丰都县	垫江县	武隆县	忠　县	开　县
总　　计		**2015**	**4338**	**1865**	**5082**	**6232**
农、林、牧、渔业	A	**70**	**21**	**1**	**27**	**73**
农业	01	1	1		1	
谷物种植	011	1				
蔬菜、食用菌及园艺作物种植	014		1			
水果种植	015				1	
坚果、含油果、香料和饮料作物种植	016					
中药材种植	017					
其他农业	019					
林业	02					
林木育种和育苗	021					
造林和更新	022					
畜牧业	03	7				
牲畜饲养	031	3				
家禽饲养	032	3				
其他畜牧业	039	1				
渔业	04	14				
水产养殖	041	14				
农、林、牧、渔服务业	05	48	20	1	26	73
农业服务业	051	34	18	1	20	55
林业服务业	052	5	2		1	1
畜牧服务业	053				5	12
渔业服务业	054	9				5
采矿业	B	**22**	**33**	**38**	**68**	**122**
煤炭开采和洗选业	06	1	12	7	7	39
烟煤和无烟煤开采洗选	061	1	11	7	5	33
褐煤开采洗选	062				1	1
其他煤炭采选	069		1		1	5
石油和天然气开采业	07		2		23	
石油开采	071					
天然气开采	072		2		23	
黑色金属矿采选业	08			1		3
铁矿采选	081					3
锰矿、铬矿采选	082			1		
其他黑色金属矿采选	089					
有色金属矿采选业	09			1		
常用有色金属矿采选	091			1		
贵金属矿采选	092					
稀有稀土金属矿采选	093					
非金属矿采选业	10	19	18	29	30	76
土砂石开采	101	10	18	29	29	74
化学矿开采	102	7			1	
采盐	103					
石棉及其他非金属矿采选	109	2				2
开采辅助活动	11	2	1		7	2
煤炭开采和洗选辅助活动	111	2			1	
石油和天然气开采辅助活动	112		1		6	2
其他开采辅助活动	119					

单位：个

云阳县	奉节县	巫山县	巫溪县	石柱县	秀山县	酉阳县	彭水县
2788	**1679**	**1052**	**1276**	**1941**	**1785**	**2293**	**1894**
39	**7**	**9**	**8**	**5**	**17**	**17**	**55**
1				1			
1				1			
3							
2							
1							
35	7	9	8	4	17	17	55
31	7	9	5	2	15	15	45
3				1		2	3
				1			2
1			3		2		5
51	**113**	**41**	**55**	**56**	**78**	**50**	**56**
28	74	29	21	18	4		14
26	71	27	20	16	4		12
1	1						
1	2	2	1	2			2
1		1			46	4	1
1		1				1	
					46	3	
							1
	1		1	5	1	8	1
	1		1	5	1	6	1
						2	
22	37	9	29	32	27	38	32
22	35	9	26	32	24	34	29
	1					2	1
	1		3		3	2	2
		2	3	1			4
		2	3	1			1
							1
							2

1-2-8 续表 21

指标名称	行业代码	丰都县	垫江县	武隆县	忠 县	开 县
其他采矿业	12				1	2
其他采矿业	120				1	2
制造业	C	**376**	**1625**	**230**	**646**	**1382**
农副食品加工业	13	57	133	25	97	143
谷物磨制	131	4	18		19	40
饲料加工	132	5	28	1	2	4
植物油加工	133	1	4	8	11	28
制糖业	134		1			4
屠宰及肉类加工	135	9	22	3	21	26
水产品加工	136		2		1	1
蔬菜、水果和坚果加工	137	32	39	5	16	16
其他农副食品加工	139	6	19	8	27	24
食品制造业	14	25	30	10	25	40
焙烤食品制造	141		8	3	7	5
糖果、巧克力及蜜饯制造	142		3		1	
方便食品制造	143	6	8	1	10	28
乳制品制造	144					
罐头食品制造	145	13	2	1		
调味品、发酵制品制造	146	4	6	3	2	1
其他食品制造	149	2	3	2	5	6
酒、饮料和精制茶制造业	15	15	36	13	31	57
酒的制造	151	6	21	7	17	30
饮料制造	152	8	14	5	9	23
精制茶加工	153	1	1	1	5	4
烟草制品业	16					
烟叶复烤	161					
纺织业	17	17	77	7	26	110
棉纺织及印染精加工	171	3	8	1	8	9
毛纺织及染整精加工	172	3		1		32
麻纺织及染整精加工	173	1			1	
丝绢纺织及印染精加工	174	1	2		3	3
化纤织造及印染精加工	175					2
针织或钩针编织物及其制品制造	176	1	12		5	19
家用纺织制成品制造	177	6	45	3	7	44
非家用纺织制成品制造	178	2	10	2	2	1
纺织服装、服饰业	18	17	26	6	55	96
机织服装制造	181	15	21	5	40	75
针织或钩针编织服装制造	182	1	2		3	2
服饰制造	183	1	3	1	12	19
皮革、毛皮、羽毛及其制品和制鞋业	19	8	52	5	33	42
皮革鞣制加工	191		2			
皮革制品制造	192	2	15		5	4
毛皮鞣制及制品加工	193	1			3	8
羽毛(绒)加工及制品制造	194				6	2
制鞋业	195	5	35	5	19	28

单位：个

云阳县	奉节县	巫山县	巫溪县	石柱县	秀山县	酉阳县	彭水县
	1		1				4
	1		1				4
891	**408**	**180**	**195**	**347**	**308**	**485**	**299**
118	31	17	16	46	51	30	28
32				8	2	8	5
6	2	1	2	4	1	5	1
28	5	3	2	3	1	2	4
3							
17	9	4	6	15	2	4	2
2					1		
5	5	2	1	9	3	2	
25	10	7	5	7	41	9	16
21	13	4	2	12	3	5	3
13	3	1		1		1	2
1	3	1	1			1	
5	4	1	1	1	1	2	
				2			
	1						
2	1			5	1	1	
	1	1		3	1		1
36	25	13	8	12	34	13	8
16	1	1	5	3	2	5	4
15	22	10	2	9	15	6	4
5	2	2	1		17	2	
32	7	3	16	13	3	24	8
2	1	1		2	2	8	3
1			1	2	1		
4			1	1			
1							
2	1		2	2		3	1
19	5	2	10	5		9	4
3			2	1		4	
87	25	45	15	8	14	26	12
56	20	43	13	6	11	22	7
3	3	2		1		4	1
28	2		2	1	3		4
27	5	12	11	4	1	32	3
		1		2		20	
4	1	1	2	1		2	
1							
22	4	10	9	1	1	10	3

1-2-8 续表 22

指标名称	行业代码					
		丰都县	垫江县	武隆县	忠　县	开　县
木材加工和木、竹、藤、棕、草制品业	20	8	222	7	34	81
木材加工	201	3	101	4	16	38
人造板制造	202		6	2	2	4
木制品制造	203	3	39	1	6	31
竹、藤、棕、草等制品制造	204	2	76		10	8
家具制造业	21	19	181	9	32	112
木质家具制造	211	9	145	7	24	85
竹、藤家具制造	212	1	2		1	
金属家具制造	213	5	13		5	5
塑料家具制造	214		1			1
其他家具制造	219	4	20	2	2	21
造纸和纸制品业	22	8	18	6	4	11
纸浆制造	221					
造纸	222	3	8	2	2	4
纸制品制造	223	5	10	4	2	7
印刷和记录媒介复制业	23	13	18	3	12	15
印刷	231	10	18	3	3	11
装订及印刷相关服务	232	3			8	4
记录媒介复制	233				1	
文教、工美、体育和娱乐用品制造业	24	8	33	8	17	21
文教办公用品制造	241		12	2	3	3
乐器制造	242					
工艺美术品制造	243	7	20	6	12	13
体育用品制造	244				1	1
玩具制造	245	1	1		1	4
游艺器材及娱乐用品制造	246					
石油加工及炼焦	25		2	1		3
化学原料和化学制品制造业	26	19	55	3	23	38
基础化学原料制造	261	1	4	1	2	4
肥料制造	262	9	10	1	9	3
农药制造	263				1	
涂料、油墨、颜料及类似产品制造	264	2	22		6	21
合成材料制造	265	1	4		2	4
专用化学产品制造	266	2	10		1	3
炸药、火工及焰火产品制造	267	3	1	1	1	2
日用化学产品制造	268	1	4		1	1
医药制造业	27	3	8	1	5	3
化学药品原料药制造	271		1			
化学药品制剂制造	272	1				
中药饮片加工	273	1	4	1	1	2
中成药生产	274	1	3		1	1
兽用药品制造	275				2	
生物药品制造	276				1	
卫生材料及医药用品制造	277					

单位：个

云阳县	奉节县	巫山县	巫溪县	石柱县	秀山县	酉阳县	彭水县
47	15	7	9	14	8	16	14
19	3	3	3	4	4	7	7
2	1	2	2	4	1	3	2
22	8	2	4	4	2	5	4
4	3			2	1	1	1
54	51	7	19	26	13	18	21
45	39	3	9	22	11	17	19
1							
	3	1	5	1			1
8	9	3	5	3	2	1	1
6	3		1	4	1	3	5
						1	
3	3		1	2	1		2
3				2		2	3
18	7	6	2	4	5	7	1
17	7	6	2	1	5	6	1
1				3			
						1	
33	12	8	7	9	4	22	6
	2		2			4	
19	8	7	5	9	2	18	6
5					1		
9		1			1		
	2						
2							
19	8	4	3	15	14	24	10
					6	6	3
4	1	1	1	3	4	5	1
							1
7	3	1	1	11		7	3
3			1				1
1	1	1		1	1	4	
	2	1			1	2	
4	1				2		1
3		1	4	7	13	2	2
						2	
							1
			2	2	12		
2		1	1	3	1		
1			1	2			1

1-2-8 续表 23

指标名称	行业代码	丰都县	垫江县	武隆县	忠　县	开　县
化学纤维制造业	28		2		1	
纤维素纤维原料及纤维制造	281		1		1	
合成纤维制造	282		1			
橡胶和塑料制品业	29	9	47	4	6	26
橡胶制品业	291	1	2	1	1	8
塑料制品业	292	8	45	3	5	18
非金属矿物制品业	30	78	228	60	109	246
水泥、石灰和石膏制造	301	4	6	6	6	17
石膏、水泥制品及类似制品制造	302	18	96	39	42	81
砖瓦、石材等建筑材料制造	303	51	89	13	55	133
玻璃制造	304		1		3	
玻璃制品制造	305	1	21		1	7
玻璃纤维和玻璃纤维增强塑料制品制造	306		4	2		2
陶瓷制品制造	307	3	3		2	3
耐火材料制品制造	308		6			
石墨及其他非金属矿物制品制造	309	1	2			3
黑色金属冶炼和压延加工业	31	7	12	2	4	3
炼铁	311					
炼钢	312					
黑色金属铸造	313	4	5	1		
钢压延加工	314	3	7	1	4	1
铁合金冶炼	315					2
有色金属冶炼和压延加工业	32	8	8	2	7	9
常用有色金属冶炼	321		1	1	3	2
贵金属冶炼	322					
稀有稀土金属冶炼	323					
有色金属合金制造	324	1				
有色金属铸造	325	1				
有色金属压延加工	326	6	7	1	4	7
金属制品业	33	19	247	18	64	204
结构性金属制品制造	331	11	171	15	55	156
金属工具制造	332	2	22	3	3	12
集装箱及金属包装容器制造	333				1	1
金属丝绳及其制品制造	334		4			2
建筑、安全用金属制品制造	335	4	11		2	10
金属表面处理及热处理加工	336					1
搪瓷制品制造	337				1	
金属制日用品制造	338	2	15		1	16
其他金属制品制造	339		24		1	6
通用设备制造业	34	8	28	6	4	15
锅炉及原动设备制造	341		6		3	7
金属加工机械制造	342	5	11			2
物料搬运设备制造	343					2
泵、阀门、压缩机及类似机械制造	344			1		
轴承、齿轮和传动部件制造	345	1	2	2	1	1
烘炉、风机、衡器、包装等设备制造	346		1			
文化、办公用机械制造	347	1	1			
通用零部件制造	348	1	6	2		2
其他通用设备制造业	349		1	1		1

单位：个

云阳县	奉节县	巫山县	巫溪县	石柱县	秀山县	酉阳县	彭水县
13	7	2	2	6	4	5	1
3	1						
10	6	2	2	6	4	5	1
195	106	30	25	98	83	168	131
15	9	7	4		5	13	4
48	53	7	11	32	72	109	45
120	36	15	6	59	4	41	78
4					1	2	1
4	7		3	3			2
1							
1	1	1		4		1	
1							
1			1		1	2	1
6	2	1	1	1	20	14	
		1					
5	2		1	1			
1					20	14	
5			1	5	9	8	1
				3	4	1	1
						1	
					5	2	
						1	
5			1	2		3	
75	43	10	35	29	13	31	27
54	39	6	26	26	10	21	21
5	4	2	5	1		2	3
3							
7		1	1			5	1
1			1			1	1
1				1			
2		1		1			
2			2		3	2	1
16		2	6	5		9	1
1			3				
9				3		5	1
						1	
		1					
1				1			
			1				
5		1	2	1		3	

1-2-8 续表 24

指标名称	行业代码	丰都县	垫江县	武隆县	忠　县	开　县
专用设备制造业	35	7	23	3	14	29
采矿、冶金、建筑专用设备制造	351			2		10
化工、木材、非金属加工专用设备制造	352	3	9	1	4	10
食品、饮料、烟草及饲料生产专用设备制造	353					2
印刷、制药、日化及日用品生产专用设备制造	354		3		3	2
纺织、服装和皮革加工专用设备制造	355	2	1		1	
电子和电工机械专用设备制造	356		4		1	2
农、林、牧、渔专用机械制造	357		2		3	2
医疗仪器设备及器械制造	358		1			1
环保、社会公共服务及其他专用设备制造	359	2	3		2	
汽车制造业	36	2	5	12	5	2
汽车整车制造	361				1	
改装汽车制造	362	1				
电车制造	364		1			
汽车车身、挂车制造	365					
汽车零部件及配件制造	366	1	4	12	4	2
铁路、船舶、航空航天和其他运输设备制造业	37	5	4	3	6	1
铁路运输设备制造	371					
城市轨道交通设备制造	372					
船舶及相关装置制造	373	4			5	
航空、航天器及设备制造	374					
摩托车制造	375	1	4	3		
自行车制造	376				1	1
非公路休闲车及零配件制造	377					
潜水救捞及其他未列明运输设备制造	379					
电气机械和器材制造业	38	4	32	4	9	20
电机制造	381		1		1	
输配电及控制设备制造	382	1	18	3		6
电线、电缆、光缆及电工器材制造	383	1	4		2	1
电池制造	384		3			
家用电力器具制造	385				1	5
非电力家用器具制造	386		2		3	2
照明器具制造	387	2	4	1	1	5
其他电气机械及器材制造	389				1	1
计算机、通信和其他电子设备制造业	39	3	57	7	7	8
计算机制造	391		2			
通信设备制造	392		1			
广播电视设备制造	393					
视听设备制造	395					
电子器件制造	396	1	1		1	1
电子元件制造	397	2	49	2	6	5
其他电子设备制造	399		4	5		2
仪器仪表制造业	40	1	2			
通用仪器仪表制造	401					

单位：个

云阳县	奉节县	巫山县	巫溪县	石柱县	秀山县	酉阳县	彭水县
19	4	3	3	11	3	13	5
1	3		1	1	1	8	
2				4			1
4							1
2				1		2	
2							
3		1		2			
5		2	2	1	2	2	3
	1						
				2		1	
1				3			
1				3			
8	5	1		1	1		1
		1					
5	5						1
2							
1				1	1		
15	3	1	1	4	3	6	4
1							
4	1			1	1	1	
3					1	3	
						1	1
	1			3		1	
7	1	1	1		1		3
23	14			2	1	2	2
				1			
	1						
						1	
					1		
1							
22	13			1		1	1
							1
1		1			2	1	
					1		

1-2-8 续表 25

指标名称	行业代码	丰都县	垫江县	武隆县	忠　县	开　县
专用仪器仪表制造	402					
钟表与计时仪器制造	403		2			
光学仪器及眼镜制造	404					
其他仪器仪表制造业	409	1				
其他制造业	41	3	32	2	10	33
日用杂品制造	411		12	2	5	3
煤制品制造	412				2	12
其他未列明制造业	419	3	20		3	18
废弃资源综合利用业	42	3	5	2	1	9
金属废料和碎屑加工处理	421	3	2	2		4
非金属废料和碎屑加工处理	422		3		1	5
金属制品、机械和设备修理业	43	2	2	1	5	5
金属制品修理	431	1				1
通用设备修理	432				1	
专用设备修理	433			1		
铁路、船舶、航空航天等运输设备修理	434	1			1	
电气设备修理	435				2	
仪器仪表修理	436					
其他机械和设备修理业	439		2		1	4
电力、热力、燃气及水生产和供应业	**D**	**82**	**40**	**108**	**78**	**86**
电力、热力生产和供应业	44	42	12	101	35	48
电力生产	441	40	12	100	34	46
电力供应	442	2		1	1	2
热力生产和供应	443					
燃气生产和供应业	45	6	4	2	12	9
燃气生产和供应业	450	6	4	2	12	9
水的生产和供应业	46	34	24	5	31	29
自来水生产和供应	461	31	23	5	26	26
污水处理及其再生利用	462	3	1		5	3
其他水的处理、利用与分配	469					
建筑业	**E**	**36**	**141**	**31**	**105**	**68**
房屋建筑业	47	13	96	18	46	29
房屋建筑业	470	13	96	18	46	29
土木工程建筑业	48	7	4	5	2	9
铁路、道路、隧道和桥梁工程建筑	481	3	2	2	1	1
水利和内河港口工程建筑	482	2	1	2		2
工矿工程建筑	484		1			
架线和管道工程建筑	485	2		1		
其他土木工程建筑	489				1	6
建筑安装业	49	1	10	2	10	7
电气安装	491		1	1	9	1
管道和设备安装	492	1	3	1		
其他建筑安装业	499		6		1	6
建筑装饰和其他建筑业	50	15	31	6	47	23
建筑装饰业	501	3	15	3	13	18
工程准备活动	502			2	3	1
提供施工设备服务	503	3	2		2	
其他未列明建筑业	509	9	14	1	29	4

单位：个

云阳县	奉节县	巫山县	巫溪县	石柱县	秀山县	酉阳县	彭水县
1						1	
		1			1		
8	17	1	3	7	1	3	2
2		1		4	1		1
4	17			3		1	
2			3			2	1
1	2					1	3
1							
	2					1	3
2	3	1	5	1	4	2	
			1		2		
						1	
2		1					
				1			
	3		4		2	1	
78	**47**	**27**	**114**	**60**	**24**	**61**	**34**
60	34	19	103	48	20	39	22
56	31	19	103	48	19	36	22
4	3				1	3	
6	5	3		6	1	5	5
6	5	3		6	1	5	5
12	8	5	11	6	3	17	7
11	6	3	9	5	3	12	7
1	2	2	1	1		1	
			1			4	
126	**25**	**30**	**24**	**21**	**38**	**31**	**50**
52	19	15	9	11	9	15	20
52	19	15	9	11	9	15	20
36	2		3	5	5	2	8
4			1	1	1	1	3
3				2	1	1	1
	1		1	1			
29	1		1	1	3		4
2	1	2		1	2	5	5
	1	1		1		3	
1							1
1		1			2	2	4
36	3	13	12	4	22	9	17
10	3	7	10	3	21	6	7
3		1	1			1	3
					1		1
23		5	1	1		2	6

1-2-8 续表 26

指标名称	行业代码	丰都县	垫江县	武隆县	忠　县	开　县
批发和零售业	F	**807**	**1505**	**775**	**2988**	**2939**
批发业	51	248	357	422	1446	631
农、林、牧产品批发	511	57	32	138	498	62
食品、饮料及烟草制品批发	512	23	36	167	656	66
纺织、服装及家庭用品批发	513	27	53	12	23	103
文化、体育用品及器材批发	514	7	2	2	16	17
医药及医疗器材批发	515	2	8	20	27	10
矿产品、建材及化工产品批发	516	87	147	57	157	232
机械设备、五金产品及电子产品批发	517	32	52	18	38	59
贸易经纪与代理	518	5	3		5	16
其他批发业	519	8	24	8	26	66
零售业	52	559	1148	353	1542	2308
综合零售	521	46	124	19	299	322
食品、饮料及烟草制品专门零售	522	110	134	96	237	291
纺织、服装及日用品专门零售	523	115	227	62	252	623
文化、体育用品及器材专门零售	524	25	64	9	112	65
医药及医疗器材专门零售	525	12	18	3	71	56
汽车、摩托车、燃料及零配件专门零售	526	61	127	48	69	174
家用电器及电子产品专门零售	527	82	167	64	128	222
五金、家具及室内装饰材料专门零售	528	93	267	42	225	483
货摊、无店铺及其他零售业	529	15	20	10	149	72
交通运输、仓储和邮政业	G	**72**	**69**	**35**	**79**	**77**
道路运输业	54	45	50	19	37	49
城市公共交通运输	541	2	2	5	1	7
公路旅客运输	542	3	2	3	9	8
道路货物运输	543	36	39	10	24	20
道路运输辅助活动	544	4	7	1	3	14
水上运输业	55	17	1	1	10	4
水上旅客运输	551	1			2	
水上货物运输	552	16		1	6	3
水上运输辅助活动	553		1		2	1
航空运输业	56					
航空客货运输	561					
通用航空服务	562					
航空运输辅助活动	563					
管道运输业	57					
管道运输业	570					
装卸搬运和运输代理业	58	8	8	8	24	13
装卸搬运	581	6	4	7	12	1
运输代理业	582	2	4	1	12	12
仓储业	59		6	1	6	7
谷物、棉花等农产品仓储	591		5		3	4
其他仓储业	599		1	1	3	3
邮政业	60	2	4	6	2	4
邮政基本服务	601	1	1	2		
快递服务	602	1	3	4	2	4

单位：个

云阳县	奉节县	巫山县	巫溪县	石柱县	秀山县	酉阳县	彭水县
826	**538**	**422**	**419**	**708**	**917**	**1051**	**628**
234	187	81	144	212	294	285	248
44	15	4	31	17	49	20	40
47	28	14	16	41	79	54	46
17	9	2	4	15	12	14	15
2	4	3	2	2		4	3
5	4		2	9	15	7	2
78	94	40	63	83	88	149	97
28	24	12	18	31	42	25	35
	1		1	8		1	3
13	8	6	7	6	9	11	7
592	351	341	275	496	623	766	380
110	47	58	55	46	89	77	20
87	48	39	22	71	56	162	56
85	51	74	52	70	94	171	44
11	14	25	10	8	25	26	7
15	17	4	2	31	10	7	16
66	55	35	32	34	62	54	67
79	58	41	50	61	100	110	49
108	54	55	41	158	181	140	104
31	7	10	11	17	6	19	17
74	**60**	**54**	**21**	**39**	**35**	**27**	**36**
30	27	10	10	21	12	12	15
5	3	2	1	1	1	1	2
13	10	1	2	4	2	6	2
9	6	4	2	14	6	2	8
3	8	3	5	2	3	3	3
21	19	27	3	4		1	3
1	4	5	3				
15	14	10		2		1	2
5	1	12		2			1
18	7	14	4	9	19	7	9
15	5	7	1	5	4	4	2
3	2	7	3	4	15	3	7
4	2	1			1	5	2
4	2	1			1	5	2
1	5	2	4	5	3	2	7
	1	1	1	1	1		5
1	4	1	3	4	2	2	2

1-2-8 续表 27

指标名称	行业代码	丰都县	垫江县	武隆县	忠　县	开　县
住宿和餐饮业	H	**146**	**372**	**341**	**326**	**635**
住宿业	61	14	29	42	40	77
旅游饭店	611	5	13	26	21	18
一般旅馆	612	7	11	9	12	38
其他住宿业	619	2	5	7	7	21
餐饮业	62	132	343	299	286	558
正餐服务	621	119	299	266	250	460
快餐服务	622	1	5		14	16
饮料及冷饮服务	623	2	5	2	3	8
其他餐饮业	629	10	34	31	19	74
信息传输、软件和信息技术服务业	I	**20**	**18**	**27**	**48**	**25**
电信、广播电视和卫星传输服务	63	4	7	17	16	8
电信	631	3	7	15	16	8
广播电视传输服务	632	1		2		
卫星传输服务	633					
互联网和相关服务	64	7	3	2	15	11
互联网接入及相关服务	641				3	
互联网信息服务	642	5	3	1	12	11
其他互联网服务	649	2		1		
软件和信息技术服务业	65	9	8	8	17	6
软件开发	651	5	5	5	8	4
信息系统集成服务	652				1	
信息技术咨询服务	653	3	1	2	3	
数据处理和存储服务	654					
集成电路设计	655					
其他信息技术服务业	659	1	2	1	5	2
房地产业	K	**49**	**108**	**43**	**109**	**92**
房地产业	70	49	108	43	109	92
房地产开发经营	701	14	40	16	34	26
物业管理	702	11	26	16	25	20
房地产中介服务	703	22	42	11	47	46
其他房地产业	709	2			3	
租赁和商务服务业	L	**129**	**164**	**110**	**241**	**258**
租赁业	71	10	12	7	20	14
机械设备租赁	711	10	12	7	18	14
文化及日用品出租	712				2	
商务服务业	72	119	152	103	221	244
企业管理服务	721	13	18	14	26	55
法律服务	722			1	5	2
咨询与调查	723	7	21	15	45	36
广告业	724	63	70	33	95	63
知识产权服务	725		1		1	
人力资源服务	726	4	14	9	11	41
旅行社及相关服务	727	13	8	14	12	11
安全保护服务	728	1	2	2	1	3
其他商务服务业	729	18	18	15	25	33

单位：个

云阳县	奉节县	巫山县	巫溪县	石柱县	秀山县	酉阳县	彭水县
153	**158**	**94**	**205**	**293**	**103**	**269**	**151**
28	38	25	18	39	13	49	19
9	12	8	7	12	2	14	3
19	26	13	4	16	11	26	9
		4	7	11		9	7
125	120	69	187	254	90	220	132
97	112	53	53	230	75	166	99
2	2		1	2	11	9	1
1	1		1	5		5	
25	5	16	132	17	4	40	32
27	**12**	**5**	**23**	**13**	**10**	**18**	**36**
6	4	3	3	6	4	6	9
5	4	3	3	5	4	5	9
1				1		1	
7	6		7	4		9	5
	3					1	
7	3		6	3		7	
			1	1		1	5
14	2	2	13	3	6	3	22
5				1	2		9
4			3	1			1
4	1		6	1	2	2	5
1	1	2	4		2	1	7
79	**41**	**34**	**22**	**41**	**34**	**25**	**47**
79	41	34	22	41	34	25	47
27	28	15	11	17	16	15	11
26	9	11	7	16	14	9	10
25	4	8	4	7	3	1	26
1				1	1		
195	**119**	**67**	**63**	**123**	**75**	**83**	**258**
16	10	2	5	17	5	5	14
16	9	2	3	17	5	5	14
	1		2				
179	109	65	58	106	70	78	244
8	3	2	6	9	5	8	42
1		1			1		3
17	8	1	6	12	1	8	44
90	45	27	24	53	18	35	76
10	26	8	10	6	18	5	32
19	8	17	4	14	14	11	9
2	3	1	1	3	1	1	1
32	16	8	7	9	12	10	37

1-2-8 续表 28

指标名称	行业代码	丰都县	垫江县	武隆县	忠 县	开 县
科学研究和技术服务业	M	**22**	**33**	**21**	**50**	**63**
研究和试验发展	73	3				5
自然科学研究和试验发展	731					
工程和技术研究和试验发展	732					
农业科学研究和试验发展	733	3				5
医学研究和试验发展	734					
社会人文科学研究	735					
专业技术服务业	74	14	31	15	31	51
气象服务	741					
地震服务	742					1
测绘服务	744					1
质检技术服务	745	2	2	4	5	5
环境与生态监测	746	1				1
地质勘查	747			3		
工程技术	748	5	24	3	10	8
其他专业技术服务业	749	6	5	5	16	35
科技推广和应用服务业	75	5	2	6	19	7
技术推广服务	751	3	1	6	10	4
科技中介服务	752	1			1	
其他科技推广和应用服务业	759	1	1		8	3
水利、环境和公共设施管理业	N	**21**	**17**	**8**	**18**	**17**
水利管理业	76	5	3	1	2	3
防洪除涝设施管理	761	1				
水资源管理	762		1	1	2	1
天然水收集与分配	763	2				2
水文服务	764					
其他水利管理业	769	2	2			
生态保护和环境治理业	77	4	1	2	2	1
生态保护	771	1		1		
环境治理业	772	3	1	1	2	1
公共设施管理业	78	12	13	5	14	13
市政设施管理	781		3	2		
环境卫生管理	782	3	3	1		4
城乡市容管理	783				1	
绿化管理	784	6	1	1	8	3
公园和游览景区管理	785	3	6	1	5	6
居民服务、修理和其他服务业	O	**99**	**112**	**49**	**175**	**301**
居民服务业	79	63	30	24	97	163
家庭服务	791		1	7	22	8
托儿所服务	792			1		
洗染服务	793	2	3	8	10	20
理发及美容服务	794	42	12		8	87

单位：个

云阳县	奉节县	巫山县	巫溪县	石柱县	秀山县	酉阳县	彭水县
37	**22**	**16**	**13**	**25**	**13**	**34**	**108**
2	2			1			
2	2			1			
25	17	15	11	19	12	33	102
2			1		1		4
4	1	2		2	1	3	1
	1				1		2
8	13	5		9	4	6	36
11	2	8	10	8	5	24	59
10	3	1	2	5	1	1	6
9	2		1	4	1		5
		1		1		1	
1	1		1				1
11	**12**	**4**	**7**	**12**	**2**	**17**	**9**
2	3	1	1	2			1
							1
1							
		1		1			
	1		1				
1	2			1			
	2		1			1	3
						1	1
	2		1				2
9	7	3	5	10	2	16	5
1	2	1	1	2			
1	1	1	1			1	1
				1			
3	4	1		5	1	1	3
4			3	2	1	14	1
127	**75**	**32**	**83**	**91**	**78**	**83**	**95**
67	47	15	51	43	39	50	62
17	1	1	15	5	2	6	6
11	2	2	12	12	7	7	3
16	27	1	1	12	16	24	28

1-2-8 续表 29

指标名称	行业代码	丰都县	垫江县	武隆县	忠 县	开 县
洗浴服务	795		3	1	5	5
保健服务	796	1	1		5	18
婚姻服务	797	9		1	22	12
殡葬服务	798	6	1	1	3	5
其他居民服务业	799	3	9	5	22	8
机动车、电子产品和日用产品修理业	80	22	46	18	55	99
汽车、摩托车修理与维护	801	19	37	15	46	64
计算机和办公设备维修	802	1	2	1	1	7
家用电器修理	803	1	4	1	8	21
其他日用产品修理业	809	1	3	1		7
其他服务业	81	14	36	7	23	39
清洁服务	811	8	27	4	13	24
其他未列明服务业	819	6	9	3	10	15
卫生和社会工作	**Q**		**1**	**1**	**6**	**5**
社会工作	84		1	1	6	5
提供住宿社会工作	841			1	5	5
不提供住宿社会工作	842		1		1	
文化、体育和娱乐业	**R**	**64**	**79**	**47**	**118**	**89**
新闻和出版业	85					
新闻业	851					
出版业	852					
广播、电视、电影和影视录音制作业	86	4	4	2	1	1
电视	862					
电影和影视节目制作	863	2	2	1		
电影和影视节目发行	864					
电影放映	865	2	2	1	1	1
录音制作	866					
文化艺术业	87	7	15	4	35	10
文艺创作与表演	871	6	9	3	19	2
艺术表演场馆	872					
图书馆与档案馆	873		1	1		
文物及非物质文化遗产保护	874	1				
博物馆	875					
群众文化活动	877		1		5	1
其他文化艺术业	879		4		11	7
体育	88	1	3	1	1	5
体育组织	881		1			1
体育场馆	882					
休闲健身活动	883	1	2		1	4
其他体育	889			1		
娱乐业	89	52	57	40	81	73
室内娱乐活动	891	51	55	38	67	64
游乐园	892		1		4	1
文化、娱乐、体育经纪代理	894	1	1		3	
其他娱乐业	899			2	7	8

单位：个

云阳县	奉节县	巫山县	巫溪县	石柱县	秀山县	酉阳县	彭水县
	1			4	1	2	2
3	7	2	7	2	1	2	3
14	7	5	7	5	6		11
3	1			2		1	2
3	1	4	9	1	6	8	7
47	23	14	31	44	30	31	20
24	20	10	19	33	28	27	15
15	2	2	2	4		1	3
7		2	7	5	2	1	2
1	1		3	2		2	
13	5	3	1	4	9	2	13
10	5	1		4	8	1	7
3		2	1		1	1	6
2	**2**		**1**				
2	2		1				
2	2		1				
72	**40**	**37**	**23**	**107**	**53**	**42**	**32**
2	1	2	1	2	3	1	1
	1	1	1	1			
1				1	2	1	1
1		1			1		
21	2	2	4	78		6	9
12	1	1	2	75		2	3
	1			1			
2							
				1			
3				1		1	
4		1	2			3	6
1	2		1		2	3	3
1						1	
	2		1		2	2	3
48	35	33	17	27	48	32	19
47	33	33	16	15	48	32	18
	1		1	6			
1				1			
	1			5			1

1-2-9 按行业、区县分组的

指标名称	行业代码	从业人员数	万州区	涪陵区	渝中区
总　　计		**3809971**	**197724**	**130742**	**185332**
农、林、牧、渔业	A	**15010**	**5756**	**130**	
农业	01	799	58	11	
谷物种植	011	26			
蔬菜、食用菌及园艺作物种植	014	175			
水果种植	015	472			
坚果、含油果、香料和饮料作物种植	016	39			
中药材种植	017	11		11	
其他农业	019	76	58		
林业	02	59		1	
林木育种和育苗	021	58			
造林和更新	022	1		1	
畜牧业	03	147			
牲畜饲养	031	61			
家禽饲养	032	29			
其他畜牧业	039	57			
渔业	04	136			
水产养殖	041	136			
农、林、牧、渔服务业	05	13869	5698	118	
农业服务业	051	11622	4386	118	
林业服务业	052	560	212		
畜牧服务业	053	885	617		
渔业服务业	054	802	483		
采矿业	B	**120773**	**4231**	**1838**	
煤炭开采和洗选业	06	73270	1478	1009	
烟煤和无烟煤开采洗选	061	70423	1217	1009	
褐煤开采洗选	062	549			
其他煤炭采选	069	2298	261		
石油和天然气开采业	07	1056	83		
石油开采	071	83	83		
天然气开采	072	973			
黑色金属矿采选业	08	5914			
铁矿采选	081	749			
锰矿、铬矿采选	082	5009			
其他黑色金属矿采选	089	156			
有色金属矿采选业	09	960	5		
常用有色金属矿采选	091	906			
贵金属矿采选	092	38	5		
稀有稀土金属矿采选	093	16			
非金属矿采选业	10	37029	2517	824	
土砂石开采	101	33670	2374	616	
化学矿开采	102	934		100	
采盐	103	199			
石棉及其他非金属矿采选	109	2226	143	108	

小微企业法人单位从业人员数

单位：人

大渡口区	江北区	沙坪坝区	九龙坡区	南岸区	北碚区	綦江区	#万盛经开区	大足区
47132	**134543**	**238040**	**267684**	**147639**	**94784**	**121710**	**36960**	**140048**
21	**47**	**62**	**188**	**111**	**40**	**432**	**32**	**394**
						18		71
						3		33
								38
						15		
			7					51
			7					51
			3			5		55
			3			5		
								55
								45
								45
21	47	62	178	111	40	409	32	172
9	47	62	98	72	40	388	32	98
			28	25		9		14
			3			12		38
12			49	14				22
83	**92**	**134**	**242**	**346**	**1769**	**9321**	**3539**	**5892**
				15	1176	5573	2897	4344
					1176	5501	2897	4235
				15		72		109
			1			398		
			1			398		
83	92	134	241	314	559	3328	622	1533
83	92	134	216	314	532	2985	430	1197
						19	19	156
			25		27	324	173	180

1-2-9 续表 1

指标名称	行业代码	从业人员数	万州区	涪陵区	渝中区
开采辅助活动	11	1579	36	5	
煤炭开采和洗选辅助活动	111	1034	36		
石油和天然气开采辅助活动	112	459		5	
其他开采辅助活动	119	86			
其他采矿业	12	965	112		
其他采矿业	120	965	112		
制造业	**C**	**1295305**	**50650**	**25881**	**2052**
农副食品加工业	13	84613	2836	5558	103
谷物磨制	131	12388	377	401	
饲料加工	132	10151	330	383	
植物油加工	133	5431	221	177	
制糖业	134	894	15		
屠宰及肉类加工	135	18566	756	775	2
水产品加工	136	738	23		101
蔬菜、水果和坚果加工	137	15158	843	3568	
其他农副食品加工	139	21287	271	254	
食品制造业	14	34030	1855	667	12
焙烤食品制造	141	7504	434	239	
糖果、巧克力及蜜饯制造	142	1983	18	6	
方便食品制造	143	5416	375	143	12
乳制品制造	144	221	113		
罐头食品制造	145	2765	80	1	
调味品、发酵制品制造	146	9166	386	193	
其他食品制造	149	6975	449	85	
酒、饮料和精制茶制造业	15	26414	2021	786	
酒的制造	151	11383	863	382	
饮料制造	152	9262	1050	350	
精制茶加工	153	5769	108	54	
烟草制品业	16	38			
烟叶复烤	161	38			
纺织业	17	42535	1256	192	52
棉纺织及印染精加工	171	20204	213	14	
毛纺织及染整精加工	172	1754	24	3	
麻纺织及染整精加工	173	656	6		
丝绢纺织及印染精加工	174	5080	128	103	52
化纤织造及印染精加工	175	450	34	3	
针织或钩针编织物及其制品制造	176	3976	405	3	
家用纺织制成品制造	177	8023	307	63	
非家用纺织制成品制造	178	2392	139	3	
纺织服装、服饰业	18	40804	3159	129	362
机织服装制造	181	31661	2667	55	362
针织或钩针编织服装制造	182	2084	252	3	
服饰制造	183	7059	240	71	
皮革、毛皮、羽毛及其制品和制鞋业	19	31575	1528	169	
皮革鞣制加工	191	864			
皮革制品制造	192	4127	198	102	
毛皮鞣制及制品加工	193	1506	145	29	
羽毛(绒)加工及制品制造	194	924	39		
制鞋业	195	24154	1146	38	

单位：人

大渡口区	江北区	沙坪坝区	九龙坡区	南岸区	北碚区	綦江区	#万盛经开区	大足区
					2	17	15	15
					2	10	10	
								15
						7	5	
				17	32	5	5	
				17	32	5	5	
19450	**19887**	**100316**	**88722**	**43059**	**55889**	**35989**	**6028**	**82945**
354	816	1932	2186	1512	445	2181	541	2787
8		85	26	36	23	324	95	1104
4	245	378	256	3				365
3	8	55	374	39	19	146		229
	13	25	72					
165	353	299	988	404	198	624	61	377
		76	8	22				6
47		57	88	172	8	439		411
127	197	957	374	836	197	648	385	295
258	341	1953	1785	802	884	348	30	909
	47	341	188	211	342	22		94
	26	120	42		33			79
27	40	884	179	43	93	137	30	157
			8		3			6
10	20	34	253	132		12		
221	199	337	880	171	216	165		573
	9	237	235	245	197	12		
19	13	399	418	259	263	909	260	807
19		23	131	27	64	535	8	379
	13	376	287	208	176	118	21	311
				24	23	256	231	117
10	68	12275	600	570	1186	190	11	445
		11573	456	21	1133	124	3	106
6		9	1					52
		3		170				
		13		1				
	3							
	59	129	51	180				12
		424	63	101	52	58	8	159
4	6	124	29	97	1	8		116
80	582	502	462	1401	178	235	66	356
80	415	414	403	1279	144	182	60	344
		37	5	3		12		12
	167	51	54	119	34	41	6	
776	332	347	73	1141	78	642	3	208
		35			6			
	332	62	2	18	28	231		42
		13	7			122		28
			53	6				12
776		237	11	1117	44	289	3	126

1-2-9 续表 2

指标名称	行业代码	从业人员数	万州区	涪陵区	渝中区
木材加工和木、竹、藤、棕、草制品业	20	33834	1489	537	
木材加工	201	10203	355	51	
人造板制造	202	4763	487	304	
木制品制造	203	11432	346	54	
竹、藤、棕、草等制品制造	204	7436	301	128	
家具制造业	21	39038	2146	517	21
木质家具制造	211	30661	1400	392	
竹、藤家具制造	212	351	25		
金属家具制造	213	2651	84		
塑料家具制造	214	533	41		16
其他家具制造	219	4842	596	125	5
造纸和纸制品业	22	24986	535	595	1
纸浆制造	221	100	11	31	
造纸	222	7742	296	241	
纸制品制造	223	17144	228	323	1
印刷和记录媒介复制业	23	27256	1286	1105	336
印刷	231	24594	1209	1078	301
装订及印刷相关服务	232	2457	77	27	35
记录媒介复制	233	205			
文教、工美、体育和娱乐用品制造业	24	17507	3025	129	14
文教办公用品制造	241	1577	48		4
乐器制造	242	361	204		
工艺美术品制造	243	12961	2694	129	10
体育用品制造	244	993	67		
玩具制造	245	1356	12		
游艺器材及娱乐用品制造	246	259			
石油加工及炼焦	25	3009	279	165	
化学原料和化学制品制造业	26	43459	1899	1002	
基础化学原料制造	261	9312	104	206	
肥料制造	262	5680	426	53	
农药制造	263	1197		1	
涂料、油墨、颜料及类似产品制造	264	8200	277	176	
合成材料制造	265	3322	174	30	
专用化学产品制造	266	7198	395	440	
炸药、火工及焰火产品制造	267	5577	175		
日用化学产品制造	268	2973	348	96	
医药制造业	27	15483	824	887	
化学药品原料药制造	271	3375	163	216	
化学药品制剂制造	272	1572	166	2	
中药饮片加工	273	3074	165	224	
中成药生产	274	1977	36	43	
兽用药品制造	275	2350	136		
生物药品制造	276	2176	86	402	
卫生材料及医药用品制造	277	959	72		

单位：人

大渡口区	江北区	沙坪坝区	九龙坡区	南岸区	北碚区	綦江区	#万盛经开区	大足区
404	43	1128	1288	338	61	975	371	1179
	4	218	80		22	367	201	217
56		142	138	29		40	40	9
348	39	681	1070	280	23	304	45	440
		87		29	16	264	85	513
205	51	2633	2376	818	628	371	36	799
175	4	2213	1873	492	209	281	26	445
						34		30
26		124	114	122	357	21		210
	44	12	79	1				
4	3	284	310	203	62	35	10	114
196	412	1868	1750	932	1073	462	176	361
						5	5	
48	52	89	391	88		146	12	143
148	360	1779	1359	844	1073	311	159	218
462	1067	2886	2314	2103	595	457	25	316
412	1011	2785	2096	1818	536	262	15	302
50	56	101	191	147	47	195	10	14
			27	138	12			
143	136	693	392	562	344	150	23	1173
7		45	65	425				90
	7			23	120			5
121	124	510	299	84	224	150	23	1057
	5	138	28	30				21
15								
5		199	336		23	1		256
429	910	2837	1784	1560	875	1106	442	1184
150	309	261	42	256	346	165	80	412
50	6	25	284	8	134	96	13	100
		114	10		7			58
146	76	933	598	456	125	35	5	292
20	32	642	331	61	43	270	40	133
7	465	691	428	551	175	239	142	177
				30		287	162	12
56	22	171	91	198	45	14		
269	359	397	682	569	219	648	17	66
	180		64	280	18	5	5	
114	75	52	107					
				32				52
		113	280	81	57	5	5	
		62						
11	8	84	163	96	138	342		13
144	96	86	68	80	6	296	7	1

1-2-9 续表 3

指标名称	行业代码	从业人员数	万州区	涪陵区	渝中区
化学纤维制造业	28	554		2	
纤维素纤维原料及纤维制造	281	119			
合成纤维制造	282	435		2	
橡胶和塑料制品业	29	50454	2003	1532	126
橡胶制品业	291	9365	199	251	121
塑料制品业	292	41089	1804	1281	5
非金属矿物制品业	30	156853	7463	3718	3
水泥、石灰和石膏制造	301	10949	314	367	
石膏、水泥制品及类似制品制造	302	39410	1426	1465	
砖瓦、石材等建筑材料制造	303	78429	4095	1552	
玻璃制造	304	3555	242	113	
玻璃制品制造	305	12578	747	74	3
玻璃纤维和玻璃纤维增强塑料制品制造	306	1634	28	57	
陶瓷制品制造	307	5085	497	70	
耐火材料制品制造	308	2366		20	
石墨及其他非金属矿物制品制造	309	2847	114		
黑色金属冶炼和压延加工业	31	27665	308	390	1
炼铁	311	1756	5		
炼钢	312	652		10	
黑色金属铸造	313	9118	140	243	1
钢压延加工	314	11035	163	64	
铁合金冶炼	315	5104		73	
有色金属冶炼和压延加工业	32	15442	401	751	
常用有色金属冶炼	321	3453	190	491	
贵金属冶炼	322	111			
稀有稀土金属冶炼	323	769			
有色金属合金制造	324	2135	48		
有色金属铸造	325	990	57		
有色金属压延加工	326	7984	106	260	
金属制品业	33	87057	3829	498	275
结构性金属制品制造	331	37937	2517	349	34
金属工具制造	332	14361	162	27	70
集装箱及金属包装容器制造	333	2654	55	1	9
金属丝绳及其制品制造	334	1362	39		
建筑、安全用金属制品制造	335	9013	357	23	157
金属表面处理及热处理加工	336	6735	175	28	5
搪瓷制品制造	337	719	6		
金属制日用品制造	338	5237	350	43	
其他金属制品制造	339	9039	168	27	
通用设备制造业	34	78728	1414	576	72
锅炉及原动设备制造	341	6330	291	135	
金属加工机械制造	342	13266	569	17	2
物料搬运设备制造	343	4630	75	100	
泵、阀门、压缩机及类似机械制造	344	6593	73		59
轴承、齿轮和传动部件制造	345	7165	42	181	
烘炉、风机、衡器、包装等设备制造	346	8460	80	7	

单位：人

大渡口区	江北区	沙坪坝区	九龙坡区	南岸区	北碚区	綦江区	#万盛经开区	大足区
			36	18				40
								28
			36	18				12
545	585	4099	4050	3771	1386	1178	194	1975
160	244	641	556	1007	401	210	45	451
385	341	3458	3494	2764	985	968	149	1524
1779	1384	3960	5595	3465	4738	7367	1000	6181
31		28	71	41	95	655	235	88
454	1106	1641	1224	1834	744	1431	236	1828
899	221	1291	2795	1325	1708	4253	369	3400
59	22	224	778	105	51	91	22	
254		231	320	19	1637	567	8	587
	35	70	3	64	164	37		101
		108	217	60	14	12	12	79
82		197	96		197	197	22	
		170	91	17	128	124	96	98
477	183	2018	1066	134	453	2216	578	3228
		32				351		29
	10	62	18					34
110	68	653	148	134	447	1228	262	985
367	105	1271	900		6	637	316	2180
281	217	900	3496	311	334	1485	670	449
80	82	382	23	10		297		
		14	57			3		
			4					
60	129	115	700	184		367	367	57
		45	21	13	47	186		48
141	6	344	2691	104	287	632	303	344
970	1136	5388	5190	3101	1812	2056	309	16752
444	108	1758	2173	1340	330	1228	204	1365
28	41	599	360	382	258	88		8421
47	36	559	423	8	122	5		374
11	8		221	23	6	206		91
87	234	332	415	278	231	14	14	3665
137	545	914	703	43	223			807
		111	71			12		
111	21	225	208	218	14	111	91	1448
105	143	890	616	809	628	392		581
2279	1325	8954	9606	3253	5999	1829	221	3908
112		187	581	633	1296	35		290
237	225	2004	1072	790	382	196	138	1257
43		402	1386	82	260			46
135	63	965	415	54	593	54	5	340
580	60	298	469	120	106	1206	36	131
398	572	1684	1435	167	256	36		404

1-2-9 续表 4

指标名称	行业代码	从业人员数	万州区	涪陵区	渝中区
文化、办公用机械制造	347	423			
通用零部件制造	348	27843	244	102	7
其他通用设备制造业	349	4018	40	34	4
专用设备制造业	35	58360	1979	197	166
采矿、冶金、建筑专用设备制造	351	10063	434	25	70
化工、木材、非金属加工专用设备制造	352	15132	262	4	70
食品、饮料、烟草及饲料生产专用设备制造	353	1675	45	93	18
印刷、制药、日化及日用品生产专用设备制造	354	2944	174	5	8
纺织、服装和皮革加工专用设备制造	355	1511	35		
电子和电工机械专用设备制造	356	3856	475	13	
农、林、牧、渔专用机械制造	357	12689	122	54	
医疗仪器设备及器械制造	358	4244	31		
环保、社会公共服务及其他专用设备制造	359	6246	401	3	
汽车制造业	36	123837	1479	428	228
汽车整车制造	361	429			
改装汽车制造	362	1800	21	36	
电车制造	364	477	11		
汽车车身、挂车制造	365	645	50		
汽车零部件及配件制造	366	120486	1397	392	228
铁路、船舶、航空航天和其他运输设备制造业	37	119678	1680	3658	43
铁路运输设备制造	371	1679			
城市轨道交通设备制造	372	132			
船舶及相关装置制造	373	8338	1428	2597	6
航空、航天器及设备制造	374	271			
摩托车制造	375	108334	252	1061	37
自行车制造	376	325			
非公路休闲车及零配件制造	377	76			
潜水救捞及其他未列明运输设备制造	379	523			
电气机械和器材制造业	38	45762	2147	788	75
电机制造	381	7249	184		
输配电及控制设备制造	382	14802	548	408	75
电线、电缆、光缆及电工器材制造	383	8270	93	229	
电池制造	384	2453	95		
家用电力器具制造	385	4698	617		
非电力家用器具制造	386	1299	63		
照明器具制造	387	4520	397	136	
其他电气机械及器材制造	389	2471	150	15	
计算机、通信和其他电子设备制造业	39	31484	1794	337	9
计算机制造	391	7698	22		
通信设备制造	392	2654	603	18	
广播电视设备制造	393	281		15	
视听设备制造	395	1155			
电子器件制造	396	3145	28		
电子元件制造	397	11300	1047	148	
其他电子设备制造	399	5251	94	156	9

单位：人

大渡口区	江北区	沙坪坝区	九龙坡区	南岸区	北碚区	綦江区	#万盛经开区	大足区
		4	124	160	7	5		
723	340	2902	3652	916	2743	297	42	1279
51	65	508	472	331	356			161
1662	1476	4972	5253	2613	2475	1407	402	8618
413	124	736	705	222	304	895	369	2028
378	746	1173	1931	168	852	278	7	753
50		27	106	32	22			94
58	60	87	414	389		53		37
1		39	25	423				124
65	126	467	260	149	141	12	12	146
80	40	1044	478	118	476	140	4	5134
358	40	650	458	254	512	10	10	163
259	340	749	876	858	168	19		139
1369	4661	9997	10947	3341	5490	7559	73	17158
		95						5
	80			224	98			361
104		122	168					
	45		92					21
1265	4536	9780	10687	3117	5392	7559	73	16771
4299	1216	23464	17486	4308	13526	700	224	10327
5		68	460	12	26	242	19	405
	131					1		
20	66	441	39	863	334	10		77
		53						
4274	1011	22874	16937	3433	13054	447	205	9825
			50					
								20
	8	28			112			
1934	1495	3431	3564	2866	4194	803	93	2375
173	72	678	812	378	1720			428
220	449	1362	1347	1376	732	78	78	838
898	277	221	618	784	843	265		217
120			3		223	406		28
37	635	160	398	112	51	19		364
		95	100	1	172	20		99
201	47	477	148	166	309			165
285	15	438	138	49	144	15	15	236
105	398	1387	2939	1487	1340	200	190	273
46		436	1601	44	32			65
		246	456	481	12			87
		18	51	105	20			10
5	168	6	250		12			
	28	276	86	589	608			86
	174	194	247	172	289			25
54	28	211	248	96	367	200	190	

1-2-9 续表 5

指标名称	行业代码	从业人员数	万州区	涪陵区	渝中区
仪器仪表制造业	40	18157	552	4	153
通用仪器仪表制造	401	10747	184	3	119
专用仪器仪表制造	402	2256			2
钟表与计时仪器制造	403	366			
光学仪器及眼镜制造	404	2900	258		
其他仪器仪表制造业	409	1888	110	1	32
其他制造业	41	8893	880	123	
日用杂品制造	411	3893	427	17	
煤制品制造	412	1019	16		
其他未列明制造业	419	3981	437	106	
废弃资源综合利用业	42	3905	302	16	
金属废料和碎屑加工处理	421	2140	111	5	
非金属废料和碎屑加工处理	422	1765	191	11	
金属制品、机械和设备修理业	43	3895	281	425	
金属制品修理	431	665	32		
通用设备修理	432	381	43	14	
专用设备修理	433	420	24	14	
铁路、船舶、航空航天等运输设备修理	434	828	98	189	
电气设备修理	435	243		17	
仪器仪表修理	436	51			
其他机械和设备修理业	439	1307	84	191	
电力、热力、燃气及水生产和供应业	D	**48537**	**3378**	**2219**	**3**
电力、热力生产和供应业	44	25044	2520	1161	3
电力生产	441	22089	1526	1013	
电力供应	442	2594	911	148	3
热力生产和供应	443	361	83		
燃气生产和供应业	45	8730	263	452	
燃气生产和供应业	450	8730	263	452	
水的生产和供应业	46	14763	595	606	
自来水生产和供应	461	12328	437	313	
污水处理及其再生利用	462	2275	158	293	
其他水的处理、利用与分配	469	160			
建筑业	E	**628912**	**31938**	**24462**	**20224**
房屋建筑业	47	383955	17868	16817	3043
房屋建筑业	470	383955	17868	16817	3043
土木工程建筑业	48	38667	1512	257	2965
铁路、道路、隧道和桥梁工程建筑	481	10690	1389	151	283
水利和内河港口工程建筑	482	11211	19	1	44
工矿工程建筑	484	1025			81
架线和管道工程建筑	485	3650	23	79	118
其他土木工程建筑	489	12091	81	26	2439
建筑安装业	49	45330	1499	517	4830
电气安装	491	11840	151	35	2974
管道和设备安装	492	14387	655	87	786
其他建筑安装业	499	19103	693	395	1070
建筑装饰和其他建筑业	50	160960	11059	6871	9386
建筑装饰业	501	65476	1376	1269	6085
工程准备活动	502	6341	415	155	74
提供施工设备服务	503	11684	168	3	
其他未列明建筑业	509	77459	9100	5444	3227

单位：人

大渡口区	江北区	沙坪坝区	九龙坡区	南岸区	北碚区	綦江区	#万盛经开区	大足区
53	521	1030	2340	1121	6873			32
37	270	492	1812	557	3495			32
	54	431	162	378	593			
			36					
	85		112	166	1896			
16	112	107	218	20	889			
	77	219	38	178	235	220	11	105
	12		22	15	56	102		65
						78	3	24
	65	219	16	163	179	40	8	16
20	48	111	383	193	141	193	62	396
20	48	93	319	3		104	6	396
		18	64	190	141	89	56	
67	35	337	287	332	41	101		282
	15	118		18				275
	12	29	33	9	8			
		30	15	7		101		
30	8	6	16	248				
			99	4				7
		27			17			
37		127	124	46	16			
80	**345**	**368**	**1216**	**340**	**487**	**3302**	**512**	**1210**
		27	349	78	182	2037	285	259
			229	4	182	1769	282	169
			120			268	3	90
		27		74				
12	116	62	547	12		409	49	211
12	116	62	547	12		409	49	211
68	229	279	320	250	305	856	178	740
	229	208	215	247	228	794	147	708
68		71	105	3	77	58	27	32
						4	4	
8526	**26441**	**27179**	**34436**	**23934**	**11678**	**15637**	**3071**	**7013**
2489	6827	4893	9336	11488	6806	10675	2296	4484
2489	6827	4893	9336	11488	6806	10675	2296	4484
606	3162	2064	2254	2179	865	323	67	545
588	425	333	1613	992	262	60		446
	257	15		84		138		75
	65	164	41		157			
	347	871	119	292		37	37	
18	2068	681	481	811	446	88	30	24
1713	3378	5334	5015	3377	1771	416	28	487
861	95	368	588	1099	414	178	28	58
158	953	428	4012	990	657	180		34
694	2330	4538	415	1288	700	58		395
3718	13074	14888	17831	6890	2236	4223	680	1497
1976	8755	5261	8339	3641	487	3132	326	1344
8	172	128	354	238	25	79	22	13
36	27	62	379	162	271	228	8	20
1698	4120	9437	8759	2849	1453	784	324	120

1-2-9 续表 6

指标名称	行业代码	从业人员数	万州区	涪陵区	渝中区
批发和零售业	F	**641517**	**43678**	**29821**	**46533**
批发业	51	313038	20094	20378	27293
农、林、牧产品批发	511	37617	2179	5830	254
食品、饮料及烟草制品批发	512	55029	3903	8760	3284
纺织、服装及家庭用品批发	513	24523	1883	450	7906
文化、体育用品及器材批发	514	8183	575	115	1892
医药及医疗器材批发	515	14189	1647	781	1065
矿产品、建材及化工产品批发	516	95918	6221	3269	3714
机械设备、五金产品及电子产品批发	517	57415	2458	694	7393
贸易经纪与代理	518	3935	290	80	406
其他批发业	519	16229	938	399	1379
零售业	52	328479	23584	9443	19240
综合零售	521	37199	3205	883	1395
食品、饮料及烟草制品专门零售	522	38826	4095	1490	1021
纺织、服装及日用品专门零售	523	48527	3568	1094	5162
文化、体育用品及器材专门零售	524	14323	786	355	2784
医药及医疗器材专门零售	525	9848	552	276	530
汽车、摩托车、燃料及零配件专门零售	526	39640	2663	1182	1034
家用电器及电子产品专门零售	527	48487	2520	1422	2888
五金、家具及室内装饰材料专门零售	528	66203	3892	2227	1912
货摊、无店铺及其他零售业	529	25426	2303	514	2514
交通运输、仓储和邮政业	G	**176695**	**10878**	**15011**	**5569**
道路运输业	54	120794	5681	9538	2204
城市公共交通运输	541	10414	745	346	749
公路旅客运输	542	13375	566	348	50
道路货物运输	543	89650	4262	8606	1240
道路运输辅助活动	544	7355	108	238	165
水上运输业	55	16829	3558	3001	830
水上旅客运输	551	2219	704		429
水上货物运输	552	12844	2698	2897	323
水上运输辅助活动	553	1766	156	104	78
航空运输业	56	1058	164		290
航空客货运输	561	497			31
通用航空服务	562	38			28
航空运输辅助活动	563	523	164		231
管道运输业	57	108		68	
管道运输业	570	108		68	
装卸搬运和运输代理业	58	24026	757	2269	1912
装卸搬运	581	11775	479	1877	122
运输代理业	582	12251	278	392	1790
仓储业	59	6085	636	72	61
谷物、棉花等农产品仓储	591	1094	94	46	40
其他仓储业	599	4991	542	26	21
邮政业	60	7795	82	63	272
邮政基本服务	601	4242			4
快递服务	602	3553	82	63	268

单位：人

大渡口区	江北区	沙坪坝区	九龙坡区	南岸区	北碚区	綦江区	#万盛经开区	大足区
7003	**22021**	**37383**	**70559**	**27441**	**8701**	**17154**	**7061**	**14375**
4902	13516	21975	41880	15481	2420	7504	3378	7131
23	345	288	289	1465	340	2013	864	258
466	2666	1229	1638	1675	538	2158	1285	839
194	1112	1010	1304	1771	47	172	131	771
26	553	497	779	1860	13	38	7	158
130	719	881	1739	3134	29	73	23	54
3267	2809	11741	17244	2437	593	2077	840	2601
674	3992	5156	16841	2273	619	259	46	1486
27	318	218	241	98	25	414	3	23
95	1002	955	1805	768	216	300	179	941
2101	8505	15408	28679	11960	6281	9650	3683	7244
122	601	1290	1718	1191	474	1355	519	435
149	907	1099	838	1018	812	1980	1066	731
442	1056	1842	1215	1694	650	1201	418	1530
169	761	646	753	464	153	226	43	338
82	228	943	930	866	39	183	79	110
274	1067	1548	4682	1943	447	977	295	1174
356	1205	2374	9803	1340	645	959	308	936
377	1789	4460	5303	1844	636	2247	776	1553
130	891	1206	3437	1600	2425	522	179	437
3190	**7372**	**7658**	**7671**	**4369**	**1954**	**22608**	**10512**	**4662**
1532	3374	4905	4274	3395	1410	21240	9810	4029
57	280	19	89	35	15	130	130	349
33	285	266	50	245	309	269		477
1441	2573	4538	3987	2493	1080	20635	9598	2792
1	236	82	148	622	6	206	82	411
316	547	54	16	57	130	17		78
		15		14	7			78
96	426		13	1	107	17		
220	121	39	3	42	16			
	128	49						
		49						
	128							
		40						
		40						
1080	2699	1810	2261	544	357	1135	565	254
1070	464	634	1256	88	251	325	53	145
10	2235	1176	1005	456	106	810	512	109
237	549	685	841	140	52	73		31
	18	26	135		48	43		
237	531	659	706	140	4	30		31
25	75	115	279	233	5	143	137	270
			171			137	137	257
25	75	115	108	233	5	6		13

1-2-9 续表 7

指标名称	行业代码	从业人员数	万州区	涪陵区	渝中区
住宿和餐饮业	H	**161856**	**7326**	**7081**	**7638**
住宿业	61	34970	1551	906	3078
旅游饭店	611	17362	634	370	1274
一般旅馆	612	13515	810	441	1679
其他住宿业	619	4093	107	95	125
餐饮业	62	126886	5775	6175	4560
正餐服务	621	110733	4466	5462	3898
快餐服务	622	3494	277	236	349
饮料及冷饮服务	623	2015	59	208	62
其他餐饮业	629	10644	973	269	251
信息传输、软件和信息技术服务业	I	**55620**	**1428**	**833**	**10603**
电信、广播电视和卫星传输服务	63	3804	184	44	227
电信	631	2781	157	44	177
广播电视传输服务	632	956	27		40
卫星传输服务	633	67			10
互联网和相关服务	64	5511	174	141	1018
互联网接入及相关服务	641	493	7	7	167
互联网信息服务	642	3876	93	55	578
其他互联网服务	649	1142	74	79	273
软件和信息技术服务业	65	46305	1070	648	9358
软件开发	651	31348	722	463	5101
信息系统集成服务	652	2563	85	88	576
信息技术咨询服务	653	7974	112	80	3105
数据处理和存储服务	654	360			125
集成电路设计	655	93			4
其他信息技术服务业	659	3967	151	17	447
房地产业	K	**170511**	**7268**	**5903**	**17252**
房地产业	70	170511	7268	5903	17252
房地产开发经营	701	52265	2702	1968	2921
物业管理	702	90761	3747	2842	10459
房地产中介服务	703	24760	814	1058	3377
其他房地产业	709	2725	5	35	495
租赁和商务服务业	L	**313098**	**20010**	**9635**	**60095**
租赁业	71	19103	1981	910	733
机械设备租赁	711	18632	1945	900	633
文化及日用品出租	712	471	36	10	100
商务服务业	72	293995	18029	8725	59362
企业管理服务	721	26225	1740	1249	3526
法律服务	722	4157	125	148	1685
咨询与调查	723	49181	2199	466	10152
广告业	724	45910	2522	1483	7130
知识产权服务	725	1113	8		376
人力资源服务	726	71404	4267	2609	27697
旅行社及相关服务	727	11120	1189	177	2732
安全保护服务	728	54964	4918	2100	1925
其他商务服务业	729	29921	1061	493	4139

单位：人

大渡口区	江北区	沙坪坝区	九龙坡区	南岸区	北碚区	綦江区	#万盛经开区	大足区
1247	**6202**	**5583**	**6042**	**8159**	**1802**	**5984**	**2334**	**8046**
206	990	1477	1853	2029	254	1457	582	1706
32	81	862	1001	699	131	747	428	585
107	521	520	500	1034	108	389	140	952
67	388	95	352	296	15	321	14	169
1041	5212	4106	4189	6130	1548	4527	1752	6340
955	4872	3022	3773	4731	1316	4177	1555	5129
12	114	378	67	123	15	102	34	103
6	93	163	56	85	57	42	38	88
68	133	543	293	1191	160	206	125	1020
472	**4541**	**8380**	**9819**	**3730**	**615**	**397**	**271**	**120**
63	121	323	264	111	2	44	37	18
35	49	294	212	100	2	44	37	12
28	53	29	35	11				6
	19		17					
16	359	769	376	324	37	176	136	26
	38	59	21	73	10			
16	196	581	302	192	18	121	101	24
	125	129	53	59	9	55	35	2
393	4061	7288	9179	3295	576	177	98	76
331	3137	4828	7388	2261	430	55	35	30
4	199	440	545	56	16	12		
53	564	1212	615	554	91	56	21	31
	8	85	24	68	6			
	15	18	9	13				12
5	138	705	598	343	33	54	42	3
2764	**11059**	**10838**	**13638**	**13014**	**3769**	**3298**	**1217**	**4457**
2764	11059	10838	13638	13014	3769	3298	1217	4457
1073	3036	1777	3725	3318	1283	1206	426	1918
1527	6278	5626	7806	8450	2151	1529	459	1807
164	1740	2747	1606	1115	335	497	266	699
	5	688	501	131		66	66	33
2626	**26129**	**23360**	**22107**	**15110**	**4541**	**4017**	**998**	**5625**
265	732	2639	1845	681	312	292	63	646
265	722	2492	1804	668	312	292	63	636
	10	147	41	13				10
2361	25397	20721	20262	14429	4229	3725	935	4979
354	3559	1326	1496	1480	441	152	19	581
	153	358	180	146	42	26	3	59
245	4566	8172	5213	2830	399	174	65	685
638	3407	4739	5500	2792	487	522	109	867
2	175	212	14	38	8			23
32	5512	2620	2755	1894	929	1770	182	871
11	1132	440	138	393	43	201	60	187
638	4758	11	2753	2561	1488	597	429	1033
441	2135	2843	2213	2295	392	283	68	673

1-2-9 续表 8

指标名称	行业代码	从业人员数	万州区	涪陵区	渝中区
科学研究和技术服务业	M	**56537**	**2767**	**2466**	**6858**
研究和试验发展	73	3361	135	126	306
自然科学研究和试验发展	731	252			54
工程和技术研究和试验发展	732	1675	7	32	148
农业科学研究和试验发展	733	696	108	14	7
医学研究和试验发展	734	669	20	80	67
社会人文科学研究	735	69			30
专业技术服务业	74	45616	1902	1763	5964
气象服务	741	30			
地震服务	742	77			
测绘服务	744	1272	40	42	172
质检技术服务	745	3182	96	107	124
环境与生态监测	746	501	12	8	8
地质勘查	747	1190	98	59	193
工程技术	748	22284	906	1022	3890
其他专业技术服务业	749	17080	750	525	1577
科技推广和应用服务业	75	7560	730	577	588
技术推广服务	751	5275	613	411	329
科技中介服务	752	948	59	46	198
其他科技推广和应用服务业	759	1337	58	120	61
水利、环境和公共设施管理业	N	**15111**	**595**	**1098**	**418**
水利管理业	76	1792	145	30	41
防洪除涝设施管理	761	158			6
水资源管理	762	503	59	4	
天然水收集与分配	763	554	62	5	35
水文服务	764	111			
其他水利管理业	769	466	24	21	
生态保护和环境治理业	77	3264	107	310	115
生态保护	771	366		86	29
环境治理业	772	2898	107	224	86
公共设施管理业	78	10055	343	758	262
市政设施管理	781	957	43		63
环境卫生管理	782	1403	52		59
城乡市容管理	783	122		12	
绿化管理	784	4643	74	320	140
公园和游览景区管理	785	2930	174	426	
居民服务、修理和其他服务业	O	**72171**	**6123**	**2736**	**4524**
居民服务业	79	33899	3609	1211	1833
家庭服务	791	6486	647	517	292
托儿所服务	792	34			19
洗染服务	793	2231	299	91	13
理发及美容服务	794	10181	1307	452	638
洗浴服务	795	1536	25	9	59

单位：人

大渡口区	江北区	沙坪坝区	九龙坡区	南岸区	北碚区	綦江区		大足区
							#万盛经开区	
379	**4021**	**5175**	**5847**	**2730**	**1492**	**755**	**241**	**497**
66	177	246	708	253	103	18	8	35
		50	85	10	46	4		
52	139	136	437	41	33			35
5	9	6	66	74	16	14	8	
9	29	54	113	96	8			
			7	32				
266	3453	3817	4514	2224	1248	532	173	434
	13	45						
	20	174	146	140	2			8
85	160	190	366	214	44	64	8	67
	127	18	32	2		7		
	65	30	26	56	116	12	12	43
42	1330	865	2254	724	913	192	92	124
139	1738	2495	1690	1088	173	257	61	192
47	391	1112	625	253	141	205	60	28
21	266	738	342	146	91	203	58	18
5	21	121	95	11	14	2	2	
21	104	253	188	96	36			10
203	**838**	**1046**	**1134**	**789**	**505**	**394**	**170**	**230**
	45	175	54	32	27	135	89	17
		57	1					
			25		27	46		
		38	22	17		82	82	12
		70						
	45	10	6	15		7	7	5
33	273	294	459	78	97	32		18
12	80		28		15			
21	193	294	431	78	82	32		18
170	520	577	621	679	381	227	81	195
26	60	69	154	41	41			7
12	31	138	161	112	13	95	22	57
5			6	6	11			14
127	316	344	285	461	155	37	11	59
	113	26	15	59	161	95	48	58
740	**3551**	**6875**	**3910**	**2689**	**859**	**1812**	**762**	**2638**
212	1633	3553	1183	1155	419	892	412	1720
126	507	369	226	336	75	151	58	142
		8						
10	59	73	85	131	102	36	8	66
24	588	307	113	242	164	342	224	702
	46	60	109	28		36	30	133

1-2-9 续表 9

指标名称	行业代码	从业人员数	万州区	涪陵区	渝中区
保健服务	796	2652	455	5	128
婚姻服务	797	3307	199	18	346
殡葬服务	798	2123	189	92	7
其他居民服务业	799	5349	488	27	331
机动车、电子产品和日用产品修理业	80	26309	1973	1124	1364
汽车、摩托车修理与维护	801	21182	1418	919	566
计算机和办公设备维修	802	2145	234	81	348
家用电器修理	803	2183	220	108	361
其他日用产品修理业	809	799	101	16	89
其他服务业	81	11963	541	401	1327
清洁服务	811	8646	454	360	1120
其他未列明服务业	819	3317	87	41	207
卫生和社会工作	Q	**669**	**41**	**5**	**24**
社会工作	84	669	41	5	24
提供住宿社会工作	841	584	26	5	7
不提供住宿社会工作	842	85	15		17
文化、体育和娱乐业	R	**37649**	**1657**	**1623**	**3539**
新闻和出版业	85	1167	18		818
新闻业	851	25			25
出版业	852	1142	18		793
广播、电视、电影和影视录音制作业	86	3947	151	222	688
电视	862	129	64		50
电影和影视节目制作	863	1081	24	52	222
电影和影视节目发行	864	166			139
电影放映	865	2396	63	170	263
录音制作	866	175			14
文化艺术业	87	8389	151	740	592
文艺创作与表演	871	4269	32	610	179
艺术表演场馆	872	328	9	52	121
图书馆与档案馆	873	101		13	7
文物及非物质文化遗产保护	874	149			40
博物馆	875	78			52
群众文化活动	877	691	5	20	58
其他文化艺术业	879	2773	105	45	135
体育	88	2092	119	140	153
体育组织	881	106		11	6
体育场馆	882	189		31	
休闲健身活动	883	1506	119	98	134
其他体育	889	291			13
娱乐业	89	22054	1218	521	1288
室内娱乐活动	891	20079	1189	521	1143
游乐园	892	377	6		28
文化、娱乐、体育经纪代理	894	694	5		43
其他娱乐业	899	904	18		74

单位：人

大渡口区	江北区	沙坪坝区	九龙坡区	南岸区	北碚区	綦江区		大足区
							#万盛经开区	
4	43	46	64	125	24	52	33	451
9	205	306	88	92	53	119	9	141
24	50	262	261	98		62		12
15	135	2122	237	103	1	94	50	73
350	1048	1586	1954	1115	377	694	240	861
279	935	944	1455	979	248	548	229	785
32	52	290	284	45	84	6	6	34
32	51	308	121	81	26	39	5	34
7	10	44	94	10	19	101		8
178	870	1736	773	419	63	226	110	57
174	524	1194	676	417	49	172	74	52
4	346	542	97	2	14	54	36	5
11	**13**	**164**	**2**	**4**	**4**			
11	13	164	2	4	4			
11	13	164	2	4	4			
337	**1984**	**3519**	**2151**	**1814**	**679**	**610**	**212**	**1944**
6	21	51	33		68	7		
6	21	51	33		68	7		
30	290	450	406	351	112	52	26	75
		15						
7	70	95	214	66	2	41	26	49
								26
23	180	254	187	284	110	11		
	40	86	5	1				
32	464	846	479	234	29	142	84	230
9	15	281	156	10	13	46	30	190
	9	2		6				
			1			3	3	
		24	34					
11	5							
	27	180	59	34	9	27		9
12	408	359	229	184	7	66	51	31
8	307	133	179	210	40	10	5	43
	1		4					7
	19	9		43	6			
8	234	112	82	98	28			36
	53	12	93	69	6	10	5	
261	902	2039	1054	1019	430	399	97	1596
205	832	1797	937	879	428	385	97	1560
	5		32	2				
47	44	173	70	114		10		36
9	21	69	15	24	2	4		

1-2-9 续表 10

指标名称	行业代码	渝北区	巴南区	黔江区	长寿区	江津区
总　计		**245538**	**103121**	**33021**	**89512**	**148423**
农、林、牧、渔业	A	**121**	**399**	**143**	**324**	**522**
农业	01	2	54		70	357
谷物种植	011					
蔬菜、食用菌及园艺作物种植	014	2	21			
水果种植	015				64	357
坚果、含油果、香料和饮料作物种植	016		33		6	
中药材种植	017					
其他农业	019					
林业	02					
林木育种和育苗	021					
造林和更新	022					
畜牧业	03	10				
牲畜饲养	031	10				
家禽饲养	032					
其他畜牧业	039					
渔业	04				24	
水产养殖	041				24	
农、林、牧、渔服务业	05	109	345	143	230	165
农业服务业	051	99	331	128	185	160
林业服务业	052	10	12	10		
畜牧服务业	053			5		5
渔业服务业	054		2		45	
采矿业	B	**2290**	**774**	**1160**	**4546**	**1806**
煤炭开采和洗选业	06	2109		714	2708	
烟煤和无烟煤开采洗选	061	1961		714	2408	
褐煤开采洗选	062	148				
其他煤炭采选	069				300	
石油和天然气开采业	07					
石油开采	071					
天然气开采	072					
黑色金属矿采选业	08		110			
铁矿采选	081		110			
锰矿、铬矿采选	082					
其他黑色金属矿采选	089					
有色金属矿采选业	09		14			
常用有色金属矿采选	091		14			
贵金属矿采选	092					
稀有稀土金属矿采选	093					
非金属矿采选业	10	181	639	354	1750	1757
土砂石开采	101	171	571	288	1526	1703
化学矿开采	102			40		
采盐	103				199	
石棉及其他非金属矿采选	109	10	68	26	25	54

单位：人

合川区	永川区	南川区	潼南县	铜梁县	荣昌县	璧山县	梁平县	城口县
120286	**122524**	**59923**	**85485**	**117573**	**86038**	**118025**	**84126**	**11788**
327	**344**	**114**	**262**	**33**	**298**	**81**	**923**	**137**
			3		45			
					45			
			3					
					21			
					21			
327	344	114	259	33	232	81	923	137
321	298	85	218	27	206	77	891	115
	18	18	41	6	6	1	6	
	5				10	3	22	17
6	23	11			10		4	5
5679	**11119**	**4733**	**1630**	**4030**	**5360**	**1286**	**5890**	**1735**
3534	8469	3876		1947	4539	772	3334	1311
3469	8039	3876		1947	4521	700	3296	1235
						72		
65	430				18		38	76
	11			18	82			328
								328
	11			18	82			
	16							3
								3
	16							
2097	2608	537	1562	2065	739	514	2337	79
1990	2187	529	1562	1845	698	514	2181	49
39				106				30
68	421	8		114	41		156	

1-2-9 续表 11

指标名称	行业代码					
		渝北区	巴南区	黔江区	长寿区	江津区
开采辅助活动	11		11	10	80	
煤炭开采和洗选辅助活动	111			10	61	
石油和天然气开采辅助活动	112		11			
其他开采辅助活动	119				19	
其他采矿业	12			82	8	49
其他采矿业	120			82	8	49
制造业	C	**58431**	**54951**	**7368**	**22648**	**59160**
农副食品加工业	13	2246	1669	1030	1694	2276
谷物磨制	131	155	333	130	112	149
饲料加工	132	556	306	233	760	59
植物油加工	133	16	64	53	54	344
制糖业	134					344
屠宰及肉类加工	135	643	287	123	213	659
水产品加工	136					60
蔬菜、水果和坚果加工	137	216	219		298	398
其他农副食品加工	139	660	460	491	257	263
食品制造业	14	1887	1894	340	632	2237
焙烤食品制造	141	495	278	8	285	935
糖果、巧克力及蜜饯制造	142		67		166	192
方便食品制造	143	78	66	5	3	233
乳制品制造	144		20		51	
罐头食品制造	145		40		25	
调味品、发酵制品制造	146	661	599		55	855
其他食品制造	149	653	824	327	47	22
酒、饮料和精制茶制造业	15	448	452	517	516	1286
酒的制造	151	135	66	19	97	764
饮料制造	152	204	26	23	412	110
精制茶加工	153	109	360	475	7	412
烟草制品业	16		38			
烟叶复烤	161		38			
纺织业	17	288	790	325	263	703
棉纺织及印染精加工	171	26	303	7	31	344
毛纺织及染整精加工	172	48				11
麻纺织及染整精加工	173					
丝绢纺织及印染精加工	174	10	1	56		12
化纤织造及印染精加工	175	116			6	28
针织或钩针编织物及其制品制造	176	33	228	82	110	48
家用纺织制成品制造	177	20	80	180	77	211
非家用纺织制成品制造	178	35	178		39	49
纺织服装、服饰业	18	4461	2055	289	440	567
机织服装制造	181	3711	1586	280	352	371
针织或钩针编织服装制造	182	150	4		50	52
服饰制造	183	600	465	9	38	144
皮革、毛皮、羽毛及其制品和制鞋业	19	548	180	8	58	278
皮革鞣制加工	191	138				32
皮革制品制造	192	242	88		5	71
毛皮鞣制及制品加工	193		22		4	16
羽毛(绒)加工及制品制造	194	78				4
制鞋业	195	90	70	8	49	155

单位：人

合川区	永川区	南川区	潼南县	铜梁县	荣昌县	璧山县	梁平县	城口县
48		320	68				53	14
		320						
48			52				53	
			16					14
	15						166	
	15						166	
55171	**39982**	**16323**	**38498**	**62941**	**43453**	**80276**	**30402**	**2981**
5628	2318	1013	7417	2716	7250	1291	4589	317
1022	142	286	2553	360	588	6	1372	
1042	646	127	105	198	1460	336	642	17
370	102	22	847	9	174	16	178	
	30		23			13		
1608	696	117	732	1082	1516	278	815	185
109	24		61		14			
206	18	144	1384	422	651	234	162	55
1271	660	317	1712	645	2847	408	1420	60
3228	2319	774	594	1615	833	1730	863	27
589	402	102	82	363	371	511	38	
79	313		31	74		231	182	
626	176	52	207	112	121	396	313	
		5						
576	292	426	211		19	185		
528	591	119	40	413	305	302	80	
830	545	70	23	653	17	105	250	27
1354	1584	559	835	1111	2407	600	512	171
997	717	242	465	552	1242	204	314	67
215	326	95	278	430	312	353	188	12
142	541	222	92	129	853	43	10	92
2564	363	591	3923	5065	977	1943	759	44
908	18	27	499	2097	185	1063	16	4
296			90	54		80	19	1
			12		287			
801	15		2022	436	270	11	268	
	20		119	6	15	52	5	
144	21	37	199	456	48	217	91	18
284	147	481	947	1663	41	416	194	21
131	142	46	35	353	131	104	166	
2184	699	431	1560	4095	1081	1143	919	54
1673	583	226	728	2933	920	1028	470	54
150	76		14	99	106	36	17	
361	40	205	818	1063	55	79	432	
1109	336	183	1187	3538	600	11766	131	38
50	11	7	12	170	37	328		
86	76	7	132	549	212	655	30	
127	16	92	339	132	75	80	28	
137	42		126	204	16			
709	191	77	578	2483	260	10703	73	38

1-2-9 续表 12

指标名称	行业代码	渝北区	巴南区	黔江区	长寿区	江津区
木材加工和木、竹、藤、棕、草制品业	20	70	908	499	580	1606
木材加工	201	34	75	118	70	367
人造板制造	202		167	260	13	328
木制品制造	203	36	642	116	461	559
竹、藤、棕、草等制品制造	204		24	5	36	352
家具制造业	21	407	2304	135	809	857
木质家具制造	211	75	1939	60	481	766
竹、藤家具制造	212				8	5
金属家具制造	213	44	55		268	42
塑料家具制造	214		11		8	
其他家具制造	219	288	299	75	44	44
造纸和纸制品业	22	1264	1003	12	124	1166
纸浆制造	221					
造纸	222	94	391	12	97	117
纸制品制造	223	1170	612		27	1049
印刷和记录媒介复制业	23	1163	1247	84	497	852
印刷	231	915	1228	84	446	852
装订及印刷相关服务	232	248	19		51	
记录媒介复制	233					
文教、工美、体育和娱乐用品制造业	24	168	340	207	415	460
文教办公用品制造	241	44			199	7
乐器制造	242		2			
工艺美术品制造	243	113	333	207	138	318
体育用品制造	244		5		60	58
玩具制造	245	11				37
游艺器材及娱乐用品制造	246				18	40
石油加工及炼焦	25	27	97		166	26
化学原料和化学制品制造业	26	1187	1048	502	3682	2361
基础化学原料制造	261	195	127	115	1755	190
肥料制造	262	52	25	116	377	474
农药制造	263	30			4	57
涂料、油墨、颜料及类似产品制造	264	345	113		401	792
合成材料制造	265	8	203		381	66
专用化学产品制造	266	231	113		366	492
炸药、火工及焰火产品制造	267	157	284	271	6	
日用化学产品制造	268	169	183		392	290
医药制造业	27	1116	303	99	755	291
化学药品原料药制造	271	571	71		530	263
化学药品制剂制造	272	485	7		217	
中药饮片加工	273			99		24
中成药生产	274		91		8	
兽用药品制造	275	25	64			
生物药品制造	276	24				
卫生材料及医药用品制造	277	11	70			4

单位：人

合川区	永川区	南川区	潼南县	铜梁县	荣昌县	璧山县	梁平县	城口县
634	538	456	2812	1459	780	788	3335	29
158	250	186	1079	673	161	343	748	
50	207	25	12	117	240	170	203	
175	34	143	1410	278	178	253	358	21
251	47	102	311	391	201	22	2026	8
3084	563	593	2240	1721	1319	1995	822	21
2702	336	488	2013	1468	893	1859	561	16
				47	53		54	
44	68	23	176	108	133		6	
	12				134	100		
338	147	82	51	98	106	36	201	5
1168	312	471	961	2228	554	1374	3855	
			21					
473	86	395	389	1198	38	1218	593	
695	226	76	551	1030	516	156	3262	
658	531	246	522	579	591	4310	210	17
563	526	164	404	426	555	4019	210	13
95	5	82	118	153	36	291		4
373	93	228	361	863	1573	150	678	56
				28	6		145	
346	30	228	87	810	1567	124	128	56
27	63		274	25		1	263	
						25	142	
262	479	106			8	362	8	
1071	1845	1222	1061	1361	1819	1367	3137	179
42	747	790	278	678	87	299	25	179
81	172	52	312	38	653	97	197	
213	695							
462	65	65	438	247	100	118	64	
83	24	39		6		257	16	
118	131	43	15	103	736	336	137	
		157		186		180	2603	
72	11	76	18	103	243	80	95	
801	264	284	429	804	1966	400	269	
180	62			367	87		40	
10					219			
233		37	301	185	245		229	
		222	98		25	183		
229	202			252	1294	42		
149			30		96	175		
		25						

1-2-9 续表 13

指标名称	行业代码					
		渝北区	巴南区	黔江区	长寿区	江津区
化学纤维制造业	28		1		88	
纤维素纤维原料及纤维制造	281				10	
合成纤维制造	282		1		78	
橡胶和塑料制品业	29	1836	1451	243	1371	2313
橡胶制品业	291	531	456		13	408
塑料制品业	292	1305	995	243	1358	1905
非金属矿物制品业	30	3325	4831	1269	3672	5784
水泥、石灰和石膏制造	301	168	206	292	63	240
石膏、水泥制品及类似制品制造	302	1172	1482	309	781	1322
砖瓦、石材等建筑材料制造	303	1689	2513	632	1938	3439
玻璃制造	304	32	107		20	200
玻璃制品制造	305	15	212		94	327
玻璃纤维和玻璃纤维增强塑料制品制造	306	19	137		224	22
陶瓷制品制造	307	75	81	8	65	101
耐火材料制品制造	308		87		453	105
石墨及其他非金属矿物制品制造	309	155	6	28	34	28
黑色金属冶炼和压延加工业	31	188	642	262	683	2146
炼铁	311				80	839
炼钢	312	11	20			254
黑色金属铸造	313	30	51		228	755
钢压延加工	314	147	571	52	375	298
铁合金冶炼	315			210		
有色金属冶炼和压延加工业	32	179	304	165	407	662
常用有色金属冶炼	321	17	108	52	16	136
贵金属冶炼	322					4
稀有稀土金属冶炼	323					
有色金属合金制造	324	6	108			14
有色金属铸造	325	15	44	113	274	
有色金属压延加工	326	141	44		117	508
金属制品业	33	1415	3323	320	1352	3579
结构性金属制品制造	331	681	1152	313	780	1826
金属工具制造	332	98	761		78	187
集装箱及金属包装容器制造	333		65		177	348
金属丝绳及其制品制造	334	15	30			43
建筑、安全用金属制品制造	335	43	228		62	269
金属表面处理及热处理加工	336	144	548		195	291
搪瓷制品制造	337	26	37			
金属制日用品制造	338	43	106		12	230
其他金属制品制造	339	365	396	7	48	385
通用设备制造业	34	4159	5808	281	805	7501
锅炉及原动设备制造	341	432	551	20	184	143
金属加工机械制造	342	640	714	255	108	615
物料搬运设备制造	343	462	241		177	218
泵、阀门、压缩机及类似机械制造	344	350	416		91	350
轴承、齿轮和传动部件制造	345	375	415		21	2244
烘炉、风机、衡器、包装等设备制造	346	779	538		83	666

单位：人

合川区	永川区	南川区	潼南县	铜梁县	荣昌县	璧山县	梁平县	城口县
188	37	25				7	29	
		25						
188	37					7	29	
2429	1010	475	405	3484	2132	7103	696	
319	170	205	64	187	532	1622	22	
2110	840	270	341	3297	1600	5481	674	
10140	9162	3835	5809	6668	6777	4718	4880	132
614	527	314	121	289	64	680	1045	75
1510	1103	526	1086	1555	546	939	828	18
3775	5665	2283	4007	4326	2853	2415	2435	29
91	372	100	67	26	339	86	60	
3933	139	226	12	236	971	255	201	
	155		18		117	64		
49	749	40	5		1779	158	156	
168	144	8	365	23		1	3	
	308	338	128	213	108	120	152	10
1530	2154	522	209	1262	811	816	20	1607
323	89					8		
	34	24				175		
664	465	464	29	869	512	131		
543	1538	19	156	393	299	466	20	
	28	15	24			36		1607
608	795	166	133	539	173	326	87	222
188	18	88		68	94	67	42	217
					3			
		17						
297	27		12	6				
26	92							
97	658	61	121	465	76	259	45	5
3424	2617	1001	3605	3420	2247	4142	1441	49
1862	1339	543	2994	2113	454	1157	1099	49
431	73	159	140	464	88	298	65	
35	185					39	6	
214	45	33		32	90	102		
189	208	7	339	388	104	497	61	
148	53	120	69		293	1262	8	
95	21	4			302			
202	110	21	63	20	88	353	41	
248	583	114		403	828	434	161	
2455	2838	1071	386	3461	2118	5501	479	3
226	260	115		24	139	105	49	
652	1362	328	38	174	185	653	97	
491		193	31	300		60	28	
151	122		128	606	1343	213	38	
82	150	51	66	74	11			
	47	100	81	435	302	329		

1-2-9 续表 14

指标名称	行业代码	渝北区	巴南区	黔江区	长寿区	江津区
文化、办公用机械制造	347	24			7	28
通用零部件制造	348	658	2706	6	134	2950
其他通用设备制造业	349	439	227			287
专用设备制造业	35	5030	2314	200	862	2618
采矿、冶金、建筑专用设备制造	351	146	676	30		365
化工、木材、非金属加工专用设备制造	352	2989	599		143	1272
食品、饮料、烟草及饲料生产专用设备制造	353				54	87
印刷、制药、日化及日用品生产专用设备制造	354	160	15		12	
纺织、服装和皮革加工专用设备制造	355	3	118	3		94
电子和电工机械专用设备制造	356	113	35	92	341	47
农、林、牧、渔专用机械制造	357	251	396		113	492
医疗仪器设备及器械制造	358	803	50		6	140
环保、社会公共服务及其他专用设备制造	359	565	425	75	193	121
汽车制造业	36	16070	6185		691	8910
汽车整车制造	361	160				10
改装汽车制造	362	387	419			
电车制造	364	4				
汽车车身、挂车制造	365		110			239
汽车零部件及配件制造	366	15519	5656		691	8661
铁路、船舶、航空航天和其他运输设备制造业	37	3901	12279	244	602	6338
铁路运输设备制造	371		152			133
城市轨道交通设备制造	372					
船舶及相关装置制造	373	240	15		150	246
航空、航天器及设备制造	374	165	53			
摩托车制造	375	3496	11955	244	452	5959
自行车制造	376		22			
非公路休闲车及零配件制造	377		10			
潜水救捞及其他未列明运输设备制造	379		72			
电气机械和器材制造业	38	2931	1713	151	749	1668
电机制造	381	731	451	121	30	436
输配电及控制设备制造	382	917	393		232	250
电线、电缆、光缆及电工器材制造	383	177	112		415	669
电池制造	384	352	289			
家用电力器具制造	385	218	386	30		129
非电力家用器具制造	386	51	1		5	
照明器具制造	387	320	45		20	94
其他电气机械及器材制造	389	165	36		47	90
计算机、通信和其他电子设备制造业	39	1353	777		175	1057
计算机制造	391	131	235		23	330
通信设备制造	392	427	231			
广播电视设备制造	393	60				
视听设备制造	395	113				
电子器件制造	396	129			38	293
电子元件制造	397	82	96		79	98
其他电子设备制造	399	411	215		35	336

单位：人

合川区	永川区	南川区	潼南县	铜梁县	荣昌县	璧山县	梁平县	城口县
				25		17		
841	860	120	42	1732	138	3816	63	3
12	37	164		91		308	204	
1648	1830	413	839	2769	2755	2334	793	14
93	449	106	61	265	1161	10	91	
177	202		191	1016	240	953	83	7
406	15		4		459	6		7
195	200	193		40	155	236	220	
	2	26	12		20	68	285	
278	338		15	47	16	322		
348	295	42	539	836	418	534	57	
	75	46		293	283			
151	254		17	272	3	205	57	
2051	2369	418	469	5013	2162	14375	314	
				10				
170								
60								
45					16		27	
1776	2369	418	469	5003	2146	14375	287	
3214	584	518	113	2272	35	6082	227	
	56			45			70	
279	2		17	25	21	69		
2610	526	518	90	2167	14	5974	111	
28				35		39		
							46	
297			6					
1238	1724	282	417	2699	1305	1708	381	
297	10			416	61	45	16	
403	1060			1019	19	655	102	
77	35	175	207	317	112	761	83	
	356	5		141		1		
299	68	5		160	297	214		
35	10	78		139	220			
127	16	19	182	389	498	14	6	
	169		28	118	98	18	174	
1398	2085	2	1640	2751	596	2879	466	
733	709		186	1385		1435		
				24	43			
						401		
	8		98	203	207	96	189	
308	1273		844	648	346	577	126	
357	95	2	512	491		370	151	

1-2-9 续表 15

指标名称	行业代码	渝北区	巴南区	黔江区	长寿区	江津区
仪器仪表制造业	40	2017	589	112	76	1089
通用仪器仪表制造	401	1434	574		68	1022
专用仪器仪表制造	402	347	15	112	8	67
钟表与计时仪器制造	403					
光学仪器及眼镜制造	404					
其他仪器仪表制造业	409	236				
其他制造业	41	492	218	28	21	99
日用杂品制造	411	28	118			16
煤制品制造	412					23
其他未列明制造业	419	464	100	28	21	60
废弃资源综合利用业	42	58	73	31	188	146
金属废料和碎屑加工处理	421	58	73	31	183	99
非金属废料和碎屑加工处理	422				5	47
金属制品、机械和设备修理业	43	197	115	15	275	284
金属制品修理	431		13	2		54
通用设备修理	432		64		45	54
专用设备修理	433	87	15	3	77	13
铁路、船舶、航空航天等运输设备修理	434	61		4		15
电气设备修理	435	45			7	
仪器仪表修理	436	1				6
其他机械和设备修理业	439	3	23	6	146	142
电力、热力、燃气及水生产和供应业	D	**1084**	**1086**	**764**	**1598**	**2839**
电力、热力生产和供应业	44	108	461	480	1056	1050
电力生产	441	108	257	200	625	1009
电力供应	442		204	280	259	41
热力生产和供应	443				172	
燃气生产和供应业	45	859	226	118	263	552
燃气生产和供应业	450	859	226	118	263	552
水的生产和供应业	46	117	399	166	279	1237
自来水生产和供应	461	85	267	122	103	1104
污水处理及其再生利用	462	32	132	44	166	133
其他水的处理、利用与分配	469				10	
建筑业	E	**53752**	**15380**	**2967**	**22071**	**45414**
房屋建筑业	47	25588	9827	1779	10458	41178
房屋建筑业	470	25588	9827	1779	10458	41178
土木工程建筑业	48	2963	636	77	192	694
铁路、道路、隧道和桥梁工程建筑	481	1138	597	52	96	251
水利和内河港口工程建筑	482	166			77	34
工矿工程建筑	484	239	5			88
架线和管道工程建筑	485	252		25		190
其他土木工程建筑	489	1168	34		19	131
建筑安装业	49	7130	808	140	3115	829
电气安装	491	2084	174	10	19	103
管道和设备安装	492	2812	282	130	407	714
其他建筑安装业	499	2234	352		2689	12
建筑装饰和其他建筑业	50	18071	4109	971	8306	2713
建筑装饰业	501	7523	1120	271	21	1294
工程准备活动	502	1130	345		23	948
提供施工设备服务	503	3176	26	43		39
其他未列明建筑业	509	6242	2618	657	8262	432

单位：人

合川区	永川区	南川区	潼南县	铜梁县	荣昌县	璧山县	梁平县	城口县
245	37	81		321	100	571		
	10	81		103	100	332		
	19			11		39		
46				106				
95	8			83		197		
104				18		3		
429	195	271	469	841	381	73	420	1
286	86	151	97	291	333	45	213	
	49		44	201		22	27	
143	60	120	328	349	48	6	180	1
40	246	66	22	230	77	276	82	
	6		22	177	66	39	60	
40	240	66		53	11	237	22	
16	55	20	80	56	26	146		
	11			5		46		
	33					8		
16			13					
		20			26			
						46		
	11		67	51		46		
1834	**1052**	**1495**	**1042**	**979**	**951**	**771**	**481**	**813**
546	219	861	253	420	221	75	92	710
543	207	861	253	415	209	49	92	710
3	12				12	26		
				5				
597	413	119	399	180	358	265	126	41
597	413	119	399	180	358	265	126	41
691	420	515	390	379	372	431	263	62
585	397	515	328	300	352	385	219	62
55	23		38	55	20	46	31	
51			24	24			13	
22737	**17985**	**5797**	**20083**	**13467**	**4366**	**10169**	**28567**	**333**
13763	10556	4984	19525	8437	2870	6069	27672	254
13763	10556	4984	19525	8437	2870	6069	27672	254
545	193	75	241	1079	716	1534	23	
92	62	50		111	291	20		
12			240	482	53		8	
48	77					10		
66		10		235		205		
327	54	15	1	251	372	1299	15	
710	661	118	25	34	72	529	92	52
3	131	118		29	42	480	89	41
109	405			5	30	43		
598	125		25			6	3	11
7719	6575	620	292	3917	708	2037	780	27
2541	1607	55	232	3401	686	1083	84	27
1270	402	69		65	11	56		
3128	3315		22				2	
780	1251	496	38	451	11	898	694	

1-2-9 续表 16

指标名称	行业代码	渝北区	巴南区	黔江区	长寿区	江津区
批发和零售业	F	**30940**	**7558**	**8449**	**14782**	**13736**
批发业	51	16768	3146	3156	5102	4053
农、林、牧产品批发	511	1371	83	694	553	292
食品、饮料及烟草制品批发	512	2487	185	470	666	467
纺织、服装及家庭用品批发	513	1346	122	121	207	40
文化、体育用品及器材批发	514	664	5	9	44	
医药及医疗器材批发	515	510	120	35	100	84
矿产品、建材及化工产品批发	516	4256	936	1180	2587	2155
机械设备、五金产品及电子产品批发	517	5103	1501	228	602	498
贸易经纪与代理	518	403	21	96	18	63
其他批发业	519	628	173	323	325	454
零售业	52	14172	4412	5293	9680	9683
综合零售	521	1022	355	727	1164	1561
食品、饮料及烟草制品专门零售	522	1230	258	661	1434	1213
纺织、服装及日用品专门零售	523	1353	694	711	1327	1617
文化、体育用品及器材专门零售	524	719	176	265	387	432
医药及医疗器材专门零售	525	334	33	99	564	202
汽车、摩托车、燃料及零配件专门零售	526	3166	1292	763	945	1126
家用电器及电子产品专门零售	527	1992	483	668	958	1165
五金、家具及室内装饰材料专门零售	528	3061	625	985	2560	2191
货摊、无店铺及其他零售业	529	1295	496	414	341	176
交通运输、仓储和邮政业	G	**11309**	**6334**	**1623**	**7778**	**6013**
道路运输业	54	6005	5539	1112	6161	4116
城市公共交通运输	541	28		419	820	269
公路旅客运输	542	347	198	53	15	659
道路货物运输	543	4453	5023	481	5235	2989
道路运输辅助活动	544	1177	318	159	91	199
水上运输业	55	262	234	50	270	851
水上旅客运输	551	22	21			63
水上货物运输	552	240	207		270	655
水上运输辅助活动	553		6	50		133
航空运输业	56	343		84		
航空客货运输	561	333		84		
通用航空服务	562	10				
航空运输辅助活动	563					
管道运输业	57					
管道运输业	570					
装卸搬运和运输代理业	58	2661	393	99	1247	886
装卸搬运	581	1415	264	66	1010	815
运输代理业	582	1246	129	33	237	71
仓储业	59	365	158	20	72	160
谷物、棉花等农产品仓储	591	125		20		34
其他仓储业	599	240	158		72	126
邮政业	60	1673	10	258	28	
邮政基本服务	601			240	4	
快递服务	602	1673	10	18	24	

单位：人

合川区	永川区	南川区	潼南县	铜梁县	荣昌县	璧山县	梁平县	城口县
13733	**21296**	**12513**	**12747**	**17372**	**16010**	**8053**	**9128**	**1707**
5280	10051	3517	7739	5211	5824	3192	3572	640
847	1169	151	1322	872	2274	242	1043	34
518	1371	497	3238	732	635	522	695	75
619	1070	177	447	244	750	253	40	12
35	74	57	66	37	235	27		
67	78	33	467	81	79	24		134
2426	3842	1692	1688	1893	850	1192	1352	116
404	1643	265	145	744	435	531	191	18
3	114	105	9	22	366	73	13	152
361	690	540	357	586	200	328	238	99
8453	11245	8996	5008	12161	10186	4861	5556	1067
1125	1601	1288	648	1352	992	757	737	254
743	1491	559	1605	1302	835	486	1029	104
1419	1947	1659	687	2306	1784	913	628	120
330	250	375	121	253	456	306	99	42
139	429	160	139	89	297	119	47	4
1425	1294	935	339	1122	978	419	759	125
1115	1356	1102	533	2054	1564	730	694	147
1776	2473	2462	784	3266	2518	868	1240	172
381	404	456	152	417	762	263	323	99
3505	**6893**	**2746**	**2727**	**1466**	**1996**	**2315**	**1651**	**250**
2476	5619	2287	2279	971	1642	1919	1413	149
	671	492	225	306	115			146
227	510	166	686	8	875	237	675	
2034	3956	1558	1357	469	569	1539	738	1
215	482	71	11	188	83	143		2
822	95							
84								
621	58							
117	37							
98	282	116	18	105	26	24	17	
79	113		2	5	9	5		
19	169	116	16	100	17	19	17	
100	881	120		86	20	38		3
65	10	49		68	8	4		
35	871	71		18	12	34		3
9	16	223	430	304	308	334	221	98
		200	297	287	259	292	209	90
9	16	23	133	17	49	42	12	8

1-2-9 续表 17

指标名称	行业代码	渝北区	巴南区	黔江区	长寿区	江津区
住宿和餐饮业	H	**9854**	**2935**	**2627**	**3837**	**5223**
住宿业	61	2946	584	562	582	1168
旅游饭店	611	847	455	135	410	962
一般旅馆	612	1524	102	402	102	183
其他住宿业	619	575	27	25	70	23
餐饮业	62	6908	2351	2065	3255	4055
正餐服务	621	5172	2118	1790	3029	3959
快餐服务	622	555	62	81	30	14
饮料及冷饮服务	623	292	14	18	9	29
其他餐饮业	629	889	157	176	187	53
信息传输、软件和信息技术服务业	I	**7375**	**670**	**238**	**533**	**161**
电信、广播电视和卫星传输服务	63	236	38	10	296	2
电信	631	234	33	10	204	2
广播电视传输服务	632	2	5		92	
卫星传输服务	633					
互联网和相关服务	64	511	221	80	89	19
互联网接入及相关服务	641	6	5		22	
互联网信息服务	642	398	216	80	58	16
其他互联网服务	649	107			9	3
软件和信息技术服务业	65	6628	411	148	148	140
软件开发	651	4658	347	6	37	127
信息系统集成服务	652	337	20	6	8	
信息技术咨询服务	653	829	32	127	46	8
数据处理和存储服务	654	41	3			
集成电路设计	655	22				
其他信息技术服务业	659	741	9	9	57	5
房地产业	K	**21748**	**4668**	**1837**	**2705**	**4823**
房地产业	70	21748	4668	1837	2705	4823
房地产开发经营	701	5785	1287	614	517	1667
物业管理	702	13637	2986	864	1719	2543
房地产中介服务	703	2245	286	108	433	613
其他房地产业	709	81	109	251	36	
租赁和商务服务业	L	**30682**	**4857**	**3193**	**4483**	**5300**
租赁业	71	1927	556	149	406	332
机械设备租赁	711	1911	556	149	406	326
文化及日用品出租	712	16				6
商务服务业	72	28755	4301	3044	4077	4968
企业管理服务	721	3102	336	144	397	315
法律服务	722	729	24	19		114
咨询与调查	723	7509	341	372	242	378
广告业	724	2909	320	701	722	658
知识产权服务	725	201			4	
人力资源服务	726	2359	1015	637	226	2256
旅行社及相关服务	727	230	118	155	123	40
安全保护服务	728	7516	1472	626	1824	783
其他商务服务业	729	4200	675	390	539	424

单位：人

合川区	永川区	南川区	潼南县	铜梁县	荣昌县	璧山县	梁平县	城口县
3664	**6185**	**4511**	**1483**	**4380**	**3406**	**2976**	**2935**	**2009**
282	1031	1204	124	171	670	287	620	565
57	450	1005		10	494	170	468	416
212	555	59	124	149	151	113	146	111
13	26	140		12	25	4	6	38
3382	5154	3307	1359	4209	2736	2689	2315	1444
3263	4825	3087	1203	4146	2455	2490	2251	1371
33	29		22	27	31	107	24	
14	35	101	60	21	154	11	8	46
72	265	119	74	15	96	81	32	27
291	**903**	**335**	**165**	**407**	**416**	**138**	**88**	**99**
11	90	161	109	63	19	11	35	1
11	64	161	49	63	18	11	2	1
	11		54		1		33	
	15		6					
43	197	53	20	54	129	19	16	47
	3				10			20
37	189	45	15	54	55	19	16	27
6	5	8	5		64			
237	616	121	36	290	268	108	37	51
202	483	46	6	212	47	82	5	
15	37	6		23	12	19	7	
20	91	66	1	40	43	3		
	5	3	29	15	166	4	25	51
4715	**5665**	**2645**	**1883**	**5088**	**2755**	**2556**	**749**	**175**
4715	5665	2645	1883	5088	2755	2556	749	175
2182	2000	895	1189	1727	600	1130	305	135
1808	2775	1213	521	1888	1509	812	415	36
725	848	507	157	1473	611	552	29	4
	42	30	16		35	62		
5219	**6678**	**5067**	**3519**	**4579**	**3709**	**6817**	**1071**	**897**
356	368	244	390	541	196	1037	97	10
331	368	229	390	541	189	1034	85	10
25		15			7	3	12	
4863	6310	4823	3129	4038	3513	5780	974	887
904	600	269	112	192	335	187	38	17
29	55	38		9	68	25		
408	1006	288	138	730	367	447	51	2
727	996	1106	176	1202	522	343	229	80
	6				14	21		
372	788	788	1619	493	389	1854	25	680
166	104	132	12	30	71	32	19	61
1485	1666	1791	675	953	1102	2552	546	9
772	1089	411	397	429	645	319	66	38

1-2-9 续表 18

指标名称	行业代码	渝北区	巴南区	黔江区	长寿区	江津区
科学研究和技术服务业	M	**8766**	**843**	**784**	**1124**	**905**
研究和试验发展	73	645	2	21	78	
自然科学研究和试验发展	731	3				
工程和技术研究和试验发展	732	444	1		50	
农业科学研究和试验发展	733	33	1	6	28	
医学研究和试验发展	734	165		15		
社会人文科学研究	735					
专业技术服务业	74	7507	753	659	961	791
气象服务	741			6		7
地震服务	742	7				
测绘服务	744	141		21		74
质检技术服务	745	389	153	88	67	141
环境与生态监测	746	107	14	1	49	
地质勘查	747	122	10		10	48
工程技术	748	4771	227	256	318	393
其他专业技术服务业	749	1970	349	287	517	128
科技推广和应用服务业	75	614	88	104	85	114
技术推广服务	751	426	61	98	40	80
科技中介服务	752	121	10	3	26	27
其他科技推广和应用服务业	759	67	17	3	19	7
水利、环境和公共设施管理业	N	**1522**	**634**	**268**	**296**	**577**
水利管理业	76	203	80	98	57	10
防洪除涝设施管理	761	20				6
水资源管理	762	21	1		37	2
天然水收集与分配	763	67	6	73		2
水文服务	764					
其他水利管理业	769	95	73	25	20	
生态保护和环境治理业	77	598	79	4	30	8
生态保护	771	25			30	
环境治理业	772	573	79	4		8
公共设施管理业	78	721	475	166	209	559
市政设施管理	781	104	25		10	24
环境卫生管理	782	70	44	21	27	143
城乡市容管理	783		9			
绿化管理	784	431	138	125	147	47
公园和游览景区管理	785	116	259	20	25	345
居民服务、修理和其他服务业	O	**5197**	**1304**	**1258**	**1891**	**1253**
居民服务业	79	1754	601	685	1049	470
家庭服务	791	403	64	68	401	37
托儿所服务	792					
洗染服务	793	57	25	57	105	96
理发及美容服务	794	429	29	374	205	200
洗浴服务	795	177	30	2	42	15

单位：人

合川区	永川区	南川区	潼南县	铜梁县	荣昌县	璧山县	梁平县	城口县
1053	**1161**	**1089**	**280**	**535**	**404**	**948**	**160**	**115**
124	73		1			10	7	
79	27		1			9	4	
35	46					1		
10							3	
831	800	745	224	386	300	891	109	115
	11				6			
	123				26			7
77	8	18	35	52	39			9
6	38	10		44				
25		40	71	22				
330	427	273	72	135	100	827	15	10
393	193	404	46	133	129	64	94	89
98	288	344	55	149	104	47	44	
92	165	288	34	126	48	40	44	
6	52	39	21	23	10	6		
	71	17			46	1		
231	**663**	**113**	**59**	**162**	**418**	**176**	**96**	**57**
	131		16	15	24	5	7	28
			1					
	118			7	6	5		13
	13				18			15
			15					
				8			7	
32	89	76	9	4	163	41		12
								5
32	89	76	9	4	163	41		7
199	443	37	34	143	231	130	89	17
6	37				22		25	
12	16				18	32	32	
						19		
128	310	22	34	102	149	35	12	5
53	80	15		41	42	44	20	12
1225	**1625**	**1810**	**736**	**1450**	**1623**	**937**	**919**	**314**
359	674	829	344	871	594	559	506	92
69	186	201	52	124	35	237	22	30
34	45	92	21	85	75	26	18	7
92	95	319	95	363	327	206	245	41
18		10	65	77	49		34	

1-2-9 续表 19

指标名称	行业代码	渝北区	巴南区	黔江区	长寿区	江津区
保健服务	796	272	48	10	5	62
婚姻服务	797	84	59	8	199	12
殡葬服务	798	105	286		48	28
其他居民服务业	799	227	60	166	44	20
机动车、电子产品和日用产品修理业	80	2312	462	282	737	550
汽车、摩托车修理与维护	801	1991	435	248	580	500
计算机和办公设备维修	802	156	21	13	62	4
家用电器修理	803	124	6	16	51	39
其他日用产品修理业	809	41		5	44	7
其他服务业	81	1131	241	291	105	233
清洁服务	811	301	200	188	28	217
其他未列明服务业	819	830	41	103	77	16
卫生和社会工作	Q	**19**	**76**	**33**		**2**
社会工作	84	19	76	33		2
提供住宿社会工作	841	19	76			2
不提供住宿社会工作	842			33		
文化、体育和娱乐业	R	**2448**	**652**	**309**	**896**	**689**
新闻和出版业	85	124				
新闻业	851					
出版业	852	124				
广播、电视、电影和影视录音制作业	86	376	110	7	27	56
电视	862					
电影和影视节目制作	863	65	2			
电影和影视节目发行	864					
电影放映	865	311	108	6	27	56
录音制作	866			1		
文化艺术业	87	275	117	129	339	16
文艺创作与表演	871	7	21	31	178	16
艺术表演场馆	872	16			15	
图书馆与档案馆	873	15				
文物及非物质文化遗产保护	874					
博物馆	875					
群众文化活动	877	16	7	16		
其他文化艺术业	879	221	89	82	146	
体育	88	231	4	3	26	63
体育组织	881	8				
体育场馆	882	29				
休闲健身活动	883	184	4	3	26	63
其他体育	889	10				
娱乐业	89	1442	421	170	504	554
室内娱乐活动	891	1348	401	141	467	546
游乐园	892					8
文化、娱乐、体育经纪代理	894	68	7		13	
其他娱乐业	899	26	13	29	24	

单位：人

合川区	永川区	南川区	潼南县	铜梁县	荣昌县	璧山县	梁平县	城口县
51	112	8	31	26		79	63	9
6	72	55	39	128	60		59	
63	66	18				10	20	5
26	98	126	41	68	48	1	45	
708	643	838	261	438	784	333	283	161
581	586	790	232	402	627	297	278	146
54	11		13		103	9		8
61	46	35	13	26	14	26		4
12		13	3	10	40	1	5	3
158	308	143	131	141	245	45	130	61
113	302	68	107	114	151	43	29	37
45	6	75	24	27	94	2	101	24
	28	**18**			**9**			**5**
	28	18			9			5
	28	18			9			
								5
902	**945**	**614**	**371**	**684**	**864**	**526**	**1066**	**161**
	21							
	21							
	47		6		16	28		6
					10			3
						1		
	47		6		6	27		3
112	150	80	88	261	103	26	801	40
28	40	17	82	237	44	6	681	10
5	4	13				13	10	
31						7		
				12	1			
					10			
	10	7					36	30
48	96	43	6	12	48		74	
8	35	28	20		11	7	6	
	6							
	29	28	20		11	7	6	
8								
782	692	506	257	423	734	465	259	115
681	663	424	252	333	668	460	155	104
	18	1		90	26			
	7					5		
101	4	81	5		40		104	11

1-2-9 续表 20

指标名称	行业代码	丰都县	垫江县	武隆县	忠 县	开 县
总　　计		**39976**	**115453**	**35188**	**97099**	**112192**
农、林、牧、渔业	A	**653**	**421**	**7**	**281**	**946**
农业	01	26	37		13	
谷物种植	011	26				
蔬菜、食用菌及园艺作物种植	014		37			
水果种植	015				13	
坚果、含油果、香料和饮料作物种植	016					
中药材种植	017					
其他农业	019					
林业	02					
林木育种和育苗	021					
造林和更新	022					
畜牧业	03	36				
牲畜饲养	031	18				
家禽饲养	032	16				
其他畜牧业	039	2				
渔业	04	67				
水产养殖	041	67				
农、林、牧、渔服务业	05	524	384	7	268	946
农业服务业	051	446	360	7	222	811
林业服务业	052	48	24		8	7
畜牧服务业	053				38	100
渔业服务业	054	30				28
采矿业	B	**1089**	**2238**	**2870**	**2705**	**6426**
煤炭开采和洗选业	06	70	1467	1168	250	4632
烟煤和无烟煤开采洗选	061	70	1411	1168	219	4392
褐煤开采洗选	062				21	64
其他煤炭采选	069		56		10	176
石油和天然气开采业	07		41		932	
石油开采	071					
天然气开采	072		41		932	
黑色金属矿采选业	08			100		175
铁矿采选	081					175
锰矿、铬矿采选	082			100		
其他黑色金属矿采选	089					
有色金属矿采选业	09			137		
常用有色金属矿采选	091			137		
贵金属矿采选	092					
稀有稀土金属矿采选	093					
非金属矿采选业	10	804	684	1465	1234	1462
土砂石开采	101	523	684	1465	1172	1382
化学矿开采	102	199			62	
采盐	103					
石棉及其他非金属矿采选	109	82				80

单位：人

云阳县	奉节县	巫山县	巫溪县	石柱县	秀山县	酉阳县	彭水县
64266	**53717**	**19918**	**19235**	**30891**	**40565**	**26147**	**24563**
361	**50**	**95**	**33**	**50**	**125**	**290**	**489**
4				30			
4				30			
17							
12							
5							
340	50	95	33	20	125	290	489
316	50	95	19	9	113	274	441
20				6		16	15
				5			5
4			14		12		28
2959	**8733**	**3375**	**2182**	**3099**	**5923**	**674**	**2514**
2375	8044	3122	1630	1903	520		1181
2055	7928	3104	1550	1740	520		962
224	20						
96	96	18	80	163			219
35		29			4545	37	45
35		29				1	
					4545	36	
							45
	20		4	545	20	189	7
	20		4	545	20	156	7
						33	
549	632	116	413	645	838	448	895
549	536	116	371	645	748	391	731
	60					28	95
	36		42		90	29	69

1-2-9 续表 21

指标名称	行业代码	丰都县	垫江县	武隆县	忠　县	开　县
开采辅助活动	11	215	46		254	17
煤炭开采和洗选辅助活动	111	215			55	
石油和天然气开采辅助活动	112		46		199	17
其他开采辅助活动	119					
其他采矿业	12				35	140
其他采矿业	120				35	140
制造业	**C**	**7823**	**52253**	**8581**	**20134**	**35121**
农副食品加工业	13	1914	4245	1186	3223	3956
谷物磨制	131	90	529		604	781
饲料加工	132	178	809	43	73	86
植物油加工	133	45	227	122	198	612
制糖业	134		55			80
屠宰及肉类加工	135	463	776	115	715	1338
水产品加工	136		29		62	15
蔬菜、水果和坚果加工	137	1018	1319	386	512	574
其他农副食品加工	139	120	501	520	1059	470
食品制造业	14	470	1174	239	482	1025
焙烤食品制造	141		215	29	64	241
糖果、巧克力及蜜饯制造	142		195		18	
方便食品制造	143	86	170	10	168	341
乳制品制造	144					
罐头食品制造	145	292	59	93		
调味品、发酵制品制造	146	89	219	53	167	20
其他食品制造	149	3	316	54	65	423
酒、饮料和精制茶制造业	15	356	1013	210	1055	1557
酒的制造	151	240	416	127	589	658
饮料制造	152	106	510	51	266	805
精制茶加工	153	10	87	32	200	94
烟草制品业	16					
烟叶复烤	161					
纺织业	17	394	1393	240	913	2023
棉纺织及印染精加工	171	34	160	6	196	210
毛纺织及染整精加工	172	139		160		564
麻纺织及染整精加工	173	55			123	
丝绢纺织及印染精加工	174	118	81		267	108
化纤织造及印染精加工	175					33
针织或钩针编织物及其制品制造	176	12	238		127	702
家用纺织制成品制造	177	26	775	13	155	401
非家用纺织制成品制造	178	10	139	61	45	5
纺织服装、服饰业	18	358	795	70	1782	3065
机织服装制造	181	346	712	64	1270	2534
针织或钩针编织服装制造	182	5	47		87	25
服饰制造	183	7	36	6	425	506
皮革、毛皮、羽毛及其制品和制鞋业	19	146	1391	174	744	1542
皮革鞣制加工	191		38			
皮革制品制造	192	70	408		163	152
毛皮鞣制及制品加工	193	3			44	59
羽毛(绒)加工及制品制造	194				160	32
制鞋业	195	73	945	174	377	1299

单位：人

云阳县	奉节县	巫山县	巫溪县	石柱县	秀山县	酉阳县	彭水县
		108	85	6			169
		108	85	6			126
							13
							30
	37		50				217
	37		50				217
25947	**8679**	**3772**	**2382**	**8747**	**13142**	**7166**	**4133**
2660	806	405	422	1005	1793	354	480
506				73	56	88	69
226	12	27	40	101	24	76	5
436	35	27	25	31	80	43	30
224							
596	141	69	109	212	58	43	36
66					62		
148	482	48	82	311	204	34	
458	136	234	166	277	1309	70	340
787	272	73	9	559	70	51	32
444	66	20		9		11	28
6	75	6	5			19	
78	47	7	4	8	6	13	
				15			
	5						
259	51			379	32	8	
	28	40		148	32		4
1414	400	168	82	287	1185	170	271
481	7	5	28	166	86	55	221
671	242	151	9	121	319	88	50
262	151	12	45		780	27	
721	132	26	152	316	9	665	109
7	86	4		38	8	274	13
5			25	166	1		
205			62	40			
10							
195	5		9	26		15	76
208	41	22	47	37		289	20
91			9	9		87	
2874	944	708	174	345	1409	680	176
1995	496	502	169	325	1353	538	97
44	438	206		10		142	2
835	10		5	10	56		77
946	65	789	61	43	55	178	187
		30		28		108	
64	17	10	22	8		4	
15							
867	48	749	39	7	55	66	187

1-2-9 续表 22

指标名称	行业代码	丰都县	垫江县	武隆县	忠　县	开　县
木材加工和木、竹、藤、棕、草制品业	20	86	6019	190	854	1956
木材加工	201	54	2818	68	309	783
人造板制造	202		359	107	70	192
木制品制造	203	15	1116	15	167	829
竹、藤、棕、草等制品制造	204	17	1726		308	152
家具制造业	21	128	5463	86	757	2100
木质家具制造	211	67	4350	80	641	1678
竹、藤家具制造	212	18	55		12	
金属家具制造	213	21	342		44	147
塑料家具制造	214		70			5
其他家具制造	219	22	646	6	60	270
造纸和纸制品业	22	117	681	161	150	484
纸浆制造	221					
造纸	222	20	291	118	72	127
纸制品制造	223	97	390	43	78	357
印刷和记录媒介复制业	23	192	620	14	318	405
印刷	231	170	620	14	112	288
装订及印刷相关服务	232	22			188	117
记录媒介复制	233				18	
文教、工美、体育和娱乐用品制造业	24	232	922	302	464	457
文教办公用品制造	241		326	19	43	21
乐器制造	242					
工艺美术品制造	243	211	575	283	260	274
体育用品制造	244				144	5
玩具制造	245	21	21		17	157
游艺器材及娱乐用品制造	246					
石油加工及炼焦	25		112	36		19
化学原料和化学制品制造业	26	534	2078	240	779	1252
基础化学原料制造	261	182	165	10	218	92
肥料制造	262	79	348	175	325	57
农药制造	263					
涂料、油墨、颜料及类似产品制造	264	15	610		79	633
合成材料制造	265	46	158		36	161
专用化学产品制造	266	63	491		40	46
炸药、火工及焰火产品制造	267	143	234	55	75	245
日用化学产品制造	268	6	72		6	18
医药制造业	27	90	365	30	225	324
化学药品原料药制造	271		95			
化学药品制剂制造	272	60				
中药饮片加工	273	6	215	30	12	196
中成药生产	274	24	55		118	128
兽用药品制造	275				44	
生物药品制造	276				51	
卫生材料及医药用品制造	277					

单位：人

云阳县	奉节县	巫山县	巫溪县	石柱县	秀山县	酉阳县	彭水县
1110	257	67	300	613	128	160	158
309	49	41	14	79	20	42	41
117	64	5	153	488	90	34	87
627	110	21	133	34	13	78	25
57	34			12	5	6	5
1097	586	45	178	357	333	308	165
977	494	24	120	313	316	304	156
10							
	23	5	30	11			3
110	69	16	28	33	17	4	6
211	58		8	366	3	44	26
						32	
86	58		8	353	3		11
125				13		12	15
551	287	151	4	86	131	53	10
539	287	151	4	10	131	43	10
12				76			
						10	
1467	166	61	72	138	183	127	190
	31		9			15	
745	116	57	63	138	50	112	190
341					91		
381		4			42		
	19						
37							
571	153	77	41	445	631	977	253
					420	322	145
242	20	7	30	226	114	203	26
							8
155	43	15	5	210		89	22
51			6				45
80	5	32		9	12	31	
	56	23			66	332	
43	29				19		7
262		21	143	285	636	183	218
						183	
							58
			93	78	618		
246		21	7	118	18		
16			43	89			160

1-2-9 续表 23

指标名称	行业代码					
		丰都县	垫江县	武隆县	忠 县	开 县
化学纤维制造业	28		43		40	
纤维素纤维原料及纤维制造	281		16		40	
合成纤维制造	282		27			
橡胶和塑料制品业	29	148	1663	127	126	999
橡胶制品业	291	85	67	13	15	167
塑料制品业	292	63	1596	114	111	832
非金属矿物制品业	30	1612	8575	1617	4447	7914
水泥、石灰和石膏制造	301	149	347	693	157	564
石膏、水泥制品及类似制品制造	302	417	2955	494	1610	2128
砖瓦、石材等建筑材料制造	303	792	3912	392	2349	4664
玻璃制造	304		6		230	
玻璃制品制造	305	5	802		28	196
玻璃纤维和玻璃纤维增强塑料制品制造	306		228	38		42
陶瓷制品制造	307	217	68		73	269
耐火材料制品制造	308		212			
石墨及其他非金属矿物制品制造	309	32	45			51
黑色金属冶炼和压延加工业	31	43	417	493	125	54
炼铁	311					
炼钢	312					
黑色金属铸造	313	28	249	485		
钢压延加工	314	15	168	8	125	24
铁合金冶炼	315					30
有色金属冶炼和压延加工业	32	49	337	158	131	131
常用有色金属冶炼	321		150	153	87	33
贵金属冶炼	322					
稀有稀土金属冶炼	323					
有色金属合金制造	324	5				
有色金属铸造	325	8				
有色金属压延加工	326	36	187	5	44	98
金属制品业	33	183	6208	220	1241	2837
结构性金属制品制造	331	70	4126	204	884	1959
金属工具制造	332	11	613	16	178	160
集装箱及金属包装容器制造	333				10	150
金属丝绳及其制品制造	334		92			12
建筑、安全用金属制品制造	335	93	324		76	136
金属表面处理及热处理加工	336					6
搪瓷制品制造	337				18	
金属制日用品制造	338	9	602		40	308
其他金属制品制造	339		451		35	106
通用设备制造业	34	61	872	651	262	241
锅炉及原动设备制造	341		194		180	114
金属加工机械制造	342	31	393			51
物料搬运设备制造	343					29
泵、阀门、压缩机及类似机械制造	344			34		
轴承、齿轮和传动部件制造	345	20	24	284	82	15
烘炉、风机、衡器、包装等设备制造	346		25			

单位：人

云阳县	奉节县	巫山县	巫溪县	石柱县	秀山县	酉阳县	彭水县
638	144	13	25	76	211	66	20
246	2						
392	142	13	25	76	211	66	20
5408	2666	794	353	1746	1865	1715	1486
883	469	366	18		499	370	46
1184	996	172	140	514	1127	864	479
2918	991	226	176	1159	32	376	904
55					42	10	27
235	194		14	17			27
11							
9	16	30		56		24	
8							
105			5		165	71	3
159	24	1	4	8	2601	410	
		1					
89	24		4	8			
70					2601	410	
46			12	37	958	190	2
				20	240	102	2
						30	
					718	30	
						1	
46			12	17		27	
1571	444	129	163	511	273	135	200
1214	424	97	135	337	243	91	145
34	20	14	12	3		7	15
49							
161		13	5			9	8
4			5			7	2
5				11			
75		5		160			
29			6		30	21	30
217		68	122	47		102	4
15			19				
122				24		69	4
						6	
		58					
21				15			

1-2-9 续表 24

指标名称	行业代码	丰都县	垫江县	武隆县	忠　县	开　县
文化、办公用机械制造	347	7	12			
通用零部件制造	348	3	219	119		24
其他通用设备制造业	349		5	214		8
专用设备制造业	35	55	603	69	376	612
采矿、冶金、建筑专用设备制造	351			44		367
化工、木材、非金属加工专用设备制造	352	12	257	25	109	114
食品、饮料、烟草及饲料生产专用设备制造	353					7
印刷、制药、日化及日用品生产专用设备制造	354		81		70	19
纺织、服装和皮革加工专用设备制造	355	33	48		24	
电子和电工机械专用设备制造	356		81		45	80
农、林、牧、渔专用机械制造	357		46		112	16
医疗仪器设备及器械制造	358		59			9
环保、社会公共服务及其他专用设备制造	359	10	31		16	
汽车制造业	36	21	352	909	293	154
汽车整车制造	361				149	
改装汽车制造	362	4				
电车制造	364		8			
汽车车身、挂车制造	365					
汽车零部件及配件制造	366	17	344	909	144	154
铁路、船舶、航空航天和其他运输设备制造业	37	315	338	372	185	1
铁路运输设备制造	371					
城市轨道交通设备制造	372					
船舶及相关装置制造	373	313			171	
航空、航天器及设备制造	374					
摩托车制造	375	2	338	372		
自行车制造	376				14	1
非公路休闲车及零配件制造	377					
潜水救捞及其他未列明运输设备制造	379					
电气机械和器材制造业	38	100	2326	104	461	678
电机制造	381		8		158	
输配电及控制设备制造	382	44	1371	82		208
电线、电缆、光缆及电工器材制造	383	15	249		81	3
电池制造	384		434			
家用电力器具制造	385				52	370
非电力家用器具制造	386		39		103	22
照明器具制造	387	41	225	22	28	71
其他电气机械及器材制造	389				39	4
计算机、通信和其他电子设备制造业	39	83	2750	648	398	370
计算机制造	391		277			
通信设备制造	392		6			
广播电视设备制造	393					
视听设备制造	395					
电子器件制造	396	15	22		36	25
电子元件制造	397	68	2261	75	362	298
其他电子设备制造	399		184	573		47

单位：人

云阳县	奉节县	巫山县	巫溪县	石柱县	秀山县	酉阳县	彭水县
			3				
59		10	100	8		27	
581	29	63	9	456	106	132	32
110	25		2	7	6	93	
31				90			7
139							4
32				16		15	
128							
94		30		28			
47		33	7	280	100	20	21
	4						
				35		4	
72				352			
72				352			
897	355	5		45	46		3
		5					
551	355						3
301							
45				45	46		
763	43	6	5	138	126	312	62
24							
424	30			100	45	15	
63					35	239	
						56	21
	6			38		2	
252	7	6	5		46		41
716	606			128	200	124	13
				8			
	20						
						2	
					200		
85							
631	586			120		122	4
							9

1-2-9 续表 25

指标名称	行业代码	丰都县	垫江县	武隆县	忠 县	开 县
仪器仪表制造业	40	22	116			
通用仪器仪表制造	401					
专用仪器仪表制造	402					
钟表与计时仪器制造	403		116			
光学仪器及眼镜制造	404					
其他仪器仪表制造业	409	22				
其他制造业	41	41	1180	16	207	693
日用杂品制造	411		752	16	146	201
煤制品制造	412				27	229
其他未列明制造业	419	41	428		34	263
废弃资源综合利用业	42	62	177	16	29	229
金属废料和碎屑加工处理	421	62	111	16		33
非金属废料和碎屑加工处理	422		66		29	196
金属制品、机械和设备修理业	43	11	25	3	67	43
金属制品修理	431	5				4
通用设备修理	432				29	
专用设备修理	433			3		
铁路、船舶、航空航天等运输设备修理	434	6			14	
电气设备修理	435				16	
仪器仪表修理	436					
其他机械和设备修理业	439		25		8	39
电力、热力、燃气及水生产和供应业	D	**1727**	**1063**	**2866**	**1791**	**2232**
电力、热力生产和供应业	44	1045	293	2512	764	952
电力生产	441	1038	293	2507	755	929
电力供应	442	7		5	9	23
热力生产和供应	443					
燃气生产和供应业	45	197	82	46	432	587
燃气生产和供应业	450	197	82	46	432	587
水的生产和供应业	46	485	688	308	595	693
自来水生产和供应	461	419	650	308	457	560
污水处理及其再生利用	462	66	38		138	133
其他水的处理、利用与分配	469					
建筑业	E	**14268**	**28168**	**1908**	**19478**	**21653**
房屋建筑业	47	11494	26729	1719	10993	13237
房屋建筑业	470	11494	26729	1719	10993	13237
土木工程建筑业	48	774	315	75	234	8034
铁路、道路、隧道和桥梁工程建筑	481	134	98	44	220	35
水利和内河港口工程建筑	482	19	167	19		7919
工矿工程建筑	484		50			
架线和管道工程建筑	485	621		12		
其他土木工程建筑	489				14	80
建筑安装业	49	195	479	23	1334	70
电气安装	491		11	2	1326	6
管道和设备安装	492	195	274	21		
其他建筑安装业	499		194		8	64
建筑装饰和其他建筑业	50	1805	645	91	6917	312
建筑装饰业	501	128	156	60	2179	211
工程准备活动	502			19	99	9
提供施工设备服务	503	45	109		403	
其他未列明建筑业	509	1632	380	12	4236	92

单位：人

云阳县	奉节县	巫山县	巫溪县	石柱县	秀山县	酉阳县	彭水县
16		42			42	2	
					22		
16						2	
		42			20		
93	202	30	26	356	6	22	8
28		30		331	6		3
39	202			25		13	
26			26			9	5
5	19					2	28
5							
	19					2	28
57	21	30	17	2	142	4	
			3		64		
						2	
57		30					
				2			
	21		14		78	2	
1437	**1166**	**837**	**1762**	**1404**	**724**	**906**	**885**
974	817	551	1675	864	320	546	563
921	774	551	1675	864	276	513	563
53	43				44	33	
196	86	44		253	38	76	93
196	86	44		253	38	76	93
267	263	242	87	287	366	284	229
180	210	208	54	244	366	240	229
87	53	34	23	43		20	
			10			24	
13072	**17602**	**2377**	**5350**	**2065**	**2875**	**3321**	**2219**
10047	17531	2187	4837	1357	1535	3111	1492
10047	17531	2187	4837	1357	1535	3111	1492
1819	51		112	362	886	33	272
320			15	150	232	19	121
634				170	550	14	14
	40		93	15			
865	11		4	27	104		137
34	5	32		316	34	95	61
	5	15		316		15	
15							5
19		17			34	80	56
1172	15	158	401	30	420	82	394
206	15	84	289	24	416	43	55
55		21	86			8	64
					4		16
911		53	26	6		31	259

1-2-9 续表 26

指标名称	行业代码	丰都县	垫江县	武隆县	忠 县	开 县
批发和零售业	F	**5319**	**14872**	**8759**	**33512**	**22490**
批发业	51	1934	4494	5683	19609	5538
农、林、牧产品批发	511	574	565	1799	7843	460
食品、饮料及烟草制品批发	512	296	549	2737	7950	752
纺织、服装及家庭用品批发	513	129	499	70	359	814
文化、体育用品及器材批发	514	34	25	30	128	92
医药及医疗器材批发	515	17	191	388	329	209
矿产品、建材及化工产品批发	516	541	1773	424	2075	2197
机械设备、五金产品及电子产品批发	517	163	517	140	437	455
贸易经纪与代理	518	33	48		76	107
其他批发业	519	147	327	95	412	452
零售业	52	3385	10378	3076	13903	16952
综合零售	521	529	1279	152	2718	2273
食品、饮料及烟草制品专门零售	522	584	1353	1328	2593	2093
纺织、服装及日用品专门零售	523	550	1459	386	1953	4058
文化、体育用品及器材专门零售	524	163	602	47	669	491
医药及医疗器材专门零售	525	65	166	63	501	443
汽车、摩托车、燃料及零配件专门零售	526	371	1276	391	774	1530
家用电器及电子产品专门零售	527	462	1508	400	1106	1706
五金、家具及室内装饰材料专门零售	528	580	2559	250	2106	3839
货摊、无店铺及其他零售业	529	81	176	59	1483	519
交通运输、仓储和邮政业	G	**2568**	**3452**	**1251**	**3284**	**3524**
道路运输业	54	1500	2938	915	1982	2854
城市公共交通运输	541	255	265	323	249	1049
公路旅客运输	542	282	327	381	823	352
道路货物运输	543	949	2062	127	654	961
道路运输辅助活动	544	14	284	84	256	492
水上运输业	55	568	19	48	636	152
水上旅客运输	551	28			89	
水上货物运输	552	540		48	491	147
水上运输辅助活动	553		19		56	5
航空运输业	56					
航空客货运输	561					
通用航空服务	562					
航空运输辅助活动	563					
管道运输业	57					
管道运输业	570					
装卸搬运和运输代理业	58	222	128	121	461	335
装卸搬运	581	213	98	118	196	12
运输代理业	582	9	30	3	265	323
仓储业	59		92	20	196	114
谷物、棉花等农产品仓储	591		68		117	76
其他仓储业	599		24	20	79	38
邮政业	60	278	275	147	9	69
邮政基本服务	601	268	258	119		
快递服务	602	10	17	28	9	69

单位：人

云阳县	奉节县	巫山县	巫溪县	石柱县	秀山县	酉阳县	彭水县
7626	**5311**	**3065**	**3079**	**6029**	**8419**	**6085**	**4258**
2153	2566	941	1191	2164	3305	1787	1848
269	148	97	373	264	564	174	256
473	408	85	109	428	855	306	367
166	69	7	24	70	76	78	94
10	43	9	7	6		33	7
124	95		6	176	459	106	25
755	1469	465	531	915	945	898	792
208	269	98	98	168	328	121	260
	2		1	58		5	7
148	63	180	42	79	78	66	40
5473	2745	2124	1888	3865	5114	4298	2410
1188	402	352	347	321	795	396	195
777	364	189	160	747	464	767	317
624	305	248	216	495	570	841	203
97	88	138	38	29	149	140	26
240	161	82	56	219	190	186	82
717	409	318	348	367	530	404	526
633	500	356	474	385	941	709	298
944	433	349	203	1007	1415	705	592
253	83	92	46	295	60	150	171
3028	**3190**	**2378**	**604**	**1432**	**1621**	**1925**	**890**
1510	1144	1014	212	919	592	1483	461
431	347	501	120	133	75	233	128
808	579	353	5	592	234	1031	54
245	152	62	11	180	62	19	117
26	66	98	76	14	221	200	162
1144	1642	1087	154	152		17	22
48	83	380	154				
905	1553	398		96		17	20
191	6	309		56			2
287	115	115	24	97	813	96	162
256	107	58	5	75	33	72	38
31	8	57	19	22	780	24	124
75	54	5			26	86	17
75	54	5			26	86	17
12	235	157	214	264	190	243	228
	187	149	193	243	180		198
12	48	8	21	21	10	243	30

1-2-9 续表 27

指标名称	行业代码					
		丰都县	垫江县	武隆县	忠 县	开 县
住宿和餐饮业	H	**1591**	**5751**	**3412**	**6639**	**7337**
住宿业	61	320	657	732	998	924
旅游饭店	611	156	477	609	665	251
一般旅馆	612	157	99	77	191	463
其他住宿业	619	7	81	46	142	210
餐饮业	62	1271	5094	2680	5641	6413
正餐服务	621	1221	4387	2501	5006	5525
快餐服务	622	3	71		334	131
饮料及冷饮服务	623	11	30	8	103	69
其他餐饮业	629	36	606	171	198	688
信息传输、软件和信息技术服务业	I	**264**	**224**	**451**	**345**	**212**
电信、广播电视和卫星传输服务	63	90	140	396	133	44
电信	631	60	140	200	133	44
广播电视传输服务	632	30		196		
卫星传输服务	633					
互联网和相关服务	64	20	18	10	80	111
互联网接入及相关服务	641				14	
互联网信息服务	642	16	18	7	66	111
其他互联网服务	649	4		3		
软件和信息技术服务业	65	154	66	45	132	57
软件开发	651	25	39	23	49	38
信息系统集成服务	652				3	
信息技术咨询服务	653	11	8	15	37	
数据处理和存储服务	654					
集成电路设计	655					
其他信息技术服务业	659	118	19	7	43	19
房地产业	K	**928**	**1823**	**640**	**1762**	**1842**
房地产业	70	928	1823	640	1762	1842
房地产开发经营	701	265	1211	235	655	638
物业管理	702	433	342	319	797	740
房地产中介服务	703	216	270	86	277	464
其他房地产业	709	14			33	
租赁和商务服务业	L	**2046**	**1939**	**3235**	**3293**	**5202**
租赁业	71	86	220	67	232	170
机械设备租赁	711	86	220	67	228	170
文化及日用品出租	712				4	
商务服务业	72	1960	1719	3168	3061	5032
企业管理服务	721	431	274	380	405	874
法律服务	722			5	44	16
咨询与调查	723	24	207	97	392	315
广告业	724	326	626	191	707	560
知识产权服务	725		6		5	
人力资源服务	726	246	200	1567	438	1146
旅行社及相关服务	727	378	73	185	162	117
安全保护服务	728	334	130	583	663	1598
其他商务服务业	729	221	203	160	245	406

单位：人

云阳县	奉节县	巫山县	巫溪县	石柱县	秀山县	酉阳县	彭水县
2591	**2326**	**1091**	**1655**	**3343**	**1406**	**2153**	**1426**
708	848	332	645	969	380	792	362
389	722	198	340	758	219	101	182
319	126	120	61	93	161	595	59
		14	244	118		96	121
1883	1478	759	1010	2374	1026	1361	1064
1663	1430	680	384	2192	909	1097	778
6	15		4	22	76	37	4
6	2		4	31		20	
208	31	79	618	129	41	207	282
475	**60**	**7**	**127**	**176**	**64**	**151**	**307**
280	2		17	112	10	63	34
97	2		17	22	10	33	34
183				90		30	
105	44		41	54		73	41
	18					13	
105	26		36	40		50	
			5	14		10	41
90	14	7	69	10	54	15	232
24				6	10		130
23			19	2			5
25	9		25	2	20	10	33
18	5	7	25		24	5	64
1595	**1895**	**893**	**521**	**815**	**1033**	**710**	**782**
1595	1895	893	521	815	1033	710	782
874	1317	389	224	436	424	386	251
502	520	464	232	331	541	320	272
193	58	40	65	28	57	4	259
26				20	11		
2405	**3464**	**1338**	**779**	**1645**	**3247**	**1228**	**3951**
122	71	12	20	86	56	32	284
122	65	12	10	86	56	32	284
	6		10				
2283	3393	1326	759	1559	3191	1196	3667
65	14	37	70	109	236	86	392
8		7			11		34
99	54	4	29	70	10	54	446
552	253	142	109	424	351	209	682
235	691	34	101	88	868	440	893
212	133	904	13	275	441	78	213
855	2038	137	397	515	1000	246	686
257	210	61	40	78	274	83	321

1-2-9 续表 28

指标名称	行业代码	丰都县	垫江县	武隆县	忠 县	开 县
科学研究和技术服务业	M	**241**	**452**	**252**	**545**	**656**
研究和试验发展	73	39				98
自然科学研究和试验发展	731					
工程和技术研究和试验发展	732					
农业科学研究和试验发展	733	39				98
医学研究和试验发展	734					
社会人文科学研究	735					
专业技术服务业	74	155	411	201	277	507
气象服务	741					
地震服务	742					12
测绘服务	744					12
质检技术服务	745	38	39	65	38	76
环境与生态监测	746	3				15
地质勘查	747			50		
工程技术	748	86	323	34	129	137
其他专业技术服务业	749	28	49	52	110	255
科技推广和应用服务业	75	47	41	51	268	51
技术推广服务	751	31	23	51	189	31
科技中介服务	752	6			13	
其他科技推广和应用服务业	759	10	18		66	20
水利、环境和公共设施管理业	N	**437**	**355**	**156**	**248**	**287**
水利管理业	76	60	51	15	33	90
防洪除涝设施管理	761	6				
水资源管理	762		11	15	33	60
天然水收集与分配	763	28				30
水文服务	764					
其他水利管理业	769	26	40			
生态保护和环境治理业	77	58	35	46	30	8
生态保护	771	5		4		
环境治理业	772	53	35	42	30	8
公共设施管理业	78	319	269	95	185	189
市政设施管理	781		56	38		
环境卫生管理	782	100	45	7		60
城乡市容管理	783				25	
绿化管理	784	159	39	25	99	25
公园和游览景区管理	785	60	129	25	61	104
居民服务、修理和其他服务业	O	**662**	**1616**	**447**	**2054**	**3159**
居民服务业	79	350	467	164	1117	1643
家庭服务	791		9	76	281	128
托儿所服务	792			7		
洗染服务	793	6	15	34	66	155
理发及美容服务	794	199	141		129	779
洗浴服务	795		51	14	109	83

单位：人

云阳县	奉节县	巫山县	巫溪县	石柱县	秀山县	酉阳县	彭水县
647	**279**	**198**	**87**	**292**	**201**	**345**	**1188**
63	13			14			
63	13			14			
442	245	194	78	246	183	341	1147
38			18		14		54
96	28	33		82	18	58	18
	8				34		52
173	188	120		127	50	83	418
135	21	41	60	37	67	200	605
142	21	4	9	32	18	4	41
137	9		4	27	18		35
		4		5		4	
5	12		5				6
223	**151**	**51**	**81**	**165**	**88**	**170**	**177**
20	24	25	14	24			61
							61
13							
		25		4			
	12		14				
7	12			20			
	53		1			5	67
						5	42
	53		1				25
203	74	26	66	141	88	165	49
5	18	11	35	37			
5	4	12	5			6	14
				15			
63	52	3		79	58	5	33
130			26	10	30	154	2
1392	**622**	**240**	**472**	**669**	**1129**	**604**	**1106**
865	287	96	212	341	515	375	660
358	6	35	77	26	11	90	72
56	10	6	41	44	37	44	9
170	169	7	1	77	231	131	248
	8			126	30	25	66

1-2-9 续表 29

指标名称	行业代码	丰都县	垫江县	武隆县	忠 县	开 县
保健服务	796	4	32		74	194
婚姻服务	797	60		3	198	140
殡葬服务	798	58	50	1	37	112
其他居民服务业	799	23	169	29	223	52
机动车、电子产品和日用产品修理业	80	248	577	197	700	1072
汽车、摩托车修理与维护	801	227	519	182	639	850
计算机和办公设备维修	802	4	11	4	4	50
家用电器修理	803	10	24	5	57	134
其他日用产品修理业	809	7	23	6		38
其他服务业	81	64	572	86	237	444
清洁服务	811	45	434	45	184	338
其他未列明服务业	819	19	138	41	53	106
卫生和社会工作	**Q**		**12**	**38**	**45**	**85**
社会工作	84		12	38	45	85
提供住宿社会工作	841			38	42	85
不提供住宿社会工作	842		12		3	
文化、体育和娱乐业	**R**	**360**	**814**	**315**	**983**	**1020**
新闻和出版业	85					
新闻业	851					
出版业	852					
广播、电视、电影和影视录音制作业	86	75	77	21	48	12
电视	862					
电影和影视节目制作	863	15	34	16		
电影和影视节目发行	864					
电影放映	865	60	43	5	48	12
录音制作	866					
文化艺术业	87	64	173	56	371	134
文艺创作与表演	871	58	116	51	187	50
艺术表演场馆	872					
图书馆与档案馆	873		5	5		
文物及非物质文化遗产保护	874	6				
博物馆	875					
群众文化活动	877		15		87	8
其他文化艺术业	879		37		97	76
体育	88	3	25	17	2	86
体育组织	881		5			58
体育场馆	882					
休闲健身活动	883	3	20		2	28
其他体育	889			17		
娱乐业	89	218	539	221	562	788
室内娱乐活动	891	215	518	194	425	640
游乐园	892		8		51	60
文化、娱乐、体育经纪代理	894	3	13		20	
其他娱乐业	899			27	66	88

单位：人

云阳县	奉节县	巫山县	巫溪县	石柱县	秀山县	酉阳县	彭水县
21	35	10	23	4	18	7	57
170	50	25	33	27	133		111
69	7			30		35	18
21	2	13	37	7	55	43	79
366	285	118	249	302	425	218	314
250	275	96	197	269	415	201	293
78	7	5	7	11		4	16
33		17	23	19	10	4	5
5	3		22	3		9	
161	50	26	11	26	189	11	132
143	50	17		26	179	5	90
18		9	11		10	6	42
10	**15**		**6**				
10	15		6				
10	15		6				
498	**174**	**201**	**115**	**960**	**568**	**419**	**238**
34	6	81	5	11	38	19	14
	6	79	5	4			
29				7	17	19	14
5		2			21		
208	4	22	19	702		77	83
123	1	20	12	614		51	47
	3			50			
14							
				32			
22				6		3	
49		2	7			23	36
5	10		10		51	56	43
5						47	
	10		10		51	9	43
251	154	98	81	247	479	267	98
243	143	98	77	168	479	267	93
	6		4	32			
8				8			
	5			39			5

1-2-10 按行业、开业(成立)

指标名称	行业代码	单位数	1949年及以前	1950-1977年
总　　计		**197115**	**9**	**517**
农、林、牧、渔业	A	**1370**		**1**
农业	01	25		
谷物种植	011	1		
蔬菜、食用菌及园艺作物种植	014	9		
水果种植	015	8		
坚果、含油果、香料和饮料作物种植	016	3		
中药材种植	017	1		
其他农业	019	3		
林业	02	6		
林木育种和育苗	021	5		
造林和更新	022	1		
畜牧业	03	17		
牲畜饲养	031	7		
家禽饲养	032	6		
其他畜牧业	039	4		
渔业	04	19		
水产养殖	041	19		
农、林、牧、渔服务业	05	1303		1
农业服务业	051	1027		1
林业服务业	052	57		
畜牧服务业	053	105		
渔业服务业	054	114		
采矿业	B	**2055**	**2**	**15**
煤炭开采和洗选业	06	681	2	15
烟煤和无烟煤开采洗选	061	637	2	15
褐煤开采洗选	062	8		
其他煤炭采选	069	36		
石油和天然气开采业	07	30		
石油开采	071	5		
天然气开采	072	25		
黑色金属矿采选业	08	79		
铁矿采选	081	11		
锰矿、铬矿采选	082	64		
其他黑色金属矿采选	089	4		
有色金属矿采选业	09	22		
常用有色金属矿采选	091	18		
贵金属矿采选	092	3		
稀有稀土金属矿采选	093	1		
非金属矿采选业	10	1176		
土砂石开采	101	1099		
化学矿开采	102	21		
采盐	103	2		
石棉及其他非金属矿采选	109	54		
开采辅助活动	11	41		
煤炭开采和洗选辅助活动	111	17		
石油和天然气开采辅助活动	112	17		
其他开采辅助活动	119	7		

时间分组的小微企业法人单位数

单位：个

1978-1991年	1992-1995年	1996年	1997年	1998年	1999年	2000年	2001年
2046	**2895**	**981**	**1357**	**1968**	**1522**	**2404**	**2910**
4	**2**			**3**	**1**	**5**	**5**
				1		1	
				1			
						1	
4	2			2	1	4	5
4	2			1		3	4
							1
				1	1	1	
77	**53**	**17**	**20**	**38**	**14**	**36**	**46**
56	30	13	12	17	8	17	16
55	29	13	12	17	7	17	15
1							
	1				1		1
2				1			2
2				1			2
	1			2	1	2	2
	1			2	1	2	2
					1		1
					1		1
18	21	4	8	18	4	15	23
17	19	2	6	16	4	14	21
		1		2		1	1
1	2	1	2				1
1	1						2
1							
	1						2

1-2-10 续表 1

指标名称	行业代码	单位数	1949年及以前	1950-1977年
其他采矿业	12	26		
其他采矿业	120	26		
制造业	**C**	**41525**	**2**	**146**
农副食品加工业	13	3324		11
谷物磨制	131	922		
饲料加工	132	256		
植物油加工	133	336		1
制糖业	134	27		1
屠宰及肉类加工	135	542		7
水产品加工	136	32		
蔬菜、水果和坚果加工	137	444		2
其他农副食品加工	139	765		
食品制造业	14	1106		2
焙烤食品制造	141	243		
糖果、巧克力及蜜饯制造	142	69		
方便食品制造	143	255		
乳制品制造	144	11		
罐头食品制造	145	48		
调味品、发酵制品制造	146	303		2
其他食品制造	149	177		
酒、饮料和精制茶制造业	15	909		10
酒的制造	151	421		5
饮料制造	152	340		
精制茶加工	153	148		5
烟草制品业	16	1		
烟叶复烤	161	1		
纺织业	17	1679	1	5
棉纺织及印染精加工	171	688		3
毛纺织及染整精加工	172	65		
麻纺织及染整精加工	173	12		
丝绢纺织及印染精加工	174	88	1	
化纤织造及印染精加工	175	27		
针织或钩针编织物及其制品制造	176	163		1
家用纺织制成品制造	177	536		1
非家用纺织制成品制造	178	100		
纺织服装、服饰业	18	1522		4
机织服装制造	181	1102		4
针织或钩针编织服装制造	182	66		
服饰制造	183	354		
皮革、毛皮、羽毛及其制品和制鞋业	19	1019		
皮革鞣制加工	191	36		
皮革制品制造	192	176		
毛皮鞣制及制品加工	193	76		
羽毛(绒)加工及制品制造	194	48		
制鞋业	195	683		

单位：个

1978—1991年	1992—1995年	1996年	1997年	1998年	1999年	2000年	2001年
						2	
						2	
845	**1037**	**330**	**385**	**648**	**434**	**746**	**839**
33	33	13	19	49	39	51	64
3	3	1	1	8	2	11	9
3	10	2	3	9	4	6	6
5	3	2	5	6	3	3	6
3	1				1		
14	7	3	6	12	13	14	24
				1		1	2
2	8	4	1	9	8	13	13
3	1	1	3	4	8	3	4
22	20	5	11	19	15	20	25
5	4		2	3	3	4	4
3	1	1	1		1	1	2
4	4	1	2	2	3	4	5
1		1		2			1
6	7	1	4	10	6	7	8
3	4	1	2	2	2	4	5
50	35	13	21	41	15	36	37
32	26	8	15	22	8	20	23
6	1	3	4	13	4	9	10
12	8	2	2	6	3	7	4
18	43	9	18	15	11	30	35
11	33	8	15	10	10	23	31
				1			
		1					
3	4			1			
	1					1	
3	1				1	3	1
1	2		3	3		2	2
	2					1	1
16	6	1	7	7	9	8	8
16	6	1	5	7	8	6	4
							1
			2		1	2	3
11	16	3	7	8	9	7	10
2		2					
1	1		3		1		1
							1
	1			2	1		3
8	14	1	4	6	7	7	5

1-2-10 续表 2

指标名称	行业代码	单位数		
			1949年及以前	1950-1977年
木材加工和木、竹、藤、棕、草制品业	20	1467		3
木材加工	201	515		1
人造板制造	202	97		1
木制品制造	203	488		
竹、藤、棕、草等制品制造	204	367		1
家具制造业	21	1831		
木质家具制造	211	1404		
竹、藤家具制造	212	20		
金属家具制造	213	122		
塑料家具制造	214	19		
其他家具制造	219	266		
造纸和纸制品业	22	746		2
纸浆制造	221	5		
造纸	222	182		
纸制品制造	223	559		2
印刷和记录媒介复制业	23	1064		5
印刷	231	909		5
装订及印刷相关服务	232	149		
记录媒介复制	233	6		
文教、工美、体育和娱乐用品制造业	24	767		1
文教办公用品制造	241	63		
乐器制造	242	8		
工艺美术品制造	243	629		1
体育用品制造	244	22		
玩具制造	245	36		
游艺器材及娱乐用品制造	246	9		
石油加工及炼焦	25	68		1
化学原料和化学制品制造业	26	1197		6
基础化学原料制造	261	148		2
肥料制造	262	144		1
农药制造	263	25		
涂料、油墨、颜料及类似产品制造	264	368		
合成材料制造	265	98		1
专用化学产品制造	266	231		2
炸药、火工及焰火产品制造	267	46		
日用化学产品制造	268	137		
医药制造业	27	255		2
化学药品原料药制造	271	43		1
化学药品制剂制造	272	23		1
中药饮片加工	273	50		
中成药生产	274	38		
兽用药品制造	275	24		
生物药品制造	276	51		
卫生材料及医药用品制造	277	26		

单位：个

1978–1991年	1992–1995年	1996年	1997年	1998年	1999年	2000年	2001年
5	13		6	6	6	12	6
3	5			1	2	4	3
1	1		1	1	2	1	
	7		4	4	1	6	1
1			1		1	1	2
15	15	13	6	13	7	13	27
12	13	12	4	10	5	11	23
			1	1	2	1	3
1							
2	2	1	1	2		1	1
12	20	6	10	15	12	19	17
1	4	3		5	4	6	6
11	16	3	10	10	8	13	11
72	77	18	28	38	14	37	40
65	62	16	25	37	11	32	33
7	15	2	3	1	3	5	7
6	4	2		7	1	4	8
1	1	1		2		1	1
4	3	1		5	1	3	5
1							1
							1
1	2	2		1	1	4	2
50	55	11	19	21	12	35	36
14	9	2	2	6		5	6
6	6	1	3	4	3	1	3
5	5	1	1			1	3
5	9	1	5	1	5	7	11
4	4	1	2		1	2	2
8	14	5	5	3	3	12	9
5	1		1			2	
3	7			7		5	2
11	5	4	1	6	3	9	7
4			1			2	
1		1		4	2	1	
		1				1	1
2	1	1				1	
1	1			1	1	1	2
	1	1				2	2
3	2			1		1	2

1-2-10 续表 3

指标名称	行业代码	单位数		
			1949年及以前	1950—1977年
化学纤维制造业	28	21		
纤维素纤维原料及纤维制造	281	6		
合成纤维制造	282	15		
橡胶和塑料制品业	29	1530		7
橡胶制品业	291	297		5
塑料制品业	292	1233		2
非金属矿物制品业	30	4737		18
水泥、石灰和石膏制造	301	252		9
石膏、水泥制品及类似制品制造	302	1403		
砖瓦、石材等建筑材料制造	303	2415		3
玻璃制造	304	85		1
玻璃制品制造	305	264		1
玻璃纤维和玻璃纤维增强塑料制品制造	306	53		1
陶瓷制品制造	307	109		2
耐火材料制品制造	308	67		1
石墨及其他非金属矿物制品制造	309	89		
黑色金属冶炼和压延加工业	31	566		3
炼铁	311	19		
炼钢	312	14		
黑色金属铸造	313	195		1
钢压延加工	314	284		2
铁合金冶炼	315	54		
有色金属冶炼和压延加工业	32	382		2
常用有色金属冶炼	321	82		1
贵金属冶炼	322	8		
稀有稀土金属冶炼	323	9		
有色金属合金制造	324	49		
有色金属铸造	325	25		
有色金属压延加工	326	209		1
金属制品业	33	3873		10
结构性金属制品制造	331	2024		1
金属工具制造	332	590		6
集装箱及金属包装容器制造	333	66		
金属丝绳及其制品制造	334	51		
建筑、安全用金属制品制造	335	366		1
金属表面处理及热处理加工	336	212		
搪瓷制品制造	337	23		
金属制日用品制造	338	228		
其他金属制品制造	339	313		2
通用设备制造业	34	2838		11
锅炉及原动设备制造	341	155		1
金属加工机械制造	342	542		1
物料搬运设备制造	343	85		3
泵、阀门、压缩机及类似机械制造	344	151		4
轴承、齿轮和传动部件制造	345	147		
烘炉、风机、衡器、包装等设备制造	346	239		
文化、办公用机械制造	347	17		
通用零部件制造	348	1374		2
其他通用设备制造业	349	128		

单位：个

1978−1991年	1992−1995年	1996年	1997年	1998年	1999年	2000年	2001年
	1				1	1	1
	1				1	1	1
46	54	14	19	27	21	33	27
14	13	4	6	7	4	9	7
32	41	10	13	20	17	24	20
142	137	43	41	93	66	90	97
14	8	3	2	10	4	7	5
39	39	16	6	19	20	26	30
72	66	21	28	52	33	47	50
	3	1	1	1	1	1	1
4	8		2	7	4	3	2
	2			1	3	2	2
3	4		1	1	1	2	1
5	5	2	1	2			4
5	2					2	2
27	23	5	8	15	7	16	17
	1	1		1			
15	12	1	4	6	3	11	10
11	10	2	4	6	4	5	6
1		1		2			1
9	17	3	4	8	6	7	9
4	4	1	2	1	2		4
1							
2	2			2	1	3	2
	3			1			1
2	8	2	2	4	3	4	2
48	56	16	21	28	18	35	45
10	17	2	9	14	6	12	12
6	9	5	7	1	5	4	7
2	6	2		1			1
1	2		1	1	1	2	1
4	5		2	3	2	9	6
7	8		1	4	2	6	8
	1	1				1	1
3	2	3			1		2
15	6	3	1	4	1	1	7
65	85	28	27	38	29	34	47
4	5	3	2	1	3	2	2
14	12	4	7	8	3	9	15
1	5		2	2	2	2	3
8	6	2	3	3	3	1	3
3	5	3	1	3	2	1	1
13	15	2	4	3	4	4	5
	1			1			
19	28	14	7	15	12	14	14
3	8		1	2		1	4

1-2-10 续表 4

指标名称	行业代码	单位数	1949年及以前	1950-1977年
专用设备制造业	35	1925		11
采矿、冶金、建筑专用设备制造	351	263		3
化工、木材、非金属加工专用设备制造	352	586		
食品、饮料、烟草及饲料生产专用设备制造	353	54		
印刷、制药、日化及日用品生产专用设备制造	354	98		1
纺织、服装和皮革加工专用设备制造	355	40		3
电子和电工机械专用设备制造	356	135		1
农、林、牧、渔专用机械制造	357	429		1
医疗仪器设备及器械制造	358	119		1
环保、社会公共服务及其他专用设备制造	359	201		1
汽车制造业	36	2647		10
汽车整车制造	361	11		
改装汽车制造	362	18		
电车制造	364	18		
汽车车身、挂车制造	365	21		
汽车零部件及配件制造	366	2579		10
铁路、船舶、航空航天和其他运输设备制造业	37	3008		10
铁路运输设备制造	371	32		1
城市轨道交通设备制造	372	4		
船舶及相关装置制造	373	202		2
航空、航天器及设备制造	374	4		
摩托车制造	375	2740		7
自行车制造	376	14		
非公路休闲车及零配件制造	377	3		
潜水救捞及其他未列明运输设备制造	379	9		
电气机械和器材制造业	38	1086		5
电机制造	381	151		1
输配电及控制设备制造	382	324		2
电线、电缆、光缆及电工器材制造	383	179		
电池制造	384	36		
家用电力器具制造	385	112		1
非电力家用器具制造	386	41		
照明器具制造	387	150		1
其他电气机械及器材制造	389	93		
计算机、通信和其他电子设备制造业	39	622		
计算机制造	391	110		
通信设备制造	392	45		
广播电视设备制造	393	11		
视听设备制造	395	16		
电子器件制造	396	65		
电子元件制造	397	251		
其他电子设备制造	399	124		
仪器仪表制造业	40	540	1	6
通用仪器仪表制造	401	285		3

单位：个

1978−1991年	1992−1995年	1996年	1997年	1998年	1999年	2000年	2001年
24	35	13	10	25	18	33	34
6	5		3	7	4	7	6
4	3	4	2	5	5	7	8
		1			1	1	
1	3	1	2				3
							2
	3	1	1		1	2	2
3	8	2	1	6	3	8	2
2	5	1		2	1	4	4
8	8	3	1	5	3	4	7
46	76	28	30	42	29	55	60
						1	1
	3			1			1
				2		1	1
	1		1	1			
46	72	28	29	38	29	53	57
63	115	49	33	71	50	106	124
4		1		4	1		1
9	2		1	1	1	2	4
						1	
50	113	48	32	65	48	102	119
				1		1	
24	31	14	17	28	16	15	27
6	4	3	3	4	1	2	8
10	14	7	8	10	6	4	6
3	5	1	2	8	6	4	4
1	3	1	1		1	1	
1	2	1	1	2		1	2
	1		1	1	1		2
2		1	1	1	1	3	2
1	2			2			3
2	9	2	2	8	6	7	7
					1		
1	3			1	1	1	2
	2			1			
					2	1	
	1	1	1	2	1	1	2
	2	1	1	1		1	
1	1			3	1	3	3
17	35	12	17	14	10	21	11
9	22	9	11	6	8	10	5

1-2-10 续表 5

指标名称	行业代码	单位数	1949年及以前	1950-1977年
专用仪器仪表制造	402	50	1	2
钟表与计时仪器制造	403	8		1
光学仪器及眼镜制造	404	106		
其他仪器仪表制造业	409	91		
其他制造业	41	414		
日用杂品制造	411	111		
煤制品制造	412	66		
其他未列明制造业	419	237		
废弃资源综合利用业	42	153		1
金属废料和碎屑加工处理	421	95		
非金属废料和碎屑加工处理	422	58		1
金属制品、机械和设备修理业	43	228		
金属制品修理	431	22		
通用设备修理	432	28		
专用设备修理	433	35		
铁路、船舶、航空航天等运输设备修理	434	40		
电气设备修理	435	16		
仪器仪表修理	436	5		
其他机械和设备修理业	439	82		
电力、热力、燃气及水生产和供应业	**D**	**1857**	**1**	**69**
电力、热力生产和供应业	44	1117		50
电力生产	441	1065		49
电力供应	442	46		1
热力生产和供应	443	6		
燃气生产和供应业	45	194		
燃气生产和供应业	450	194		
水的生产和供应业	46	546	1	19
自来水生产和供应	461	457	1	19
污水处理及其再生利用	462	75		
其他水的处理、利用与分配	469	14		
建筑业	**E**	**6249**		**43**
房屋建筑业	47	1732		38
房屋建筑业	470	1732		38
土木工程建筑业	48	550		3
铁路、道路、隧道和桥梁工程建筑	481	175		
水利和内河港口工程建筑	482	43		
工矿工程建筑	484	23		
架线和管道工程建筑	485	59		1
其他土木工程建筑	489	250		2
建筑安装业	49	697		2
电气安装	491	171		
管道和设备安装	492	212		2
其他建筑安装业	499	314		
建筑装饰和其他建筑业	50	3270		
建筑装饰业	501	2061		
工程准备活动	502	115		
提供施工设备服务	503	127		
其他未列明建筑业	509	967		

单位：个

1978–1991年	1992–1995年	1996年	1997年	1998年	1999年	2000年	2001年
1	1	1	1	1	1	2	1
5	5	1	1	4	1	6	3
2	7	1	4	3		3	2
2	7	2	2	3	1	3	5
1	3	2			1		3
	2			2			
1	2		2	1		3	2
2	4			1		3	1
2	3					2	
	1			1		1	1
6	8	1	1	1	2	2	5
		1			1		1
2	1			1			
1	2		1				1
							1
3	5				1	2	2
219	**68**	**11**	**34**	**50**	**36**	**45**	**68**
146	26	3	20	30	14	18	28
145	26	3	19	29	13	18	25
1				1	1		3
			1				
9	11	1	2	8	4	3	8
9	11	1	2	8	4	3	8
64	31	7	12	12	18	24	32
63	30	7	12	11	18	24	32
1	1			1			
186	**307**	**82**	**132**	**160**	**96**	**133**	**159**
140	155	30	41	50	25	33	44
140	155	30	41	50	25	33	44
21	32	9	12	13	8	17	19
8	13	3	4	8	4	6	3
3	6		1	1	2	2	3
1	1	1					1
2	5		3		1	5	2
7	7	5	4	4	1	4	10
11	37	10	26	31	22	12	31
1	6	3	12	8	5	3	9
5	16	3	6	13	10	5	11
5	15	4	8	10	7	4	11
14	83	33	53	66	41	71	65
12	71	28	49	56	31	50	44
1	2	1	2	6	3	4	3
						2	1
1	10	4	2	4	7	15	17

1-2-10 续表 6

指标名称	行业代码	单位数	1949年及以前	1950-1977年
批发和零售业	**F**	**78793**	**1**	**145**
批发业	51	32967		38
农、林、牧产品批发	511	3276		4
食品、饮料及烟草制品批发	512	5363		10
纺织、服装及家庭用品批发	513	2791		2
文化、体育用品及器材批发	514	734		
医药及医疗器材批发	515	999		1
矿产品、建材及化工产品批发	516	10845		15
机械设备、五金产品及电子产品批发	517	6868		5
贸易经纪与代理	518	424		
其他批发业	519	1667		1
零售业	52	45826	1	107
综合零售	521	5009		56
食品、饮料及烟草制品专门零售	522	5479		9
纺织、服装及日用品专门零售	523	8009		19
文化、体育用品及器材专门零售	524	2208		2
医药及医疗器材专门零售	525	1143	1	6
汽车、摩托车、燃料及零配件专门零售	526	4232		6
家用电器及电子产品专门零售	527	6733		3
五金、家具及室内装饰材料专门零售	528	9450		4
货摊、无店铺及其他零售业	529	3563		2
交通运输、仓储和邮政业	**G**	**4674**	**2**	**45**
道路运输业	54	2758		19
城市公共交通运输	541	103		1
公路旅客运输	542	168		7
道路货物运输	543	2277		9
道路运输辅助活动	544	210		2
水上运输业	55	346		5
水上旅客运输	551	43		1
水上货物运输	552	243		4
水上运输辅助活动	553	60		
航空运输业	56	24		
航空客货运输	561	12		
通用航空服务	562	3		
航空运输辅助活动	563	9		
管道运输业	57	3		
管道运输业	570	3		
装卸搬运和运输代理业	58	1106		17
装卸搬运	581	352		16
运输代理业	582	754		1
仓储业	59	275		3
谷物、棉花等农产品仓储	591	40		1
其他仓储业	599	235		2
邮政业	60	162	2	1
邮政基本服务	601	30	2	1
快递服务	602	132		

单位：个

1978–1991年	1992–1995年	1996年	1997年	1998年	1999年	2000年	2001年
370	**725**	**290**	**374**	**497**	**410**	**682**	**832**
142	414	175	185	295	231	384	452
14	16	3	6	11	8	18	25
20	26	15	13	34	9	36	41
9	30	9	12	17	21	28	23
6	11	2	2	7	8	10	14
2	3	8	5	6	12	12	15
52	165	78	71	114	91	156	176
22	142	54	63	86	67	96	113
2	6		3	2	1	6	7
15	15	6	10	18	14	22	38
228	311	115	189	202	179	298	380
82	30	5	19	21	14	46	42
31	21	11	8	18	13	22	32
25	20	8	12	11	20	23	35
9	19	5	11	19	8	19	14
12	14	1	3	9	15	15	26
22	74	20	31	33	30	49	58
14	41	25	38	31	31	52	72
23	58	25	43	40	32	47	65
10	34	15	24	20	16	25	36
88	**93**	**31**	**79**	**66**	**63**	**75**	**114**
32	61	21	39	40	40	49	80
2	9	2	3	6		3	1
12	8	3	3	9	6	8	9
14	34	14	26	20	29	32	56
4	10	2	7	5	5	6	14
11	5	3	10	7	1	9	13
5	2	1	6			4	3
5	3	2	3	7	1	3	10
1			1			2	
			1	1	1	1	
			1				
				1	1	1	
1							
1							
28	22	6	16	10	16	12	16
26	11	1	5	5	5	4	3
2	11	5	11	5	11	8	13
14	3	1	2	3	4	2	4
10	1			1		2	
4	2	1	2	2	4		4
2	2		11	5	1	2	1
2	1		11	4	1	1	
	1			1		1	1

1-2-10 续表 7

指标名称	行业代码	单位数	1949年及以前	1950—1977年
住宿和餐饮业	H	**12067**		**12**
住宿业	61	1789		5
旅游饭店	611	556		2
一般旅馆	612	987		1
其他住宿业	619	246		2
餐饮业	62	10278		7
正餐服务	621	8582		7
快餐服务	622	285		
饮料及冷饮服务	623	251		
其他餐饮业	629	1160		
信息传输、软件和信息技术服务业	I	**5481**	**1**	
电信、广播电视和卫星传输服务	63	319	1	
电信	631	280	1	
广播电视传输服务	632	33		
卫星传输服务	633	6		
互联网和相关服务	64	607		
互联网接入及相关服务	641	54		
互联网信息服务	642	422		
其他互联网服务	649	131		
软件和信息技术服务业	65	4555		
软件开发	651	3269		
信息系统集成服务	652	227		
信息技术咨询服务	653	623		
数据处理和存储服务	654	41		
集成电路设计	655	13		
其他信息技术服务业	659	382		
房地产业	K	**7143**		**13**
房地产业	70	7143		13
房地产开发经营	701	2159		
物业管理	702	2116		1
房地产中介服务	703	2694		
其他房地产业	709	174		12
租赁和商务服务业	L	**18975**		**10**
租赁业	71	1711		1
机械设备租赁	711	1664		1
文化及日用品出租	712	47		
商务服务业	72	17264		9
企业管理服务	721	1772		7
法律服务	722	271		
咨询与调查	723	4828		1
广告业	724	5506		
知识产权服务	725	103		
人力资源服务	726	1380		
旅行社及相关服务	727	691		
安全保护服务	728	112		
其他商务服务业	729	2601		1

单位：个

1978–1991年	1992–1995年	1996年	1997年	1998年	1999年	2000年	2001年
56	**70**	**26**	**34**	**45**	**38**	**96**	**73**
37	39	11	14	23	18	28	24
8	10	3	3	7	12	13	8
26	17	7	10	14	5	12	13
3	12	1	1	2	1	3	3
19	31	15	20	22	20	68	49
15	27	14	19	20	16	54	41
3		1	1	1	1		3
	2					1	
1	2			1	3	13	5
7	**24**	**11**	**24**	**28**	**42**	**58**	**78**
4	6	4	5	7	16	9	15
3	6	2	4	4	16	9	12
1		2	1	3			2
							1
1	1	3	2	2	6	13	9
				1		1	
1	1	2	1	1	3	11	7
		1	1		3	1	2
2	17	4	17	19	20	36	54
1	8	1	11	9	16	26	29
	1		1	6	1	3	6
1	5	1	2	3	3	3	12
	1					2	
	2	2	3	1		2	7
25	**186**	**72**	**116**	**192**	**157**	**168**	**198**
25	186	72	116	192	157	168	198
11	118	40	87	104	64	59	85
2	35	23	21	74	74	80	89
1	15	6	7	8	16	23	19
11	18	3	1	6	3	6	5
61	**171**	**54**	**102**	**131**	**134**	**165**	**217**
7	6	2	7	8	14	23	15
7	6	2	7	8	13	22	15
					1	1	
54	165	52	95	123	120	142	202
14	35	10	9	10	5	14	20
7	19	1	5	7	9	7	14
7	18	5	8	14	45	27	32
6	34	19	43	33	26	45	65
	2				2		2
3	5		5	7	2	5	13
6	22	8	12	23	11	14	20
2		1	1	1		1	5
9	30	8	12	28	20	29	31

1-2-10 续表 8

指标名称	行业代码	单位数		
			1949年及以前	1950–1977年
科学研究和技术服务业	M	**4603**		**3**
研究和试验发展	73	276		
自然科学研究和试验发展	731	23		
工程和技术研究和试验发展	732	132		
农业科学研究和试验发展	733	60		
医学研究和试验发展	734	53		
社会人文科学研究	735	8		
专业技术服务业	74	3618		1
气象服务	741	4		
地震服务	742	4		
测绘服务	744	70		
质检技术服务	745	157		
环境与生态监测	746	38		
地质勘查	747	59		
工程技术	748	1348		
其他专业技术服务业	749	1938		1
科技推广和应用服务业	75	709		2
技术推广服务	751	472		
科技中介服务	752	116		1
其他科技推广和应用服务业	759	121		1
水利、环境和公共设施管理业	N	**964**		**1**
水利管理业	76	93		1
防洪除涝设施管理	761	8		1
水资源管理	762	25		
天然水收集与分配	763	23		
水文服务	764	5		
其他水利管理业	769	32		
生态保护和环境治理业	77	209		
生态保护	771	18		
环境治理业	772	191		
公共设施管理业	78	662		
市政设施管理	781	53		
环境卫生管理	782	103		
城乡市容管理	783	14		
绿化管理	784	326		
公园和游览景区管理	785	166		
居民服务、修理和其他服务业	O	**7107**		**5**
居民服务业	79	3579		3
家庭服务	791	638		
托儿所服务	792	4		
洗染服务	793	375		
理发及美容服务	794	1214		2
洗浴服务	795	89		

单位：个

1978-1991年	1992-1995年	1996年	1997年	1998年	1999年	2000年	2001年
49	**79**	**21**	**23**	**37**	**35**	**71**	**75**
6	13	2	2	7	1	3	4
	2			1			
6	7	1	1	4		1	1
	1		1	1			1
	2	1		1	1	2	2
	1						
39	45	16	17	23	33	59	63
						1	
1			1				3
4	2	2	2	3	1	4	7
					2	1	1
1					3	1	
24	18	6	7	13	21	28	38
9	25	8	7	7	6	24	14
4	21	3	4	7	1	9	8
3	11	2	4	4	1	7	4
	7			2		1	1
1	3	1		1		1	3
9	**13**	**5**	**6**	**15**	**8**	**17**	**33**
3	1	1		3		2	9
				1			2
1							3
2		1		1		1	
						1	
	1			1			4
	4	2	1	3	4	5	3
	1				1	2	
	3	2	1	3	3	3	3
6	8	2	5	9	4	10	21
	1			3	1	1	1
		1				2	3
							1
4	3	1	3	2	1	5	10
2	4		2	4	2	2	6
41	**51**	**26**	**24**	**41**	**38**	**63**	**73**
8	13	7	8	13	9	23	23
	1			1		1	1
1							
			3			2	
	3	5		6	1	8	7
				1	2	3	5

1-2-10 续表 9

指标名称	行业代码	单位数		
			1949年及以前	1950-1977年
保健服务	796	228		
婚姻服务	797	404		
殡葬服务	798	110		
其他居民服务业	799	517		1
机动车、电子产品和日用产品修理业	80	2455		1
汽车、摩托车修理与维护	801	1730		
计算机和办公设备维修	802	287		
家用电器修理	803	319		
其他日用产品修理业	809	119		1
其他服务业	81	1073		1
清洁服务	811	728		1
其他未列明服务业	819	345		
卫生和社会工作	Q	**62**		
社会工作	84	62		
提供住宿社会工作	841	51		
不提供住宿社会工作	842	11		
文化、体育和娱乐业	R	**4190**		**9**
新闻和出版业	85	66		
新闻业	851	1		
出版业	852	65		
广播、电视、电影和影视录音制作业	86	200		6
电视	862	5		
电影和影视节目制作	863	87		
电影和影视节目发行	864	16		1
电影放映	865	78		5
录音制作	866	14		
文化艺术业	87	886		
文艺创作与表演	871	439		
艺术表演场馆	872	21		
图书馆与档案馆	873	12		
文物及非物质文化遗产保护	874	10		
博物馆	875	5		
群众文化活动	877	69		
其他文化艺术业	879	330		
体育	88	176		1
体育组织	881	10		
体育场馆	882	13		1
休闲健身活动	883	116		
其他体育	889	37		
娱乐业	89	2862		2
室内娱乐活动	891	2668		2
游乐园	892	27		
文化、娱乐、体育经纪代理	894	86		
其他娱乐业	899	81		

单位：个

1978-1991年	1992-1995年	1996年	1997年	1998年	1999年	2000年	2001年
			1	1		4	2
	2	2	1	1			
3	5		2	1	3	2	2
4	2		1	2	3	3	6
27	27	18	14	26	27	36	36
27	21	17	9	23	22	27	29
	2		2		4	5	1
	2	1	2	3	1	3	5
	2		1			1	1
6	11	1	2	2	2	4	14
2	3	1		1	1	1	8
4	8		2	1	1	3	6
	1				**1**	**1**	**2**
	1				1	1	2
	1						2
					1	1	
9	**15**	**5**	**4**	**17**	**15**	**43**	**98**
2	4			2	2	4	2
2	4			2	2	4	2
4	1	1	1	2	2	2	2
							1
	1	1		1	1		1
			1		1		
4				1		2	
1	2	1		2	1	2	4
1	1			1		1	2
		1					
						1	
				1			1
	1						1
					1		
1	1			1		5	3
1							
							1
	1			1		4	2
						1	
1	7	3	3	10	10	30	87
1	5	3	2	9	10	30	86
	2						
			1	1			1

1-2-10 续表 10

指标名称	行业代码	2002年	2003年	2004年	2005年
总　　计		**3042**	**4372**	**4348**	**4899**
农、林、牧、渔业	A	**3**	**6**	**11**	**8**
农业	01		1	1	1
谷物种植	011				
蔬菜、食用菌及园艺作物种植	014				1
水果种植	015				
坚果、含油果、香料和饮料作物种植	016				
中药材种植	017		1		
其他农业	019			1	
林业	02				
林木育种和育苗	021				
造林和更新	022				
畜牧业	03				
牲畜饲养	031				
家禽饲养	032				
其他畜牧业	039				
渔业	04				1
水产养殖	041				1
农、林、牧、渔服务业	05	3	5	10	6
农业服务业	051	3	2	7	5
林业服务业	052		1	1	
畜牧服务业	053		1	2	
渔业服务业	054		1		1
采矿业	B	**57**	**78**	**94**	**112**
煤炭开采和洗选业	06	26	42	28	47
烟煤和无烟煤开采洗选	061	26	41	28	44
褐煤开采洗选	062				1
其他煤炭采选	069		1		2
石油和天然气开采业	07			1	8
石油开采	071				
天然气开采	072			1	8
黑色金属矿采选业	08		5	5	7
铁矿采选	081				1
锰矿、铬矿采选	082		5	5	6
其他黑色金属矿采选	089				
有色金属矿采选业	09			1	1
常用有色金属矿采选	091			1	1
贵金属矿采选	092				
稀有稀土金属矿采选	093				
非金属矿采选业	10	30	29	58	49
土砂石开采	101	25	27	54	45
化学矿开采	102	2	1	2	1
采盐	103				
石棉及其他非金属矿采选	109	3	1	2	3
开采辅助活动	11		1		
煤炭开采和洗选辅助活动	111				
石油和天然气开采辅助活动	112		1		
其他开采辅助活动	119				

单位：个

2006年	2007年	2008年	2009年	2010年	2011年	2012年	2013年
5592	**6603**	**7592**	**9622**	**18660**	**36245**	**38598**	**40825**
10	**88**	**37**	**82**	**122**	**273**	**309**	**400**
	5	1	3	1	5	3	2
			1				
	2		1		2	2	1
	2	1	1		2		1
	1				1		
				1		1	
	1	1			4		
	1				4		
		1					
1	1	1	1		6	7	
	1	1	1		1	3	
1					1	4	
					4		
			1	1	6	10	
			1	1	6	10	
9	81	34	77	120	252	289	398
6	59	20	65	92	183	224	346
	4	6	5	8	5	15	11
2	13	5	5	15	24	20	15
1	5	3	2	5	40	30	26
103	**104**	**110**	**126**	**158**	**235**	**293**	**264**
38	29	37	39	31	80	51	46
37	29	31	39	27	72	44	36
1		2			1		2
		4		4	7	7	8
1		4	2	3	1	1	4
				1		1	3
1		4	2	2	1		1
4	14	3	7	4	6	7	9
1		1	2	2	1	3	
3	14	2	5	1	5	4	6
				1			3
2	4	2	1	3	3	1	2
2	3	2	1	2	1	1	2
				1	2		
	1						
57	53	61	71	111	139	213	192
53	47	57	66	107	131	200	186
1	3	2	2		1		1
		2					
3	3		3	4	7	13	5
1	3	3	2	5	2	12	8
1	2	2		2	2	2	5
	1	1		2		7	2
			2	1		3	1

1-2-10 续表 11

指标名称	行业代码				
		2002年	2003年	2004年	2005年
其他采矿业	12	1	1	1	
其他采矿业	120	1	1	1	
制造业	C	**855**	**1134**	**1184**	**1210**
农副食品加工业	13	83	82	93	100
谷物磨制	131	18	17	24	10
饲料加工	132	5	6	13	24
植物油加工	133	9	8	7	5
制糖业	134	1		1	1
屠宰及肉类加工	135	26	29	20	18
水产品加工	136	1			
蔬菜、水果和坚果加工	137	7	16	16	26
其他农副食品加工	139	16	6	12	16
食品制造业	14	33	29	30	35
焙烤食品制造	141	4	5	4	4
糖果、巧克力及蜜饯制造	142	1	2	2	
方便食品制造	143	6	2	2	8
乳制品制造	144			1	
罐头食品制造	145	1	4	4	
调味品、发酵制品制造	146	14	13	13	18
其他食品制造	149	7	3	4	5
酒、饮料和精制茶制造业	15	34	44	39	42
酒的制造	151	14	14	11	12
饮料制造	152	14	23	23	23
精制茶加工	153	6	7	5	7
烟草制品业	16				
烟叶复烤	161				
纺织业	17	67	64	79	55
棉纺织及印染精加工	171	59	49	69	43
毛纺织及染整精加工	172		1		
麻纺织及染整精加工	173				
丝绢纺织及印染精加工	174	5	6	4	5
化纤织造及印染精加工	175				
针织或钩针编织物及其制品制造	176		1	3	1
家用纺织制成品制造	177	3	6	1	3
非家用纺织制成品制造	178		1	2	3
纺织服装、服饰业	18	10	12	13	7
机织服装制造	181	6	10	10	5
针织或钩针编织服装制造	182				
服饰制造	183	4	2	3	2
皮革、毛皮、羽毛及其制品和制鞋业	19	9	14	12	12
皮革鞣制加工	191				2
皮革制品制造	192	2		3	
毛皮鞣制及制品加工	193				
羽毛(绒)加工及制品制造	194		1	2	2
制鞋业	195	7	13	7	8

单位：个

2006年	2007年	2008年	2009年	2010年	2011年	2012年	2013年
	1		4	1	4	8	3
	1		4	1	4	8	3
1389	**1535**	**1672**	**1991**	**3751**	**6622**	**6539**	**8200**
91	122	111	106	230	318	342	1333
13	17	18	10	43	67	49	598
11	13	13	14	21	36	23	34
9	7	8	9	20	39	45	136
				2	3	3	10
22	28	29	31	41	38	49	111
	1	1	1	3	2	5	14
18	23	21	19	31	39	52	116
18	33	21	22	69	94	116	314
44	52	59	61	84	190	175	174
13	12	13	12	20	48	48	34
4	4	4	5	3	6	13	15
5	8	11	13	21	47	45	62
		1	2		1	2	4
1	2	3	2	6	4	12	4
13	19	18	13	21	46	33	31
8	7	9	14	13	38	22	24
33	34	39	31	45	80	131	98
13	12	16	10	20	28	67	44
12	17	18	13	15	42	51	39
8	5	5	8	10	10	13	15
							1
							1
51	39	37	41	85	249	305	422
38	33	23	22	31	55	50	72
1	1	1	2	6	10	18	24
		1	1			3	6
2		4	2	6	14	13	18
			1		2	7	15
2	2	3	5	11	34	51	40
6	2	4	5	23	112	140	217
2	1	1	3	8	22	23	30
29	20	32	36	150	398	386	363
27	17	30	34	136	297	249	224
	1		1	3	21	17	22
2	2	2	1	11	80	120	117
20	17	40	46	111	156	183	328
1		2	2	1	5	8	11
3	3	4	6	39	25	46	38
	1	1	1	5	14	21	32
3	3	2	3	2	5	8	10
13	10	31	34	64	107	100	237

1-2-10 续表 12

指标名称	行业代码	2002年	2003年	2004年	2005年
木材加工和木、竹、藤、棕、草制品业	20	14	18	10	13
木材加工	201	6	7	3	1
人造板制造	202	1	2		6
木制品制造	203	4	6	5	2
竹、藤、棕、草等制品制造	204	3	3	2	4
家具制造业	21	11	17	25	26
木质家具制造	211	8	10	25	20
竹、藤家具制造	212		1		
金属家具制造	213	1	2		1
塑料家具制造	214		1		
其他家具制造	219	2	3		5
造纸和纸制品业	22	17	19	15	24
纸浆制造	221				
造纸	222	7	12	6	4
纸制品制造	223	10	7	9	20
印刷和记录媒介复制业	23	29	48	46	42
印刷	231	23	47	37	37
装订及印刷相关服务	232	6	1	8	5
记录媒介复制	233			1	
文教、工美、体育和娱乐用品制造业	24	5	8	9	15
文教办公用品制造	241	1		2	1
乐器制造	242				1
工艺美术品制造	243	4	8	6	11
体育用品制造	244			1	1
玩具制造	245				
游艺器材及娱乐用品制造	246				1
石油加工及炼焦	25	2	1	6	4
化学原料和化学制品制造业	26	31	40	42	50
基础化学原料制造	261	5	11	7	11
肥料制造	262	6	2	6	4
农药制造	263		2		
涂料、油墨、颜料及类似产品制造	264	3	5	14	13
合成材料制造	265	2	4	2	3
专用化学产品制造	266	8	11	12	10
炸药、火工及焰火产品制造	267	3	1		2
日用化学产品制造	268	4	4	1	7
医药制造业	27	13	12	15	16
化学药品原料药制造	271	2	5	4	4
化学药品制剂制造	272	2		1	2
中药饮片加工	273	1		7	4
中成药生产	274	2		3	
兽用药品制造	275	2	2		3
生物药品制造	276	4	2		3
卫生材料及医药用品制造	277		3		

单位：个

2006年	2007年	2008年	2009年	2010年	2011年	2012年	2013年
37	42	46	64	160	377	269	359
9	13	13	25	59	112	100	147
5	9	7	10	16	12	8	13
16	17	15	24	50	104	85	137
7	3	11	5	35	149	76	62
33	47	58	90	176	428	363	447
20	34	44	73	134	304	287	354
	1	1		1	4	8	4
5	4	4	8	9	31	25	24
1		1	2	3	1	1	8
7	8	8	7	29	88	42	57
27	24	32	42	61	143	119	110
		1			1		3
4	7	9	14	9	20	32	29
23	17	22	28	52	122	87	78
40	41	48	57	88	117	92	87
31	35	43	47	79	97	72	75
9	6	4	10	8	18	20	11
		1		1	2		1
15	10	16	31	84	171	240	130
2		3		5	10	22	10
		2		1	2		2
13	7	8	27	63	145	204	110
	1	1	1	4	5	3	3
	1	2		10	9	9	4
	1		3	1		2	1
3	4	6	6	7	6	5	4
57	75	69	82	107	123	149	126
17	8	8	10	8	6	4	7
8	5	21	12	11	10	17	13
2	3		1			1	
10	20	17	20	39	58	61	64
4	7	4	6	12	10	20	7
10	19	12	18	18	10	24	18
4	4	2	5	3	4	4	5
2	9	5	10	16	25	18	12
8	13	14	8	25	25	24	33
	1	4	1	3	2	1	8
	1			1	1	3	2
	2	1	3	5	11	4	9
3	3	5	1	3	3	6	4
2		1	1	3		2	1
	4	2		7	7	8	7
3	2	1	2	3	1		2

1-2-10 续表 13

指标名称	行业代码	2002年	2003年	2004年	2005年
化学纤维制造业	28	1	2	1	1
纤维素纤维原料及纤维制造	281		1	1	1
合成纤维制造	282	1	1		
橡胶和塑料制品业	29	31	35	59	58
橡胶制品业	291	4	9	8	18
塑料制品业	292	27	26	51	40
非金属矿物制品业	30	98	140	110	142
水泥、石灰和石膏制造	301	4	6	2	15
石膏、水泥制品及类似制品制造	302	29	36	30	30
砖瓦、石材等建筑材料制造	303	50	79	64	75
玻璃制造	304	1	4		3
玻璃制品制造	305	5	3	5	10
玻璃纤维和玻璃纤维增强塑料制品制造	306	2	2		1
陶瓷制品制造	307	3	5	3	4
耐火材料制品制造	308	2	3	4	1
石墨及其他非金属矿物制品制造	309	2	2	2	3
黑色金属冶炼和压延加工业	31	12	29	25	31
炼铁	311	3	1		1
炼钢	312	1		1	
黑色金属铸造	313	5	12	7	14
钢压延加工	314	2	9	10	12
铁合金冶炼	315	1	7	7	4
有色金属冶炼和压延加工业	32	5	13	10	13
常用有色金属冶炼	321	1	3	5	4
贵金属冶炼	322		1		
稀有稀土金属冶炼	323	1		1	1
有色金属合金制造	324	1			3
有色金属铸造	325				1
有色金属压延加工	326	2	9	4	4
金属制品业	33	34	59	67	53
结构性金属制品制造	331	19	17	34	16
金属工具制造	332	6	11	5	8
集装箱及金属包装容器制造	333		3	3	2
金属丝绳及其制品制造	334		3	3	4
建筑、安全用金属制品制造	335	2	6	3	3
金属表面处理及热处理加工	336	4	9	6	8
搪瓷制品制造	337		2	2	
金属制日用品制造	338	1	3	5	4
其他金属制品制造	339	2	5	6	8
通用设备制造业	34	54	77	82	79
锅炉及原动设备制造	341	8	5	6	8
金属加工机械制造	342	8	9	12	18
物料搬运设备制造	343		3	3	3
泵、阀门、压缩机及类似机械制造	344	7	8	7	4
轴承、齿轮和传动部件制造	345	5	3	4	9
烘炉、风机、衡器、包装等设备制造	346	6	12	14	8
文化、办公用机械制造	347				
通用零部件制造	348	15	33	30	26
其他通用设备制造业	349	5	4	6	3

单位：个

2006年	2007年	2008年	2009年	2010年	2011年	2012年	2013年
3	1		2		3	1	2
1			1		1		
2	1		1		2	1	2
59	67	63	97	181	242	192	196
12	9	18	26	31	34	32	27
47	58	45	71	150	208	160	169
156	144	220	247	375	729	816	827
10	10	14	19	14	32	33	30
37	41	53	69	148	244	285	205
73	74	122	115	163	355	389	482
4	2	2	4	5	11	18	21
9	7	13	21	23	50	44	41
6	3	2	3	7	6	5	5
2	2	7	8	7	8	20	25
6	3	3	5		9	6	5
9	2	4	3	8	14	16	13
28	36	32	21	53	49	68	60
1	1			2	4	2	1
1	2		2	2	2	2	1
12	12	10	7	15	14	17	6
12	16	17	10	26	25	46	49
2	5	5	2	8	4	1	3
15	21	12	14	31	52	45	86
3	5	2	3	6	13	8	10
			1		2	1	2
1		2	1	1	1		
	4	1	1	4	8	5	10
1	4			1	1	2	10
10	8	7	8	19	27	29	54
93	117	93	140	341	778	746	1075
39	47	35	60	178	413	422	661
20	17	10	16	54	110	105	178
5	3	4	3	10	8	5	8
	2	2	3	5	10	2	8
3	4	8	16	34	66	100	89
8	9	10	12	18	18	40	34
1	2	2	1	4	1	3	1
6	12	4	15	19	60	27	61
11	21	18	14	19	92	42	35
94	112	130	156	316	506	417	445
6	8	9	9	14	23	23	12
10	13	25	25	55	97	89	107
4	7	3	4	5	12	9	12
3	13	8	4	19	18	14	13
11	10	12	14	15	20	13	12
13	8	11	9	23	22	30	33
1	1			1	4	4	4
43	44	57	77	173	291	223	233
3	8	5	14	11	19	12	19

1-2-10 续表 14

指标名称	行业代码	2002年	2003年	2004年	2005年
专用设备制造业	35	15	42	53	59
采矿、冶金、建筑专用设备制造	351	2	6	12	9
化工、木材、非金属加工专用设备制造	352	4	17	12	17
食品、饮料、烟草及饲料生产专用设备制造	353	2	2	3	
印刷、制药、日化及日用品生产专用设备制造	354	2	2	1	1
纺织、服装和皮革加工专用设备制造	355		2	1	1
电子和电工机械专用设备制造	356			1	4
农、林、牧、渔专用机械制造	357		3	10	12
医疗仪器设备及器械制造	358	2	4	7	5
环保、社会公共服务及其他专用设备制造	359	3	6	6	10
汽车制造业	36	82	125	114	100
汽车整车制造	361				
改装汽车制造	362	1		1	1
电车制造	364	1	1		
汽车车身、挂车制造	365	1	1		1
汽车零部件及配件制造	366	79	123	113	98
铁路、船舶、航空航天和其他运输设备制造业	37	108	119	157	148
铁路运输设备制造	371		1	2	1
城市轨道交通设备制造	372				
船舶及相关装置制造	373	3	5	8	3
航空、航天器及设备制造	374				
摩托车制造	375	105	112	146	143
自行车制造	376		1	1	
非公路休闲车及零配件制造	377				
潜水救捞及其他未列明运输设备制造	379				1
电气机械和器材制造业	38	24	36	28	35
电机制造	381	1	6	7	3
输配电及控制设备制造	382	10	12	10	10
电线、电缆、光缆及电工器材制造	383	4	8	2	8
电池制造	384	4	1	1	2
家用电力器具制造	385	1	3	5	5
非电力家用器具制造	386				3
照明器具制造	387	2	4	1	4
其他电气机械及器材制造	389	2	2	2	
计算机、通信和其他电子设备制造业	39	7	9	9	4
计算机制造	391	1		2	
通信设备制造	392	3	3	1	2
广播电视设备制造	393		1		
视听设备制造	395			1	
电子器件制造	396			1	2
电子元件制造	397	2	1	4	
其他电子设备制造	399	1	4		
仪器仪表制造业	40	18	27	21	33
通用仪器仪表制造	401	9	12	12	19

单位：个

2006年	2007年	2008年	2009年	2010年	2011年	2012年	2013年
79	65	83	119	208	261	357	377
17	4	10	18	32	32	42	37
24	22	30	38	70	88	107	118
1	1	3	1	6	5	14	13
3	5	4	9	8	13	15	24
1	3	2	2	2	4	10	7
7	6	3	10	14	20	37	22
11	9	13	24	43	70	90	109
10	4	7	4	9	7	17	23
5	11	11	13	24	22	25	24
119	144	131	180	306	366	281	321
	1			2	3	3	
3					2	2	3
1	1		2		5	2	1
1	1	1	1	3	4	1	3
114	141	130	177	301	352	273	314
149	161	173	182	277	311	304	298
3	2	1	3	3	1	2	1
				1	2	1	
8	8	14	17	29	33	29	23
							3
138	148	158	159	244	269	268	266
	2				2	2	4
					2	1	
	1		3		2	1	1
51	53	56	53	97	170	158	148
5	8	12	5	19	21	20	12
18	18	10	14	25	43	37	50
7	12	17	11	16	20	18	23
5	1	1	2	1	5	4	1
10	1	4	7	9	11	23	22
1		3	6	5	5	7	5
2	8	6	4	17	29	41	20
3	5	3	4	5	36	8	15
10	17	19	25	31	151	154	141
1		2	5	4	24	36	33
1	5	2	1		2	11	4
	1		1		3	2	
1			1	1	3	2	4
1	1	4	2	3	13	16	13
2	5	6	10	15	77	61	62
4	5	5	5	8	29	26	25
29	30	23	27	40	60	54	34
19	17	11	16	18	30	23	16

1-2-10 续表 15

指标名称	行业代码	2002年	2003年	2004年	2005年
专用仪器仪表制造	402	1	3	1	1
钟表与计时仪器制造	403	1			
光学仪器及眼镜制造	404	3	9	5	6
其他仪器仪表制造业	409	4	3	3	7
其他制造业	41	4	6	3	3
日用杂品制造	411	3	3	1	2
煤制品制造	412	1	1		
其他未列明制造业	419		2	2	1
废弃资源综合利用业	42	3	4	8	4
金属废料和碎屑加工处理	421	2	4	5	3
非金属废料和碎屑加工处理	422	1		3	1
金属制品、机械和设备修理业	43	1	3	3	6
金属制品修理	431				1
通用设备修理	432		1		2
专用设备修理	433				
铁路、船舶、航空航天等运输设备修理	434				1
电气设备修理	435	1	1	1	
仪器仪表修理	436		1		1
其他机械和设备修理业	439			2	1
电力、热力、燃气及水生产和供应业	**D**	**73**	**107**	**111**	**111**
电力、热力生产和供应业	44	43	59	68	83
电力生产	441	42	56	66	79
电力供应	442	1	3	2	3
热力生产和供应	443				1
燃气生产和供应业	45	5	14	11	7
燃气生产和供应业	450	5	14	11	7
水的生产和供应业	46	25	34	32	21
自来水生产和供应	461	22	20	28	19
污水处理及其再生利用	462	3	14	4	2
其他水的处理、利用与分配	469				
建筑业	**E**	**161**	**165**	**256**	**275**
房屋建筑业	47	40	37	56	45
房屋建筑业	470	40	37	56	45
土木工程建筑业	48	15	26	19	32
铁路、道路、隧道和桥梁工程建筑	481	4	8	11	5
水利和内河港口工程建筑	482	1		1	1
工矿工程建筑	484	2	2		
架线和管道工程建筑	485	2	3	4	5
其他土木工程建筑	489	6	13	3	21
建筑安装业	49	33	27	36	43
电气安装	491	8	6	6	11
管道和设备安装	492	15	11	12	13
其他建筑安装业	499	10	10	18	19
建筑装饰和其他建筑业	50	73	75	145	155
建筑装饰业	501	49	47	73	67
工程准备活动	502	7	4	8	7
提供施工设备服务	503	3	5	16	11
其他未列明建筑业	509	14	19	48	70

单位：个

2006年	2007年	2008年	2009年	2010年	2011年	2012年	2013年
4	3	2	2	4	5	7	5
		1				3	2
2	8	5	4	9	16	5	8
4	2	4	5	9	9	16	3
1	9	10	13	50	102	98	90
	2	1	7	16	22	27	17
	3	5	1	11	17	8	15
1	4	4	5	23	63	63	58
6	9	6	9	13	24	20	35
3	5	2	7	7	9	14	27
3	4	4	2	6	15	6	8
9	9	14	5	19	37	45	50
2	2		1	5	4	3	4
	3	3	1		6	6	3
		3	1	5	5	9	7
3	4	1		5	6	10	5
1		1	1		2	3	4
1		2					
2		4	1	4	14	14	27
103	**97**	**118**	**94**	**104**	**100**	**133**	**99**
69	61	79	63	69	58	74	51
68	61	79	59	60	52	68	43
1			4	8	5	5	7
				1	1	1	1
8	11	14	10	14	13	20	20
8	11	14	10	14	13	20	20
26	25	25	21	21	29	39	28
22	18	17	17	15	21	22	19
4	7	8	4	4	5	11	6
				2	3	6	3
290	**344**	**324**	**420**	**517**	**613**	**758**	**826**
60	83	78	113	140	153	179	192
60	83	78	113	140	153	179	192
26	34	28	46	38	46	53	52
6	18	10	14	10	19	12	8
2	2		2	1	5	3	7
2	4	1	2		2	3	1
3	1	1	2	5	2	6	6
13	9	16	26	22	18	29	30
39	38	48	39	35	49	64	64
9	9	11	3	5	18	19	19
9	10	12	7	14	12	13	13
21	19	25	29	16	19	32	32
165	189	170	222	304	365	462	518
69	81	89	131	189	208	345	371
5	6	13	5	8	12	7	11
14	9	12	14	10	8	13	9
77	93	56	72	97	137	97	127

1-2-10 续表 16

指标名称	行业代码	2002年	2003年	2004年	2005年
批发和零售业	F	**946**	**1354**	**1241**	**1453**
批发业	51	548	775	676	772
农、林、牧产品批发	511	39	32	38	50
食品、饮料及烟草制品批发	512	38	40	46	50
纺织、服装及家庭用品批发	513	31	34	35	48
文化、体育用品及器材批发	514	15	22	15	21
医药及医疗器材批发	515	27	28	18	22
矿产品、建材及化工产品批发	516	234	380	278	305
机械设备、五金产品及电子产品批发	517	134	181	180	210
贸易经纪与代理	518	8	7	13	19
其他批发业	519	22	51	53	47
零售业	52	398	579	565	681
综合零售	521	39	68	50	58
食品、饮料及烟草制品专门零售	522	34	43	41	43
纺织、服装及日用品专门零售	523	24	57	55	63
文化、体育用品及器材专门零售	524	33	38	30	27
医药及医疗器材专门零售	525	24	41	41	46
汽车、摩托车、燃料及零配件专门零售	526	69	68	77	146
家用电器及电子产品专门零售	527	76	144	127	140
五金、家具及室内装饰材料专门零售	528	54	60	81	102
货摊、无店铺及其他零售业	529	45	60	63	56
交通运输、仓储和邮政业	G	**134**	**153**	**171**	**233**
道路运输业	54	83	88	109	136
城市公共交通运输	541	7	5	2	7
公路旅客运输	542	10	6	7	9
道路货物运输	543	57	73	92	110
道路运输辅助活动	544	9	4	8	10
水上运输业	55	21	22	20	31
水上旅客运输	551	5	3		5
水上货物运输	552	16	17	15	21
水上运输辅助活动	553		2	5	5
航空运输业	56	1	4	1	
航空客货运输	561		3		
通用航空服务	562				
航空运输辅助活动	563	1	1	1	
管道运输业	57				
管道运输业	570				
装卸搬运和运输代理业	58	20	31	34	50
装卸搬运	581	5	10	6	13
运输代理业	582	15	21	28	37
仓储业	59	8	4	5	12
谷物、棉花等农产品仓储	591	1		1	
其他仓储业	599	7	4	4	12
邮政业	60	1	4	2	4
邮政基本服务	601	1	1	1	
快递服务	602		3	1	4

单位：个

2006年	2007年	2008年	2009年	2010年	2011年	2012年	2013年
1705	**2055**	**2456**	**3596**	**7690**	**17000**	**17846**	**17103**
928	1131	1270	1944	3307	6494	6559	6230
50	97	94	158	353	698	801	760
82	135	126	180	484	1238	1463	1276
59	54	84	144	277	639	570	662
21	23	18	46	71	145	143	134
35	48	52	86	117	166	192	144
349	415	399	662	1084	1986	1936	1892
251	266	357	528	721	1206	1128	1054
18	19	26	23	36	58	73	97
63	74	114	117	164	358	253	211
777	924	1186	1652	4383	10506	11287	10873
74	54	91	162	475	1077	1214	1332
62	68	85	154	463	1520	1463	1338
81	88	120	147	713	2302	2188	1998
38	50	66	81	213	495	534	496
38	55	56	71	116	169	194	190
108	137	141	271	451	783	836	821
186	205	292	350	755	1413	1427	1310
113	157	209	276	826	2050	2610	2573
77	110	126	140	371	697	821	815
227	**252**	**270**	**352**	**550**	**568**	**524**	**582**
128	146	167	246	335	307	311	320
10	7	7	10	8	9	4	
9	11	9	10	7	8	12	5
100	115	141	217	303	271	270	294
9	13	10	9	17	19	25	21
21	24	26	23	29	34	18	13
2	2	1			1	2	
13	20	18	22	22	23	10	8
6	2	7	1	7	10	6	5
2	1	2	1	1	1	3	3
1	1	1		1	1	2	2
		1					1
1			1			1	
						2	
						2	
55	65	64	58	129	157	135	164
24	28	23	18	37	41	32	39
31	37	41	40	92	116	103	125
18	11	10	19	31	51	32	38
1	1	1	4	3	6	3	4
17	10	9	15	28	45	29	34
3	5	1	5	25	18	23	44
				2		2	
3	5	1	5	23	18	21	44

1-2-10 续表 17

指标名称	行业代码	2002年	2003年	2004年	2005年
住宿和餐饮业	H	**95**	**137**	**119**	**168**
住宿业	61	31	39	33	48
旅游饭店	611	20	21	10	10
一般旅馆	612	10	15	21	31
其他住宿业	619	1	3	2	7
餐饮业	62	64	98	86	120
正餐服务	621	53	89	63	96
快餐服务	622		2	4	3
饮料及冷饮服务	623	2	1	5	4
其他餐饮业	629	9	6	14	17
信息传输、软件和信息技术服务业	I	**79**	**132**	**136**	**111**
电信、广播电视和卫星传输服务	63	21	36	23	11
电信	631	20	35	21	11
广播电视传输服务	632	1	1	1	
卫星传输服务	633			1	
互联网和相关服务	64	12	20	20	18
互联网接入及相关服务	641			1	
互联网信息服务	642	8	17	16	17
其他互联网服务	649	4	3	3	1
软件和信息技术服务业	65	46	76	93	82
软件开发	651	31	50	65	56
信息系统集成服务	652	1	6	8	6
信息技术咨询服务	653	12	13	7	14
数据处理和存储服务	654			1	
集成电路设计	655				
其他信息技术服务业	659	2	7	12	6
房地产业	K	**168**	**264**	**261**	**245**
房地产业	70	168	264	261	245
房地产开发经营	701	60	94	94	84
物业管理	702	90	126	125	114
房地产中介服务	703	16	37	39	44
其他房地产业	709	2	7	3	3
租赁和商务服务业	L	**217**	**297**	**357**	**535**
租赁业	71	29	34	41	90
机械设备租赁	711	27	31	41	90
文化及日用品出租	712	2	3		
商务服务业	72	188	263	316	445
企业管理服务	721	25	24	26	42
法律服务	722	15	3	10	5
咨询与调查	723	34	62	77	112
广告业	724	42	76	111	134
知识产权服务	725	1	6	3	
人力资源服务	726	10	14	22	49
旅行社及相关服务	727	11	14	15	17
安全保护服务	728	2	4	3	2
其他商务服务业	729	48	60	49	84

单位：个

2006年	2007年	2008年	2009年	2010年	2011年	2012年	2013年
187	**213**	**263**	**293**	**1029**	**2484**	**3079**	**3539**
66	88	86	76	161	264	308	387
15	21	16	14	41	78	124	117
45	58	55	46	96	161	139	205
6	9	15	16	24	25	45	65
121	125	177	217	868	2220	2771	3152
98	101	144	179	755	1874	2334	2578
1	9	9	14	25	76	57	75
2	4	6	9	20	54	84	56
20	11	18	15	68	216	296	443
156	**158**	**269**	**271**	**496**	**1035**	**1127**	**1237**
15	16	12	18	22	28	25	24
14	15	8	14	17	25	23	19
1	1	3	3	5	3	2	3
		1	1				2
16	24	56	31	44	92	111	126
2	1	3	2	4	14	11	14
12	21	43	26	31	59	67	78
2	2	10	3	9	19	33	34
125	118	201	222	430	915	991	1087
81	79	152	165	321	695	737	736
7	8	12	13	21	46	38	43
16	20	18	28	49	92	120	204
3	2	4		2	9	10	7
2	1				4	3	3
16	8	15	16	37	69	83	94
292	**383**	**311**	**360**	**698**	**1147**	**797**	**1086**
292	383	311	360	698	1147	797	1086
104	153	104	118	225	237	138	179
132	143	108	126	191	158	206	195
54	80	82	106	269	742	437	693
2	7	17	10	13	10	16	19
612	**744**	**769**	**1118**	**1977**	**3195**	**3827**	**4266**
55	64	58	127	204	346	289	290
55	63	56	127	199	334	280	280
	1	2		5	12	9	10
557	680	711	991	1773	2849	3538	3976
38	62	63	113	137	234	381	498
13	14	18	34	22	20	14	34
139	164	166	261	462	781	929	1482
188	207	245	291	633	1066	1231	1007
3	4	7	6	5	11	20	31
65	88	79	94	163	174	289	293
21	46	31	46	83	83	89	116
3	4	4	4	8	33	21	13
87	91	98	142	260	447	564	502

1-2-10 续表 18

指标名称	行业代码	2002年	2003年	2004年	2005年
科学研究和技术服务业	M	**74**	**99**	**118**	**129**
研究和试验发展	73	8	5	4	11
自然科学研究和试验发展	731				
工程和技术研究和试验发展	732	2	2	2	5
农业科学研究和试验发展	733	3	1	1	1
医学研究和试验发展	734	3	2	1	5
社会人文科学研究	735				
专业技术服务业	74	56	84	95	100
气象服务	741	3			
地震服务	742		1		
测绘服务	744	1	1	1	1
质检技术服务	745	5	6	11	16
环境与生态监测	746	1		1	2
地质勘查	747	1	5	6	1
工程技术	748	34	44	49	56
其他专业技术服务业	749	11	27	27	24
科技推广和应用服务业	75	10	10	19	18
技术推广服务	751	2	5	10	13
科技中介服务	752	3	3	4	1
其他科技推广和应用服务业	759	5	2	5	4
水利、环境和公共设施管理业	N	**31**	**39**	**35**	**33**
水利管理业	76	5	3	8	4
防洪除涝设施管理	761			1	
水资源管理	762	4		2	1
天然水收集与分配	763			4	2
水文服务	764		1		1
其他水利管理业	769	1	2	1	
生态保护和环境治理业	77	9	12	6	9
生态保护	771		2	1	
环境治理业	772	9	10	5	9
公共设施管理业	78	17	24	21	20
市政设施管理	781	2	3	2	
环境卫生管理	782	2	3	7	2
城乡市容管理	783		1		
绿化管理	784	6	10	9	12
公园和游览景区管理	785	7	7	3	6
居民服务、修理和其他服务业	O	**61**	**98**	**103**	**122**
居民服务业	79	13	28	38	43
家庭服务	791	1	1	2	3
托儿所服务	792				
洗染服务	793		1	3	4
理发及美容服务	794	4	6	12	10
洗浴服务	795	1		2	3

单位：个

2006年	2007年	2008年	2009年	2010年	2011年	2012年	2013年
164	**199**	**171**	**244**	**435**	**767**	**891**	**918**
9	6	13	12	28	53	42	46
1		1	1	4	4	6	3
6	4	3	7	10	29	16	25
1	1	3	3	9	10	13	9
1	1	4	1	5	10	6	5
		2				1	4
127	165	128	183	343	636	704	701
				1			
					1	1	
3	5	4	4	5	11	11	18
18	16	7	13	9	10	7	14
	2		3	4	6	10	5
6	3	1	3	7	8	5	8
65	64	56	79	128	209	206	203
35	75	60	81	189	391	464	453
28	28	30	49	64	78	145	171
14	21	19	32	46	51	97	126
9	4	4	11	7	15	19	24
5	3	7	6	11	12	29	21
31	**43**	**40**	**72**	**119**	**126**	**164**	**121**
1	3	4	7	11	8	13	6
					2	1	
1	2	1		4	1	4	1
	1	1	5	3	1	1	
			1			1	
		2	1	4	4	6	5
12	13	8	12	14	29	39	24
1	1		3		1	4	1
11	12	8	9	14	28	35	23
18	27	28	53	94	89	112	91
1	1	1	5	7	7	7	10
5	5	6	11	10	12	19	15
			2	3	1	2	4
8	14	14	19	50	45	68	42
4	7	7	16	24	24	16	20
142	**177**	**210**	**257**	**692**	**1630**	**1673**	**1578**
47	57	71	101	309	922	974	869
4	7	12	27	65	177	208	127
					2	1	
1	4	7	7	26	109	114	94
15	10	18	21	87	343	336	320
5	4	4	6	8	13	12	20

1-2-10 续表 19

指标名称	行业代码	2002年	2003年	2004年	2005年
保健服务	796		6	3	3
婚姻服务	797	2	2	4	6
殡葬服务	798	4	7	3	3
其他居民服务业	799	1	5	9	11
机动车、电子产品和日用产品修理业	80	36	49	41	60
汽车、摩托车修理与维护	801	26	36	29	43
计算机和办公设备维修	802	4	6	7	8
家用电器修理	803	5	7	3	5
其他日用产品修理业	809	1		2	4
其他服务业	81	12	21	24	19
清洁服务	811	9	13	14	13
其他未列明服务业	819	3	8	10	6
卫生和社会工作	Q	**1**			**2**
社会工作	84	1			2
提供住宿社会工作	841				2
不提供住宿社会工作	842	1			
文化、体育和娱乐业	R	**87**	**309**	**151**	**152**
新闻和出版业	85	2	2	2	4
新闻业	851				1
出版业	852	2	2	2	3
广播、电视、电影和影视录音制作业	86	1	2		4
电视	862				
电影和影视节目制作	863				
电影和影视节目发行	864	1	1		
电影放映	865		1		4
录音制作	866				
文化艺术业	87	8	7	3	10
文艺创作与表演	871	3	3	2	6
艺术表演场馆	872				1
图书馆与档案馆	873				
文物及非物质文化遗产保护	874	1		1	
博物馆	875		1		
群众文化活动	877		1		
其他文化艺术业	879	4	2		3
体育	88	3	2	2	4
体育组织	881		1		
体育场馆	882	1			
休闲健身活动	883	1	1	2	4
其他体育	889	1			
娱乐业	89	73	296	144	130
室内娱乐活动	891	71	293	139	127
游乐园	892	1	1	4	1
文化、娱乐、体育经纪代理	894		1	1	1
其他娱乐业	899	1	1		1

单位：个

2006年	2007年	2008年	2009年	2010年	2011年	2012年	2013年
2	6	7	4	32	65	51	41
3	7	6	12	30	83	118	125
4	6	3	3	6	24	17	12
13	13	14	21	55	106	117	130
67	73	83	97	257	498	486	494
51	57	56	72	172	304	348	359
4	13	13	9	37	67	56	49
12	3	12	9	36	93	60	57
		2	7	12	34	22	29
28	47	56	59	126	210	213	215
20	34	41	35	93	140	148	150
8	13	15	24	33	70	65	65
	2	**4**	**4**	**5**	**7**	**18**	**13**
	2	4	4	5	7	18	13
	2	4	2	4	6	14	13
			2	1	1	4	
181	**209**	**568**	**342**	**317**	**443**	**620**	**593**
2	5	1	5	4	5	9	9
2	5	1	5	4	5	9	9
6	9	6	21	27	37	36	30
			1	2		1	
5	6	2	12	13	11	16	17
	1		1		4	3	2
1	2	3	6	10	18	12	9
		1	1	2	4	4	2
12	14	21	29	71	168	265	265
5	7	9	14	24	86	148	126
2			3	1	5	5	3
			1			6	4
			1	1		2	2
1				1		2	
1	1	3	2	11	11	11	26
3	6	9	8	33	66	91	104
5	7	10	8	23	30	33	37
		1	1	1	2	2	1
2		1	2	2	1	1	1
2	7	6	4	15	20	23	23
1		2	1	5	7	7	12
156	174	530	279	192	203	277	252
153	167	523	268	169	173	231	203
		1	2	2	3	3	9
3	4		4	12	15	22	21
	3	6	5	9	12	21	19

1-2-11 按行业、开业(成立)时间

指标名称	行业代码	从业人员数	1949年及以前	1950-1977年
总　　计		**3809971**	**943**	**35643**
农、林、牧、渔业	A	**15010**		**1**
农业	01	799		
谷物种植	011	26		
蔬菜、食用菌及园艺作物种植	014	175		
水果种植	015	472		
坚果、含油果、香料和饮料作物种植	016	39		
中药材种植	017	11		
其他农业	019	76		
林业	02	59		
林木育种和育苗	021	58		
造林和更新	022	1		
畜牧业	03	147		
牲畜饲养	031	61		
家禽饲养	032	29		
其他畜牧业	039	57		
渔业	04	136		
水产养殖	041	136		
农、林、牧、渔服务业	05	13869		1
农业服务业	051	11622		1
林业服务业	052	560		
畜牧服务业	053	885		
渔业服务业	054	802		
采矿业	B	**120773**	**128**	**1942**
煤炭开采和洗选业	06	73270	128	1942
烟煤和无烟煤开采洗选	061	70423	128	1942
褐煤开采洗选	062	549		
其他煤炭采选	069	2298		
石油和天然气开采业	07	1056		
石油开采	071	83		
天然气开采	072	973		
黑色金属矿采选业	08	5914		
铁矿采选	081	749		
锰矿、铬矿采选	082	5009		
其他黑色金属矿采选	089	156		
有色金属矿采选业	09	960		
常用有色金属矿采选	091	906		
贵金属矿采选	092	38		
稀有稀土金属矿采选	093	16		
非金属矿采选业	10	37029		
土砂石开采	101	33670		
化学矿开采	102	934		
采盐	103	199		
石棉及其他非金属矿采选	109	2226		

分组的小微企业法人单位从业人员数

单位：人

1978-1991年	1992-1995年	1996年	1997年	1998年	1999年	2000年	2001年
139386	**152171**	**41490**	**66221**	**81684**	**58362**	**95290**	**105875**
30	**8**			**42**	**3**	**26**	**60**
				31		8	
				31			
						8	
30	8			11	3	18	60
30	8			6		17	47
							13
				5	3	1	
8451	**4099**	**1767**	**1701**	**3467**	**969**	**2862**	**2580**
7454	3055	1389	1204	2561	643	2338	1114
7408	3020	1389	1204	2561	615	2338	1015
46							
	35				28		99
56				23			50
56				23			50
	190			158	51	101	347
	190			158	51	101	347
					193		14
					193		14
939	808	378	497	725	82	397	1000
773	761	213	389	605	82	297	964
		100		120		100	26
166	47	65	108				10

1-2-11 续表 1

指标名称	行业代码	从业人员数		
			1949年及以前	1950—1977年
开采辅助活动	11	1579		
煤炭开采和洗选辅助活动	111	1034		
石油和天然气开采辅助活动	112	459		
其他开采辅助活动	119	86		
其他采矿业	12	965		
其他采矿业	120	965		
制造业	C	**1295305**	**146**	**9250**
农副食品加工业	13	84613		333
谷物磨制	131	12388		
饲料加工	132	10151		
植物油加工	133	5431		36
制糖业	134	894		75
屠宰及肉类加工	135	18566		150
水产品加工	136	738		
蔬菜、水果和坚果加工	137	15158		72
其他农副食品加工	139	21287		
食品制造业	14	34030		76
焙烤食品制造	141	7504		
糖果、巧克力及蜜饯制造	142	1983		
方便食品制造	143	5416		
乳制品制造	144	221		
罐头食品制造	145	2765		
调味品、发酵制品制造	146	9166		76
其他食品制造	149	6975		
酒、饮料和精制茶制造业	15	26414		313
酒的制造	151	11383		195
饮料制造	152	9262		
精制茶加工	153	5769		118
烟草制品业	16	38		
烟叶复烤	161	38		
纺织业	17	42535	15	330
棉纺织及印染精加工	171	20204		276
毛纺织及染整精加工	172	1754		
麻纺织及染整精加工	173	656		
丝绢纺织及印染精加工	174	5080	15	
化纤织造及印染精加工	175	450		
针织或钩针编织物及其制品制造	176	3976		22
家用纺织制成品制造	177	8023		32
非家用纺织制成品制造	178	2392		
纺织服装、服饰业	18	40804		164
机织服装制造	181	31661		164
针织或钩针编织服装制造	182	2084		
服饰制造	183	7059		
皮革、毛皮、羽毛及其制品和制鞋业	19	31575		
皮革鞣制加工	191	864		
皮革制品制造	192	4127		
毛皮鞣制及制品加工	193	1506		
羽毛(绒)加工及制品制造	194	924		
制鞋业	195	24154		

单位：人

1978–1991年	1992–1995年	1996年	1997年	1998年	1999年	2000年	2001年
2	46						55
2							
	46						55
						26	
						26	
34159	**49944**	**18572**	**19257**	**30689**	**21495**	**33878**	**38305**
737	2213	693	729	1990	2137	2339	2437
45	200	45	63	259	36	408	152
103	1220	102	129	477	259	239	524
23	19	32	91	266	270	23	68
156	98				30		
338	199	96	216	248	396	1156	845
				8		101	41
18	349	386	19	407	448	356	725
54	128	32	211	325	698	56	82
1617	698	403	731	1368	751	682	1386
583	216		222	340	224	125	131
204	15	26	40		30	36	36
327	121	18	108	35	123	107	334
115		241		302			211
366	311	5	312	577	94	267	229
22	35	113	49	114	280	147	445
1244	1205	210	765	1251	566	817	1017
640	559	98	316	476	51	292	528
77	34	26	385	228	37	364	334
527	612	86	64	547	478	161	155
411	1783	433	679	548	283	1361	1309
250	1251	263	534	406	271	998	1159
				32			
		170					
119	251			65			
	116					52	
39	18				12	274	1
3	77		145	45		36	143
	70					1	6
571	395	76	358	380	231	517	322
571	395	76	321	380	221	413	91
							120
			37		10	104	111
541	1091	90	890	343	968	477	225
35		67					
43	7		329		10		14
							22
	16			28	9		59
463	1068	23	561	315	949	477	130

1-2-11 续表 2

指标名称	行业代码	从业人员数	1949年及以前	1950–1977年
木材加工和木、竹、藤、棕、草制品业	20	33834		17
木材加工	201	10203		6
人造板制造	202	4763		5
木制品制造	203	11432		
竹、藤、棕、草等制品制造	204	7436		6
家具制造业	21	39038		
木质家具制造	211	30661		
竹、藤家具制造	212	351		
金属家具制造	213	2651		
塑料家具制造	214	533		
其他家具制造	219	4842		
造纸和纸制品业	22	24986		125
纸浆制造	221	100		
造纸	222	7742		
纸制品制造	223	17144		125
印刷和记录媒介复制业	23	27256		245
印刷	231	24594		245
装订及印刷相关服务	232	2457		
记录媒介复制	233	205		
文教、工美、体育和娱乐用品制造业	24	17507		16
文教办公用品制造	241	1577		
乐器制造	242	361		
工艺美术品制造	243	12961		16
体育用品制造	244	993		
玩具制造	245	1356		
游艺器材及娱乐用品制造	246	259		
石油加工及炼焦	25	3009		288
化学原料和化学制品制造业	26	43459		833
基础化学原料制造	261	9312		453
肥料制造	262	5680		121
农药制造	263	1197		
涂料、油墨、颜料及类似产品制造	264	8200		
合成材料制造	265	3322		215
专用化学产品制造	266	7198		44
炸药、火工及焰火产品制造	267	5577		
日用化学产品制造	268	2973		
医药制造业	27	15483		280
化学药品原料药制造	271	3375		255
化学药品制剂制造	272	1572		25
中药饮片加工	273	3074		
中成药生产	274	1977		
兽用药品制造	275	2350		
生物药品制造	276	2176		
卫生材料及医药用品制造	277	959		

单位：人

1978–1991年	1992–1995年	1996年	1997年	1998年	1999年	2000年	2001年
77	732		250	320	400	306	73
37	162			15	40	89	27
34	261		48	159	35	15	
	309		167	146	240	182	7
6			35		85	20	39
525	396	489	111	230	125	528	844
342	264	428	90	194	101	499	607
			15	26	24	11	232
44							
139	132	61	6	10		18	5
292	720	223	494	725	365	748	827
1	383	97		182	165	391	46
291	337	126	494	543	200	357	781
1915	1785	658	721	1620	419	874	1383
1824	1681	639	704	1503	367	787	1297
91	104	19	17	117	52	87	86
80	224	36		352	52	119	129
4	12	12		66		15	25
71	212	24		286	52	104	63
5							40
							1
25	89	192		26	27	43	25
2714	3196	579	819	691	491	1307	1653
692	826	66	148	212		224	685
277	309	89	56	67	85	10	32
350	380	3	50			6	250
150	537	6	136	119	273	141	298
200	73	7	53		8	47	42
453	375	408	164	36	125	250	332
580	60		212			580	
12	636			257		49	14
1085	272	498	71	563	366	480	301
788			71			39	
75		299		281	192	27	
		96				214	58
94	180	100				60	
24	1			138	174	52	118
	35	3				48	63
104	56			144		40	62

1-2-11 续表 3

指标名称	行业代码	从业人员数	1949年及以前	1950-1977年
化学纤维制造业	28	554		
纤维素纤维原料及纤维制造	281	119		
合成纤维制造	282	435		
橡胶和塑料制品业	29	50454		305
橡胶制品业	291	9365		238
塑料制品业	292	41089		67
非金属矿物制品业	30	156853		962
水泥、石灰和石膏制造	301	10949		555
石膏、水泥制品及类似制品制造	302	39410		
砖瓦、石材等建筑材料制造	303	78429		258
玻璃制造	304	3555		22
玻璃制品制造	305	12578		1
玻璃纤维和玻璃纤维增强塑料制品制造	306	1634		88
陶瓷制品制造	307	5085		4
耐火材料制品制造	308	2366		34
石墨及其他非金属矿物制品制造	309	2847		
黑色金属冶炼和压延加工业	31	27665		272
炼铁	311	1756		
炼钢	312	652		
黑色金属铸造	313	9118		23
钢压延加工	314	11035		249
铁合金冶炼	315	5104		
有色金属冶炼和压延加工业	32	15442		84
常用有色金属冶炼	321	3453		19
贵金属冶炼	322	111		
稀有稀土金属冶炼	323	769		
有色金属合金制造	324	2135		
有色金属铸造	325	990		
有色金属压延加工	326	7984		65
金属制品业	33	87057		495
结构性金属制品制造	331	37937		29
金属工具制造	332	14361		84
集装箱及金属包装容器制造	333	2654		
金属丝绳及其制品制造	334	1362		
建筑、安全用金属制品制造	335	9013		87
金属表面处理及热处理加工	336	6735		
搪瓷制品制造	337	719		
金属制日用品制造	338	5237		
其他金属制品制造	339	9039		295
通用设备制造业	34	78728		752
锅炉及原动设备制造	341	6330		31
金属加工机械制造	342	13266		8
物料搬运设备制造	343	4630		424
泵、阀门、压缩机及类似机械制造	344	6593		268
轴承、齿轮和传动部件制造	345	7165		
烘炉、风机、衡器、包装等设备制造	346	8460		

单位：人

1978–1991年	1992–1995年	1996年	1997年	1998年	1999年	2000年	2001年
	1				18	35	27
	1				18	35	27
1495	1958	713	1127	1224	1417	1457	1686
450	179	355	128	257	297	183	256
1045	1779	358	999	967	1120	1274	1430
6042	5794	1975	2139	4324	2657	4006	4165
364	525	42	111	776	215	212	232
905	851	636	126	511	520	641	1433
3795	2991	1128	1308	1786	1227	2170	2116
	132	97	8	13	247	60	50
196	624		251	1143	388	797	209
	89			12	55	33	25
223	304		265	6	5	63	35
464	261	72	70	77			41
95	17					30	24
1578	967	1210	245	693	369	915	1086
	8	839		23			
828	650	45	58	432	207	621	652
726	309	91	187	200	162	294	289
24		235		38			145
466	662	53	183	394	209	127	277
169	82	17	84	1	86		100
14							
67	94			119	24	82	80
	56			17			34
216	430	36	99	257	99	45	63
1254	2184	554	1021	1012	1072	1678	1406
497	570	58	320	378	629	642	290
110	270	108	325	20	206	245	253
13	153	203		199			8
3	123		22	15	94	42	10
107	244		119	150	56	265	451
166	279		88	45	50	478	141
	30	31				1	12
60	62	36			23		93
298	453	118	147	205	14	5	148
2358	3925	1049	1282	1436	875	1417	1854
78	480	177	140	75	22	140	82
618	348	86	121	199	147	209	523
65	381		65	209	210	107	112
236	302	160	226	103	137	46	366
24	294	77	38	39	66	5	250
579	805	28	371	94	41	78	188

1-2-11 续表 4

指标名称	行业代码	从业人员数	1949年及以前	1950-1977年
文化、办公用机械制造	347	423		
通用零部件制造	348	27843		21
其他通用设备制造业	349	4018		
专用设备制造业	35	58360		914
采矿、冶金、建筑专用设备制造	351	10063		143
化工、木材、非金属加工专用设备制造	352	15132		
食品、饮料、烟草及饲料生产专用设备制造	353	1675		
印刷、制药、日化及日用品生产专用设备制造	354	2944		125
纺织、服装和皮革加工专用设备制造	355	1511		467
电子和电工机械专用设备制造	356	3856		90
农、林、牧、渔专用机械制造	357	12689		55
医疗仪器设备及器械制造	358	4244		23
环保、社会公共服务及其他专用设备制造	359	6246		11
汽车制造业	36	123837		693
汽车整车制造	361	429		
改装汽车制造	362	1800		
电车制造	364	477		
汽车车身、挂车制造	365	645		
汽车零部件及配件制造	366	120486		693
铁路、船舶、航空航天和其他运输设备制造业	37	119678		736
铁路运输设备制造	371	1679		154
城市轨道交通设备制造	372	132		
船舶及相关装置制造	373	8338		130
航空、航天器及设备制造	374	271		
摩托车制造	375	108334		452
自行车制造	376	325		
非公路休闲车及零配件制造	377	76		
潜水救捞及其他未列明运输设备制造	379	523		
电气机械和器材制造业	38	45762		469
电机制造	381	7249		206
输配电及控制设备制造	382	14802		62
电线、电缆、光缆及电工器材制造	383	8270		
电池制造	384	2453		
家用电力器具制造	385	4698		1
非电力家用器具制造	386	1299		
照明器具制造	387	4520		200
其他电气机械及器材制造	389	2471		
计算机、通信和其他电子设备制造业	39	31484		
计算机制造	391	7698		
通信设备制造	392	2654		
广播电视设备制造	393	281		
视听设备制造	395	1155		
电子器件制造	396	3145		
电子元件制造	397	11300		
其他电子设备制造	399	5251		

单位：人

1978–1991年	1992–1995年	1996年	1997年	1998年	1999年	2000年	2001年
	28			20			
453	885	521	278	559	252	802	241
305	402		43	138		30	92
1124	1368	734	497	1128	800	1466	1636
288	230		168	359	51	634	198
98	89	273	35	143	116	127	265
		55			10	46	
42	66	60	21				197
							61
	48	28	70		12	27	263
11	301	131	33	345	50	153	84
113	410	102		72	299	155	469
572	224	85	170	209	262	324	99
2163	5864	2105	1855	3137	2288	3645	4932
						8	16
	310			90			173
				27		28	35
	8		1	31			
2163	5546	2105	1854	2989	2288	3609	4708
3224	6874	4186	1304	4424	3242	6181	7175
126		155		154	68		136
420	38		1	18	59	27	427
						135	
2678	6836	4031	1303	4235	3115	5984	6612
				17		35	
1397	2455	509	1605	1467	632	1015	1104
172	80	152	290	184	8	57	702
814	1092	293	1008	671	216	48	155
150	587	9	96	496	375	243	111
45	292	13	165		10	153	
1	287	12	15	60		6	13
	72		12	20	18		30
206		30	19	10	5	508	47
9	45			26			46
98	216	19	171	249	371	701	222
					4		
87	94			74	133	187	22
	50			60			
					136	127	
	13	14	115	59	86	30	42
	39	5	56	19		8	
11	20			37	12	349	158

1-2-11 续表 5

指标名称	行业代码	从业人员数	1949年及以前	1950-1977年
仪器仪表制造业	40	18157	131	496
通用仪器仪表制造	401	10747		217
专用仪器仪表制造	402	2256	131	273
钟表与计时仪器制造	403	366		6
光学仪器及眼镜制造	404	2900		
其他仪器仪表制造业	409	1888		
其他制造业	41	8893		
日用杂品制造	411	3893		
煤制品制造	412	1019		
其他未列明制造业	419	3981		
废弃资源综合利用业	42	3905		52
金属废料和碎屑加工处理	421	2140		
非金属废料和碎屑加工处理	422	1765		52
金属制品、机械和设备修理业	43	3895		
金属制品修理	431	665		
通用设备修理	432	381		
专用设备修理	433	420		
铁路、船舶、航空航天等运输设备修理	434	828		
电气设备修理	435	243		
仪器仪表修理	436	51		
其他机械和设备修理业	439	1307		
电力、热力、燃气及水生产和供应业	D	**48537**	**180**	**3021**
电力、热力生产和供应业	44	25044		1031
电力生产	441	22089		1019
电力供应	442	2594		12
热力生产和供应	443	361		
燃气生产和供应业	45	8730		
燃气生产和供应业	450	8730		
水的生产和供应业	46	14763	180	1990
自来水生产和供应	461	12328	180	1990
污水处理及其再生利用	462	2275		
其他水的处理、利用与分配	469	160		
建筑业	E	**628912**		**15926**
房屋建筑业	47	383955		15525
房屋建筑业	470	383955		15525
土木工程建筑业	48	38667		151
铁路、道路、隧道和桥梁工程建筑	481	10690		
水利和内河港口工程建筑	482	11211		
工矿工程建筑	484	1025		
架线和管道工程建筑	485	3650		151
其他土木工程建筑	489	12091		
建筑安装业	49	45330		250
电气安装	491	11840		
管道和设备安装	492	14387		250
其他建筑安装业	499	19103		
建筑装饰和其他建筑业	50	160960		
建筑装饰业	501	65476		
工程准备活动	502	6341		
提供施工设备服务	503	11684		
其他未列明建筑业	509	77459		

单位：人

1978–1991年	1992–1995年	1996年	1997年	1998年	1999年	2000年	2001年
904	2401	737	1079	561	254	565	317
546	1847	696	677	228	188	309	166
159	21	20	71	15	25	38	50
144	318	1	85	289	41	136	39
55	215	20	246	29		82	62
3	178	143	82	39	56	35	372
2	147	143			56		119
	10			19			
1	21		82	20		35	253
85	69			190		24	8
85	33					12	
	36			190		12	8
134	229	5	49	4	54	13	107
		5			32		28
20	53			4			
26	30		49				30
							12
88	146				22	13	37
5037	**2124**	**467**	**670**	**1703**	**1163**	**1004**	**2445**
2701	812	19	446	726	497	598	810
2619	812	19	416	467	449	598	756
82				259	48		54
			30				
1083	731	60	77	487	168	81	501
1083	731	60	77	487	168	81	501
1253	581	388	147	490	498	325	1134
1214	578	388	147	314	498	325	1134
39	3			176			
70684	**66915**	**10932**	**24521**	**22097**	**10480**	**27889**	**21427**
58210	52598	7047	16875	14122	5946	19093	12463
58210	52598	7047	16875	14122	5946	19093	12463
8547	6323	588	1157	1496	864	1662	1249
627	2286	296	311	524	565	225	319
6564	2473		53	550	249	650	56
25	239	27					48
275	723		183		25	317	6
1056	602	265	610	422	25	470	820
818	3259	805	3732	2771	1501	786	3388
42	714	291	2708	504	293	146	1506
370	1486	363	538	1753	754	490	1215
406	1059	151	486	514	454	150	667
3109	4735	2492	2757	3708	2169	6348	4327
3054	3239	1708	2657	3167	1499	5626	2679
13	25	397	45	309	105	212	180
						57	110
42	1471	387	55	232	565	453	1358

1-2-11 续表 6

指标名称	行业代码	从业人员数	1949年及以前	1950-1977年
批发和零售业	F	**641517**	**4**	**2150**
批发业	51	313038		612
农、林、牧产品批发	511	37617		60
食品、饮料及烟草制品批发	512	55029		169
纺织、服装及家庭用品批发	513	24523		8
文化、体育用品及器材批发	514	8183		
医药及医疗器材批发	515	14189		7
矿产品、建材及化工产品批发	516	95918		301
机械设备、五金产品及电子产品批发	517	57415		46
贸易经纪与代理	518	3935		
其他批发业	519	16229		21
零售业	52	328479	4	1538
综合零售	521	37199		770
食品、饮料及烟草制品专门零售	522	38826		150
纺织、服装及日用品专门零售	523	48527		299
文化、体育用品及器材专门零售	524	14323		26
医药及医疗器材专门零售	525	9848	4	22
汽车、摩托车、燃料及零配件专门零售	526	39640		129
家用电器及电子产品专门零售	527	48487		51
五金、家具及室内装饰材料专门零售	528	66203		70
货摊、无店铺及其他零售业	529	25426		21
交通运输、仓储和邮政业	G	**176695**	**485**	**2556**
道路运输业	54	120794		1536
城市公共交通运输	541	10414		40
公路旅客运输	542	13375		647
道路货物运输	543	89650		522
道路运输辅助活动	544	7355		327
水上运输业	55	16829		593
水上旅客运输	551	2219		332
水上货物运输	552	12844		261
水上运输辅助活动	553	1766		
航空运输业	56	1058		
航空客货运输	561	497		
通用航空服务	562	38		
航空运输辅助活动	563	523		
管道运输业	57	108		
管道运输业	570	108		
装卸搬运和运输代理业	58	24026		359
装卸搬运	581	11775		333
运输代理业	582	12251		26
仓储业	59	6085		63
谷物、棉花等农产品仓储	591	1094		46
其他仓储业	599	4991		17
邮政业	60	7795	485	5
邮政基本服务	601	4242	485	5
快递服务	602	3553		

单位：人

1978–1991年	1992–1995年	1996年	1997年	1998年	1999年	2000年	2001年
4614	**9776**	**3644**	**5139**	**6199**	**4492**	**7741**	**10275**
2626	5878	2359	2709	3798	2550	4801	6167
364	208	53	75	108	83	219	264
555	639	277	170	580	116	519	1118
151	653	142	166	275	401	513	345
67	251	29	36	114	36	92	97
40	96	155	75	182	196	218	235
967	1870	847	1006	1427	932	1592	2126
253	1791	710	899	884	634	1248	1286
42	99		24	25	2	57	71
187	271	146	258	203	150	343	625
1988	3898	1285	2430	2401	1942	2940	4108
679	331	77	325	289	196	593	504
203	153	95	137	220	145	175	315
180	280	124	108	259	120	212	391
60	234	43	178	249	65	134	161
161	106	10	64	118	168	133	281
158	1254	242	416	371	276	557	618
236	468	371	557	359	472	538	731
229	597	169	377	315	286	375	666
82	475	154	268	221	214	223	441
4423	**5210**	**994**	**6040**	**4632**	**2994**	**3865**	**7003**
1926	3790	741	2470	2456	2118	2799	5279
304	666	55	459	697		269	18
1102	654	393	317	980	834	753	1269
363	1776	251	1366	564	1089	1549	2975
157	694	42	328	215	195	228	1017
581	141	87	688	613	52	598	1232
352	27	2	445			197	137
216	114	85	183	613	52	383	1095
13			60			18	
			20	27	4	34	
			20				
				27	4	34	
17							
17							
1296	1017	146	656	231	793	336	328
1204	519	109	368	155	162	148	43
92	498	37	288	76	631	188	285
346	81	20	8	126	21	91	51
208	38			32		91	
138	43	20	8	94	21		51
257	181		2198	1179	6	7	113
257	171		2198	940	6	4	
	10			239		3	113

1-2-11 续表 7

指标名称	行业代码	从业人员数		
			1949年及以前	1950-1977年
住宿和餐饮业	H	**161856**		**281**
住宿业	61	34970		212
旅游饭店	611	17362		142
一般旅馆	612	13515		16
其他住宿业	619	4093		54
餐饮业	62	126886		69
正餐服务	621	110733		69
快餐服务	622	3494		
饮料及冷饮服务	623	2015		
其他餐饮业	629	10644		
信息传输、软件和信息技术服务业	I	**55620**		
电信、广播电视和卫星传输服务	63	3804		
电信	631	2781		
广播电视传输服务	632	956		
卫星传输服务	633	67		
互联网和相关服务	64	5511		
互联网接入及相关服务	641	493		
互联网信息服务	642	3876		
其他互联网服务	649	1142		
软件和信息技术服务业	65	46305		
软件开发	651	31348		
信息系统集成服务	652	2563		
信息技术咨询服务	653	7974		
数据处理和存储服务	654	360		
集成电路设计	655	93		
其他信息技术服务业	659	3967		
房地产业	K	**170511**		**174**
房地产业	70	170511		174
房地产开发经营	701	52265		
物业管理	702	90761		3
房地产中介服务	703	24760		
其他房地产业	709	2725		171
租赁和商务服务业	L	**313098**		**129**
租赁业	71	19103		8
机械设备租赁	711	18632		8
文化及日用品出租	712	471		
商务服务业	72	293995		121
企业管理服务	721	26225		78
法律服务	722	4157		
咨询与调查	723	49181		37
广告业	724	45910		
知识产权服务	725	1113		
人力资源服务	726	71404		
旅行社及相关服务	727	11120		
安全保护服务	728	54964		
其他商务服务业	729	29921		6

单位：人

1978–1991年	1992–1995年	1996年	1997年	1998年	1999年	2000年	2001年
1510	**1769**	**1027**	**980**	**1234**	**1178**	**2739**	**2092**
1043	934	665	244	932	769	805	645
696	394	539	38	299	708	644	203
332	340	98	145	622	48	143	351
15	200	28	61	11	13	18	91
467	835	362	736	302	409	1934	1447
427	796	361	690	288	341	1664	1358
31		1	46	6	40		23
	14					7	
9	25			8	28	263	66
131	**481**	**167**	**400**	**415**	**624**	**1045**	**1327**
97	110	63	6	84		303	155
67	110	56	5	38		303	101
30		7	1	46			39
							15
3	35	49	59	21	48	112	104
				16		18	
3	35	48	4	5	21	80	78
		1	55		27	14	26
31	336	55	335	310	576	630	1068
13	263	26	237	111	562	408	531
	2		6	125	3	96	178
18	56	2	30	73	11	30	229
	3					25	
	12	27	62	1		71	130
615	**4719**	**2063**	**2966**	**6915**	**9452**	**5790**	**7314**
615	4719	2063	2966	6915	9452	5790	7314
369	2594	757	1689	2534	1383	1742	2329
45	1739	1160	1166	4184	7652	3459	4625
3	155	109	110	100	379	539	276
198	231	37	1	97	38	50	84
7417	**4294**	**853**	**3517**	**2203**	**3667**	**4904**	**8652**
228	844	20	111	76	143	243	89
228	844	20	111	76	140	217	89
					3	26	
7189	3450	833	3406	2127	3524	4661	8563
470	1329	107	138	175	126	456	360
83	443	70	164	224	206	96	213
533	249	79	231	143	1203	401	737
38	488	304	590	242	581	674	578
	19				14		36
35	50		86	641	81	49	814
213	288	135	267	242	912	298	299
5525		70	1783	6		2220	4072
292	584	68	147	454	401	467	1454

1-2-11 续表 8

指标名称	行业代码	从业人员数	1949年及以前	1950-1977年
科学研究和技术服务业	M	**56537**		**42**
研究和试验发展	73	3361		
自然科学研究和试验发展	731	252		
工程和技术研究和试验发展	732	1675		
农业科学研究和试验发展	733	696		
医学研究和试验发展	734	669		
社会人文科学研究	735	69		
专业技术服务业	74	45616		13
气象服务	741	30		
地震服务	742	77		
测绘服务	744	1272		
质检技术服务	745	3182		
环境与生态监测	746	501		
地质勘查	747	1190		
工程技术	748	22284		
其他专业技术服务业	749	17080		13
科技推广和应用服务业	75	7560		29
技术推广服务	751	5275		
科技中介服务	752	948		18
其他科技推广和应用服务业	759	1337		11
水利、环境和公共设施管理业	N	**15111**		**1**
水利管理业	76	1792		1
防洪除涝设施管理	761	158		1
水资源管理	762	503		
天然水收集与分配	763	554		
水文服务	764	111		
其他水利管理业	769	466		
生态保护和环境治理业	77	3264		
生态保护	771	366		
环境治理业	772	2898		
公共设施管理业	78	10055		
市政设施管理	781	957		
环境卫生管理	782	1403		
城乡市容管理	783	122		
绿化管理	784	4643		
公园和游览景区管理	785	2930		
居民服务、修理和其他服务业	O	**72171**		**25**
居民服务业	79	33899		10
家庭服务	791	6486		
托儿所服务	792	34		
洗染服务	793	2231		
理发及美容服务	794	10181		6
洗浴服务	795	1536		

单位：人

1978–1991年	1992–1995年	1996年	1997年	1998年	1999年	2000年	2001年
1201	**1464**	**417**	**462**	**880**	**982**	**1659**	**1633**
141	202	15	2	79	1	45	63
	6			3			
141	134	14	1	69		9	25
	16		1	6			7
	14	1		1	1	36	31
	32						
1010	994	389	414	709	979	1390	1448
						45	
25			6				105
114	27	42	44	47	30	99	124
					56	15	12
56					66	48	
691	534	204	206	499	710	839	1086
124	433	143	158	163	117	344	121
50	268	13	46	92	2	224	122
45	136	9	46	59	2	178	93
	111			23		36	5
5	21	4		10		10	24
143	**276**	**121**	**222**	**279**	**165**	**223**	**747**
53	10	18		68		23	205
				20			63
13							91
40		18		20		12	
						11	
	10			28			51
	43	57	5	13	83	124	53
	1				17	50	
	42	57	5	13	66	74	53
90	223	46	217	198	82	76	489
	57			107	30	5	29
		20				34	152
							5
58	77	26	174	33	16	28	206
32	89		43	58	36	9	97
775	**827**	**395**	**326**	**631**	**571**	**1196**	**1214**
100	251	142	138	273	163	384	443
	14			20		7	5
15							
			18			31	
	52	131		79	2	110	66
				89	21	114	111

1-2-11 续表 9

指标名称	行业代码	从业人员数	1949年及以前	1950-1977年
保健服务	796	2652		
婚姻服务	797	3307		
殡葬服务	798	2123		
其他居民服务业	799	5349		4
机动车、电子产品和日用产品修理业	80	26309		1
汽车、摩托车修理与维护	801	21182		
计算机和办公设备维修	802	2145		
家用电器修理	803	2183		
其他日用产品修理业	809	799		1
其他服务业	81	11963		14
清洁服务	811	8646		14
其他未列明服务业	819	3317		
卫生和社会工作	Q	**669**		
社会工作	84	669		
提供住宿社会工作	841	584		
不提供住宿社会工作	842	85		
文化、体育和娱乐业	R	**37649**		**145**
新闻和出版业	85	1167		
新闻业	851	25		
出版业	852	1142		
广播、电视、电影和影视录音制作业	86	3947		129
电视	862	129		
电影和影视节目制作	863	1081		
电影和影视节目发行	864	166		26
电影放映	865	2396		103
录音制作	866	175		
文化艺术业	87	8389		
文艺创作与表演	871	4269		
艺术表演场馆	872	328		
图书馆与档案馆	873	101		
文物及非物质文化遗产保护	874	149		
博物馆	875	78		
群众文化活动	877	691		
其他文化艺术业	879	2773		
体育	88	2092		9
体育组织	881	106		
体育场馆	882	189		9
休闲健身活动	883	1506		
其他体育	889	291		
娱乐业	89	22054		7
室内娱乐活动	891	20079		7
游乐园	892	377		
文化、娱乐、体育经纪代理	894	694		
其他娱乐业	899	904		

单位：人

1978–1991年	1992–1995年	1996年	1997年	1998年	1999年	2000年	2001年
			2	43		39	14
	16	11	6	7			
49	113		99	15	73	43	143
36	56		13	20	67	40	104
631	341	250	171	351	396	712	603
631	301	245	134	324	316	613	541
	3		6		78	27	4
	18	5	11	27	2	65	38
	19		20			7	20
44	235	3	17	7	12	100	168
24	176	3		6	5	25	119
20	59		17	1	7	75	49
	8				**17**	**5**	**29**
	8				17	5	29
	8						29
					17	5	
196	**257**	**71**	**20**	**298**	**110**	**464**	**772**
30	93			65	22	50	51
30	93			65	22	50	51
135	10	27	2	47	14	111	43
							15
	10	27		12	9		28
			2		5		
135				35		111	
25	24	13		65	13	13	37
25	6			41		8	24
		13					
						5	
				24			6
	18						7
					13		
1	5			15		53	32
1							
							16
	5			15		52	16
						1	
5	125	31	18	106	61	237	609
5	104	31	9	101	61	237	599
	21						
			9	5			10

1-2-11 续表 10

指标名称	行业代码				
		2002年	2003年	2004年	2005年
总　计		**119103**	**139143**	**151805**	**169588**
农、林、牧、渔业	A	**22**	**58**	**184**	**63**
农业	01		11	58	2
谷物种植	011				
蔬菜、食用菌及园艺作物种植	014				2
水果种植	015				
坚果、含油果、香料和饮料作物种植	016				
中药材种植	017		11		
其他农业	019			58	
林业	02				
林木育种和育苗	021				
造林和更新	022				
畜牧业	03				
牲畜饲养	031				
家禽饲养	032				
其他畜牧业	039				
渔业	04				2
水产养殖	041				2
农、林、牧、渔服务业	05	22	47	126	59
农业服务业	051	22	24	80	53
林业服务业	052		1	28	
畜牧服务业	053		16	18	
渔业服务业	054		6		6
采矿业	B	**4663**	**6946**	**4373**	**9974**
煤炭开采和洗选业	06	3565	5939	2029	5841
烟煤和无烟煤开采洗选	061	3565	5863	2029	5750
褐煤开采洗选	062				20
其他煤炭采选	069		76		71
石油和天然气开采业	07			33	535
石油开采	071				
天然气开采	072			33	535
黑色金属矿采选业	08		193	515	1115
铁矿采选	081				372
锰矿、铬矿采选	082		193	515	743
其他黑色金属矿采选	089				
有色金属矿采选业	09			1	256
常用有色金属矿采选	091			1	256
贵金属矿采选	092				
稀有稀土金属矿采选	093				
非金属矿采选业	10	1078	799	1789	2227
土砂石开采	101	891	764	1574	1997
化学矿开采	102	95	8	35	60
采盐	103				
石棉及其他非金属矿采选	109	92	27	180	170

单位：人

2006年	2007年	2008年	2009年	2010年	2011年	2012年	2013年
172062	**191798**	**183364**	**204041**	**315672**	**469149**	**466287**	**449742**
120	**988**	**395**	**966**	**1296**	**2836**	**3449**	**4463**
	119	13	66	15	48	34	394
			26				
	49		30		26	31	37
	45	13	10		16		357
	25				6		
				15		3	
	7	1			51		
	7				51		
		1					
5	21	7	10		64	40	
	21	7	10		5	18	
5					2	22	
					57		
			2	22	30	80	
			2	22	30	80	
115	841	374	888	1259	2643	3295	4069
91	673	278	763	987	2101	2780	3661
	44	46	45	76	53	126	128
19	102	29	64	119	217	157	135
5	22	21	16	77	272	232	145
5485	**5618**	**5619**	**7672**	**6686**	**13665**	**12330**	**9575**
3684	2378	3069	4683	2378	9282	5209	3245
3647	2378	2540	4683	2193	8195	4907	2913
37		99			224		123
		430		185	863	302	209
39		106	34	81	21	16	62
				23		16	44
39		106	34	58	21		18
357	1414	266	291	84	305	135	392
29		1	111	36	153	47	
328	1414	265	180	30	152	88	254
				18			138
120	193	47	20	64	33	3	16
120	177	47	20	39	20	3	16
				25	13		
	16						
1274	1493	1950	2345	3752	3714	6399	5322
1181	1322	1656	2109	3641	3534	5710	5146
15	68	95	115		35		62
		199					
78	103		121	111	145	689	114

1-2-11 续表 11

指标名称	行业代码	2002年	2003年	2004年	2005年
开采辅助活动	11		11		
煤炭开采和洗选辅助活动	111				
石油和天然气开采辅助活动	112		11		
其他开采辅助活动	119				
其他采矿业	12	20	4	6	
其他采矿业	120	20	4	6	
制造业	C	**43223**	**54720**	**56260**	**55020**
农副食品加工业	13	3499	4356	4599	4824
谷物磨制	131	692	710	1098	177
饲料加工	132	130	144	519	1397
植物油加工	133	175	206	165	73
制糖业	134	20		15	12
屠宰及肉类加工	135	1215	1797	812	777
水产品加工	136	50			
蔬菜、水果和坚果加工	137	328	870	1221	1286
其他农副食品加工	139	889	629	769	1102
食品制造业	14	1365	1485	855	1404
焙烤食品制造	141	88	143	62	62
糖果、巧克力及蜜饯制造	142	52	180	23	
方便食品制造	143	250	30	11	205
乳制品制造	144			85	
罐头食品制造	145	93	650	63	
调味品、发酵制品制造	146	491	400	539	876
其他食品制造	149	391	82	72	261
酒、饮料和精制茶制造业	15	1172	1308	1381	1564
酒的制造	151	277	368	89	535
饮料制造	152	670	714	822	865
精制茶加工	153	225	226	470	164
烟草制品业	16				
烟叶复烤	161				
纺织业	17	2046	2080	3459	2113
棉纺织及印染精加工	171	1715	1392	2657	1497
毛纺织及染整精加工	172		5		
麻纺织及染整精加工	173				
丝绢纺织及印染精加工	174	260	470	637	492
化纤织造及印染精加工	175				
针织或钩针编织物及其制品制造	176		18	65	28
家用纺织制成品制造	177	71	75	30	52
非家用纺织制成品制造	178		120	70	44
纺织服装、服饰业	18	300	976	536	274
机织服装制造	181	267	921	506	176
针织或钩针编织服装制造	182				
服饰制造	183	33	55	30	98
皮革、毛皮、羽毛及其制品和制鞋业	19	557	725	1007	631
皮革鞣制加工	191				151
皮革制品制造	192	27		19	
毛皮鞣制及制品加工	193				
羽毛(绒)加工及制品制造	194		15	63	33
制鞋业	195	530	710	925	447

单位：人

2006年	2007年	2008年	2009年	2010年	2011年	2012年	2013年
11	99	181	35	259	125	272	483
11	46	176		215	125	38	421
	53	5		39		190	60
			35	5		44	2
	41		264	68	185	296	55
	41		264	68	185	296	55
56873	**66403**	**69213**	**72007**	**107851**	**155115**	**152256**	**150347**
3723	5654	4940	4081	6381	6676	8469	13787
605	402	716	392	1060	1151	840	3337
370	480	558	671	406	1243	553	627
224	179	186	439	498	604	608	1246
				220	57	38	173
951	1871	1239	1052	1138	918	1847	1305
	6	8	50	93	37	95	249
1015	1084	694	644	1007	837	1562	1830
558	1632	1539	833	1959	1829	2926	5020
1891	1981	2736	2201	2163	3925	3380	2931
863	375	750	284	416	1051	897	671
190	86	61	165	81	98	288	372
134	174	401	313	401	940	680	704
		23	56		3	28	26
19	92	107	195	162	49	343	123
341	678	845	461	371	895	541	491
344	576	549	727	732	889	603	544
1294	1537	1402	909	997	2469	3104	1863
474	1020	645	651	341	1154	1909	739
390	381	553	179	354	1084	912	853
430	136	204	79	302	231	283	271
							38
							38
1774	1051	1353	1514	2631	4473	5767	7122
1022	819	508	1131	904	979	1106	1066
4		110	68	310	267	616	342
		123				20	343
436		328	78	473	484	395	577
			9		6	100	167
13	162	216	87	290	875	1096	760
143	35	48	36	511	1397	1937	3207
156	35	20	105	143	465	497	660
891	1179	1909	1093	4941	8452	9952	7287
855	834	1795	1007	4394	6956	7139	4179
	172		50	263	345	400	734
36	173	114	36	284	1151	2413	2374
688	767	2325	1762	3311	3555	4217	7405
3		6	222	12	64	144	160
94	123	55	277	693	555	1010	871
	122	4	9	43	189	613	504
38	112	93	74	28	77	156	123
553	410	2167	1180	2535	2670	2294	5747

1-2-11 续表 12

指标名称	行业代码	2002年	2003年	2004年	2005年
木材加工和木、竹、藤、棕、草制品业	20	512	479	218	646
木材加工	201	121	102	123	50
人造板制造	202	240	129		478
木制品制造	203	98	166	73	26
竹、藤、棕、草等制品制造	204	53	82	22	92
家具制造业	21	272	622	785	876
木质家具制造	211	196	392	785	798
竹、藤家具制造	212		8		
金属家具制造	213	20	11		25
塑料家具制造	214		70		
其他家具制造	219	56	141		53
造纸和纸制品业	22	1358	1183	743	1357
纸浆制造	221				
造纸	222	693	1011	620	207
纸制品制造	223	665	172	123	1150
印刷和记录媒介复制业	23	947	1251	1470	933
印刷	231	825	1236	1367	742
装订及印刷相关服务	232	122	15	86	191
记录媒介复制	233			17	
文教、工美、体育和娱乐用品制造业	24	45	310	376	716
文教办公用品制造	241	23		145	184
乐器制造	242				120
工艺美术品制造	243	22	310	173	312
体育用品制造	244			58	75
玩具制造	245				
游艺器材及娱乐用品制造	246				25
石油加工及炼焦	25	165	8	642	151
化学原料和化学制品制造业	26	2235	1299	2106	1750
基础化学原料制造	261	714	329	373	631
肥料制造	262	425	32	487	223
农药制造	263		61		
涂料、油墨、颜料及类似产品制造	264	90	115	306	278
合成材料制造	265	96	228	143	79
专用化学产品制造	266	252	443	708	198
炸药、火工及焰火产品制造	267	605	30		237
日用化学产品制造	268	53	61	89	104
医药制造业	27	1059	881	903	1134
化学药品原料药制造	271	383	394	239	318
化学药品制剂制造	272	8		3	12
中药饮片加工	273	74		449	400
中成药生产	274	126		212	
兽用药品制造	275	287	354		353
生物药品制造	276	181	69		51
卫生材料及医药用品制造	277		64		

单位：人

2006年	2007年	2008年	2009年	2010年	2011年	2012年	2013年
1290	1275	2089	1429	4248	8065	5600	5796
181	307	480	406	1488	2506	1815	2236
202	336	566	349	795	377	430	304
609	584	561	553	1229	2081	2146	2255
298	48	482	121	736	3101	1209	1001
891	1304	1682	2005	3925	8587	6698	8135
454	849	1424	1651	2986	6665	5185	6743
	18	5		10	64	142	104
59	292	81	108	203	521	658	365
25		30	12	146	12	12	182
353	145	142	234	580	1325	701	741
1353	852	903	1675	2267	3873	2671	2232
		32			31		37
206	359	278	542	582	654	768	557
1147	493	593	1133	1685	3188	1903	1638
1534	1030	1255	1289	2150	2167	2140	1470
1336	811	1089	987	2009	1910	1913	1322
198	219	28	302	123	237	227	136
		138		18	20		12
275	405	739	1036	1975	2981	5271	2370
24		42		223	258	412	132
		201		7	8		25
251	351	308	957	1086	2208	4191	1964
	21	18	8	277	244	172	75
	18	170		327	263	418	159
	15		71	55		78	15
140	110	140	138	344	244	94	118
3111	2179	2587	3533	3091	3515	3353	2404
1263	418	643	793	480	98	30	234
243	78	790	485	403	615	519	321
9	62		14			12	
401	446	328	420	718	1462	985	991
85	171	415	224	248	293	531	164
483	388	199	687	656	142	595	260
551	449	119	674	234	615	333	298
76	167	93	236	352	290	348	136
404	1281	1223	304	1463	1123	1029	743
	49	396	156	56	46	61	124
	89			58	50	383	70
	273	149	55	352	572	144	238
173	217	385	21	74	46	239	50
199		98	37	341		84	90
	328	169		536	394	118	161
32	325	26	35	46	15		10

1-2-11 续表 13

指标名称	行业代码	2002年	2003年	2004年	2005年
化学纤维制造业	28	18	41	25	16
纤维素纤维原料及纤维制造	281		40	25	16
合成纤维制造	282	18	1		
橡胶和塑料制品业	29	1143	1413	2584	2372
橡胶制品业	291	218	346	515	759
塑料制品业	292	925	1067	2069	1613
非金属矿物制品业	30	4389	6198	4974	7179
水泥、石灰和石膏制造	301	302	530	212	811
石膏、水泥制品及类似制品制造	302	1235	1342	1709	1971
砖瓦、石材等建筑材料制造	303	2148	3046	2471	3372
玻璃制造	304	95	438		182
玻璃制品制造	305	135	44	241	244
玻璃纤维和玻璃纤维增强塑料制品制造	306	75	28		117
陶瓷制品制造	307	315	610	127	116
耐火材料制品制造	308	50	149	169	135
石墨及其他非金属矿物制品制造	309	34	11	45	231
黑色金属冶炼和压延加工业	31	787	2273	1574	1322
炼铁	311	208	6		49
炼钢	312	175		19	
黑色金属铸造	313	190	275	231	372
钢压延加工	314	85	815	424	583
铁合金冶炼	315	129	1177	900	318
有色金属冶炼和压延加工业	32	422	834	717	1436
常用有色金属冶炼	321	175	100	409	249
贵金属冶炼	322		1		
稀有稀土金属冶炼	323	17		115	212
有色金属合金制造	324	184			280
有色金属铸造	325				50
有色金属压延加工	326	46	733	193	645
金属制品业	33	1788	3034	2647	1410
结构性金属制品制造	331	837	1234	1434	348
金属工具制造	332	424	559	157	294
集装箱及金属包装容器制造	333		107	184	77
金属丝绳及其制品制造	334		48	95	106
建筑、安全用金属制品制造	335	235	265	184	68
金属表面处理及热处理加工	336	182	594	186	158
搪瓷制品制造	337		37	86	
金属制日用品制造	338	60	89	85	106
其他金属制品制造	339	50	101	236	253
通用设备制造业	34	3060	3334	3324	3451
锅炉及原动设备制造	341	813	388	153	442
金属加工机械制造	342	226	380	340	654
物料搬运设备制造	343		104	127	48
泵、阀门、压缩机及类似机械制造	344	394	360	472	314
轴承、齿轮和传动部件制造	345	597	208	592	606
烘炉、风机、衡器、包装等设备制造	346	290	564	400	664

单位：人

2006年	2007年	2008年	2009年	2010年	2011年	2012年	2013年
55	36		13		226	29	14
3			7		28		
52	36		6		198	29	14
2891	2669	2377	3790	5811	5464	3910	4621
539	194	610	1117	840	588	752	544
2352	2475	1767	2673	4971	4876	3158	4077
5033	6664	10226	10732	11894	18469	20288	18712
252	1005	1354	806	372	1109	642	514
1179	2055	1908	2570	3844	5617	5925	4425
2359	2518	5286	4807	5185	9677	10499	10271
125	104	100	176	369	168	630	539
308	144	810	1499	1423	1219	1248	1649
300	195	43	77	116	104	201	76
40	366	578	254	229	150	679	716
161	78	70	239		137	106	53
309	199	77	304	356	288	358	469
1165	2349	1991	1198	2317	2260	1665	1428
85	99			69	302	60	8
18	288		54	18	64	13	3
285	635	600	569	775	1123	368	178
687	970	1158	350	658	624	1122	1052
90	357	233	225	797	147	102	187
893	1465	676	696	1098	1523	1743	1484
11	383	196	200	173	518	301	180
			30		32	27	7
148		155	10	92	20		
	225	3	6	77	387	170	337
4	349			10	13	187	270
730	508	322	450	746	553	1058	690
3655	4796	3279	3878	7567	13946	12998	17383
1454	1217	1213	1550	3420	6439	6264	9114
606	877	298	414	1212	2183	2250	3466
185	20	335	193	555	96	212	114
	60	82	56	268	201	4	133
211	54	293	415	513	1424	1994	1878
137	756	329	521	547	614	851	613
12	120	200	8	127	30	21	4
212	428	176	412	421	1206	625	1143
838	1264	353	309	504	1753	777	918
3321	3799	4129	5397	7282	9933	8242	8411
341	272	358	435	585	632	499	185
330	349	872	989	1233	2032	1529	2071
128	728	43	341	337	410	416	375
174	729	273	350	659	539	319	166
702	422	708	1068	404	646	229	190
351	310	364	412	442	470	875	1134

1-2-11 续表 14

指标名称	行业代码	2002年	2003年	2004年	2005年
文化、办公用机械制造	347				
通用零部件制造	348	445	1012	1113	568
其他通用设备制造业	349	295	318	127	155
专用设备制造业	35	482	2279	2390	3398
采矿、冶金、建筑专用设备制造	351	75	337	614	838
化工、木材、非金属加工专用设备制造	352	141	1012	587	968
食品、饮料、烟草及饲料生产专用设备制造	353	17	334	42	
印刷、制药、日化及日用品生产专用设备制造	354	10	237	31	12
纺织、服装和皮革加工专用设备制造	355		2	12	27
电子和电工机械专用设备制造	356			5	164
农、林、牧、渔专用机械制造	357		45	601	825
医疗仪器设备及器械制造	358	179	100	263	391
环保、社会公共服务及其他专用设备制造	359	60	212	235	173
汽车制造业	36	5277	7747	7418	5921
汽车整车制造	361				
改装汽车制造	362	170		80	98
电车制造	364	30	38		
汽车车身、挂车制造	365	18	38		45
汽车零部件及配件制造	366	5059	7671	7338	5778
铁路、船舶、航空航天和其他运输设备制造业	37	7270	5809	7861	6356
铁路运输设备制造	371		20	37	35
城市轨道交通设备制造	372				
船舶及相关装置制造	373	205	617	834	35
航空、航天器及设备制造	374				
摩托车制造	375	7065	5144	6989	6278
自行车制造	376		28	1	
非公路休闲车及零配件制造	377				
潜水救捞及其他未列明运输设备制造	379				8
电气机械和器材制造业	38	1269	2483	1628	1936
电机制造	381	5	555	878	121
输配电及控制设备制造	382	518	1071	490	383
电线、电缆、光缆及电工器材制造	383	324	512	38	895
电池制造	384	256	75	20	102
家用电力器具制造	385	34	45	152	237
非电力家用器具制造	386				78
照明器具制造	387	81	137	38	120
其他电气机械及器材制造	389	51	88	12	
计算机、通信和其他电子设备制造业	39	288	420	378	580
计算机制造	391	27		58	
通信设备制造	392	209	208	37	305
广播电视设备制造	393		11		
视听设备制造	395			12	
电子器件制造	396			60	275
电子元件制造	397	31	103	211	
其他电子设备制造	399	21	98		

单位：人

2006年	2007年	2008年	2009年	2010年	2011年	2012年	2013年
4	7			7	193	34	130
1235	661	1418	1423	3427	4730	3944	3762
56	321	93	379	188	281	397	398
3426	2586	3061	3680	5019	6548	8638	7173
1194	134	422	493	996	1137	970	780
1187	825	857	849	1399	1922	2536	1702
50	70	44	253	98	66	348	242
70	57	247	165	317	325	466	496
14	57	325	43	16	57	290	140
87	137	38	187	485	614	986	615
428	479	394	1270	1028	1709	2234	2510
280	195	121	201	196	86	293	296
116	632	613	219	484	632	515	392
6750	9007	6914	9086	10569	11376	9109	7941
	160			37	51	157	
506					122	120	131
34	11		67		134	68	5
45	27	218	21	72	89	16	16
6165	8809	6696	8998	10460	10980	8748	7789
7120	7319	6488	6370	7424	7101	6648	6566
223	135	74	161	71	88	22	20
				1	74	57	
522	549	579	923	1224	742	550	438
							136
6375	6608	5835	5082	6128	5794	5931	5859
	22				80	36	106
					30	46	
	5		204		293	6	7
1822	2434	2169	1709	4662	6122	5380	3495
119	485	525	223	800	587	584	516
383	805	447	368	1925	1697	1385	971
293	647	317	476	376	666	854	805
225	120	36	26	171	283	427	34
357	102	406	152	274	1245	643	656
139		204	282	119	116	158	51
82	209	178	75	681	591	1057	246
224	66	56	107	316	937	272	216
394	1077	1072	897	1675	8244	8276	6121
20		255	101	632	1804	2653	2141
36	186	356			87	558	63
	105		5		25	25	
3			200	5	194	260	218
68	9	42	53	223	578	858	620
186	688	349	294	456	3574	2966	2315
81	89	70	244	359	1982	956	764

1-2-11 续表 15

指标名称	行业代码	2002年	2003年	2004年	2005年
仪器仪表制造业	40	856	1358	1320	795
通用仪器仪表制造	401	543	647	940	584
专用仪器仪表制造	402	8	329	7	6
钟表与计时仪器制造	403	30			
光学仪器及眼镜制造	404	139	224	343	92
其他仪器仪表制造业	409	136	158	30	113
其他制造业	41	365	283	80	140
日用杂品制造	411	357	217	36	125
煤制品制造	412	8	9		
其他未列明制造业	419		57	44	15
废弃资源综合利用业	42	231	237	183	180
金属废料和碎屑加工处理	421	90	237	110	112
非金属废料和碎屑加工处理	422	141		73	68
金属制品、机械和设备修理业	43	46	14	77	155
金属制品修理	431				11
通用设备修理	432		4		70
专用设备修理	433				
铁路、船舶、航空航天等运输设备修理	434				45
电气设备修理	435	46	4	39	
仪器仪表修理	436		6		12
其他机械和设备修理业	439			38	17
电力、热力、燃气及水生产和供应业	D	**1996**	**3266**	**4386**	**2546**
电力、热力生产和供应业	44	964	1692	2767	1710
电力生产	441	954	1372	2553	1306
电力供应	442	10	320	214	262
热力生产和供应	443				142
燃气生产和供应业	45	254	725	307	361
燃气生产和供应业	450	254	725	307	361
水的生产和供应业	46	778	849	1312	475
自来水生产和供应	461	743	270	1210	360
污水处理及其再生利用	462	35	579	102	115
其他水的处理、利用与分配	469				
建筑业	E	**22656**	**24036**	**38392**	**31376**
房屋建筑业	47	10428	16758	20388	10491
房屋建筑业	470	10428	16758	20388	10491
土木工程建筑业	48	802	1767	510	2301
铁路、道路、隧道和桥梁工程建筑	481	83	779	315	385
水利和内河港口工程建筑	482	9		1	5
工矿工程建筑	484	113	75		
架线和管道工程建筑	485	140	500	147	429
其他土木工程建筑	489	457	413	47	1482
建筑安装业	49	1915	1564	2253	2759
电气安装	491	180	369	534	664
管道和设备安装	492	1051	776	930	648
其他建筑安装业	499	684	419	789	1447
建筑装饰和其他建筑业	50	9511	3947	15241	15825
建筑装饰业	501	2453	1259	6514	1966
工程准备活动	502	164	573	390	608
提供施工设备服务	503	171	823	3195	1591
其他未列明建筑业	509	6723	1292	5142	11660

单位：人

2006年	2007年	2008年	2009年	2010年	2011年	2012年	2013年
671	692	750	864	806	1263	678	659
364	380	442	454	549	558	222	190
216	120	33	333	40	120	102	139
		106				75	149
24	169	137	35	80	442	30	132
67	23	32	42	137	143	249	49
16	285	290	195	1083	1603	2165	1480
	47	15	104	521	463	1169	372
	214	63	5	123	143	173	252
16	24	212	86	439	997	823	856
94	234	258	468	340	500	316	436
28	99	26	387	274	151	186	310
66	135	232	81	66	349	130	126
308	386	250	65	417	432	426	722
126	196		3	194	56	53	26
	71	17	21		53	40	40
		54	16	81	84	37	69
127	119	27		56	85	154	80
22		40	10		23	23	24
17		16					
16		96	15	86	131	119	483
2117	**1876**	**2860**	**2148**	**2061**	**2829**	**2683**	**1912**
882	1005	1507	1472	1341	1791	1088	1144
881	1005	1507	1318	1178	838	1001	980
1			154	80	879	60	159
				83	74	27	5
574	425	545	308	374	406	749	512
574	425	545	308	374	406	749	512
661	446	808	368	346	632	846	256
615	214	425	230	269	443	618	163
46	232	383	138	63	150	170	44
				14	39	58	49
42874	**29744**	**26934**	**29165**	**40495**	**29109**	**24840**	**18393**
23452	10439	13596	14559	24181	18522	12701	6561
23452	10439	13596	14559	24181	18522	12701	6561
1220	1448	1285	1977	1219	1583	1132	1374
304	675	316	774	449	815	239	391
276	67		43	25	80	56	54
43	232	50	66		38	57	12
238	93	21	32	197	28	104	41
359	381	898	1062	548	622	676	876
2546	4961	5164	1837	514	962	2679	866
608	493	478	45	53	611	1397	204
833	1185	785	201	274	112	172	201
1105	3283	3901	1591	187	239	1110	461
15656	12896	6889	10792	14581	8042	8328	9592
4517	3120	1348	3761	3405	2696	4639	6154
65	106	686	1618	199	320	159	167
1717	877	824	1312	279	140	349	239
9357	8793	4031	4101	10698	4886	3181	3032

1-2-11 续表 16

指标名称	行业代码	2002年	2003年	2004年	2005年
批发和零售业	F	**11547**	**15587**	**13198**	**15270**
批发业	51	7256	9792	7464	8723
农、林、牧产品批发	511	456	512	685	856
食品、饮料及烟草制品批发	512	657	962	545	734
纺织、服装及家庭用品批发	513	615	628	425	697
文化、体育用品及器材批发	514	111	257	141	328
医药及医疗器材批发	515	348	741	271	494
矿产品、建材及化工产品批发	516	3169	3800	2953	2702
机械设备、五金产品及电子产品批发	517	1565	2010	1722	2245
贸易经纪与代理	518	67	86	80	253
其他批发业	519	268	796	642	414
零售业	52	4291	5795	5734	6547
综合零售	521	396	728	487	738
食品、饮料及烟草制品专门零售	522	348	445	434	379
纺织、服装及日用品专门零售	523	324	639	654	495
文化、体育用品及器材专门零售	524	357	320	240	172
医药及医疗器材专门零售	525	194	412	283	430
汽车、摩托车、燃料及零配件专门零售	526	792	791	936	1817
家用电器及电子产品专门零售	527	835	1439	1267	1167
五金、家具及室内装饰材料专门零售	528	584	491	842	890
货摊、无店铺及其他零售业	529	461	530	591	459
交通运输、仓储和邮政业	G	**9398**	**7278**	**8788**	**11166**
道路运输业	54	6155	5077	6450	8065
城市公共交通运输	541	1213	922	300	752
公路旅客运输	542	1054	181	878	468
道路货物运输	543	3576	3846	4993	6455
道路运输辅助活动	544	312	128	279	390
水上运输业	55	1564	1320	1282	1214
水上旅客运输	551	292	171		135
水上货物运输	552	1272	1144	1004	908
水上运输辅助活动	553		5	278	171
航空运输业	56	168	227	101	
航空客货运输	561		97		
通用航空服务	562				
航空运输辅助活动	563	168	130	101	
管道运输业	57				
管道运输业	570				
装卸搬运和运输代理业	58	1186	386	764	1003
装卸搬运	581	730	187	101	480
运输代理业	582	456	199	663	523
仓储业	59	176	165	183	385
谷物、棉花等农产品仓储	591	34		97	
其他仓储业	599	142	165	86	385
邮政业	60	149	103	8	499
邮政基本服务	601	149	4	3	
快递服务	602		99	5	499

单位：人

2006年	2007年	2008年	2009年	2010年	2011年	2012年	2013年
17963	**23716**	**25317**	**35966**	**63631**	**116067**	**128145**	**120939**
9973	14371	14413	21139	31830	51481	54286	50693
792	1547	1468	3154	4705	6898	7669	7439
1236	1904	2415	2092	6116	10425	12448	11350
909	707	1043	1524	1953	4552	4080	4721
193	1892	249	615	692	1047	1056	880
580	739	738	1452	1920	1836	2378	1488
3169	3991	3382	6241	9135	15115	15468	15670
2229	2512	3642	4515	5528	8403	8310	6941
134	162	455	228	360	389	765	636
731	917	1021	1318	1421	2816	2112	1568
7990	9345	10904	14827	31801	64586	73859	70246
827	693	935	1475	3114	6801	8092	9149
646	818	854	1618	3602	9413	9778	8898
919	778	1168	1158	4423	12046	12867	11083
260	454	530	622	1427	2831	3135	2824
386	720	562	772	1046	1247	1540	1189
1157	1713	1565	2860	4233	6240	6842	6670
1849	1859	2612	2854	5212	8598	8912	8095
1152	1301	1783	2252	5708	13229	17530	17346
794	1009	895	1216	3036	4181	5163	4992
11132	**12107**	**11009**	**11839**	**17690**	**16172**	**12239**	**9670**
6917	8041	8027	9230	13489	10881	8650	6695
525	734	790	875	523	975	297	
831	894	139	312	638	397	510	124
5302	5643	6938	7888	11691	8945	7550	6368
259	770	160	155	637	564	293	203
890	1323	1128	951	1005	874	431	262
40	22	10			36	21	
655	1278	780	939	782	616	263	201
195	23	338	12	223	222	147	61
220	21	36	5	11	50	60	74
201	21	28		11	50	25	64
		8					10
19			5			35	
						91	
						91	
2534	1481	1387	1225	2253	2589	2136	1917
2108	952	762	547	606	700	963	598
426	529	625	678	1647	1889	1173	1319
425	196	406	365	644	1440	506	387
28	8	69	93	75	195	39	41
397	188	337	272	569	1245	467	346
146	1045	25	63	288	338	365	335
				10		10	
146	1045	25	63	278	338	355	335

1-2-11 续表 17

指标名称	行业代码	2002年	2003年	2004年	2005年
住宿和餐饮业	H	**2800**	**3739**	**3366**	**3698**
住宿业	61	1537	1508	970	698
旅游饭店	611	1352	1252	523	188
一般旅馆	612	175	199	422	390
其他住宿业	619	10	57	25	120
餐饮业	62	1263	2231	2396	3000
正餐服务	621	1134	2024	1985	2621
快餐服务	622		17	102	146
饮料及冷饮服务	623	14	35	29	74
其他餐饮业	629	115	155	280	159
信息传输、软件和信息技术服务业	I	**1204**	**1490**	**1647**	**1494**
电信、广播电视和卫星传输服务	63	248	212	252	85
电信	631	245	209	226	85
广播电视传输服务	632	3	3	16	
卫星传输服务	633			10	
互联网和相关服务	64	199	141	154	257
互联网接入及相关服务	641			20	
互联网信息服务	642	187	119	112	256
其他互联网服务	649	12	22	22	1
软件和信息技术服务业	65	757	1137	1241	1152
软件开发	651	496	749	920	779
信息系统集成服务	652	4	83	97	107
信息技术咨询服务	653	235	237	105	140
数据处理和存储服务	654			35	
集成电路设计	655				
其他信息技术服务业	659	22	68	84	126
房地产业	K	**5840**	**9233**	**9185**	**8709**
房地产业	70	5840	9233	9185	8709
房地产开发经营	701	1511	1717	1817	1830
物业管理	702	4150	6970	6539	6167
房地产中介服务	703	166	437	782	680
其他房地产业	709	13	109	47	32
租赁和商务服务业	L	**11424**	**6118**	**6095**	**24489**
租赁业	71	325	467	387	1163
机械设备租赁	711	299	379	387	1163
文化及日用品出租	712	26	88		
商务服务业	72	11099	5651	5708	23326
企业管理服务	721	1279	668	379	894
法律服务	722	281	19	89	55
咨询与调查	723	884	1723	1612	1684
广告业	724	452	1011	1107	1267
知识产权服务	725	69	77	13	
人力资源服务	726	6114	223	1479	18030
旅行社及相关服务	727	58	475	249	411
安全保护服务	728	944	666	64	51
其他商务服务业	729	1018	789	716	934

单位：人

2006年	2007年	2008年	2009年	2010年	2011年	2012年	2013年
5513	**5501**	**6694**	**6822**	**15370**	**24040**	**33783**	**37603**
1627	1455	2020	1613	3072	2940	5470	5732
787	631	937	510	1479	951	3087	1923
663	590	831	879	1373	1550	1777	2571
177	234	252	224	220	439	606	1238
3886	4046	4674	5209	12298	21100	28313	31871
3271	3481	4003	4578	10869	18460	24959	27331
12	259	151	377	373	730	557	623
58	34	117	57	111	309	576	575
545	272	403	197	945	1601	2221	3342
2049	**1811**	**3408**	**3194**	**4694**	**8390**	**9349**	**12299**
174	122	374	417	355	293	216	237
169	112	69	209	271	193	211	101
5	10	290	202	84	100	5	115
		15	6				21
98	349	427	276	342	736	1038	1063
21	12	45	25	13	129	92	102
50	297	323	237	280	484	571	686
27	40	59	14	49	123	375	275
1777	1340	2607	2501	3997	7361	8095	10999
969	949	1954	1894	2833	5434	6203	6017
32	76	196	177	260	341	361	419
310	218	159	257	518	845	825	3676
29	11	42		6	83	49	77
8	8				30	24	23
429	78	256	173	380	628	633	787
9444	**11348**	**9791**	**9036**	**14931**	**16004**	**13019**	**13901**
9444	11348	9791	9036	14931	16004	13019	13901
2073	3796	2883	3583	5163	5335	3941	5182
6297	6086	5425	4317	6897	5224	5185	3446
1056	1277	1044	1008	2741	5294	3655	4949
18	189	439	128	130	151	238	324
11798	**24901**	**12352**	**14114**	**24186**	**58597**	**43037**	**40223**
526	626	1178	1592	1992	3137	2951	2991
526	625	1160	1592	1965	3048	2852	2903
	1	18		27	89	99	88
11272	24275	11174	12522	22194	55460	40086	37232
503	1573	1093	1675	1280	3518	5106	4961
201	372	148	419	180	195	425	274
1727	2776	1899	2722	5411	6334	8036	10749
1677	1734	2244	2583	5371	8215	9291	7440
36	49	70	45	25	111	174	375
4538	8623	3347	2449	5412	4211	7708	7514
396	947	498	551	764	1022	1647	1423
1035	6962	696	48	1000	27423	2058	341
1159	1239	1179	2030	2751	4431	5641	4155

1-2-11 续表 18

指标名称	行业代码	2002年	2003年	2004年	2005年
科学研究和技术服务业	M	**1816**	**1867**	**2353**	**2145**
研究和试验发展	73	167	22	12	104
自然科学研究和试验发展	731				
工程和技术研究和试验发展	732	110	7	5	45
农业科学研究和试验发展	733	9	4	2	4
医学研究和试验发展	734	48	11	5	55
社会人文科学研究	735				
专业技术服务业	74	1366	1718	2154	1893
气象服务	741	19			
地震服务	742		13		
测绘服务	744	76	10	36	24
质检技术服务	745	126	128	399	210
环境与生态监测	746	82		37	17
地质勘查	747	60	111	83	56
工程技术	748	879	1047	1131	1278
其他专业技术服务业	749	124	409	468	308
科技推广和应用服务业	75	283	127	187	148
技术推广服务	751	74	54	71	85
科技中介服务	752	22	19	21	22
其他科技推广和应用服务业	759	187	54	95	41
水利、环境和公共设施管理业	N	**669**	**927**	**822**	**585**
水利管理业	76	77	93	362	42
防洪除涝设施管理	761			6	
水资源管理	762	57		78	7
天然水收集与分配	763			205	21
水文服务	764		70		14
其他水利管理业	769	20	23	73	
生态保护和环境治理业	77	220	275	50	182
生态保护	771		85	5	
环境治理业	772	220	190	45	182
公共设施管理业	78	372	559	410	361
市政设施管理	781	18	123	26	
环境卫生管理	782	33	69	138	51
城乡市容管理	783		1		
绿化管理	784	159	243	154	208
公园和游览景区管理	785	162	123	92	102
居民服务、修理和其他服务业	O	**1128**	**1793**	**1754**	**1920**
居民服务业	79	383	498	627	641
家庭服务	791	18	6	15	46
托儿所服务	792				
洗染服务	793		27	28	90
理发及美容服务	794	105	127	228	81
洗浴服务	795	35		42	36

单位：人

2006年	2007年	2008年	2009年	2010年	2011年	2012年	2013年
2491	**2719**	**2774**	**3542**	**4684**	**6800**	**8042**	**8534**
71	44	238	194	406	653	496	376
38		13	13	25	47	65	42
20	28	79	130	119	405	164	170
4	12	20	46	98	121	202	114
9	4	106	5	164	80	62	36
		20				3	14
2178	2352	2203	2930	3680	5447	5994	6355
				11			
					7	12	
37	121	54	136	117	156	142	227
295	310	131	361	229	114	90	262
	45		69	19	29	101	19
113	72	36	28	159	73	64	165
1367	1123	1067	1329	1789	2310	2138	2057
366	681	915	1007	1356	2758	3447	3625
242	323	333	418	598	700	1552	1803
114	249	235	259	479	493	1095	1499
46	41	27	129	28	111	170	119
82	33	71	30	91	96	287	185
560	**594**	**457**	**953**	**1851**	**1778**	**2200**	**1514**
4	45	26	72	269	251	126	47
					62	6	
4	32	1		117	73	28	2
	13	3	58	102	35	27	
			12			4	
		22	2	50	81	61	45
179	205	109	151	171	406	598	340
15	12		28		5	133	15
164	193	109	123	171	401	465	325
377	344	322	730	1411	1121	1476	1127
20	4	1	61	115	112	102	147
129	50	56	142	43	82	241	163
			11	45	15	9	36
123	176	123	227	783	477	867	485
105	114	142	289	425	435	257	296
2188	**2838**	**2589**	**3478**	**7051**	**12927**	**14411**	**14122**
626	905	966	1512	2872	7038	8006	7921
83	107	181	540	855	1725	1776	1088
					12	7	
14	24	38	66	107	623	655	510
148	217	286	185	660	2358	2626	2714
110	77	79	117	133	150	192	230

1-2-11 续表 19

指标名称	行业代码	2002年	2003年	2004年	2005年
保健服务	796		76	83	38
婚姻服务	797	22	5	30	121
殡葬服务	798	148	202	50	97
其他居民服务业	799	55	55	151	132
机动车、电子产品和日用产品修理业	80	572	775	625	966
汽车、摩托车修理与维护	801	417	660	524	738
计算机和办公设备维修	802	25	47	64	43
家用电器修理	803	120	68	20	62
其他日用产品修理业	809	10		17	123
其他服务业	81	173	520	502	313
清洁服务	811	125	314	291	253
其他未列明服务业	819	48	206	211	60
卫生和社会工作	Q	**3**			**31**
社会工作	84	3			31
提供住宿社会工作	841				31
不提供住宿社会工作	842	3			
文化、体育和娱乐业	R	**714**	**2085**	**1002**	**1102**
新闻和出版业	85	21	40	20	53
新闻业	851				25
出版业	852	21	40	20	28
广播、电视、电影和影视录音制作业	86	4	30		117
电视	862				
电影和影视节目制作	863				
电影和影视节目发行	864	4	3		
电影放映	865		27		117
录音制作	866				
文化艺术业	87	135	60	30	104
文艺创作与表演	871	53	14	20	41
艺术表演场馆	872				8
图书馆与档案馆	873				
文物及非物质文化遗产保护	874	20		10	
博物馆	875		10		
群众文化活动	877		15		
其他文化艺术业	879	62	21		55
体育	88	48	63	89	30
体育组织	881		58		
体育场馆	882	37			
休闲健身活动	883	6	5	89	30
其他体育	889	5			
娱乐业	89	506	1892	863	798
室内娱乐活动	891	476	1874	835	781
游乐园	892	28	7	26	6
文化、娱乐、体育经纪代理	894		3	2	5
其他娱乐业	899	2	8		6

单位：人

2006年	2007年	2008年	2009年	2010年	2011年	2012年	2013年
22	134	72	91	276	529	401	832
16	42	49	184	264	554	917	1063
134	133	94	103	107	199	225	96
99	171	167	226	470	888	1207	1388
1205	1154	1044	1275	2789	3909	4272	4255
909	1042	785	1123	2196	2810	3436	3425
94	94	135	55	349	420	372	329
202	18	115	59	165	505	353	330
		9	38	79	174	111	171
357	779	579	691	1390	1980	2133	1946
169	638	469	445	1149	1483	1596	1342
188	141	110	246	241	497	537	604
	22	**32**	**40**	**38**	**56**	**241**	**145**
	22	32	40	38	56	241	145
	22	32	30	26	41	218	145
			10	12	15	23	
1455	**1612**	**3920**	**3099**	**3157**	**4764**	**6263**	**6102**
97	74	42	122	44	83	135	125
97	74	42	122	44	83	135	125
139	211	134	459	515	801	586	433
			36	63		15	
99	166	8	79	215	134	147	147
	25		3		46	46	6
40	20	121	336	215	553	333	250
		5	5	22	68	45	30
211	130	250	301	673	1669	2466	2170
100	57	107	153	198	910	1382	1130
26			28	3	158	69	23
			7			72	17
			24	5		47	13
47				5		16	
6	2	44	25	123	106	124	221
32	71	99	64	339	495	756	766
37	172	155	147	194	355	380	307
		7	6	5	7	16	6
26		31	6	11	3	47	3
6	172	100	132	158	208	282	230
5		17	3	20	137	35	68
971	1025	3339	2070	1731	1856	2696	3067
949	981	3286	1960	1510	1518	2228	2486
		7	38	34	9	33	189
22	19		29	67	179	178	169
	25	46	43	120	150	257	223

1-2-12 按行业、登记注册类型

指标名称	行业代码	单位数	内资企业	国有企业
总　　计		**197115**	**196077**	**1528**
农、林、牧、渔业	**A**	**1370**	**1370**	**16**
农业	01	25	25	
谷物种植	011	1	1	
蔬菜、食用菌及园艺作物种植	014	9	9	
水果种植	015	8	8	
坚果、含油果、香料和饮料作物种植	016	3	3	
中药材种植	017	1	1	
其他农业	019	3	3	
林业	02	6	6	
林木育种和育苗	021	5	5	
造林和更新	022	1	1	
畜牧业	03	17	17	
牲畜饲养	031	7	7	
家禽饲养	032	6	6	
其他畜牧业	039	4	4	
渔业	04	19	19	
水产养殖	041	19	19	
农、林、牧、渔服务业	05	1303	1303	16
农业服务业	051	1027	1027	13
林业服务业	052	57	57	3
畜牧服务业	053	105	105	
渔业服务业	054	114	114	
采矿业	**B**	**2055**	**2051**	**18**
煤炭开采和洗选业	06	681	680	3
烟煤和无烟煤开采洗选	061	637	637	3
褐煤开采洗选	062	8	8	
其他煤炭采选	069	36	35	
石油和天然气开采业	07	30	30	8
石油开采	071	5	5	
天然气开采	072	25	25	8
黑色金属矿采选业	08	79	79	1
铁矿采选	081	11	11	1
锰矿、铬矿采选	082	64	64	
其他黑色金属矿采选	089	4	4	
有色金属矿采选业	09	22	22	
常用有色金属矿采选	091	18	18	
贵金属矿采选	092	3	3	
稀有稀土金属矿采选	093	1	1	
非金属矿采选业	10	1176	1173	3
土砂石开采	101	1099	1096	1
化学矿开采	102	21	21	
采盐	103	2	2	1
石棉及其他非金属矿采选	109	54	54	1

分组的小微企业法人单位数

单位：个

集体企业	股份合作企业	联营企业	国有联营企业	集体联营企业	国有与集体联营企业	其他联营企业	有限责任公司
1877	**914**	**278**	**30**	**134**	**22**	**92**	**28902**
7	**18**	**5**		**4**		**1**	**116**
1							4
							2
							2
1							
6	18	5		4		1	112
6	16	5		4		1	94
							10
	1						4
	1						4
23	**17**	**5**		**2**		**3**	**209**
8	6	3		2		1	94
8	5	2		1		1	86
		1		1			1
	1						7
	1	1				1	3
		1				1	2
	1						1
							4
							2
							2
1							2
1							2
14	9	1				1	98
11	8	1				1	84
1							5
2	1						9

1-2-12 续表 1

指标名称	行业代码	单位数	内资企业	国有企业
开采辅助活动	11	41	41	3
煤炭开采和洗选辅助活动	111	17	17	1
石油和天然气开采辅助活动	112	17	17	2
其他开采辅助活动	119	7	7	
其他采矿业	12	26	26	
其他采矿业	120	26	26	
制造业	C	**41525**	**41141**	**153**
农副食品加工业	13	3324	3313	14
谷物磨制	131	922	922	1
饲料加工	132	256	251	2
植物油加工	133	336	334	1
制糖业	134	27	27	
屠宰及肉类加工	135	542	542	7
水产品加工	136	32	32	
蔬菜、水果和坚果加工	137	444	443	2
其他农副食品加工	139	765	762	1
食品制造业	14	1106	1102	3
焙烤食品制造	141	243	242	
糖果、巧克力及蜜饯制造	142	69	69	
方便食品制造	143	255	253	
乳制品制造	144	11	11	
罐头食品制造	145	48	48	
调味品、发酵制品制造	146	303	303	1
其他食品制造	149	177	176	2
酒、饮料和精制茶制造业	15	909	904	8
酒的制造	151	421	420	4
饮料制造	152	340	336	2
精制茶加工	153	148	148	2
烟草制品业	16	1	1	1
烟叶复烤	161	1	1	1
纺织业	17	1679	1675	2
棉纺织及印染精加工	171	688	688	
毛纺织及染整精加工	172	65	65	
麻纺织及染整精加工	173	12	12	
丝绢纺织及印染精加工	174	88	86	
化纤织造及印染精加工	175	27	27	
针织或钩针编织物及其制品制造	176	163	162	2
家用纺织制成品制造	177	536	535	
非家用纺织制成品制造	178	100	100	
纺织服装、服饰业	18	1522	1510	1
机织服装制造	181	1102	1093	1
针织或钩针编织服装制造	182	66	66	
服饰制造	183	354	351	
皮革、毛皮、羽毛及其制品和制鞋业	19	1019	1016	
皮革鞣制加工	191	36	36	
皮革制品制造	192	176	176	
毛皮鞣制及制品加工	193	76	76	
羽毛(绒)加工及制品制造	194	48	48	
制鞋业	195	683	680	

单位：个

集体企业	股份合作企业	联营企业	国有联营企业	集体联营企业	国有与集体联营企业	其他联营企业	有限责任公司
	1						7
							2
	1						4
							1
							1
							1
518	**244**	**57**	**5**	**27**	**7**	**18**	**4688**
16	11	6		3	1	2	207
1		1			1		30
							27
1	1	2		1		1	11
							1
13	6	1		1			56
		1		1			2
1	2	1				1	26
	2						54
9	8	1				1	113
	2	1				1	15
1							5
3							21
							3
							5
3	3						36
2	3						28
20	4	1	1				53
11	1						20
5	2						25
4	1	1	1				8
9	1	2				2	86
5							48
		1				1	5
							4
2							10
1							4
1	1	1				1	8
							7
7	4	1		1			69
7	4	1		1			65
							1
							3
3	1						58
1							15
							2
							2
2	1						39

1-2-12 续表 2

指标名称	行业代码	单位数	内资企业	国有企业
木材加工和木、竹、藤、棕、草制品业	20	1467	1464	3
木材加工	201	515	513	2
人造板制造	202	97	97	
木制品制造	203	488	487	
竹、藤、棕、草等制品制造	204	367	367	1
家具制造业	21	1831	1829	3
木质家具制造	211	1404	1403	2
竹、藤家具制造	212	20	20	
金属家具制造	213	122	122	
塑料家具制造	214	19	19	1
其他家具制造	219	266	265	
造纸和纸制品业	22	746	735	3
纸浆制造	221	5	5	
造纸	222	182	178	1
纸制品制造	223	559	552	2
印刷和记录媒介复制业	23	1064	1055	14
印刷	231	909	900	13
装订及印刷相关服务	232	149	149	1
记录媒介复制	233	6	6	
文教、工美、体育和娱乐用品制造业	24	767	764	3
文教办公用品制造	241	63	63	1
乐器制造	242	8	8	
工艺美术品制造	243	629	626	1
体育用品制造	244	22	22	1
玩具制造	245	36	36	
游艺器材及娱乐用品制造	246	9	9	
石油加工及炼焦	25	68	67	
化学原料和化学制品制造业	26	1197	1170	6
基础化学原料制造	261	148	141	3
肥料制造	262	144	143	
农药制造	263	25	25	
涂料、油墨、颜料及类似产品制造	264	368	362	
合成材料制造	265	98	96	
专用化学产品制造	266	231	222	1
炸药、火工及焰火产品制造	267	46	45	1
日用化学产品制造	268	137	136	1
医药制造业	27	255	249	7
化学药品原料药制造	271	43	42	
化学药品制剂制造	272	23	21	1
中药饮片加工	273	50	50	1
中成药生产	274	38	37	1
兽用药品制造	275	24	24	2
生物药品制造	276	51	49	1
卫生材料及医药用品制造	277	26	26	1

单位：个

集体企业	股份合作企业	联营企业	国有联营企业	集体联营企业	国有与集体联营企业	其他联营企业	有限责任公司
6	5	2		1		1	85
	1	1		1			18
2							13
2	2						44
2	2	1				1	10
2	5	1		1			95
2	3	1		1			64
							1
	2						9
							2
							19
11	1	2		1		1	83
							1
	1						23
11		2		1		1	59
53	17	3	1	1		1	145
45	13	2		1		1	123
8	4						19
		1	1				3
4	5	4		2	1	1	48
1	3						2
							1
3	2	4		2	1	1	37
							6
							2
	2	1		1			11
22	8	3	1	2			168
5	3	1		1			31
3							19
1	1						6
4	2						41
4	1	1	1				19
5		1		1			38
							5
	1						9
2	2						60
1							15
	1						7
	1						8
							6
1							5
							13
							6

1-2-12 续表 3

指标名称	行业代码	单位数		
			内资企业	
				国有企业
化学纤维制造业	28	21	21	
纤维素纤维原料及纤维制造	281	6	6	
合成纤维制造	282	15	15	
橡胶和塑料制品业	29	1530	1520	5
橡胶制品业	291	297	295	3
塑料制品业	292	1233	1225	2
非金属矿物制品业	30	4737	4723	6
水泥、石灰和石膏制造	301	252	250	1
石膏、水泥制品及类似制品制造	302	1403	1398	1
砖瓦、石材等建筑材料制造	303	2415	2413	2
玻璃制造	304	85	85	
玻璃制品制造	305	264	262	
玻璃纤维和玻璃纤维增强塑料制品制造	306	53	53	
陶瓷制品制造	307	109	108	1
耐火材料制品制造	308	67	67	1
石墨及其他非金属矿物制品制造	309	89	87	
黑色金属冶炼和压延加工业	31	566	560	2
炼铁	311	19	19	1
炼钢	312	14	14	
黑色金属铸造	313	195	192	1
钢压延加工	314	284	282	
铁合金冶炼	315	54	53	
有色金属冶炼和压延加工业	32	382	376	5
常用有色金属冶炼	321	82	82	2
贵金属冶炼	322	8	8	
稀有稀土金属冶炼	323	9	9	
有色金属合金制造	324	49	47	
有色金属铸造	325	25	25	
有色金属压延加工	326	209	205	3
金属制品业	33	3873	3863	7
结构性金属制品制造	331	2024	2022	1
金属工具制造	332	590	590	2
集装箱及金属包装容器制造	333	66	64	1
金属丝绳及其制品制造	334	51	51	1
建筑、安全用金属制品制造	335	366	365	
金属表面处理及热处理加工	336	212	212	
搪瓷制品制造	337	23	23	
金属制日用品制造	338	228	226	
其他金属制品制造	339	313	310	2
通用设备制造业	34	2838	2808	14
锅炉及原动设备制造	341	155	153	
金属加工机械制造	342	542	537	6
物料搬运设备制造	343	85	82	1
泵、阀门、压缩机及类似机械制造	344	151	151	2
轴承、齿轮和传动部件制造	345	147	142	2
烘炉、风机、衡器、包装等设备制造	346	239	233	1

单位：个

集体企业	股份合作企业	联营企业	国有联营企业	集体联营企业	国有与集体联营企业	其他联营企业	有限责任公司
							1
							1
28	14	4			1	3	184
12	4	2				2	29
16	10	2			1	1	155
72	32	6		3		3	418
5		2				2	26
11	6	1		1			113
41	21	3		2		1	177
1							17
4	1						38
							9
3	2						21
5	1						8
2	1						9
19	1	2		1	1		90
							3
							1
9		1		1			27
10	1	1			1		49
							10
9	2						63
1	1						14
1							
							2
1							10
1							1
5	1						36
31	16	5	1	3		1	385
3	5	1				1	133
7	2	3	1	2			72
1		1		1			18
							2
3	3						48
5							44
							2
1	1						24
11	5						42
55	29	6	1	3	1	1	450
6	2						20
10	8						93
2	2						23
9	1	2		1	1		29
3							26
8	4	2	1	1			51

1-2-12 续表 4

指标名称	行业代码	单位数	内资企业	国有企业
文化、办公用机械制造	347	17	17	
通用零部件制造	348	1374	1367	1
其他通用设备制造业	349	128	126	1
专用设备制造业	35	1925	1898	9
采矿、冶金、建筑专用设备制造	351	263	263	1
化工、木材、非金属加工专用设备制造	352	586	576	3
食品、饮料、烟草及饲料生产专用设备制造	353	54	54	
印刷、制药、日化及日用品生产专用设备制造	354	98	97	1
纺织、服装和皮革加工专用设备制造	355	40	39	
电子和电工机械专用设备制造	356	135	130	2
农、林、牧、渔专用机械制造	357	429	426	
医疗仪器设备及器械制造	358	119	117	1
环保、社会公共服务及其他专用设备制造	359	201	196	1
汽车制造业	36	2647	2575	6
汽车整车制造	361	11	11	
改装汽车制造	362	18	16	
电车制造	364	18	18	
汽车车身、挂车制造	365	21	21	
汽车零部件及配件制造	366	2579	2509	6
铁路、船舶、航空航天和其他运输设备制造业	37	3008	2990	12
铁路运输设备制造	371	32	31	1
城市轨道交通设备制造	372	4	4	
船舶及相关装置制造	373	202	201	4
航空、航天器及设备制造	374	4	3	
摩托车制造	375	2740	2725	6
自行车制造	376	14	14	1
非公路休闲车及零配件制造	377	3	3	
潜水救捞及其他未列明运输设备制造	379	9	9	
电气机械和器材制造业	38	1086	1063	7
电机制造	381	151	146	2
输配电及控制设备制造	382	324	317	4
电线、电缆、光缆及电工器材制造	383	179	174	
电池制造	384	36	33	
家用电力器具制造	385	112	111	
非电力家用器具制造	386	41	41	
照明器具制造	387	150	150	
其他电气机械及器材制造	389	93	91	1
计算机、通信和其他电子设备制造业	39	622	573	3
计算机制造	391	110	91	
通信设备制造	392	45	41	
广播电视设备制造	393	11	11	
视听设备制造	395	16	15	
电子器件制造	396	65	60	2
电子元件制造	397	251	237	1
其他电子设备制造	399	124	118	

单位：个

集体企业	股份合作企业	联营企业	国有联营企业	集体联营企业	国有与集体联营企业	其他联营企业	有限责任公司
		1		1			4
17	11	1				1	178
	1						26
17	19	2		1		1	336
2	4						55
2	3						85
	1						5
1	1						14
	1						10
	2						23
4							85
2		2		1		1	21
6	7						38
35	16						521
							3
	1						4
							1
2							3
33	15						510
41	22	1		1			488
4							6
							1
4							26
							2
33	22	1		1			447
							4
							1
							1
13	12						170
2	2						27
4	4						58
2	3						24
							7
4							18
							4
	1						20
1	2						12
4	1						133
1							36
2							11
							3
							6
							10
1	1						39
							28

1-2-12 续表 5

指标名称	行业代码	单位数	内资企业	国有企业
仪器仪表制造业	40	540	525	8
通用仪器仪表制造	401	285	276	6
专用仪器仪表制造	402	50	48	1
钟表与计时仪器制造	403	8	8	
光学仪器及眼镜制造	404	106	103	
其他仪器仪表制造业	409	91	90	1
其他制造业	41	414	414	1
日用杂品制造	411	111	111	1
煤制品制造	412	66	66	
其他未列明制造业	419	237	237	
废弃资源综合利用业	42	153	152	
金属废料和碎屑加工处理	421	95	95	
非金属废料和碎屑加工处理	422	58	57	
金属制品、机械和设备修理业	43	228	226	
金属制品修理	431	22	22	
通用设备修理	432	28	28	
专用设备修理	433	35	35	
铁路、船舶、航空航天等运输设备修理	434	40	39	
电气设备修理	435	16	16	
仪器仪表修理	436	5	5	
其他机械和设备修理业	439	82	81	
电力、热力、燃气及水生产和供应业	**D**	**1857**	**1849**	**168**
电力、热力生产和供应业	44	1117	1115	64
电力生产	441	1065	1064	55
电力供应	442	46	46	8
热力生产和供应	443	6	5	1
燃气生产和供应业	45	194	190	11
燃气生产和供应业	450	194	190	11
水的生产和供应业	46	546	544	93
自来水生产和供应	461	457	457	73
污水处理及其再生利用	462	75	73	20
其他水的处理、利用与分配	469	14	14	
建筑业	**E**	**6249**	**6234**	**65**
房屋建筑业	47	1732	1729	22
房屋建筑业	470	1732	1729	22
土木工程建筑业	48	550	548	29
铁路、道路、隧道和桥梁工程建筑	481	175	174	12
水利和内河港口工程建筑	482	43	43	8
工矿工程建筑	484	23	22	
架线和管道工程建筑	485	59	59	3
其他土木工程建筑	489	250	250	6
建筑安装业	49	697	696	4
电气安装	491	171	171	1
管道和设备安装	492	212	211	2
其他建筑安装业	499	314	314	1
建筑装饰和其他建筑业	50	3270	3261	10
建筑装饰业	501	2061	2054	2
工程准备活动	502	115	115	1
提供施工设备服务	503	127	127	
其他未列明建筑业	509	967	965	7

单位：个

集体企业	股份合作企业	联营企业	国有联营企业	集体联营企业	国有与集体联营企业	其他联营企业	有限责任公司
17	3	3		1	2		86
7		1			1		62
3	1	1			1		8
1							
2							6
4	2	1		1			10
2	1	1		1			23
1							7
1							3
	1	1		1			13
3							31
3							26
							5
8	2						28
							2
							5
2							3
3							7
1							2
							2
2	2						7
179	**22**	**12**	**2**	**7**	**2**	**1**	**245**
79	16	3	1	2			117
75	16	3	1	2			102
3							14
1							1
4	3	2		1	1		42
4	3	2		1	1		42
96	3	7	1	4	1	1	86
95	3	7	1	4	1	1	61
							24
1							1
88	**28**	**5**	**1**	**4**			**1495**
56	6	5	1	4			407
56	6	5	1	4			407
11	3						143
1	2						58
2	1						15
1							7
2							16
5							47
10	4						196
1	2						53
6	1						56
3	1						87
11	15						749
9	7						443
	2						36
	1						40
2	5						230

1-2-12 续表 6

指标名称	行业代码	单位数	内资企业	国有企业
批发和零售业	F	**78793**	**78593**	**281**
批发业	51	32967	32880	131
农、林、牧产品批发	511	3276	3275	19
食品、饮料及烟草制品批发	512	5363	5348	24
纺织、服装及家庭用品批发	513	2791	2783	4
文化、体育用品及器材批发	514	734	728	8
医药及医疗器材批发	515	999	996	6
矿产品、建材及化工产品批发	516	10845	10826	42
机械设备、五金产品及电子产品批发	517	6868	6842	19
贸易经纪与代理	518	424	421	2
其他批发业	519	1667	1661	7
零售业	52	45826	45713	150
综合零售	521	5009	5003	30
食品、饮料及烟草制品专门零售	522	5479	5464	38
纺织、服装及日用品专门零售	523	8009	7965	6
文化、体育用品及器材专门零售	524	2208	2204	11
医药及医疗器材专门零售	525	1143	1142	7
汽车、摩托车、燃料及零配件专门零售	526	4232	4221	35
家用电器及电子产品专门零售	527	6733	6720	2
五金、家具及室内装饰材料专门零售	528	9450	9439	10
货摊、无店铺及其他零售业	529	3563	3555	11
交通运输、仓储和邮政业	G	**4674**	**4635**	**120**
道路运输业	54	2758	2751	47
城市公共交通运输	541	103	103	1
公路旅客运输	542	168	167	5
道路货物运输	543	2277	2272	15
道路运输辅助活动	544	210	209	26
水上运输业	55	346	340	9
水上旅客运输	551	43	43	3
水上货物运输	552	243	240	5
水上运输辅助活动	553	60	57	1
航空运输业	56	24	19	1
航空客货运输	561	12	10	1
通用航空服务	562	3	2	
航空运输辅助活动	563	9	7	
管道运输业	57	3	3	1
管道运输业	570	3	3	1
装卸搬运和运输代理业	58	1106	1093	15
装卸搬运	581	352	351	2
运输代理业	582	754	742	13
仓储业	59	275	267	20
谷物、棉花等农产品仓储	591	40	39	17
其他仓储业	599	235	228	3
邮政业	60	162	162	27
邮政基本服务	601	30	30	25
快递服务	602	132	132	2

单位：个

集体企业	股份合作企业	联营企业	国有联营企业	集体联营企业	国有与集体联营企业	其他联营企业	有限责任公司
542	**315**	**110**	**8**	**56**	**6**	**40**	**11456**
178	169	39	4	19	3	13	6074
19	19	10	1	4	2	3	140
18	30	1		1			431
9	8	2		2			377
4	4	1	1				114
	8						211
74	51	10	1	6		3	2611
41	31	11		5	1	5	1824
1	10						68
12	8	4	1	1		2	298
364	146	71	4	37	3	27	5382
132	17	18		12	1	5	399
41	24	8	1	6		1	329
35	9	5		1		4	403
49	10	7		5		2	241
20	14	10		7		3	191
42	16	5	1	1	1	2	1040
7	20	4		1	1	2	1011
26	18	11	2	2		7	1120
12	18	3		2		1	648
92	**25**	**17**	**5**	**3**	**2**	**7**	**1169**
37	10	8	2	1	2	3	780
2	1	1				1	43
7	1						49
20	8	3	1			2	650
8		4	1	1	2		38
8	1	1		1			82
1							12
5	1	1		1			56
2							14
							6
							3
							3
							1
							1
45	12	5	3	1		1	213
41	4	4	2	1		1	50
4	8	1	1				163
2	2						59
							5
2	2						54
		3				3	28
							1
		3				3	27

1-2-12 续表 7

指标名称	行业代码	单位数	内资企业	国有企业
住宿和餐饮业	H	**12067**	**12026**	**57**
住宿业	61	1789	1777	47
旅游饭店	611	556	552	15
一般旅馆	612	987	979	24
其他住宿业	619	246	246	8
餐饮业	62	10278	10249	10
正餐服务	621	8582	8571	8
快餐服务	622	285	276	
饮料及冷饮服务	623	251	249	
其他餐饮业	629	1160	1153	2
信息传输、软件和信息技术服务业	I	**5481**	**5417**	**47**
电信、广播电视和卫星传输服务	63	319	295	27
电信	631	280	256	21
广播电视传输服务	632	33	33	6
卫星传输服务	633	6	6	
互联网和相关服务	64	607	605	5
互联网接入及相关服务	641	54	53	
互联网信息服务	642	422	421	5
其他互联网服务	649	131	131	
软件和信息技术服务业	65	4555	4517	15
软件开发	651	3269	3245	6
信息系统集成服务	652	227	222	1
信息技术咨询服务	653	623	617	6
数据处理和存储服务	654	41	41	1
集成电路设计	655	13	13	
其他信息技术服务业	659	382	379	1
房地产业	K	**7143**	**7027**	**80**
房地产业	70	7143	7027	80
房地产开发经营	701	2159	2081	31
物业管理	702	2116	2098	29
房地产中介服务	703	2694	2676	10
其他房地产业	709	174	172	10
租赁和商务服务业	L	**18975**	**18889**	**228**
租赁业	71	1711	1708	3
机械设备租赁	711	1664	1662	2
文化及日用品出租	712	47	46	1
商务服务业	72	17264	17181	225
企业管理服务	721	1772	1749	89
法律服务	722	271	270	2
咨询与调查	723	4828	4792	28
广告业	724	5506	5502	22
知识产权服务	725	103	103	1
人力资源服务	726	1380	1377	10
旅行社及相关服务	727	691	687	32
安全保护服务	728	112	112	5
其他商务服务业	729	2601	2589	36

单位：个

集体企业	股份合作企业	联营企业					有限责任公司
			国有联营企业	集体联营企业	国有与集体联营企业	其他联营企业	
132	**21**	**9**	**1**	**4**		**4**	**901**
36	9	3		3			247
7	2						95
21	6	1		1			115
8	1	2		2			37
96	12	6	1	1		4	654
46	9	6	1	1		4	553
4	1						25
1							12
45	2						64
6	**20**	**8**	**2**	**1**	**1**	**4**	**1214**
1	3	5	1	1		3	77
1	3	5	1	1		3	61
							13
							3
1	2						83
	1						7
	1						57
1							19
4	15	3	1		1	1	1054
1	7	1				1	776
	1						53
1	3						130
	1						5
1							4
1	3	2	1		1		86
45	**32**	**3**		**1**	**1**	**1**	**1714**
45	32	3		1	1	1	1714
5	2	1			1		688
12	11	1				1	563
2	16						409
26	3	1		1			54
123	**94**	**21**	**2**	**9**	**2**	**8**	**3630**
4	8						280
4	8						275
							5
119	86	21	2	9	2	8	3350
33	11	6	1	2		3	489
6		1			1		17
12	16	4	1			3	991
11	29						887
1							20
9	7	1				1	254
4	9	1		1			151
1							47
42	14	8		6	1	1	494

1-2-12 续表 8

指标名称	行业代码	单位数	内资企业	国有企业
科学研究和技术服务业	M	**4603**	**4562**	**159**
研究和试验发展	73	276	270	12
自然科学研究和试验发展	731	23	21	
工程和技术研究和试验发展	732	132	131	7
农业科学研究和试验发展	733	60	60	2
医学研究和试验发展	734	53	50	3
社会人文科学研究	735	8	8	
专业技术服务业	74	3618	3589	123
气象服务	741	4	4	2
地震服务	742	4	4	
测绘服务	744	70	69	4
质检技术服务	745	157	153	28
环境与生态监测	746	38	36	1
地质勘查	747	59	57	6
工程技术	748	1348	1336	57
其他专业技术服务业	749	1938	1930	25
科技推广和应用服务业	75	709	703	24
技术推广服务	751	472	466	7
科技中介服务	752	116	116	10
其他科技推广和应用服务业	759	121	121	7
水利、环境和公共设施管理业	N	**964**	**960**	**54**
水利管理业	76	93	93	21
防洪除涝设施管理	761	8	8	1
水资源管理	762	25	25	6
天然水收集与分配	763	23	23	7
水文服务	764	5	5	2
其他水利管理业	769	32	32	5
生态保护和环境治理业	77	209	209	10
生态保护	771	18	18	1
环境治理业	772	191	191	9
公共设施管理业	78	662	658	23
市政设施管理	781	53	52	6
环境卫生管理	782	103	102	5
城乡市容管理	783	14	14	
绿化管理	784	326	326	5
公园和游览景区管理	785	166	164	7
居民服务、修理和其他服务业	O	**7107**	**7087**	**30**
居民服务业	79	3579	3569	7
家庭服务	791	638	638	
托儿所服务	792	4	4	
洗染服务	793	375	374	
理发及美容服务	794	1214	1212	
洗浴服务	795	89	89	1

单位：个

集体企业	股份合作企业	联营企业	国有联营企业	集体联营企业	国有与集体联营企业	其他联营企业	有限责任公司
47	**30**	**7**	**2**	**4**		**1**	**866**
3	7	2	1	1			60
							8
3	4	1		1			35
	2						10
	1	1	1				5
							2
32	16	4	1	2		1	674
1							1
							13
6	2	1	1				40
2							10
							10
10	5	3		2		1	305
13	9						295
12	7	1		1			132
9	7	1		1			89
1							21
2							22
15	**11**	**6**		**6**			**226**
2		5		5			22
							3
		3		3			5
1		1		1			4
							1
1		1		1			9
2	4						56
	1						10
2	3						46
11	7	1		1			148
2							15
2	2						33
	1						3
4	2						49
3	2	1		1			48
50	**27**	**10**	**2**	**5**		**3**	**650**
14	9	8	1	4		3	264
2	1						54
							9
	2	3				3	37
	2						9

1-2-12 续表 9

指标名称	行业代码	单位数	内资企业	国有企业
保健服务	796	228	227	
婚姻服务	797	404	404	
殡葬服务	798	110	107	2
其他居民服务业	799	517	514	4
机动车、电子产品和日用产品修理业	80	2455	2449	13
汽车、摩托车修理与维护	801	1730	1726	12
计算机和办公设备维修	802	287	287	
家用电器修理	803	319	318	1
其他日用产品修理业	809	119	118	
其他服务业	81	1073	1069	10
清洁服务	811	728	726	3
其他未列明服务业	819	345	343	7
卫生和社会工作	**Q**	**62**	**62**	**2**
社会工作	84	62	62	2
提供住宿社会工作	841	51	51	1
不提供住宿社会工作	842	11	11	1
文化、体育和娱乐业	**R**	**4190**	**4174**	**50**
新闻和出版业	85	66	65	13
新闻业	851	1	1	
出版业	852	65	64	13
广播、电视、电影和影视录音制作业	86	200	197	19
电视	862	5	5	2
电影和影视节目制作	863	87	87	3
电影和影视节目发行	864	16	16	3
电影放映	865	78	75	10
录音制作	866	14	14	1
文化艺术业	87	886	883	12
文艺创作与表演	871	439	437	6
艺术表演场馆	872	21	21	1
图书馆与档案馆	873	12	12	
文物及非物质文化遗产保护	874	10	10	1
博物馆	875	5	5	2
群众文化活动	877	69	69	1
其他文化艺术业	879	330	329	1
体育	88	176	174	3
体育组织	881	10	10	
体育场馆	882	13	13	2
休闲健身活动	883	116	114	1
其他体育	889	37	37	
娱乐业	89	2862	2855	3
室内娱乐活动	891	2668	2661	3
游乐园	892	27	27	
文化、娱乐、体育经纪代理	894	86	86	
其他娱乐业	899	81	81	

单位：个

集体企业	股份合作企业	联营企业	国有联营企业	集体联营企业	国有与集体联营企业	其他联营企业	有限责任公司
							13
		2	1	1			29
7	2	1		1			17
5	2	2		2			96
27	15	1	1				233
22	11	1	1				154
1	2						39
3	2						30
1							10
9	3	1		1			153
2	2						102
7	1	1		1			51
1		**1**		**1**			**9**
1		1		1			9
1		1		1			9
9	**10**	**2**			**1**	**1**	**314**
1		1			1		23
1		1			1		23
1		1				1	49
		1				1	18
							3
1							25
							3
3	2						113
1	1						33
							3
							3
							4
							2
2							9
	1						59
	1						27
	1						
							3
							11
							13
4	7						102
3	6						69
							4
1							19
	1						10

1-2-12 续表 10

指标名称	行业代码	国有独资公司	其他有限责任公司	股份有限公司	私营企业
总　计		**575**	**28327**	**2286**	**147990**
农、林、牧、渔业	A	**4**	**112**	**19**	**860**
农业	01		4	1	17
谷物种植	011			1	
蔬菜、食用菌及园艺作物种植	014		2		7
水果种植	015		2		4
坚果、含油果、香料和饮料作物种植	016				2
中药材种植	017				1
其他农业	019				3
林业	02				6
林木育种和育苗	021				5
造林和更新	022				1
畜牧业	03			1	13
牲畜饲养	031				6
家禽饲养	032				4
其他畜牧业	039			1	3
渔业	04				14
水产养殖	041				14
农、林、牧、渔服务业	05	4	108	17	810
农业服务业	051	2	92	14	622
林业服务业	052	1	9	2	28
畜牧服务业	053		4		71
渔业服务业	054	1	3	1	89
采矿业	B	**2**	**207**	**41**	**1646**
煤炭开采和洗选业	06	1	93	23	524
烟煤和无烟煤开采洗选	061	1	85	22	495
褐煤开采洗选	062		1		6
其他煤炭采选	069		7	1	23
石油和天然气开采业	07		3		12
石油开采	071		2		2
天然气开采	072		1		10
黑色金属矿采选业	08		4		73
铁矿采选	081		2		8
锰矿、铬矿采选	082		2		61
其他黑色金属矿采选	089				4
有色金属矿采选业	09		2	1	15
常用有色金属矿采选	091		2	1	13
贵金属矿采选	092				1
稀有稀土金属矿采选	093				1
非金属矿采选业	10	1	97	14	979
土砂石开采	101		84	11	927
化学矿开采	102		5	1	14
采盐	103				1
石棉及其他非金属矿采选	109	1	8	2	37

单位：个

私营独资企业	私营合伙企业	私营有限责任公司	私营股份有限公司	其他企业	港、澳、台商投资企业	外商投资企业
77391	**5481**	**61037**	**4081**	**12302**	**464**	**574**
642	**22**	**174**	**22**	**329**		
6	2	9		2		
2	2	3				
2		2		2		
1		1				
1						
		3				
5		1				
4		1				
1						
10		3		3		
5		1		1		
2		2		2		
3						
13	1			5		
13	1			5		
608	19	161	22	319		
444	18	139	21	257		
18		10		14		
64		7		29		
82	1	5	1	19		
806	**210**	**540**	**90**	**92**	**2**	**2**
168	82	228	46	19	1	
160	77	216	42	16		
1	1	4				
7	4	8	4	3	1	
11	1			5		
2						
9	1			5		
26	5	35	7	1		
3		3	2			
21	4	31	5	1		
2	1	1				
7	1	6	1	3		
5	1	6	1	1		
1				2		
1						
567	118	259	35	55	1	2
543	114	237	33	53	1	2
5	2	6	1			
		1				
19	2	15	1	2		

1-2-12 续表 11

指标名称	行业代码	国有独资公司	其他有限责任公司	股份有限公司	私营企业
开采辅助活动	11		7	2	22
煤炭开采和洗选辅助活动	111		2	1	10
石油和天然气开采辅助活动	112		4	1	7
其他开采辅助活动	119		1		5
其他采矿业	12		1	1	21
其他采矿业	120		1	1	21
制造业	**C**	**44**	**4644**	**385**	**33445**
农副食品加工业	13	7	200	27	2851
谷物磨制	131	5	25	3	862
饲料加工	132	1	26	4	208
植物油加工	133	1	10	2	305
制糖业	134		1	1	24
屠宰及肉类加工	135		56	11	424
水产品加工	136		2		22
蔬菜、水果和坚果加工	137		26	3	361
其他农副食品加工	139		54	3	645
食品制造业	14	1	112	11	901
焙烤食品制造	141		15		208
糖果、巧克力及蜜饯制造	142		5	1	61
方便食品制造	143	1	20		218
乳制品制造	144		3		7
罐头食品制造	145		5	1	30
调味品、发酵制品制造	146		36	5	247
其他食品制造	149		28	4	130
酒、饮料和精制茶制造业	15		53	9	753
酒的制造	151		20	4	358
饮料制造	152		25	5	283
精制茶加工	153		8		112
烟草制品业	16				
烟叶复烤	161				
纺织业	17	1	85	8	1498
棉纺织及印染精加工	171		48	1	616
毛纺织及染整精加工	172		5		55
麻纺织及染整精加工	173	1	3		8
丝绢纺织及印染精加工	174		10	2	70
化纤织造及印染精加工	175				26
针织或钩针编织物及其制品制造	176		4	1	148
家用纺织制成品制造	177		8	3	486
非家用纺织制成品制造	178		7	1	89
纺织服装、服饰业	18	1	68	5	1351
机织服装制造	181	1	64	5	965
针织或钩针编织服装制造	182		1		63
服饰制造	183		3		323
皮革、毛皮、羽毛及其制品和制鞋业	19		58	5	895
皮革鞣制加工	191				34
皮革制品制造	192		15	1	150
毛皮鞣制及制品加工	193		2	1	65
羽毛(绒)加工及制品制造	194		2		43
制鞋业	195		39	3	603

单位：个

私营独资企业	私营合伙企业	私营有限责任公司	私营股份有限公司	其他企业	港、澳、台商投资企业	外商投资企业
15	1	6		6		
7	1	2		3		
4		3		2		
4		1		1		
12	2	6	1	3		
12	2	6	1	3		
19058	**1340**	**12210**	**837**	**1651**	**151**	**233**
2111	105	591	44	181	2	9
788	14	57	3	24		
102	10	91	5	10		5
261	4	36	4	11	1	1
18	3	3		1		
231	37	146	10	24		
18		4		7		
241	19	90	11	47		1
452	18	164	11	57	1	2
512	34	323	32	56	2	2
120	10	73	5	16	1	
37	3	19	2	1		
161	10	42	5	11	1	1
2		4	1	1		
15	1	14		12		
121	7	112	7	8		
56	3	59	12	7		1
495	43	197	18	56	1	4
268	25	58	7	22	1	
165	14	95	9	14		4
62	4	44	2	20		
1202	34	255	7	69	1	3
475	15	125	1	18		
43	3	8	1	4		
5		3				
39		28	3	2	1	1
21		5		1		
110	3	34	1	6		1
443	11	31	1	35		1
66	2	21		3		
1047	38	247	19	72	9	3
731	31	186	17	45	7	2
48		14	1	2		
268	7	47	1	25	2	1
580	37	262	16	54	2	1
17	6	10	1	2		
97	8	44	1	9		
49	3	12	1	8		
31		11	1	3		
386	20	185	12	32	2	1

1-2-12 续表 12

指标名称	行业代码	国有独资公司	其他有限责任公司	股份有限公司	私营企业
木材加工和木、竹、藤、棕、草制品业	20	1	84	8	1276
木材加工	201		18	1	460
人造板制造	202	1	12	4	78
木制品制造	203		44	3	411
竹、藤、棕、草等制品制造	204		10		327
家具制造业	21		95	7	1627
木质家具制造	211		64	5	1263
竹、藤家具制造	212		1		18
金属家具制造	213		9	1	103
塑料家具制造	214		2		15
其他家具制造	219		19	1	228
造纸和纸制品业	22	1	82	4	612
纸浆制造	221		1		4
造纸	222		23	2	148
纸制品制造	223	1	58	2	460
印刷和记录媒介复制业	23		145	12	773
印刷	231		123	8	669
装订及印刷相关服务	232		19	3	103
记录媒介复制	233		3	1	1
文教、工美、体育和娱乐用品制造业	24		48	11	646
文教办公用品制造	241		2	2	50
乐器制造	242		1		7
工艺美术品制造	243		37	9	535
体育用品制造	244		6		15
玩具制造	245		2		30
游艺器材及娱乐用品制造	246				9
石油加工及炼焦	25		11		52
化学原料和化学制品制造业	26	2	166	24	904
基础化学原料制造	261		31	3	90
肥料制造	262		19	4	110
农药制造	263		6	3	14
涂料、油墨、颜料及类似产品制造	264	2	39	1	300
合成材料制造	265		19	2	67
专用化学产品制造	266		38	6	168
炸药、火工及焰火产品制造	267		5	2	36
日用化学产品制造	268		9	3	119
医药制造业	27	1	59	5	164
化学药品原料药制造	271	1	14		26
化学药品制剂制造	272		7		11
中药饮片加工	273		8		38
中成药生产	274		6	2	25
兽用药品制造	275		5	1	15
生物药品制造	276		13	1	32
卫生材料及医药用品制造	277		6	1	17

单位：个

私营独资企业	私营合伙企业	私营有限责任公司	私营股份有限公司	其他企业	港、澳、台商投资企业	外商投资企业
999	54	208	15	79		3
392	20	44	4	30		2
40	5	28	5			
271	15	121	4	25		1
296	14	15	2	24		
1177	45	385	20	89	1	1
906	38	301	18	63	1	
15	1	2		1		
70	2	30	1	7		
7		8		1		
179	4	44	1	17		1
345	25	227	15	19	6	5
3	1					
75	6	63	4	3		4
267	18	164	11	16	6	1
316	41	390	26	38	4	5
266	36	345	22	27	4	5
50	4	45	4	11		
	1					
430	27	176	13	43	2	1
29	1	18	2	4		
4	1	2				
363	23	141	8	35	2	1
5		9	1			
24	1	4	1	4		
5	1	2	1			
18	2	27	5	1		1
379	41	455	29	35	10	17
23	6	51	10	5	3	4
42	12	54	2	7		1
4		7	3			
166	6	122	6	14	3	3
25	2	38	2	2		2
45	6	116	1	3	3	6
13	2	18	3	1		1
61	7	49	2	3	1	
35	5	119	5	9	1	5
7		18	1			1
1		10		1	1	1
11	2	25		2		
9		15	1	3		1
		13	2			
4	1	27		2		2
3	2	11	1	1		

1-2-12 续表 13

指标名称	行业代码	国有独资公司	其他有限责任公司	股份有限公司	私营企业
化学纤维制造业	28		1	3	17
纤维素纤维原料及纤维制造	281				6
合成纤维制造	282		1	3	11
橡胶和塑料制品业	29	2	182	18	1210
橡胶制品业	291		29	5	231
塑料制品业	292	2	153	13	979
非金属矿物制品业	30	6	412	45	3905
水泥、石灰和石膏制造	301	2	24	3	202
石膏、水泥制品及类似制品制造	302	2	111	17	1177
砖瓦、石材等建筑材料制造	303		177	19	2012
玻璃制造	304		17		62
玻璃制品制造	305	1	37	3	211
玻璃纤维和玻璃纤维增强塑料制品制造	306		9		44
陶瓷制品制造	307	1	20		79
耐火材料制品制造	308		8	2	48
石墨及其他非金属矿物制品制造	309		9	1	70
黑色金属冶炼和压延加工业	31	3	87	7	425
炼铁	311		3	1	14
炼钢	312		1		12
黑色金属铸造	313	1	26	1	149
钢压延加工	314	2	47	2	211
铁合金冶炼	315		10	3	39
有色金属冶炼和压延加工业	32		63	4	265
常用有色金属冶炼	321		14	2	58
贵金属冶炼	322				7
稀有稀土金属冶炼	323		2		7
有色金属合金制造	324		10		34
有色金属铸造	325		1	1	22
有色金属压延加工	326		36	1	137
金属制品业	33	1	384	24	3221
结构性金属制品制造	331	1	132	12	1763
金属工具制造	332		72	3	485
集装箱及金属包装容器制造	333		18	1	41
金属丝绳及其制品制造	334		2	1	45
建筑、安全用金属制品制造	335		48	1	296
金属表面处理及热处理加工	336		44	2	151
搪瓷制品制造	337		2		20
金属制日用品制造	338		24	1	186
其他金属制品制造	339		42	3	234
通用设备制造业	34	2	448	28	2148
锅炉及原动设备制造	341	1	19	3	117
金属加工机械制造	342		93	7	404
物料搬运设备制造	343		23	2	51
泵、阀门、压缩机及类似机械制造	344		29	1	103
轴承、齿轮和传动部件制造	345	1	25	1	105
烘炉、风机、衡器、包装等设备制造	346		51	2	154

单位：个

私营独资企业	私营合伙企业	私营有限责任公司	私营股份有限公司	其他企业	港、澳、台商投资企业	外商投资企业
9		8				
2		4				
7		4				
497	66	606	41	57	4	6
78	18	126	9	9		2
419	48	480	32	48	4	4
2398	320	1090	97	239	4	10
104	18	77	3	11		2
843	61	253	20	72	2	3
1229	216	518	49	138	1	1
20	1	39	2	5		
110	9	86	6	5		2
12	1	28	3			
33	2	39	5	2		1
19	6	20	3	2		
28	6	30	6	4	1	1
213	14	176	22	14	5	1
8		4	2			
3	1	8		1		
84	6	53	6	4	2	1
106	6	87	12	8	2	
12	1	24	2	1	1	
123	14	114	14	28	4	2
23	8	25	2	4		
2		3	2			
		6	1			
13	3	15	3	2	2	
11	1	9	1			
74	2	56	5	22	2	2
2257	75	837	52	174	1	9
1352	38	358	15	104		2
373	11	87	14	16		
12		29		1		2
28	4	11	2	2		
183	7	98	8	14		1
47	5	96	3	10		
9		10	1	1		
128	5	50	3	13		2
125	5	98	6	13	1	2
930	79	1049	90	78	7	23
44	3	64	6	5		2
205	14	166	19	9	1	4
14	1	34	2	1	1	2
25	2	66	10	4		
48	3	47	7	5	1	4
35	13	97	9	11	2	4

1-2-12 续表 14

指标名称	行业代码	国有独资公司	其他有限责任公司	股份有限公司	私营企业
文化、办公用机械制造	347		4	2	10
通用零部件制造	348		178	9	1110
其他通用设备制造业	349		26	1	94
专用设备制造业	35	1	335	22	1447
采矿、冶金、建筑专用设备制造	351		55	7	189
化工、木材、非金属加工专用设备制造	352	1	84	8	461
食品、饮料、烟草及饲料生产专用设备制造	353		5		41
印刷、制药、日化及日用品生产专用设备制造	354		14	1	76
纺织、服装和皮革加工专用设备制造	355		10	1	27
电子和电工机械专用设备制造	356		23	2	99
农、林、牧、渔专用机械制造	357		85	1	326
医疗仪器设备及器械制造	358		21	1	89
环保、社会公共服务及其他专用设备制造	359		38	1	139
汽车制造业	36	3	518	32	1919
汽车整车制造	361	1	2		8
改装汽车制造	362		4	2	9
电车制造	364		1		17
汽车车身、挂车制造	365		3	1	12
汽车零部件及配件制造	366	2	508	29	1873
铁路、船舶、航空航天和其他运输设备制造业	37	2	486	34	2311
铁路运输设备制造	371		6	2	17
城市轨道交通设备制造	372		1		3
船舶及相关装置制造	373	1	25	6	152
航空、航天器及设备制造	374		2		1
摩托车制造	375	1	446	25	2120
自行车制造	376		4		9
非公路休闲车及零配件制造	377		1		2
潜水救捞及其他未列明运输设备制造	379		1	1	7
电气机械和器材制造业	38	4	166	15	814
电机制造	381		27	1	109
输配电及控制设备制造	382	1	57	6	231
电线、电缆、光缆及电工器材制造	383	1	23	3	135
电池制造	384	1	6	1	23
家用电力器具制造	385		18		87
非电力家用器具制造	386		4		35
照明器具制造	387		20	1	126
其他电气机械及器材制造	389	1	11	3	68
计算机、通信和其他电子设备制造业	39	3	130	9	408
计算机制造	391		36	1	49
通信设备制造	392		11	2	26
广播电视设备制造	393		3		8
视听设备制造	395	1	5		8
电子器件制造	396	1	9	1	47
电子元件制造	397	1	38	3	185
其他电子设备制造	399		28	2	85

单位：个

私营独资企业	私营合伙企业	私营有限责任公司	私营股份有限公司	其他企业	港、澳、台商投资企业	外商投资企业
4		5	1			
530	42	508	30	40	2	5
25	1	62	6	3		2
621	48	732	46	46	14	13
84	4	90	11	5		
168	18	267	8	14	5	5
25	2	12	2	7		
37	1	37	1	3	1	
17	1	8	1			1
40	2	54	3	2	2	3
189	12	121	4	10	2	1
25	2	53	9	1	1	1
36	6	90	7	4	3	2
537	64	1242	76	46	21	51
3		3	2			
4		5			1	1
5		11	1			
1	1	10		3		
524	63	1213	73	43	20	50
889	60	1290	72	81	7	11
6		10	1	1		1
1		2				
56	4	82	10	9		1
		1				1
822	55	1182	61	71	7	8
2	1	6				
1		1				
1		6				
247	24	513	30	32	11	12
16	4	82	7	3	3	2
60	5	160	6	10	5	2
33	3	95	4	7	1	4
6	1	15	1	2	2	1
36	6	42	3	2		1
10		21	4	2		
63	5	56	2	2		
23		42	3	4		2
169	11	215	13	15	27	22
6		38	5	4	12	7
2	3	20	1		3	1
2		6				
1		7		1	1	
15	2	29	1		2	3
115	3	63	4	7	5	9
28	3	52	2	3	4	2

1-2-12 续表 15

指标名称	行业代码	国有独资公司	其他有限责任公司	股份有限公司	私营企业
仪器仪表制造业	40	2	84	4	398
通用仪器仪表制造	401	1	61	2	195
专用仪器仪表制造	402	1	7		34
钟表与计时仪器制造	403			1	6
光学仪器及眼镜制造	404		6		94
其他仪器仪表制造业	409		10	1	69
其他制造业	41		23	1	365
日用杂品制造	411		7		95
煤制品制造	412		3		56
其他未列明制造业	419		13	1	214
废弃资源综合利用业	42		31	3	108
金属废料和碎屑加工处理	421		26	2	61
非金属废料和碎屑加工处理	422		5	1	47
金属制品、机械和设备修理业	43		28		181
金属制品修理	431		2		18
通用设备修理	432		5		21
专用设备修理	433		3		29
铁路、船舶、航空航天等运输设备修理	434		7		29
电气设备修理	435		2		13
仪器仪表修理	436		2		3
其他机械和设备修理业	439		7		68
电力、热力、燃气及水生产和供应业	D	**58**	**187**	**50**	**1087**
电力、热力生产和供应业	44	16	101	34	760
电力生产	441	15	87	33	738
电力供应	442	1	13	1	20
热力生产和供应	443		1		2
燃气生产和供应业	45	13	29	15	102
燃气生产和供应业	450	13	29	15	102
水的生产和供应业	46	29	57	1	225
自来水生产和供应	461	17	44		189
污水处理及其再生利用	462	12	12	1	25
其他水的处理、利用与分配	469		1		11
建筑业	E	**41**	**1454**	**132**	**4283**
房屋建筑业	47	15	392	50	1157
房屋建筑业	470	15	392	50	1157
土木工程建筑业	48	14	129	14	333
铁路、道路、隧道和桥梁工程建筑	481	9	49	7	92
水利和内河港口工程建筑	482	2	13	2	14
工矿工程建筑	484		7		14
架线和管道工程建筑	485	1	15		37
其他土木工程建筑	489	2	45	5	176
建筑安装业	49	6	190	16	456
电气安装	491	2	51	2	111
管道和设备安装	492	3	53	7	134
其他建筑安装业	499	1	86	7	211
建筑装饰和其他建筑业	50	6	743	52	2337
建筑装饰业	501		443	29	1510
工程准备活动	502		36	1	74
提供施工设备服务	503		40	2	82
其他未列明建筑业	509	6	224	20	671

单位：个

私营独资企　　业	私营合伙企　　业	私营有限责任公司	私营股份有限公司	其他企业	港、澳、台商投资企　　业	外商投资企　　业
101	10	273	14	6	4	11
27	7	151	10	3	3	6
7		26	1		1	1
4		2				
38	1	54	1	1		3
25	2	40	2	2		1
265	7	93		20		
69	1	25		7		
51	2	3		6		
145	4	65		7		
59	6	43		7		1
30	4	27		3		
29	2	16		4		1
97	11	67	6	7	1	1
13	1	4		2		
13	1	6	1	2		
15	2	12		1		
13	2	12	2			1
5		8				
	1	1	1			
38	4	24	2	2	1	
528	**210**	**297**	**52**	**86**	**4**	**4**
350	178	193	39	42		2
338	176	185	39	42		1
12	2	6				
		2				1
35	8	50	9	11	4	
35	8	50	9	11	4	
143	24	54	4	33		2
127	24	35	3	29		
7		17	1	3		2
9		2		1		
627	**97**	**3326**	**233**	**138**	**9**	**6**
120	18	939	80	26	1	2
120	18	939	80	26	1	2
50	4	261	18	15	1	1
14	1	74	3	2		1
3		10	1	1		
3		11			1	
3	2	30	2	1		
27	1	136	12	11		
45	10	371	30	10	1	
18	2	85	6	1		
7	6	110	11	5	1	
20	2	176	13	4		
412	65	1755	105	87	6	3
292	35	1125	58	54	5	2
5	2	64	3	1		
8	3	63	8	2		
107	25	503	36	30	1	1

1-2-12 续表 16

指标名称	行业代码	国有独资公司	其他有限责任公司	股份有限公司	私营企业
批发和零售业	F	**60**	**11396**	**738**	**59034**
批发业	51	32	6042	405	23105
农、林、牧产品批发	511	6	134	22	2399
食品、饮料及烟草制品批发	512	8	423	45	4043
纺织、服装及家庭用品批发	513		377	32	2228
文化、体育用品及器材批发	514		114	8	557
医药及医疗器材批发	515		211	20	678
矿产品、建材及化工产品批发	516	15	2596	139	7369
机械设备、五金产品及电子产品批发	517	2	1822	103	4360
贸易经纪与代理	518		68	8	264
其他批发业	519	1	297	28	1207
零售业	52	28	5354	333	35929
综合零售	521	1	398	33	3929
食品、饮料及烟草制品专门零售	522	4	325	22	4345
纺织、服装及日用品专门零售	523	1	402	29	6928
文化、体育用品及器材专门零售	524	2	239	15	1741
医药及医疗器材专门零售	525	2	189	21	798
汽车、摩托车、燃料及零配件专门零售	526	8	1032	67	2795
家用电器及电子产品专门零售	527	5	1006	53	5312
五金、家具及室内装饰材料专门零售	528	2	1118	59	7646
货摊、无店铺及其他零售业	529	3	645	34	2435
交通运输、仓储和邮政业	G	**36**	**1133**	**132**	**2909**
道路运输业	54	24	756	77	1690
城市公共交通运输	541	6	37	8	42
公路旅客运输	542	3	46	16	84
道路货物运输	543	4	646	44	1451
道路运输辅助活动	544	11	27	9	113
水上运输业	55	4	78	19	215
水上旅客运输	551		12	5	21
水上货物运输	552	1	55	12	157
水上运输辅助活动	553	3	11	2	37
航空运输业	56		6	1	9
航空客货运输	561		3		5
通用航空服务	562			1	1
航空运输辅助活动	563		3		3
管道运输业	57		1		1
管道运输业	570		1		1
装卸搬运和运输代理业	58	5	208	22	736
装卸搬运	581	1	49	11	228
运输代理业	582	4	159	11	508
仓储业	59	2	57	9	165
谷物、棉花等农产品仓储	591	2	3	1	16
其他仓储业	599		54	8	149
邮政业	60	1	27	4	93
邮政基本服务	601	1		1	3
快递服务	602		27	3	90

单位：个

私营独资企业	私营合伙企业	私营有限责任公司	私营股份有限公司	其他企业	港、澳、台商投资企业	外商投资企业
34031	**1669**	**21987**	**1347**	**6117**	**89**	**111**
10303	683	11437	682	2779	32	55
1799	56	513	31	647	1	
2486	91	1393	73	756	4	11
1064	59	1040	65	123	4	4
208	17	309	23	32	1	5
132	18	495	33	73	2	1
2970	265	3898	236	530	9	10
1070	119	3003	168	453	7	19
77	11	157	19	68	1	2
497	47	629	34	97	3	3
23728	986	10550	665	3338	57	56
2879	125	864	61	445	2	4
3356	106	826	57	657	6	9
5451	143	1258	76	550	24	20
983	58	664	36	130	2	2
393	18	362	25	81	1	
1427	80	1211	77	221	6	5
2788	164	2231	129	311	5	8
5281	206	2037	122	549	7	4
1170	86	1097	82	394	4	4
715	**120**	**1931**	**143**	**171**	**20**	**19**
362	66	1176	86	102	4	3
3	3	32	4	5		
12	6	58	8	5	1	
295	45	1042	69	81	3	2
52	12	44	5	11		1
34	9	156	16	5	3	3
2	2	13	4	1		
17	3	127	10	3	2	1
15	4	16	2	1	1	2
		9		2	1	4
		5		1	1	1
		1				1
		3		1		2
		1				
		1				
220	40	447	29	45	8	5
94	23	104	7	11	1	
126	17	343	22	34	7	5
62	4	93	6	10	4	4
11		5			1	
51	4	88	6	10	3	4
37	1	49	6	7		
2			1			
35	1	49	5	7		

1-2-12 续表 17

指标名称	行业代码	国有独资公司	其他有限责任公司	股份有限公司	私营企业
住宿和餐饮业	H	**18**	**883**	**75**	**9907**
住宿业	61	12	235	25	1286
旅游饭店	611	10	85	9	393
一般旅馆	612	2	113	16	729
其他住宿业	619		37		164
餐饮业	62	6	648	50	8621
正餐服务	621	4	549	43	7268
快餐服务	622	1	24	4	218
饮料及冷饮服务	623		12	1	220
其他餐饮业	629	1	63	2	915
信息传输、软件和信息技术服务业	I	**20**	**1194**	**123**	**3763**
电信、广播电视和卫星传输服务	63	14	63	51	108
电信	631	9	52	51	95
广播电视传输服务	632	5	8		11
卫星传输服务	633		3		2
互联网和相关服务	64	1	82	9	473
互联网接入及相关服务	641		7		43
互联网信息服务	642	1	56	8	328
其他互联网服务	649		19	1	102
软件和信息技术服务业	65	5	1049	63	3182
软件开发	651	2	774	41	2295
信息系统集成服务	652	2	51	5	152
信息技术咨询服务	653	1	129	14	433
数据处理和存储服务	654		5		33
集成电路设计	655		4		6
其他信息技术服务业	659		86	3	263
房地产业	K	**67**	**1647**	**137**	**4810**
房地产业	70	67	1647	137	4810
房地产开发经营	701	42	646	42	1290
物业管理	702	18	545	49	1363
房地产中介服务	703	1	408	41	2096
其他房地产业	709	6	48	5	61
租赁和商务服务业	L	**147**	**3483**	**281**	**13345**
租赁业	71	2	278	28	1282
机械设备租赁	711	2	273	28	1243
文化及日用品出租	712		5		39
商务服务业	72	145	3205	253	12063
企业管理服务	721	86	403	36	983
法律服务	722		17	4	166
咨询与调查	723	4	987	69	3289
广告业	724	5	882	54	4236
知识产权服务	725		20		79
人力资源服务	726	2	252	26	1009
旅行社及相关服务	727	8	143	27	431
安全保护服务	728	10	37	2	51
其他商务服务业	729	30	464	35	1819

单位：个

私营独资企业	私营合伙企业	私营有限责任公司	私营股份有限公司	其他企业	港、澳、台商投资企业	外商投资企业
7675	**346**	**1735**	**151**	**924**	**13**	**28**
788	68	390	40	124	5	7
218	15	149	11	31	2	2
461	45	196	27	67	3	5
109	8	45	2	26		
6887	278	1345	111	800	8	21
5866	227	1092	83	638	3	8
150	8	56	4	24	2	7
168	10	40	2	15		2
703	33	157	22	123	3	4
791	**124**	**2701**	**147**	**236**	**24**	**40**
47	10	49	2	23	12	12
43	6	44	2	19	12	12
4	4	3		3		
		2		1		
239	25	197	12	32	2	
14	2	27		2	1	
183	19	120	6	22	1	
42	4	50	6	8		
505	89	2455	133	181	10	28
281	59	1855	100	118	8	16
26	3	117	6	10	1	4
102	14	299	18	30	1	5
4		27	2	1		
	1	5		2		
92	12	152	7	20		3
1270	**122**	**3172**	**246**	**206**	**75**	**41**
1270	122	3172	246	206	75	41
61	8	1117	104	22	53	25
231	41	1019	72	70	10	8
968	70	991	67	102	11	7
10	3	45	3	12	1	1
3742	**673**	**8401**	**529**	**1167**	**43**	**43**
490	55	696	41	103		3
473	52	678	40	102		2
17	3	18	1	1		1
3252	618	7705	488	1064	43	40
132	53	744	54	102	12	11
38	92	34	2	74	1	
626	172	2365	126	383	16	20
1540	133	2416	147	263	2	2
9	10	57	3	2		
232	35	696	46	61	1	2
90	21	295	25	32	2	2
13		36	2	6		
572	102	1062	83	141	9	3

1-2-12 续表 18

指标名称	行业代码	国有独资公司	其他有限责任公司	股份有限公司	私营企业
科学研究和技术服务业	M	**26**	**840**	**86**	**3069**
研究和试验发展	73	2	58	3	171
自然科学研究和试验发展	731	1	7	2	10
工程和技术研究和试验发展	732	1	34		77
农业科学研究和试验发展	733		10		41
医学研究和试验发展	734		5		38
社会人文科学研究	735		2	1	5
专业技术服务业	74	22	652	71	2466
气象服务	741	1			
地震服务	742				4
测绘服务	744	2	11	2	48
质检技术服务	745	2	38	8	65
环境与生态监测	746		10		22
地质勘查	747	1	9	1	37
工程技术	748	14	291	41	862
其他专业技术服务业	749	2	293	19	1428
科技推广和应用服务业	75	2	130	12	432
技术推广服务	751	1	88	5	275
科技中介服务	752		21	2	79
其他科技推广和应用服务业	759	1	21	5	78
水利、环境和公共设施管理业	N	**39**	**187**	**26**	**577**
水利管理业	76	10	12	5	30
防洪除涝设施管理	761	2	1		3
水资源管理	762	3	2	2	8
天然水收集与分配	763	2	2	1	7
水文服务	764	1		1	
其他水利管理业	769	2	7	1	12
生态保护和环境治理业	77	8	48	4	121
生态保护	771	3	7		6
环境治理业	772	5	41	4	115
公共设施管理业	78	21	127	17	426
市政设施管理	781	6	9	2	26
环境卫生管理	782	4	29	1	51
城乡市容管理	783		3	1	8
绿化管理	784	1	48	5	251
公园和游览景区管理	785	10	38	8	90
居民服务、修理和其他服务业	O		**650**	**50**	**5746**
居民服务业	79		264	14	2961
家庭服务	791		54	3	527
托儿所服务	792				2
洗染服务	793		9		340
理发及美容服务	794		37		1057
洗浴服务	795		9		71

单位：个

私营独资企　　业	私营合伙企　　业	私营有限责任公司	私营股份有限公司	其他企业	港、澳、台商投资企　　业	外商投资企　　业
1035	**99**	**1836**	**99**	**298**	**18**	**23**
40	11	113	7	12	2	4
2	1	7		1	2	
14	1	57	5	4		1
14	2	25		5		
7	7	22	2	2		3
3		2				
870	73	1445	78	203	14	15
1		3				
9	2	37		2	1	
14	2	44	5	3	2	2
3	1	16	2	1	1	1
6	1	29	1	3	1	1
211	29	592	30	53	5	7
626	38	724	40	141	4	4
125	15	278	14	83	2	4
75	6	186	8	73	2	4
28	7	40	4	3		
22	2	52	2	7		
139	**23**	**387**	**28**	**45**	**2**	**2**
4	2	23	1	8		
1		2		1		
1		6	1	1		
1	1	5		2		
				1		
1	1	10		3		
16	4	96	5	12		
1		4	1			
15	4	92	4	12		
119	17	268	22	25	2	2
3	2	19	2	1	1	
10	1	40		8		1
2		5	1	1		
75	11	153	12	10		
29	3	51	7	5	1	1
3735	**242**	**1653**	**116**	**524**	**7**	**13**
2076	113	723	49	292	4	6
297	19	204	7	51		
		2		2		
284	13	38	5	25		1
889	33	121	14	113		2
46	4	16	5	6		

1-2-12 续表 19

指标名称	行业代码	国有独资公司	其他有限责任公司	股份有限公司	私营企业
保健服务	796		13	2	191
婚姻服务	797		29		344
殡葬服务	798		17	2	68
其他居民服务业	799		96	7	361
机动车、电子产品和日用产品修理业	80		233	22	1978
汽车、摩托车修理与维护	801		154	15	1398
计算机和办公设备维修	802		39	4	228
家用电器修理	803		30	1	256
其他日用产品修理业	809		10	2	96
其他服务业	81		153	14	807
清洁服务	811		102	9	571
其他未列明服务业	819		51	5	236
卫生和社会工作	**Q**		**9**	**1**	**32**
社会工作	84		9	1	32
提供住宿社会工作	841		9	1	30
不提供住宿社会工作	842				2
文化、体育和娱乐业	**R**	**13**	**301**	**10**	**3477**
新闻和出版业	85	1	22		21
新闻业	851				1
出版业	852	1	22		20
广播、电视、电影和影视录音制作业	86	7	42		118
电视	862				3
电影和影视节目制作	863	2	16		60
电影和影视节目发行	864		3		10
电影放映	865	5	20		37
录音制作	866		3		8
文化艺术业	87	4	109	4	690
文艺创作与表演	871	2	31		370
艺术表演场馆	872		3		17
图书馆与档案馆	873		3		9
文物及非物质文化遗产保护	874	1	3		5
博物馆	875	1	1		1
群众文化活动	877		9		50
其他文化艺术业	879		59	4	238
体育	88	1	26	1	129
体育组织	881				7
体育场馆	882	1	2		7
休闲健身活动	883		11		96
其他体育	889		13	1	19
娱乐业	89		102	5	2519
室内娱乐活动	891		69	4	2378
游乐园	892		4		23
文化、娱乐、体育经纪代理	894		19	1	58
其他娱乐业	899		10		60

单位：个

私营独资企业	私营合伙企业	私营有限责任公司	私营股份有限公司	其他企业	港、澳、台商投资企业	外商投资企业
128	18	43	2	21	1	
204	6	131	3	29		
35	6	24	3	8	3	
193	14	144	10	37		3
1297	89	542	50	160		6
946	69	348	35	113		4
125	8	89	6	13		
166	6	76	8	25		1
60	6	29	1	9		1
362	40	388	17	72	3	1
240	31	285	15	37	2	
122	9	103	2	35	1	1
19	**1**	**10**	**2**	**16**		
19	1	10	2	16		
18	1	9	2	8		
1		1		8		
2578	**183**	**677**	**39**	**302**	**7**	**9**
5		14	2	6		1
1						
4		14	2	6		1
30	5	77	6	9	2	1
		3				
16	2	40	2	5		
2	1	7				
9	2	23	3	2	2	1
3		4	1	2		
438	19	225	8	59	2	1
298	13	57	2	26	2	
9		8				
5		4				
2		3				
1						
25	1	22	2	7		
98	5	131	4	26		1
58	7	58	6	13		2
4		2	1	2		
2	1	4		1		
49	5	37	5	6		2
3	1	15		4		
2047	152	303	17	215	3	4
1979	145	239	15	198	3	4
11	3	9				
16	2	38	2	7		
41	2	17		10		

1-2-13 按行业、登记注册类型

指标名称	行业代码	从业人员数	内资企业	国有企业
总　　计		**3809971**	**3758178**	**66228**
农、林、牧、渔业	A	**15010**	**15010**	**120**
农业	01	799	799	
谷物种植	011	26	26	
蔬菜、食用菌及园艺作物种植	014	175	175	
水果种植	015	472	472	
坚果、含油果、香料和饮料作物种植	016	39	39	
中药材种植	017	11	11	
其他农业	019	76	76	
林业	02	59	59	
林木育种和育苗	021	58	58	
造林和更新	022	1	1	
畜牧业	03	147	147	
牲畜饲养	031	61	61	
家禽饲养	032	29	29	
其他畜牧业	039	57	57	
渔业	04	136	136	
水产养殖	041	136	136	
农、林、牧、渔服务业	05	13869	13869	120
农业服务业	051	11622	11622	104
林业服务业	052	560	560	16
畜牧服务业	053	885	885	
渔业服务业	054	802	802	
采矿业	B	**120773**	**120726**	**951**
煤炭开采和洗选业	06	73270	73267	89
烟煤和无烟煤开采洗选	061	70423	70423	89
褐煤开采洗选	062	549	549	
其他煤炭采选	069	2298	2295	
石油和天然气开采业	07	1056	1056	496
石油开采	071	83	83	
天然气开采	072	973	973	496
黑色金属矿采选业	08	5914	5914	110
铁矿采选	081	749	749	110
锰矿、铬矿采选	082	5009	5009	
其他黑色金属矿采选	089	156	156	
有色金属矿采选业	09	960	960	
常用有色金属矿采选	091	906	906	
贵金属矿采选	092	38	38	
稀有稀土金属矿采选	093	16	16	
非金属矿采选业	10	37029	36985	180
土砂石开采	101	33670	33626	12
化学矿开采	102	934	934	
采盐	103	199	199	165
石棉及其他非金属矿采选	109	2226	2226	3

分组的小微企业法人单位从业人员数

单位：人

集体企业	股份合作企业	联营企业	国有联营企业	集体联营企业	国有与集体联营企业	其他联营企业	有限责任公司
56379	**18488**	**6088**	**668**	**3251**	**891**	**1278**	**823684**
44	**424**	**45**		**37**		**8**	**1630**
8							390
							6
							384
8							
36	424	45		37		8	1240
36	399	45		37		8	1034
							93
	16						29
	9						84
1559	**730**	**418**		**269**		**149**	**17880**
934	451	390		269		121	12703
934	441	166		45		121	12127
		224		224			102
	10						474
	23	13				13	49
		13				13	31
	23						18
							53
							22
							31
20							228
20							228
605	215	15				15	4509
450	169	15				15	3711
14							311
141	46						487

1-2-13 续表 1

指标名称	行业代码	从业人员数	内资企业	国有企业
开采辅助活动	11	1579	1579	76
煤炭开采和洗选辅助活动	111	1034	1034	2
石油和天然气开采辅助活动	112	459	459	74
其他开采辅助活动	119	86	86	
其他采矿业	12	965	965	
其他采矿业	120	965	965	
制造业	C	**1295305**	**1260677**	**8240**
农副食品加工业	13	84613	83781	438
谷物磨制	131	12388	12388	20
饲料加工	132	10151	9727	119
植物油加工	133	5431	5223	10
制糖业	134	894	894	
屠宰及肉类加工	135	18566	18566	152
水产品加工	136	738	738	
蔬菜、水果和坚果加工	137	15158	15106	113
其他农副食品加工	139	21287	21139	24
食品制造业	14	34030	33886	154
焙烤食品制造	141	7504	7498	
糖果、巧克力及蜜饯制造	142	1983	1983	
方便食品制造	143	5416	5308	
乳制品制造	144	221	221	
罐头食品制造	145	2765	2765	
调味品、发酵制品制造	146	9166	9166	144
其他食品制造	149	6975	6945	10
酒、饮料和精制茶制造业	15	26414	26011	553
酒的制造	151	11383	11245	463
饮料制造	152	9262	8997	27
精制茶加工	153	5769	5769	63
烟草制品业	16	38	38	38
烟叶复烤	161	38	38	38
纺织业	17	42535	42072	51
棉纺织及印染精加工	171	20204	20204	
毛纺织及染整精加工	172	1754	1754	
麻纺织及染整精加工	173	656	656	
丝绢纺织及印染精加工	174	5080	4797	
化纤织造及印染精加工	175	450	450	
针织或钩针编织物及其制品制造	176	3976	3896	51
家用纺织制成品制造	177	8023	7923	
非家用纺织制成品制造	178	2392	2392	
纺织服装、服饰业	18	40804	39661	52
机织服装制造	181	31661	30725	52
针织或钩针编织服装制造	182	2084	2084	
服饰制造	183	7059	6852	
皮革、毛皮、羽毛及其制品和制鞋业	19	31575	31412	
皮革鞣制加工	191	864	864	
皮革制品制造	192	4127	4127	
毛皮鞣制及制品加工	193	1506	1506	
羽毛(绒)加工及制品制造	194	924	924	
制鞋业	195	24154	23991	

单位：人

集体企业	股份合作企业	联营企业	国有联营企业	集体联营企业	国有与集体联营企业	其他联营企业	有限责任公司
	41						333
							215
	41						116
							2
							5
							5
16801	**8813**	**1682**	**89**	**915**	**315**	**363**	**211574**
335	675	237		101	20	116	11670
37		20			20		1583
							1569
36	10	11		5		6	462
							10
250	213	34		34			3239
		62		62			161
12	282	110				110	1810
	170						2836
120	404	20				20	6821
	191	20				20	717
30							213
29							954
							65
							746
43	51						2246
18	162						1880
365	153	10	10				2664
192	10						897
58	37						1206
115	106	10	10				561
244	42	19				19	3868
174							1572
		16				16	82
							229
16							1250
22							269
32	42	3				3	200
							266
318	43	35		35			2867
318	43	35		35			2671
							3
							193
94	80						3094
43							604
							105
							28
51	80						2357

1-2-13 续表 2

指标名称	行业代码	从业人员数	内资企业	国有企业
木材加工和木、竹、藤、棕、草制品业	20	33834	33714	81
木材加工	201	10203	10101	27
人造板制造	202	4763	4763	
木制品制造	203	11432	11414	
竹、藤、棕、草等制品制造	204	7436	7436	54
家具制造业	21	39038	38997	53
木质家具制造	211	30661	30623	9
竹、藤家具制造	212	351	351	
金属家具制造	213	2651	2651	
塑料家具制造	214	533	533	44
其他家具制造	219	4842	4839	
造纸和纸制品业	22	24986	23634	147
纸浆制造	221	100	100	
造纸	222	7742	7069	1
纸制品制造	223	17144	16465	146
印刷和记录媒介复制业	23	27256	26374	430
印刷	231	24594	23712	410
装订及印刷相关服务	232	2457	2457	20
记录媒介复制	233	205	205	
文教、工美、体育和娱乐用品制造业	24	17507	17393	12
文教办公用品制造	241	1577	1577	4
乐器制造	242	361	361	
工艺美术品制造	243	12961	12847	3
体育用品制造	244	993	993	5
玩具制造	245	1356	1356	
游艺器材及娱乐用品制造	246	259	259	
石油加工及炼焦	25	3009	2995	
化学原料和化学制品制造业	26	43459	40819	306
基础化学原料制造	261	9312	8378	235
肥料制造	262	5680	5525	
农药制造	263	1197	1197	
涂料、油墨、颜料及类似产品制造	264	8200	7753	
合成材料制造	265	3322	3144	
专用化学产品制造	266	7198	6474	30
炸药、火工及焰火产品制造	267	5577	5420	39
日用化学产品制造	268	2973	2928	2
医药制造业	27	15483	15020	264
化学药品原料药制造	271	3375	3272	
化学药品制剂制造	272	1572	1547	25
中药饮片加工	273	3074	3074	35
中成药生产	274	1977	1877	28
兽用药品制造	275	2350	2350	99
生物药品制造	276	2176	1941	12
卫生材料及医药用品制造	277	959	959	65

单位：人

集体企业	股份合作企业	联营企业	国有联营企业	集体联营企业	国有与集体联营企业	其他联营企业	有限责任公司
341	213	71		51		20	3458
	42	51		51			308
39							1016
260	137						1504
42	34	20				20	630
119	181	5		5			2229
119	174	5		5			1612
							8
	7						65
							15
							529
489	50	9		1		8	3727
							5
	50						1312
489		9		1		8	2410
1340	333	57	12	35		10	5227
1290	278	45		35		10	4813
50	55						249
		12	12				165
39	185	92		38	46	8	2369
5	164						114
							131
34	21	92		38	46	8	1438
							324
							362
	31	288		288			639
888	401	107	40	67			8209
263	115	10		10			2466
65							962
4	265						111
48	15						1254
373	1	40	40				878
135		57		57			1295
							777
	5						466
107	101						4592
83							1835
	75						498
	26						474
							410
24							600
							460
							315

1-2-13 续表 3

指标名称	行业代码	从业人员数	内资企业	国有企业
化学纤维制造业	28	554	554	
纤维素纤维原料及纤维制造	281	119	119	
合成纤维制造	282	435	435	
橡胶和塑料制品业	29	50454	49880	276
橡胶制品业	291	9365	9288	217
塑料制品业	292	41089	40592	59
非金属矿物制品业	30	156853	155584	308
水泥、石灰和石膏制造	301	10949	10496	2
石膏、水泥制品及类似制品制造	302	39410	38931	74
砖瓦、石材等建筑材料制造	303	78429	78404	159
玻璃制造	304	3555	3555	
玻璃制品制造	305	12578	12483	
玻璃纤维和玻璃纤维增强塑料制品制造	306	1634	1634	
陶瓷制品制造	307	5085	5076	3
耐火材料制品制造	308	2366	2366	70
石墨及其他非金属矿物制品制造	309	2847	2639	
黑色金属冶炼和压延加工业	31	27665	27564	982
炼铁	311	1756	1756	839
炼钢	312	652	652	
黑色金属铸造	313	9118	9104	143
钢压延加工	314	11035	11000	
铁合金冶炼	315	5104	5052	
有色金属冶炼和压延加工业	32	15442	14615	200
常用有色金属冶炼	321	3453	3453	20
贵金属冶炼	322	111	111	
稀有稀土金属冶炼	323	769	769	
有色金属合金制造	324	2135	1724	
有色金属铸造	325	990	990	
有色金属压延加工	326	7984	7568	180
金属制品业	33	87057	86336	435
结构性金属制品制造	331	37937	37713	15
金属工具制造	332	14361	14361	113
集装箱及金属包装容器制造	333	2654	2521	9
金属丝绳及其制品制造	334	1362	1362	3
建筑、安全用金属制品制造	335	9013	9006	
金属表面处理及热处理加工	336	6735	6735	
搪瓷制品制造	337	719	719	
金属制日用品制造	338	5237	5218	
其他金属制品制造	339	9039	8701	295
通用设备制造业	34	78728	76627	585
锅炉及原动设备制造	341	6330	6264	
金属加工机械制造	342	13266	13016	49
物料搬运设备制造	343	4630	4303	213
泵、阀门、压缩机及类似机械制造	344	6593	6593	54
轴承、齿轮和传动部件制造	345	7165	6754	88
烘炉、风机、衡器、包装等设备制造	346	8460	8103	15

单位：人

集体企业	股份合作企业	联营企业	国有联营企业	集体联营企业	国有与集体联营企业	其他联营企业	有限责任公司
							10
							10
717	327	67			32	35	8261
296	69	28				28	1260
421	258	39			32	7	7001
2566	1336	180		69		111	21493
302		83				83	2392
367	182	24		24			7153
1693	1134	73		45		28	7547
22							556
47	6						1900
							217
16	8						897
104	5						490
15	1						341
799	144	28		3	25		5728
							112
							3
382		3		3			1650
417	144	25			25		2742
							1221
401	118						4285
33	112						873
14							
							30
52							484
11							82
291	6						2816
454	588	104	22	76		6	11709
46	94	6				6	4081
110	77	89	22	67			2060
7		9		9			632
							38
138	183						1255
47							1685
							80
17	42						645
89	192						1233
1437	944	193	5	112	72	4	16444
132	185						937
286	361						3168
117	96						1922
202	25	79		7	72		895
86							2238
356	122	82	5	77			2151

1-2-13 续表 4

指标名称	行业代码	从业人员数	内资企业	国有企业
文化、办公用机械制造	347	423	423	
通用零部件制造	348	27843	27402	128
其他通用设备制造业	349	4018	3769	38
专用设备制造业	35	58360	56104	450
采矿、冶金、建筑专用设备制造	351	10063	10063	64
化工、木材、非金属加工专用设备制造	352	15132	14331	61
食品、饮料、烟草及饲料生产专用设备制造	353	1675	1675	
印刷、制药、日化及日用品生产专用设备制造	354	2944	2838	125
纺织、服装和皮革加工专用设备制造	355	1511	1508	
电子和电工机械专用设备制造	356	3856	3310	135
农、林、牧、渔专用机械制造	357	12689	12527	
医疗仪器设备及器械制造	358	4244	4164	23
环保、社会公共服务及其他专用设备制造	359	6246	5688	42
汽车制造业	36	123837	115134	313
汽车整车制造	361	429	429	
改装汽车制造	362	1800	1407	
电车制造	364	477	477	
汽车车身、挂车制造	365	645	645	
汽车零部件及配件制造	366	120486	112176	313
铁路、船舶、航空航天和其他运输设备制造业	37	119678	117886	790
铁路运输设备制造	371	1679	1591	154
城市轨道交通设备制造	372	132	132	
船舶及相关装置制造	373	8338	8282	492
航空、航天器及设备制造	374	271	136	
摩托车制造	375	108334	106821	109
自行车制造	376	325	325	35
非公路休闲车及零配件制造	377	76	76	
潜水救捞及其他未列明运输设备制造	379	523	523	
电气机械和器材制造业	38	45762	44137	397
电机制造	381	7249	6923	231
输配电及控制设备制造	382	14802	14055	163
电线、电缆、光缆及电工器材制造	383	8270	8155	
电池制造	384	2453	2059	
家用电力器具制造	385	4698	4696	
非电力家用器具制造	386	1299	1299	
照明器具制造	387	4520	4520	
其他电气机械及器材制造	389	2471	2430	3
计算机、通信和其他电子设备制造业	39	31484	26385	278
计算机制造	391	7698	5499	
通信设备制造	392	2654	2183	
广播电视设备制造	393	281	281	
视听设备制造	395	1155	1028	
电子器件制造	396	3145	2908	158
电子元件制造	397	11300	10045	120
其他电子设备制造	399	5251	4441	

单位：人

集体企业	股份合作企业	联营企业	国有联营企业	集体联营企业	国有与集体联营企业	其他联营企业	有限责任公司
		28		28			40
258	136	4				4	4155
	19						938
562	418	19		13		6	11881
51	84						2530
35	40						2016
	46						362
3	16						566
	22						639
	20						561
30							2443
113		19		13		6	1099
330	190						1665
1409	492						27507
							165
	35						544
							38
39							80
1370	457						26680
1608	1046	3		3			20165
125							335
							57
77							1480
							83
1406	1046	3		3			18014
							122
							46
							28
259	358						8822
9	25						1611
206	92						3310
14	191						1215
							518
25							877
							210
	26						500
5	24						581
114	20						8165
3							2547
89							635
							51
							678
							644
22	20						1847
							1763

1-2-13 续表 5

指标名称	行业代码	从业人员数	内资企业	国有企业
仪器仪表制造业	40	18157	17412	540
通用仪器仪表制造	401	10747	10369	265
专用仪器仪表制造	402	2256	2173	271
钟表与计时仪器制造	403	366	366	
光学仪器及眼镜制造	404	2900	2626	
其他仪器仪表制造业	409	1888	1878	4
其他制造业	41	8893	8893	107
日用杂品制造	411	3893	3893	107
煤制品制造	412	1019	1019	
其他未列明制造业	419	3981	3981	
废弃资源综合利用业	42	3905	3873	
金属废料和碎屑加工处理	421	2140	2140	
非金属废料和碎屑加工处理	422	1765	1733	
金属制品、机械和设备修理业	43	3895	3886	
金属制品修理	431	665	665	
通用设备修理	432	381	381	
专用设备修理	433	420	420	
铁路、船舶、航空航天等运输设备修理	434	828	827	
电气设备修理	435	243	243	
仪器仪表修理	436	51	51	
其他机械和设备修理业	439	1307	1299	
电力、热力、燃气及水生产和供应业	D	**48537**	**48062**	**6492**
电力、热力生产和供应业	44	25044	24874	3057
电力生产	441	22089	22061	2914
电力供应	442	2594	2594	113
热力生产和供应	443	361	219	30
燃气生产和供应业	45	8730	8537	279
燃气生产和供应业	450	8730	8537	279
水的生产和供应业	46	14763	14651	3156
自来水生产和供应	461	12328	12328	2293
污水处理及其再生利用	462	2275	2163	863
其他水的处理、利用与分配	469	160	160	
建筑业	E	**628912**	**628203**	**7162**
房屋建筑业	47	383955	383930	3203
房屋建筑业	470	383955	383930	3203
土木工程建筑业	48	38667	38493	2719
铁路、道路、隧道和桥梁工程建筑	481	10690	10680	685
水利和内河港口工程建筑	482	11211	11211	1092
工矿工程建筑	484	1025	861	
架线和管道工程建筑	485	3650	3650	549
其他土木工程建筑	489	12091	12091	393
建筑安装业	49	45330	45140	742
电气安装	491	11840	11840	41
管道和设备安装	492	14387	14197	701
其他建筑安装业	499	19103	19103	
建筑装饰和其他建筑业	50	160960	160640	498
建筑装饰业	501	65476	65190	89
工程准备活动	502	6341	6341	19
提供施工设备服务	503	11684	11684	
其他未列明建筑业	509	77459	77425	390

单位：人

集体企业	股份合作企业	联营企业	国有联营企业	集体联营企业	国有与集体联营企业	其他联营企业	有限责任公司
1217	17	137		17	120		3609
984		8			8		2670
26	2	112			112		630
6							
91							65
110	15	17		17			244
27	75	1		1			599
22							347
5							42
	75	1		1			210
272							969
272							732
							237
160	38						493
							65
							82
65							33
71							170
2							8
							16
22	38						119
3297	**291**	**334**	**72**	**186**	**70**	**6**	**15376**
1563	170	89	68	21			6606
1338	170	89	68	21			5484
142							1048
83							74
96	93	75		60	15		3297
96	93	75		60	15		3297
1638	28	170	4	105	55	6	5473
1634	28	170	4	105	55	6	4701
							762
4							10
19238	**1048**	**822**	**15**	**807**			**188906**
14008	232	822	15	807			102099
14008	232	822	15	807			102099
1889	169						16738
14	160						4176
642	9						8280
25							448
309							1039
899							2795
778	115						18617
15	30						4531
576	79						4108
187	6						9978
2563	532						51452
2484	110						16183
	65						2742
	200						3233
79	157						29294

1-2-13 续表 6

指标名称	行业代码	从业人员数	内资企业	国有企业
批发和零售业	F	**641517**	**638082**	**4675**
批发业	51	313038	311445	2650
农、林、牧产品批发	511	37617	37595	567
食品、饮料及烟草制品批发	512	55029	54711	713
纺织、服装及家庭用品批发	513	24523	24305	57
文化、体育用品及器材批发	514	8183	8132	135
医药及医疗器材批发	515	14189	14081	130
矿产品、建材及化工产品批发	516	95918	95584	614
机械设备、五金产品及电子产品批发	517	57415	57025	330
贸易经纪与代理	518	3935	3907	13
其他批发业	519	16229	16105	91
零售业	52	328479	326637	2025
综合零售	521	37199	37169	212
食品、饮料及烟草制品专门零售	522	38826	38717	475
纺织、服装及日用品专门零售	523	48527	47676	127
文化、体育用品及器材专门零售	524	14323	14302	170
医药及医疗器材专门零售	525	9848	9839	34
汽车、摩托车、燃料及零配件专门零售	526	39640	39465	508
家用电器及电子产品专门零售	527	48487	48255	50
五金、家具及室内装饰材料专门零售	528	66203	65889	143
货摊、无店铺及其他零售业	529	25426	25325	306
交通运输、仓储和邮政业	G	**176695**	**175164**	**9189**
道路运输业	54	120794	120207	3064
城市公共交通运输	541	10414	10414	28
公路旅客运输	542	13375	13329	429
道路货物运输	543	89650	89245	1484
道路运输辅助活动	544	7355	7219	1123
水上运输业	55	16829	16732	899
水上旅客运输	551	2219	2219	701
水上货物运输	552	12844	12829	156
水上运输辅助活动	553	1766	1684	42
航空运输业	56	1058	746	27
航空客货运输	561	497	259	27
通用航空服务	562	38	18	
航空运输辅助活动	563	523	469	
管道运输业	57	108	108	68
管道运输业	570	108	108	68
装卸搬运和运输代理业	58	24026	23593	166
装卸搬运	581	11775	11717	18
运输代理业	582	12251	11876	148
仓储业	59	6085	5983	602
谷物、棉花等农产品仓储	591	1094	1066	525
其他仓储业	599	4991	4917	77
邮政业	60	7795	7795	4363
邮政基本服务	601	4242	4242	4108
快递服务	602	3553	3553	255

单位：人

集体企业	股份合作企业	联营企业					有限责任公司
			国有联营企业	集体联营企业	国有与集体联营企业	其他联营企业	
5769	**3503**	**1005**	**118**	**440**	**99**	**348**	**108370**
2451	2100	400	77	141	65	117	60470
300	239	138	10	62	50	16	1955
270	537	1		1			5415
167	130	22		22			4698
88	15	42	42				3186
	117						3181
879	597	43	9	22		12	22967
493	319	128		30	15	83	15219
20	71						636
234	75	26	16	4		6	3213
3318	1403	605	41	299	34	231	47900
1295	187	100		66	8	26	4164
322	299	48	3	41		4	3047
343	46	52		7		45	3645
462	73	99		68		31	1967
95	129	36		25		11	2244
409	203	43	12	7	20	4	11225
43	184	17		1	6	10	8694
266	102	168	26	54		88	8389
83	180	42		30		12	4525
2961	**592**	**724**	**228**	**221**	**179**	**96**	**59812**
1344	183	418	53	120	179	66	45073
275	124	47				47	5632
262	1						5134
607	58	46	27			19	31865
200		325	26	120	179		2442
306	80	1		1			4782
4							581
287	80	1		1			3503
15							698
							414
							112
							302
							17
							17
1225	314	285	175	100		10	7321
1171	228	269	159	100		10	3439
54	86	16	16				3882
86	15						1568
							214
86	15						1354
		20				20	637
							116
		20				20	521

1-2-13 续表 7

指标名称	行业代码	从业人员数	内资企业	国有企业
住宿和餐饮业	H	**161856**	**160911**	**2670**
住宿业	61	34970	34684	2286
旅游饭店	611	17362	17246	1235
一般旅馆	612	13515	13345	819
其他住宿业	619	4093	4093	232
餐饮业	62	126886	126227	384
正餐服务	621	110733	110493	361
快餐服务	622	3494	3255	
饮料及冷饮服务	623	2015	2009	
其他餐饮业	629	10644	10470	23
信息传输、软件和信息技术服务业	I	**55620**	**54165**	**1138**
电信、广播电视和卫星传输服务	63	3804	3374	613
电信	631	2781	2351	304
广播电视传输服务	632	956	956	309
卫星传输服务	633	67	67	
互联网和相关服务	64	5511	5479	176
互联网接入及相关服务	641	493	473	
互联网信息服务	642	3876	3864	176
其他互联网服务	649	1142	1142	
软件和信息技术服务业	65	46305	45312	349
软件开发	651	31348	30588	255
信息系统集成服务	652	2563	2505	3
信息技术咨询服务	653	7974	7837	73
数据处理和存储服务	654	360	360	6
集成电路设计	655	93	93	
其他信息技术服务业	659	3967	3929	12
房地产业	K	**170511**	**166484**	**6719**
房地产业	70	170511	166484	6719
房地产开发经营	701	52265	49971	1360
物业管理	702	90761	89290	4968
房地产中介服务	703	24760	24524	144
其他房地产业	709	2725	2699	247
租赁和商务服务业	L	**313098**	**310092**	**12115**
租赁业	71	19103	19041	42
机械设备租赁	711	18632	18574	35
文化及日用品出租	712	471	467	7
商务服务业	72	293995	291051	12073
企业管理服务	721	26225	25975	2651
法律服务	722	4157	4143	13
咨询与调查	723	49181	47192	1629
广告业	724	45910	45796	298
知识产权服务	725	1113	1113	13
人力资源服务	726	71404	71359	232
旅行社及相关服务	727	11120	11054	682
安全保护服务	728	54964	54964	5893
其他商务服务业	729	29921	29455	662

单位：人

集体企业	股份合作企业	联营企业	国有联营企业	集体联营企业	国有与集体联营企业	其他联营企业	有限责任公司
2187	**368**	**72**		**28**		**44**	**25345**
532	111	13		13			8850
140	33						5143
276	54	8		8			2833
116	24	5		5			874
1655	257	59		15		44	16495
814	196	59		15		44	15020
125	8						439
4							225
712	53						811
54	**241**	**171**	**20**	**6**	**118**	**27**	**14238**
18	84	27	2	6		19	1159
18	84	27	2	6		19	561
							571
							27
2	28						1218
	18						55
	10						950
2							213
34	129	144	18		118	8	11861
7	48	8				8	8730
	45						680
9	14						1349
	3						89
12							30
6	19	136	18		118		983
805	**459**	**97**		**36**	**22**	**39**	**50450**
805	459	97		36	22	39	50450
49	73	22			22		16464
343	218	39				39	28128
34	165						4855
379	3	36		36			1003
1672	**869**	**306**	**52**	**107**	**19**	**128**	**98596**
36	192						3309
36	192						3231
							78
1636	677	306	52	107	19	128	95287
614	101	136	50	16		70	8647
57		8			8		152
144	89	47	2			45	12406
140	241						8799
11							239
91	79	10				10	19085
60	91	2		2			3337
27							34990
492	76	103		89	11	3	7632

1-2-13 续表 8

指标名称	行业代码	从业人员数	内资企业	国有企业
科学研究和技术服务业	M	**56537**	**55696**	**3692**
研究和试验发展	73	3361	3288	283
自然科学研究和试验发展	731	252	225	
工程和技术研究和试验发展	732	1675	1665	228
农业科学研究和试验发展	733	696	696	7
医学研究和试验发展	734	669	633	48
社会人文科学研究	735	69	69	
专业技术服务业	74	45616	44933	2990
气象服务	741	30	30	17
地震服务	742	77	77	
测绘服务	744	1272	1269	115
质检技术服务	745	3182	3085	555
环境与生态监测	746	501	477	38
地质勘查	747	1190	1163	182
工程技术	748	22284	21831	1549
其他专业技术服务业	749	17080	17001	534
科技推广和应用服务业	75	7560	7475	419
技术推广服务	751	5275	5190	107
科技中介服务	752	948	948	148
其他科技推广和应用服务业	759	1337	1337	164
水利、环境和公共设施管理业	N	**15111**	**15034**	**1220**
水利管理业	76	1792	1792	521
防洪除涝设施管理	761	158	158	6
水资源管理	762	503	503	161
天然水收集与分配	763	554	554	203
水文服务	764	111	111	15
其他水利管理业	769	466	466	136
生态保护和环境治理业	77	3264	3264	291
生态保护	771	366	366	42
环境治理业	772	2898	2898	249
公共设施管理业	78	10055	9978	408
市政设施管理	781	957	931	125
环境卫生管理	782	1403	1382	106
城乡市容管理	783	122	122	
绿化管理	784	4643	4643	107
公园和游览景区管理	785	2930	2900	70
居民服务、修理和其他服务业	O	**72171**	**71856**	**655**
居民服务业	79	33899	33765	259
家庭服务	791	6486	6486	
托儿所服务	792	34	34	
洗染服务	793	2231	2227	
理发及美容服务	794	10181	10164	
洗浴服务	795	1536	1536	89

单位：人

集体企业	股份合作企业	联营企业	国有联营企业	集体联营企业	国有与集体联营企业	其他联营企业	有限责任公司
595	**420**	**109**	**8**	**59**		**42**	**13668**
13	29	9	1	8			1000
							78
13	22	8		8			655
	4						116
	3	1	1				144
							7
437	293	86	7	37		42	11258
6							7
							329
123	62	7	7				1055
13							186
							179
213	89	79		37		42	6346
82	142						3156
145	98	14		14			1410
109	98	14		14			983
16							257
20							170
329	**131**	**110**		**110**			**4096**
48		95		95			503
							83
		70		70			105
38		20		20			172
							14
10		5		5			129
44	31						846
	22						178
44	9						668
237	100	15		15			2747
42							375
45	27						544
	3						44
116	50						688
34	20	15		15			1096
954	**535**	**108**	**66**	**22**		**20**	**8972**
330	201	57	18	19		20	3767
23	14						745
							125
	17	20				20	501
	35						146

1-2-13 续表 9

指标名称	行业代码	从业人员数	内资企业	国有企业
保健服务	796	2652	2647	
婚姻服务	797	3307	3307	
殡葬服务	798	2123	2087	89
其他居民服务业	799	5349	5277	81
机动车、电子产品和日用产品修理业	80	26309	26168	258
汽车、摩托车修理与维护	801	21182	21130	252
计算机和办公设备维修	802	2145	2145	
家用电器修理	803	2183	2099	6
其他日用产品修理业	809	799	794	
其他服务业	81	11963	11923	138
清洁服务	811	8646	8641	73
其他未列明服务业	819	3317	3282	65
卫生和社会工作	**Q**	**669**	**669**	**15**
社会工作	84	669	669	15
提供住宿社会工作	841	584	584	10
不提供住宿社会工作	842	85	85	5
文化、体育和娱乐业	**R**	**37649**	**37347**	**1175**
新闻和出版业	85	1167	1140	220
新闻业	851	25	25	
出版业	852	1142	1115	220
广播、电视、电影和影视录音制作业	86	3947	3814	685
电视	862	129	129	64
电影和影视节目制作	863	1081	1081	171
电影和影视节目发行	864	166	166	80
电影放映	865	2396	2263	330
录音制作	866	175	175	40
文化艺术业	87	8389	8339	211
文艺创作与表演	871	4269	4224	94
艺术表演场馆	872	328	328	9
图书馆与档案馆	873	101	101	
文物及非物质文化遗产保护	874	149	149	15
博物馆	875	78	78	58
群众文化活动	877	691	691	15
其他文化艺术业	879	2773	2768	20
体育	88	2092	2073	45
体育组织	881	106	106	
体育场馆	882	189	189	42
休闲健身活动	883	1506	1487	3
其他体育	889	291	291	
娱乐业	89	22054	21981	14
室内娱乐活动	891	20079	20006	14
游乐园	892	377	377	
文化、娱乐、体育经纪代理	894	694	694	
其他娱乐业	899	904	904	

单位：人

集体企业	股份合作企业	联营企业	国有联营企业	集体联营企业	国有与集体联营企业	其他联营企业	有限责任公司
							314
		24	18	6			395
205	102	6		6			458
102	33	7		7			1083
546	309	48	48				3088
505	276	48	48				2274
2	9						413
38	24						307
1							94
78	25	3		3			2117
30	13						1438
48	12	3		3			679
25		**8**		**8**			**75**
25		8		8			75
25		8		8			75
89	**64**	**77**			**69**	**8**	**4696**
10		69			69		434
10		69			69		434
27		8				8	1150
		8				8	272
							28
27							799
							51
31	8						1151
8	1						418
							63
							16
							64
							15
23							75
	7						500
	5						247
	5						
							50
							133
							64
21	51						1714
20	41						1234
							118
1							221
	10						141

1-2-13 续表 10

指标名称	行业代码	国有独资公司	其他有限责任公司	股份有限公司	私营企业
总　　计		**42728**	**780956**	**85146**	**2565501**
农、林、牧、渔业	A	**73**	**1557**	**465**	**8768**
农业	01		390	26	344
谷物种植	011			26	
蔬菜、食用菌及园艺作物种植	014		6		169
水果种植	015		384		57
坚果、含油果、香料和饮料作物种植	016				31
中药材种植	017				11
其他农业	019				76
林业	02				59
林木育种和育苗	021				58
造林和更新	022				1
畜牧业	03			7	105
牲畜饲养	031				40
家禽饲养	032				15
其他畜牧业	039			7	50
渔业	04				117
水产养殖	041				117
农、林、牧、渔服务业	05	73	1167	432	8143
农业服务业	051	23	1011	352	6700
林业服务业	052	5	88	68	256
畜牧服务业	053		29		631
渔业服务业	054	45	39	12	556
采矿业	B	**279**	**17601**	**3510**	**92162**
煤炭开采和洗选业	06	224	12479	2861	54092
烟煤和无烟煤开采洗选	061	224	11903	2741	52712
褐煤开采洗选	062		102		223
其他煤炭采选	069		474	120	1157
石油和天然气开采业	07		49		318
石油开采	071		31		39
天然气开采	072		18		279
黑色金属矿采选业	08		53		5711
铁矿采选	081		22		617
锰矿、铬矿采选	082		31		4938
其他黑色金属矿采选	089				156
有色金属矿采选业	09		228	64	575
常用有色金属矿采选	091		228	64	554
贵金属矿采选	092				5
稀有稀土金属矿采选	093				16
非金属矿采选业	10	55	4454	417	29866
土砂石开采	101		3711	218	27946
化学矿开采	102		311	106	503
采盐	103				34
石棉及其他非金属矿采选	109	55	432	93	1383

单位：人

私营独资企业	私营合伙企业	私营有限责任公司	私营股份有限公司	其他企业	港、澳、台商投资企业	外商投资企业
865507	**91515**	**1493666**	**114813**	**136664**	**21969**	**29824**
5577	**355**	**2054**	**782**	**3514**		
41	58	245		31		
8	58	103				
16		41		31		
6		25				
11						
		76				
52		7				
51		7				
1						
90		15		35		
33		7		21		
7		8		14		
50						
112	5			19		
112	5			19		
5282	292	1787	782	3429		
4054	287	1587	772	2952		
145		111		127		
564		67		209		
519	5	22	10	141		
31649	**11747**	**41311**	**7455**	**3516**	**11**	**36**
14997	7249	26857	4989	1747	3	
14710	7071	26128	4803	1213		
20	21	182				
267	157	547	186	534	3	
278	40			157		
39						
239	40			157		
1363	431	3494	423	40		
374		217	26			
960	349	3232	397	40		
29	82	45				
72	256	191	56	73		
51	256	191	56	40		
5				33		
16						
14231	3306	10357	1972	1178	8	36
13526	3191	9430	1799	1105	8	36
113	95	265	30			
		34				
592	20	628	143	73		

1-2-13 续表 11

指标名称	行业代码	国有独资公司	其他有限责任公司	股份有限公司	私营企业
开采辅助活动	11		333	159	860
煤炭开采和洗选辅助活动	111		215	126	626
石油和天然气开采辅助活动	112		116	33	160
其他开采辅助活动	119		2		74
其他采矿业	12		5	9	740
其他采矿业	120		5	9	740
制造业	**C**	**4930**	**206644**	**19280**	**965660**
农副食品加工业	13	657	11013	1557	65608
谷物磨制	131	360	1223	156	10094
饲料加工	132	90	1479	114	7841
植物油加工	133	207	255	28	4522
制糖业	134		10	200	629
屠宰及肉类加工	135		3239	710	13528
水产品加工	136		161		328
蔬菜、水果和坚果加工	137		1810	198	11634
其他农副食品加工	139		2836	151	17032
食品制造业	14	274	6547	832	24654
焙烤食品制造	141		717		6276
糖果、巧克力及蜜饯制造	142		213	15	1719
方便食品制造	143	274	680		4206
乳制品制造	144		65		151
罐头食品制造	145		746	292	1495
调味品、发酵制品制造	146		2246	288	6323
其他食品制造	149		1880	237	4484
酒、饮料和精制茶制造业	15		2664	543	20616
酒的制造	151		897	350	8831
饮料制造	152		1206	193	7259
精制茶加工	153		561		4526
烟草制品业	16				
烟叶复烤	161				
纺织业	17	170	3698	433	36398
棉纺织及印染精加工	171		1572	80	18153
毛纺织及染整精加工	172		82		1462
麻纺织及染整精加工	173	170	59		427
丝绢纺织及印染精加工	174		1250	109	3354
化纤织造及印染精加工	175				422
针织或钩针编织物及其制品制造	176		269	110	3275
家用纺织制成品制造	177		200	98	7257
非家用纺织制成品制造	178		266	36	2048
纺织服装、服饰业	18	142	2725	56	35053
机织服装制造	181	142	2529	56	26738
针织或钩针编织服装制造	182		3		2037
服饰制造	183		193		6278
皮革、毛皮、羽毛及其制品和制鞋业	19		3094	59	27025
皮革鞣制加工	191				829
皮革制品制造	192		604	15	3329
毛皮鞣制及制品加工	193		105	16	1287
羽毛(绒)加工及制品制造	194		28		856
制鞋业	195		2357	28	20724

单位：人

私营独资企　业	私营合伙企　业	私营有限责任公司	私营股份有限公司	其他企业	港、澳、台商投资企　业	外商投资企　业
313	320	227		110		
165	320	141		65		
94		66		35		
54		20		10		
395	145	185	15	211		
395	145	185	15	211		
374147	**34036**	**520825**	**36652**	**28627**	**13646**	**20982**
28210	2796	32273	2329	3261	241	591
6785	238	3007	64	478		
2305	267	4837	432	84		424
2696	74	1582	170	144	199	9
445	123	61		55		
4293	818	8080	337	440		
251		77		187		
4079	535	6273	747	947		52
7356	741	8356	579	926	42	106
10083	1043	12258	1270	881	114	30
2773	315	2987	201	294	6	
927	141	566	85	6		
2506	253	1309	138	119	108	
13		118	20	5		
580	8	907		232		
1954	262	3822	285	71		
1330	64	2549	541	154		30
9620	800	9252	944	1107	138	265
4463	424	3363	581	502	138	
3482	339	3117	321	217		265
1675	37	2772	42	388		
23354	710	11814	520	1017	268	195
11560	396	6187	10	225		
995	84	235	148	194		
35		392				
1133		2048	173	68	268	15
239		183		28		
2024	49	1053	149	169		80
5969	158	1090	40	291		100
1399	23	626		42		
20773	932	12117	1231	1237	899	244
15116	829	9752	1041	812	770	166
874		991	172	44		
4783	103	1374	18	381	129	78
11918	795	13214	1098	1060	127	36
257	65	431	76	35		
2066	109	1124	30	136		
750	67	405	65	98		
536		311	9	40		
8309	554	10943	918	751	127	36

1-2-13 续表 12

指标名称	行业代码				
		国有独资公司	其他有限责任公司	股份有限公司	私营企业
木材加工和木、竹、藤、棕、草制品业	20		3458	263	27993
木材加工	201		308	34	9242
人造板制造	202		1016	99	3609
木制品制造	203		1504	130	8972
竹、藤、棕、草等制品制造	204		630		6170
家具制造业	21		2229	200	34860
木质家具制造	211		1612	170	27606
竹、藤家具制造	212		8		321
金属家具制造	213		65	13	2500
塑料家具制造	214		15		469
其他家具制造	219		529	17	3964
造纸和纸制品业	22	64	3663	348	18363
纸浆制造	221		5		95
造纸	222		1312	226	5385
纸制品制造	223	64	2346	122	12883
印刷和记录媒介复制业	23		5227	244	18091
印刷	231		4813	174	16177
装订及印刷相关服务	232		249	52	1904
记录媒介复制	233		165	18	10
文教、工美、体育和娱乐用品制造业	24		2369	224	13735
文教办公用品制造	241		114	38	1209
乐器制造	242		131		230
工艺美术品制造	243		1438	186	10494
体育用品制造	244		324		664
玩具制造	245		362		879
游艺器材及娱乐用品制造	246				259
石油加工及炼焦	25		639		2007
化学原料和化学制品制造业	26	147	8062	1835	28116
基础化学原料制造	261		2466	289	4828
肥料制造	262		962	277	4021
农药制造	263		111	220	597
涂料、油墨、颜料及类似产品制造	264	147	1107	5	6282
合成材料制造	265		878	79	1683
专用化学产品制造	266		1295	596	4213
炸药、火工及焰火产品制造	267		777	337	4110
日用化学产品制造	268		466	32	2382
医药制造业	27	255	4337	385	9322
化学药品原料药制造	271	255	1580		1354
化学药品制剂制造	272		498		889
中药饮片加工	273		474		2397
中成药生产	274		410	201	1202
兽用药品制造	275		600	98	1529
生物药品制造	276		460	46	1416
卫生材料及医药用品制造	277		315	40	535

单位：人

私营独资企业	私营合伙企业	私营有限责任公司	私营股份有限公司	其他企业	港、澳、台商投资企业	外商投资企业
19587	1246	6608	552	1294		120
7605	494	1052	91	397		102
1218	179	1900	312			
5246	289	3310	127	411		18
5518	284	346	22	486		
22645	735	10994	486	1350	38	3
18101	674	8355	476	928	38	
293	5	23		22		
1406	20	1069	5	66		
206		263		5		
2639	36	1284	5	329		3
7337	567	10105	354	501	546	806
63	32					
1897	134	3280	74	95		673
5377	401	6825	280	406	546	133
4939	707	11741	704	652	368	514
4296	624	10585	672	525	368	514
643	73	1156	32	127		
	10					
7543	660	5342	190	737	107	7
501	90	602	16	43		
17	70	143				
6111	390	3914	79	579	107	7
93		511	60			
670	55	144	10	115		
151	55	28	25			
369	49	1376	213	30		14
8144	837	17539	1596	957	803	1837
678	82	3382	686	172	364	570
1059	349	2588	25	200		155
130		277	190			
2885	60	3195	142	149	159	288
569	16	1095	3	90		178
710	72	3423	8	148	235	489
1118	154	2303	535	157		157
995	104	1276	7	41	45	
912	234	7835	341	249	1	462
177		1102	75			103
2		887		60	1	24
331	200	1866		142		
262		885	55	36		100
		1346	183			
113	2	1301		7		235
27	32	448	28	4		

1-2-13 续表 13

指标名称	行业代码	国有独资公司	其他有限责任公司	股份有限公司	私营企业
化学纤维制造业	28		10	243	301
纤维素纤维原料及纤维制造	281				119
合成纤维制造	282		10	243	182
橡胶和塑料制品业	29	282	7979	806	38527
橡胶制品业	291		1260	134	7133
塑料制品业	292	282	6719	672	31394
非金属矿物制品业	30	1027	20466	2129	123666
水泥、石灰和石膏制造	301	481	1911	315	7112
石膏、水泥制品及类似制品制造	302	302	6851	647	29566
砖瓦、石材等建筑材料制造	303		7547	617	64745
玻璃制造	304		556		2922
玻璃制品制造	305	193	1707	73	10399
玻璃纤维和玻璃纤维增强塑料制品制造	306		217		1417
陶瓷制品制造	307	51	846		4070
耐火材料制品制造	308		490	443	1219
石墨及其他非金属矿物制品制造	309		341	34	2216
黑色金属冶炼和压延加工业	31	530	5198	742	18918
炼铁	311		112	85	720
炼钢	312		3		641
黑色金属铸造	313	219	1431	267	6573
钢压延加工	314	311	2431	130	7448
铁合金冶炼	315		1221	260	3536
有色金属冶炼和压延加工业	32		4285	140	9186
常用有色金属冶炼	321		873	94	2262
贵金属冶炼	322				97
稀有稀土金属冶炼	323		30		739
有色金属合金制造	324		484		1176
有色金属铸造	325		82	34	863
有色金属压延加工	326		2816	12	4049
金属制品业	33	143	11566	1155	69346
结构性金属制品制造	331	143	3938	508	31597
金属工具制造	332		2060	82	11631
集装箱及金属包装容器制造	333		632	185	1675
金属丝绳及其制品制造	334		38	6	1275
建筑、安全用金属制品制造	335		1255	4	7294
金属表面处理及热处理加工	336		1685	30	4625
搪瓷制品制造	337		80		609
金属制日用品制造	338		645	20	4237
其他金属制品制造	339		1233	320	6403
通用设备制造业	34	152	16292	860	54960
锅炉及原动设备制造	341	20	917	70	4842
金属加工机械制造	342		3168	286	8745
物料搬运设备制造	343		1922	16	1933
泵、阀门、压缩机及类似机械制造	344		895	87	5171
轴承、齿轮和传动部件制造	345	132	2106	18	4260
烘炉、风机、衡器、包装等设备制造	346		2151	148	5042

单位：人

私营独资企业	私营合伙企业	私营有限责任公司	私营股份有限公司	其他企业	港、澳、台商投资企业	外商投资企业
168		133				
31		88				
137		45				
10517	1653	24628	1729	899	230	344
1500	417	5011	205	151		77
9017	1236	19617	1524	748	230	267
54407	10234	53848	5177	3906	367	902
1921	508	4629	54	290		453
13967	1310	12880	1409	918	262	217
32520	7201	22620	2404	2436		25
326	30	2556	10	55		
3493	486	6108	312	58		95
249	22	925	221			
1166	50	2474	380	82		9
268	199	658	94	35		
497	428	998	293	32	105	103
5698	604	11472	1144	223	100	1
279		103	338			
92	40	509		8		
2595	114	3732	132	86	13	1
2081	315	4690	362	94	35	
651	135	2438	312	35	52	
1852	342	6418	574	285	467	360
462	229	1537	34	59		
5		61	31			
		591	148			
289	37	567	283	12	411	
176	15	662	10			
920	61	3000	68	214	56	360
38728	1121	27712	1785	2545	147	574
19208	429	11627	333	1366		224
8229	218	2652	532	199		
296		1379		4		133
624	114	424	113	40		
4069	95	2731	399	132		7
1001	124	3433	67	348		
84		494	31	30		
2591	84	1447	115	257		19
2626	57	3525	195	169	147	191
16240	1788	33567	3365	1204	382	1719
795	47	3615	385	98		66
3694	397	4165	489	121	75	175
409	20	1446	58	6	33	294
1062	122	3491	496	80		
534	199	3909	400	187	63	294

1-2-13 续表 14

指标名称	行业代码	国有独资公司	其他有限责任公司	股份有限公司	私营企业
文化、办公用机械制造	347		40	5	350
通用零部件制造	348		4155	222	21912
其他通用设备制造业	349		938	8	2705
专用设备制造业	35	23	11858	1176	40902
采矿、冶金、建筑专用设备制造	351		2530	224	6921
化工、木材、非金属加工专用设备制造	352	23	1993	764	11213
食品、饮料、烟草及饲料生产专用设备制造	353		362		1220
印刷、制药、日化及日用品生产专用设备制造	354		566	3	2078
纺织、服装和皮革加工专用设备制造	355		639	24	823
电子和电工机械专用设备制造	356		561	129	2398
农、林、牧、渔专用机械制造	357		2443	4	9931
医疗仪器设备及器械制造	358		1099	19	2890
环保、社会公共服务及其他专用设备制造	359		1665	9	3428
汽车制造业	36	104	27403	1749	82460
汽车整车制造	361	10	155		264
改装汽车制造	362		544	278	550
电车制造	364		38		439
汽车车身、挂车制造	365		80	26	470
汽车零部件及配件制造	366	94	26586	1445	80737
铁路、船舶、航空航天和其他运输设备制造业	37	11	20154	1719	90818
铁路运输设备制造	371		335	307	665
城市轨道交通设备制造	372		57		75
船舶及相关装置制造	373	10	1470	273	5625
航空、航天器及设备制造	374		83		53
摩托车制造	375	1	18013	1067	83779
自行车制造	376		122		168
非公路休闲车及零配件制造	377		46		30
潜水救捞及其他未列明运输设备制造	379		28	72	423
电气机械和器材制造业	38	596	8226	603	33162
电机制造	381		1611	65	4906
输配电及控制设备制造	382	61	3249	335	9836
电线、电缆、光缆及电工器材制造	383	255	960	106	6483
电池制造	384	27	491	1	1502
家用电力器具制造	385		877		3769
非电力家用器具制造	386		210		1051
照明器具制造	387		500	28	3952
其他电气机械及器材制造	389	253	328	68	1663
计算机、通信和其他电子设备制造业	39	153	8012	542	17021
计算机制造	391		2547	263	2645
通信设备制造	392		635	62	1397
广播电视设备制造	393		51		230
视听设备制造	395	28	650		345
电子器件制造	396	30	614	15	2091
电子元件制造	397	95	1752	170	7707
其他电子设备制造	399		1763	32	2606

单位：人

私营独资企业	私营合伙企业	私营有限责任公司	私营股份有限公司	其他企业	港、澳、台商投资企业	外商投资企业
17		213	120			
8295	813	11892	912	587	190	251
376	45	2112	172	61		249
12600	1021	25529	1752	696	958	1298
1874	81	4286	680	189		
2629	205	8242	137	202	615	186
544	62	608	6	47		
695	10	1337	36	47	106	
294	12	507	10			3
889	253	1197	59	67	81	465
4352	238	5267	74	119	79	83
627	31	1650	582	1	50	30
696	129	2435	168	24	27	531
14402	1595	62626	3837	1204	2789	5914
24		46	194			
118		432			170	223
133		246	60			
45	10	415		30		
14082	1585	61487	3583	1174	2619	5691
21896	1826	64055	3041	1737	798	994
132		397	136	5		88
1		74				
1143	356	3782	344	335		56
		53				135
20558	1453	59207	2561	1397	798	715
36	17	115				
20		10				
6		417				
7757	675	23765	965	536	853	772
363	290	4110	143	76	158	168
2643	132	6626	435	113	358	389
1017	24	5334	108	146	11	104
356	5	1121	20	38	326	68
1246	99	2329	95	25		2
161		799	91	38		
1357	125	2448	22	14		
614		998	51	86		41
5989	557	9744	731	245	2788	2311
313		2236	96	41	1487	712
63	229	1078	27		397	74
10		220				
6		339		5	127	
446	51	1301	293		5	232
4462	50	2971	224	159	306	949
689	227	1599	91	40	466	344

1-2-13 续表 15

指标名称	行业代码				
		国有独资公司	其他有限责任公司	股份有限公司	私营企业
仪器仪表制造业	40	200	3409	299	11431
通用仪器仪表制造	401	69	2601	174	6169
专用仪器仪表制造	402	131	499		1132
钟表与计时仪器制造	403			103	257
光学仪器及眼镜制造	404		65		2463
其他仪器仪表制造业	409		244	22	1410
其他制造业	41		599	99	7504
日用杂品制造	411		347		3345
煤制品制造	412		42		868
其他未列明制造业	419		210	99	3291
废弃资源综合利用业	42		969	39	2459
金属废料和碎屑加工处理	421		732	10	1094
非金属废料和碎屑加工处理	422		237	29	1365
金属制品、机械和设备修理业	43		493		3158
金属制品修理	431		65		582
通用设备修理	432		82		288
专用设备修理	433		33		319
铁路、船舶、航空航天等运输设备修理	434		170		586
电气设备修理	435		8		233
仪器仪表修理	436		16		35
其他机械和设备修理业	439		119		1115
电力、热力、燃气及水生产和供应业	D	**6265**	**9111**	**3068**	**18035**
电力、热力生产和供应业	44	2236	4370	2227	10644
电力生产	441	2128	3356	1399	10149
电力供应	442	108	940	828	463
热力生产和供应	443		74		32
燃气生产和供应业	45	1772	1525	764	3805
燃气生产和供应业	450	1772	1525	764	3805
水的生产和供应业	46	2257	3216	77	3586
自来水生产和供应	461	1832	2869		3090
污水处理及其再生利用	462	425	337	77	360
其他水的处理、利用与分配	469		10		136
建筑业	E	**3012**	**185894**	**13095**	**393030**
房屋建筑业	47	1646	100453	9502	252659
房屋建筑业	470	1646	100453	9502	252659
土木工程建筑业	48	709	16029	661	15938
铁路、道路、隧道和桥梁工程建筑	481	542	3634	582	5008
水利和内河港口工程建筑	482	19	8261	22	1150
工矿工程建筑	484		448		388
架线和管道工程建筑	485	25	1014		1728
其他土木工程建筑	489	123	2672	57	7664
建筑安装业	49	303	18314	882	23924
电气安装	491	30	4501	385	6832
管道和设备安装	492	198	3910	285	8400
其他建筑安装业	499	75	9903	212	8692
建筑装饰和其他建筑业	50	354	51098	2050	100509
建筑装饰业	501		16183	465	43481
工程准备活动	502		2742	40	3469
提供施工设备服务	503		3233	37	8205
其他未列明建筑业	509	354	28940	1508	45354

单位：人

私营独资企业	私营合伙企业	私营有限责任公司	私营股份有限公司	其他企业	港、澳、台商投资企业	外商投资企业
1467	129	9214	621	162	109	636
387	113	5089	580	99	90	288
42		1079	11		19	64
121		136				
442	2	1998	21	7		274
475	14	912	9	56		10
4344	97	3063		481		
1927	5	1413		72		
614	20	234		104		
1803	72	1416		305		
1194	112	1153		134		32
435	91	568		32		
759	21	585		102		32
1454	171	1430	103	37	8	1
302	13	267		18		
194	4	85	5	11		
133	39	147		3		
239	37	264	46			1
41		192				
	6	17	12			
545	72	458	40	5	8	
7277	**2667**	**6818**	**1273**	**1169**	**193**	**282**
4619	2038	3273	714	518		170
4480	2005	2950	714	518		28
139	33	291				
		32				142
663	395	2222	525	128	193	
663	395	2222	525	128	193	
1995	234	1323	34	523		112
1784	234	1039	33	412		
107		252	1	101		112
104		32		10		
18312	**5649**	**341420**	**27649**	**4902**	**588**	**121**
5634	3043	222190	21792	1405	12	13
5634	3043	222190	21792	1405	12	13
1009	98	14216	615	379	164	10
275	62	4583	88	55		10
14		1107	29	16		
71		317			164	
36	20	1532	140	25		
613	16	6677	358	283		
1515	151	21182	1076	82	190	
1126	11	5251	444	6		
116	121	7738	425	48	190	
273	19	8193	207	28		
10154	2357	83832	4166	3036	222	98
4164	482	37761	1074	2378	219	67
73	69	3270	57	6		
474	46	6510	1175	9		
5443	1760	36291	1860	643	3	31

1-2-13 续表 16

指标名称	行业代码	国有独资公司	其他有限责任公司	股份有限公司	私营企业
批发和零售业	F	**1022**	**107348**	**8867**	**451047**
批发业	51	581	59889	5062	205342
农、林、牧产品批发	511	197	1758	311	23362
食品、饮料及烟草制品批发	512	134	5281	842	36088
纺织、服装及家庭用品批发	513		4698	391	17923
文化、体育用品及器材批发	514		3186	52	4417
医药及医疗器材批发	515		3181	379	9243
矿产品、建材及化工产品批发	516	227	22740	1551	64654
机械设备、五金产品及电子产品批发	517	20	15199	965	36445
贸易经纪与代理	518		636	82	2304
其他批发业	519	3	3210	489	10906
零售业	52	441	47459	3805	245705
综合零售	521	5	4159	523	27814
食品、饮料及烟草制品专门零售	522	80	2967	326	28498
纺织、服装及日用品专门零售	523	16	3629	332	40323
文化、体育用品及器材专门零售	524	54	1913	123	10609
医药及医疗器材专门零售	525	38	2206	251	6481
汽车、摩托车、燃料及零配件专门零售	526	198	11027	892	24755
家用电器及电子产品专门零售	527	37	8657	512	36830
五金、家具及室内装饰材料专门零售	528	4	8385	544	52980
货摊、无店铺及其他零售业	529	9	4516	302	17415
交通运输、仓储和邮政业	G	**3837**	**55975**	**6680**	**91420**
道路运输业	54	2826	42247	4457	62714
城市公共交通运输	541	1001	4631	687	3402
公路旅客运输	542	438	4696	1505	5792
道路货物运输	543	312	31553	1638	51228
道路运输辅助活动	544	1075	1367	627	2292
水上运输业	55	332	4450	1154	9391
水上旅客运输	551		581	318	605
水上货物运输	552	239	3264	776	7926
水上运输辅助活动	553	93	605	60	860
航空运输业	56		414	10	250
航空客货运输	561		112		109
通用航空服务	562			10	8
航空运输辅助活动	563		302		133
管道运输业	57		17		23
管道运输业	570		17		23
装卸搬运和运输代理业	58	517	6804	790	13023
装卸搬运	581	175	3264	405	6082
运输代理业	582	342	3540	385	6941
仓储业	59	46	1522	241	3325
谷物、棉花等农产品仓储	591	46	168	6	321
其他仓储业	599		1354	235	3004
邮政业	60	116	521	28	2694
邮政基本服务	601	116		5	13
快递服务	602		521	23	2681

单位：人

私营独资企业	私营合伙企业	私营有限责任公司	私营股份有限公司	其他企业	港、澳、台商投资企业	外商投资企业
225233	**13669**	**200067**	**12078**	**54846**	**1538**	**1897**
78849	6457	113100	6936	32970	749	844
14945	650	7233	534	10723	22	
18593	1005	15239	1251	10845	171	147
7256	458	9676	533	917	70	148
1396	132	2746	143	197	18	33
1485	190	7053	515	1031	102	6
22863	2371	37273	2147	4279	155	179
7828	893	26329	1395	3126	123	267
713	205	1278	108	781	15	13
3770	553	6273	310	1071	73	51
146384	7212	86967	5142	21876	789	1053
18212	998	8082	522	2874	5	25
20294	712	7102	390	5702	43	66
30058	811	8982	472	2808	410	441
5425	375	4566	243	799	15	6
2265	163	3820	233	569	9	
9878	770	13256	851	1430	100	75
17298	1043	17486	1003	1925	60	172
35400	1667	15036	877	3297	86	228
7554	673	8637	551	2472	61	40
15048	**2528**	**68563**	**5281**	**3786**	**795**	**736**
8873	1485	49303	3053	2954	306	281
75	119	2783	425	219		
182	264	5041	305	206	46	
7408	947	40758	2115	2319	260	145
1208	155	721	208	210		136
649	198	7762	782	119	71	26
32	88	365	120	10		
389	35	6895	607	100	11	4
228	75	502	55	9	60	22
		250		45	37	275
		109		11	37	201
		8				20
		133		34		54
		23				
		23				
3510	695	8469	349	469	321	112
2014	365	3631	72	105	58	
1496	330	4838	277	364	263	112
1578	132	1491	124	146	60	42
180		141			28	
1398	132	1350	124	146	32	42
438	18	1265	973	53		
9			4			
429	18	1265	969	53		

1-2-13 续表 17

指标名称	行业代码	国有独资公司	其他有限责任公司	股份有限公司	私营企业
住宿和餐饮业	H	**1128**	**24217**	**2454**	**118263**
住宿业	61	776	8074	722	20237
旅游饭店	611	708	4435	472	9455
一般旅馆	612	68	2765	250	8405
其他住宿业	619		874		2377
餐饮业	62	352	16143	1732	98026
正餐服务	621	336	14684	1612	86186
快餐服务	622	2	437	103	2266
饮料及冷饮服务	623		225	4	1631
其他餐饮业	629	14	797	13	7943
信息传输、软件和信息技术服务业	I	**542**	**13696**	**1306**	**35429**
电信、广播电视和卫星传输服务	63	444	715	228	1043
电信	631	19	542	228	952
广播电视传输服务	632	425	146		66
卫星传输服务	633		27		25
互联网和相关服务	64	22	1196	144	3740
互联网接入及相关服务	641		55		396
互联网信息服务	642	22	928	114	2490
其他互联网服务	649		213	30	854
软件和信息技术服务业	65	76	11785	934	30646
软件开发	651	50	8680	569	20202
信息系统集成服务	652	25	655	105	1590
信息技术咨询服务	653	1	1348	232	5954
数据处理和存储服务	654		89		254
集成电路设计	655		30		43
其他信息技术服务业	659		983	28	2603
房地产业	K	**3302**	**47148**	**5177**	**99708**
房地产业	70	3302	47148	5177	99708
房地产开发经营	701	1107	15357	2046	29573
物业管理	702	1991	26137	2511	51275
房地产中介服务	703	11	4844	513	18043
其他房地产业	709	193	810	107	817
租赁和商务服务业	L	**15953**	**82643**	**18490**	**165807**
租赁业	71	6	3303	235	14476
机械设备租赁	711	6	3225	235	14110
文化及日用品出租	712		78		366
商务服务业	72	15947	79340	18255	151331
企业管理服务	721	3230	5417	599	11379
法律服务	722		152	28	2780
咨询与调查	723	109	12297	728	29864
广告业	724	130	8669	493	34008
知识产权服务	725		239		826
人力资源服务	726	100	18985	14349	36323
旅行社及相关服务	727	295	3042	460	5956
安全保护服务	728	11341	23649	1026	11837
其他商务服务业	729	742	6890	572	18358

单位：人

私营独资企业	私营合伙企业	私营有限责任公司	私营股份有限公司	其他企业	港、澳、台商投资企业	外商投资企业
68414	**4039**	**42691**	**3119**	**9552**	**272**	**673**
7049	825	11046	1317	1933	129	157
2581	248	6010	616	768	70	46
3398	483	3835	689	700	59	111
1070	94	1201	12	465		
61365	3214	31645	1802	7619	143	516
53698	2725	28202	1561	6245	32	208
1260	61	917	28	314	76	163
1045	128	425	33	145		6
5362	300	2101	180	915	35	139
5118	**1082**	**27572**	**1657**	**1588**	**525**	**930**
266	97	668	12	202	197	233
243	74	623	12	177	197	233
23	23	20		10		
		25		15		
1531	237	1816	156	171	32	
96	19	281		4	20	
1139	174	1109	68	124	12	
296	44	426	88	43		
3321	748	25088	1489	1215	296	697
1822	469	16719	1192	769	281	479
259	14	1269	48	82	8	50
617	157	5058	122	206	7	130
16		226	12	8		
	6	37		8		
607	102	1779	115	142		38
14341	**1833**	**76935**	**6599**	**3069**	**2224**	**1803**
14341	1833	76935	6599	3069	2224	1803
2108	209	24500	2756	384	1310	984
6152	1088	40982	3053	1808	736	735
5919	506	10871	747	770	164	72
162	30	582	43	107	14	12
40500	**8281**	**108897**	**8129**	**12237**	**1525**	**1481**
4637	498	9001	340	751		62
4537	443	8794	336	735		58
100	55	207	4	16		4
35863	7783	99896	7789	11486	1525	1419
1192	443	9153	591	1848	133	117
366	1755	621	38	1105	14	
5041	1971	21437	1415	2285	903	1086
11126	1147	20418	1317	1817	60	54
64	116	611	35	24		
7288	745	26474	1816	1190	18	27
769	353	4546	288	466	59	7
4875		5533	1429	1191		
5142	1253	11103	860	1560	338	128

1-2-13 续表 18

指标名称	行业代码	国有独资公司	其他有限责任公司	股份有限公司	私营企业
科学研究和技术服务业	M	**809**	**12859**	**1434**	**33227**
研究和试验发展	73	122	878	43	1831
自然科学研究和试验发展	731	30	48	41	102
工程和技术研究和试验发展	732	92	563		723
农业科学研究和试验发展	733		116		512
医学研究和试验发展	734		144		434
社会人文科学研究	735		7	2	60
专业技术服务业	74	653	10605	1159	26890
气象服务	741	7			
地震服务	742				77
测绘服务	744	53	276	23	734
质检技术服务	745	54	1001	204	1035
环境与生态监测	746		186		237
地质勘查	747	21	158	15	737
工程技术	748	482	5864	681	12203
其他专业技术服务业	749	36	3120	236	11867
科技推广和应用服务业	75	34	1376	232	4506
技术推广服务	751	21	962	101	3188
科技中介服务	752		257	28	492
其他科技推广和应用服务业	759	13	157	103	826
水利、环境和公共设施管理业	N	**1213**	**2883**	**550**	**8166**
水利管理业	76	315	188	123	447
防洪除涝设施管理	761	63	20		68
水资源管理	762	78	27	19	143
天然水收集与分配	763	132	40	6	110
水文服务	764	14		70	
其他水利管理业	769	28	101	28	126
生态保护和环境治理业	77	275	571	78	1823
生态保护	771	100	78		124
环境治理业	772	175	493	78	1699
公共设施管理业	78	623	2124	349	5896
市政设施管理	781	185	190	36	351
环境卫生管理	782	140	404	6	613
城乡市容管理	783		44	1	65
绿化管理	784	22	666	138	3413
公园和游览景区管理	785	276	820	168	1454
居民服务、修理和其他服务业	O		**8972**	**637**	**55486**
居民服务业	79		3767	231	26387
家庭服务	791		745	14	5124
托儿所服务	792				12
洗染服务	793		125		1964
理发及美容服务	794		501		8766
洗浴服务	795		146		1217

单位：人

私营独资企业	私营合伙企业	私营有限责任公司	私营股份有限公司	其他企业	港、澳、台商投资企业	外商投资企业
8274	**1109**	**22679**	**1165**	**2551**	**389**	**452**
430	84	1269	48	80	27	46
10	15	77		4	27	
177	12	506	28	16		10
192	23	297		57		
28	34	352	20	3		36
23		37				
6608	818	18517	947	1820	323	360
12		65				
85	6	643		68	3	
192	11	787	45	44	23	74
24	2	197	14	3	15	9
143	43	536	15	50	5	22
1932	367	9443	461	671	227	226
4220	389	6846	412	984	50	29
1236	207	2893	170	651	39	46
900	131	2036	121	590	39	46
169	52	237	34	7		
167	24	620	15	54		
1579	**288**	**5769**	**530**	**432**	**46**	**31**
22	26	391	8	55		
1		67		1		
11		124	8	5		
3	18	89		5		
				12		
7	8	111		32		
160	119	1513	31	151		
3		116	5			
157	119	1397	26	151		
1397	143	3865	491	226	46	31
11	26	263	51	2	26	
113	3	497		41		21
21		38	6	9		
839	94	2181	299	131		
413	20	886	135	43	20	10
31654	**2638**	**19322**	**1872**	**4509**	**52**	**263**
16711	1207	7675	794	2533	41	93
2908	140	1974	102	566		
		12		22		
1542	88	306	28	138		4
6736	364	1505	161	860		17
696	78	289	154	49		

1-2-13 续表 19

指标名称	行业代码	国有独资公司	其他有限责任公司	股份有限公司	私营企业
保健服务	796		314	38	2006
婚姻服务	797		395		2699
殡葬服务	798		458	68	1039
其他居民服务业	799		1083	111	3560
机动车、电子产品和日用产品修理业	80		3088	267	20281
汽车、摩托车修理与维护	801		2274	215	16463
计算机和办公设备维修	802		413	26	1639
家用电器修理	803		307	10	1574
其他日用产品修理业	809		94	16	605
其他服务业	81		2117	139	8818
清洁服务	811		1438	109	6649
其他未列明服务业	819		679	30	2169
卫生和社会工作	**Q**		**75**	**4**	**410**
社会工作	84		75	4	410
提供住宿社会工作	841		75	4	378
不提供住宿社会工作	842				32
文化、体育和娱乐业	**R**	**363**	**4333**	**129**	**28883**
新闻和出版业	85	10	424		322
新闻业	851				25
出版业	852	10	424		297
广播、电视、电影和影视录音制作业	86	244	906		1861
电视	862				65
电影和影视节目制作	863	100	172		612
电影和影视节目发行	864		28		58
电影放映	865	144	655		1048
录音制作	866		51		78
文化艺术业	87	78	1073	29	6289
文艺创作与表演	871	44	374		3434
艺术表演场馆	872		63		256
图书馆与档案馆	873		16		85
文物及非物质文化遗产保护	874	24	40		70
博物馆	875	10	5		5
群众文化活动	877		75		467
其他文化艺术业	879		500	29	1972
体育	88	31	216	3	1693
体育组织	881				94
体育场馆	882	31	19		88
休闲健身活动	883		133		1314
其他体育	889		64	3	197
娱乐业	89		1714	97	18718
室内娱乐活动	891		1234	77	17348
游乐园	892		118		259
文化、娱乐、体育经纪代理	894		221	20	426
其他娱乐业	899		141		685

单位：人

私营独资企　业	私营合伙企　业	私营有限责任公司	私营股份有限公司	其他企业	港、澳、台商投资企　业	外商投资企　业
1194	186	574	52	289	5	
1683	29	966	21	189		
319	144	526	50	120	36	
1633	178	1523	226	300		72
11555	986	6932	808	1371		141
9584	889	5377	613	1097		52
738	38	751	112	56		
913	32	549	80	140		84
320	27	255	3	78		5
3388	445	4715	270	605	11	29
2368	349	3668	264	329	5	
1020	96	1047	6	276	6	29
211	**1**	**102**	**96**	**132**		
211	1	102	96	132		
194	1	87	96	84		
17		15		48		
18173	**1593**	**8641**	**476**	**2234**	**165**	**137**
73		207	42	85		27
25						
48		207	42	85		27
349	33	1397	82	83	67	66
		65				
168	10	423	11	18		
15	10	33				
138	13	840	57	59	67	66
28		36	14	6		
3806	134	2301	48	620	45	5
2631	82	711	10	269	45	
114		142				
45		40				
33		37				
5						
210	16	233	8	111		
768	36	1138	30	240		5
540	48	1062	43	80		19
80		7	7	7		
6	3	79		9		
411	43	824	36	37		19
43	2	152		27		
13405	1378	3674	261	1366	53	20
12776	1306	3015	251	1272	53	20
103	20	136				
107	19	290	10	26		
419	33	233		68		

1-2-14 按行业、营业状态分组的小微企业法人单位数

单位：个

指标名称	行业代码	单位数						
			营业	停业(歇业)	筹建	当年关闭	当年破产	其他
总　　计		**197115**	**183952**	**5421**	**4867**	**1702**	**122**	**1051**
农、林、牧、渔业	A	**1370**	**1270**	**27**	**50**	**10**	**1**	**12**
农业	01	25	24	1				
谷物种植	011	1	1					
蔬菜、食用菌及园艺作物种植	014	9	8	1				
水果种植	015	8	8					
坚果、含油果、香料和饮料作物种植	016	3	3					
中药材种植	017	1	1					
其他农业	019	3	3					
林业	02	6	5			1		
林木育种和育苗	021	5	5					
造林和更新	022	1				1		
畜牧业	03	17	16	1				
牲畜饲养	031	7	7					
家禽饲养	032	6	6					
其他畜牧业	039	4	3	1				
渔业	04	19	18	1				
水产养殖	041	19	18	1				
农、林、牧、渔服务业	05	1303	1207	24	50	9	1	12
农业服务业	051	1027	949	21	39	7	1	10
林业服务业	052	57	51	1	3			2
畜牧服务业	053	105	98	1	4	2		
渔业服务业	054	114	109	1	4			
采矿业	B	**2055**	**1849**	**100**	**41**	**44**	**4**	**17**
煤炭开采和洗选业	06	681	620	29	7	14	1	10
烟煤和无烟煤开采洗选	061	637	578	28	7	14	1	9
褐煤开采洗选	062	8	8					
其他煤炭采选	069	36	34	1				1
石油和天然气开采业	07	30	30					
石油开采	071	5	5					
天然气开采	072	25	25					
黑色金属矿采选业	08	79	63	13		1	1	1
铁矿采选	081	11	5	5				1
锰矿、铬矿采选	082	64	54	8		1	1	
其他黑色金属矿采选	089	4	4					
有色金属矿采选业	09	22	16	3	2	1		
常用有色金属矿采选	091	18	12	3	2	1		
贵金属矿采选	092	3	3					
稀有稀土金属矿采选	093	1	1					
非金属矿采选业	10	1176	1063	52	26	27	2	6
土砂石开采	101	1099	993	48	24	27	2	5
化学矿开采	102	21	19	2				
采盐	103	2	2					
石棉及其他非金属矿采选	109	54	49	2	2			1

1-2-14 续表 1

单位：个

指标名称	行业代码	单位数						
			营业	停业(歇业)	筹建	当年关闭	当年破产	其他
开采辅助活动	11	41	36	2	3			
煤炭开采和洗选辅助活动	111	17	13	1	3			
石油和天然气开采辅助活动	112	17	17					
其他开采辅助活动	119	7	6	1				
其他采矿业	12	26	21	1	3	1		
其他采矿业	120	26	21	1	3	1		
制造业	C	**41525**	**38752**	**1173**	**941**	**454**	**50**	**155**
农副食品加工业	13	3324	3192	50	40	31	2	9
谷物磨制	131	922	911	5	3	2		1
饲料加工	132	256	237	9	3	5	1	1
植物油加工	133	336	322	5	3	4		2
制糖业	134	27	26	1				
屠宰及肉类加工	135	542	520	10	7	3	1	1
水产品加工	136	32	30	1	1			
蔬菜、水果和坚果加工	137	444	414	12	6	9		3
其他农副食品加工	139	765	732	7	17	8		1
食品制造业	14	1106	1045	25	18	11		7
焙烤食品制造	141	243	231	4	4	1		3
糖果、巧克力及蜜饯制造	142	69	66	2	1			
方便食品制造	143	255	242	5	6	1		1
乳制品制造	144	11	10		1			
罐头食品制造	145	48	45	2	1			
调味品、发酵制品制造	146	303	287	4	4	6		2
其他食品制造	149	177	164	8	1	3		1
酒、饮料和精制茶制造业	15	909	850	23	18	13	3	2
酒的制造	151	421	385	12	11	11		2
饮料制造	152	340	324	6	6	1	3	
精制茶加工	153	148	141	5	1	1		
烟草制品业	16	1			1			
烟叶复烤	161	1			1			
纺织业	17	1679	1593	54	5	20	3	4
棉纺织及印染精加工	171	688	643	35	1	7		2
毛纺织及染整精加工	172	65	59	1	2	3		
麻纺织及染整精加工	173	12	11			1		
丝绢纺织及印染精加工	174	88	81	6		1		
化纤织造及印染精加工	175	27	25	1		1		
针织或钩针编织物及其制品制造	176	163	153	4		5	1	
家用纺织制成品制造	177	536	524	6	1	2	1	2
非家用纺织制成品制造	178	100	97	1	1		1	
纺织服装、服饰业	18	1522	1374	56	33	48	4	7
机织服装制造	181	1102	977	48	28	43	3	3
针织或钩针编织服装制造	182	66	58	2	3	2		1
服饰制造	183	354	339	6	2	3	1	3
皮革、毛皮、羽毛及其制品和制鞋业	19	1019	894	65	29	28	1	2
皮革鞣制加工	191	36	29	5		2		
皮革制品制造	192	176	143	22	3	8		
毛皮鞣制及制品加工	193	76	70	2	1	3		
羽毛(绒)加工及制品制造	194	48	46	1	1			
制鞋业	195	683	606	35	24	15	1	2

1-2-14 续表 2

单位：个

指标名称	行业代码	单位数						
			营业	停业(歇业)	筹建	当年关闭	当年破产	其他
木材加工和木、竹、藤、棕、草制品业	20	1467	1399	27	27	8	2	4
木材加工	201	515	498	6	6	4	1	
人造板制造	202	97	90	4		2		1
木制品制造	203	488	460	10	14	1	1	2
竹、藤、棕、草等制品制造	204	367	351	7	7	1		1
家具制造业	21	1831	1746	21	31	23	1	9
木质家具制造	211	1404	1347	14	22	16		5
竹、藤家具制造	212	20	20					
金属家具制造	213	122	112	2	4	1		3
塑料家具制造	214	19	17	1	1			
其他家具制造	219	266	250	4	4	6	1	1
造纸和纸制品业	22	746	685	28	15	12	1	5
纸浆制造	221	5	4		1			
造纸	222	182	160	13	3	4		2
纸制品制造	223	559	521	15	11	8	1	3
印刷和记录媒介复制业	23	1064	1019	29	6	5	2	3
印刷	231	909	872	23	5	5	2	2
装订及印刷相关服务	232	149	142	6				1
记录媒介复制	233	6	5		1			
文教、工美、体育和娱乐用品制造业	24	767	718	21	17	4	2	5
文教办公用品制造	241	63	56	5	1			1
乐器制造	242	8	8					
工艺美术品制造	243	629	590	13	16	4	2	4
体育用品制造	244	22	21	1				
玩具制造	245	36	34	2				
游艺器材及娱乐用品制造	246	9	9					
石油加工及炼焦	25	68	59	7	2			
化学原料和化学制品制造业	26	1197	1093	43	37	18		6
基础化学原料制造	261	148	134	7	4	3		
肥料制造	262	144	129	5	6	2		2
农药制造	263	25	21	3				1
涂料、油墨、颜料及类似产品制造	264	368	345	6	11	5		1
合成材料制造	265	98	85	4	8	1		
专用化学产品制造	266	231	214	10	4	3		
炸药、火工及焰火产品制造	267	46	45					1
日用化学产品制造	268	137	120	8	4	4		1
医药制造业	27	255	222	13	16	2	2	
化学药品原料药制造	271	43	38		5			
化学药品制剂制造	272	23	19	2	2			
中药饮片加工	273	50	47		2		1	
中成药生产	274	38	34	3		1		
兽用药品制造	275	24	21	2	1			
生物药品制造	276	51	42	4	5			
卫生材料及医药用品制造	277	26	21	2	1	1	1	

1-2-14　续表 3　　　　单位：个

指标名称	行业代码	单位数						
			营业	停业(歇业)	筹建	当年关闭	当年破产	其他
化学纤维制造业	28	21	15	2	2	1		1
纤维素纤维原料及纤维制造	281	6	6					
合成纤维制造	282	15	9	2	2	1		1
橡胶和塑料制品业	29	1530	1399	63	41	20	1	6
橡胶制品业	291	297	255	24	8	7		3
塑料制品业	292	1233	1144	39	33	13	1	3
非金属矿物制品业	30	4737	4409	147	97	53	12	19
水泥、石灰和石膏制造	301	252	214	19	3	11	3	2
石膏、水泥制品及类似制品制造	302	1403	1331	30	21	12	4	5
砖瓦、石材等建筑材料制造	303	2415	2258	71	52	21	4	9
玻璃制造	304	85	81	1	2			1
玻璃制品制造	305	264	241	9	11	2		1
玻璃纤维和玻璃纤维增强塑料制品制造	306	53	45	1	1	5	1	
陶瓷制品制造	307	109	100	5	3	1		
耐火材料制品制造	308	67	61	5	1			
石墨及其他非金属矿物制品制造	309	89	78	6	3	1		1
黑色金属冶炼和压延加工业	31	566	521	19	13	7	2	4
炼铁	311	19	15	1	2			1
炼钢	312	14	14					
黑色金属铸造	313	195	181	8	5			1
钢压延加工	314	284	268	4	5	5		2
铁合金冶炼	315	54	43	6	1	2	2	
有色金属冶炼和压延加工业	32	382	339	16	13	6	3	5
常用有色金属冶炼	321	82	64	3	4	6	3	2
贵金属冶炼	322	8	5	1	1			1
稀有稀土金属冶炼	323	9	8	1				
有色金属合金制造	324	49	48		1			
有色金属铸造	325	25	23	2				
有色金属压延加工	326	209	191	9	7			2
金属制品业	33	3873	3686	83	63	30	2	9
结构性金属制品制造	331	2024	1948	35	24	11	1	5
金属工具制造	332	590	567	12	7	4		
集装箱及金属包装容器制造	333	66	62	2	2			
金属丝绳及其制品制造	334	51	49			1	1	
建筑、安全用金属制品制造	335	366	340	11	12	1		2
金属表面处理及热处理加工	336	212	199	8	3	2		
搪瓷制品制造	337	23	21	2				
金属制日用品制造	338	228	215	4	4	5		
其他金属制品制造	339	313	285	9	11	6		2
通用设备制造业	34	2838	2636	77	96	17		12
锅炉及原动设备制造	341	155	147	5	2			1
金属加工机械制造	342	542	501	17	18	3		3
物料搬运设备制造	343	85	83		1			1
泵、阀门、压缩机及类似机械制造	344	151	143	2	5	1		
轴承、齿轮和传动部件制造	345	147	140	4	2	1		
烘炉、风机、衡器、包装等设备制造	346	239	221	6	9	1		2

1-2-14 续表 4　　单位：个

指标名称	行业代码	单位数						
			营业	停业(歇业)	筹建	当年关闭	当年破产	其他
文化、办公用机械制造	347	17	12		5			
通用零部件制造	348	1374	1272	40	47	11		4
其他通用设备制造业	349	128	117	3	7			1
专用设备制造业	35	1925	1791	54	61	13	1	5
采矿、冶金、建筑专用设备制造	351	263	245	10	6	1		1
化工、木材、非金属加工专用设备制造	352	586	556	14	14	1		1
食品、饮料、烟草及饲料生产专用设备制造	353	54	47		5	2		
印刷、制药、日化及日用品生产专用设备制造	354	98	90	3	3	2		
纺织、服装和皮革加工专用设备制造	355	40	36	1	1	1		1
电子和电工机械专用设备制造	356	135	119	6	10			
农、林、牧、渔专用机械制造	357	429	407	7	11	3	1	
医疗仪器设备及器械制造	358	119	112	1	4	1		1
环保、社会公共服务及其他专用设备制造	359	201	179	12	7	2		1
汽车制造业	36	2647	2448	66	100	21	1	11
汽车整车制造	361	11	8		3			
改装汽车制造	362	18	16		1			1
电车制造	364	18	17		1			
汽车车身、挂车制造	365	21	19	1	1			
汽车零部件及配件制造	366	2579	2388	65	94	21	1	10
铁路、船舶、航空航天和其他运输设备制造业	37	3008	2807	105	55	32	3	6
铁路运输设备制造	371	32	31	1				
城市轨道交通设备制造	372	4	3	1				
船舶及相关装置制造	373	202	175	14	6	6	1	
航空、航天器及设备制造	374	4	4					
摩托车制造	375	2740	2576	85	45	26	2	6
自行车制造	376	14	7	3	4			
非公路休闲车及零配件制造	377	3	3					
潜水救捞及其他未列明运输设备制造	379	9	8	1				
电气机械和器材制造业	38	1086	1007	31	30	11	1	6
电机制造	381	151	142	4	4	1		
输配电及控制设备制造	382	324	303	9	7	2	1	2
电线、电缆、光缆及电工器材制造	383	179	164	9	4	2		
电池制造	384	36	27	1	4	2		2
家用电力器具制造	385	112	107	3	1	1		
非电力家用器具制造	386	41	39	1	1			
照明器具制造	387	150	141	3	3	3		
其他电气机械及器材制造	389	93	84	1	6			2
计算机、通信和其他电子设备制造业	39	622	557	16	40	4	1	4
计算机制造	391	110	94	2	14			
通信设备制造	392	45	38	1	4	1		1
广播电视设备制造	393	11	8	2	1			
视听设备制造	395	16	14	1	1			
电子器件制造	396	65	60	1	2	1		1
电子元件制造	397	251	236	4	7	2	1	1
其他电子设备制造	399	124	107	5	11			1

1-2-14　续表 5

单位：个

指标名称	行业代码	单位数						
			营业	停业(歇业)	筹建	当年关闭	当年破产	其他
仪器仪表制造业	40	540	510	11	12	7		
通用仪器仪表制造	401	285	272	4	5	4		
专用仪器仪表制造	402	50	45	2	3			
钟表与计时仪器制造	403	8	6	1	1			
光学仪器及眼镜制造	404	106	101	3		2		
其他仪器仪表制造业	409	91	86	1	3	1		
其他制造业	41	414	385	9	13	5		2
日用杂品制造	411	111	104	2	2	1		2
煤制品制造	412	66	64			2		
其他未列明制造业	419	237	217	7	11	2		
废弃资源综合利用业	42	153	139	7	4	1		2
金属废料和碎屑加工处理	421	95	85	5	4	1		
非金属废料和碎屑加工处理	422	58	54	2				2
金属制品、机械和设备修理业	43	228	214	5	6	3		
金属制品修理	431	22	21	1				
通用设备修理	432	28	28					
专用设备修理	433	35	34		1			
铁路、船舶、航空航天等运输设备修理	434	40	35	1	1	3		
电气设备修理	435	16	13	2	1			
仪器仪表修理	436	5	4	1				
其他机械和设备修理业	439	82	79		3			
电力、热力、燃气及水生产和供应业	**D**	**1857**	**1748**	**25**	**72**	**6**		**6**
电力、热力生产和供应业	44	1117	1035	20	57	2		3
电力生产	441	1065	993	17	52	1		2
电力供应	442	46	37	3	4	1		1
热力生产和供应	443	6	5		1			
燃气生产和供应业	45	194	181		8	3		2
燃气生产和供应业	450	194	181		8	3		2
水的生产和供应业	46	546	532	5	7	1		1
自来水生产和供应	461	457	453	1	3			
污水处理及其再生利用	462	75	65	4	4	1		1
其他水的处理、利用与分配	469	14	14					
建筑业	**E**	**6249**	**5684**	**211**	**183**	**119**	**1**	**51**
房屋建筑业	47	1732	1580	43	50	42		17
房屋建筑业	470	1732	1580	43	50	42		17
土木工程建筑业	48	550	508	13	14	10		5
铁路、道路、隧道和桥梁工程建筑	481	175	161	5	3	3		3
水利和内河港口工程建筑	482	43	39	1	2	1		
工矿工程建筑	484	23	23					
架线和管道工程建筑	485	59	56		2			1
其他土木工程建筑	489	250	229	7	7	6		1
建筑安装业	49	697	650	16	17	12		2
电气安装	491	171	159	3	5	3		1
管道和设备安装	492	212	201	5	1	4		1
其他建筑安装业	499	314	290	8	11	5		
建筑装饰和其他建筑业	50	3270	2946	139	102	55	1	27
建筑装饰业	501	2061	1877	73	56	40	1	14
工程准备活动	502	115	106	3	3	2		1
提供施工设备服务	503	127	117	5	1	2		2
其他未列明建筑业	509	967	846	58	42	11		10

1-2-14 续表 6 单位：个

指标名称	行业代码	单位数						
			营业	停业(歇业)	筹建	当年关闭	当年破产	其他
批发和零售业	F	**78793**	**74316**	**1875**	**1700**	**515**	**46**	**341**
批发业	51	32967	31005	844	755	211	21	131
农、林、牧产品批发	511	3276	3142	49	39	23		23
食品、饮料及烟草制品批发	512	5363	5141	94	78	19	2	29
纺织、服装及家庭用品批发	513	2791	2632	76	64	9		10
文化、体育用品及器材批发	514	734	687	24	18	2	1	2
医药及医疗器材批发	515	999	922	31	27	14	1	4
矿产品、建材及化工产品批发	516	10845	10116	313	284	78	13	41
机械设备、五金产品及电子产品批发	517	6868	6425	176	208	40	3	16
贸易经纪与代理	518	424	390	14	15	5		
其他批发业	519	1667	1550	67	22	21	1	6
零售业	52	45826	43311	1031	945	304	25	210
综合零售	521	5009	4741	114	90	38	3	23
食品、饮料及烟草制品专门零售	522	5479	5233	110	66	35	2	33
纺织、服装及日用品专门零售	523	8009	7613	187	91	80	5	33
文化、体育用品及器材专门零售	524	2208	2082	62	40	17	1	6
医药及医疗器材专门零售	525	1143	1083	19	27	9		5
汽车、摩托车、燃料及零配件专门零售	526	4232	3996	92	96	21	3	24
家用电器及电子产品专门零售	527	6733	6416	125	127	41	1	23
五金、家具及室内装饰材料专门零售	528	9450	8928	231	196	46	6	43
货摊、无店铺及其他零售业	529	3563	3219	91	212	17	4	20
交通运输、仓储和邮政业	G	**4674**	**4348**	**142**	**121**	**30**	**1**	**32**
道路运输业	54	2758	2591	74	56	16		21
城市公共交通运输	541	103	100		1			2
公路旅客运输	542	168	156	4	1	4		3
道路货物运输	543	2277	2144	62	45	11		15
道路运输辅助活动	544	210	191	8	9	1		1
水上运输业	55	346	322	11	5	4		4
水上旅客运输	551	43	42					1
水上货物运输	552	243	225	8	4	3		3
水上运输辅助活动	553	60	55	3	1	1		
航空运输业	56	24	21	1	2			
航空客货运输	561	12	10	1	1			
通用航空服务	562	3	2		1			
航空运输辅助活动	563	9	9					
管道运输业	57	3	3					
管道运输业	570	3	3					
装卸搬运和运输代理业	58	1106	1011	47	36	5	1	6
装卸搬运	581	352	321	15	8	3	1	4
运输代理业	582	754	690	32	28	2		2
仓储业	59	275	240	9	21	4		1
谷物、棉花等农产品仓储	591	40	38	1	1			
其他仓储业	599	235	202	8	20	4		1
邮政业	60	162	160		1	1		
邮政基本服务	601	30	30					
快递服务	602	132	130		1	1		

1-2-14　续表 7　　　　　　　　　　　　　　　　　　　　单位：个

指标名称	行业代码	单位数						
			营业	停业(歇业)	筹建	当年关闭	当年破产	其他
住宿和餐饮业	H	**12067**	**11506**	**250**	**165**	**86**	**6**	**54**
住宿业	61	1789	1692	30	51	5		11
旅游饭店	611	556	517	11	23	1		4
一般旅馆	612	987	939	16	22	4		6
其他住宿业	619	246	236	3	6			1
餐饮业	62	10278	9814	220	114	81	6	43
正餐服务	621	8582	8212	175	84	66	5	40
快餐服务	622	285	269	11	1	2	1	1
饮料及冷饮服务	623	251	238	6	6	1		
其他餐饮业	629	1160	1095	28	23	12		2
信息传输、软件和信息技术服务业	I	**5481**	**4900**	**198**	**251**	**47**	**2**	**83**
电信、广播电视和卫星传输服务	63	319	244	10	2	5		58
电信	631	280	207	8	2	5		58
广播电视传输服务	632	33	31	2				
卫星传输服务	633	6	6					
互联网和相关服务	64	607	568	21	11	6		1
互联网接入及相关服务	641	54	47	2	2	3		
互联网信息服务	642	422	401	11	6	3		1
其他互联网服务	649	131	120	8	3			
软件和信息技术服务业	65	4555	4088	167	238	36	2	24
软件开发	651	3269	2924	115	186	27	1	16
信息系统集成服务	652	227	205	10	11			1
信息技术咨询服务	653	623	574	19	23	4	1	2
数据处理和存储服务	654	41	34	3	3	1		
集成电路设计	655	13	12	1				
其他信息技术服务业	659	382	339	19	15	4		5
房地产业	K	**7143**	**6439**	**256**	**185**	**111**	**2**	**150**
房地产业	70	7143	6439	256	185	111	2	150
房地产开发经营	701	2159	1827	83	53	70	1	125
物业管理	702	2116	1964	63	71	10		8
房地产中介服务	703	2694	2508	91	55	26	1	13
其他房地产业	709	174	140	19	6	5		4
租赁和商务服务业	L	**18975**	**17259**	**716**	**764**	**151**	**2**	**83**
租赁业	71	1711	1567	69	48	17		10
机械设备租赁	711	1664	1524	68	46	16		10
文化及日用品出租	712	47	43	1	2	1		
商务服务业	72	17264	15692	647	716	134	2	73
企业管理服务	721	1772	1505	94	139	14		20
法律服务	722	271	262	2	5			2
咨询与调查	723	4828	4329	211	239	35	1	13
广告业	724	5506	5202	152	106	33	1	12
知识产权服务	725	103	96	3	4			
人力资源服务	726	1380	1192	67	88	23		10
旅行社及相关服务	727	691	638	18	24	7		4
安全保护服务	728	112	108		3			1
其他商务服务业	729	2601	2360	100	108	22		11

1-2-14 续表 8　　　　单位：个

指标名称	行业代码	单位数	营业	停业(歇业)	筹建	当年关闭	当年破产	其他
科学研究和技术服务业	M	**4603**	**4209**	**156**	**184**	**31**	**3**	**20**
研究和试验发展	73	276	208	24	35	3		6
自然科学研究和试验发展	731	23	18	2	3			
工程和技术研究和试验发展	732	132	99	11	17	2		3
农业科学研究和试验发展	733	60	48	6	5			1
医学研究和试验发展	734	53	39	4	7	1		2
社会人文科学研究	735	8	4	1	3			
专业技术服务业	74	3618	3366	104	114	21	1	12
气象服务	741	4	4					
地震服务	742	4	4					
测绘服务	744	70	69	1				
质检技术服务	745	157	149	2	5			1
环境与生态监测	746	38	33		4			1
地质勘查	747	59	55	3	1			
工程技术	748	1348	1254	41	38	8	1	6
其他专业技术服务业	749	1938	1798	57	66	13		4
科技推广和应用服务业	75	709	635	28	35	7	2	2
技术推广服务	751	472	423	16	28	3	1	1
科技中介服务	752	116	100	8	4	3		1
其他科技推广和应用服务业	759	121	112	4	3	1	1	
水利、环境和公共设施管理业	N	**964**	**846**	**49**	**47**	**12**	**2**	**8**
水利管理业	76	93	85	4	2	1		1
防洪除涝设施管理	761	8	5	2		1		
水资源管理	762	25	24		1			
天然水收集与分配	763	23	21	1				1
水文服务	764	5	5					
其他水利管理业	769	32	30	1	1			
生态保护和环境治理业	77	209	188	9	8	2		2
生态保护	771	18	15	3				
环境治理业	772	191	173	6	8	2		2
公共设施管理业	78	662	573	36	37	9	2	5
市政设施管理	781	53	49	2	2			
环境卫生管理	782	103	98	2	2			1
城乡市容管理	783	14	9	3	2			
绿化管理	784	326	281	20	16	8		1
公园和游览景区管理	785	166	136	9	15	1	2	3
居民服务、修理和其他服务业	O	**7107**	**6751**	**168**	**96**	**64**	**1**	**27**
居民服务业	79	3579	3385	99	47	35	1	12
家庭服务	791	638	581	34	11	9	1	2
托儿所服务	792	4	4					
洗染服务	793	375	359	8	2	6		
理发及美容服务	794	1214	1172	23	9	7		3
洗浴服务	795	89	83	1	2	1		2

1-2-14　续表 9　　　单位：个

指标名称	行业代码	单位数	营业	停业(歇业)	筹建	当年关闭	当年破产	其他
保健服务	796	228	216	5	2	3		2
婚姻服务	797	404	386	11	2	4		1
殡葬服务	798	110	104		6			
其他居民服务业	799	517	480	17	13	5		2
机动车、电子产品和日用产品修理业	80	2455	2361	42	31	14		7
汽车、摩托车修理与维护	801	1730	1662	32	23	9		4
计算机和办公设备维修	802	287	277	1	4	3		2
家用电器修理	803	319	307	7	3	1		1
其他日用产品修理业	809	119	115	2	1	1		
其他服务业	81	1073	1005	27	18	15		8
清洁服务	811	728	687	17	11	8		5
其他未列明服务业	819	345	318	10	7	7		3
卫生和社会工作	**Q**	**62**	**51**	**1**	**8**	**2**		
社会工作	84	62	51	1	8	2		
提供住宿社会工作	841	51	40	1	8	2		
不提供住宿社会工作	842	11	11					
文化、体育和娱乐业	**R**	**4190**	**4024**	**74**	**59**	**20**	**1**	**12**
新闻和出版业	85	66	61	5				
新闻业	851	1	1					
出版业	852	65	60	5				
广播、电视、电影和影视录音制作业	86	200	189	6	5			
电视	862	5	4	1				
电影和影视节目制作	863	87	79	5	3			
电影和影视节目发行	864	16	14		2			
电影放映	865	78	78					
录音制作	866	14	14					
文化艺术业	87	886	842	9	28	1		6
文艺创作与表演	871	439	427	4	5			3
艺术表演场馆	872	21	19	1	1			
图书馆与档案馆	873	12	11		1			
文物及非物质文化遗产保护	874	10	9		1			
博物馆	875	5	4		1			
群众文化活动	877	69	67	1	1			
其他文化艺术业	879	330	305	3	18	1		3
体育	88	176	157	8	10	1		
体育组织	881	10	9	1				
体育场馆	882	13	12		1			
休闲健身活动	883	116	108	3	4	1		
其他体育	889	37	28	4	5			
娱乐业	89	2862	2775	46	16	18	1	6
室内娱乐活动	891	2668	2596	36	11	18	1	6
游乐园	892	27	25	1	1			
文化、娱乐、体育经纪代理	894	86	77	7	2			
其他娱乐业	899	81	77	2	2			

1-2-15 按行业、营业状态分组的小微企业法人单位从业人员数

单位：人

指标名称	行业代码	从业人员数	营业	停业(歇业)	筹建	当年关闭	当年破产	其他
总　计		**3809971**	**3697956**	**34517**	**49733**	**10635**	**946**	**16184**
农、林、牧、渔业	A	**15010**	**14171**	**236**	**390**	**139**	**1**	**73**
农业	01	799	771	28				
谷物种植	011	26	26					
蔬菜、食用菌及园艺作物种植	014	175	147	28				
水果种植	015	472	472					
坚果、含油果、香料和饮料作物种植	016	39	39					
中药材种植	017	11	11					
其他农业	019	76	76					
林业	02	59	58			1		
林木育种和育苗	021	58	58					
造林和更新	022	1				1		
畜牧业	03	147	145	2				
牲畜饲养	031	61	61					
家禽饲养	032	29	29					
其他畜牧业	039	57	55	2				
渔业	04	136	133	3				
水产养殖	041	136	133	3				
农、林、牧、渔服务业	05	13869	13064	203	390	138	1	73
农业服务业	051	11622	10935	188	307	128	1	63
林业服务业	052	560	534	1	15			10
畜牧服务业	053	885	837	8	30	10		
渔业服务业	054	802	758	6	38			
采矿业	B	**120773**	**115912**	**1700**	**803**	**782**	**19**	**1557**
煤炭开采和洗选业	06	73270	71116	329	273	447	1	1104
烟煤和无烟煤开采洗选	061	70423	68328	326	273	447	1	1048
褐煤开采洗选	062	549	549					
其他煤炭采选	069	2298	2239	3				56
石油和天然气开采业	07	1056	1056					
石油开采	071	83	83					
天然气开采	072	973	973					
黑色金属矿采选业	08	5914	5060	480		1	1	372
铁矿采选	081	749	260	117				372
锰矿、铬矿采选	082	5009	4644	363		1	1	
其他黑色金属矿采选	089	156	156					
有色金属矿采选业	09	960	922	21	16	1		
常用有色金属矿采选	091	906	868	21	16	1		
贵金属矿采选	092	38	38					
稀有稀土金属矿采选	093	16	16					
非金属矿采选业	10	37029	35358	851	390	332	17	81
土砂石开采	101	33670	32146	759	340	332	17	76
化学矿开采	102	934	909	25				
采盐	103	199	199					
石棉及其他非金属矿采选	109	2226	2104	67	50			5

1-2-15　续表 1

单位：人

指标名称	行业代码	从　业人员数	营业	停业(歇业)	筹建	当年关闭	当年破产	其他
开采辅助活动	11	1579	1511	7	61			
煤炭开采和洗选辅助活动	111	1034	971	2	61			
石油和天然气开采辅助活动	112	459	459					
其他开采辅助活动	119	86	81	5				
其他采矿业	12	965	889	12	63	1		
其他采矿业	120	965	889	12	63	1		
制造业	C	**1295305**	**1254692**	**11397**	**19936**	**4237**	**541**	**4502**
农副食品加工业	13	84613	82142	929	756	524	9	253
谷物磨制	131	12388	12172	113	75	21		7
饲料加工	132	10151	9824	172	61	13	8	73
植物油加工	133	5431	5148	51	145	41		46
制糖业	134	894	892	2				
屠宰及肉类加工	135	18566	17934	495	104	24	1	8
水产品加工	136	738	725	8	5			
蔬菜、水果和坚果加工	137	15158	14833	37	32	159		97
其他农副食品加工	139	21287	20614	51	334	266		22
食品制造业	14	34030	33564	147	215	13		91
焙烤食品制造	141	7504	7401	42	14	1		46
糖果、巧克力及蜜饯制造	142	1983	1941	40	2			
方便食品制造	143	5416	5330	22	54			10
乳制品制造	144	221	201		20			
罐头食品制造	145	2765	2762	2	1			
调味品、发酵制品制造	146	9166	9004	8	114	5		35
其他食品制造	149	6975	6925	33	10	7		
酒、饮料和精制茶制造业	15	26414	25128	146	780	84	3	273
酒的制造	151	11383	10316	95	616	83		273
饮料制造	152	9262	9078	17	163	1	3	
精制茶加工	153	5769	5734	34	1			
烟草制品业	16	38			38			
烟叶复烤	161	38			38			
纺织业	17	42535	41557	546	84	284	31	33
棉纺织及印染精加工	171	20204	19805	313	3	57		26
毛纺织及染整精加工	172	1754	1741	1	10	2		
麻纺织及染整精加工	173	656	656					
丝绢纺织及印染精加工	174	5080	4905	113		62		
化纤织造及印染精加工	175	450	427	20		3		
针织或钩针编织物及其制品制造	176	3976	3790	32		153	1	
家用纺织制成品制造	177	8023	7913	66	15	7	15	7
非家用纺织制成品制造	178	2392	2320	1	56		15	
纺织服装、服饰业	18	40804	39297	495	500	311	23	178
机织服装制造	181	31661	30467	396	459	219	11	109
针织或钩针编织服装制造	182	2084	2042	2	28	2		10
服饰制造	183	7059	6788	97	13	90	12	59
皮革、毛皮、羽毛及其制品和制鞋业	19	31575	30544	394	598	37	1	1
皮革鞣制加工	191	864	842	19		3		
皮革制品制造	192	4127	3829	246	38	14		
毛皮鞣制及制品加工	193	1506	1476	22	2	6		
羽毛(绒)加工及制品制造	194	924	905	10	9			
制鞋业	195	24154	23492	97	549	14	1	1

1-2-15 续表 2

单位：人

指标名称	行业代码	从业人员数						
			营业	停业(歇业)	筹建	当年关闭	当年破产	其他
木材加工和木、竹、藤、棕、草制品业	20	33834	33120	146	415	85	6	62
木材加工	201	10203	10001	47	76	74	5	
人造板制造	202	4763	4704	12		1		46
木制品制造	203	11432	11128	49	238	10	1	6
竹、藤、棕、草等制品制造	204	7436	7287	38	101			10
家具制造业	21	39038	38130	193	470	111	1	133
木质家具制造	211	30661	30077	132	307	95		50
竹、藤家具制造	212	351	351					
金属家具制造	213	2651	2410	36	125	1		79
塑料家具制造	214	533	520	1	12			
其他家具制造	219	4842	4772	24	26	15	1	4
造纸和纸制品业	22	24986	24000	308	397	190	8	83
纸浆制造	221	100	95		5			
造纸	222	7742	7199	218	172	105		48
纸制品制造	223	17144	16706	90	220	85	8	35
印刷和记录媒介复制业	23	27256	26959	165	113	6	2	11
印刷	231	24594	24341	136	103	6	2	6
装订及印刷相关服务	232	2457	2423	29				5
记录媒介复制	233	205	195		10			
文教、工美、体育和娱乐用品制造业	24	17507	17075	104	255	4	29	40
文教办公用品制造	241	1577	1535	13	6			23
乐器制造	242	361	361					
工艺美术品制造	243	12961	12619	43	249	4	29	17
体育用品制造	244	993	988	5				
玩具制造	245	1356	1313	43				
游艺器材及娱乐用品制造	246	259	259					
石油加工及炼焦	25	3009	2929	62	18			
化学原料和化学制品制造业	26	43459	41027	851	873	264		444
基础化学原料制造	261	9312	9041	100	106	65		
肥料制造	262	5680	5442	46	136	12		44
农药制造	263	1197	1189	8				
涂料、油墨、颜料及类似产品制造	264	8200	7712	196	173	14		105
合成材料制造	265	3322	2986	5	330	1		
专用化学产品制造	266	7198	6631	467	98	2		
炸药、火工及焰火产品制造	267	5577	5285					292
日用化学产品制造	268	2973	2741	29	30	170		3
医药制造业	27	15483	14722	332	391	36	2	
化学药品原料药制造	271	3375	3259		116			
化学药品制剂制造	272	1572	1390	77	105			
中药饮片加工	273	3074	3051		22		1	
中成药生产	274	1977	1773	169		35		
兽用药品制造	275	2350	2225	61	64			
生物药品制造	276	2176	2081	17	78			
卫生材料及医药用品制造	277	959	943	8	6	1	1	

1-2-15 续表 3

单位：人

指标名称	行业代码	从业人员数						
			营业	停业(歇业)	筹建	当年关闭	当年破产	其他
化学纤维制造业	28	554	498	37	12	1		6
纤维素纤维原料及纤维制造	281	119	119					
合成纤维制造	282	435	379	37	12	1		6
橡胶和塑料制品业	29	50454	49198	460	495	238	1	62
橡胶制品业	291	9365	9067	84	55	126		33
塑料制品业	292	41089	40131	376	440	112	1	29
非金属矿物制品业	30	156853	150703	1849	2568	692	264	777
水泥、石灰和石膏制造	301	10949	9988	138	345	312	66	100
石膏、水泥制品及类似制品制造	302	39410	38559	365	294	76	39	77
砖瓦、石材等建筑材料制造	303	78429	75019	1120	1513	134	71	572
玻璃制造	304	3555	3490	22	23			20
玻璃制品制造	305	12578	12304	28	148	91		7
玻璃纤维和玻璃纤维增强塑料制品制造	306	1634	1386	1	116	43	88	
陶瓷制品制造	307	5085	4980	19	51	35		
耐火材料制品制造	308	2366	2243	118	5			
石墨及其他非金属矿物制品制造	309	2847	2734	38	73	1		1
黑色金属冶炼和压延加工业	31	27665	25254	1112	748	252	43	256
炼铁	311	1756	850	839	59			8
炼钢	312	652	652					
黑色金属铸造	313	9118	8433	27	515			143
钢压延加工	314	11035	10741	35	139	15		105
铁合金冶炼	315	5104	4578	211	35	237	43	
有色金属冶炼和压延加工业	32	15442	14591	243	531	6	37	34
常用有色金属冶炼	321	3453	3321	3	55	6	37	31
贵金属冶炼	322	111	81	1	27			2
稀有稀土金属冶炼	323	769	765	4				
有色金属合金制造	324	2135	2129		6			
有色金属铸造	325	990	769	221				
有色金属压延加工	326	7984	7526	14	443			1
金属制品业	33	87057	85064	530	914	128	5	416
结构性金属制品制造	331	37937	37110	305	248	49	2	223
金属工具制造	332	14361	14133	60	139	29		
集装箱及金属包装容器制造	333	2654	2620	2	32			
金属丝绳及其制品制造	334	1362	1358			1	3	
建筑、安全用金属制品制造	335	9013	8699	42	169	2		101
金属表面处理及热处理加工	336	6735	6655	37	42	1		
搪瓷制品制造	337	719	713	6				
金属制日用品制造	338	5237	5089	7	107	34		
其他金属制品制造	339	9039	8687	71	177	12		92
通用设备制造业	34	78728	75920	325	2035	325		123
锅炉及原动设备制造	341	6330	6305	15	4			6
金属加工机械制造	342	13266	12730	57	409	46		24
物料搬运设备制造	343	4630	4620		8			2
泵、阀门、压缩机及类似机械制造	344	6593	6325	6	37	225		
轴承、齿轮和传动部件制造	345	7165	7118	7	35	5		
烘炉、风机、衡器、包装等设备制造	346	8460	7932	15	511	1		1

1-2-15 续表 4

单位：人

指标名称	行业代码	从业人员数	营业	停业(歇业)	筹建	当年关闭	当年破产	其他
文化、办公用机械制造	347	423	282		141			
通用零部件制造	348	27843	26919	199	593	48		84
其他通用设备制造业	349	4018	3689	26	297			6
专用设备制造业	35	58360	56297	443	1457	68	5	90
采矿、冶金、建筑专用设备制造	351	10063	9937	42	55	1		28
化工、木材、非金属加工专用设备制造	352	15132	14921	49	156	1		5
食品、饮料、烟草及饲料生产专用设备制造	353	1675	1475		197	3		
印刷、制药、日化及日用品生产专用设备制造	354	2944	2909	17	16	2		
纺织、服装和皮革加工专用设备制造	355	1511	1449	1	25	1		35
电子和电工机械专用设备制造	356	3856	3506	8	342			
农、林、牧、渔专用机械制造	357	12689	12304	80	247	53	5	
医疗仪器设备及器械制造	358	4244	4173	3	53	5		10
环保、社会公共服务及其他专用设备制造	359	6246	5623	243	366	2		12
汽车制造业	36	123837	121336	335	1641	118	24	383
汽车整车制造	361	429	409		20			
改装汽车制造	362	1800	1773		23			4
电车制造	364	477	472		5			
汽车车身、挂车制造	365	645	643	1	1			
汽车零部件及配件制造	366	120486	118039	334	1592	118	24	379
铁路、船舶、航空航天和其他运输设备制造业	37	119678	117689	739	579	315	44	312
铁路运输设备制造	371	1679	1663	16				
城市轨道交通设备制造	372	132	131	1				
船舶及相关装置制造	373	8338	8062	177	58	30	11	
航空、航天器及设备制造	374	271	271					
摩托车制造	375	108334	106729	519	456	285	33	312
自行车制造	376	325	241	19	65			
非公路休闲车及零配件制造	377	76	76					
潜水救捞及其他未列明运输设备制造	379	523	516	7				
电气机械和器材制造业	38	45762	44360	216	835	65	2	284
电机制造	381	7249	7156	42	50	1		
输配电及控制设备制造	382	14802	14556	108	58	22	2	56
电线、电缆、光缆及电工器材制造	383	8270	8177	32	59	2		
电池制造	384	2453	1948	3	288	36		178
家用电力器具制造	385	4698	4680	3	14	1		
非电力家用器具制造	386	1299	1296	2	1			
照明器具制造	387	4520	4470	21	26	3		
其他电气机械及器材制造	389	2471	2077	5	339			50
计算机、通信和其他电子设备制造业	39	31484	29574	78	1730	2	1	99
计算机制造	391	7698	7251	8	439			
通信设备制造	392	2654	2549	2	29			74
广播电视设备制造	393	281	248	13	20			
视听设备制造	395	1155	1147	3	5			
电子器件制造	396	3145	2815	1	328	1		
电子元件制造	397	11300	10967	33	283	1	1	15
其他电子设备制造	399	5251	4597	18	626			10

1-2-15 续表 5

单位：人

指标名称	行业代码	从业人员数	营业	停业(歇业)	筹建	当年关闭	当年破产	其他
仪器仪表制造业	40	18157	17882	38	192	45		
通用仪器仪表制造	401	10747	10713	11	14	9		
专用仪器仪表制造	402	2256	2136	5	115			
钟表与计时仪器制造	403	366	340	6	20			
光学仪器及眼镜制造	404	2900	2859	15		26		
其他仪器仪表制造业	409	1888	1834	1	43	10		
其他制造业	41	8893	8588	52	177	30		46
日用杂品制造	411	3893	3697	40	108	2		46
煤制品制造	412	1019	1007			12		
其他未列明制造业	419	3981	3884	12	69	16		
废弃资源综合利用业	42	3905	3753	56	84			12
金属废料和碎屑加工处理	421	2140	2018	38	84			
非金属废料和碎屑加工处理	422	1765	1735	18				12
金属制品、机械和设备修理业	43	3895	3791	66	35	3		
金属制品修理	431	665	611	54				
通用设备修理	432	381	381					
专用设备修理	433	420	418		2			
铁路、船舶、航空航天等运输设备修理	434	828	805	2	18	3		
电气设备修理	435	243	232	9	2			
仪器仪表修理	436	51	50	1				
其他机械和设备修理业	439	1307	1294		13			
电力、热力、燃气及水生产和供应业	**D**	**48537**	**47025**	**343**	**1056**	**22**		**91**
电力、热力生产和供应业	44	25044	23811	321	882	2		28
电力生产	441	22089	20893	313	864	1		18
电力供应	442	2594	2562	8	13	1		10
热力生产和供应	443	361	356		5			
燃气生产和供应业	45	8730	8607		84	19		20
燃气生产和供应业	450	8730	8607		84	19		20
水的生产和供应业	46	14763	14607	22	90	1		43
自来水生产和供应	461	12328	12278	2	48			
污水处理及其再生利用	462	2275	2169	20	42	1		43
其他水的处理、利用与分配	469	160	160					
建筑业	**E**	**628912**	**617958**	**5364**	**2045**	**1624**	**8**	**1913**
房屋建筑业	47	383955	378961	2142	540	1239		1073
房屋建筑业	470	383955	378961	2142	540	1239		1073
土木工程建筑业	48	38667	37081	914	481	37		154
铁路、道路、隧道和桥梁工程建筑	481	10690	10286	100	291			13
水利和内河港口工程建筑	482	11211	11142	53	15	1		
工矿工程建筑	484	1025	1025					
架线和管道工程建筑	485	3650	3454		56			140
其他土木工程建筑	489	12091	11174	761	119	36		1
建筑安装业	49	45330	44647	464	137	66		16
电气安装	491	11840	11714	68	48	10		
管道和设备安装	492	14387	14235	126	3	7		16
其他建筑安装业	499	19103	18698	270	86	49		
建筑装饰和其他建筑业	50	160960	157269	1844	887	282	8	670
建筑装饰业	501	65476	63725	773	362	136	8	472
工程准备活动	502	6341	6167	23	59	86		6
提供施工设备服务	503	11684	11353	252	3	18		58
其他未列明建筑业	509	77459	76024	796	463	42		134

1-2-15 续表 6 单位：人

指标名称	行业代码	从业人员数						
			营业	停业(歇业)	筹建	当年关闭	当年破产	其他
批发和零售业	**F**	**641517**	**620710**	**6546**	**9684**	**1585**	**282**	**2710**
批发业	51	313038	303338	3351	4392	630	186	1141
农、林、牧产品批发	511	37617	36911	200	288	59		159
食品、饮料及烟草制品批发	512	55029	53939	370	389	73	3	255
纺织、服装及家庭用品批发	513	24523	23688	299	365	14		157
文化、体育用品及器材批发	514	8183	8016	83	69	2	3	10
医药及医疗器材批发	515	14189	13672	78	291	14	5	129
矿产品、建材及化工产品批发	516	95918	92352	1154	1611	362	150	289
机械设备、五金产品及电子产品批发	517	57415	55494	642	1162	48	11	58
贸易经纪与代理	518	3935	3807	34	71	23		
其他批发业	519	16229	15459	491	146	35	14	84
零售业	52	328479	317372	3195	5292	955	96	1569
综合零售	521	37199	35992	413	428	114	13	239
食品、饮料及烟草制品专门零售	522	38826	37603	366	355	86	6	410
纺织、服装及日用品专门零售	523	48527	47165	577	330	306	16	133
文化、体育用品及器材专门零售	524	14323	13907	144	185	64	2	21
医药及医疗器材专门零售	525	9848	9441	78	240	53		36
汽车、摩托车、燃料及零配件专门零售	526	39640	38375	267	790	62	26	120
家用电器及电子产品专门零售	527	48487	47255	341	635	114	1	141
五金、家具及室内装饰材料专门零售	528	66203	63662	815	1215	128	28	355
货摊、无店铺及其他零售业	529	25426	23972	194	1114	28	4	114
交通运输、仓储和邮政业	**G**	**176695**	**173916**	**952**	**1016**	**165**	**3**	**643**
道路运输业	54	120794	119191	519	483	39		562
城市公共交通运输	541	10414	10074		75			265
公路旅客运输	542	13375	13250	5	8	12		100
道路货物运输	543	89650	88616	485	331	22		196
道路运输辅助活动	544	7355	7251	29	69	5		1
水上运输业	55	16829	16603	72	57	67		30
水上旅客运输	551	2219	2209					10
水上货物运输	552	12844	12719	18	37	50		20
水上运输辅助活动	553	1766	1675	54	20	17		
航空运输业	56	1058	977	21	60			
航空客货运输	561	497	426	21	50			
通用航空服务	562	38	28		10			
航空运输辅助活动	563	523	523					
管道运输业	57	108	108					
管道运输业	570	108	108					
装卸搬运和运输代理业	58	24026	23366	294	289	43	3	31
装卸搬运	581	11775	11547	122	52	31	3	20
运输代理业	582	12251	11819	172	237	12		11
仓储业	59	6085	5879	46	124	16		20
谷物、棉花等农产品仓储	591	1094	1066	20	8			
其他仓储业	599	4991	4813	26	116	16		20
邮政业	60	7795	7792		3			
邮政基本服务	601	4242	4242					
快递服务	602	3553	3550		3			

1-2-15　续表 7　　　　单位：人

指标名称	行业代码	从业人员数	营业	停业(歇业)	筹建	当年关闭	当年破产	其他
住宿和餐饮业	H	**161856**	**157464**	**1277**	**1741**	**488**	**15**	**871**
住宿业	61	34970	33410	267	911	17		365
旅游饭店	611	17362	16640	228	276	4		214
一般旅馆	612	13515	13004	24	326	13		148
其他住宿业	619	4093	3766	15	309			3
餐饮业	62	126886	124054	1010	830	471	15	506
正餐服务	621	110733	108373	823	614	422	13	488
快餐服务	622	3494	3439	43	2	7	2	1
饮料及冷饮服务	623	2015	1921	36	57	1		
其他餐饮业	629	10644	10321	108	157	41		17
信息传输、软件和信息技术服务业	I	**55620**	**52982**	**637**	**1335**	**92**	**9**	**565**
电信、广播电视和卫星传输服务	63	3804	3313	42	6	19		424
电信	631	2781	2293	39	6	19		424
广播电视传输服务	632	956	953	3				
卫星传输服务	633	67	67					
互联网和相关服务	64	5511	5391	56	41	17		6
互联网接入及相关服务	641	493	453	20	9	11		
互联网信息服务	642	3876	3820	23	21	6		6
其他互联网服务	649	1142	1118	13	11			
软件和信息技术服务业	65	46305	44278	539	1288	56	9	135
软件开发	651	31348	29974	337	965	34	1	37
信息系统集成服务	652	2563	2461	15	82			5
信息技术咨询服务	653	7974	7751	74	129	9	8	3
数据处理和存储服务	654	360	337	9	13	1		
集成电路设计	655	93	89	4				
其他信息技术服务业	659	3967	3666	100	99	12		90
房地产业	K	**170511**	**163826**	**1674**	**2316**	**659**	**6**	**2030**
房地产业	70	170511	163826	1674	2316	659	6	2030
房地产开发经营	701	52265	48034	1015	908	564	5	1739
物业管理	702	90761	89355	297	1002	28		79
房地产中介服务	703	24760	23912	298	326	55	1	168
其他房地产业	709	2725	2525	64	80	12		44
租赁和商务服务业	L	**313098**	**302662**	**2797**	**6479**	**425**	**29**	**706**
租赁业	71	19103	18337	300	285	76		105
机械设备租赁	711	18632	17881	297	274	75		105
文化及日用品出租	712	471	456	3	11	1		
商务服务业	72	293995	284325	2497	6194	349	29	601
企业管理服务	721	26225	24233	382	1380	52		178
法律服务	722	4157	4116	9	15			17
咨询与调查	723	49181	47017	675	1334	57	28	70
广告业	724	45910	44753	441	576	75	1	64
知识产权服务	725	1113	1085	4	24			
人力资源服务	726	71404	68973	595	1711	86		39
旅行社及相关服务	727	11120	10699	64	264	34		59
安全保护服务	728	54964	54932		27			5
其他商务服务业	729	29921	28517	327	863	45		169

1-2-15 续表 8 单位：人

指标名称	行业代码	从业人员数	营业	停业(歇业)	筹建	当年关闭	当年破产	其他
科学研究和技术服务业	M	**56537**	**54614**	**432**	**1287**	**71**	**15**	**118**
研究和试验发展	73	3361	2876	101	320	8		56
自然科学研究和试验发展	731	252	224	7	21			
工程和技术研究和试验发展	732	1675	1409	49	192	7		18
农业科学研究和试验发展	733	696	607	32	54			3
医学研究和试验发展	734	669	582	10	41	1		35
社会人文科学研究	735	69	54	3	12			
专业技术服务业	74	45616	44545	258	728	31	1	53
气象服务	741	30	30					
地震服务	742	77	77					
测绘服务	744	1272	1267	5				
质检技术服务	745	3182	3095	4	55			28
环境与生态监测	746	501	440		51			10
地质勘查	747	1190	1181	4	5			
工程技术	748	22284	21909	95	257	9	1	13
其他专业技术服务业	749	17080	16546	150	360	22		2
科技推广和应用服务业	75	7560	7193	73	239	32	14	9
技术推广服务	751	5275	4986	51	203	22	5	8
科技中介服务	752	948	918	10	15	4		1
其他科技推广和应用服务业	759	1337	1289	12	21	6	9	
水利、环境和公共设施管理业	N	**15111**	**14302**	**241**	**427**	**16**	**3**	**122**
水利管理业	76	1792	1743	10	36	1		2
防洪除涝设施管理	761	158	150	7		1		
水资源管理	762	503	495		8			
天然水收集与分配	763	554	551	1				2
水文服务	764	111	111					
其他水利管理业	769	466	436	2	28			
生态保护和环境治理业	77	3264	3059	49	72	2		82
生态保护	771	366	356	10				
环境治理业	772	2898	2703	39	72	2		82
公共设施管理业	78	10055	9500	182	319	13	3	38
市政设施管理	781	957	919	9	29			
环境卫生管理	782	1403	1373	21	8			1
城乡市容管理	783	122	102	12	8			
绿化管理	784	4643	4376	107	139	12		9
公园和游览景区管理	785	2930	2730	33	135	1	3	28
居民服务、修理和其他服务业	O	**72171**	**70603**	**604**	**530**	**227**	**10**	**197**
居民服务业	79	33899	32972	386	247	176	10	108
家庭服务	791	6486	6249	159	50	13	10	5
托儿所服务	792	34	34					
洗染服务	793	2231	2148	28	28	27		
理发及美容服务	794	10181	9989	53	26	102		11
洗浴服务	795	1536	1466	14	15	3		38

1-2-15　续表 9　　　　单位：人

指标名称	行业代码	从业人员数	营业	停业(歇业)	筹建	当年关闭	当年破产	其他
保健服务	796	2652	2594	16	5	3		34
婚姻服务	797	3307	3231	25	14	21		16
殡葬服务	798	2123	2087		36			
其他居民服务业	799	5349	5174	91	73	7		4
机动车、电子产品和日用产品修理业	80	26309	25947	126	178	29		29
汽车、摩托车修理与维护	801	21182	20893	108	142	20		19
计算机和办公设备维修	802	2145	2112	1	18	7		7
家用电器修理	803	2183	2147	15	17	1		3
其他日用产品修理业	809	799	795	2	1	1		
其他服务业	81	11963	11684	92	105	22		60
清洁服务	811	8646	8444	73	63	10		56
其他未列明服务业	819	3317	3240	19	42	12		4
卫生和社会工作	**Q**	**669**	**579**	**2**	**80**	**8**		
社会工作	84	669	579	2	80	8		
提供住宿社会工作	841	584	494	2	80	8		
不提供住宿社会工作	842	85	85					
文化、体育和娱乐业	**R**	**37649**	**36540**	**315**	**608**	**95**	**5**	**86**
新闻和出版业	85	1167	1149	18				
新闻业	851	25	25					
出版业	852	1142	1124	18				
广播、电视、电影和影视录音制作业	86	3947	3809	112	26			
电视	862	129	115	14				
电影和影视节目制作	863	1081	963	98	20			
电影和影视节目发行	864	166	160		6			
电影放映	865	2396	2396					
录音制作	866	175	175					
文化艺术业	87	8389	8073	40	221	1		54
文艺创作与表演	871	4269	4217	8	10			34
艺术表演场馆	872	328	242	6	80			
图书馆与档案馆	873	101	100		1			
文物及非物质文化遗产保护	874	149	117		32			
博物馆	875	78	67		11			
群众文化活动	877	691	688	1	2			
其他文化艺术业	879	2773	2642	25	85	1		20
体育	88	2092	2015	19	58			
体育组织	881	106	105	1				
体育场馆	882	189	186		3			
休闲健身活动	883	1506	1481	6	19			
其他体育	889	291	243	12	36			
娱乐业	89	22054	21494	126	303	94	5	32
室内娱乐活动	891	20079	19639	100	209	94	5	32
游乐园	892	377	336	1	40			
文化、娱乐、体育经纪代理	894	694	669	17	8			
其他娱乐业	899	904	850	8	46			

1-2-16 按行业、登记注册类型分组的

指标名称	行业代码	资产总计	内资企业	国有企业	集体企业
总　计		**2863500616**	**2730749710**	**342626197**	**16602496**
农、林、牧、渔业	A	**5677163**	**5677163**	**1303834**	**3531**
农业	01	62474	62474		900
谷物种植	011	800	800		
蔬菜、食用菌及园艺作物种植	014	40586	40586		
水果种植	015	14016	14016		
坚果、含油果、香料和饮料作物种植	016	3012	3012		900
中药材种植	017	150	150		
其他农业	019	3910	3910		
林业	02	1620	1620		
林木育种和育苗	021	1620	1620		
畜牧业	03	61819	61819		
牲畜饲养	031	15052	15052		
家禽饲养	032	1809	1809		
其他畜牧业	039	44959	44959		
渔业	04	6875	6875		
水产养殖	041	6875	6875		
农、林、牧、渔服务业	05	5544375	5544375	1303834	2631
农业服务业	051	4029972	4029972	1303028	2631
林业服务业	052	1185892	1185892	806	
畜牧服务业	053	206513	206513		
渔业服务业	054	121998	121998		
采矿业	B	**29220850**	**29076161**	**1118911**	**205135**
煤炭开采和洗选业	06	16218642	16195827	63122	147391
烟煤和无烟煤开采洗选	061	15756006	15756006	63122	147391
褐煤开采洗选	062	86143	86143		
其他煤炭采选	069	376493	353679		
石油和天然气开采业	07	539627	539627	348789	
石油开采	071	6830	6830		
天然气开采	072	532797	532797	348789	
黑色金属矿采选业	08	1829891	1829891	400000	
铁矿采选	081	504233	504233	400000	
锰矿、铬矿采选	082	1305674	1305674		
其他黑色金属矿采选	089	19984	19984		
有色金属矿采选业	09	586329	586329		4416
常用有色金属矿采选	091	580559	580559		4416
贵金属矿采选	092	2600	2600		
稀有稀土金属矿采选	093	3170	3170		
非金属矿采选业	10	9527643	9405769	286855	53328
土砂石开采	101	8202968	8081094	5000	50556
化学矿开采	102	387354	387354		2000
采盐	103	168250	168250	140000	
石棉及其他非金属矿采选	109	769071	769071	141855	772
开采辅助活动	11	406077	406077	20144	
煤炭开采和洗选辅助活动	111	236208	236208	5429	
石油和天然气开采辅助活动	112	134599	134599	14715	
其他开采辅助活动	119	35270	35270		

小微企业法人单位资产总计

单位：千元

股份合作企业	联营企业	有限责任公司	股份有限公司	私营企业	其他企业	港、澳、台商投资企业	外商投资企业
17805737	**3962910**	**1336620700**	**101638834**	**843013345**	**68479492**	**66984557**	**65766349**
42047	**4811**	**2609913**	**91605**	**1258603**	**362818**		
		8242	800	48398	4134		
			800				
		670		39916			
		7572		2310	4134		
				2112			
				150			
				3910			
				1620			
				1620			
			39839	15055	6925		
				8507	6545		
				1429	380		
			39839	5120			
				5605	1270		
				5605	1270		
42047	4811	2601671	50967	1187925	350489		
13446	4811	1425582	47367	1000763	232343		
		1144681	3500	19598	17307		
28101		5556		115112	57743		
500		25851	100	52453	43095		
115593	**299941**	**4141794**	**620418**	**21894876**	**679493**	**41010**	**103679**
26988	293741	2082049	485926	12869843	226766	22814	
25357	280195	1985523	485426	12568766	200224		
	13546	12788		59809			
1631		83738	500	241268	26542	22814	
10373	1200	5360		116525	57380		
	1200	2830		2800			
10373		2530		113725	57380		
		14899		1356992	58000		
		4899		99334			
		10000		1237674	58000		
				19984			
		221699	5500	325314	29400		
		221699	5500	321644	27300		
				500	2100		
				3170			
56778	5000	1738246	107927	6967218	190417	18195	103679
45744	5000	1392961	60003	6335814	186017	18195	103679
		183309	39773	162272			
				28250			
11034		161976	8151	440882	4400		
21455		79541	20664	173044	91230		
		66000	550	86718	77511		
21455		13271	20114	52526	12519		
		270		33800	1200		

1-2-16 续表 1

指标名称	行业代码	资产总计	内资企业	国有企业	集体企业
其他采矿业	12	112640	112640		
其他采矿业	120	112640	112640		
制造业	**C**	**410745427**	**368020089**	**4772282**	**2952338**
农副食品加工业	13	21707952	20821680	244104	44606
谷物磨制	131	2478073	2478073	655	2501
饲料加工	132	3556339	3369112	174696	
植物油加工	133	1918992	1478121		953
制糖业	134	66530	66530		
屠宰及肉类加工	135	5690612	5690612	19699	37153
水产品加工	136	1074801	1074801		
蔬菜、水果和坚果加工	137	3069332	3059728	30055	4000
其他农副食品加工	139	3853272	3604702	19000	
食品制造业	14	10276050	9252824	18742	21930
焙烤食品制造	141	1267882	1267813		
糖果、巧克力及蜜饯制造	142	415990	415990		3843
方便食品制造	143	1973559	952705		795
乳制品制造	144	34164	34164		
罐头食品制造	145	813586	813586		
调味品、发酵制品制造	146	3429672	3429672	12233	16410
其他食品制造	149	2341198	2338894	6509	883
酒、饮料和精制茶制造业	15	8136424	7694208	251443	63824
酒的制造	151	3699559	3520171	222275	42810
饮料制造	152	3113483	2850656	15603	10101
精制茶加工	153	1323381	1323381	13564	10913
烟草制品业	16	3491	3491	3491	
烟叶复烤	161	3491	3491	3491	
纺织业	17	6534008	6360931	21276	20536
棉纺织及印染精加工	171	2917489	2917489		16984
毛纺织及染整精加工	172	425247	425247		
麻纺织及染整精加工	173	349632	349632		
丝绢纺织及印染精加工	174	1000205	854010		852
化纤织造及印染精加工	175	37068	37068		
针织或钩针编织物及其制品制造	176	547120	540036	21276	2000
家用纺织制成品制造	177	894083	874286		700
非家用纺织制成品制造	178	363164	363164		
纺织服装、服饰业	18	5890600	5726678	23332	26604
机织服装制造	181	4657610	4511614	23332	26604
针织或钩针编织服装制造	182	384126	384126		
服饰制造	183	848864	830938		
皮革、毛皮、羽毛及其制品和制鞋业	19	3932180	3917414		8354
皮革鞣制加工	191	174007	174007		
皮革制品制造	192	561639	561639		3304
毛皮鞣制及制品加工	193	214930	214930		
羽毛(绒)加工及制品制造	194	399883	399883		
制鞋业	195	2581722	2566955		5050

单位：千元

股份合作企业	联营企业	有限责任公司	股份有限公司	私营企业	其他企业	港、澳、台商投资企业	外商投资企业
			400	85940	26300		
			400	85940	26300		
1912689	**302769**	**97201553**	**10706906**	**244984686**	**5186866**	**12143057**	**30582281**
65190	36019	4737824	617194	14605316	471427	444084	442187
	2135	740001	15065	1696856	20862		
		766610	14213	2396785	16808		187227
1853	294	347295	2104	1089930	35693	440542	329
		500	14563	48917	2550		
14983	6693	1020492	453636	4081581	56376		
	25000	927032		33175	89594		
36749	1898	287450	34972	2556754	107849		9604
11604		648443	82641	2701318	141695	3542	245028
145825	512	3232863	259012	5357509	216431	17667	1005559
27608	512	231525		982364	25804	69	
		43167	565	366407	2008		
		243043		684966	23901	17599	1003255
		3883		30030	250		
		271136	101862	359826	80762		
15065		1277564	148159	1949569	10672		
103151		1162544	8426	984347	73034		2304
11775	795	1131050	320826	5770271	144224	179388	262828
1510		747194	70896	2368966	66520	179388	
1360		245397	249930	2303051	25213		262828
8905	795	138459		1098253	52491		
2521	13565	868884	48883	5132506	252761	144895	28182
		265908	8953	2586299	39345		
	12719	5574		285531	121422		
		211652		137980			
		203102	19561	605345	25150	144895	1300
				35668	1400		
		90750	5598	407638	12773		7085
2521	846	39787	13567	767796	49070		19797
		52111	1204	306249	3600		
1989	800	627183	11764	4841206	193801	142955	20967
1989	800	618451	11764	3704324	124351	132924	13072
		500		378383	5243		
		8232		758500	64206	10030	7895
6314		462234	7948	3258612	173952	11054	3712
				169627	4380		
		51627	4767	481897	20044		
		1306	2369	200600	10655		
		4653		385314	9915		
6314		404647	812	2021173	128958	11054	3712

1-2-16 续表 2

指标名称	行业代码	资产总计			
			内资企业		
				国有企业	集体企业
木材加工和木、竹、藤、棕、草制品业	20	5532875	5505593	49506	55015
木材加工	201	1351148	1327100	2400	
人造板制造	202	1431231	1431231		11595
木制品制造	203	1978152	1974918		41300
竹、藤、棕、草等制品制造	204	772344	772344	47106	2120
家具制造业	21	5636971	5594471	6050	45440
木质家具制造	211	4355210	4315210	160	45440
竹、藤家具制造	212	23220	23220		
金属家具制造	213	452720	452720		
塑料家具制造	214	111593	111593	5890	
其他家具制造	219	694228	691728		
造纸和纸制品业	22	7602899	6574622	163644	83250
纸浆制造	221	15713	15713		
造纸	222	3033303	2589009		
纸制品制造	223	4553882	3969899	163644	83250
印刷和记录媒介复制业	23	7521846	6770153	69054	185474
印刷	231	7098046	6346353	68554	182814
装订及印刷相关服务	232	355219	355219	500	2660
记录媒介复制	233	68581	68581		
文教、工美、体育和娱乐用品制造业	24	12839206	12800149	11601	5262
文教办公用品制造	241	213238	213238	405	750
乐器制造	242	37946	37946		
工艺美术品制造	243	12015209	11976152	9095	4512
体育用品制造	244	391999	391999	2100	
玩具制造	245	145849	145849		
游艺器材及娱乐用品制造	246	34964	34964		
石油加工及炼焦	25	1930597	1927075		
化学原料和化学制品制造业	26	22424921	16071838	97758	140066
基础化学原料制造	261	10192209	5592823	81474	40912
肥料制造	262	1962813	1861780		15645
农药制造	263	655590	655590		158
涂料、油墨、颜料及类似产品制造	264	2421738	1790859		3768
合成材料制造	265	809034	755471		55490
专用化学产品制造	266	4315993	3429384	8310	24094
炸药、火工及焰火产品制造	267	1373236	1295750	100	
日用化学产品制造	268	694309	690181	7874	
医药制造业	27	9478599	8741494	75889	13467
化学药品原料药制造	271	2210062	2172298		10467
化学药品制剂制造	272	1055766	1054082	3100	
中药饮片加工	273	1680993	1680993	5277	
中成药生产	274	1014976	976350	46693	
兽用药品制造	275	1085478	1085478	2200	3000
生物药品制造	276	2211465	1552435	800	
卫生材料及医药用品制造	277	219860	219860	17819	

单位：千元

股份合作企业	联营企业	有限责任公司	股份有限公司	私营企业	其他企业	港、澳、台商投资企业	外商投资企业
49743	2449	1080880	69610	4056707	141683		27282
6800	1504	78574	12825	1163398	61598		24048
		408110	23522	988004			
33150		440354	33263	1387983	38869		3234
9793	945	153842		517321	41216		
48247	300	372991	39611	4844234	237598	40000	2500
48067	300	252601	35054	3764883	168704	40000	
		1200		20520	1501		
180		11430	1268	430038	9803		
		350		103037	2316		
		107410	3289	525756	55274		2500
10697	832	2215427	86423	3987006	27343	381429	646848
				15713			
10697		1247568	36800	1287820	6124		444294
	832	967859	49623	2683472	21218	381429	202554
26959	4812	2332739	32017	3932738	186361	419924	331769
25770	4732	2248511	24299	3627191	164484	419924	331769
1189		23716	3230	302047	21877		
	80	60512	4489	3500			
12625	3249	665895	53529	11864611	183378	28921	10137
10766		53396	13334	132379	2208		
		4000		33946			
1860	3249	372910	40195	11382767	161565	28921	10137
		207942		181957			
		27647		98597	19605		
				34964			
2000	58640	655486		1204690	6258		3522
97165	38911	5465599	1343909	8634871	253560	2814829	3538255
33700	1005	2639470	200593	2514724	80945	2334485	2264901
		259052	221521	1323403	42160		101033
53260		69235	230956	301981			
5100		450563	350	1309371	21706	330138	300742
	10480	306876	5136	349900	27590		53562
	27426	1005949	507528	1808381	47697	146078	740531
		497819	167175	605055	25601		77486
5105		236635	10650	422056	7860	4128	
1121		2697192	303953	5467300	182573	1258	735846
		1364675		797156			37764
		179096		813414	58471	1258	426
1121		309039		1265862	99694		
		167967	213797	525312	22581		38626
		332325	11023	736929			
		212687	53690	1284424	834		659030
		131402	25443	44203	993		

1-2-16 续表 3

指标名称	行业代码	资产总计	内资企业	国有企业	集体企业
化学纤维制造业	28	369527	369527		
纤维素纤维原料及纤维制造	281	13546	13546		
合成纤维制造	282	355981	355981		
橡胶和塑料制品业	29	13731077	13450162	222065	249822
橡胶制品业	291	2380894	2339641	188057	37794
塑料制品业	292	11350183	11110520	34008	212028
非金属矿物制品业	30	54212499	50678747	1034603	359403
水泥、石灰和石膏制造	301	10291327	8645156	68	100033
石膏、水泥制品及类似制品制造	302	18977309	18251859	2958	84962
砖瓦、石材等建筑材料制造	303	16495150	16331097	833121	129731
玻璃制造	304	1149963	1149963		600
玻璃制品制造	305	2454945	2379183		2681
玻璃纤维和玻璃纤维增强塑料制品制造	306	531829	531829		
陶瓷制品制造	307	945883	941415	140522	963
耐火材料制品制造	308	1350048	1350048	57934	37932
石墨及其他非金属矿物制品制造	309	2016046	1098198		2501
黑色金属冶炼和压延加工业	31	13030843	12922873	205000	151374
炼铁	311	322098	322098	185000	
炼钢	312	237600	237600		
黑色金属铸造	313	4286771	4189001	20000	119182
钢压延加工	314	5237913	5233713		32192
铁合金冶炼	315	2946462	2940462		
有色金属冶炼和压延加工业	32	12378744	10536380	241387	67923
常用有色金属冶炼	321	2179508	2179508	157719	3341
贵金属冶炼	322	68442	68442		1000
稀有稀土金属冶炼	323	479648	479648		
有色金属合金制造	324	2235052	1811077		22522
有色金属铸造	325	92432	92432		1581
有色金属压延加工	326	7323661	5905272	83668	39479
金属制品业	33	21402935	20300173	96238	62566
结构性金属制品制造	331	10170954	10091037	10560	2255
金属工具制造	332	2080238	2080238	24276	6456
集装箱及金属包装容器制造	333	1005322	833272	1838	320
金属丝绳及其制品制造	334	280700	280700		
建筑、安全用金属制品制造	335	1810921	1799894		39765
金属表面处理及热处理加工	336	1502113	1502113		2246
搪瓷制品制造	337	457974	457974		
金属制日用品制造	338	1009047	1007988		343
其他金属制品制造	339	3085666	2246956	59564	11180
通用设备制造业	34	23831637	21730020	227205	342910
锅炉及原动设备制造	341	2463195	2441565		112041
金属加工机械制造	342	3282116	3131419	10714	58053
物料搬运设备制造	343	2955152	2509440	100720	16536
泵、阀门、压缩机及类似机械制造	344	2161280	2161280	552	53435
轴承、齿轮和传动部件制造	345	3719730	2932475	19617	15767
烘炉、风机、衡器、包装等设备制造	346	3010863	2894471	1561	60327
文化、办公用机械制造	347	70642	70642		
通用零部件制造	348	4683849	4478865	86996	26751
其他通用设备制造业	349	1484810	1109863	7045	

单位：千元

股份合作企业	联营企业	有限责任公司	股份有限公司	私营企业	其他企业	港、澳、台商投资企业	外商投资企业
		5700	119676	244152			
				13546			
		5700	119676	230605			
38971	55467	2668375	195481	9887312	132668	72122	208794
6905	1300	514370	18489	1552414	20312		41253
32066	54167	2154005	176991	8334898	112356	72122	167541
224774	33219	13278031	1241362	33869112	638243	756578	2777174
	23831	4539662	87473	3826383	67706		1646171
71760	450	5237118	314082	12452890	87637	424042	301408
148717	8938	1973060	129054	12685795	422682	63993	100060
		160904		966000	22459		
2393		462817	15656	1890445	5191		75762
		136616		395213			
980		124608		656986	17356		4468
884		556537	428427	264382	3952		
40		86709	266670	731017	11260	268543	649305
26210	9567	3616204	395042	8415297	104179	107970	
		8455	51230	77413			
		540		235709	1350		
	451	607896	265472	3159480	16520	97770	
26210	9116	1922934	24197	3137755	81309	4200	
		1076378	54143	1804941	5000	6000	
1072		5554336	61095	4524856	85710	582571	1259793
672		841752	55842	1091126	29057		
				67442			
		363052		116596			
		442399		1343275	2882	423975	
		14915	2853	73083			
400		3892219	2400	1833335	53772	158596	1259793
132631	11577	5388894	391953	13771910	444405	5236	1097526
25620	1000	3747482	197810	5845506	260804		79917
8540	9815	268292	7630	1736254	18975		
	762	207609	20000	602693	50		172050
		12194	500	267148	858		
71579		321650	177	1338869	27854		11027
		467991	1188	955173	75515		
		17686		437724	2565		
15474		141752	5000	817063	28356		1059
11418		204238	159648	1771479	29429	5236	833473
169996	20974	6548664	386116	13858934	175222	461751	1639865
51522		273279	16967	1969256	18500		21630
66286		880967	223967	1873826	17606	101101	49595
12120		1556312	2500	819782	1470	27061	418651
7149	7221	456557	22080	1609610	4676		
		1544936	800	1331354	20002	222377	564878
13668	11086	824060	70393	1869267	44108	9300	107092
	1500	8612	5500	55030			
17311	1166	703783	43406	3535991	63460	101912	103071
1939		300158	503	794818	5400		374947

1-2-16 续表 4

指标名称	行业代码	资产总计	内资企业	国有企业	集体企业
专用设备制造业	35	20816663	18194734	285325	127245
采矿、冶金、建筑专用设备制造	351	3516736	3516736	82651	3212
化工、木材、非金属加工专用设备制造	352	6575892	5657761	35429	3403
食品、饮料、烟草及饲料生产专用设备制造	353	300679	300679		
印刷、制药、日化及日用品生产专用设备制造	354	1047615	956500	136659	50
纺织、服装和皮革加工专用设备制造	355	390136	383983		
电子和电工机械专用设备制造	356	1540089	1056062	5000	
农、林、牧、渔专用机械制造	357	2688409	2642483		3604
医疗仪器设备及器械制造	358	1212279	1195579	18277	11710
环保、社会公共服务及其他专用设备制造	359	3544829	2484951	7309	105266
汽车制造业	36	47449455	36820598	618250	333472
汽车整车制造	361	277388	277388		
改装汽车制造	362	2903137	2613187		
电车制造	364	104728	104728		
汽车车身、挂车制造	365	316330	316330		4366
汽车零部件及配件制造	366	43847872	33508965	618250	329106
铁路、船舶、航空航天和其他运输设备制造业	37	29663457	28526646	302865	230455
铁路运输设备制造	371	1052154	523891	156694	18619
城市轨道交通设备制造	372	133271	133271		
船舶及相关装置制造	373	2395975	2361804	116509	6612
航空、航天器及设备制造	374	164068	117500		
摩托车制造	375	25476382	24948572	27593	205224
自行车制造	376	294424	294424	2070	
非公路休闲车及零配件制造	377	44105	44105		
潜水救捞及其他未列明运输设备制造	379	103079	103079		
电气机械和器材制造业	38	18485696	17253327	105997	118929
电机制造	381	3458894	3120240	80946	1350
输配电及控制设备制造	382	7378487	7006700	23551	107547
电线、电缆、光缆及电工器材制造	383	3659215	3586826		1512
电池制造	384	1000411	614493		
家用电力器具制造	385	1244959	1187787		8320
非电力家用器具制造	386	272801	272801		
照明器具制造	387	1162689	1162689		
其他电气机械及器材制造	389	308241	301792	1500	200
计算机、通信和其他电子设备制造业	39	14592291	8486269	80449	30689
计算机制造	391	4377139	1272159		3500
通信设备制造	392	1378487	919270		26689
广播电视设备制造	393	96476	96476		
视听设备制造	395	667231	635968		
电子器件制造	396	2984705	2811095	74810	
电子元件制造	397	3170923	1858341	5640	500
其他电子设备制造	399	1917330	892960		
仪器仪表制造业	40	6481396	6169037	238454	103476
通用仪器仪表制造	401	4511363	4327861	163651	68359

单位：千元

股份合作企业	联营企业	有限责任公司	股份有限公司	私营企业	其他企业	港、澳、台商投资企业	外商投资企业
48740	1410	6181137	1469522	9951646	129709	564367	2057563
13555		1313151	174898	1855381	73887		
8166		1602987	1251069	2738960	17746	336387	581744
3600		138057		150918	8103		
2619		284442	120	521781	10829	91115	
1986		197550	986	183462			6153
1350		659683	24369	362153	3507	89595	394432
		312570	60	2313625	12623	31060	14866
	1410	403592	16420	743915	255	13020	3680
17463		1269104	1600	1081450	2759	3190	1056688
113257		9372103	1491127	24799620	92770	1719235	8909622
		60149		217239			
12527		747255	417185	1436220		33500	256450
		1208		103520			
		10692	5854	294551	866		
100730		8552798	1068088	22748090	91904	1685735	8653172
209196	739	6324388	526233	20477094	455677	257122	879689
		48076	126048	173673	780		528262
		87810		45461			
		808360	102279	1247794	80251		34171
		96200		21300			46568
209196	739	4942427	295446	18893301	374646	257122	270689
		269909		22445			
		40605		3500			
		31000	2460	69619			
190624		4056059	404026	12217266	160426	411004	821365
10570		699537	5000	2302506	20331	24812	313842
51800		2207592	362105	4192587	61518	243454	128333
123455		714870	17676	2701940	27373	16820	55569
		130318		480608	3567	125918	260000
		129089		1043296	7081		57173
		30437		208900	33464		
3642		80268	1376	1074643	2760		
1158		63948	17869	212785	4332		6448
7637		4228724	381826	3741433	15511	2484211	3621811
		567080	75356	621468	4756	988743	2116237
		222456	256014	414111		270571	188645
		18661		77815			
		583508		52359	100	31263	
		2036462	306	699518		49769	123841
7637		440689	47556	1351166	5154	137775	1174808
		359868	2594	524996	5501	1006090	18280
1072	8933	1952399	270302	3587938	6462	75886	236473
	4225	1437843	253775	2397523	2486	41796	141706

1-2-16 续表 5

指标名称	行业代码	资产总计			
			内资企业	国有企业	集体企业
专用仪器仪表制造	402	825387	763098	74682	10198
钟表与计时仪器制造	403	61915	61915		200
光学仪器及眼镜制造	404	553174	488970		3630
其他仪器仪表制造业	409	529556	527192	121	21090
其他制造业	41	1419258	1419258	78556	3413
日用杂品制造	411	536113	536113	78556	2555
煤制品制造	412	130388	130388		859
其他未列明制造业	419	752757	752757		
废弃资源综合利用业	42	2435076	2422084		25957
金属废料和碎屑加工处理	421	2040576	2040576		25957
非金属废料和碎屑加工处理	422	394499	381508		
金属制品、机械和设备修理业	43	996253	977632		30875
金属制品修理	431	102597	102597		
通用设备修理	432	79180	79180		
专用设备修理	433	84194	84194		25889
铁路、船舶、航空航天等运输设备修理	434	149747	149726		2587
电气设备修理	435	44892	44892		1500
仪器仪表修理	436	10882	10882		
其他机械和设备修理业	439	524762	506162		899
电力、热力、燃气及水生产和供应业	D	**96942815**	**95116010**	**8522184**	**3232722**
电力、热力生产和供应业	44	70877345	70014020	5181531	422075
电力生产	441	65362022	64991498	5116724	370314
电力供应	442	4983662	4983662	63906	49201
热力生产和供应	443	531661	38860	900	2560
燃气生产和供应业	45	8078807	7692184	77054	15137
燃气生产和供应业	450	8078807	7692184	77054	15137
水的生产和供应业	46	17986663	17409806	3263599	2795509
自来水生产和供应	461	14710222	14710222	2170369	2793109
污水处理及其再生利用	462	3234595	2657738	1093230	
其他水的处理、利用与分配	469	41845	41845		2400
建筑业	E	**144731727**	**143679938**	**52114115**	**2002068**
房屋建筑业	47	46880212	46573361	5746463	1368748
房屋建筑业	470	46880212	46573361	5746463	1368748
土木工程建筑业	48	42411373	41942385	25803270	225879
铁路、道路、隧道和桥梁工程建筑	481	26008982	25627201	16377483	1000
水利和内河港口工程建筑	482	995517	995517	267752	35304
工矿工程建筑	484	466468	379261		1327
架线和管道工程建筑	485	1071517	1071517	291061	130446
其他土木工程建筑	489	13868890	13868890	8866973	57802
建筑安装业	49	15290384	15212319	3405747	308342
电气安装	491	4696413	4696413	21726	10420
管道和设备安装	492	7000428	6922363	3355281	281164
其他建筑安装业	499	3593543	3593543	28740	16758
建筑装饰和其他建筑业	50	40149757	39951872	17158634	99099
建筑装饰业	501	12701880	12542256	531	88936
工程准备活动	502	1269973	1269973	9744	
提供施工设备服务	503	1036950	1036950		
其他未列明建筑业	509	25140955	25102694	17148359	10162

单位：千元

股份合作企业	联营企业	有限责任公司	股份有限公司	私营企业	其他企业	港、澳、台商投资企业	外商投资企业
10	3180	389702		285326		34090	28199
			15860	45855			
		12136		473105	100		64204
1062	1528	112719	667	386129	3876		2364
5050		156977	146658	978040	50564		
		28709		421004	5290		
		14944		109471	5114		
5050		113325	146658	447565	40159		
		1227039	31809	1115755	21523		12992
		1164806	30609	816184	3020		
		62233	1200	299571	18503		12992
261287		96277		586745	2448	18600	21
		3699		98448	450		
		24155		53450	1574		
		2794		55211	300		
		46671		100467			21
		6637		36754			
		4408		6474			
261287		7912		235941	123	18600	
180876	**83713**	**50982018**	**21852945**	**9901467**	**360085**	**386623**	**1440182**
77464	52892	37665997	21309104	5089570	215387		863325
77464	52892	32906514	21279004	4973197	215387		370524
		4738583	30100	101872			
		20900		14500			492801
99310	9479	3864967	530124	3079370	16742	386623	
99310	9479	3864967	530124	3079370	16742	386623	
4102	21343	9451053	13717	1732527	127956		576857
4102	21343	8221483		1403287	96528		
		1229445	13717	299919	21427		576857
		125		29320	10000		
140296	**66508**	**31871734**	**3966798**	**50925345**	**2593074**	**591845**	**459944**
79072	66508	13415540	1531678	24141596	223755	295997	10854
79072	66508	13415540	1531678	24141596	223755	295997	10854
5639		6952159	1819403	6885653	250382	87207	381781
5319		5419275	431004	3379370	13750		381781
320		217456	67120	404564	3000		
		304462		73472		87207	
		233574		415236	1200		
		777392	1321279	2613011	232432		
21886		6193991	121328	5140528	20497	78065	
10042		3044808	20133	1588484	800		
6313		1504967	44251	1715997	14390	78065	
5530		1644217	56944	1836048	5307		
33699		5310043	494389	14757568	2098440	130576	67309
15460		2599140	203771	7895682	1738737	120576	39048
2930		576582	17387	663129	200		
10038		200002	201516	622393	3000		
5272		1934319	71714	5576364	356503	10000	28261

1-2-16 续表 6

指标名称	行业代码	资产总计	内资企业	国有企业	集体企业
批发和零售业	**F**	**257766553**	**250802622**	**2740291**	**1517290**
批发业	51	167045111	164108194	1988340	691942
农、林、牧产品批发	511	7218613	7156393	376990	44280
食品、饮料及烟草制品批发	512	11499725	11075534	471714	47899
纺织、服装及家庭用品批发	513	12192703	12127185	11400	42717
文化、体育用品及器材批发	514	5189882	4022964	362361	908
医药及医疗器材批发	515	6503085	6493179	40909	
矿产品、建材及化工产品批发	516	81521449	81181148	336901	349555
机械设备、五金产品及电子产品批发	517	33128044	32373324	254168	186298
贸易经纪与代理	518	3238255	3194100	98676	1500
其他批发业	519	6553355	6484366	35222	18785
零售业	52	90721442	86694427	751952	825348
综合零售	521	10766310	10473772	23457	269012
食品、饮料及烟草制品专门零售	522	7297725	7245382	155668	61715
纺织、服装及日用品专门零售	523	8778451	7569723	18476	64919
文化、体育用品及器材专门零售	524	5029004	5026018	65132	149142
医药及医疗器材专门零售	525	2865959	2856830	10513	40289
汽车、摩托车、燃料及零配件专门零售	526	17561721	17263593	230749	191141
家用电器及电子产品专门零售	527	13279331	11859259	1500	1921
五金、家具及室内装饰材料专门零售	528	17667086	16948385	137078	38717
货摊、无店铺及其他零售业	529	7475855	7451466	109378	8491
交通运输、仓储和邮政业	**G**	**165414808**	**162357997**	**71720912**	**305388**
道路运输业	54	72383321	71574242	21855880	138898
城市公共交通运输	541	12118498	12118498	6290180	7571
公路旅客运输	542	2533653	2516367	138092	35103
道路货物运输	543	18752863	18662667	450642	69695
道路运输辅助活动	544	38978307	38276709	14976966	26528
水上运输业	55	51693396	51169095	41398168	85666
水上旅客运输	551	707955	707955	203488	566
水上货物运输	552	49191937	49180301	41157517	84550
水上运输辅助活动	553	1793504	1280840	37163	550
航空运输业	56	1197640	1155034	50000	
航空客货运输	561	776577	733971	50000	
通用航空服务	562	23000	23000		
航空运输辅助活动	563	398063	398063		
管道运输业	57	355770	355770	350000	
管道运输业	570	355770	355770	350000	
装卸搬运和运输代理业	58	24108058	23342147	654042	80434
装卸搬运	581	17507262	17351436	5500	57680
运输代理业	582	6600796	5990711	648542	22753
仓储业	59	14826295	13911381	6791106	391
谷物、棉花等农产品仓储	591	8634438	8410522	6781467	
其他仓储业	599	6191857	5500859	9639	391
邮政业	60	850328	850328	621716	
邮政基本服务	601	596444	596444	581926	
快递服务	602	253883	253883	39790	

单位：千元

股份合作企业	联营企业	有限责任公司	股份有限公司	私营企业	其他企业	港、澳、台商投资企业	外商投资企业
1148290	**207590**	**84091148**	**7714952**	**142984970**	**10398090**	**2639563**	**4324368**
659367	82555	60834351	6271641	87831580	5748419	795396	2141521
45075	19354	902742	101204	4263945	1402804	62220	
65633	177	2419640	242568	6531780	1296125	379638	44553
11403	610	4477675	2942516	4480636	160229	8816	56703
1864	14282	961285	6422	2660944	14897	11889	1155029
18144		2794592	567383	2965388	106762	7952	1953
341957	22306	35903236	1940717	41013756	1272719	199417	140885
86312	25129	10306883	275516	20004126	1234892	42376	712344
11443		370751	68020	2588060	55649	42372	1783
77536	696	2697548	127294	3322945	204341	40716	28273
488924	125035	23256796	1443311	55153389	4649671	1844168	2182847
53768	29156	3609021	190878	5826632	471847	154720	137818
134281	9658	1104183	80257	5040395	659226	4083	48261
35047	3243	1089562	95417	5855670	407388	191615	1017112
17900	9016	809342	33170	3838401	103915	486	2501
21172	3046	1015010	31311	1638389	97099	9129	
138535	14099	6312384	440082	9346178	590423	138096	160033
39896	1380	3281313	124197	7649148	759904	1252151	167921
6732	41433	4313580	330747	11438605	641494	70803	647897
41592	14005	1722401	117253	4519970	918375	23085	1304
13177099	**924260**	**45322287**	**8112739**	**22026471**	**768839**	**931425**	**2125386**
18253	830956	30425359	7246638	10537181	521076	69208	739872
6000	9565	5324226	87915	349086	43955		
		1214478	354332	742212	32149	17286	
12253	16134	8059775	691579	8943692	418897	51922	38274
	805257	15826881	6112813	502191	26074		701598
11959	4500	3342460	498251	5788290	39802	163524	360777
		238524	131914	133122	340		
11959	4500	2165286	354324	5364083	38082	11636	
		938650	12013	291084	1380	151888	360777
		994137	20000	83755	7142	1000	41606
		619785		62710	1476	1000	41606
			20000	3000			
		374352		18045	5666		
		770		5000			
		770		5000			
13135630	88104	5769752	261523	3240061	112601	297790	468121
13120203	85869	3245613	169183	646675	20712	155826	
15427	2235	2524139	92340	2593386	91888	141964	468121
11257		4743399	84002	2206655	74571	399904	515010
		1563296	679	65080		223916	
11257		3180103	83324	2141574	74571	175988	515010
	700	46409	2324	165530	13648		
		6256	1000	7263			
	700	40153	1324	158268	13648		

1-2-16 续表 7

指标名称	行业代码	资产总计	内资企业		
				国有企业	集体企业
住宿和餐饮业	H	**25296176**	**24980223**	**476226**	**253909**
住宿业	61	10892407	10714453	362529	99255
旅游饭店	611	5125001	5025361	249001	61553
一般旅馆	612	3023141	2944827	99422	30769
其他住宿业	619	2744265	2744265	14107	6933
餐饮业	62	14403769	14265770	113696	154654
正餐服务	621	12549956	12526447	113166	92532
快餐服务	622	349415	327387		2904
饮料及冷饮服务	623	438306	438006		275
其他餐饮业	629	1066092	973930	530	58943
信息传输、软件和信息技术服务业	I	**76270408**	**72777512**	**3270976**	**70445**
电信、广播电视和卫星传输服务	63	17132101	14425287	1466292	66761
电信	631	16171430	13464616	1306101	66761
广播电视传输服务	632	929823	929823	160191	
卫星传输服务	633	30848	30848		
互联网和相关服务	64	742008	704042	46226	18
互联网接入及相关服务	641	73831	39331		
互联网信息服务	642	555523	552056	46226	
其他互联网服务	649	112654	112654		18
软件和信息技术服务业	65	58396298	57648183	1758457	3666
软件开发	651	7870814	7620337	112169	97
信息系统集成服务	652	45405316	45063127	1381	
信息技术咨询服务	653	1565570	1536051	20448	3259
数据处理和存储服务	654	2275197	2275197	1618515	
集成电路设计	655	17790	17790		180
其他信息技术服务业	659	1261611	1135681	5944	130
房地产业	K	**583934530**	**517747026**	**15032853**	**4457751**
房地产业	70	583934530	517747026	15032853	4457751
房地产开发经营	701	528094101	464413058	11709958	234135
物业管理	702	13282647	11550247	1193347	330430
房地产中介服务	703	9628024	9161900	176532	20864
其他房地产业	709	32929759	32621821	1953016	3872322
租赁和商务服务业	L	**938196426**	**933802657**	**139849317**	**695043**
租赁业	71	7508061	7425537	313229	9720
机械设备租赁	711	7170933	7088548	17807	9720
文化及日用品出租	712	337129	336990	295422	
商务服务业	72	930688365	926377120	139536088	685323
企业管理服务	721	773458193	771136924	130623279	302741
法律服务	722	543191	542957	245	1057
咨询与调查	723	21459321	21197739	1382504	138323
广告业	724	8807643	8716185	236245	5269
知识产权服务	725	115947	115947	916	500
人力资源服务	726	3876756	3856927	168726	36615
旅行社及相关服务	727	8910582	8904598	726562	29471
安全保护服务	728	610318	610318	95114	862
其他商务服务业	729	112906414	111295524	6302498	170486

单位：千元

						港、澳、台商投资企业	外商投资企业
股份合作企业	联营企业	有限责任公司	股份有限公司	私营企业	其他企业		
74128	**5425**	**6341882**	**621136**	**16142248**	**1065269**	**126648**	**189306**
46783	1387	3884731	251950	5751083	316736	102365	75589
5500		1692708	203824	2746973	65802	90768	8872
38283	1372	650065	48126	1877205	199586	11597	66717
3000	15	1541957		1126905	51347		
27345	4038	2457151	369187	10391166	748533	24283	113717
23773	4038	2303564	359397	9004596	625380	11210	12299
1272		79568	8973	215733	18937	11773	10255
		10009	700	422998	4024		300
2300		64010	117	747839	100191	1300	90863
45215	**327880**	**10752272**	**7005235**	**51030197**	**275293**	**1337443**	**2155452**
15836	863	5690979	6596017	439686	148852	880777	1826037
15836	863	5214562	6596017	122033	142443	880777	1826037
		452950		311272	5409		
		23467		6381	1000		
990		177646	22287	424699	32176	37967	
790		3303		34963	275	34500	
200		151846	7287	317909	28589	3467	
		22498	15000	71827	3312		
28389	327017	4883647	386932	50165811	94265	418699	329416
11768	139	3413487	226170	3795433	61074	124626	125850
2000		215602	14961	44823854	5329	293000	49188
5991		396858	103232	994120	12141	1073	28447
7131		631073		18466	11		
		12486		3824	1300		
1498	326878	214141	42568	530113	14410		125930
268235	**441893**	**287479897**	**7210664**	**172937174**	**29918558**	**44175940**	**22011564**
268235	441893	287479897	7210664	172937174	29918558	44175940	22011564
198502	431893	259925239	6495019	156140138	29278174	43896030	19785013
22519	10000	3015534	264355	6513332	200730	70703	1661697
39214		1423426	152208	7138025	211631	209208	256915
8000		23115699	299082	3145679	228023		307938
389999	**934411**	**661457226**	**32419295**	**82866924**	**15190443**	**3236576**	**1157193**
15928		3417974	75496	3407852	185339		82524
15928		3412855	75496	3376100	180642		82385
		5119		31752	4697		139
374071	934411	658039252	32343799	79459071	15005104	3236576	1074669
19407	849297	559497934	25738727	41041589	13063949	1837131	484139
	241	40303	20748	295449	184915	234	
92036	9971	7364539	1518381	10315482	376502	109436	152146
32779		2535762	93802	5513996	298333	32335	59122
		26590		84692	3250		
16288	2100	852309	147650	2555143	78097	10634	9196
12589	150	3816136	674647	3459359	185685	5384	600
		343261	10386	152931	7764		
200972	72651	83562419	4139458	16040432	806609	1241423	369467

1-2-16 续表 8

指标名称	行业代码	资产总计			
			内资企业		
				国有企业	集体企业
科学研究和技术服务业	M	**27136177**	**26499807**	**2584211**	**146517**
研究和试验发展	73	4796585	4787262	100308	50448
自然科学研究和试验发展	731	111905	109085		
工程和技术研究和试验发展	732	4190995	4190718	89691	50448
农业科学研究和试验发展	733	272673	272673	61	
医学研究和试验发展	734	215115	208888	10556	
社会人文科学研究	735	5897	5897		
专业技术服务业	74	18977039	18730806	1846090	91105
气象服务	741	820	820	231	188
地震服务	742	6177	6177		
测绘服务	744	171902	171802	20495	
质检技术服务	745	867620	851634	95342	33534
环境与生态监测	746	124746	120104	5300	5100
地质勘查	747	256947	248988	50086	
工程技术	748	13319266	13234964	1011276	50848
其他专业技术服务业	749	4229562	4096318	663360	1435
科技推广和应用服务业	75	3362553	2981740	637814	4964
技术推广服务	751	2186157	1805344	105369	2260
科技中介服务	752	648235	648235	241404	50
其他科技推广和应用服务业	759	528160	528160	291041	2654
水利、环境和公共设施管理业	N	**75562847**	**74837970**	**30369409**	**584169**
水利管理业	76	18305699	18305699	2748139	585
防洪除涝设施管理	761	10654	10654	870	
水资源管理	762	12776511	12776511	641777	
天然水收集与分配	763	4396441	4396441	1774156	500
水文服务	764	42908	42908	300	
其他水利管理业	769	1079185	1079185	331036	85
生态保护和环境治理业	77	2450157	2450157	730953	332
生态保护	771	363659	363659	6070	
环境治理业	772	2086498	2086498	724883	332
公共设施管理业	78	54806991	54082114	26890317	583252
市政设施管理	781	36578229	36347477	26427638	562165
环境卫生管理	782	545004	526758	110565	370
城乡市容管理	783	16614	16614		
绿化管理	784	8886480	8886480	53693	16126
公园和游览景区管理	785	8780665	8304785	298422	4592
居民服务、修理和其他服务业	O	**10622583**	**9991321**	**311044**	**119042**
居民服务业	79	4215723	4121911	55291	41276
家庭服务	791	223444	223444		830
托儿所服务	792	1994	1994		
洗染服务	793	144321	143791		
理发及美容服务	794	931763	931335		
洗浴服务	795	426438	426438	5000	

单位：千元

股份合作企业	联营企业	有限责任公司	股份有限公司	私营企业	其他企业	港、澳、台商投资企业	外商投资企业
146558	**275263**	**11733254**	**618278**	**10522916**	**472811**	**438641**	**197729**
3912	893	613742	36498	3949319	32142	2820	6503
		65790	36320	5975	1000	2820	
3212	893	422312		3621221	2941		276
500		50464		193568	28081		
200		72876		125135	120		6227
		2300	178	3419			
34209	267870	10482251	543544	5145235	320502	63350	182883
		400					
				6177			
		56832	13000	68114	13360	100	
17363	262558	189247	37866	209323	6401	5826	10160
		79090		29614	1000	4142	500
		45169	740	149152	3841	5960	1998
7983	5312	8865885	183564	2994662	115432	42314	41988
8863		1245627	308374	1688193	180467	5008	128236
108437	6500	637261	38236	1428362	120167	372471	8343
108437	6500	275133	17402	1205279	84965	372471	8343
		323351	2900	80290	240		
		38777	17934	142792	34962		
103316	**26375**	**38211257**	**447548**	**4794393**	**301503**	**705632**	**19245**
	17830	14807359	79532	649796	2457		
		5684		4100			
	13350	11710486	17861	392536	500		
	3380	2591769	800	25237	600		
		7386	34871		350		
	1100	492034	26000	227923	1007		
54424		627976	57060	882646	96767		
51424		265614		40550			
3000		362361	57060	842096	96767		
48892	8545	22775922	310955	3261951	202279	705632	19245
		9092128	6525	258921	100	230752	
38455		284123	250	40146	52849		18245
3000		6700	500	4353	2062		
3567		6415397	84585	2295087	18026		
3870	8545	6977575	219095	663444	129243	474880	1000
52159	**2793**	**2666584**	**200888**	**5973710**	**665100**	**88112**	**543150**
22886	1797	930234	75449	2543096	451882	87829	5982
30		16776	3430	175900	26478		
				200	1794		
		7082		121815	14895		530
1200	856	71013		567330	290937		428
1220		19987		398698	1533		

1-2-16 续表 9

指标名称	行业代码	资产总计			
			内资企业		
				国有企业	集体企业
保健服务	796	170146	166918		
婚姻服务	797	185713	185713		
殡葬服务	798	1315690	1231088	31466	33717
其他居民服务业	799	816215	811191	18825	6729
机动车、电子产品和日用产品修理业	80	3860528	3323360	250083	39982
汽车、摩托车修理与维护	801	3063747	2529229	44325	39573
计算机和办公设备维修	802	287971	287971		30
家用电器修理	803	435348	435348	205758	378
其他日用产品修理业	809	73461	70811		
其他服务业	81	2546333	2546050	5669	37784
清洁服务	811	626298	626148	3084	1108
其他未列明服务业	819	1920035	1919902	2585	36676
卫生和社会工作	Q	**256378**	**256378**	**18007**	**51462**
社会工作	84	256378	256378	18007	51462
提供住宿社会工作	841	249243	249243	17856	51462
不提供住宿社会工作	842	7134	7134	151	
文化、体育和娱乐业	R	**15725750**	**15126838**	**8421625**	**5687**
新闻和出版业	85	679268	259725	26746	100
新闻业	851	10849	10849		
出版业	852	668419	248876	26746	100
广播、电视、电影和影视录音制作业	86	2459030	2390665	209421	1637
电视	862	27041	27041	11006	
电影和影视节目制作	863	1441585	1441585	22645	
电影和影视节目发行	864	108386	108386	66608	
电影放映	865	863539	795174	97512	1637
录音制作	866	18480	18480	11651	
文化艺术业	87	7471831	7413045	6581786	649
文艺创作与表演	871	336745	278059	54804	423
艺术表演场馆	872	20327	20327	3423	
图书馆与档案馆	873	10263	10263		
文物及非物质文化遗产保护	874	255838	255838	580	
博物馆	875	77779	77779	62276	
群众文化活动	877	43123	43123	110	227
其他文化艺术业	879	6727756	6727656	6460593	
体育	88	2078231	2068231	1592332	
体育组织	881	211237	211237		
体育场馆	882	1646537	1646537	1592300	
休闲健身活动	883	155900	145900	32	
其他体育	889	64557	64557		
娱乐业	89	3037390	2995171	11340	3300
室内娱乐活动	891	2395322	2353103	11340	3143
游乐园	892	187568	187568		
文化、娱乐、体育经纪代理	894	111558	111558		157
其他娱乐业	899	342942	342942		

单位：千元

股份合作企业	联营企业	有限责任公司	股份有限公司	私营企业	其他企业	港、澳、台商投资企业	外商投资企业
		19605	1300	131118	14896	3227	
	435	20407		157331	7540		
19886	155	435565	36458	648671	25171	84601	
550	351	339801	34261	342034	68639		5024
28570	959	396595	46857	2389624	170689		537168
26440	959	277145	38775	1958038	143973		534518
1030		51338	1950	230760	2863		
1100		58725	382	156147	12857		
		9387	5750	44679	10995		2650
703	37	1339755	78583	1040989	42529	283	
673		238729	73321	287185	22047	150	
30	37	1101026	5262	753804	20482	133	
	4166	**93761**	**2000**	**60862**	**26120**		
	4166	93761	2000	60862	26120		
	4166	93761	2000	59245	20754		
				1617	5366		
9237	**55111**	**1664119**	**47426**	**4708504**	**215131**	**142042**	**456870**
	5000	169558		57112	1210		419543
				10849			
	5000	169558		46263	1210		419543
	50111	491083		1608126	30287	42364	26000
				16035			
	50111	106693		1259897	2240		
		36725		5053			
		345881		322346	27799	42364	26000
		1785		4796	248		
460		399076	4183	398943	27948	58685	100
50		59773		153669	9341	58685	
		5548		11356			
		1100		9163			
		248438		6820			
		15403		100			
		10027		26993	5765		
410		58785	4183	190843	12841		100
30		76131	1231	388766	9742		10000
30				211171	36		
		41572		7666	5000		
		11836		132522	1510		10000
		22723	1231	37407	3196		
8747		528271	42013	2255556	145944	40992	1227
6440		112710	41513	2061267	116691	40992	1227
		114022		73546			
		65024	500	35089	10788		
2307		236515		85655	18465		

1-2-17 按登记注册类型、营业状态分组的小微企业法人单位数

单位：个

指标名称	单位数	营业	停业(歇业)	筹建	当年关闭	当年破产	其他
总　计	**197115**	**183952**	**5421**	**4867**	**1702**	**122**	**1051**
内资企业	196077	183038	5392	4812	1692	120	1023
国有企业	1528	1393	75	27	12	3	18
集体企业	1877	1702	129	4	21	6	15
股份合作企业	914	834	39	24	10		7
联营企业	278	248	15	3	7	1	4
国有联营企业	30	26	2	1	1		
集体联营企业	134	119	8	1	5		1
国有与集体联营企业	22	21		1			
其他联营企业	92	82	5		1	1	3
有限责任公司	28902	26513	828	1157	187	11	206
国有独资公司	575	531	18	11	3		12
其他有限责任公司	28327	25982	810	1146	184	11	194
股份有限公司	2286	2060	71	90	24	1	40
私营企业	147990	138740	3921	3320	1359	90	560
私营独资企业	77391	74033	1489	970	624	48	227
私营合伙企业	5481	5021	228	130	70	10	22
私营有限责任公司	61037	55942	2077	2081	621	28	288
私营股份有限公司	4081	3744	127	139	44	4	23
其他企业	12302	11548	314	187	72	8	173
港、澳、台商投资企业	464	418	11	16	4	1	14
合资经营企业(港或澳、台资)	131	123	5	2			1
合作经营企业(港或澳、台资)	11	10	1				
港、澳、台商独资经营企业	282	253	3	12	4	1	9
港、澳、台商投资股份有限公司	26	20	1	2			3
其他港澳台投资企业	14	12	1				1
外商投资企业	574	496	18	39	6	1	14
中外合资经营企业	182	160	6	11	3		2
中外合作经营企业	11	9	1				1
外资企业	326	280	9	25	3	1	8
外商投资股份有限公司	25	20	1	1			3
其他外商投资企业	30	27	1	2			

1-2-18　按登记注册类型、营业状态分组的小微企业法人单位从业人员数

单位：人

指标名称	从业人员数	营业	停业(歇业)	筹建	当年关闭	当年破产	其他
总　计	**3809971**	**3697956**	**34517**	**49733**	**10635**	**946**	**16184**
内资企业	3758178	3649011	34333	47623	10628	945	15638
国有企业	66228	63055	1710	742	477	6	238
集体企业	56379	53733	2224	39	58	43	282
股份合作企业	18488	17687	346	335	13		107
联营企业	6088	5739	121	148	21	8	51
国有联营企业	668	623	18	26	1		
集体联营企业	3251	3154	59	10	10		18
国有与集体联营企业	891	779		112			
其他联营企业	1278	1183	44		10	8	33
有限责任公司	823684	803233	4790	10701	708	151	4101
国有独资公司	42728	42053	83	450			142
其他有限责任公司	780956	761180	4707	10251	708	151	3959
股份有限公司	85146	83118	630	978	139	12	269
私营企业	2565501	2491244	23006	32826	8657	698	9070
私营独资企业	865507	841788	8677	8956	3004	371	2711
私营合伙企业	91515	87724	1171	1522	704	54	340
私营有限责任公司	1493666	1450807	12455	20375	4331	155	5543
私营股份有限公司	114813	110925	703	1973	618	118	476
其他企业	136664	131202	1506	1854	555	27	1520
港、澳、台商投资企业	21969	21266	42	423	2		236
合资经营企业(港或澳、台资)	8447	8410	11	26			
合作经营企业(港或澳、台资)	560	558	2				
港、澳、台商独资经营企业	11734	11154	7	335	2		236
港、澳、台商投资股份有限公司	989	907	20	62			
其他港澳台投资企业	239	237	2				
外商投资企业	29824	27679	142	1687	5	1	310
中外合资经营企业	13700	13164	48	414	4		70
中外合作经营企业	475	383	2				90
外资企业	14374	12909	87	1249	1	1	127
外商投资股份有限公司	779	745	5	6			23
其他外商投资企业	496	478		18			

第3篇

文化及相关产业情况

1-3-1　重庆市文化及相关产业法人单位分布情况

单位：个

地　区	法　人单位数	#三上单位	文　化制造业	#规模以上	文　化批零业	#限额以上	文　化服务业	#规模以上
全　市	**21110**	**481**	**2014**	**163**	**2999**	**121**	**16097**	**197**
按五大功能区域分组								
都市功能核心区	8344	208	518	32	1188	48	6638	128
都市功能拓展区	2457	41	240	13	277	5	1940	23
城市发展新区	5364	122	726	63	802	35	3836	24
渝东北生态涵养发展区	3658	82	429	45	581	23	2648	14
渝东南生态保护发展区	1287	28	101	10	151	10	1035	8
按区县分组								
万州区	863	19	114	11	134	2	615	6
涪陵区	813	28	62	9	77	12	674	7
渝中区	2301	108	25		522	34	1754	74
大渡口区	282	4	28	2	59		195	2
江北区	1109	17	48	7	143	4	918	6
沙坪坝区	1154	24	146	3	123	6	885	15
九龙坡区	2254	33	168	7	222	3	1864	23
南岸区	1244	22	103	13	119	1	1022	8
北碚区	587	11	63	5	50		474	6
綦江区	387	7	32	4	57		298	3
#万盛经开区	81	2	6		11		64	2
大足区	363	3	51	1	43	1	269	1
渝北区	1306	24	84	5	186	4	1036	15
巴南区	564	6	93	3	41	1	430	2
黔江区	265	6	21	4	43	1	201	1
长寿区	470	6	39	3	64		367	3
江津区	503	14	39	6	76	6	388	2
合川区	556	9	46	5	103	3	407	1
永川区	446	5	31	3	75		340	2
南川区	302	3	41		34	1	227	2
潼南县	186	5	33	2	29	1	124	2
铜梁县	369	13	42	5	83	7	244	1
荣昌县	451	17	123	16	97	1	231	
璧山县	518	12	187	9	64	3	267	
梁平县	327	22	64	21	22	1	241	
城口县	98	1	8		8	1	82	
丰都县	282	4	24	1	33	3	225	
垫江县	374	8	56	3	79	2	239	3
武隆县	154	5	11		8	1	135	4
忠县	464	3	28	1	128	1	308	1
开县	465	6	38	1	95	2	332	3
云阳县	326	9	49	5	16	3	261	1
奉节县	171	6	22	1	26	5	123	
巫山县	160	1	16	1	28		116	
巫溪县	128	3	10		12	3	106	
石柱县	219		16		11		192	
秀山县	167	4	10	1	44	2	113	1
酉阳县	219	7	34	4	27	1	158	2
彭水县	263	6	9	1	18	5	236	

1-3-2 按类别分文化产业企业基本情况

单位：个、人、千元

指标名称	企业单位数	年末从业人员	营业收入	#主营业务收入	营业税金及附加	#主营业务税金及附加	资产总计
总计	**16752**	**274105**	**183035604**	**181522425**	**2486020**	**2434076**	**179249600**
雕塑工艺品制造	223	4835	1542401	1529023	34215	33528	1293004
金属工艺品制造	23	380	93489	92742	1830	1744	67857
漆器工艺品制造	11	159	39623	39623	1380	1380	41430
花画工艺品制造	39	920	280699	278606	3842	3789	41925
天然植物纤维编织工艺品制造	84	1427	388356	387338	2670	2647	168933
抽纱刺绣工艺品制造	52	1656	317430	303568	8477	8473	119557
地毯、挂毯制造	6	337	89276	81482	939	939	301672
珠宝首饰及有关物品制造	25	3538	16803144	16803144	18443	18434	12189635
其他工艺美术品制造	148	3236	794271	788373	14492	14410	395881
园林、陈设艺术及其他陶瓷制品制造*	57	4061	1671213	1670308	15408	15402	510027
书、报刊印刷	199	7102	3779416	3758882	41077	40871	2250517
本册印制	116	2840	881735	874932	16948	16815	776975
包装装潢及其他印刷	564	20618	10409695	10376721	122495	120472	7883065
装订及印刷相关服务	150	3215	993961	990093	13564	13517	471499
记录媒介复制	6	205	44030	43643	355	355	68581
文具制造	15	524	92271	92118	2017	1996	71784
笔的制造	17	293	62404	61913	1354	1343	21529
墨水、墨汁制造							
中乐器制造	2	201	30209	30209	63	63	12000
西乐器制造	3	125	48296	48296	1402	1402	25334
电子乐器制造							
其他乐器及零件制造	4	588	508551	508551	2365	2365	150736
玩具制造	37	3098	410412	409983	5454	5444	477713
露天游乐场所游乐设备制造	2	61	7165	7165	87	87	6835
游艺用品及室内游艺器材制造	1	18	720	720	490	490	1000
其他娱乐用品制造	5	165	55506	53760	1215	1215	26094
电视机制造	3	67	12698	12698	380	380	48531
音响设备制造	4	279	32491	32491	357	357	38481
影视录放设备制造	6	819	608174	607667	2174	2174	675859
焰火、鞭炮产品制造	46	9084	2139704	2135822	225190	224924	1167853
机制纸及纸板制造*	47	4705	5345102	5278863	26271	26253	9897313
手工纸制造	13	496	114457	93282	7049	6969	58623
油墨及类似产品制造	6	148	139802	139802	228	228	71759
颜料制造*	4	1633	758565	717750	14554	14143	1065264
信息化学品制造*	3	1055	3161349	3161048	2388	2388	4041903
照明灯具制造*	35	4132	2714891	2706267	12227	12227	1464951
其他电子设备制造*	26	1108	315137	293763	3539	2594	214756
印刷专用设备制造	19	501	272268	272268	1245	1245	214410
广播电视节目制作及发射设备制造							

1-3-2　续表 1　　单位：个、人、千元

指标名称	企业单位数	年末从业人员	营业收入	#主营业务收入	营业税金及附加	#主营业务税金及附加	资产总计
广播电视接收设备及器材制造	3	22	29844	29794	17	15	1100
应用电视设备及其他广播电视设备制造	5	176	40815	40813	324	324	47703
电影机械制造							
幻灯及投影设备制造							
照相机及器材制造	1	3	219	219	2	2	246
复印和胶印设备制造	4	31	4735	4735	80	80	2423
图书批发	52	969	677272	664841	7331	7161	656838
报刊批发	8	1838	71902	67872	11722	11494	493959
音像制品及电子出版物批发	16	226	48991	45486	720	554	181487
图书、报刊零售	127	4013	4211029	4193437	17187	6943	5259893
音像制品及电子出版物零售	27	259	64820	63942	1079	1070	30151
贸易代理*	17	106	179736	179186	1750	1750	61799
拍卖*	5	46	3127	3127	144	144	12138
通讯及广播电视设备批发*	53	432	262510	259679	2427	2421	105710
电气设备批发*	50	414	183265	181190	2460	2415	98693
首饰、工艺品及收藏品批发	181	6789	6189422	6179856	20933	20446	5686142
珠宝首饰零售	153	1842	1393357	1389993	30667	30497	833874
工艺美术品及收藏品零售	500	2717	691462	682817	16470	15815	499814
文具用品批发	260	2094	968134	941157	16483	16126	393244
文具用品零售	756	5929	1816292	1800022	36990	36746	1064550
乐器零售	57	361	84815	84711	1321	1320	129307
照相器材零售	19	215	92067	91940	873	867	33099
家用电器批发*	115	3099	56174633	56165222	81258	81048	12607953
家用视听设备零售	256	2713	1675453	1670928	19462	19371	544144
其他文化用品批发	136	1328	1378457	1375475	15310	15139	705806
其他文化用品零售	211	1407	6674251	6670984	66458	66391	662243
新闻业	1	25	2785	2785	157	157	10849
图书出版	17	785	655584	605626	5579	2827	3639889
报纸出版	23	4354	1190063	1030493	41463	40076	2644922
期刊出版	18	779	349826	326046	9174	8065	418480
音像制品出版	7	95	27720	27715	634	634	31118
电子出版物出版	4	144	100367	99261	588	588	29216
其他出版业	7	88	15255	15255	600	600	19988
广播	1	20	8896	8896	36	36	639
电视	10	2047	811552	806972	50151	50151	2219798
电影和影视节目制作	87	1619	405365	400307	14849	14624	1652855
电影和影视节目发行	18	519	60944	54546	1770	1767	1057767
电影放映	74	2480	808807	685719	26647	23760	919078
录音制作	12	145	54870	54857	1949	1949	18530
文艺创作与表演	355	4207	561872	551142	18132	18094	838799
艺术表演场馆	22	621	74234	59935	2231	2215	49869

1-3-2 续表 2 单位：个、人、千元

指标名称	企业单位数	年末从业人员	营业收入	#主营业务收入	营业税金及附加	#主营业务税金及附加	资产总计
图书馆	3	39	6553	6553	371	371	13130
档案馆	9	65	10246	9988	366	366	2843
文物及非物质文化遗产保护	7	200	26879	26879	915	915	284824
博物馆	4	73	18451	18451	1016	1016	65087
烈士陵园、纪念馆	1	8	3896	3896	195	195	15740
群众文化活动	57	594	71408	71252	2273	2273	35269
社会人文科学研究	9	295	54555	54555	2169	2169	42096
专业性团体(的服务)*	1	2					20
文化艺术培训	122	1137	128400	127217	3040	3023	155228
其他未列明教育*	76	745	172179	169689	5859	5854	128127
其他文化艺术业	277	2700	430863	412151	14504	14460	6866823
互联网信息服务	355	4213	926846	923059	50957	50851	636501
其他电信服务*	3	25	4343	4343	209	209	1526
有线广播电视传输服务	43	10122	2655997	2481906	62684	61483	7749774
无线广播电视传输服务	4	128	83078	83078	3113	3113	1128048
卫星传输服务*	2	21	4323	4323	133	133	5635
广告业	4825	42704	10741825	10558514	465163	453911	8578627
软件开发*	250	5018	709568	693527	25658	24880	743862
数字内容服务*	13	129	10678	10678	251	251	104864
工程勘察设计*	628	19852	15065187	15038971	338587	333585	31930520
专业化设计服务	869	9975	2180922	2111392	73933	71718	1715985
公园管理	17	606	38370	38370	924	924	558434
游览景区管理	149	6281	1149967	1040647	39605	38045	21316274
野生动物保护*							
野生植物保护*	1	42	2500	2500	146	146	6070
歌舞厅娱乐活动	169	4132	764444	762220	45128	44464	540063
电子游艺厅娱乐活动	37	388	50286	50116	5094	5093	34203
网吧活动	1651	10301	1776549	1748157	86880	86087	1243305
其他室内娱乐活动	91	903	181834	181293	13850	13832	79499
游乐园	23	1520	196149	191261	7518	7228	2055335
其他娱乐业	56	698	89313	87442	5213	5091	313411
摄影扩印服务	399	4256	749818	735596	33259	33137	525142
知识产权服务*	37	363	63660	62860	1897	1833	37015
文化娱乐经纪人	22	173	33482	33402	1800	1799	13250
其他文化艺术经纪代理	53	485	67698	67273	6349	6239	85023
娱乐及体育设备出租*	8	41	5947	5447	239	239	1356
图书出租	3	9	1096	1080	145	145	514
音像制品出租	7	127	28470	26620	1051	1051	14972
会议及展览服务	445	4054	975444	938366	33198	32540	1493516
其他未列明商务服务业*	357	3095	550721	539458	20716	20662	730290

1-3-3　按类别分文化制造业主要指标

指标名称	企业单位数	年末从业人员	营业收入	#主营业务收入	营业税金及附加	#主营业务税金及附加	资产总计	实收资本
总　计	**2014**	**83861**	**55034526**	**54758475**	**606606**	**601485**	**46384755**	**9393359**
雕塑工艺品制造	223	4835	1542401	1529023	34215	33528	1293004	277819
金属工艺品制造	23	380	93489	92742	1830	1744	67857	23788
漆器工艺品制造	11	159	39623	39623	1380	1380	41430	23361
花画工艺品制造	39	920	280699	278606	3842	3789	41925	8544
天然植物纤维编织工艺品制造	84	1427	388356	387338	2670	2647	168933	37519
抽纱刺绣工艺品制造	52	1656	317430	303568	8477	8473	119557	34011
地毯、挂毯制造	6	337	89276	81482	939	939	301672	8535
珠宝首饰及有关物品制造	25	3538	16803144	16803144	18443	18434	12189635	199276
其他工艺美术品制造	148	3236	794271	788373	14492	14410	395881	154780
园林、陈设艺术及其他陶瓷制品制造*	57	4061	1671213	1670308	15408	15402	510027	92015
书、报刊印刷	199	7102	3779416	3758882	41077	40871	2250517	435294
本册印制	116	2840	881735	874932	16948	16815	776975	157983
包装装潢及其他印刷	564	20618	10409695	10376721	122495	120472	7883065	2191308
装订及印刷相关服务	150	3215	993961	990093	13564	13517	471499	173022
记录媒介复制	6	205	44030	43643	355	355	68581	37389
文具制造	15	524	92271	92118	2017	1996	71784	34383
笔的制造	17	293	62404	61913	1354	1343	21529	17051
墨水、墨汁制造	0	0						
中乐器制造	2	201	30209	30209	63	63	12000	12000
西乐器制造	3	125	48296	48296	1402	1402	25334	381
电子乐器制造	0	0						
其他乐器及零件制造	4	588	508551	508551	2365	2365	150736	50315
玩具制造	37	3098	410412	409983	5454	5444	477713	111686
露天游乐场所游乐设备制造	2	61	7165	7165	87	87	6835	1301
游艺用品及室内游艺器材制造	1	18	720	720	490	490	1000	230
其他娱乐用品制造	5	165	55506	53760	1215	1215	26094	13759
电视机制造	3	67	12698	12698	380	380	48531	47500
音响设备制造	4	279	32491	32491	357	357	38481	7900
影视录放设备制造	6	819	608174	607667	2174	2174	675859	172000
焰火、鞭炮产品制造	46	9084	2139704	2135822	225190	224924	1167853	160819
机制纸及纸板制造*	47	4705	5345102	5278863	26271	26253	9897313	2588886
手工纸制造	13	496	114457	93282	7049	6969	58623	10645
油墨及类似产品制造	6	148	139802	139802	228	228	71759	10130
颜料制造*	4	1633	758565	717750	14554	14143	1065264	208797
信息化学品制造*	3	1055	3161349	3161048	2388	2388	4041903	1566706
照明灯具制造*	35	4132	2714891	2706267	12227	12227	1464951	364562
其他电子设备制造*	26	1108	315137	293763	3539	2594	214756	95697
印刷专用设备制造	19	501	272268	272268	1245	1245	214410	36754
广播电视节目制作及发射设备制造	0	0						
广播电视接收设备及器材制造	3	22	29844	29794	17	15	1100	630
应用电视设备及其他广播电视设备制造	5	176	40815	40813	324	324	47703	25800
电影机械制造	0	0						
幻灯及投影设备制造	0	0						
照相机及器材制造	1	3	219	219	2	2	246	64
复印和胶印设备制造	4	31	4735	4735	80	80	2423	720

1-3-4 规模以上文化

指标名称	企业单位数	年末从业人员	资产总计	营业收入	#主营业务收入
总计	**163**	**43818**	**28849979**	**31306630**	**31141474**
一、按规模分组					
大型	5	8440	12384544	9775206	9683295
中型	40	20530	9957306	13053216	13026017
小型	115	14848	6427141	8383626	8337580
微型	3		80988	94582	94582
二、按登记注册类型分组					
内资企业	150	36169	14369616	21818724	21725800
国有企业	1	615	103103	30517	27825
集体企业					
股份合作企业					
国有联营企业					
集体联营企业					
国有与集体联营企业					
其他联营企业					
国有独资公司					
其他有限责任公司	34	8663	5190756	5268379	5228229
股份有限公司	1	265	426046	308765	308765
私营独资企业	3	863	101325	291687	291687
私营合伙企业	5	1378	147335	336745	336745
私营有限责任公司	98	21136	7613390	13826397	13777322
私营股份有限公司	8	3249	787661	1756234	1755227
其他企业					
港、澳、台商投资企业	7	5513	10014860	5416820	5345738
与港澳台商合资经营	3	2424	8689098	4738069	4672314
与港澳台商合作经营					
港澳台商独资	4	3089	1325762	678751	673424
港澳台商投资股份有限公司					
其他港澳台投资					
外商投资企业	6	2136	4465503	4071086	4069936
中外合资经营企业	4	1332	827844	1222021	1220871
中外合作经营企业					
外资企业	2	804	3637659	2849065	2849065
外商投资股份有限公司					
其他外商投资					
三、按控股情况分组					
国有控股	10	2826	2018234	1426438	1396023
集体控股	2	2556	1698390	1557731	1556877
私人控股	136	30821	10509777	18835141	18783408
港澳台商控股	5	5089	9602620	5052510	4982101
外商控股	3	1736	4215012	3926811	3925962
其他	7	790	805946	507999	497103

制造业企业基本情况

单位：个、人、千元

营业税金及附加	#主营业务税金及附加	营业利润	应交增值税	工业总产值（当年价格）	工业销售产值（当年价格）	#出口交货值
383240	**381675**	**2806630**	**1387256**	**32064549**	**30626323**	**893170**
51745	51634	1020842	547483	10279815	9221673	113480
225368	225059	1111857	540942	13249572	13005942	452739
105346	104201	669508	297354	8439880	8304126	326951
781	781	4423	1477	95282	94582	
349994	348738	2046682	1090132	22461558	21956072	564147
299	299	-22114	1681	19571	30245	
39760	39649	392406	229147	5720470	5493194	152719
593	593	15321	21560	320525	308765	
10070	10070	32901	7268	300832	301106	
47905	47905	44684	22654	340786	331932	
209456	208311	1346550	763952	13966220	13734679	411428
41911	41911	236934	43870	1793154	1756151	
25955	25646	640581	201675	5415408	4489951	155474
20271	20271	440530	168921	4739760	3822741	
5684	5375	200051	32754	675648	667210	155474
7291	7291	119367	95449	4187583	4180300	173549
5230	5230	79740	38371	1252061	1244692	153878
2061	2061	39627	57078	2935522	2935608	19671
13849	13738	-30352	80724	1565725	1401582	123100
11533	11533	289897	90416	1865974	1827142	
325169	324024	1762462	923137	19042691	18708030	467519
23267	22958	578642	179275	5010957	4130282	155474
6572	6572	138616	93501	4025258	4017267	147077
2850	2850	67365	20203	553944	542020	

1-3-5　按类别分规模以上文化制造业企业基本情况

单位：个、人、千元

指标名称	企业单位数	#亏损企业	年末从业人员	#女性	资产总计	营业收入	营业成本	营业税金及附加	利润总额
总　计	**163**	**13**	**43818**	**21664**	**28849979**	**31306630**	**25635447**	**383240**	**2854808**
雕塑工艺品制造	3		1131	612	840758	556338	345802	7054	212110
金属工艺品制造									
漆器工艺品制造									
花画工艺品制造	1		480	450	19703	180724	155848	295	19660
天然植物纤维编织工艺品制造	3		319	230	65574	158000	151977	236	2239
抽纱刺绣工艺品制造	2		167	140	68546	53292	34582	979	7130
地毯、挂毯制造	2	1	284	147	299824	78161	44718	859	23886
珠宝首饰及有关物品制造	2		2457	1490	1873975	3319615	2715035	16142	475273
其他工艺美术品制造	1		87	76	35472	61528	58357	41	532
园林、陈设艺术及其他陶瓷制品制造*	8		2867	1611	288589	1444948	1207896	9469	166187
书、报刊印刷	12	1	2929	1072	1512057	2528506	2300065	9790	82777
本册印制	3		565	177	450084	262095	196052	1508	32928
包装装潢及其他印刷	56	5	9524	4240	5383608	7049001	5732111	66363	691209
装订及印刷相关服务	4		1183	696	189057	481385	428672	3082	17450
记录媒介复制	1	1	138	58	57400	31340	32184		-6449
文具制造	1		320	253	32008	32173	25477	151	2619
笔的制造									
墨水、墨汁制造									
中乐器制造									
西乐器制造									
电子乐器制造									
其他乐器及零件制造	1		553	528	150124	499879	418995	2279	60199

1-3-5　续表　　　　单位：个、人、千元

指标名称	企　业单位数	#亏损企业	年　末从业人员	#女性	资产总计	营业收入	营业成本	营业税金及附加	利润总额
玩具制造	3	1	2027	1430	349405	213956	181974	1685	21535
露天游乐场所游乐设备制造									
游艺用品及室内游艺器材制造									
其他娱乐用品制造									
电视机制造									
音响设备制造	1		200	145	29276	13550	9370	174	512
影视录放设备制造	3	1	701	306	626380	562995	482348	1976	29650
焰火、鞭炮产品制造	23		7201	3223	961269	1822468	1237832	213277	257494
机制纸及纸板制造*	10	1	3559	1344	8743681	5032269	4259734	20696	426979
手工纸制造									
油墨及类似产品制造	2		113	49	63017	129669	116725	167	4733
颜料制造*	2	1	1562	443	1044564	721765	634424	12948	-29187
信息化学品制造*	3	1	1055	389	4041903	3161349	2585604	2388	48989
照明灯具制造*	13		3785	2349	1424416	2609514	2016924	10059	298043
其他电子设备制造*	1		272	66	94325	70576	59496	1130	1877
印刷专用设备制造	1		234	92	175922	202062	181257	401	4840
广播电视节目制作及发射设备制造									
广播电视接收设备及器材制造									
应用电视设备及其他广播电视设备制造	1		105	48	29042	29472	21988	91	1593
电影机械制造									
幻灯及投影设备制造									
照相机及器材制造									
复印和胶印设备制造									

1—3—6 按类别分规模以上文化

指标名称	企 业单位数	固定资产原 价	本年折旧	主营业务收 入	主营业务成 本	主营业务税金及附加
总 计	**163**	**21259174**	**1956464**	**31141474**	**25481039**	**381675**
雕塑工艺品制造	3	106052	7660	551123	315091	6745
金属工艺品制造						
漆器工艺品制造						
花画工艺品制造	1	15120	1087	180724	155848	295
天然植物纤维编织工艺品制造	3	3941	267	158000	151977	236
抽纱刺绣工艺品制造	2	27734	1483	53292	34582	979
地毯、挂毯制造	2	26606	142	70607	40216	859
珠宝首饰及有关物品制造	2	1878436	141147	3319615	2715035	16142
其他工艺美术品制造	1	3888	244	61528	58357	41
园林、陈设艺术及其他陶瓷制品制造*	8	247361	26720	1444948	1207896	9469
书、报刊印刷	12	852591	81040	2521743	2298169	9790
本册印制	3	165535	13156	260058	196052	1508
包装装潢及其他印刷	56	3441752	293848	7043054	5729817	66183
装订及印刷相关服务	4	190971	21108	481385	428672	3082
记录媒介复制	1	110170	4474	30953	31591	
文具制造	1	26893	2958	32173	25477	151
笔的制造						
墨水、墨汁制造						
中乐器制造						
西乐器制造						
电子乐器制造						
其他乐器及零件制造	1	149312	16723	499879	418995	2279
玩具制造	3	30546	2099	213956	181974	1685
露天游乐场所游乐设备制造						
游艺用品及室内游艺器材制造						
其他娱乐用品制造						
电视机制造						
音响设备制造	1	21881	960	13550	9370	174
影视录放设备制造	3	33828	2092	562488	482225	1976
焰火、鞭炮产品制造	23	760201	83050	1821761	1237832	213257
机制纸及纸板制造*	10	7330410	614268	4967036	4203788	20696
手工纸制造						
油墨及类似产品制造	2	25986	1139	129669	116725	167
颜料制造*	2	1029396	113998	680950	611089	12837
信息化学品制造*	3	4044284	485169	3161048	2585344	2388
照明灯具制造*	13	664705	33980	2601050	2000439	10059
其他电子设备制造*	1	31764	3780	49352	41233	185
印刷专用设备制造	1	27490	3115	202062	181257	401
广播电视节目制作及发射设备制造						
广播电视接收设备及器材制造						
应用电视设备及其他广播电视设备制造	1	12321	757	29470	21988	91
电影机械制造						
幻灯及投影设备制造						
照相机及器材制造						
复印和胶印设备制造						

制造业企业主要财务指标

单位：个、千元

营业利润	营业外收入		营业外支出	应付职工薪酬	应交增值税	工业总产值（当年价格）	工业销售产值（当年价格）	
		#补贴收入						#出口交货值
2806630	**97929**	**49911**	**48772**	**2262182**	**1387256**	**32064549**	**30626323**	**893170**
201283	11258		431	44725	35929	550567	551123	9815
19660				27774	2951	180724	180724	
2268	91	91	120	11196	264	156168	154751	47486
6679	451	451		6582	3541	55721	54162	
23561	330	330	5	8406	7520	74711	84524	800
474073	1200	1200		185124	321167	3319615	3319615	
532				2330	1958	63747	61528	10420
166187				150940	93698	1465610	1440141	
71566	11910	744	699	178435	69786	2553470	2485237	
26783	6210	279	65	22926	10883	256162	252326	
680051	22386	8013	8782	488622	324935	7466832	7375794	257072
17450				35665	6044	474244	474537	
-6297	71	28	223	6840	-5066	31418	31921	2819
2619				4082	1496	34539	32173	
60199				25455	18995	495073	466068	133079
7823	13716	13716	4	51336	3834	216498	207671	72444
512				3968	182	13550	13550	
22506	7370	30	226	30714	10631	482815	476787	
257494				362858	116484	1852353	1813936	
424504	2616	50	141	211015	164398	5005620	4129801	147077
4733				1813	1054	128820	129669	
-30888	2434	993	733	124864	62453	961800	771850	140580
53395			4406	74776	80924	3259963	3248825	6801
312351	17081	23883	32856	176178	50911	2673665	2589103	
1823	103	103	49	12200	1521	49356	49356	
4169	702		31	9941		221174	201694	64777
1594			1	3417	763	20334	29457	

1-3-7 规模以下文化制造业企业主要财务指标

单位：个、人、千元

指标名称	企业单位数	年末从业人员	#女性	营业收入	#主营业务收入	营业税金及附加	#主营业务税金及附加	资产总计	实收资本
总计	**1851**	**40043**	**18372**	**23727896**	**23617001**	**223366**	**219810**	**17534776**	**2518756**
一、按登记注册类型分组									
内资企业	1842	39595	18084	23601938	23492767	222486	218930	17434697	2498884
国有企业	15	433	180	103216	102478	2129	2106	78150	28678
集体企业	57	1379	598	319110	318534	8837	8823	190735	45970
股份合作企业	18	339	171	74882	74217	1700	1700	28862	22300
国有联营企业	1	12	8	1259	1259	4	4	80	30
集体联营企业	3	73	28	11991	11991	135	135	5056	1920
国有与集体联营企业									
其他联营企业	2	18	10	8882	8882	10	10	828	533
国有独资公司	2	79	31	7126	7126	379	379	46916	45000
其他有限责任公司	184	5275	2338	1483029	1467397	27488	27444	2308098	628363
股份有限公司	23	584	215	130165	125153	3764	3606	92332	26266
私营独资企业	787	13642	6435	3500086	3460579	79368	77342	1528647	634192
私营合伙企业	68	1359	607	363089	361585	7285	7254	227028	83165
私营有限责任公司	567	14247	6435	17095872	17061217	76594	75369	12389305	798098
私营股份有限公司	36	533	218	178582	178297	2709	2709	128367	49255
其他企业	79	1622	810	324650	314053	12083	12050	410293	135114
港、澳、台商投资企业	6	310	175	105330	103620	314	314	78194	11760
与港澳台商合资经营									
与港澳台商合作经营									
港澳台商独资	6	310	175	105330	103620	314	314	78194	11760
港澳台商投资股份有限公司									
其他港澳台投资									
外商投资企业	3	138	113	20628	20613	566	566	21885	8112
中外合资经营企业	1	7	3	2146	2146			10137	6211
中外合作经营企业									
外资企业	2	131	110	18482	18467	566	566	11748	1901
外商投资股份有限公司									
其他外商投资									
二、按企业控股情况分组									
国有控股	21	675	282	125903	125165	2967	2944	132597	78928
集体控股	66	1589	698	346122	345498	9245	9229	210142	70795
私人控股	1653	35540	16250	22747852	22649040	199102	195606	16684869	2194622
港澳台商控股	7	396	291	68026	68026	303	303	150314	54202
外商控股	4	383	210	66439	65939	695	695	110615	23015
其他	100	1460	641	373555	363333	11054	11033	246239	97193

1-3-8　按类别分规模以下文化制造业企业主要财务指标

单位：个、人、千元

指标名称	企业单位数	年末从业人员	#女性	营业收入	#主营业务收入	营业税金及附加	#主营业务税金及附加	资产总计	实收资本
总　　计	**1851**	**40043**	**18372**	**23727896**	**23617001**	**223366**	**219810**	**17534776**	**2518756**
雕塑工艺品制造	220	3704	1130	986063	977900	27161	26783	452246	176819
金属工艺品制造	23	380	136	93489	92742	1830	1744	67857	23788
漆器工艺品制造	11	159	86	39623	39623	1380	1380	41430	23361
花画工艺品制造	38	440	135	99975	97882	3547	3494	22222	6544
天然植物纤维编织工艺品制造	81	1108	616	230356	229338	2434	2411	103359	29519
抽纱刺绣工艺品制造	50	1489	780	264138	250276	7498	7494	51011	17651
地毯、挂毯制造	4	53	40	11115	10875	80	80	1848	1535
珠宝首饰及有关物品制造	23	1081	542	13483529	13483529	2301	2292	10315660	89276
其他工艺美术品制造	147	3149	1531	732743	726845	14451	14369	360409	153780
园林、陈设艺术及其他陶瓷制品制造*	49	1194	451	226265	225360	5939	5933	221438	74175
书、报刊印刷	187	4173	1950	1250910	1237139	31287	31081	738460	268021
本册印制	113	2275	1053	619640	614874	15440	15307	326891	100983
包装装潢及其他印刷	508	11094	4695	3360694	3333667	56132	54289	2499457	763520
装订及印刷相关服务	146	2032	909	512576	508708	10482	10435	282442	154522
记录媒介复制	5	67	24	12690	12690	355	355	11181	5642
文具制造	14	204	77	60098	59945	1866	1845	39776	29383
笔的制造	17	293	136	62404	61913	1354	1343	21529	17051
墨水、墨汁制造									
中乐器制造	2	201	106	30209	30209	63	63	12000	12000
西乐器制造	3	125	41	48296	48296	1402	1402	25334	381
电子乐器制造									
其他乐器及零件制造	3	35	16	8672	8672	86	86	612	315

1-3-8 续表

单位：个、人、千元

指标名称	企业单位数	年末从业人员	#女性	营业收入	#主营业务收入	营业税金及附加	#主营业务税金及附加	资产总计	实收资本
玩具制造	34	1071	830	196456	196027	3769	3759	128308	29000
露天游乐场所游乐设备制造	2	61	54	7165	7165	87	87	6835	1301
游艺用品及室内游艺器材制造	1	18	15	720	720	490	490	1000	230
其他娱乐用品制造	5	165	94	55506	53760	1215	1215	26094	13759
电视机制造	3	67	25	12698	12698	380	380	48531	47500
音响设备制造	3	79	39	18941	18941	183	183	9205	2400
影视录放设备制造	3	118	37	45179	45179	198	198	49479	7000
焰火、鞭炮产品制造	23	1883	1262	317236	314061	11913	11667	206584	93532
机制纸及纸板制造*	37	1146	516	312833	311827	5575	5557	1153632	244359
手工纸制造	13	496	229	114457	93282	7049	6969	58623	10645
油墨及类似产品制造	4	35	9	10133	10133	61	61	8742	1850
颜料制造*	2	71	32	36800	36800	1606	1306	20700	18300
信息化学品制造*									
照明灯具制造*	22	347	131	105377	105217	2168	2168	40535	21540
其他电子设备制造*	25	836	493	244561	244411	2409	2409	120431	45477
印刷专用设备制造	18	267	111	70206	70206	844	844	38488	11384
广播电视节目制作及发射设备制造									
广播电视接收设备及器材制造	3	22	7	29844	29794	17	15	1100	630
应用电视设备及其他广播电视设备制造	4	71	19	11343	11343	233	233	18661	20800
电影机械制造									
幻灯及投影设备制造									
照相机及器材制造	1	3	2	219	219	2	2	246	64
复印和胶印设备制造	4	31	13	4735	4735	80	80	2423	720

1-3-9　按类别分文化批发和零售业主要指标

单位：个、人、千元

指标名称	企业单位数	年末从业人员	营业收入	#主营业务收入	营业税金及附加	#主营业务税金及附加	资产总计	实收资本
总　计	**2999**	**36797**	**82840992**	**82711862**	**351044**	**337718**	**30060842**	**6560149**
图书批发	52	969	677272	664841	7331	7161	656838	267561
报刊批发	8	1838	71902	67872	11722	11494	493959	46061
音像制品及电子出版物批发	16	226	48991	45486	720	554	181487	17479
图书、报刊零售	127	4013	4211029	4193437	17187	6943	5259893	240089
音像制品及电子出版物零售	27	259	64820	63942	1079	1070	30151	34231
贸易代理*	17	106	179736	179186	1750	1750	61799	37489
拍卖*	5	46	3127	3127	144	144	12138	13450
通讯及广播电视设备批发*	53	432	262510	259679	2427	2421	105710	79069
电气设备批发*	50	414	183265	181190	2460	2415	98693	65106
首饰、工艺品及收藏品批发	181	6789	6189422	6179856	20933	20446	5686142	2318055
珠宝首饰零售	153	1842	1393357	1389993	30667	30497	833874	412388
工艺美术品及收藏品零售	500	2717	691462	682817	16470	15815	499814	222018
文具用品批发	260	2094	968134	941157	16483	16126	393244	212425
文具用品零售	756	5929	1816292	1800022	36990	36746	1064550	455102
乐器零售	57	361	84815	84711	1321	1320	129307	10108
照相器材零售	19	215	92067	91940	873	867	33099	9508
家用电器批发*	115	3099	56174633	56165222	81258	81048	12607953	1182964
家用视听设备零售	256	2713	1675453	1670928	19462	19371	544144	154362
其他文化用品批发	136	1328	1378457	1375475	15310	15139	705806	411898
其他文化用品零售	211	1407	6674251	6670984	66458	66391	662243	370785

1-3-10 限额以上文化批发和零售业企业基本情况

单位：个、人、千元

指标名称	企业单位数	年末从业人员	资产总计	营业收入	#主营业务收入	营业税金及附加	#主营业务税金及附加	营业利润	应交增值税
总 计	**121**	**16156**	**21131859**	**72046557**	**72010912**	**160382**	**150208**	**2043105**	**652287**
一、按登记注册类型分组									
内资企业	116	12963	18607965	67848563	67818004	153055	142881	1737400	643906
国有企业	1	77	221202	98919	98906	102	102	-11110	849
集体企业	2	1168	1469626	4612869	4612869	2292	2292	28905	11643
股份合作企业									
国有联营企业									
集体联营企业	1	27	1723	8684	8684	432	432	592	43
国有与集体联营企业									
其他联营企业									
国有独资公司	1	7	2029	40351	40351	226	226	630	203
其他有限责任公司	39	7427	15227042	60183873	60156308	135240	125066	1605164	503917
股份有限公司	3	133	108359	73411	73411	1218	1218	10664	1482
私营独资企业	6	97	13636	113825	113825	3059	3059	23300	10134
私营合伙企业	2	24	5000	16953	16953	115	115	1834	208
私营有限责任公司	61	4003	1559348	2699678	2696697	10371	10371	77421	115427
私营股份有限公司									
其他企业									
港、澳、台商投资企业	3	1155	759457	1158947	1158947	3632	3632	51921	7204
与港澳台商合资经营	1	151	118567	412946	412946	3619	3619	-6155	7184
与港澳台商合作经营									
港澳台商独资	1	986	629001	715569	715569	2	2	54482	
港澳台商投资股份有限公司	1	18	11889	30432	30432	11	11	3594	20
其他港澳台投资									
外商投资企业	2	2038	1764437	3039047	3033961	3695	3695	253784	1177
中外合资经营企业									
中外合作经营企业									
外资企业	2	2038	1764437	3039047	3033961	3695	3695	253784	1177
外商投资股份有限公司									
其他外商投资									
二、按企业控股情况分组									
国有控股	8	2941	5426169	5235014	5219731	14832	4708	178920	10678
集体控股	4	1183	1471118	4632551	4632551	2674	2674	30250	11672
私人控股	89	6047	2819694	5836987	5831872	22045	22001	207822	182477
港澳台商控股	5	3193	2523894	4197994	4192908	7327	7327	305705	8381
外商控股									
其他	15	2792	8890984	52144011	52133850	113504	113498	1320408	439079

1-3-11　按类别分限额以上文化批发和零售业企业基本情况

单位：个、人、千元

指标名称	企业单位数	#亏损企业	年末从业人员	#女性	资产总计	营业收入	营业成本	营业税金及附加	利润总额
总　计	**121**	**19**	**16156**	**11044**	**21131859**	**72046557**	**63887655**	**160382**	**2057203**
图书批发	3	1	306	169	412949	322086	196546	1480	33321
报刊批发	1		1690	687	147337	38185	80010	11063	31635
音像制品及电子出版物批发									
图书、报刊零售	7	2	2887	1739	5049596	3762625	2976119	12624	164084
音像制品及电子出版物零售	1		75		682	6529	4468	34	1869
贸易代理*									
拍卖*									
通讯及广播电视设备批发*	4	2	59	28	41592	43316	41421	218	-1623
电气设备批发*	1		5	3	4084	5562	4705	2	204
首饰、工艺品及收藏品批发	15	4	5388	4664	3689718	5599905	4863851	7859	376990
珠宝首饰零售	10	2	598	478	227342	675216	602947	8048	7577
工艺美术品及收藏品零售	4		61	31	3541	34991	25399	220	3446
文具用品批发	2		52	10	6347	70712	60313	758	5729
文具用品零售	18		1265	1002	136443	463210	373988	3139	44162
乐器零售									
照相器材零售	1	1	81	44	12867	36184	32815	27	-35
家用电器批发*	19	5	2353	1597	10687029	53312311	49180708	47240	-520570
家用视听设备零售	27	1	812	362	188614	990440	823973	7701	97811
其他文化用品批发	5	1	355	168	161446	444816	375660	560	26656
其他文化用品零售	3		169	62	362272	6240469	4244732	59409	1785947

1-3-12 按类别分限额以上文化

指标名称	企业单位数	固定资产原价	本年折旧	主营业务收入
总计	**121**	**2203467**	**90277**	**72010912**
图书批发	3	8259	1210	321473
报刊批发	1	7014	889	38185
音像制品及电子出版物批发				
图书、报刊零售	7	1521216	44358	3747611
音像制品及电子出版物零售	1	39		6529
贸易代理*				
拍卖*				
通讯及广播电视设备批发*	4	8699	566	40663
电气设备批发*	1	206	7	5562
首饰、工艺品及收藏品批发	15	221077	23835	5594819
珠宝首饰零售	10	16095	2387	675076
工艺美术品及收藏品零售	4	2163	88	34991
文具用品批发	2	112	49	70712
文具用品零售	18	43045	1962	453158
乐器零售				
照相器材零售	1	95	32	36075
家用电器批发*	19	81110	9798	53311478
家用视听设备零售	27	35201	1453	989295
其他文化用品批发	5	15815	1104	444816
其他文化用品零售	3	243321	2539	6240469

批发和零售业企业主要财务指标

单位：个、千元

主营业务成本	主营业务税金及附加	营业利润	营业外收入	#补贴收入	应付职工薪酬	应交增值税
63863162	**150208**	**2043105**	**32306**	**22212**	**811997**	**652287**
196256	1478	28075	6317	6230	34793	3947
80010	11063	30039	1606		95302	1517
2963083	2502	161759	3659	2152	180555	11826
4468	34	1869			1175	21
40103	218	-1052			1890	558
4705	2	204			555	15
4858918	7843	349634	12583	12560	299735	33205
602817	8048	7617	1545	826	22681	16530
25399	220	5928			2150	1039
60313	758	5547	182	182	1140	568
373923	3139	46950			26027	9181
32815	21	-35	2		2511	188
49180608	47212	-504078	1637		98704	548308
819352	7701	102551	232	232	26089	20871
375660	560	22530	4126	30	13102	1887
4244732	59409	1785567	417		5588	2626

1-3-13 限额以下文化批发和零售业企业主要财务指标

单位：个、人、千元

指标名称	企业单位数	年末从业人员	#女性	营业收入	#主营业务收入	营业税金及附加	#主营业务税金及附加	资产总计	实收资本
总计	**2878**	**20641**	**10107**	**10794435**	**10700950**	**190662**	**187510**	**8928983**	**5185272**
一、按登记注册类型分组									
内资企业	2869	20533	10065	8298520	8205036	171307	168155	7019165	3988517
国有企业	17	270	138	180496	169412	1604	1600	411752	22934
集体企业	51	545	191	126570	124772	2575	2550	112557	25483
股份合作企业	13	78	51	20798	20798	424	423	19309	10475
国有联营企业	1	42	16	4123	93	241	14	14282	20000
集体联营企业	5	54	19	17569	17559	96	95	2242	1028
国有与集体联营企业									
其他联营企业	2	31	11	7726	7451	136	127	5651	750
国有独资公司	1	47	31	41814	41814	13	13	3911	3047
其他有限责任公司	295	2711	1394	1383896	1367915	25989	25164	1098351	496099
股份有限公司	22	179	82	109120	108888	5107	4875	70577	56116
私营独资企业	1311	7912	4009	2581887	2568250	54127	53571	1521195	436088
私营合伙企业	73	455	187	227321	227056	5188	5184	105079	66005
私营有限责任公司	867	6900	3258	3185513	3148653	61203	60070	3509172	2721656
私营股份有限公司	55	406	166	213322	212937	9954	9935	48742	29503
其他企业	156	903	512	198365	189437	4651	4535	96345	99334
港、澳、台商投资企业	3	77	26	2223177	2223177	18238	18238	1705811	991250
与港澳台商合资经营									
与港澳台商合作经营									
港澳台商独资	3	77	26	2223177	2223177	18238	18238	1705811	991250
港澳台商投资股份有限公司									
其他港澳台投资									
外商投资企业	6	31	16	272738	272738	1116	1116	204006	205505
中外合资经营企业	3	9	3	2528	2528	8	8	1506	3005
中外合作经营企业									
外资企业	2	21	12	270210	270210	1108	1108	200500	200500
外商投资股份有限公司									
其他外商投资	1	1	1					2001	2000
二、按企业控股情况分组									
国有控股	27	535	266	332132	317018	2755	2523	501407	65862
集体控股	72	755	293	327179	325321	9276	9248	191016	78045
私人控股	2568	17920	8775	9326208	9252978	167302	165006	7580283	4635053
港澳台商控股	3	20	13	26900	26850	241	241	649	332
外商控股	4	26	14	271551	271551	1121	1121	201874	201100
其他	204	1385	746	510465	507233	9967	9371	453753	204880

1-3-14　按类别分限额以下文化批发和零售业企业主要财务指标

单位：个、人、千元

指标名称	企业单位数	年末从业人员	#女性	营业收入	#主营业务收入	营业税金及附加	#主营业务税金及附加	资产总计	实收资本
总　计	**2878**	**20641**	**10107**	**10794435**	**10700950**	**190662**	**187510**	**8928983**	**5185272**
图书批发	49	663	319	355186	343368	5851	5683	243889	165561
报刊批发	7	148	62	33717	29687	659	431	346622	26061
音像制品及电子出版物批发	16	226	110	48991	45486	720	554	181487	17479
图书、报刊零售	120	1126	608	448404	445826	4563	4441	210297	81589
音像制品及电子出版物零售	26	184	80	58291	57413	1045	1036	29469	24231
贸易代理*	17	106	46	179736	179186	1750	1750	61799	37489
拍卖*	5	46	19	3127	3127	144	144	12138	13450
通讯及广播电视设备批发*	49	373	149	219194	219016	2209	2203	64118	53889
电气设备批发*	49	409	138	177703	175628	2458	2413	94609	64606
首饰、工艺品及收藏品批发	166	1401	763	589517	585037	13074	12603	1996424	1758287
珠宝首饰零售	143	1244	849	718141	714917	22619	22449	606532	380489
工艺美术品及收藏品零售	496	2656	1333	656471	647826	16250	15595	496273	221153
文具用品批发	258	2042	933	897422	870445	15725	15368	386897	210925
文具用品零售	738	4664	2301	1353082	1346864	33851	33607	928107	436802
乐器零售	57	361	208	84815	84711	1321	1320	129307	10108
照相器材零售	18	134	64	55883	55865	846	846	20232	8508
家用电器批发*	96	746	318	2862322	2853744	34018	33836	1920924	1073762
家用视听设备零售	229	1901	807	685013	681633	11761	11670	355530	122179
其他文化用品批发	131	973	388	933641	930659	14750	14579	544360	390218
其他文化用品零售	208	1238	612	433782	430515	7049	6982	299971	88485

1-3-15 按类别分文化服务业主要指标

单位：个、人

指标名称	单位数					年末从业人员				
		规上企业	规下企业	事业单位	其他单位		规上企业	规下企业	事业单位	其他单位
总　计	**16097**	**197**	**11542**	**1152**	**3206**	**201631**	**41766**	**111681**	**18849**	**29335**
新闻业	25		1	22	2	630		25	598	7
图书出版	19	5	12		2	792	639	146		7
报纸出版	49	13	10	24	2	5571	4092	262	1193	24
期刊出版	30	5	13	10	2	1024	551	228	229	16
音像制品出版	8		7		1	102		95		7
电子出版物出版	4		4			144		144		
其他出版业	10		7	1	2	127		88	28	11
广播	17		1	16		252		20	232	
电视	63	1	9	48	5	3650	1598	449	1451	152
电影和影视节目制作	94	4	83	3	4	1732	642	977	90	23
电影和影视节目发行	20	1	17	2		581	185	334	62	
电影放映	88	16	58	5	9	2671	880	1600	87	104
录音制作	15		12		3	179		145		34
文艺创作与表演	496	6	349	19	122	6484	600	3607	1025	1252
艺术表演场馆	32	1	21	6	4	810	121	500	164	25
图书馆	46		3	43		1066		39	1027	
档案馆	63		9	52	2	622		65	550	7
文物及非物质文化遗产保护	52		7	26	19	1043		200	477	366
博物馆	23	1	3	11	8	1207	47	26	1062	72
烈士陵园、纪念馆	17		1	15	1	239		8	227	4
群众文化活动	786		57	607	122	5182		594	3207	1381
社会人文科学研究	59	1	8	20	30	1522	229	66	866	361
专业性团体(的服务)*	501		1	40	460	7214		2	293	6919
文化艺术培训	370		122	18	230	4166		1137	492	2537
其他未列明教育*	174		76	19	79	1984		745	322	917
其他文化艺术业	374	1	276	17	80	3669	260	2440	218	751
互联网信息服务	445	4	351	8	82	4859	629	3584	50	596
其他电信服务*	5		3		2	44		25		19
有线广播电视传输服务	67	10	33	21	3	10838	8126	1996	703	13
无线广播电视传输服务	11		4	6	1	475		128	344	3
卫星传输服务*	3		2	1		70		21	49	
广告业	5538	40	4785	9	704	47813	3695	39009	93	5016
软件开发*	271	12	238		21	5154	2616	2402		136
数字内容服务*	17		13		4	169		129		40
工程勘察设计*	690	18	610	5	57	20662	8388	11464	176	634
专业化设计服务	978	7	862	3	106	10824	848	9127	95	754
公园管理	48		17	28	3	2525		606	1892	27
游览景区管理	184	20	129	21	14	7177	3429	2852	652	244
野生动物保护*	2			2		337			337	
野生植物保护*	3		1	2		60		42	18	
歌舞厅娱乐活动	211	14	155		42	4869	507	3625		737
电子游艺厅娱乐活动	57		37		20	493		388		105
网吧活动	2293	1	1650	4	638	14015	129	10172	17	3697
其他室内娱乐活动	143	1	90	4	48	1267	92	811	26	338
游乐园	31	3	20	1	7	1721	1137	383	170	31
其他娱乐业	83	1	55	1	26	1017	36	662	19	300
摄影扩印服务	521	4	395	1	121	5104	1773	2483	4	844
知识产权服务*	41		37	4		386		363	23	
文化娱乐经纪人	25		22		3	211		173		38
其他文化艺术经纪代理	61		53		8	513		485		28
娱乐及体育设备出租*	11		8		3	68		41		27
图书出租	4		3		1	16		9		7
音像制品出租	9	1	6		2	143	49	78		16
会议及展览服务	476	5	440	5	26	4513	421	3633	271	188
其他未列明商务服务业*	434	1	356	2	75	3625	47	3048	10	520

1-3-16 按类别分文化服务业企业主要财务指标

单位：个、人、千元

指标名称	企业单位数	年末从业人员	营业收入	#主营业务收入	营业税金及附加	#主营业务税金及附加	资产总计
总计	**11739**	**153447**	**45160088**	**44052086**	**1528365**	**1494868**	**102803996**
新闻业	1	25	2785	2785	157	157	10849
图书出版	17	785	655584	605626	5579	2827	3639889
报纸出版	23	4354	1190063	1030493	41463	40076	2644922
期刊出版	18	779	349826	326046	9174	8065	418480
音像制品出版	7	95	27720	27715	634	634	31118
电子出版物出版	4	144	100367	99261	588	588	29216
其他出版业	7	88	15255	15255	600	600	19988
广播	1	20	8896	8896	36	36	639
电视	10	2047	811552	806972	50151	50151	2219798
电影和影视节目制作	87	1619	405365	400307	14849	14624	1652855
电影和影视节目发行	18	519	60944	54546	1770	1767	1057767
电影放映	74	2480	808807	685719	26647	23760	919078
录音制作	12	145	54870	54857	1949	1949	18530
文艺创作与表演	355	4207	561872	551142	18132	18094	838799
艺术表演场馆	22	621	74234	59935	2231	2215	49869
图书馆	3	39	6553	6553	371	371	13130
档案馆	9	65	10246	9988	366	366	2843
文物及非物质文化遗产保护	7	200	26879	26879	915	915	284824
博物馆	4	73	18451	18451	1016	1016	65087
烈士陵园、纪念馆	1	8	3896	3896	195	195	15740
群众文化活动	57	594	71408	71252	2273	2273	35269
社会人文科学研究	9	295	54555	54555	2169	2169	42096
专业性团体(的服务)*	1	2					20
文化艺术培训	122	1137	128400	127217	3040	3023	155228
其他未列明教育*	76	745	172179	169689	5859	5854	128127
其他文化艺术业	277	2700	430863	412151	14504	14460	6866823
互联网信息服务	355	4213	926846	923059	50957	50851	636501
其他电信服务*	3	25	4343	4343	209	209	1526
有线广播电视传输服务	43	10122	2655997	2481906	62684	61483	7749774
无线广播电视传输服务	4	128	83078	83078	3113	3113	1128048
卫星传输服务*	2	21	4323	4323	133	133	5635
广告业	4825	42704	10741825	10558514	465163	453911	8578627
软件开发*	250	5018	709568	693527	25658	24880	743862
数字内容服务*	13	129	10678	10678	251	251	104864
工程勘察设计*	628	19852	15065187	15038971	338587	333585	31930520
专业化设计服务	869	9975	2180922	2111392	73933	71718	1715985
公园管理	17	606	38370	38370	924	924	558434
游览景区管理	149	6281	1149967	1040647	39605	38045	21316274
野生动物保护*							
野生植物保护*	1	42	2500	2500	146	146	6070
歌舞厅娱乐活动	169	4132	764444	762220	45128	44464	540063
电子游艺厅娱乐活动	37	388	50286	50116	5094	5093	34203
网吧活动	1651	10301	1776549	1748157	86880	86087	1243305
其他室内娱乐活动	91	903	181834	181293	13850	13832	79499
游乐园	23	1520	196149	191261	7518	7228	2055335
其他娱乐业	56	698	89313	87442	5213	5091	313411
摄影扩印服务	399	4256	749818	735596	33259	33137	525142
知识产权服务*	37	363	63660	62860	1897	1833	37015
文化娱乐经纪人	22	173	33482	33402	1800	1799	13250
其他文化艺术经纪代理	53	485	67698	67273	6349	6239	85023
娱乐及体育设备出租*	8	41	5947	5447	239	239	1356
图书出租	3	9	1096	1080	145	145	514
音像制品出租	7	127	28470	26620	1051	1051	14972
会议及展览服务	445	4054	975444	938366	33198	32540	1493516
其他未列明商务服务业*	357	3095	550721	539458	20716	20662	730290

1-3-17 按类别分规模以上文化服务业企业基本情况

单位：个、人、千元

指标名称	企业单位数	#亏损企业	年末从业人员	#女性	资产总计	营业收入	营业成本	营业税金及附加	利润总额
总　　计	**197**	**72**	**41766**	**15755**	**60021086**	**20924075**	**15626655**	**530486**	**1229568**
新闻业									
图书出版	5		639	217	3613822	549432	312863	4847	69918
报纸出版	13	7	4092	1825	2604720	1160151	808054	40925	4147
期刊出版	5	2	551	303	388930	287710	112109	5644	28798
音像制品出版									
电子出版物出版									
其他出版业									
广播									
电视	1		1598	615	2023366	681272	445868	44913	28081
电影和影视节目制作	4	2	642	298	221558	176649	130691	8206	10602
电影和影视节目发行	1	1	185	66	188211	25351	12172	716	-3323
电影放映	16	7	880	470	408749	469207	260208	15688	47453
录音制作									
文艺创作与表演	6	3	600	218	425243	100097	82692	2941	3598
艺术表演场馆	1	1	121	70	12985	16553	16578	262	-25
图书馆									
档案馆									
文物及非物质文化遗产保护									
博物馆	1		47	23	17276	18097	7923	1013	2145
烈士陵园、纪念馆									
群众文化活动									
社会人文科学研究	1	1	229	59	38189	50520	13998	2013	-954
专业性团体(的服务)*									
文化艺术培训									
其他未列明教育*									
其他文化艺术业	1	1	260	140	170489	42371	29347	404	-129
互联网信息服务	4	2	629	347	73626	62892	4561	3195	-1557
其他电信服务*									
有线广播电视传输服务	10	4	8126	2274	6523493	2233524	1500764	51850	27811
无线广播电视传输服务									
卫星传输服务*									
广告业	40	10	3695	1912	1685807	1544723	1074979	48204	120293
软件开发*	12	6	2616	1248	263378	310352	242368	5884	16270
数字内容服务*									
工程勘察设计*	18	1	8388	1795	20532389	11498150	9729345	225558	911576
专业化设计服务	7	3	848	308	266602	247482	200242	5541	16363
公园管理									
游览景区管理	20	9	3429	1476	17956577	683953	204561	22538	-58002
野生动物保护*									
野生植物保护*									
歌舞厅娱乐活动	14	4	507	148	79173	83571	64102	8197	1620
电子游艺厅娱乐活动									
网吧活动	1		129	63	13500	10890	6800	1200	790
其他室内娱乐活动	1		92	54	3337	33391	8788	2205	82
游乐园	3	2	1137	402	1972173	131004	106114	4576	-34368
其他娱乐业	1	1	36		32336	486		26	-3197
摄影扩印服务	4	2	1773	1216	310817	319873	126731	18315	30270
知识产权服务*									
文化娱乐经纪人									
其他文化艺术经纪代理									
娱乐及体育设备出租*									
图书出租									
音像制品出租	1		49	13	4054	12255	4001	679	20
会议及展览服务	5	3	421	177	145595	159330	110945	4672	7832
其他未列明商务服务业*	1		47	18	44691	14789	9851	274	3454

1-3-18　规模以上文化服务业企业基本情况

单位：个、人、千元

指标名称	企业单位数	年末从业人员	资产总计	营业收入	#主营业务收入	营业税金及附加	#主营业务税金及附加	营业利润	应交增值税
总　计	**197**	**41766**	**60021086**	**20924075**	**20250166**	**530486**	**515698**	**1229568**	**199982**
按登记注册类型分组									
内资企业	189	39772	59137296	20474793	19824622	505981	491793	1175344	198805
国有企业	27	5617	5160084	2372257	2315087	101628	100311	40422	36512
集体企业									
股份合作企业									
国有联营企业									
集体联营企业									
国有与集体联营企业									
其他联营企业									
国有独资公司	19	8253	23776834	4043501	3834386	114703	112419	442310	37939
其他有限责任公司	78	18607	16020221	5352865	4985456	145638	140053	213899	68979
股份有限公司	5	1338	12765100	7128786	7123578	90834	90109	402382	43412
私营独资企业	2	53	1499	2645	2522	373	373	-15	
私营合伙企业	1								
私营有限责任公司	49	5281	1151577	1388371	1380316	42578	42381	59968	10199
私营股份有限公司	5	328	143338	116857	116856	6493	2805	5027	718
其他企业	3	295	118643	69511	66421	3734	3342	11351	1046
港、澳、台商投资企业	6	1923	405610	364022	350988	19812	19812	18473	-214
与港澳台商合资经营	1	115	69580	33839	33839	861	861	-9188	-285
与港澳台商合作经营									
港澳台商独资	5	1808	336030	330183	317149	18951	18951	27661	71
港澳台商投资股份有限公司									
其他港澳台投资									
外商投资企业	2	71	478180	85260	74556	4693	4093	35751	1391
中外合资经营企业	1	27	419543	17612	6908	685	85	10938	110
中外合作经营企业	1	44	58637	67648	67648	4008	4008	24813	1281
外资企业									
外商投资股份有限公司									
其他外商投资									

1-3-19 按类别分规模以上文化服务业企业主要财务指标

单位：个、千元

指标名称	企业单位数	固定资产原价	本年折旧	主营业务收入	主营业务成本	主营业务税金及附加	营业利润	应付职工薪酬	应交增值税
总　　计	**197**	**14459430**	**1131796**	**20250166**	**15027830**	**515698**	**1229568**	**4099687**	**199982**
新闻业									
图书出版	5	177761	6495	499853	299372	2095	69918	78142	13783
报纸出版	13	753328	37882	1000681	664107	39538	4147	246711	10768
期刊出版	5	144758	14020	272901	101195	4925	28798	44919	13832
音像制品出版									
电子出版物出版									
其他出版业									
广播									
电视	1	1483398	64222	676692	444616	44913	28081	231933	10328
电影和影视节目制作	4	63815	5530	176649	130691	8206	10602	49345	1265
电影和影视节目发行	1	160322	4377	19253	11668	716	-3323	8759	686
电影放映	16	213852	28942	364066	253376	13896	47453	45668	7954
录音制作									
文艺创作与表演	6	241512	1674	91583	35309	2941	3598	33718	1148
艺术表演场馆	1	2676	287	2595	14338	262	-25	4964	
图书馆									
档案馆									
文物及非物质文化遗产保护									
博物馆	1	3163	374	18097	7923	1013	2145	6097	
烈士陵园、纪念馆									
群众文化活动									
社会人文科学研究	1	9508	549	50520	13998	2013	-954	22999	166
专业性团体(的服务)*									
文化艺术培训									
其他未列明教育*									
其他文化艺术业	1	98059	10103	26891	18202	404	-129	15239	
互联网信息服务	4	7008	1124	62545	4561	3195	-1557	31353	64
其他电信服务*									
有线广播电视传输服务	10	4989266	330150	2132339	1438551	51850	27811	703802	20074
无线广播电视传输服务									
卫星传输服务*									
广告业	40	385465	48965	1520532	1052526	46071	120293	192566	13991
软件开发*	12	40589	5390	306739	242368	5884	16270	131422	9716
数字内容服务*									
工程勘察设计*	18	2211621	252934	11489972	9498118	221216	911576	1850672	91232
专业化设计服务	7	67472	3352	247361	200242	5541	16363	57334	1967
公园管理									
游览景区管理	20	2361439	222126	584850	201055	21874	-58002	159751	952
野生动物保护*									
野生植物保护*									
歌舞厅娱乐活动	14	20905	2836	82248	51266	7682	1620	15489	413
电子游艺厅娱乐活动									
网吧活动	1	11230	780	9000	200	1000	790	4680	
其他室内娱乐活动	1	2967	545	33391	8788	2205	82	2763	
游乐园	3	742820	76844	126677	99206	4318	-34368	54717	461
其他娱乐业	1	15871	2003				-3197	1208	
摄影扩印服务	4	156121	5190	307519	122216	18315	30270	70637	22
知识产权服务*									
文化娱乐经纪人									
其他文化艺术经纪代理									
娱乐及体育设备出租*									
图书出租									
音像制品出租	1	3663	647	12255	4001	679	20	3634	
会议及展览服务	5	86798	3912	129377	102384	4672	7832	29086	1160
其他未列明商务服务业*	1	4043	543	5580	7553	274	3454	2079	

1-3-20　规模以下文化服务业企业主要财务指标

单位：个、人、千元

指标名称	企业单位数	年末从业人员	#女性	营业收入	#主营业务收入	营业税金及附加	#主营业务税金及附加	资产总计	实收资本
总　计	**11542**	**111681**	**46361**	**24236013**	**23801920**	**997879**	**979170**	**42782910**	**12324768**
一、按登记注册类型分组									
内资企业	11516	110953	46063	24115488	23682938	979023	960339	42105474	12039848
国有企业	123	4345	1707	1183814	1122947	46465	42997	10123793	2430868
集体企业	26	287	152	101179	101179	1631	1631	17852	9359
股份合作企业	45	391	153	77870	75649	2911	2784	47716	34925
国有联营企业									
集体联营企业	2	37	10	4814	4806	166	158	3578	1100
国有与集体联营企业	2	75	42	2401	2401	63	63	5350	5350
其他联营企业	4	30	17	1929	1929	102	102	50292	60250
国有独资公司	38	1880	696	328525	290969	8230	8225	1126530	234926
其他有限责任公司	1632	18618	7286	4325169	4249842	192830	189764	9908038	2354505
股份有限公司	121	1875	735	616128	607100	17829	17582	1574549	670259
私营独资企业	3986	28625	12577	5408727	5333251	215516	213610	4485201	1691285
私营合伙企业	332	3153	1355	701846	699287	28176	28090	425423	153946
私营有限责任公司	4405	44598	18123	10078945	9946799	405122	397968	13361418	3872398
私营股份有限公司	254	2507	1127	430990	421308	14815	14361	290972	177939
其他企业	546	4532	2083	853153	825471	45167	43006	684763	342738
港、澳、台商投资企业	13	337	141	74989	74164	5603	5603	633580	246094
与港澳台商合资经营	5	106	31	28744	27925	3631	3631	532889	194221
与港澳台商合作经营	1	41	18	6686	6686	206	206	58685	20000
港澳台商独资	5	166	82	16151	16146	836	836	13538	1873
港澳台商投资股份有限公司	1	12	3	203	203			3467	5000
其他港澳台投资	1	12	7	23204	23204	928	928	25000	25000
外商投资企业	13	391	157	45537	44818	13254	13228	43856	38826
中外合资经营企业	4	25	10	2845	2826	52	52	4841	361
中外合作经营企业									
外资企业	7	342	132	23408	23308	12842	12822	38816	38365
外商投资股份有限公司	1	19	13	18134	18134	345	345		
其他外商投资	1	5	2	1150	550	15	10	200	100
二、按企业控股情况分组									
国有控股	196	7210	2890	1858197	1742880	62059	58404	11230211	3060497
集体控股	106	1277	534	307350	305841	28365	28341	284224	213538
私人控股	10363	94366	39249	20147915	19885388	803301	790915	26658791	7692202
港澳台商控股	12	301	126	96112	95313	5441	5441	169575	153593
外商控股	6	371	153	38213	38213	13020	13020	23500	18601
其他	859	8156	3409	1788226	1734284	85693	83050	4416609	1186338

1-3-21 按类别分规模以下文化服务业企业主要财务指标

单位：个、人、千元

指标名称	企业单位数	年末从业人员	#女性	营业收入	#主营业务收入	营业税金及附加	#主营业务税金及附加	资产总计	实收资本
总　计	**11542**	**111681**	**46361**	**24236013**	**23801920**	**997879**	**979170**	**42782910**	**12324768**
新闻业	1	25	19	2785	2785	157	157	10849	500
图书出版	12	146	76	106152	105773	732	732	26067	23361
报纸出版	10	262	108	29912	29812	538	538	40202	13982
期刊出版	13	228	131	62116	53145	3530	3140	29550	13370
音像制品出版	7	95	45	27720	27715	634	634	31118	9800
电子出版物出版	4	144	54	100367	99261	588	588	29216	25375
其他出版业	7	88	31	15255	15255	600	600	19988	6458
广播	1	20	10	8896	8896	36	36	639	300
电视	9	449	201	130280	130280	5238	5238	196432	54168
电影和影视节目制作	83	977	381	228716	223658	6643	6418	1431297	516681
电影和影视节目发行	17	334	131	35593	35293	1054	1051	869556	134700
电影放映	58	1600	886	339600	321653	10959	9864	510329	239239
录音制作	12	145	64	54870	54857	1949	1949	18530	10112
文艺创作与表演	349	3607	1974	461775	459559	15191	15153	413556	226549
艺术表演场馆	21	500	263	57681	57340	1969	1953	36884	17736
图书馆	3	39	20	6553	6553	371	371	13130	5700
档案馆	9	65	27	10246	9988	366	366	2843	1743
文物及非物质文化遗产保护	7	200	73	26879	26879	915	915	284824	28700
博物馆	3	26	12	354	354	3	3	47811	50700
烈士陵园、纪念馆	1	8	2	3896	3896	195	195	15740	200
群众文化活动	57	594	289	71408	71252	2273	2273	35269	17629
社会人文科学研究	8	66	24	4035	4035	156	156	3907	3965
专业性团体(的服务)*	1	2	1					20	20
文化艺术培训	122	1137	740	128400	127217	3040	3023	155228	140433
其他未列明教育*	76	745	461	172179	169689	5859	5854	128127	108250
其他文化艺术业	276	2440	1168	388492	385260	14100	14056	6696334	1818706
互联网信息服务	351	3584	1507	863954	860514	47762	47656	562875	282316
其他电信服务*	3	25	15	4343	4343	209	209	1526	400
有线广播电视传输服务	33	1996	588	422473	349567	10834	9633	1226281	160507
无线广播电视传输服务	4	128	72	83078	83078	3113	3113	1128048	600900
卫星传输服务*	2	21	8	4323	4323	133	133	5635	3800
广告业	4785	39009	15462	9197102	9037982	416959	407840	6892820	2737942
软件开发*	238	2402	886	399216	386788	19774	18996	480484	222973
数字内容服务*	13	129	49	10678	10678	251	251	104864	3333
工程勘察设计*	610	11464	3930	3567037	3548999	113029	112369	11398131	1333340
专业化设计服务	862	9127	3244	1933440	1864031	68392	66177	1449383	621016
公园管理	17	606	157	38370	38370	924	924	558434	150211
游览景区管理	129	2852	1150	466014	455797	17067	16171	3359697	743481
野生动物保护*									
野生植物保护*	1	42	21	2500	2500	146	146	6070	1000
歌舞厅娱乐活动	155	3625	1843	680873	679972	36931	36782	460890	248153
电子游艺厅娱乐活动	37	388	157	50286	50116	5094	5093	34203	17941
网吧活动	1650	10172	4416	1765659	1739157	85680	85087	1229805	549761
其他室内娱乐活动	90	811	403	148443	147902	11645	11627	76162	39197
游乐园	20	383	191	65145	64584	2942	2910	83162	24346
其他娱乐业	55	662	328	88827	87442	5187	5091	281075	155054
摄影扩印服务	395	2483	1303	429945	428077	14944	14822	214325	99669
知识产权服务*	37	363	157	63660	62860	1897	1833	37015	23201
文化娱乐经纪人	22	173	90	33482	33402	1800	1799	13250	4052
其他文化艺术经纪代理	53	485	207	67698	67273	6349	6239	85023	89253
娱乐及体育设备出租*	8	41	23	5947	5447	239	239	1356	733
图书出租	3	9	6	1096	1080	145	145	514	430
音像制品出租	6	78	26	16215	14365	372	372	10918	4574
会议及展览服务	440	3633	1605	816114	808989	28526	27868	1347921	485851
其他未列明商务服务业*	356	3048	1326	535932	533878	20442	20388	685599	252956

1－3－22　文化创意和设计服务企业经营情况

单位：个、人、千元

指标名称	法　人 单位数	年　　末 从业人员	企业平均 年　　末 从业人员	主　　营 业务收入	企业平均 主　　营 业务收入
合　计	**6585**	**77678**	**12**	**28413082**	**4315**
按企业规模分					
规上企业	77	15547	202	13564604	176164
规下企业	6508	62131	10	14848478	2282
按行业类别分					
广告业	4825	42704	9	10558514	2188
软件开发*	250	5018	20	693527	2774
数字内容服务*	13	129	10	10678	821
工程勘察设计*	628	19852	32	15038971	23947
专业化设计服务	869	9975	11	2111392	2430

1−3−23　按类别分文化服务业事业单位主要财务指标

单位：个、人、千元

指标名称	单位数	年末从业人员	#女性	非企业单位支出(费用)	年末资产
总　计	**1152**	**18849**	**8548**	**3540616**	**5504916**
新闻业	22	598	250	204207	159738
图书出版					
报纸出版	24	1193	595	147748	82128
期刊出版	10	229	103	30819	25773
音像制品出版					
电子出版物出版					
其他出版业	1	28	6	6198	5415
广播	16	232	69	31893	96346
电视	48	1451	564	298361	590977
电影和影视节目制作	3	90	37	16427	15282
电影和影视节目发行	2	62	28	3400	10234
电影放映	5	87	26	3817	5292
录音制作					
文艺创作与表演	19	1025	525	115411	130618
艺术表演场馆	6	164	69	43739	145615
图书馆	43	1027	644	199546	380156
档案馆	52	550	246	111566	165740
文物及非物质文化遗产保护	26	477	161	96719	193593
博物馆	11	1062	511	363221	959821
烈士陵园、纪念馆	15	227	116	57515	133066
群众文化活动	607	3207	1431	508880	644304
社会人文科学研究	20	866	415	178308	548161
专业性团体(的服务)*	40	293	100	38629	15800
文化艺术培训	18	492	271	252286	88169
其他未列明教育*	19	322	128	49093	108979
其他文化艺术业	17	218	94	43982	75623
互联网信息服务	8	50	11	7574	4240
其他电信服务*					
有线广播电视传输服务	21	703	225	59335	137613
无线广播电视传输服务	6	344	68	104585	163809
卫星传输服务*	1	49	14	7204	6949
广告业	9	93	26		
软件开发*					
数字内容服务*					
工程勘察设计*	5	176	65	47255	14749
专业化设计服务	3	95	43	1784	521
公园管理	28	1892	916	314755	195758
游览景区管理	21	652	396	83169	216702
野生动物保护*	2	337	164	75518	156653
野生植物保护*	2	18	4	5045	600
歌舞厅娱乐活动					
电子游艺厅娱乐活动					
网吧活动	4	17	8	6	4
其他室内娱乐活动	4	26	14	2811	4789
游乐园	1	170	40		
其他娱乐业	1	19	2	220	54
摄影扩印服务	1	4			
知识产权服务*	4	23	8	3132	4944
文化娱乐经纪人					
其他文化艺术经纪代理					
娱乐及体育设备出租*					
图书出租					
音像制品出租					
会议及展览服务	5	271	149	26458	16703
其他未列明商务服务业*	2	10	6		

1-3-24　按类别分文化服务业其他单位主要财务指标

单位：个、人、千元

指标名称	单位数	年末从业人员	#女性	非企业单位支出(费用)	年末资产
总　计	**3206**	**29335**	**13276**	**740445**	**1990596**
新闻业	2	7	2	400	10
图书出版	2	7	2	238	321
报纸出版	2	24	5	2300	300
期刊出版	2	16	5	900	328
音像制品出版	1	7	3		
电子出版物出版					
其他出版业	2	11	7		
广播					
电视	5	152	76	14285	21064
电影和影视节目制作	4	23	12		
电影和影视节目发行					
电影放映	9	104	31	5985	3120
录音制作	3	34	11		
文艺创作与表演	122	1252	711	11154	4168
艺术表演场馆	4	25	15	157	112
图书馆					
档案馆	2	7	4	285	750
文物及非物质文化遗产保护	19	366	179	25762	120214
博物馆	8	72	35	8378	61120
烈士陵园、纪念馆	1	4	1	201	251
群众文化活动	122	1381	658	32959	23468
社会人文科学研究	30	361	133	13888	13474
专业性团体(的服务)*	460	6919	3008	240017	241191
文化艺术培训	230	2537	1437	241561	272185
其他未列明教育*	79	917	509	73340	60691
其他文化艺术业	80	751	375	14223	27459
互联网信息服务	82	596	253	126	565
其他电信服务*	2	19	14		
有线广播电视传输服务	3	13	3	300	1200
无线广播电视传输服务	1	3	1	50	200
卫星传输服务*					
广告业	704	5016	1966	4088	3171
软件开发*	21	136	45		
数字内容服务*	4	40	24		
工程勘察设计*	57	634	198		
专业化设计服务	106	754	288	158	224
公园管理	3	27	14		
游览景区管理	14	244	78	22047	1111075
野生动物保护*					
野生植物保护*					
歌舞厅娱乐活动	42	737	360	215	64
电子游艺厅娱乐活动	20	105	47		
网吧活动	638	3697	1594	3950	8812
其他室内娱乐活动	48	338	183	6354	4743
游乐园	7	31	13	78	600
其他娱乐业	26	300	113	4909	4605
摄影扩印服务	121	844	428	3787	2836
知识产权服务*					
文化娱乐经纪人	3	38	18	400	100
其他文化艺术经纪代理	8	28	11		
娱乐及体育设备出租*	3	27	17	1200	100
图书出租	1	7	3		
音像制品出租	2	16	11		
会议及展览服务	26	188	108	4626	1643
其他未列明商务服务业*	75	520	267	2123	434

1-3-25 按类别分文化产业个体经营户基本情况

单位：个、人

指标名称	户数	有证照	#有工商或民政证照	#已办理税务登记	从业人员期末人数	有证照	#有工商或民政证照	#已办理税务登记
总　计	**19263**	**19263**	**19082**	**10919**	**75323**	**75323**	**74562**	**48190**
造纸*	4	4	4	1	16	16	16	5
印刷	175	175	171	124	916	916	897	650
装订及印刷相关服务	388	388	387	255	1451	1451	1449	977
记录媒介复制	24	24	24	19	132	132	132	117
文教办公用品制造*	19	19	19	14	96	96	96	77
乐器制造	6	6	6	5	26	26	26	24
工艺美术品制造	300	300	300	160	1114	1114	1114	662
玩具制造	16	16	15	7	74	74	71	37
游艺器材及娱乐用品制造	10	10	10	5	50	50	50	24
涂料、油墨、颜料及类似产品制造*	1	1	1	1	5	5	5	5
专用化学产品制造*	1	1	1		1	1	1	
炸药、火工及焰火产品制造*	58	58	56	29	185	185	180	99
陶瓷制品制造*	32	32	32	16	126	126	126	63
文化、办公用机械制造*	6	6	6	4	17	17	17	11
印刷、制药、日化及日用品生产专用设备制造*	2	2	2	1	10	10	10	8
照明器具制造*								
广播电视设备制造								
视听设备制造								
其他电子设备制造*								
纺织、服装及家庭用品批发*	20	20	18	16	53	53	49	43
文化、体育用品及器材批发*	525	525	500	412	1777	1777	1678	1311
机械设备、五金产品及电子产品批发*	42	42	40	41	105	105	100	103
贸易经纪与代理*	2	2	2		7	7	7	
文化、体育用品及器材专门零售*	6295	6295	6253	3325	20269	20269	20137	11776
家用电器及电子产品专门零售*	757	757	755	512	2745	2745	2742	1951
电信*								
广播电视传输服务	4	4	4	3	21	21	21	19
卫星传输服务*								
互联网信息服务	51	51	51	41	245	245	245	199
软件开发*	2	2	2	1	7	7	7	3
其他信息技术服务业*	3	3	3	2	9	9	9	6

1-3-25　续表　　　　单位：个、人

指标名称	户数				从业人员期末人数			
		有证照	#有工商或民政证照	#已办理税务登记		有证照	#有工商或民政证照	#已办理税务登记
文化及日用品出租*	184	184	183	100	543	543	537	299
广告业	2215	2215	2200	1571	8883	8883	8816	6468
知识产权服务*	1	1	1	1	5	5	5	5
其他商务服务业*	739	739	730	498	2371	2371	2337	1616
社会人文科学研究								
工程技术*	27	27	27	19	199	199	199	142
其他专业技术服务业*	1277	1277	1263	756	5163	5163	5107	3504
生态保护*								
公园和游览景区管理								
技能培训、教育辅助及其他教育*	182	182	182	87	1037	1037	1037	516
新闻业								
出版业	3	3	3	3	10	10	10	10
广播	1	1	1		3	3	3	
电视	1	1	1		3	3	3	
电影和影视节目制作	8	8	8	6	29	29	29	24
电影和影视节目发行	1	1	1	1	2	2	2	2
电影放映	18	18	18	9	91	91	91	62
录音制作	9	9	9	5	26	26	26	14
文艺创作与表演	62	62	61	23	436	436	427	149
艺术表演场馆	2	2	2		6	6	6	
图书馆与档案馆	19	19	19	13	66	66	66	52
文物及非物质文化遗产保护	1	1		1	2	2		2
博物馆								
烈士陵园、纪念馆								
群众文化活动	41	41	41	19	239	239	239	134
其他文化艺术业	129	129	128	76	551	551	550	391
室内娱乐活动	5061	5061	5009	2458	23319	23319	23030	14669
游乐园	121	121	117	48	544	544	526	293
文化、娱乐、体育经纪代理*	19	19	18	13	182	182	179	159
其他娱乐业	399	399	398	218	2156	2156	2152	1509
社会团体*								

附　录

主要指标解释及分类规定

主要指标解释

法人单位　是指有权拥有资产、承担负债，并独立从事社会经济活动（或与其他单位进行交易）的组织。法人单位应同时具备以下条件：

1．依法成立，有自己的名称、组织机构和场所，能够独立承担民事责任；

2．独立拥有（或授权使用）资产或者经费，承担负债，有权与其他单位签订合同；

3．具有包括资产负债表在内的账户，或者能够根据需要编制账户。

法人单位包括五种类型：企业法人、事业单位法人、机关法人、社会团体法人和其他法人。

企业法人　是指依据《中华人民共和国公司登记管理条例》、《中华人民共和国企业法人登记管理条例》等国家法律和法规，经各级工商行政管理机关登记注册，领取《企业法人营业执照》的企业。包括：

1．公司制企业法人；

2．非公司制企业法人；

3．依据《中华人民共和国个人独资企业法》、《中华人民共和国合伙企业法》，经各级工商行政管理机关登记注册，领取《营业执照》的个人独资企业、合伙企业。

事业单位法人　是指经国务院或地方县级以上机构编制管理部门批准，经国家或地方县级以上事业单位登记管理部门登记或备案，领取《事业单位法人证书》，取得法人资格的事业单位。包括：

1．各级党委、政府直属事业单位；

2．中共中央、国务院直属事业单位举办的事业单位；

3．各级人大、政协机关，人民法院、人民检察院和各民主党派机关举办的事业单位；

4．各级党委部门和政府部门举办的事业单位；

5．使用财政性经费的群众团体举办的事业单位；

6．国有企业及其他组织利用国有资产举办的事业单位；

7．依照法律或有关规定，应当由各级登记管理机关登记的其他事业单位。

机关法人　是指各级政党机关和国家机关。包括：

1．县级以上各级中国共产党委员会及其所属各工作部门；

2．县级以上各级人民代表大会机关；

3．县级以上各级人民政府及其所属各工作部门，以及地区行政行署；

4．县级以上各级政治协商会议机关；

5．县级以上各级人民法院、检察院机关；

6．县级以上各民主党派机关；

7．乡、镇中国共产党委员会和人民政府。

社会团体法人　是指依据《社会团体登记管理条例》，经国家或县级以上民政部门登记注册或备案、领取《社会团体法人登记证书》的各类社会团体，以及由机构编制管理部门管理其编制的群众团体。包括：

1．社会团体法人；

2．群众团体法人。

其他法人　是指除上述类型以外的法人，是依据《中华人民共和国居民委员会组织法》、《中华人民共和国村民委员会组织法》、《民办公助非企业单位登记管理暂行条例》、《基金会管理条例》、《农民专业合作社登记管理条例》及其他法律、法规，依法成立，具备法人条件的单位。包括：

1．居民委员会和村民委员会；

2．基金会；

3．领取《民办非企业单位（法人）登记证书》的民办非企业单位；

4．宗教组织和活动场所；

5．农民专业合作社；

6．其他未列明法人单位。

单产业法人　是指仅包含一个产业活动单位的法人单位，称为单产业法人单位，该法人单位同时也是一个产业活动单位；

多产业法人　是指由两个及以上产业活动单位组成的法人单位，称为多产业法人单位，这些产业活动单位接受法人单位的管理和控制。

从业人员期末人数　指报告期末最后一日 24 时在本单位工作，并取得工资或其他形式劳动报酬的人员数。该指标为时点指标，不包括最后一日当天及以前已经与单位解除劳动合同关系的人员，是在岗职工、劳务派遣人员及其他从业人员之和。从业人员不包括：

1．离开本单位仍保留劳动关系，并定期领取生活费的人员；

2．利用课余时间打工的学生及在本单位实习的各类在校学生；

3．本单位因劳务外包而使用的人员，如：建筑业整建制使用的人员。

资产总计指企业过去的交易或者事项形成的、由企业拥有或者控制的、预期会给企业带来经济利益的资源。资产一般按流动性（资产的变现或耗用时间长短）分为流动资产和非流动资产。其中流动资产可分为货币资金、交易性金融资产、应收票据、应收账款、预付款项、其他应收款、存货等；非流动资产可分为长期股权投资、固定资产、无形资产及其他非流动资产等。

文化及相关产业 指为社会公众提供文化产品和文化相关产品的生产活动的集合。《文化及相关产业分类（2012）》规定文化及相关产业包括文化产品的生产、文化产品生产的辅助生产、文化用品的生产和专用设备的生产等。按业态不同，可分为文化制造业、文化批零业和文化服务业。

规模以上文化制造业企业 指《文化及相关产业分类（2012）》所规定行业范围内，年主营业务收入在2000万及以上的工业企业法人。

限额以上文化批零业企业 指《文化及相关产业分类（2012）》所规定行业范围内，年主营业务收入在2000万及以上的批发业企业法人和年主营业务收入在500万元及以上的零售业企业法人。

规模以上文化服务业企业：指《文化及相关产业分类（2012）》所规定行业范围内，从业人员在50人及以上或年主营业务收入在500万及以上的服务业企业法人。

文化服务业事业单位 指《文化及相关产业分类(2012)》所规定行业范围内，执行事业单位会计制度的法人，不包括实行企业化管理的事业单位。

文化服务业其他单位 指《文化及相关产业分类(2012)》所规定行业范围内，执行民间非营利组织和其他会计制度的法人。

分类规定

五大功能区域的划分

都市功能核心区：包括渝中区全域和大渡口区、江北区、沙坪坝区、九龙坡区、南岸区等处于内环以内的区域。

都市功能拓展区：包括大渡口区、江北区、沙坪坝区、九龙坡区、南岸区处于内环以外的区域以及北碚区、渝北区、巴南区全域。

城市发展新区：包括涪陵区、长寿区、江津区、合川区、永川区、南川区、綦江区、大足区、潼南县、铜梁县、荣昌县、璧山县等12区县及万盛、双桥经开区。

渝东北生态涵养发展区：包括万州区、梁平县、城口县、丰都县、垫江县、忠县、开县、云阳县、奉节县、巫山县、巫溪县等11区县。

渝东南生态保护发展区：包括黔江区、武隆县、石柱县、秀山县、酉阳县、彭水县等6区县（自治县）。

登记注册类型 指企业或企业产业活动单位的登记注册类型，工商行政管理部门对企业（单位）登记注册的类型分为以下几种：

1．国有企业：指企业全部资产归国家所有，并按《中华人民共和国企业法人登记管理条例》规定登记注册的非公司制的经济组织。不包括有限责任公司中的国有独资公司。

2．集体企业：指企业资产归集体所有，并按《中华人民共和国企业法人登记管理条例》规定登记注册的经济组织。

3．股份合作企业：指以合作制为基础，由企业职工共同出资入股，吸收一定比例的社会资产投资组建，实行自主经营，自负盈亏，共同劳动，民主管理，按劳分配与按股分红相结合的一种集体经济组织。

4．联营企业：指两个及两个以上相同或不同所有制性质的企业法人或事业单位法人，按自愿、平等、互利的原则，共同投资组成的经济组织。联营企业包括国有联营企业、集体联营企业、国有与集体联营企业和其他联营企业。

国有联营企业：指所有联营单位均为国有。

集体联营企业：指所有联营单位均为集体。

国有与集体联营企业：指联营单位既有国有也有集体。

其他联营企业：指上述三种联营企业之外的其他联营形式的企业。

5．有限责任公司：指根据《中华人民共和国公司登记管理条例》规定登记注册，由两个以上，五十个以下的股东共同出资，每个股东以其所认缴的出资额对公司承担有限责任，公司以其全部资产对其债务承担责任的经济组织。有限责任公司包括国有独资公司以及其他有限责任公司。

国有独资公司：指国家授权的投资机构或者国家授权的部门单独投资设立的有限责任公司。

其他有限责任公司：指国有独资公司以外的其他有限责任公司。

6．股份有限公司：指根据《中华人民共和国公司登记管理条例》规定登记注册，其全部注册资本由等额股份构成并通过发行股票筹集资本，股东以其认购的股份对公司承担有限责任，公司以其全部资产对其债务承担责任的经济组织。

7．私营企业：指由自然人投资设立或由自然人控股，以雇佣劳动为基础的营利性经济组织。包括按照《公司法》、《合伙企业法》、《私营企业暂行条例》以及《个人独资企业法》规定登记注册的私营独资企业、私营合伙企业、私营有限责任公司、私营股份有限公司和个人独资企业。

私营独资企业：指按《私营企业暂行条例》的规定，由一名自然人投资经营，以雇佣劳动为基础，投资者对企业债务承担无限责任的企业。

私营合伙企业：指按《合伙企业法》或《私营企业暂行条例》的规定，由两个以上自然人按照协议共同投资、共同经营、共负盈亏，以雇佣劳动为基础，对债务承担无限责任的企业。

私营有限责任公司：指按《公司法》、《私营企业暂行条例》的规定，由两个以上自然人投资或由单个自然人控股的有限责任公司。

私营股份有限公司：指按《公司法》的规定，由五个以上自然人投资，或由单个自然人控股的股份有限公司。

个人独资企业：指按《个人独资企业法》、《个人独资企业登记管理办法》的规定，由一个自然人投资，财产为投资人个人所有，投资人以其个人财产对企业债务承担无限责任的经营实体。个人独资企业填表时归入私营独资企业。

8. 其他内资企业：指上述第1条至第7条之外的其他内资经济组织。

9. 与港澳台商合资经营企业：指港澳台地区投资者与内地的企业依照《中华人民共和国中外合资经营企业法》及有关法律的规定，按合同规定的比例投资设立，分享利润和分担风险的企业。

10. 与港澳台商合作经营企业：指港澳台地区投资者与内地企业依照《中华人民共和国中外合作经营企业法》及有关法律的规定，依照合作合同的约定进行投资或提供条件设立，分配利润、分担风险和亏损的企业。

11. 港澳台商独资经营企业：指依照《中华人民共和国外资企业法》及有关法律的规定，在内地由港澳台地区投资者全额投资设立的企业。

12. 港澳台商投资股份有限公司：指根据国家有关规定，经商务部（原外经贸部）批准设立，并且其中港、澳、台商的股本占公司注册资本的比例达25%以上的股份有限公司。凡其中港、澳、台商的股本占公司注册资本的比例小于25%的，属于内资中的股份有限公司。

13. 其他港、澳、台商投资企业：指在中国境内参照《外国企业或个人在中国境内设立合伙企业管理办法》和《外商投资合伙企业登记管理规定》，依法设立的港、澳、台商投资合伙企业。

14. 中外合资经营企业：指外国企业或外国人与中国内地企业依照《中华人民共和国中外合资经营企业法》及有关法律的规定，按合同规定的比例投资设立，分享利润和分担风险的企业。

15. 中外合作经营企业：指外国企业或外国人与中国内地企业依照《中华人民共和国中外合作经营企业法》及有关法律的规定，依照合作合同的约定进行投资或提供条件设立，分配利润、分担风险和亏损的企业。

16. 外资企业：指依照《中华人民共和国外资企业法》及有关法律的规定，在中国内地由外国投资者全额投资设立的企业。

17. 外商投资股份有限公司：指根据国家有关规定，经商务部（原外经贸部）批准设立，并且其中外资的股本占公司注册资本的比例达25%以上的股份有限公司。凡其中外资股本占公司注册资本的比例小于25%的，属于内资中的股份有限公司。

18. 其他外商投资企业：指在中国境内依照《外国企业或个人在中国境内设立合伙企业管理办法》和《外商投资合伙企业登记管理规定》，依法设立的外商投资合伙企业。

统计上大中小微型企业划分办法

一、根据工业和信息化部、国家统计局、国家发展改革委、财政部《关于印发中小企业划型标准规定的通知》（工信部联企业〔2011〕300号），结合统计工作的实际情况，特制定本办法。

二、本办法适用对象为在中华人民共和国境内依法设立的各种组织形式的法人企业或单位。个体工商户参照本办法进行划分。

三、本办法适用范围包括：农、林、牧、渔业，采矿业，制造业，电力、热力、燃气及水生产和供应业，建筑业，批发和零售业，交通运输、仓储和邮政业，住宿和餐饮业，信息传输、软件和信息技术服务业，房地产业，租赁和商务服务业，科学研究和技术服务业，水利、环境和公共设施管理业，居民服务、修理和其他服务业，文化、体育和娱乐业等15个行业门类以及社会工作行业大类。

四、本办法按照行业门类、大类、中类和组合类别，依据从业人员、营业收入、资产总额等指标或替代指标，将我国的企业划分为大型、中型、小型、微型等四种类型。具体划分标准见附表。

五、企业划分由政府综合统计部门根据统计年报每年确定一次，定报统计原则上不进行调整。

六、本办法自印发之日起执行，国家统计局2003年印发的《统计上大中小型企业划分办法（暂行）》（国统字〔2003〕17号）同时废止。

附表：统计上大中小微型企业划分标准

行业名称	指标名称	计量单位	大型	中型	小型	微型
农、林、牧、渔业	营业收入(Y)	万元	Y≥20000	500≤Y＜20000	50≤Y＜500	Y＜50
工业*	从业人员(X)	人	X≥1000	300≤X＜1000	20≤X＜300	X＜20
	营业收入(Y)	万元	Y≥40000	2000≤Y＜40000	300≤Y＜2000	Y＜300
建筑业	营业收入(Y)	万元	Y≥80000	6000≤Y＜80000	300≤Y＜6000	Y＜300
	资产总额(Z)	万元	Z≥80000	5000≤Z＜80000	300≤Z＜5000	Z＜300

续表

行业名称	指标名称	计量单位	大型	中型	小型	微型
批发业	从业人员(X)	人	X≥200	20≤X<200	5≤X<20	X<5
	营业收入(Y)	万元	Y≥40000	5000≤Y<40000	1000≤Y<5000	Y<1000
零售业	从业人员(X)	人	X≥300	50≤X<300	10≤X<50	X<10
	营业收入(Y)	万元	Y≥20000	500≤Y<20000	100≤Y<500	Y<100
交通运输业 *	从业人员(X)	人	X≥1000	300≤X<1000	20≤X<300	X<20
	营业收入(Y)	万元	Y≥30000	3000≤Y<30000	200≤Y<3000	Y<200
仓储业	从业人员(X)	人	X≥200	100≤X<200	20≤X<100	X<20
	营业收入(Y)	万元	Y≥30000	1000≤Y<30000	100≤Y<1000	Y<100
邮政业	从业人员(X)	人	X≥1000	300≤X<1000	20≤X<300	X<20
	营业收入(Y)	万元	Y≥30000	2000≤Y<30000	100≤Y<2000	Y<100
住宿业	从业人员(X)	人	X≥300	100≤X<300	10≤X<100	X<10
	营业收入(Y)	万元	Y≥10000	2000≤Y<10000	100≤Y<2000	Y<100
餐饮业	从业人员(X)	人	X≥300	100≤X<300	10≤X<100	X<10
	营业收入(Y)	万元	Y≥10000	2000≤Y<10000	100≤Y<2000	Y<100
信息传输业 *	从业人员(X)	人	X≥2000	100≤X<2000	10≤X<100	X<10
	营业收入(Y)	万元	Y≥100000	1000≤Y<100000	100≤Y<1000	Y<100
软件和信息技术服务业	从业人员(X)	人	X≥300	100≤X<300	10≤X<100	X<10
	营业收入(Y)	万元	Y≥10000	1000≤Y<10000	50≤Y<1000	Y<50

说明：

1．大型、中型和小型企业须同时满足所列指标的下限，否则下划一档；微型企业只须满足所列指标中的一项即可。

2．附表中各行业的范围以《国民经济行业分类》（GB/T4754-2011）为准。带*的项为行业组合类别，其中，工业包括采矿业，制造业，电力、热力、燃气及水生产和供应业；交通运输业包括道路运输业，水上运输业，航空运输业，管道运输业，装卸搬运和运输代理业，不包括铁路运输业；信息传输业包括电信、广播电视和卫星传输服务，互联网和相关服务；其他未列明行业包括科学研究和技术服务业，水利、环境和公共设施管理业，居民服务、修理和其他服务业，社会工作，文化、体育和娱乐业，以及房地产中介服务，其他房地产业等，不包括自有房地产经营活动。

3．企业划分指标以现行统计制度为准。（1）从业人员，是指期末从业人员数，没有期末从业人员数的，采用全年平均人员数代替。（2）营业收入，工业、建筑业、限额以上批发和零售业、限额以上住宿和餐饮业以及其他设置主营业务收入指标的行业，采用主营业务收入；限额以下批发与零售业企业采用商品销售额代替；限额以下住宿与餐饮业企业采用营业额代替；农、林、牧、渔业企业采用营业总收入代替；其他未设置主营业务收入的行业，采用营业收入指标。（3）资产总额，采用资产总计代替。